Hans Brox/Wolf-D. Walker

Allgemeiner Teil des BGB

30. Auflage

Carl Heymanns Verlag

ACADEMIA IURIS

LEHRBÜCHER DER RECHTSWISSENSCHAFT

Carl Heymanns Verlag

Allgemeiner Teil des BGB

Von

Dr. Hans Brox
Bundesverfassungsrichter a.D.
em. o. Professor der Rechte an der Universität Münster (Westfalen)

und

Dr. Wolf-Dietrich Walker
Universitätsprofessor
an der Justus-Liebig-Universität Gießen

30., vollständig neu bearbeitete Auflage

Carl Heymanns Verlag

Zitiervorschlag: Brox/Walker, AT Rdnr.

Bibliografische Information der Deutschen Bibliothek

Die Deutsche Bibliothek verzeichnet diese Publikation in der Deutschen Nationalbibliografie; detaillierte bibliografische Daten sind im Internet über http://dnb.ddb.de abrufbar.

ISBN 13: 978-3-452-26366-7
ISBN 10: 3-452-26366-5

Satz: John + John, Köln
Druck und buchbinderische Verarbeitung: Druck- und Verlagshaus Thiele & Schwarz GmbH, Kassel
Gedruckt auf säurefreiem und alterungsbeständigem Papier

Das Gesamtverzeichnis des Carl Heymanns Verlages erhalten Sie in Ihrer Buchhandlung oder direkt vom Carl Heymanns Verlag.

Carl Heymanns Verlag GmbH, 50926 Köln
E-Mail service@heymanns.com Internet www.heymanns.com

Aus dem Vorwort zur 1. Auflage (1976)

Der Allgemeine Teil des BGB steht am Beginn des Studiums und ist wegen seines hohen Abstraktionsgrades für den Anfänger nur schwer verständlich. Um diese Schwierigkeiten zu vermeiden, werden heute vielfach vor der Darstellung des Allgemeinen Teils Grundkurse oder Vorlesungen zur Einführung ins BGB angeboten. Diese wie auch die Vorlesungen über den Allgemeinen Teil des BGB behandeln vor allem die Rechtsgeschäftslehre, die wegen ihrer großen Bedeutung für Studium und Praxis besonders ausführlich im zweiten Teil dieses Buches dargestellt ist. Dieses Buch soll ein Lehrbuch für den Anfänger und eine Wiederholungshilfe für den Fortgeschrittenen sein. Es geht nicht auf alle Streitfragen ein, sondern will vor allem den Sinn der Gesetzesbestimmungen deutlich machen. Nur derjenige, dem der Zweck der einzelnen Vorschrift klargeworden ist, wird das Gelernte auch »behalten« können. Voraussetzung dafür ist aber, dass der Leser mitarbeitet. Dazu gehört, dass er die Gesetzesbestimmungen nachliest und die jeweils vorangestellten Fälle zu lösen versucht.

Vorwort zur 30. Auflage

Das Buch wurde für diese Neuauflage vollständig überarbeitet. Zur Veranschaulichung, zur Lernkontrolle und zum schnellen Nachschlagen sind nunmehr an allen maßgeblichen Stellen Schaubilder und Prüfungsschemata eingefügt. Neuere Entwicklungen, insbesondere zu rechtsgeschäftlichen Problemen bei Willenserklärungen per E-Mail und im Rahmen von Internet-Auktionen sowie zu den Auswirkungen der höchstrichterlichen Rechtsprechung zur BGB-Gesellschaft auf die Rechtsstellung des nicht eingetragenen Vereins wurden eingearbeitet. Wichtige Entscheidungen des Bundesgerichtshofs sowie das aktuelle Schrifttum sind bis Mai 2006 in dem Umfang verarbeitet oder jedenfalls nachgewiesen, wie es dem Konzept des Buches entspricht. Die einzelnen Literaturübersichten wurden um älteres Schrifttum bereinigt, soweit dieses heute keine grundlegende Bedeutung mehr hat.

Sämtliche Änderungen und Ergänzungen beruhen auf gemeinsamen Beratungen. Dabei wurden wir unterstützt von den wissenschaftlichen Mitarbeiterinnen und Mitarbeitern Frau Assessorin *Britta Börner*, Frau Assessorin *Annette Stomps* und Herrn Referendar *Mathias Wrobel* sowie in der Endphase von Herrn Assessor *Christian Vohla*. Ihnen danken wir vielmals für ihre wertvolle Mitarbeit.

Münster/Gießen, im Juni 2006

Hans Brox
Wolf-Dietrich Walker

Inhaltsübersicht

Inhalt

Abkürzungen

a. A.	anderer Ansicht
a. a. O.	am angegebenen Ort
Abs.	Absatz
AcP	Archiv für die civilistische Praxis
a. E.	am Ende
a. F.	alte Fassung
AG	Amtsgericht
AGB	Allgemeine Geschäftsbedingungen
AktG	Aktiengesetz
Anm.	Anmerkung
ArbGG	Arbeitsgerichtsgesetz
ArbR	Brox/Rüthers/Henssler, Arbeitsrecht, 16. Aufl., 2004
ArchBürgR	Archiv für Bürgerliches Recht
arg.e	Argument aus
Art.	Artikel
AS	Brox/Walker, Allgemeines Schuldrecht, 31. Aufl., 2006
BAG	Bundesarbeitsgericht
BAGE	Entscheidungen des Bundesarbeitsgerichts
BayObLG	Bayerisches Oberstes Landesgericht
BayObLGZ	Entscheidungen des Bayerischen Obersten Landesgerichts in Zivilsachen
BB	Der Betriebsberater
Bd.	Band
Bde.	Bände
Beil.	Beilage
BetrVG	Betriebsverfassungsgesetz
BeurkG	Beurkundungsgesetz
BGB	Bürgerliches Gesetzbuch
BGBl.	Bundesgesetzblatt
BGH	Bundesgerichtshof
BGHZ	Entscheidungen des Bundesgerichtshofs in Zivilsachen
Bl.	Blatt
BS	Brox/Walker, Besonderes Schuldrecht, 31. Aufl., 2006
BT-Drs.	Bundestags-Drucksache
BtG	Betreuungsgesetz
BVerfG	Bundesverfassungsgericht
BVerfGE	Entscheidungen des Bundesverfassungsgerichts
BWNotZ	Zeitschrift für das Notariat in Baden-Württemberg

c.i.c.	culpa in contrahendo
CR	Computer und Recht
DB	Der Betrieb
ders.	derselbe
d.h.	das heißt
Diss.	Dissertation
DNotZ	Deutsche Notar-Zeitschrift
DRiZ	Deutsche Richterzeitung
E	Entwurf eines bürgerlichen Gesetzbuches für das Deutsche Reich
EG	Europäische Gemeinschaft
EGBGB	Einführungsgesetz zum Bürgerlichen Gesetzbuche
EGGVG	Einführungsgesetz zum Gerichtsverfassungsgesetz
EGV	Vertrag zur Gründung der Europäischen Gemeinschaft
EheschlRG	Eheschließungsrechtsgesetz
ErbbauRVO	Verordnung über das Erbbaurecht
ErbGleichG	Erbrechtsgleichstellungsgesetz
ErbR	Brox, Erbrecht, 21. Aufl., 2004
e.V.	eingetragener Verein
f.	folgende, für
FamRZ	Zeitschrift für das gesamte Familienrecht
FernAbsG	Fernabsatzgesetz
FernUSG	Fernunterrichtsschutzgesetz
ff.	fortfolgende
FN	Fußnote
FormVAnpG	Gesetz zur Anpassung der Formvorschriften des Privatrechts und anderer Vorschriften an den modernen Rechtsgeschäftsverkehr
G	Gesetz
GBO	Grundbuchordnung
GebrMG	Gebrauchsmustergesetz
GenG	Genossenschaftsgesetz
GeschmMG	Geschmacksmustergesetz
GewO	Gewerbeordnung
GG	Grundgesetz
GKG	Gerichtskostengesetz
GmbH	Gesellschaft mit beschränkter Haftung
GmbHG	Gesetz betreffend die Gesellschaften mit beschränkter Haftung
GVG	Gerichtsverfassungsgesetz
GWB	Gesetz gegen Wettbewerbsbeschränkungen
HaftpflG	Haftpflichtgesetz
HausTWG	Haustürwiderrufsgesetz
HGB	Handelsgesetzbuch
h.L.	herrschende Lehre

h.M.	herrschende Meinung
Hk-BGB/ (Bearb.)	Handkommentar BGB, 4. Aufl., 2005
HR	Brox, Handels- und Wertpapierrecht, 18. Aufl., 2005
HRefG	Handelsrechtsreformgesetz
Hs.	Halbsatz
i.d.F.	in der Fassung
i.e.S.	im engeren Sinne
InsO	Insolvenzordnung
i.S.d.	im Sinne des
i.V. m.	in Verbindung mit
JA	Juristische Arbeitsblätter
JR	Juristische Rundschau
Jura	Juristische Ausbildung
JurJB	Juristen-Jahrbuch
JuS	Juristische Schulung
JuS-L	Juristische Schulung, Lernbogen
JZ	Juristenzeitung
KG	Kommanditgesellschaft
KindRG	Kindschaftsrechtsreformgesetz
KunstUrhG	Kunsturhebergesetz
LM	Lindenmaier/Möhring, Nachschlagewerk des Bundesgerichtshofs
LMBG	Lebensmittel- und Bedarfsgegenständegesetz
LMK	Lindenmaier/Möhring – Kommentierte BGH-Rechtsprechung
LPartG	Lebenspartnerschaftsgesetz
MarkenG	Markengesetz
MDR	Monatsschrift für Deutsches Recht
MHbeG	Gesetz zur Beschränkung der Haftung Minderjähriger (Minderjährigenhaftungsbeschränkungsgesetz)
MMR	Multi Media & Recht
m.N.	mit Nachweisen
Mot.	Motive zum Entwurf eines Bürgerlichen Gesetzbuches
MüKo/ (Bearb.)	Münchener Kommentar zum Bürgerlichen Gesetzbuch, Bd. 1, 4. Aufl., 2001; Bd. 1 a, 2003
m.w.N.	mit weiteren Nachweisen
Nachw.	Nachweise
n.F.	neue Fassung
NJW	Neue Juristische Wochenschrift
NJW-RR	Neue Juristische Wochenschrift – Rechtsprechungs-Report
Nr.	Nummer

OGH	Oberster Gerichtshof für die britische Zone
OHG	Offene Handelsgesellschaft
OLG	Oberlandesgericht
PatG	Patentgesetz
ProdHaftG	Produkthaftungsgesetz
ProstitutionsG	Prostitutionsgesetz
Prot.	Protokolle der Kommission für die 2. Lesung des Entwurfs des Bürgerlichen Gesetzbuches
PStG	Personenstandsgesetz
Rdnr.	Randnummer
RechtsberatungsG	Rechtsberatungsgesetz
RG	Reichsgericht
RGRK/(Bearb.)	Das Bürgerliche Gesetzbuch mit besonderer Berücksichtigung der Rechtsprechung des Reichsgerichts und des Bundesgerichtshofes, Kommentar . . ., I. Bd., 12. Aufl., 1982
RGZ	Entscheidungen des Reichsgerichts in Zivilsachen
Rpfleger	Der Deutsche Rechtspfleger (Zeitschrift)
Rspr.	Rechtsprechung
s.	siehe
S.	Seite
SchiffsRG	Gesetz über Rechte an eingetragenen Schiffen und Schiffsbauwerken
SigG	Signaturgesetz
SigV	Signaturverordnung
sog.	sogenannt(e, en)
Sonderbeil.	Sonderbeilage
StGB	Strafgesetzbuch
StPO	Strafprozessordnung
str.	streitig
st.Rspr.	ständige Rechtsprechung
StVG	Straßenverkehrsgesetz
StVO	Straßenverkehrs-Ordnung
TRG	Transportrechtsreformgesetz
TVG	Tarifvertragsgesetz
u.	und
u.a.	unter anderem
UKlaG	Gesetz über Unterlassungsklagen bei Verbraucherrechts- und anderen Verstößen
UrhG	Urheberrechtsgesetz
u.U	unter Umständen
UWG	Gesetz gegen den unlauteren Wettbewerb

v.	vom, von
VAG	Versicherungsaufsichtsgesetz
VereinsG	Vereinsgesetz
VerschG	Verschollenheitsgesetz
VersR	Versicherungsrecht (Zeitschrift)
vgl.	vergleiche
VO	Verordnung
VuR	Verbraucher und Recht
VVG	Versicherungsvertragsgesetz
VwGO	Verwaltungsgerichtsordnung
VwVfG	Verwaltungsverfahrensgesetz
WEG	Wohnungseigentumsgesetz
WG	Wechselgesetz
WM	Wertpapiermitteilungen (Zeitschrift)
z.B.	zum Beispiel
ZGB	Zivilgesetzbuch der ehemaligen Deutschen Demokratischen Republik
ZGR	Zeitschrift für Unternehmens- und Gesellschaftsrecht
ZHR	Zeitschrift für das gesamte Handelsrecht und Konkursrecht, ab 1962 für das gesamte Handelsrecht und Wirtschaftsrecht
ZIP	Zeitschrift für Wirtschaftsrecht und Insolvenzpraxis
ZPO	Zivilprozessordnung
ZRP	Zeitschrift für Rechtspolitik
ZVR	Brox/Walker, Zwangsvollstreckungsrecht, 7. Aufl., 2003

Paragrafen ohne Gesetzesangaben sind solche des BGB.

Schrifttum

1. Lehrbücher, Grundrisse

Bähr, Grundzüge des Bürgerlichen Rechts, 10. Aufl., 2004;
Bork, Allgemeiner Teil des Bürgerlichen Gesetzbuchs, 2. Aufl., 2006 (angekündigt);
Brehm, Allgemeiner Teil des BGB, 5. Aufl., 2002;
Däubler, BGB kompakt, 2. Aufl., 2003;
Eisenhardt, Allgemeiner Teil des BGB, 5. Aufl., 2004;
Enneccerus/Nipperdey, Allgemeiner Teil des Bürgerlichen Rechts, 15. Aufl., Erster Halbband, 1959, Zweiter Halbband, 1960;
Faust, Bürgerliches Gesetzbuch Allgemeiner Teil, 2005;
Fezer, BGB Allgemeiner Teil, 6. Aufl., 2003;
Flume, Allgemeiner Teil des Bürgerlichen Rechts, Zweiter Band: Das Rechtsgeschäft, 4. Aufl., 1992;
Grunewald, Bürgerliches Recht, 7. Aufl., 2006;
Hattenhauer, Grundbegriffe des Bürgerlichen Rechts, 2. Aufl., 2001;
Chr. Hirsch, Der Allgemeine Teil des BGB, 5. Aufl., 2004;
H. Hübner, Allgemeiner Teil des Bürgerlichen Gesetzbuches, 2. Aufl., 1996;
Kaiser, Bürgerliches Recht, 10. Aufl., 2005;
Klunzinger, Einführung in das Bürgerliche Recht, 12. Aufl., 2004;
Köhler, BGB, Allgemeiner Teil, 29. Aufl., 2005;
Larenz/Wolf, Allgemeiner Teil des deutschen Bürgerlichen Rechts, 9. Aufl., 2004;
Leipold, BGB I: Einführung und Allgemeiner Teil, 3. Aufl., 2004;
Löwisch/Neumann, Allgemeiner Teil des BGB, 7. Aufl., 2004;
Medicus, Allgemeiner Teil des BGB, 8. Aufl., 2002 (zit.: AT);
Medicus, Bürgerliches Recht, 20. Aufl., 2004 (zit.: BürgR);
Medicus, Grundwissen zum Bürgerlichen Recht, 6. Aufl., 2004 (zit.: Grundwissen);
Michalski, Zivilrechts-Skripten: BGB AT, 3. Aufl., 2002;
Musielak, Grundkurs BGB, 9. Aufl., 2005;
Pawlowski, Allgemeiner Teil des BGB, 7. Aufl., 2003;
F. Peters, BGB Allgemeiner Teil, 6. Aufl., 2000;
Ramm, Einführung in das Privatrecht, Allgemeiner Teil des BGB, Bd. I–III, 1969/70; Bd. I u. II. 2. Aufl., 1974/75;
Rüthers/Stadler, Allgemeiner Teil des BGB, 14. Aufl., 2006;
Schack, BGB – Allgemeiner Teil, 10. Aufl., 2004;
Schapp/Schur, Einführung in das Bürgerliche Recht, 3. Aufl., 2003;
Schellhammer, Schuldrecht nach Anspruchsgrundlagen samt BGB Allgemeiner Teil, 6. Aufl., 2005;
Scherner, BGB – Allgemeiner Teil, 1995;
Schmelzeisen/Thümmel, Bürgerliches Recht (BGB I–III), 7. Aufl., 1994;
R. Schmidt, BGB Allgemeiner Teil, 3. Aufl., 2006;
E. Schmidt/Brüggemeier, Zivilrechtlicher Grundkurs, 6. Aufl., 2002;

H. Schulte, Grundkurs im BGB, 4. Aufl., 2002;
D. Schwab, Einführung in das Zivilrecht, 16. Aufl., 2005;
v. Tuhr, Der allgemeine Teil des Deutschen Bürgerlichen Rechts, Bd. I, 1910; Bd. II, 1. Halbband 1914; 2. Halbband 1918;
R. Weimar/Schimikowski, Bürgerliches Recht, 4. Aufl., 1991;
Westermann, Grundbegriffe des BGB, 16. Aufl., 2004;
Wieser, Einführung in das Bürgerliche Recht mit Allgemeinem Teil und Übung, 4. Aufl., 1991;
Wörlen, BGB AT, Einführung in das Recht und Allgemeiner Teil des BGB, 9. Aufl., 2006.

2. Kommentare

Alternativkommentar, Kommentar zum Bürgerlichen Gesetzbuch, 1987 (Allg. Teil bearb. von *Damm, Hart, Kohl, Ott*);
Bamberger/Roth, Kommentar zum Bürgerlichen Gesetzbuch, Band 1, 2003 (Allg. Teil bearb. von *Bamberger, Schmidt-Räntsch, Schwarz, Fritzsche, Wendtland, Eckert, Rövekamp, Habermaier, Bub, Henrich, Spindler, Dennhardt)*;
Erman, Handkommentar zum Bürgerlichen Gesetzbuch, 11. Aufl., 2004 (Allg. Teil bearb. von *Armbrüster, Hecker, Michalski, Palm, Saenger, Schmidt-Räntsch, Wagner, Werner, H. P. Westermann*);
Handkommentar (Hk) Bürgerliches Gesetzbuch, 4. Aufl., 2005 (Allg. Teil bearb. von *Dörner*);
Jauernig, Bürgerliches Gesetzbuch, 11. Aufl., 2004 (Allg. Teil bearb. von *Jauernig*);
Kropholler, Studienkommentar BGB, 9. Aufl., 2006;
Münchener Kommentar zum Bürgerlichen Gesetzbuch, Bd. 1, 4. Aufl., 2001 (bearb. von *Basedow, v. Feldmann, Förschler, Gerlach, Gitter, Holch, Kötz, Kramer, Mayer-Maly, Reuter, Säcker, Schramm, Schwerdtner, H. P. Westermann*); Bd. 1 a, 4. Aufl., 2003 (bearb. von *Armbrüster, Einsele, Grothe, Reuter, Schmitt)*;
Palandt, Bürgerliches Gesetzbuch, 65. Aufl., 2006 (Allg. Teil bearb. von *Heinrichs*);
Planck, Kommentar zum Bürgerlichen Gesetzbuch nebst Einführungsgesetz, I. Bd., 4. Aufl., 1913 (bearb. von *Knocke, Strecker, Flad*);
RGRK, Das Bürgerliche Gesetzbuch mit besonderer Berücksichtigung der Rechtsprechung des Reichsgerichts und des Bundesgerichtshofes, Kommentar, herausgegeben von Mitgliedern des Bundesgerichtshofes, I. Bd., 12. Aufl., 1982 (bearb. von *Johannsen, Kregel, Krüger-Nieland, Piper, Steffen*);
Soergel, Bürgerliches Gesetzbuch, Bd. 1, Allg. Teil, 13. Aufl., 1999 (bearb. von *Fahse, Heinrich, Hadding, Mühl, Hefermehl, M. Wolf, Leptien, Walter*);
v. Staudinger, Kommentar zum Bürgerlichen Gesetzbuch, Allg. Teil, z.T. 13. Bearb., z.T. Neubearb., 2003 ff. (bearb. von *Bork, Coing, Dilcher, Gursky, Habermann, Hertel, Honsell, Jickeli, Knothe, Kohler, Peters, Rawert, Repgen, Roth, Sack, Schilken, Singer, Stieper, Weick, Werner*);
Studienkommentar zum BGB, Erstes bis Drittes Buch, 2. Aufl., 1979 (Allg. Teil bearb. von *Hadding*).

3. Fallsammlungen und Anleitungsbücher (ab 2002)

Braun, Der Zivilrechtsfall, 3. Aufl., 2006;
Brehm, Fälle und Lösungen zum Allgemeinen Teil des BGB, 2. Aufl., 2002;

Brühl, Die juristische Fallbearbeitung in Klausur, Hausarbeit und Vortrag, 3. Aufl., 2001;
Dörrschmidt/Metzler-Müller, Wie löse ich einen Privatrechtsfall?, 4. Aufl., 2005;
Eckert/Hattenhauer, 75 Klausuren aus dem BGB, 11. Aufl., 2002;
Fahse/Hansen, Übungen für Anfänger im Zivil- und Strafrecht, 10. Aufl., 2005;
Fezer, Klausurenkurs zum BGB Allgemeiner Teil, 6. Aufl., 2003;
Fritzsche, Fälle zum BGB Allgemeiner Teil, 2. Aufl., 2006 (angekündigt);
Gottwald, Examens-Repetitorium, BGB – Allgemeiner Teil, 2002;
Grigoleit/Herresthal, BGB Allgemeiner Teil, 2006;
Klunzinger, Übungen im Privatrecht, 8. Aufl., 2003;
Köhler, BGB – Allgemeiner Teil, Prüfe Dein Wissen, 23. Aufl., 2004;
Kornblum/Schünemann, Privatrecht in der Zwischenprüfung, 8. Aufl., 2002;
Lindacher/Hau, Fälle zum Allgemeinen Teil des BGB, 4. Aufl., 2005;
Marburger, Klausurenkurs BGB Allgemeiner Teil: Fälle und Lösungen nach höchstrichterlichen Entscheidungen, 8. Aufl., 2004;
Michalski, Einführende Übungen zum Zivilrecht, Teil I, 3. Aufl., 2003;
Olzen/Wank, Zivilrechtliche Klausurenlehre mit Fallrepetitorium, 4. Aufl., 2003;
Prütting/Stern/Wiedemann, Die Examensklausur, 3. Aufl., 2005;
Schack/Ackmann, Höchstrichterliche Rechtsprechung zum Bürgerlichen Recht, 5. Aufl., 2004;
Schimmel, Juristische Klausuren und Hausarbeiten richtig formulieren, 5. Aufl., 2004;
Schwab/Löhnig, Falltraining im Zivilrecht, 2. Aufl., 2005;
Strauß/Büßer, BGB Allgemeiner Teil und Schuldrecht – Fälle und Lösungen, 2. Aufl., 2003;
Tettinger, Einführung in die juristische Arbeitstechnik, 3. Aufl., 2003;
Werner, Fälle mit Lösungen für Anfänger im Bürgerlichen Recht, 11. Aufl., 2004;
Werner/Neureither, 22 Probleme aus dem BGB – Allgemeiner Teil, 7. Aufl., 2005;
Wörlen, Anleitung zur Lösung von Zivilrechtsfällen, 7. Aufl., 2004.

Erster Teil Einführung in das bürgerliche Recht

Vorüberlegungen

Rechtliche Fragen spielen in den meisten Lebensbereichen eine Rolle. Das gilt selbst dann, wenn diese Lebensbereiche auf den ersten Blick einen ganz privaten Charakter oder lediglich eine gesellschaftliche Bedeutung haben.

Erich Kästner schreibt in seinen »Gesammelten Werken« Band II[1] unter der Überschrift »Die Verlobung auf dem Seil« wörtlich: »Da lese ich eben in der Zeitung: Bei der Eröffnungsvorstellung der Camilla-Mayer-Schau verlobten sich die bekannten Artisten Gisela Lenort und Siegwart Bach auf dem dreihundert Meter langen und in sechzig Meter Höhe gespannten Seil zum Turm der Dortmunder Reinoldi-Kirche«.

Auf die Frage in einer Anfängervorlesung, was von einer solchen »Luftverlobung« zu halten sei, gingen die Ansichten der Hörer weit auseinander. Es wurde die Meinung vertreten, die Verlobung sei doch eine feierliche Handlung; ein Drahtseil sei für eine Verlobung nicht der richtige Ort. Außerdem seien keine Verlobungsringe angesteckt und keine Anzeigen versandt worden. Auf dem Drahtseil seien keine Zeugen gewesen; die Volksmenge am Erdboden habe nicht verstehen können, was von den beiden jungen Leuten auf dem Drahtseil miteinander gesprochen worden sei. Einen Brautstrauß oder gar einen Verlobungskuss habe man nicht gesehen. Vor allem wurde von einigen Hörern gefragt, was denn die ganze Erörterung in einer juristischen Vorlesung zu suchen habe; eine Verlobung sei doch nur ein gesellschaftliches Ereignis, das mit dem Recht nichts zu tun habe. Stimmt das?

Folgende Überlegungen zur rechtlichen Bedeutung dieses Ereignisses lassen sich anstellen:

1. In einem Strafprozess macht eine als Zeugin geladene Person geltend, sie sei mit dem Angeklagten verlobt und deshalb wolle sie nicht aussagen. Aus § 52 I Nr. 1 der Strafprozessordnung – StPO –[2] ergibt sich, dass der Verlobte des Beschuldigten zur Verweigerung des Zeugnisses berechtigt ist. Entsprechendes gilt für den Zivilprozess. Gem. § 383 I Nr. 1 der Zivilprozessordnung – ZPO –[3] ist

1 Carl Hanser Verlag, München, Wien, 1998, 169 f.
2 Schönfelder, Deutsche Gesetze, Textsammlung, Nr. 90.
3 Schönfelder, Nr. 100.

der Verlobte einer Prozesspartei (also des Klägers oder des Beklagten) zur Verweigerung des Zeugnisses berechtigt. Die Beispiele zeigen, dass ein Verlöbnis jedenfalls für das gerichtliche Verfahren von Bedeutung sein kann.

2. Aus der Rechtsgeschichte und dem Bürgerlichen Gesetzbuch – BGB –[4] ist zu entnehmen, dass das Verlöbnis auf einem Vertrag zwischen zwei Personen verschiedenen Geschlechts beruht, der die Verpflichtung der beiden Vertragsparteien zur künftigen Eheschließung miteinander enthält. Zwar kann nach § 1297 BGB aus einem Verlöbnis nicht auf Eingehung der Ehe geklagt werden. Aber aus § 1298 BGB ist zu entnehmen, dass durch das Verlöbnis eine rechtliche Bindung der beiden den Verlöbnisvertrag schließenden Personen entsteht; denn bei einem grundlosen Rücktritt vom Verlöbnis ist der Zurücktretende nach § 1298 BGB dem anderen Partner zum Schadensersatz verpflichtet. Demnach kann eine Verlobung nicht nur gesellschaftlich, sondern auch rechtlich von Bedeutung sein.

3. Da die Verlobung ein (auf die Heirat gerichteter) Vertragsabschluss ist und das Gesetz keine besondere Form (wie etwa schriftlich, notariell) vorsieht, kann dieser Vertrag formlos geschlossen werden. Er braucht also nicht einmal schriftlich oder etwa vor Zeugen erklärt zu werden. Verlobungsringe oder gar Verlobungsanzeigen und eine Verlobungsfeier sind nicht erforderlich. Rechtlich notwendig sind allein die formlosen Erklärungen der beiden Brautleute, aus denen sich ergibt, dass die beiden sich versprechen, die Ehe miteinander eingehen zu wollen.

4. Das Anstecken der Ringe, das Versenden von Verlobungsanzeigen, die Familienfeier, die Anwesenheit von Zeugen sind (vielfach) üblich, aber für die rechtliche Wirksamkeit der Verlobung ohne Bedeutung. Sie können jedoch Anhaltspunkte dafür sein, dass zwei Personen sich verlobt haben (siehe Beispiel unter Rdnr. 2). Wenn also in einem Prozess die Klägerin vom Beklagten Schadensersatz wegen grundlosen Rücktritts vom Verlöbnis (§ 1298 BGB) verlangt und der Beklagte den Abschluss eines Verlöbnisses bestreitet (etwa behauptet, es habe sich nur um eine »Liebelei« gehandelt), dann muss das Gericht Beweis darüber erheben, ob ein wirksames Verlöbnis zustande gekommen ist. Dabei können etwa der Briefwechsel der Parteien und/oder der Ablauf einer Familienfeier für die Überzeugung des Richters von Bedeutung sein.

Diese Überlegungen zeigen, dass die Grenzen zwischen lediglich gesellschaftlichen Ereignissen und rechtlich bedeutsamen Vorgängen fließend sind (siehe noch Rdnr. 2).

4 Schönfelder, Nr. 20.

§ 1 Recht, Privatrecht und bürgerliches Recht 1

Schrifttum:

Arzt, Einführung in die Rechtswissenschaft, 1996; *Baumann*, Einführung in die Rechtswissenschaft, 10. Aufl., 2003; *Baur/Walter*, Einführung in das Recht der Bundesrepublik Deutschland, 6. Aufl., 1993; *Canaris/Larenz*, Methodenlehre der Rechtswissenschaft, 4. Aufl., 2006; *Coing*, Grundzüge der Rechtsphilosophie, 5. Aufl., 1993; *Eidenmüller*, Rechtswissenschaft als Realwissenschaft, JZ 1999, 53; *Engisch*, Einführung in das juristische Denken, 10. Aufl., 2005; *Larenz*, Methodenlehre der Rechtswissenschaft, 6. Aufl., 1991; *Radbruch*, Rechtsphilosophie (Studienausgabe), 2. Aufl., 2003; *Rehbinder*, Einführung in die Rechtswissenschaft, 8. Aufl., 1995; *Rüthers*, Rechtstheorie, 2. Aufl., 2004.

Das bürgerliche Recht (Rdnr. 13 ff.) ist ein Teil des Privatrechts (Rdnr. 10 ff.) und dieses wiederum ein Teil des Rechts (Rdnr. 1 ff.).

I. Recht

1. Bedeutung

Das Zusammenleben der Menschen bedarf einer Ordnung. Der allein auf einer Insel lebende Robinson braucht eine solche Ordnung nicht. Regelmäßig gehört jeder Mensch einer Reihe von Gemeinschaften an (z. B. Familie, Gemeinde, Staat). Die vielfältigen zwischenmenschlichen Beziehungen machen »soziale Spielregeln« erforderlich, nach denen der Einzelne sein Verhalten einrichten soll. Die Verhaltensvorschriften bestehen aus Geboten und Verboten. Sie können sich aus Recht, Sitte (Rdnr. 2) und Sittlichkeit (Rdnr. 3) ergeben.

Eine Ordnung ist nur dann Recht, wenn sie an der Idee der Gerechtigkeit ausgerichtet ist. Diese ist dem positiven (z. B. in Gesetzen enthaltenen) Recht übergeordnet. Gerade die Erfahrungen in der jüngeren Vergangenheit zeigen, wie groß die Gefahr eines Missbrauchs des Rechts ist, wenn letztlich die Macht und nicht die Gerechtigkeit das Recht bestimmt. Was unter Gerechtigkeit zu verstehen ist, wird immer streitig bleiben. Jedenfalls beruht sie auf einer nicht willkürlich veränderbaren Wertordnung. Einzelne dieser Werte (z. B. Menschenwürde, Leben, Freiheit, Eigentum) sind allgemein anerkannt. So gehört z. B. ein Gesetz, das die willkürliche Tötung menschlichen Lebens erlaubt, nicht zum Recht, weil es der Gerechtigkeit widerspricht. Ein ungerechtes Gesetz ist und bleibt Unrecht.

Die Vorschriften des Rechts erreichen eine gerechte Gemeinschaftsordnung, wenn alle Menschen das Recht beachten. Aber nicht jedermann hält freiwillig die rechtlichen Regeln ein. Deshalb setzt der Staat gegen Rechtsbrecher Zwang ein, damit die Vorschriften befolgt werden.

2 ## 2. *Abgrenzung von Sitte und Sittlichkeit*

Nicht alle zwischenmenschlichen Beziehungen werden vom Recht geregelt. Das Recht ist von Sitte und Sittlichkeit abzugrenzen.

a) Unter *Sitte* versteht man Bräuche und Gewohnheiten. Diese können in einzelnen Menschengruppen und einzelnen Regionen (z. B. Familie, Dorf, Handel) sehr verschieden sein. Es handelt sich nicht um rechtlich, sondern um *gesellschaftlich geforderte Regeln*.

Beispiel: Wer jemanden zum Abendessen einlädt, muss ihn auch empfangen und darf ihn nicht an der Haustür abweisen. Es gibt aber keine Rechtsregeln über die Einladung zu einem Essen; der Eingeladene hat auch kein »Recht« darauf, dass die Einladung »erfüllt« wird. Dennoch besteht eine gesellschaftliche Regel, die dem Einladenden gebietet, seine Einladung wahr zu machen, und die ihm verbietet, den Eingeladenen abzuweisen.

Recht und Sitte haben gemeinsam, dass sie Regeln aufstellen, die ein bestimmtes äußeres Verhalten verlangen. Auf eine bestimmte innere Gesinnung kommt es nicht an.

Beispiele: Wer einen Pkw verkauft, muss ihn liefern; der Einladende muss das Abendessen geben. Der bloße Gedanke, den verkauften Pkw am liebsten zu zerstören und dem Eingeladenen die Tür vor der Nase zuzuschlagen, verletzt weder Recht noch Sitte.

Verschieden sind Recht und Sitte in der Sanktion für eine Zuwiderhandlung. Die Befolgung von rechtlichen Geboten und Verboten kann mit Hilfe staatlichen Zwanges erreicht werden. Die Beachtung von Bräuchen ist dagegen staatlich nicht durchsetzbar; die Folge der Missachtung einer Sitte ist die gesellschaftliche Missachtung, weil eine Anstandsregel verletzt wurde.

Beispiele: Erfüllt der Verkäufer (V) den Kaufvertrag nicht, kann der Käufer (K) den V auf Lieferung des Pkw verklagen. Das Gericht verurteilt den V zur Übereignung und Übergabe des Pkw (vgl. § 433 I 1). Leistet V dem Urteil keine Folge, holt der Gerichtsvollzieher auf Verlangen des K den Wagen bei V heraus und übergibt ihn dem K. – Dagegen hat der Eingeladene keine Möglichkeit, die »Erfüllung« der Einladung zum Abendessen mit Hilfe des Staates zu erzwingen. Er kann nur dafür sorgen, dass man den Gastgeber in Zukunft gesellschaftlich »schneidet«, weil dieser sich »unmöglich benommen« hat.

Obwohl Recht und Sitte voneinander zu unterscheiden sind, kann die Sitte für das Recht von Bedeutung sein.

Beispiel: Das Verlöbnis ist nicht nur ein gesellschaftlicher Brauch, sondern auch rechtlich erheblich (dazu: § 383 I Nr. 1 ZPO; Vorüberlegungen S. 1 f.).

Das Gesetz verweist an einigen Stellen ausdrücklich auf Bräuche. So sind Bräuche, die sich im Handel herausgebildet haben, zwar keine Rechtsnormen; sie sind jedoch z. B. im Verkehr unter Kaufleuten bei der Beurteilung von Handlungen zu berücksichtigen (vgl. § 346 HGB). Entsprechendes gilt von

Verkehrssitten; sie sind bei der Auslegung von Verträgen zu beachten (vgl. § 157; Rdnr. 136).

Schließlich können Sitten und Gebräuche sogar zu Rechtsnormen werden, wenn sie zum Gewohnheitsrecht erstarken (Rdnr. 8) oder vom Gesetzgeber in ein Gesetz übernommen werden (Rdnr. 4).

b) Bei der *Sittlichkeit (Moral)* geht es ebenfalls um Sollensvorschriften. Hier- 3
bei ist dreierlei zu unterscheiden: Die moralische Verpflichtung kann einmal auf dem Gewissen des einzelnen Menschen beruhen; sittlich gut handelt danach der Mensch, welcher der Stimme seines eigenen Gewissens folgt. Die Verhaltensregeln können aber auch ihren Grund in einer Religion oder Weltanschauung haben; so verlangt die christliche Ethik oder Moraltheologie die Befolgung der Worte Jesu wie »Seid vollkommen, wie euer Vater im Himmel vollkommen ist!« und »Liebe deinen Nächsten wie dich selbst!«. Schließlich gibt es auch in einer Gruppe von Menschen eine Reihe von sittlichen Grundwerten, die gemeinsamer Anschauung entsprechen (»Sozialmoral«); das Verhalten gegenüber der Gruppe und den Mitgliedern ist dann sittlich gut, wenn es sich im Rahmen dieser Grundnormen (wie Anständigkeit, Hilfsbereitschaft) hält.

Recht und Sittlichkeit unterscheiden sich in ihren Zielen. Während das Recht ein einigermaßen erträgliches Zusammenleben der Menschen bezweckt, geht es bei der Sittlichkeit der Idee nach um die Verwirklichung des Guten. Demnach gibt es Handlungen, die rechtlich erlaubt, moralisch aber unerlaubt sind.

So ist die Lüge unmoralisch. Der Angeklagte im Strafprozess darf aber lügen, ohne rechtlich einen Nachteil befürchten zu müssen. Eine Lüge ist nur unter besonderen Umständen strafrechtlich erheblich (z. B. beim Meineid, § 154 StGB; beim Betrug, § 263 StGB). Die Lüge eines Vertragspartners bei Abschluss eines Vertrages berechtigt den anderen Vertragspartner nur dann zur »Annullierung« des Vertrages nach §§ 123, 142 (Rdnr. 450), wenn es sich dabei um eine »arglistige Täuschung« handelt. Die Beispiele machen verständlich, dass man das Recht als »ethisches Minimum« bezeichnet hat.

Die Sittlichkeit vor allem im Sinne der Befolgung der eigenen Gewissensentscheidung geht auch insoweit über das Recht hinaus, als der bloße Gedanke, etwas Verwerfliches zu tun (z. B. zu stehlen, falsch zu schwören, einen anderen zu töten), bereits unsittlich ist. Rechtlich bedeutsam ist erst die dem bösen Gedanken entsprechende Tat (z. B. Diebstahl, Meineid, Totschlag).

Aus dieser Überlegung heraus stellt man der »Äußerlichkeit« des Rechts die »Innerlichkeit« der Sittlichkeit gegenüber. Das ist zumindest missverständlich. Denn die Sittlichkeit beschränkt sich nicht auf das Innerliche; nicht nur der böse Gedanke, sondern erst recht die ihm folgende böse Tat ist moralisch verwerflich. Andererseits berücksichtigt auch das Recht die innere Tatseite eines äußeren Verhaltens; so ist es z. B. rechtserheblich, ob die Tötung eines Menschen auf Unachtsamkeit beruht (fahrlässige Tötung, § 222 StGB), bewusst und gewollt (vorsätzlich) geschieht (Totschlag, § 212 StGB) oder etwa aus niedrigen Beweggründen des Täters erfolgt (Mord, § 211 StGB).

Auch in der Sanktion unterscheiden sich Recht und Sittlichkeit. Das Recht ist mit staatlicher Hilfe durchsetzbar. Bei der Sittlichkeit fehlt eine solche Sanktion; die Folge eines Verstoßes gegen eine vom Gewissen geforderte Verhaltensvorschrift ist der Gewissensvorwurf (»Gewissensbisse«).

Trotz aller Verschiedenheit von Recht und Sittlichkeit gibt es viele Berührungspunkte. So verweisen manche Rechtsnormen auf die Sittlichkeit. Dabei ist Sittlichkeit nicht im Sinne einer (subjektiven) Gewissensentscheidung des einzelnen Menschen und auch nicht im Sinne einer religiösen oder weltanschaulichen Ethik gemeint; vielmehr geht es um die sog. Sozialmoral.

So ist nach § 826 zum Schadensersatz verpflichtet, wer in einer gegen die guten Sitten verstoßenden Weise einem anderen vorsätzlich Schaden zufügt. Bei der Sittenwidrigkeit kommt es weder auf die moralisch besonders hochstehende Auffassung bestimmter Kreise noch auf besonders laxe Auffassungen an. Sittenwidrig ist eine Handlung vielmehr dann, wenn sie gegen das »Anstandsgefühl aller billig und gerecht Denkenden« verstößt[5] (siehe noch Rdnr. 329 ff.). Abzustellen ist also auf die Anschauungen des »anständigen Durchschnittsmenschen«.

Eine Rechtsnorm kann auch auf die Sozialmoral einwirken.

Im ersten Urteil über die Verfassungswidrigkeit der sog. Fristenlösung bei der Abtreibung hat das Bundesverfassungsgericht auf die Fernwirkung einer Strafnorm (»Die Abtreibung ist strafbar«) hingewiesen und ausgeführt[6]: »Schon die bloße Existenz einer solchen Strafandrohung hat Einfluss auf die Wertvorstellungen und die Verhaltensweisen der Bevölkerung.«

Schließlich ist eine veränderte Sozialmoral in der Lage, eine Änderung des Rechts herbeizuführen.

Man denke etwa an einen gewissen Wandel der Sozialmoral, der zu einer Liberalisierung des Strafrechts (z. B. Sexualdelikte) geführt hat.

4 *3. Entstehung von Rechtsnormen*

Rechtsnormen (Rechtssätze) entstehen dadurch, dass sie entweder von den Organen einer Gemeinschaft ausdrücklich gesetzt (gesetztes Recht) oder dauernd stillschweigend geübt werden (Gewohnheitsrecht). Dagegen werden durch richterliche Rechtsfortbildung Rechtsnormen nicht geschaffen.

a) Das *gesetzte Recht* kann in der Form von Gesetzen, Rechtsverordnungen und autonomen Satzungen aufgestellt werden.

(1) Ein *Gesetz* wird durch den Gesetzgeber geschaffen. Das ist in der Demokratie regelmäßig die Volksvertretung. Das Verfahren richtet sich bei einem

5 Mot. II, 727; BGH NJW 2004, 2668, 2670; RGZ 80, 221.
6 BVerfGE 39, 57.

Bundesgesetz nach dem Grundgesetz (Art. 70 ff. GG), bei einem Landesgesetz nach den Vorschriften der jeweiligen Landesverfassung. Wesentlich sind vor allem ein entsprechender Parlamentsbeschluss (Bundestag, Landtag), die Ausfertigung des Gesetzes (beim Bund durch den Bundespräsidenten) und die Verkündung im Gesetzblatt.

Die Gesetze enthalten in der Regel Rechtsnormen. Diese liegen immer dann vor, wenn das Gesetz einen bestimmten Lebensbereich für unbestimmt viele Personen und Fälle regelt. Solche Gesetze, die Rechtsnormen begründen, nennt man Gesetze im materiellen Sinn.

Beispiel: Nach § 437 Nr. 2 kann der Käufer einer mangelhaften Sache vom Vertrag zurücktreten oder den Kaufpreis mindern. Diese Rechte hat *jeder* Käufer; sie finden auf *jeden* Kauf Anwendung. Die Regelung gilt also für unbestimmt viele Personen und eine unbestimmte Vielzahl von Fällen.

Es gibt aber auch Gesetze, die keine Rechtsnormen begründen; sie sind Gesetze im (nur) formellen Sinn.

Beispiel: Der Haushaltsplan des Bundes, der die Einnahmen und Ausgaben enthält, wird nicht allein durch die Bundesregierung aufgestellt, sondern von der Volksvertretung durch Gesetz beschlossen (vgl. Art. 110 GG). Dadurch soll die Volksvertretung an der wichtigen Entscheidung über die Haushaltsaufstellung beteiligt werden. Rechte und Pflichten der Bürger entstehen nicht. Der Haushaltsplan bedarf also der Form des Gesetzes, schafft jedoch keine Rechtsnormen.

(2) Rechtsnormen sind aber nicht nur in Gesetzen enthalten. Die Verfassung 5
sieht vor, dass Rechtsnormen (= Gesetze im materiellen Sinne) auch durch die Regierung oder einen Minister geschaffen werden können, ohne dass das Parlament daran unmittelbar beteiligt ist. Voraussetzung für den Erlass einer solchen *Rechtsverordnung* ist jedoch, dass dazu eine Ermächtigung in einem formellen Gesetz enthalten ist und dass das Gesetz Inhalt, Zweck und Ausmaß der Ermächtigung bestimmt (Einzelheiten: Art. 80 GG). Da das ermächtigende Gesetz von der Volksvertretung beschlossen sein muss, ist diese an dem Erlass von solchen Rechtsverordnungen wenigstens mittelbar beteiligt.

Beispiel: Im Straßenverkehrsgesetz (StVG) finden sich Vorschriften über den Verkehr von Kraftfahrzeugen auf öffentlichen Wegen und Plätzen. Die näheren Einzelheiten ergeben sich aus der Straßenverkehrs-Ordnung (StVO), die der Bundesminister für Verkehr mit Zustimmung des Bundesrates erlassen hat. Die Ermächtigung dazu enthält § 6 I StVG.

Eine Rechtsverordnung unterscheidet sich in ihrer Wirkung nicht von einem durch das Parlament geschaffenen Gesetz. Deshalb ist eine Rechtsverordnung, die Rechtsnormen enthält, ein Gesetz im materiellen, nicht aber im formellen Sinn.

(3) Auch nichtstaatliche Verbände sind in der Lage, Rechtsnormen zu setzen. 6
Die Befugnis zur Rechtsetzung (sog. Autonomie, Satzungsgewalt) muss dem

Verband durch staatliches Gesetz zugestanden worden sein. Macht ein Verband von der ihm verliehenen Autonomie Gebrauch und setzt er Recht, liegt eine *autonome Satzung* vor. Darunter versteht man also die von einem Verband auf Grund der ihm gesetzlich eingeräumten Befugnis erlassene Rechtsnorm.

Solche Verbände sind beispielsweise die Gemeinden, Gemeindeverbände, Handwerksinnungen, Universitäten. – Ermächtigungen zum Erlass von autonomen Satzungen enthalten z. B. die Gemeindeordnungen, die Handwerksordnung, die Hochschulgesetze. – Beispiele für Satzungen der Gemeinde: Satzungen über Vergnügungssteuer, Reinigung öffentlicher Wege, Kurtaxe.

Nicht hierher gehört die Satzung eines Vereins, weil diesem – ebenso wie einer Privatperson – keine Rechtsetzungsbefugnis eingeräumt ist.

Eine autonome Satzung unterscheidet sich in ihrer Wirkung nicht von einem Gesetz, wenngleich sie regelmäßig einen engeren Geltungsbereich (z. B. für die betr. Gemeinde) hat. Sie ist Gesetz im materiellen, nicht jedoch im formellen Sinn.

7 (4) Schließlich ist teilweise auch das Europäische Gemeinschaftsrecht einschlägig; es hat im Grundsatz Vorrang gegenüber den nationalen Rechtsnormen. Neben dem primären Gemeinschaftsrecht (Gründungsverträge der EG, die vom EuGH entwickelten allgemeinen Rechtsgrundsätze) ist das sekundäre Gemeinschaftsrecht zu beachten. Nach Art. 249 I EGV erlassen das Europäische Parlament und der Rat Verordnungen, Richtlinien sowie Entscheidungen, sprechen Empfehlungen aus und geben Stellungnahmen ab.

Die *Verordnung* hat allgemeine Geltung, ist in allen ihren Teilen verbindlich und gilt unmittelbar in jedem Mitgliedsstaat (Art. 249 II EGV).

Die *Richtlinie* ist für jeden Mitgliedstaat, an den sie gerichtet wird, hinsichtlich des zu erreichenden Zieles verbindlich, überlässt jedoch den innerstaatlichen Stellen die Wahl der Form und der Mittel (Art. 249 III EGV). Sie hat in der Regel keine unmittelbaren Wirkungen gegenüber den Bürgern der Europäischen Union. Die Mitgliedstaaten haften gegenüber den Bürgern unter bestimmten Umständen für nicht umgesetzte Richtlinien. Gerade für das BGB haben Richtlinien eine zunehmende Bedeutung. Die gravierenden Änderungen im Schuldrecht durch das Schuldrechtsmodernisierungsgesetz vom 26.11.2001 (siehe auch Rdnr. 49) waren im Wesentlichen durch Vorgaben in drei europäischen Richtlinien veranlasst[7].

Die *Entscheidung* ist in allen ihren Teilen für diejenigen verbindlich, die sie bezeichnet (Art. 249 IV).

Die *Empfehlungen und Stellungnahmen* sind dagegen nicht verbindlich (Art. 249 V).

Einzelheiten: *Fischer*, Europarecht, 2005; *Herdegen*, Europarecht, 7. Aufl., 2005; *Hobe*, Europarecht, 2. Aufl., 2004; *Oppermann*, Europarecht, 3. Aufl., 2005.

8 b) Das *Gewohnheitsrecht* entsteht nicht durch einen Gesetzgebungsakt, sondern beruht auf einem allgemeinen Rechtsgeltungswillen der Gemeinschaft, der

7 AS § 1 Rdnr. 4.

sich in einer dauernden Übung, vor allem in einem ständigen Gerichtsgebrauch, zeigt.

Beispiel: Die Verpflichtung des Rechtsanwalts, vor Gerichten in Amtstracht aufzutreten, beruht in den Ländern, in denen gesetzliche Bestimmungen fehlen, auf Gewohnheitsrecht; denn in allen Ländern der Bundesrepublik gibt es eine entsprechende, einheitlich herrschende Rechtsüberzeugung, die von den Richtern aller Gerichte anerkannt und von der Rechtsanwaltschaft in ihrer Gesamtheit geteilt wird[8].

Das Gewohnheitsrecht hat sich aus Sitten und Gebräuchen allmählich herausgebildet und war vor allem in Zeiten, in denen Gesetzesrecht weitgehend fehlte, besonders bedeutsam. Heute ist es vielfach durch Gesetzesrecht abgelöst.

In seiner Wirkung steht das Gewohnheitsrecht dem Gesetzesrecht gleich. Das ergibt sich z. B. aus Art. 2 EGBGB, wonach Gesetz im Sinne des BGB jede Rechtsnorm ist, also auch eine solche, die auf Gewohnheitsrecht beruht.

c) Durch *richterliche Rechtsfortbildung* werden Rechtsnormen nicht geschaffen. Zwar kann eine ständige Rechtsprechung bei einer entsprechenden allgemeinen Rechtsüberzeugung zum Gewohnheitsrecht werden. Richterliche Entscheidungen, die (noch) kein Gewohnheitsrecht sind, schaffen aber kein Recht. 9

Die Gerichte wenden das Gesetz auf den zu entscheidenden Einzelfall an. Stellen sie dabei fest, dass das Gesetz lückenhaft ist, füllen sie diese Lücke durch eine in den Urteilsgründen vorgenommene Gesetzesergänzung aus (Rdnr. 64). Die Befugnis der Gerichte zu einer solchen »schöpferischen Rechtsfindung« ist heute unbestritten; die obersten Gerichte haben sie von Anfang an für sich in Anspruch genommen[9]. Den Großen Senaten der obersten Gerichtshöfe des Bundes hat das Gesetz selbst die Aufgabe der »Fortbildung des Rechts« ausdrücklich zugewiesen (z. B. § 132 IV GVG).

Vor allem im Arbeitsrecht hat die richterliche Rechtsfortbildung besonderes Gewicht erlangt, weil die Gesetzgebung hinter dem Fluss der sozialen Entwicklung zurückgeblieben ist. So ist das Arbeitskampfrecht gesetzlich nicht geregelt. Deshalb hat das Bundesarbeitsgericht (BAG) Regeln darüber aufgestellt, unter welchen Voraussetzungen Streik und Aussperrung rechtmäßig sind und welche Rechtsfolgen sie nach sich ziehen[10].

Die Gesetzesergänzung durch die Gerichte hat über den zu entscheidenden Einzelfall hinaus Bedeutung auch für gleich liegende künftige Fälle. Besonders die unteren Gerichte schließen sich den oft in Leitsätzen enthaltenen und wie Rechtssätze formulierten Regeln der höchstrichterlichen Entscheidungen an, weil sie von der Richtigkeit überzeugt sind oder der Rechtssicherheit dienen wollen. Sie sind aber nicht an solche Sätze wie an ein Gesetz oder an ein Ge-

8 Vgl. BVerfGE 28, 28.
9 Nachw. in BVerfGE 34, 269, 288.
10 Vgl. etwa BAGE 1, 291; 23, 292; 48, 160; BAG DB 1988, 1902 u. 1952; NZA 2003, 734; BVerfG DB 1991, 1678; 1993, 837; Einzelheiten: *Brox/Rüthers*, Arbeitskampfrecht, 2. Aufl., 1982; ArbR Rdnr. 777 ff.

wohnheitsrecht gebunden. Vielmehr sind sie rechtlich sehr wohl in der Lage, von der Rechtsansicht eines obersten Gerichts abzuweichen. Regelmäßig laufen sie jedoch dabei Gefahr, dass das oberste Gericht ihre Entscheidung auf Rechtsmittel des Unterlegenen abändert und die Rechtsfrage wie früher löst. Die unteren Gerichte werden deshalb von einer höchstrichterlichen Rechtsprechung nur dann abweichen, wenn berechtigte Aussicht besteht, dass das oberste Gericht seine frühere Auffassung aufgibt. Daraus folgt, dass das »Richterrecht« zwar »faktisch«, aber nicht »rechtlich« die Gerichte und die Rechtsunterworfenen bindet. Das »Richterrecht« steht also dem Gesetzesrecht nicht gleich.

Beispiel: Das BAG hat seit seiner Entscheidung in BAGE 1, 269 in ständiger Rechtsprechung die Regel angewandt, dass eine rechtmäßige Aussperrung als Antwort der Arbeitgeberseite auf einen Streik die Arbeitsverhältnisse der ausgesperrten Arbeitnehmer auflöse. Daran haben sich die Arbeitsgerichte und die Verbände jahrelang gehalten, ohne jedoch rechtlich gebunden zu sein. Jedes Gericht, auch das BAG selbst, hätte diese Rechtsfrage in einem anderen Rechtsstreit anders entscheiden können. Später hat das BAG diese Regel weitgehend eingeschränkt[11].

10 II. Privatrecht

1. Begriff und Abgrenzung

a) Das Privatrecht (oder Zivilrecht) ist der Teil des Rechts, der die *Beziehungen zwischen den einzelnen gleichgeordneten Mitgliedern der Gemeinschaft* regelt. Dagegen geht es im öffentlichen Recht meistens um die Regelung von Über- und Unterordnungsverhältnissen.

Ob der Käufer vom Verkäufer die Übereignung und Übergabe des gekauften Pkw verlangen kann, ergibt sich aus dem Privatrecht. Dagegen ist die Frage, wer dem Staat zur Zahlung von Umsatzsteuer verpflichtet ist, aus dem Steuerrecht zu beantworten, das zum öffentlichen Recht gehört.

Diese Abgrenzung trifft nicht immer zu. Trotz Über- und Unterordnung kann Privatrecht, trotz Gleichordnung kann öffentliches Recht vorliegen.

So gibt es z. B. im Eltern-Kind-Verhältnis eine gewisse Über- und Unterordnung; dennoch gehört das Familienrecht zum Privatrecht. – Schließen zwei Gemeinden einen Gebietsänderungsvertrag, stehen sich gleichgeordnete Parteien gegenüber; trotzdem gilt öffentliches Recht.

Auch wenn an den Rechtsbeziehungen ein Träger hoheitlicher Gewalt (wie Staat oder Gemeinde) beteiligt ist, handelt es sich nicht notwendigerweise um öffentliches Recht. Nur wenn er gerade in seiner Funktion als Hoheitsträger tätig wird, ist öffentliches Recht, ansonsten Privatrecht anwendbar.

11 BAGE 23, 292; vgl. BVerfGE 38, 386; 84, 212.

Beispiele: Kauft und erwirbt die Stadt ein Grundstück vom Grundstückseigentümer und lässt sie darauf von einem Bauunternehmer ein Gebäude errichten, schließt sie wie ein Privater privatrechtliche Verträge. Erteilt die Stadt dagegen dem Bauherrn A eine Baugenehmigung, wird sie hoheitlich tätig (öffentliches Recht). – Die Stadt kann wie ein Privater etwa auf Grund eines Testaments oder kraft Gesetzes (§ 1936)[12] Erbe eines Verstorbenen werden (Privatrecht). Die Pflicht eines Erben, dem Staat Erbschaftsteuer zu zahlen, gehört jedoch zum öffentlichen Recht[13].

Vielfach ist ein Lebenssachverhalt sowohl privatrechtlich als auch öffentlich-rechtlich bedeutsam. So kann etwa ein privatrechtliches Rechtsgeschäft in seiner Wirksamkeit von einem öffentlich-rechtlichen Akt abhängig sein oder öffentlich-rechtliche Konsequenzen haben. Ein und derselbe tatsächliche Vorgang vermag sowohl privatrechtliche als auch öffentlich-rechtliche Folgen auszulösen.

Beispiele: Der (privatrechtliche) Erwerb eines land- oder forstwirtschaftlichen Grundstücks bedarf zu seiner Wirksamkeit einer (öffentlich-rechtlichen) behördlichen Genehmigung (§§ 2 f. Grundstückverkehrsgesetz). Mit dem Erwerb eines Grundstücks nach Privatrecht wird der Erwerber grundsteuerpflichtig (öffentliches Recht).

Wer einem anderen Geld stiehlt, erfüllt den Straftatbestand des § 242 StGB; er wird wegen Diebstahls bestraft (öffentliches Recht). Der Bestohlene hat gegen den Dieb einen Schadensersatzanspruch nach § 823 BGB (Privatrecht).

b) Die Abgrenzung des Privatrechts vom öffentlichen Recht ist vor allem für **11**
zwei Fragen von Bedeutung:

(1) *Welche Rechtsnormen* im Einzelfall anzuwenden sind, hängt davon ab, ob der Sachverhalt nach privatem oder öffentlichem Recht zu beurteilen ist.

Beispiel: Der Grundstückseigentümer schuldet dem Unternehmer, den er mit der Straßenreinigung beauftragt, die vereinbarte (privatrechtliche) Vergütung. Führt die Stadt die Straßenreinigung durch, so ist der Eigentümer verpflichtet, eine (öffentlich-rechtliche) Straßenreinigungsgebühr zu entrichten.

(2) Wer klagen will, muss das richtige Gericht anrufen. Entscheidend ist dabei, welcher Zweig der Gerichtsbarkeit (z. B. die ordentlichen Gerichte oder die Verwaltungsgerichte) vom Staat zur Verfügung gestellt wird. Die *Zulässigkeit des Rechtswegs* richtet sich grundsätzlich danach, ob das streitige Rechtsverhältnis dem Privatrecht oder dem öffentlichen Recht zuzuordnen ist. Dazu bestimmt § 40 I VwGO, dass der Verwaltungsrechtsweg in allen öffentlich-rechtlichen Streitigkeiten nichtverfassungsrechtlicher Art gegeben ist. Dagegen gehören nach § 13 GVG vor die ordentlichen Gerichte (Amtsgericht, Landgericht) alle bürgerlichen, also grundsätzlich alle privatrechtlichen Rechtsstreitigkeiten.

12 ErbR Rdnr. 78 ff.
13 ErbR Rdnr. 39 ff.

So sind etwa Streitigkeiten zwischen Bauherrn und Bauunternehmer als privatrechtliche vor den ordentlichen Gerichten auszutragen, während gegen einen Verwaltungsakt, durch den die Baugenehmigung versagt wurde, durch Klage vor dem Verwaltungsgericht vorgegangen werden kann.

Abweichend von der Regel gehören allerdings bestimmte öffentlich-rechtliche Streitigkeiten vor die ordentlichen Gerichte, wenn sie diesen durch Gesetz ausdrücklich zugewiesen sind. Die Ausnahmen sind einmal historisch zu erklären, weil früher die Verwaltungsgerichte keine unabhängigen Gerichte, sondern mehr oder weniger nur besondere Abteilungen von Verwaltungsbehörden waren. Zum anderen sollen Verwaltungsakte der Justiz auf bestimmten Gebieten wegen der Sachnähe von den ordentlichen Gerichten auf ihre Rechtmäßigkeit überprüft werden (§§ 23 ff. EGGVG).

Beispiele: Für den Schadensersatzanspruch wegen Amtspflichtverletzung eines Beamten darf nach Art. 34 Satz 3 GG der ordentliche Rechtsweg nicht ausgeschlossen werden; demnach muss der Bürger, dessen Bauantrag zu Unrecht abgelehnt worden ist und dem dadurch ein Vermögensschaden entstanden ist, diesen vor dem ordentlichen Gericht einklagen. Hat der Präsident des Oberlandesgerichts es abgelehnt, einen Ausländer von der Beibringung eines Ehefähigkeitszeugnisses seines Heimatlandes zu befreien (§ 1309 II), kann Antrag auf gerichtliche Entscheidung beim Zivilsenat des Oberlandesgerichts gestellt, also ein ordentliches Gericht und nicht ein Verwaltungsgericht angerufen werden (§§ 23 ff. EGGVG).

12 *2. Nicht zum Privatrecht gehörende Rechtsgebiete*

Zum Privatrecht gehört nicht, was zum öffentlichen Recht gehört. Als Teile des öffentlichen Rechts sind aus den weiteren Erörterungen auszuscheiden:

a) das Staatsrecht, das u. a. das Recht der Organisation des Staates und die Rechte des Bürgers gegenüber dem Staat umfasst (vgl. Grundgesetz, Landesverfassung),

b) das Verwaltungsrecht, das die Tätigkeit der öffentlichen Verwaltung regelt (z. B. Polizeirecht, Baurecht, Wegerecht, Wasserrecht, Beamtenrecht, Steuerrecht),

c) das Völkerrecht, das sich mit den Rechtsbeziehungen zwischen den Staaten und anderen Völkerrechtssubjekten befasst,

d) das Strafrecht, das die Tatbestände normiert, in denen ein staatlicher Strafanspruch besteht, und die Sanktionen bei Verletzung eines Strafgesetzes behandelt (vgl. StGB),

e) die Prozessgesetze, die der Durchsetzung des Rechts vor den Gerichten dienen (z. B. ZPO, StPO, ArbeitsgerichtsG, SozialgerichtsG, Finanzgerichtsordnung).

III. Bürgerliches Recht 13

1. *Begriff*

Das bürgerliche Recht ist der *Teil des Privatrechts, der für jedermann gilt*. Die Bezeichnung als »bürgerliches Recht« bedeutet nicht, dass es sich um ein Recht für den Stand des Bürgers handelt; vielmehr stammt sie von dem »ius civile« der römischen Antike. Sie ist auch heute noch gebräuchlich, weil das für jedermann geltende Privatrecht vorwiegend im Bürgerlichen Gesetzbuch geregelt ist.

Früher stellte das bürgerliche Recht das ganze Privatrecht dar; die Begriffe »bürgerliches Recht« und »Privatrecht« waren also identisch. Im Laufe der Zeit haben sich immer mehr Sonderrechtsgebiete (z. B. für bestimmte Personengruppen wie die Kaufleute) herausgebildet. Demnach ist das bürgerliche Recht heute das allgemeine Privatrecht gegenüber dem besonderen Privatrecht, das nur für bestimmte Teilgebiete des Privatrechts gilt.

2. *Abgrenzung* 14

Vom bürgerlichen Recht im Sinne eines allgemeinen Privatrechts sind folgende Rechtsgebiete des Sonderprivatrechts zu unterscheiden:

a) Das *Handelsrecht* ist das Sonderprivatrecht der Kaufleute[14].

Es ist vorwiegend im HGB geregelt. Darin wird z. B. bestimmt, wer Kaufmann ist und welche Besonderheiten bei Handelsgeschäften und im Seehandel gelten. Die Normen über die Personalgesellschaften (offene Handelsgesellschaft, Kommanditgesellschaft) sind im HGB enthalten; die Vorschriften über die Kapitalgesellschaften (Aktiengesellschaft, Gesellschaft mit beschränkter Haftung) findet man in besonderen Gesetzen (AktG, GmbHG). Zum Handelsrecht im weiteren Sinne zählt man auch das Wechsel- und Scheckrecht (WG, ScheckG), da ein Wechsel früher nur von Kaufleuten ausgestellt werden durfte und ein Scheck nur auf einen Bankier gezogen werden darf.

b) Das *Wirtschaftsrecht* ist, soweit es nicht zum öffentlichen Recht gehört, 15
das Sonderprivatrecht der gewerblichen Wirtschaft und mit dem Handelsrecht verwandt.

Dazu gehört vor allem das Wettbewerbsrecht (Gesetz gegen den unlauteren Wettbewerb – UWG –, Gesetz gegen Wettbewerbsbeschränkungen – GWB –, Markengesetz).

c) Das *Immaterialgüterrecht* ist das Sonderprivatrecht, welches das Recht der 16
Immaterialgüter (Urheberrechte und gewerbliche Schutzrechte) regelt.

Beispiele: UrheberrechtsG, KunsturheberG, GeschmacksmusterG, PatentG, MarkenG.

14 Vgl. HR Rdnr. 1 ff.

17 d) Das *Arbeitsrecht* ist das Sonderprivatrecht der abhängigen, unselbstständigen Arbeitnehmer. Es enthält aber außer privatrechtlichen auch viele öffentlichrechtliche Normen[15].

Die Regeln des BGB über den Dienstvertrag (§§ 611 ff.) reichen zum Schutz der abhängigen Arbeitnehmer nicht aus. Deshalb gibt es eine Reihe von Gesetzen, die dem Schutz aller Arbeitnehmer oder besonders schutzwürdiger Arbeitnehmer dienen (z. B. BundesurlaubsG, ArbeitszeitG, KündigungsschutzG, MutterschutzG, Sozialgesetzbuch IX [Rehabilitation und Teilhabe behinderter Menschen]).

18 *3. Bedeutung*

Das bürgerliche Recht ist die Grundlage des Privatrechts. Von ihm als dem allgemeinen Privatrecht haben sich die einzelnen Gebiete des Sonderprivatrechts abgespalten. Diese sind nur vor dem Hintergrund des allgemeinen Privatrechts zu verstehen. Deshalb ist die Kenntnis des bürgerlichen Rechts Voraussetzung für das Eindringen in das Sonderprivatrecht. Trotz der Verselbstständigung des Sonderprivatrechts bestehen auch heute noch zahlreiche Verflechtungen zwischen ihm und dem bürgerlichen Recht.

Beispiel: Der Großhändler V liefert dem Händler K auf Grund eines Kaufvertrages Kartoffeln, die sich als verdorben und deshalb für K als unverkäuflich herausstellen. Daher wendet sich K am Tag nach Erhalt der Ware telefonisch an V, dem er die Kartoffeln wegen ihres Mangels zur Verfügung stellt und von dem er Rückzahlung des Kaufpreises verlangt. Mit Recht?

Zur Lösung des Falles kommen das BGB und das HGB in Betracht. Das BGB enthält in §§ 433 ff. Normen über den Kauf, das HGB in §§ 373 ff. HGB Vorschriften über den Handelskauf[16]. Nach § 437 Nr. 2 BGB kann der Käufer wegen eines Mangels der Kaufsache vom Vertrag zurücktreten; ein Mangel liegt vor, weil die Kartoffeln verdorben sind. Damit ist der Fall aber noch nicht gelöst. Da V als Großhändler und K als Händler Kaufleute sind, ist zu prüfen, ob das Handelsrecht als Sonderrecht der Kaufleute Spezialvorschriften für diesen Fall enthält. § 377 I HGB bestimmt: »Ist der Kauf für beide Teile ein Handelsgeschäft, so hat der Käufer die Ware unverzüglich nach Ablieferung durch den Verkäufer, soweit dies nach ordnungsgemäßem Geschäftsgange tunlich ist, zu untersuchen und, wenn sich ein Mangel zeigt, dem Verkäufer unverzüglich Anzeige zu machen«. Der Kauf ist für beide Vertragspartner ein Handelsgeschäft; denn nach § 343 HGB sind Handelsgeschäfte alle Geschäfte eines Kaufmanns, die zum Betrieb seines Handelsgewerbes gehören. Diese Voraussetzungen sind gegeben. Deshalb muss K die Kartoffeln unverzüglich nach der Ablieferung untersuchen und den Mangel unverzüglich dem V anzeigen (§ 377 I HGB); anderenfalls gilt die Ware als genehmigt (§ 377 II HGB). K könnte dann keine Rechte wegen der Mangelhaftigkeit der Kartoffeln geltend machen (vgl. § 377 IV HGB). Was »unverzüglich« heißt, ergibt sich nicht aus dem HGB, sondern aus dem BGB. Der Begriff »unverzüglich« bedeutet nach der in einem ganz anderen Zusammenhang gegebenen Definition des § 121 I 1 BGB »ohne schuldhaftes Zögern«. Auch diese Voraus-

15 Vgl. ArbR Rdnr. 1 ff.
16 HR Rdnr. 331 ff.

setzung ist erfüllt, da K dem V den Mangel bereits am Tage nach dem Erhalt der Kartoffeln telefonisch angezeigt hat. Das HGB bestimmt nun nicht, welche Rechte der Käufer hat, wenn der Tatbestand des § 377 I HGB gegeben ist. Dazu ist auf das BGB zurückzugreifen. Nach § 437 Nr. 2, 1. Fall BGB kann der Käufer beim Mangel der Kaufsache vom Vertrag zurücktreten. Das Begehren des K ist also berechtigt.

4. Gesetzliche Regelung 19

a) Das für das bürgerliche Recht wichtigste Gesetz ist das *Bürgerliche Gesetzbuch*, das am 18. 8. 1896 verkündet worden, am 1. 1. 1900 in Kraft getreten ist und auch heute noch gilt. Im Laufe der Zeit sind neben einzelnen Vorschriften auch größere Bereiche des BGB geändert worden.

Beispiele: Das *Gleichberechtigungsgesetz* (vom 18. 6. 1957) brachte die Gleichberechtigung von Mann und Frau auf dem Gebiet des bürgerlichen Rechts. Das *Nichtehelichengesetz* (vom 19. 8. 1969) verbesserte die rechtliche Stellung der nichtehelichen Kinder. Durch das Gesetz zur Reform des Kindschaftsrechts (Kindschaftsrechtsreformgesetz – KindRG) vom 16. 12. 1997[17], das am 1. 7. 1998 in Kraft trat, und das Gesetz zur erbrechtlichen Gleichstellung nichtehelicher Kinder (Erbrechtsgleichstellungsgesetz – ErbGleichG) vom selben Tage[18], das am 1. 4. 1998 in Kraft trat, werden eheliche und nichteheliche Kinder rechtlich gleichbehandelt. Das *Testamentsgesetz* (vom 31. 7. 1938) erleichterte vor allem die Formvorschriften für die Errichtung von Testamenten und Erbverträgen. Die Normen aller drei Gesetze sind bis auf Übergangsvorschriften ins BGB aufgenommen worden. 1979 wurden durch das *Reisevertragsgesetz* (vom 4. 5. 1979) die §§ 651a ff. ins BGB eingefügt, um den Teilnehmer an einer Pauschalreise zu schützen. Durch das *Betreuungsgesetz* (vom 12. 9. 1990) wurden mit Wirkung vom 1. 1. 1992 die Entmündigung sowie die Vormundschaft und die Gebrechlichkeitspflegschaft über Volljährige abgeschafft und durch die »Betreuung« ersetzt.

b) Manche Teilgebiete des BGB sind zwischenzeitlich durch besondere Ge- 20
setze neu geregelt worden; die entsprechenden Vorschriften des BGB sind durch die neuen Gesetze außer Kraft gesetzt worden. Von diesen gesetzlichen Regelungen wurden einige durch das Gesetz zur Modernisierung des Schuldrechts vom 26. 11. 2001[19] wiederum ins BGB übernommen.

(1) Das *Verschollenheitsgesetz* (vom 4. 7. 1939, zuletzt geändert durch Gesetz vom 27. 6. 2000) trat an die Stelle der §§ 15–20 BGB, die lückenhaft waren (Rdnr. 711 ff.).

(2) Das *Abzahlungsgesetz* von 1894 ergänzte das BGB für die Fälle, in denen es beim Kauf beweglicher Sachen dem Käufer gestattet war, den Kaufpreis in Raten zu zahlen. An die Stelle des Abzahlungsgesetzes trat mit Wirkung vom 1. 1. 1991 das *Gesetz über Verbraucherkredite* (vom 17. 12. 1990). Es gewährte

17 BGBl. I, 2942.
18 BGBl. I, 2968.
19 BGBl. I, 3138.

bei allen Arten von entgeltlichen Kreditverträgen (z. B. Darlehen, Kauf-, Dienst- und Werkvertrag mit Ratenzahlungsverpflichtung) denselben Schutz, wie er ursprünglich nur für den Abzahlungskäufer bestanden hatte. Seit dem 1. 1. 2002 sind die Regelungen im BGB enthalten (vgl. §§ 491 ff.).

(3) Das *Gesetz über den Widerruf von Haustürgeschäften und ähnlichen Geschäften* (vom 16. 1. 1986) diente wie das Verbraucherkreditgesetz dem Verbraucherschutz und wurde ebenfalls in das BGB eingefügt (vgl. insbes. § 312 BGB). Die Willenserklärung des »überrumpelten« Verbrauchers kann grundsätzlich innerhalb von zwei Wochen widerrufen werden (vgl. Rdnr. 198 ff.).

(4) Das *Gesetz zur Regelung des Rechts der Allgemeinen Geschäftsbedingungen* (vom 9. 12. 1976) bezweckte den Schutz des Vertragspartners vor den Nachteilen der Verwendung Allgemeiner Geschäftsbedingungen. Die jetzige Regelung ist in §§ 305 ff. enthalten (vgl. Rdnr. 219 ff.).

(5) Das *Straßenverkehrsgesetz* (vom 19. 12. 1952; jetzt 5. 3. 2003), das seinen Vorläufer in einem Gesetz bereits aus dem Jahre 1909 hat, berücksichtigt die besondere Gefahr, die mit dem Betrieb eines Kraftfahrzeugs verbunden ist. Es begründet eine Ersatzpflicht des Kraftfahrzeughalters und -führers für Personen- und Sachschäden, die beim Betrieb eines Kraftfahrzeugs entstehen.

(6) Das *Wohnungseigentumsgesetz* (vom 15. 3. 1951) ergänzt das Sachenrecht des BGB, das ein Eigentum an realen Teilen eines Gebäudes nicht kennt. Es lässt Eigentum an einer Wohnung oder sonstigen Räumen eines Hauses zu.

(7) Das *Teilzeit-Wohnrechtegesetz* vom 20. 12. 1996, das am 1. 1. 1997 in Kraft getreten war, regelte Verträge über die Veräußerung von Teilzeitnutzungsrechten an Wohngebäuden. Seit dem 1. 1. 2002 greifen die §§ 481 ff. ein.

(8) Das *Ehegesetz* (vom 6. 7. 1938) regelte das Recht der Eheschließung und der Ehescheidung neu, das vorher im Familienrecht des BGB enthalten war. Das Kontrollratsgesetz Nr. 16 (vom 20. 2. 1946) beseitigte einige Bestimmungen des Ehegesetzes, die nationalsozialistisches Gedankengut enthielten, und übernahm im Übrigen größtenteils den bisherigen Text des Gesetzes. Nach dem Ersten Gesetz zur Reform des Ehe- und Familienrechts (vom 14. 6. 1976) ist das Scheidungsrecht wieder im BGB geregelt. Durch das Gesetz zur Neuordnung des Eheschließungsrechts (EheschlRG) vom 4. 5. 1998 wurden das Aufgebot abgeschafft und etwaige Eheverbote beseitigt sowie die Folgen fehlerhafter Ehen vereinheitlicht. Gleichzeitig wurden das Ehegesetz aufgehoben und die darin enthaltenen Regelungen wieder in das BGB (als §§ 1303 ff.) eingefügt.

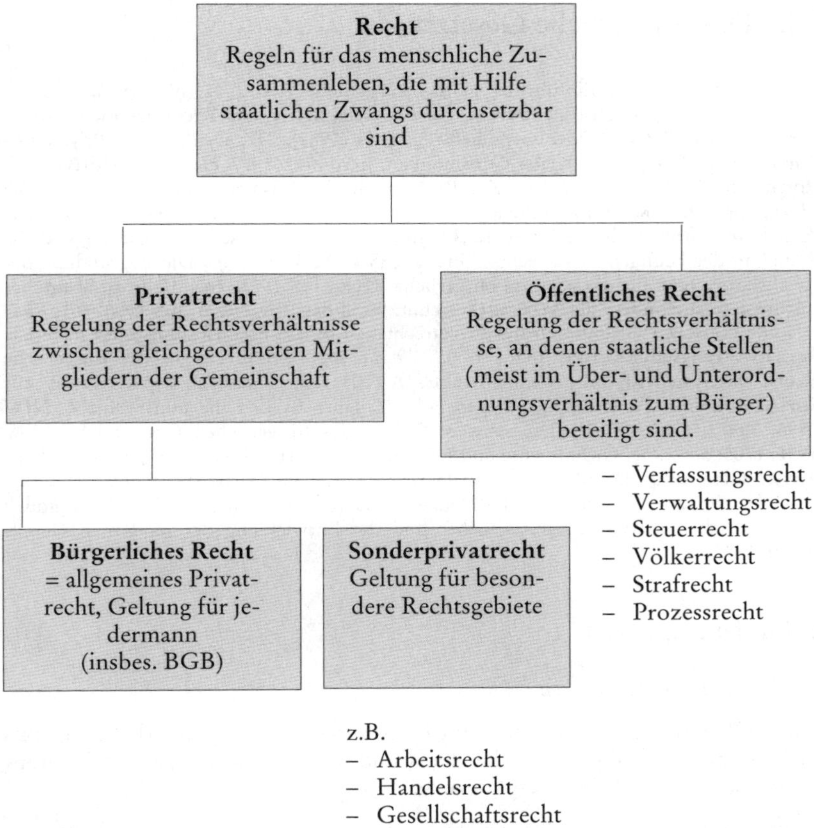
Recht
Regeln für das menschliche Zusammenleben, die mit Hilfe staatlichen Zwangs durchsetzbar sind
Privatrecht
Regelung der Rechtsverhältnisse zwischen gleichgeordneten Mitgliedern der Gemeinschaft
Öffentliches Recht
Regelung der Rechtsverhältnisse, an denen staatliche Stellen (meist im Über- und Unterordnungsverhältnis zum Bürger) beteiligt sind.
– Verfassungsrecht
– Verwaltungsrecht
– Steuerrecht
– Völkerrecht
– Strafrecht
– Prozessrecht
Bürgerliches Recht
= allgemeines Privatrecht, Geltung für jedermann (insbes. BGB)
Sonderprivatrecht
Geltung für besondere Rechtsgebiete
z.B.
– Arbeitsrecht
– Handelsrecht
– Gesellschaftsrecht

21 § 2 Das Bürgerliche Gesetzbuch

Schrifttum: *Boehmer*, Einführung in das bürgerliche Recht, 3. Aufl., 1986; *Canaris*, Grundrechte und Privatrecht, 1999; *G. Dilcher*, Vom Beitrag der Rechtsgeschichte zu einer zeitgemäßen Zivilrechtswissenschaft, AcP 184 (1984), 247; *Geißler*, Die Privatautonomie im Spannungsfeld sozialer Gerechtigkeit, JuS 1991, 617; *J. Hager*, Grundrechte im Privatrecht, JZ 1994, 373; *Hönn*, Zur Problematik der Privatautonomie, Jura 1984, 57; *Horn*, Ein Jahrhundert Bürgerliches Gesetzbuch, NJW 2000, 40; *Kaser*, Der römische Anteil am deutschen bürgerlichen Recht, JuS 1967, 337; *Krause*, Der deutschrechtliche Anteil an der heutigen Privatrechtsordnung, JuS 1970, 313; *Laufs*, Die Begründung der Reichskompetenz für das gesamte bürgerliche Recht, JuS 1973, 740; *Medicus*, Schutzbedürfnisse (insbesondere der Verbraucherschutz) und das Privatrecht, JuS 1996, 761; *Reuter*, Die ethischen Grundlagen des Privatrechts – formale Freiheitsethik oder materiale Verantwortungsethik?, AcP 189 (1989), 199; *Schapp*, Einführung in das Bürgerliche Recht: Das System des Bürgerlichen Rechts, JA 2003, 125; *E. Schmidt*, Von der Privat- zur Sozialautonomie, JZ 1980, 153; *Schmoekel*, 100 Jahre BGB: Erbe und Aufgabe, NJW 1996, 1697; *Schulte-Nölke*, Die schwere Geburt des Bürgerlichen Gesetzbuchs, NJW 1996, 1705; *Schwabe*, Grundrechte und Privatrecht, AcP 185 (1985), 1; *Stürner*, Der hundertste Geburtstag des BGB – nationale Kodifikation im Greisenalter?, JZ 1996, 741; *Wieacker*, Privatrechtsgeschichte der Neuzeit, 2. Aufl., 1967, 468; *ders.*, Das Sozialmodell der klassischen Privatrechtsgesetzbücher und die Entwicklung der modernen Gesellschaft, 1953.

I. Entstehung

1. Gesetzgebungsverfahren

Das BGB brachte die erste einheitliche Kodifikation des bürgerlichen Rechts für das ganze damalige Deutsche Reich und beseitigte damit die seit Jahrhunderten bestehende Rechtszersplitterung.

Die Zersplitterung des Rechts wurde besonders auf dem Gebiet des Handels als misslich empfunden; denn dieser ging über die Landesgrenzen hinaus. Deshalb war ein einheitliches Handels- und Wechselrecht besonders erstrebenswert. Da aber der Deutsche Bund keine Gesetzgebungsgewalt hatte, konnte das Ziel nur durch inhaltsgleiche Gesetze aller Einzelstaaten des Bundes erreicht werden. Auf diese Weise erlangten die Allgemeine Deutsche Wechselordnung von 1848 und das Allgemeine Deutsche Handelsgesetzbuch von 1861 Geltung für das ganze Gebiet des Deutschen Bundes.

Die Verfassung des Norddeutschen Bundes von 1867 und die Reichsverfassung von 1871 sahen nur für bestimmte Teile des Privatrechts (Obligationenrecht – heute: Schuldrecht –, Handels- und Wechselrecht) ein Gesetzgebungsrecht des Bundes oder Reiches vor. Um ein einheitliches bürgerliches Recht schaffen zu können, musste zunächst die Gesetzgebungskompetenz des Bundes oder Reiches auf das gesamte bürgerliche Recht ausgedehnt werden. Dieses Ziel wurde nach mehrfachen Anträgen der Abgeordneten Miquel und Lasker durch Erlass eines entsprechenden Gesetzes zur Änderung der Verfassung im Jahre 1873 endlich erreicht (lex Miquel-Lasker oder lex Lasker).

Nach Vorarbeiten einer 1874 eingesetzten Kommission (Vorkommission) begannen im selben Jahr elf namhafte Juristen (erste Kommission) auf Beschluss des Bundesrats mit der Erarbeitung eines Entwurfs für fünf Bücher eines Bürgerlichen Gesetzbuchs, der 1888 als »erster Entwurf« (E I) nebst Begründung in fünf Bänden »Motive« (Mot.) veröffentlicht wurde. In den Motiven sind die damals in den einzelnen Ländern geltenden Regelungen dargestellt, um deren Angleichung sich die Kommission in ihrem Entwurf besonders bemühte. Der Entwurf wurde in den folgenden Jahren zum Teil sehr heftig kritisiert; man warf ihm vor allem vor, er sei überromanistisch, undeutsch und sozial rückständig.

1890 setzte der Bundesrat eine zweite Kommission ein, die aus Juristen, Vertretern verschiedener Berufskreise und Nationalökonomen bestand. Sie erarbeitete bis 1895 einen »zweiten Entwurf« (E II), der unter Berücksichtigung der geäußerten Kritik eine Rechtsfortbildung, vor allem auch den Schutz der wirtschaftlich Schwächeren, anstrebte. Die Beratungen wurden in sieben Bänden »Protokolle« (Prot.) veröffentlicht.

Der Bundesrat nahm einige Änderungen, vor allem im Vereinsrecht, vor. 1896 kam dieser »dritte Entwurf« (E III) als Reichstagsvorlage zusammen mit einer vom Reichsjustizamt in einer »Denkschrift« (D) gegebenen Begründung an den Reichstag.

Von einer Kommission des Reichstags wurden weitere Veränderungen vorgenommen. Soweit sie das Vereins- und Eherecht betrafen, beruhten sie auf politischen Erwägungen. Erstmals in diesem Stadium des Gesetzgebungsverfahrens wurde eine Regelung der Erbfolge durch eigenhändiges Testament zugelassen. Im Übrigen fanden auch Einflüsse einiger Berufsstände im Gesetz ihren Niederschlag; so wurde z. B. das Bienenrecht (!) ausführlich geregelt (§§ 961–964).

1896 wurde das Gesetz mit einigen Änderungen vom Reichstag angenommen, vom Bundesrat sanktioniert, vom Kaiser ausgefertigt und im Reichsgesetzblatt veröffentlicht. Es trat am 1. 1. 1900 in Kraft. Das BGB gilt mit seinen vielen im Laufe der Zeit erfolgten Änderungen heute als Bundesrecht fort (vgl. Art. 123 I, 125 Nr. 1 GG).

Die Entwürfe, Motive, Protokolle und die Denkschrift sind auch heute noch von Bedeutung. Wenn bei der Auslegung einer Bestimmung des BGB der Wille des Gesetzgebers ermittelt werden muss (Rdnr. 62), kann die Entstehungsgeschichte der Norm Antwort auf die Frage geben, was die Gesetzesverfasser mit einer Formulierung des Gesetzes gemeint haben. Die genannten Materialien des BGB sind bei *Mugdan*, Die gesamten Materialien zum BGB, 5 Bde., 1899, für jede einzelne Gesetzesbestimmung übersichtlich zusammengestellt.

22 *2. Geschichtliche Wurzeln*

Primäres Ziel des Gesetzgebers war es nicht, mit dem BGB ein ganz neues Zivilrecht zu schaffen; vielmehr ging es darum, das geltende Recht zu vereinheitlichen. Daher erklärt es sich, dass das BGB wie die vor ihm geltenden Rechtsordnungen Elemente des römischen sowie des deutschen Rechts enthält. Die Kenntnis der Rechtsgeschichte ist für das Verständnis des BGB hilfreich.

23 a) Das *römische Recht*, das seit seiner Aufnahme (Rezeption) in Deutschland während des 15. Jahrhunderts zu einer Verwissenschaftlichung des Rechts und einer streng logischen und begrifflichen Rechtsfindung führte, hat vor allem im ersten und zweiten Buch des BGB seinen Niederschlag gefunden. Die Systematik des Gesetzes und die Abstraktion (Rdnr. 37), die besonders im Allgemeinen Teil des BGB zum Ausdruck kommt, sind römisch-rechtlichen Ursprungs. Das Gleiche gilt für das Schuldrecht und hier vor allem für den wichtigsten Schuldvertrag, den Kauf.

So beruhen z. B. die dem Käufer bei Mangelhaftigkeit der Kaufsache eingeräumten Rechte des Rücktritts und der Minderung (§ 437 Nr. 2) auf der actio redhibitoria und der actio quanti minoris, die im Edikt der curulischen Ädilen, der römischen Marktpolizei, für den Sklaven- und Viehkauf bestimmt waren.

24 b) Das *deutsche Recht*, das als Recht der einzelnen Volksstämme gewohnheitsrechtlich entstanden war und im Mittelalter Eingang in die Stadt- und Landrechte fand, war ein ländliches Agrarrecht. Auf ihm beruht die vom BGB im Sachenrecht getroffene Unterscheidung zwischen beweglichen Sachen (Mobilien) und unbeweglichen Sachen (Immobilien). Das Bodenrecht und das Familiengüterrecht sind deutschrechtlichen Ursprungs.

Beispielsweise sind Erwerb und Verlust des Eigentums an Grundstücken (§§ 925 ff.) anders geregelt als Erwerb und Verlust des Eigentums an beweglichen Sachen (§§ 929 ff.). Die zur Übertragung des Eigentums an einem Grundstück erforderliche Einigung von Veräußerer und Erwerber wird in § 925 mit dem deutschrechtlichen Namen »Auflassung« bezeichnet.

25 II. Grundlagen

1. Privatautonomie

Das BGB weist eine *liberalistische, individualistische Grundhaltung* auf. Es basiert auf dem wirtschaftlichen Liberalismus. Man ging davon aus, dass der einzelne Mensch in der Lage sei, seine privaten Lebensverhältnisse in freier Selbstbestimmung und ohne staatliche Hilfe oder Bevormundung zu gestalten. Gleichheit und Freiheit des Einzelnen würden zu einer optimalen Ordnung des Zusammenlebens der Menschen führen, da das eigennützige Streben des Einzelnen und das freie Spiel der Kräfte im Wettbewerb allen zugute kommen sollten. Deshalb gibt das Gesetz dem Einzelnen die Freiheit, *selbst eine Regelung seiner Lebensverhältnisse zu treffen*, die von der Rechtsordnung anerkannt wird (Grundsatz der Privatautonomie).

Das Prinzip der Privatautonomie zeigt sich deutlich in der *Vertragsfreiheit*. Danach ist der Einzelne z. B. frei darin, ob und mit wem er einen Vertrag schließt (Abschlussfreiheit; Rdnr. 75) und was dessen Inhalt sein soll (Gestaltungsfreiheit; Rdnr. 76). In § 311 I wird die Vertragsfreiheit vorausgesetzt. – Nach § 903 kann der Eigentümer einer Sache mit dieser grundsätzlich nach seinem Belieben verfahren und andere von jeder Einwirkung ausschließen *(Eigentumsfreiheit)*. Der Einzelne ist befugt, durch Testament zu bestimmen, an wen nach seinem Tode sein Vermögen fallen soll (§ 1937; *Testierfreiheit*)[20].

Die bereits im BGB enthaltenen Freiheitsrechte sind heute in den Grundrechtsartikeln des Grundgesetzes verfassungsrechtlich garantiert; sie können nicht einmal durch eine Änderung des Grundgesetzes abgeschafft werden (vgl. Art. 79 III GG i. V. m. Art. 1 I GG).

So ergibt sich aus Art. 2 I GG das Recht auf freie Entfaltung der Persönlichkeit und damit die Vertragsfreiheit. Dem Schutz der Freiheit des Einzelnen dient die Garantie zweier wichtiger privatrechtlicher Institutionen, nämlich des Eigentums und des Erbrechts, in Art. 14 GG. Mit dem Erbrecht ist auch die Testierfreiheit, also die Freiheit, seine Erbfolge zu regeln, verfassungsrechtlich gesichert.

2. *Sozialer Ausgleich* 26

Trotz seiner individualistischen Grundhaltung berücksichtigt das BGB an einigen Stellen auch den Gedanken des sozialen Ausgleichs. Es ist mit einem »Tropfen sozialen Öls« gesalbt; das beruht vor allem auf der Kritik am ersten Entwurf.

So führt die Vertragsfreiheit im Allgemeinen nur dann zu einem gerechten Ergebnis, wenn sich beim Vertragsschluss ungefähr gleich starke Vertragspartner gegenüberstehen. Nutzt ein Partner etwa die Zwangslage oder Unerfahrenheit des anderen aus und lässt er sich Vermögensvorteile versprechen, die in auffälligem Missverhältnis zum Wert seiner eigenen Leistung stehen (z. B. Hingabe eines Darlehens an den in Not geratenen Vertragspartner zu 40 % Zinsen), so ist dieses Geschäft trotz der freien Vereinbarung nicht gültig; es ist nichtig (§ 138 II; Rdnr. 344 ff.).

Auch die Eigentumsfreiheit besteht nach § 903 nur, »soweit nicht das Gesetz oder Rechte Dritter entgegenstehen«. So ist der Eigentümer einer Sache beispielsweise nicht berechtigt, die Einwirkung eines anderen auf die Sache zu verbieten, wenn sie zur Abwendung einer gegenwärtigen Gefahr notwendig und der drohende Schaden gegenüber dem Schaden des Eigentümers unverhältnismäßig groß ist (§ 904, 1; Rdnr. 699).

Auf Grund der Testierfreiheit ist jeder Mensch zwar in der Lage, seine nächsten Angehörigen von seiner Erbfolge z. B. dadurch auszuschließen, dass er testamentarisch andere Personen als seine Erben einsetzt (§ 1937). Ihn trifft aber eine über den Tod hinausgehende Fürsorgepflicht etwa für seinen Ehegatten und seine Kinder. Deshalb kann er grund-

20 ErbR Rdnr. 23.

sätzlich nicht verhindern, dass diesen Angehörigen wenigstens ein Pflichtteilsrecht in Form eines Geldanspruchs zusteht (§§ 2303 ff.[21]), wenn sie schon nicht erben sollen.

27 Das BGB in seiner ursprünglichen Fassung hat allein nicht ausgereicht, einen sozialen Ausgleich herbeizuführen. Deshalb sind im Laufe der Zeit innerhalb und außerhalb des BGB Normen geschaffen worden, die etwa im Vertragsrecht für beide Vertragsparteien gerechte Ergebnisse bewirken sollen. Diese werden nämlich bei frei ausgehandelten Vertragsbedingungen nur dann erzielt, wenn die vom BGB vorausgesetzte Gleichheit der Vertragspartner auch tatsächlich besteht. Das ist z. B. beim Arbeitsvertrag, Mietvertrag über Wohnräume sowie bei solchen Verträgen, bei denen ein Verbraucher einem Unternehmer gegenüber steht (dazu Rdnr. 199), typischerweise nicht der Fall. Hier kann der Arbeitnehmer, Mieter oder Verbraucher gegenüber dem stärkeren Arbeitgeber, Vermieter oder Unternehmer beim Aushandeln der Vertragsbedingungen wenig ausrichten. Deshalb hat der Gesetzgeber zu Gunsten des schwächeren Vertragspartners Schutzvorschriften geschaffen, die von den Vertragsparteien nicht zum Nachteil des schwächeren Teils ausgeschlossen werden können.

Beispiele: Beim Abschluss des Arbeitsvertrages stehen sich Arbeitgeber und Arbeitnehmer zwar formell als gleichberechtigte Partner gegenüber; materiell stellt der Arbeitsvertrag aber oft ein einseitiges Diktat des Arbeitgebers dar. Die Vertragsfreiheit hat man deshalb als »Vogelfreiheit« des Arbeitnehmers bezeichnet. Hier gibt es außerhalb des BGB Schutzvorschriften zu Gunsten des Arbeitnehmers. So können Gewerkschaften, die der Arbeitgeberseite in etwa gleich stark gegenüberstehen, im Tarifvertrag Arbeitsbedingungen aushandeln, die für die Arbeitsverträge mit Angehörigen der Gewerkschaft als Mindestbedingungen gelten (vgl. § 4 TVG[22]); das Arbeitszeitgesetz und das Bundesurlaubsgesetz schreiben Höchstarbeitszeiten und Mindesturlaubszeiten vor.

Bei der Wohnungsmiete muss der Mieter vor unberechtigten Kündigungen des Vermieters und unangemessenen Erhöhungen des Mietzinses geschützt werden. Deshalb sind zum Nachteil des Mieters abweichende Vereinbarungen unwirksam (vgl. etwa §§ 551 IV, 553 III, 554 V, 554 a III, 555).

Bei einem Vertrag zwischen einer Bank und einem Verbraucher, der die Gewährung eines Darlehens, eines Zahlungsaufschubs oder einer sonstigen Finanzierungshilfe an den Verbraucher gegen Entgelt zum Gegenstand hat (sog. Verbraucherdarlehensvertrag), soll der Verbraucher, der nicht in Ausübung seiner beruflichen Tätigkeit handelt, vor unüberlegten Verpflichtungen und ihn benachteiligenden Vertragsbedingungen bewahrt werden (§§ 491 ff.). Dem Schutz des Verbrauchers dient auch dessen Recht, den Vertrag innerhalb einer Frist zu »annullieren« (§ 495). – Entsprechendes gilt für das Widerrufsrecht des Verbrauchers bei Haustürgeschäften (§ 312; Rdnr. 201 ff.).

28 *3. Vertrauensschutz*

Im Gegensatz zum römischen Recht und im Anschluss an das deutsche Recht ordnet eine Reihe von Vorschriften die *Rücksichtnahme auf die Verkehrssicher-*

21 ErbR Rdnr. 542 ff.
22 ArbR Rdnr. 31.

heit an. Während das römische Recht von der Regel ausgeht, dass niemand mehr Rechte auf einen anderen übertragen kann, als er selbst hat, schützt das BGB den Erwerber, der auf den Schein des Rechts des Veräußerers vertraut. Der Erwerber kann das Recht erlangen, obwohl der Veräußerer gar nicht Inhaber des Rechts war.

Wenn V dem K ein Grundstück verkauft hat, dann ist er nach § 433 I 1 verpflichtet, dem K das Eigentum an dem Grundstück zu verschaffen. Das geschieht nach § 873 I durch Einigung von V und K über den Eigentumsübergang (Auflassung: § 925 I 1) und durch Eintragung des K als Eigentümer im Grundbuch. Voraussetzung für den Eigentumsübergang auf K ist aber, dass V bisher Eigentümer des Grundstücks war. Wenn V dagegen gar nicht Grundstückseigentümer ist, kann K vom Nichteigentümer V grundsätzlich auch kein Eigentum erwerben.

Diese Folge ist für K dann besonders misslich, wenn V statt des wahren Eigentümers E zu Unrecht (z. B. infolge eines Versehens des Grundbuchbeamten) als Eigentümer im Grundbuch eingetragen und demnach das Grundbuch unrichtig ist. In diesem Fall wird durch das Grundbuch der Schein erweckt, dass V tatsächlich Eigentümer des Grundstücks ist. Wenn nun K im Vertrauen auf die Richtigkeit des Grundbuches sich mit V über den Eigentumsübergang einigt und im Grundbuch als Eigentümer eingetragen wird, dann soll er in seinem guten Glauben an die Richtigkeit des Grundbuches geschützt werden: Er wird, obwohl V gar nicht Eigentümer war, Eigentümer des Grundstücks; damit verliert der wirkliche Eigentümer E sein Eigentum am Grundstück. Dieser Schutz des gutgläubigen Erwerbs vom Nichtberechtigten wird durch § 892 I 1 bestimmt. Die Vorschrift ist hier wie folgt zu lesen: Zu Gunsten desjenigen (K), welcher ein Recht an einem Grundstück (Eigentum) ... durch Rechtsgeschäft (Einigung und Eintragung) erwirbt, gilt der Inhalt des Grundbuchs als richtig (gilt der zu Unrecht im Grundbuch eingetragene V als Eigentümer des Grundstücks). Dem E steht nur ein Ausgleichsanspruch gegen V zu (vgl. § 816 I 1).

K wird nur dann nicht Eigentümer, wenn sich aus dem Grundbuch selbst ergibt, dass die Eintragung des V als Eigentümer möglicherweise nicht in Ordnung ist, oder wenn K trotz der Eintragung des V weiß, dass V nicht Eigentümer ist. In diesen beiden Fällen darf K nicht auf die Richtigkeit des Grundbuches vertrauen; er ist nicht schutzwürdig, so dass er trotz Einigung und Eintragung das Eigentum nicht erwirbt. Diese beiden Ausnahmen regelt der Nebensatz des § 892 I 1; danach tritt ein Rechtserwerb nicht ein, wenn ein Widerspruch gegen die Richtigkeit (der Eintragung des V als Eigentümer) eingetragen oder die Unrichtigkeit (der Eintragung des V als Eigentümer) dem Erwerber (K) bekannt ist.

In dem – nicht einfachen – Beispiel wird also das Vertrauen auf den Rechtsschein vom Gesetz im Interesse des gutgläubigen Erwerbers und damit im Interesse der Verkehrssicherheit geschützt.

4. Einfluss des Grundgesetzes 29

Das BGB muss heute wie jedes andere Gesetz an den Normen des Grundgesetzes (GG) gemessen werden.

Eine Gesetzesbestimmung, die einer Norm des GG widerspricht, ist nicht gültig (vgl. Art. 1 III, 20 III GG).

Beispiel: Durch das Gleichberechtigungsgesetz von 1957 wurde die elterliche Gewalt über ein minderjähriges eheliches Kind neu geregelt; sie stand Vater und Mutter zu. Wenn die Eltern sich aber nicht einigen konnten, sollte nach § 1628 I der Vater entscheiden. Im Regelfall sollte nach § 1629 I dem Vater die Vertretung des Kindes zustehen. Das Bundesverfassungsgericht sah in dem Stichentscheid und dem Alleinvertretungsrecht des Vaters einen Verstoß gegen das Grundrecht der Gleichberechtigung von Mann und Frau (Art. 3 II GG) und erklärte deshalb die genannten Vorschriften für nichtig[23].

Die im GG enthaltene objektive Werteordnung wirkt auf alle Bereiche des Rechts und damit auch auf das Privatrecht ein. Diese »Ausstrahlungswirkung« der Verfassung führt zu einer verfassungskonformen Auslegung einer Vorschrift des BGB. Demnach ist eine Bestimmung etwa extensiv (erweiternd) oder restriktiv (einschränkend) auszulegen (Rdnr. 68), so dass sie der Wertordnung des GG entspricht; zu diesem Zweck kann auch eine verfassungskonforme richterliche Rechtsfortbildung (Rdnr. 9) in Betracht kommen.

Beispiel: Nach § 823 I BGB ist schadensersatzpflichtig, wer widerrechtlich und schuldhaft ein »sonstiges Recht« eines anderen verletzt. Obwohl der Gesetzgeber des BGB ein allgemeines Persönlichkeitsrecht ablehnte, hat die Rechtsprechung aus Art. 1 und 2 GG, welche die Würde und die freie Entfaltung der Persönlichkeit schützen, gefolgert, dass ein allgemeines Persönlichkeitsrecht ein sonstiges Recht i. S. d. § 823 I ist[24]. Entgegen § 253 II, wonach neuerdings zwar auch bei einem immateriellen Schaden, nicht aber bei einer Verletzung des allgemeinen Persönlichkeitsrechts eine Entschädigung in Geld gefordert werden kann, ist unter verfassungskonformer einschränkender Auslegung dieser Vorschrift bei schweren Verletzungen des allgemeinen Persönlichkeitsrechts dennoch ein Anspruch auf Schadensersatz in Geld gegeben[25] Rdnr. 68 a. E).

Die Grundrechte der Verfassung wirken schließlich auch auf die Rechtsgeschäfte (Rdnr. 96 ff.) und insbesondere auf die Verträge (Rdnr. 70 ff.) ein (sog. Drittwirkung der Grundrechte). Das geschieht durch eine ausdrückliche Bestimmung der Verfassung (Art. 9 III 2 GG) oder – soweit eine solche fehlt – jedenfalls über die Generalklauseln des BGB (z. B. §§ 138, 157, 242, 826).

Bei der Auslegung der Generalklauseln sind nach ständiger Rechtsprechung des Bundesverfassungsgerichts die Grundrechte als »Richtlinien« zu beachten; geschieht das zum Nachteil einer Person nicht, ist diese in ihren Grundrechten verletzt[26].

Art. 9 III 1 GG gewährleistet für jedermann das Recht, zur Wahrung und Förderung von Arbeitsbedingungen Vereinigungen zu bilden. Nach Art. 9 III 2 GG sind Abreden, die dieses Recht einschränken oder zu behindern suchen, nichtig und hierauf gerichtete Maßnahmen rechtswidrig. Demnach ist eine Vereinbarung von Unternehmern, keine Gewerkschaftsmitglieder einzustellen, nichtig. – Ein Vertrag, in dem sich jemand seine Gewissensfreiheit abkaufen lässt (z. B. Verpflichtung zum Kirchenaustritt), ist nach § 138 I unter Berücksichtigung des Wertgehalts des Art. 4 I GG nichtig.

23 BVerfGE 10, 59.
24 BGHZ 13, 334.
25 BVerfGE 34, 269.
26 Vgl. etwa BVerfGE 7, 198, 206 f.

Auch der Gedanke des sozialen Ausgleichs (Rdnr. 26) ist durch das GG verfassungsrechtlich verstärkt worden. Das ergibt sich aus den Grundrechten und aus der Sozialstaatsklausel (Art. 20 I GG).

Beispiele: Art. 9 III GG gewährleistet das Recht, zur Wahrung und Förderung der Arbeits- und Wirtschaftsbedingungen Vereinigungen zu bilden. Dieses Grundrecht schützt damit auch ein freiheitliches Tarifvertragssystem und das Recht, zur Erreichung tarifvertraglich regelbarer Ziele Arbeitskämpfe zu führen. – Art. 14 I GG schützt nicht nur die Eigentumsfreiheit, sondern besagt auch, dass Inhalt und Schranken des Eigentums durch die Gesetze bestimmt werden. Art. 14 II GG bestimmt, dass Eigentum verpflichtet und sein Gebrauch zugleich dem Wohl der Allgemeinheit dienen soll. In Art. 14 III GG werden die Voraussetzungen genannt, unter denen das Eigentum dem Eigentümer durch Enteignung sogar entzogen werden darf. – Art. 6 I GG stellt die Ehe als Lebensgemeinschaft zwischen Ehegatten und die Familie als Verbindung von Eltern und Kindern unter den besonderen Schutz der staatlichen Ordnung und verbietet damit dem Gesetzgeber, Ehe und Familie zu schädigen oder zu beeinträchtigen. Deshalb wäre ein Gesetz, das die erbrechtliche Beteiligung des Ehegatten und der Kinder am Nachlass – etwa durch Abschaffung des Pflichtteilsrechts – ganz beseitigte, verfassungswidrig[27].

III. Inhalt und Arten der Normen 30

1. *Vermögensrecht und Nichtvermögensrecht*

a) Das BGB regelt vornehmlich die *vermögensrechtlichen Verhältnisse* der Einzelnen zueinander.

(1) Dabei geht es einmal um den Güteraustausch wie bei den Verträgen, die auf Veräußerung eines Gegenstandes gerichtet sind (Kauf, §§ 433 ff.; Tausch, § 480; Schenkung, §§ 516 ff.), die eine Gebrauchsüberlassung zum Gegenstand haben (Miete, §§ 535 ff.; Pacht, §§ 581 ff.; Leihe, §§ 598 ff.) oder nach denen bestimmte Leistungen gegen Entgelt zu erbringen sind (Dienstvertrag, §§ 611 ff.; Werkvertrag, §§ 631 ff.). Alle diese Fragen sind im *Schuldrecht* (2. Buch des BGB) geregelt.

(2) Zum Vermögensrecht gehören aber auch die Regeln über die rechtliche Sachherrschaft des Eigentümers über die in seinem Eigentum stehende Sache (vgl. §§ 903 ff.) sowie die Bestimmungen darüber, wie der Eigentümer das Eigentum an einer Sache auf einen anderen übertragen kann (§§ 925 ff. für Grundstücke; §§ 929 ff. für Mobilien), und ferner die Regeln, nach denen das Eigentum an einer beweglichen Sache mit einem Pfandrecht (§§ 1204 ff.) oder an einem Grundstück etwa mit einer Hypothek oder einer Grundschuld (§§ 1113 ff.) zu Gunsten eines anderen belastet werden kann. Auf alle diese Fragen gibt das *Sachenrecht* (3. Buch des BGB) Antwort.

27 ErbR Rdnr. 27.

(3) Auch das *Familienrecht* (4. Buch des BGB) enthält vermögensrechtliche Bestimmungen. Man denke nur an das eheliche Güterrecht (§§ 1363 ff.), das Unterhaltsrecht (§§ 1601 ff.) oder das Recht und die Pflicht der Eltern zur Sorge für das Vermögen des Kindes (§§ 1638 ff.).

So ist beispielsweise geregelt, ob mit der Eheschließung die beiden Eheleute gemeinsam Eigentum an den von einem Ehegatten mit in die Ehe gebrachten Sachen erwerben oder ob jeder Ehegatte trotz der Heirat Alleineigentümer seiner Sachen bleibt. Lässt die Ehefrau beim Lebensmittelhändler »anschreiben«, will der Ehemann wissen, ob er zur Begleichung dieser Schulden verpflichtet ist (vgl. § 1357; Schlüsselgewalt). Schwierige Fragen der vermögensrechtlichen Auseinandersetzung können bei der Scheidung der Ehe entstehen (vgl. etwa §§ 1372 ff., 1587 ff.).

(4) Schließlich geht es auch im *Erbrecht* (5. Buch des BGB) um vermögensrechtliche Fragen, nämlich um die vermögensrechtlichen Folgen des Todes eines Menschen.

Hier wird z. B. geregelt, wie das Eigentum an den Sachen, die dem Verstorbenen bis zu seinem Tod gehörten, auf den Erben übergeht (§ 1922), welche Verpflichtungen der Erbe gegenüber den testamentarisch enterbten nahen Angehörigen des Verstorbenen hat (§§ 2303 ff.; Pflichtteil), für welche Schulden der Erbe einzustehen hat (§ 1967) und wie er seine Haftung für die Schulden beschränken kann (§§ 1975 ff.).

31 b) In geringerem Umfang enthält das BGB auch *Normen über nichtvermögensrechtliche Fragen*. Man denke etwa an den Schutz des Namensrechts (§ 12) und vor allem an große Teile des Familienrechts.

Beispiele: Bestimmungen über die Pflicht der Ehegatten zur ehelichen Lebensgemeinschaft (§ 1353), die Abstammung (§§ 1591 ff.), die Personensorge für das Kind (§§ 1631 ff.), die Annahme als Kind (§§ 1741 ff.).

Nichtvermögensrechtliche Angelegenheiten können sehr wohl vermögensrechtliche Folgen nach sich ziehen. So lösen die Abstammung sowie die Annahme als Kind Unterhaltsansprüche aus. Die Verletzung des Namensrechts kann für den Namensträger einen Vermögensschaden bewirken, der vom schuldhaft handelnden Schädiger zu ersetzen ist (vgl. § 823 II i. V. m. § 12).

32 *2. Strenges und billiges Recht*

Das BGB enthält strenges und billiges Recht; die Übergänge sind fließend.

a) Zum *strengen Recht* (ius strictum) gehören die Rechtssätze, die an einen genau beschriebenen Tatbestand eine genau bestimmte Rechtsfolge knüpfen, ohne Raum dafür zu lassen, die Besonderheiten des einzelnen Falles zu berücksichtigen. Diese Normen sind nicht wertausfüllungsbedürftig; sie lassen im Interesse der Rechtsklarheit keine Ausnahmen zu.

Beispiel: Nach § 2 tritt die Volljährigkeit mit der Vollendung des achtzehnten Lebensjahres ein. Sie bewirkt die unbeschränkte Geschäftsfähigkeit (Rdnr. 259). Das 18. Lebensjahr ist mit dem Ablauf des letzten Tages des 18. Lebensjahres (also des Tages vor dem

Geburtstag) vollendet (vgl. § 187 II 2). Diese starre Grenze kann im Einzelfall nicht vorverlegt werden, selbst wenn die betreffende Person etwa besonders intelligent und geschäftstüchtig ist.

b) Als *billiges Recht* (ius aequum) bezeichnet man die Normen, die einen wertausfüllungsbedürftigen Tatbestand enthalten oder bei der Rechtsfolge einen Ermessensspielraum lassen. Dadurch lassen sie eine Berücksichtigung der besonderen Umstände des Einzelfalles zu. Hier sind besonders die Generalklauseln wie »Treu und Glauben« (§§ 157, 242) und »gute Sitten« (§§ 138 I, 826) zu nennen. **33**

Beispiel: Ob der Vertrag über ein erotisches Telefongespräch gegen Entgelt (sog. Telefonsex) sittenwidrig ist, muss nach dem Anstandsgefühl aller billig und gerecht Denkenden beurteilt werden (vgl. Rdnr. 329 ff.). Bei der dabei vorzunehmenden Wertung sind verschiedene Ergebnisse möglich[28]. – Bei der Verlegung einer Arztpraxis hat nach § 242 der bisherige Vermieter während einer angemessenen Zeit ein Umzugsschild zu dulden; welche Zeit angemessen ist, muss im Einzelfall unter Billigkeitsgesichtspunkten ermittelt werden.

c) Strenges und billiges Recht stehen sich nicht klar abgegrenzt gegenüber; die Übergänge sind fließend. Die meisten Rechtssätze enthalten mehr oder weniger strenges und billiges Recht. **34**

Beispiel: § 1601 bestimmt eine Unterhaltspflicht zwischen Verwandten in gerader Linie; dieser Personenkreis wird in § 1589, 1 genau definiert (strenges Recht). Die Höhe des Unterhalts muss nach § 1610 I angemessen sein (billiges Recht).

3. *Zwingendes und nachgiebiges Recht* **35**

Die soeben getroffene Unterscheidung zwischen strengem und billigem Recht ist nicht identisch mit dem Gegensatz von zwingendem und nachgiebigem Recht, den man ebenfalls im BGB findet.

a) *Zwingendes Recht* (ius cogens) enthalten die Gesetzesbestimmungen, die durch den Willen der Beteiligten nicht ausgeschlossen oder abgeändert werden können. Soweit das Gesetz etwas zwingend vorschreibt, ist also die Vertragsfreiheit ausgeschlossen. Die Gründe dafür, dass der Gesetzgeber es den Beteiligten nicht überlässt, ihre Angelegenheiten rechtlich zu ordnen, sondern selbst im Gesetz die Ordnungsaufgabe übernimmt, können verschiedener Art sein. So ordnet er für manche Verträge zwingend eine bestimmte Form (z. B. Schriftform, notarielle Beurkundung) an, um den Beweis zu sichern oder die Vertrags-

28 **Für Sittenwidrigkeit**: BGH NJW 1998, 2895; OLG Düsseldorf NJW 1996, 933; NJW-RR 1999, 1431; OLG Hamm NJW 1989, 2551; OLG Stuttgart NJW-RR 1999, 1430; LG Bonn NJW 1989, 2544; AG Essen NJW 1989, 3162. **Nicht sittenwidrig**: OLG Koblenz NJW-RR 2000, 930; LG Frankfurt NJW-RR 2002, 994; LG Hamburg NJW-RR 1997, 178; LG Konstanz NJW-RR 2002, 995.

schließenden vor Übereilung zu schützen. Andere Vorschriften sollen den unerfahrenen und wirtschaftlich schwächeren Vertragspartner vor solchen Vertragsbedingungen bewahren, die für ihn besonders ungünstig sind. Manchmal bezweckt der Gesetzgeber, Ergebnisse zu vermeiden, die mit der Gerechtigkeit unvereinbar wären. Schließlich kann es ihm darum gehen, bestimmte Institutionen wie Ehe und Familie zu schützen.

Beispiele: Der Grundstückskaufvertrag bedarf der notariellen Beurkundung (§ 311 b I); ohne sie ist er nichtig (§ 125, 1). Grund: Beweissicherung, größere Rechtsklarheit, vor allem Schutz vor Übereilung.

Die in §§ 617, 618 bestimmten Schutzpflichten des Dienstberechtigten können nicht im Voraus durch Vertrag aufgehoben oder beschränkt werden (§ 619). Grund: Schutz des wirtschaftlich Schwächeren.

Der Schuldner haftet nach § 276 I 1 dem Gläubiger für jedes Verschulden (Vorsatz und Fahrlässigkeit). Die Haftung für Fahrlässigkeit ist vertraglich ausschließbar (insoweit Vertragsfreiheit). Jedoch kann die Haftung wegen Vorsatzes nicht im Voraus erlassen werden (§ 276 III). Grund: Es verstößt gegen die Gerechtigkeit, wenn der Schuldner willentlich etwa die dem Gläubiger verkaufte Sache zerstört, ohne ihm – wegen des Haftungsausschlusses – den Schaden ersetzen zu müssen.

Die meisten Vorschriften des Familienrechts sind zwingenden Rechts. So kann die Pflicht zur ehelichen Lebensgemeinschaft (§ 1353 I) bei der Eheschließung nicht vertraglich für alle Zeit ausgeschlossen werden. Grund: Schutz der Institution der Ehe.

Oft ist aus dem Wortlaut des Gesetzes zu entnehmen, dass die Vorschrift zwingenden Rechtes ist (z. B. §§ 125, 138, 276 III, 619). Soweit das nicht der Fall ist, kann vor allem aus dem Zweck der Bestimmung deren zwingender Charakter entnommen werden (z. B. bei den meisten Regeln des Familienrechts).

36 b) *Nachgiebiges Recht* (ius dispositivum) enthalten die Gesetzesbestimmungen, die durch den Willen der Beteiligten ausgeschlossen oder abgeändert werden können. Insoweit ist Raum für die Vertragsfreiheit. Die nachgiebigen Regeln hat der Gesetzgeber für die Fälle geschaffen, in denen die Vertragsparteien im Vertrag bewusst oder unbewusst nicht für alle Eventualitäten Abmachungen getroffen haben. Dann bietet das Gesetz eine Lösung an, die in der Regel dem entspricht, was vernünftige Parteien vereinbart hätten, wenn sie vertraglich den Konfliktsfall gelöst hätten. Demnach greifen dispositive Gesetzesbestimmungen dann ein, wenn die Beteiligten nichts anderes vereinbart haben.

Beispiel: Der Verkäufer hat dem Käufer die verkaufte Sache geliefert; jedoch ist sie mit einem Mangel behaftet. Welche Rechte dem Käufer zustehen, folgt primär aus dem Vertrag. Ergibt sich aus ihm, dass der Verkäufer das Recht und die Pflicht hat, den Mangel zu beheben, hat der Käufer gegen den Verkäufer einen Anspruch auf Nachbesserung. Ist im Vertrag nicht geregelt, welche Rechte der Käufer wegen des Mangels der Kaufsache hat, greift das Gesetz ein. Nach § 437 kann er Nacherfüllung verlangen oder vom Vertrag zurücktreten, den Kaufpreis mindern oder Schadens- bzw. Aufwendungsersatz geltend machen.

Beim Kauf eines gebrauchten Pkw wird häufig zwischen den Parteien vereinbart, dass Ansprüche wegen eines Mangels des Autos ausgeschlossen sind. Dieser Haftungsausschluss ist gültig, weil die §§ 434 ff. nur nachgiebiges Recht enthalten. Jedoch zieht das Gesetz hier eine Grenze für die Vertragsfreiheit: Sofern der Verkäufer den Mangel arglistig verschwiegen hat, ist die Vereinbarung über den Erlass der Gewährleistung wegen Sachmangels nichtig (§ 444). Insoweit liegt zwingendes Recht vor, weil der Gesetzgeber aus Gründen der Gerechtigkeit das verwerfliche Verhalten des Verkäufers nicht »prämieren« wollte.

IV. Aufbau und Gliederung 37

1. Aufbau

a) In dem *Bestreben, das BGB nicht zu umfangreich werden zu lassen*, hat der Gesetzgeber durch *weitgehende Abstraktion* konkrete Regelungen auf immer allgemeinere Regelungen zurückgeführt. Dadurch sind die für die Lösung eines Falles sachlich zusammenhängenden Bestimmungen auseinandergerissen. Je weiter die Abstraktion vorangetrieben ist, desto unverständlicher wird die Regelung für den Studienanfänger. Der Herausbildung allgemeiner Begriffe, Definitionen und Rechtssätze verdankt besonders der Allgemeine Teil des BGB (1. Buch des BGB) seine Entstehung.

Das BGB geht also in seinem Aufbau vom Allgemeinen zum Besonderen. Man kann diese Methode nach dem Vorbild aus der Mathematik als *»Ausklammerungsmethode«* bezeichnen; denn das Gemeinsame mehrerer Regelungen wird ausgeklammert, also *vor* die Klammer gesetzt, während *in* der Klammer nur das jeweils Besondere verbleibt.

(1) Diese Methode *greift über die einzelnen Bücher des BGB hinaus*. Das, was 38
für die Bücher 2 bis 5 des BGB gemeinsam gilt, ist im *Allgemeinen Teil des BGB* (1. Buch) vorangestellt.

So beginnen die Regeln über den Kauf in § 433 mit den Pflichten von Verkäufer und Käufer, die sich aus dem Kaufvertrag ergeben. § 433 (»Durch den Kaufvertrag wird ...«) setzt einen Kaufvertrag voraus, sagt aber nicht, wie er zustande kommt. Entsprechend beginnen § 535: »Durch den Mietvertrag ...«, § 611: »Durch den Dienstvertrag ...« usw. Die bei allen diesen Verträgen gemeinsame Frage, wie sie zustande kommen, ist ausgeklammert. Sie wäre im Allgemeinen Schuldrecht geregelt, wenn es nur im Schuldrecht Verträge gäbe. Verträge werden aber auch in den anderen Büchern des BGB behandelt. So ist die bereits erwähnte Einigung beim Erwerb von Grundstücksrechten (§ 873) nichts anderes als ein Vertrag. Dasselbe gilt für den Ehevertrag (§ 1408) und den Erbvertrag (§ 2274). Deshalb ist die Regelung über das Zustandekommen eines Vertrages bereits im Allgemeinen Teil (§§ 145 ff.) enthalten.

39 (2) Die Ausklammerungsmethode ist ferner *innerhalb der einzelnen Bücher des BGB* durchgeführt, wie schon ein Blick auf das Inhaltsverzeichnis zum BGB zeigt.

Beispiele: In Abschnitt 8 des *Schuldrechts* (§§ 433–853) werden »Einzelne Schuldverhältnisse« behandelt. Das Gemeinsame aller oder mehrerer dieser verschiedenen Schuldverhältnisse ist vorweg behandelt. So wird in Abschnitt 4 das »Erlöschen der Schuldverhältnisse« (§§ 362 ff.) geregelt. Dort ist z. B. bestimmt, unter welchen Voraussetzungen eine Forderung des Gläubigers gegen den Schuldner auf Zahlung eines bestimmten Geldbetrages erlischt. Dabei ist es gleichgültig, ob es sich um einen Anspruch etwa aus Kauf, Miete oder Werkvertrag handelt.

Im *Sachenrecht*, das zwischen beweglichen und unbeweglichen Sachen unterscheidet, werden zunächst (im ersten Abschnitt; §§ 854 ff.) die Probleme des Besitzes (= der tatsächlichen Herrschaft über eine Sache) behandelt, weil sie sowohl für Mobilien als auch für Immobilien gelten. – In § 873 wird bestimmt, dass die Grundstücksrechte durch Einigung und Eintragung im Grundbuch erworben werden; diese Regel gilt für alle Grundstücksrechte, also z. B. für das Eigentum wie für die Grundschuld. Das Besondere, das nur für den Erwerb des Eigentums an einem Grundstück gilt, steht in § 925, der für die nach § 873 erforderliche Einigung eine besondere Form vorschreibt.

Im *Familienrecht* finden sich zunächst »allgemeine Vorschriften« über die Unterhaltspflicht (§§ 1601 ff.). Für das Kind und seine nicht miteinander verheirateten Eltern gelten die besonderen Vorschriften der §§ 1615 a ff.

Im *Erbrecht* werden den Bestimmungen über das Testament (dritter Abschnitt) »allgemeine Vorschriften« (erster Titel) vorangestellt. So kann nach § 2064 jemand sein Testament nur persönlich errichten, also nicht durch einen anderen errichten lassen. Das gilt für jedes Testament, ganz gleichgültig, ob darin eine Erbeinsetzung (zweiter Titel), die Einsetzung eines Nacherben (dritter Titel), ein Vermächtnis (vierter Titel) usw. enthalten ist.

40 (3) Auch *innerhalb des Allgemeinen Teils* des BGB ist die Ausklammerungsmethode weitergeführt. So ist z. B. aus §§ 145 f. einerseits und aus §§ 147 ff. andererseits zu entnehmen, dass der Vertrag aus dem Antrag des einen Vertragspartners und der Annahmeerklärung des anderen Vertragspartners besteht. Jede dieser beiden Erklärungen ist eine Willenserklärung. Von der Willenserklärung handelt der vorhergehende (zweite) Titel (§§ 116 ff.). Voraussetzung für die Gültigkeit der Willenserklärung ist die Geschäftsfähigkeit des Erklärenden. Die Geschäftsfähigkeit ist im ersten Titel des dritten Abschnitts (§§ 104 ff.) behandelt.

Fall: V verkauft an K für 10 000,– € einen Pkw. Später stellt sich heraus, dass K schon beim Abschluss des Kaufvertrages unerkannt geisteskrank war. Kann V von K den Kaufpreis verlangen?

Lösung: Grundlage für den Anspruch auf Zahlung des Kaufpreises kann § 433 II sein. Dieser setzt einen Kaufvertrag (§ 433 I 1, am Anfang) voraus. Ein Vertrag kommt durch Angebot und Annahme, also durch übereinstimmende Willenserklärungen der Parteien, zustande (§§ 145 ff.). Die Willenserklärungen müssen gültig sein. K ist geisteskrank; deshalb ist er nach § 104 Nr. 2 geschäftsunfähig. Die Willenserklärung eines Geschäftsunfähigen ist nach § 105 nichtig. Da also keine gültige Willenserklärung des K vorliegt, fehlt es an einem Kaufvertrag und damit an der Voraussetzung für einen Anspruch des V gegen K auf Zahlung des Kaufpreises.

b) Durch *Verweisungen* auf andere Gesetzesbestimmungen, die wörtlich oder entsprechend anzuwenden sind, werden sonst notwendige Wiederholungen vermieden. Viel zu oft wird in einer Vorschrift auf mehrere andere Vorschriften Bezug genommen. Es kommt auch vor, dass die Bestimmung, auf die verwiesen wird, ihrerseits weiterverweist. Diese Verweisungstechnik kann den Anfänger mutlos machen. 41

Abschreckende Beispiele (nur lesen, nicht darüber nachdenken!): § 2013; § 819 II setzt den Tatbestand des § 817, 1 voraus und verweist auf § 819 I, dieser verweist auf § 818 IV, dieser auf die »allgemeinen Vorschriften«, zu denen § 292 gehört, § 292 verweist auf das Eigentümer-Besitzer-Verhältnis der §§ 987 ff.[29].

2. *Gliederung* 42

Aus dem bisher Gesagten ist bereits die Gliederung des BGB in *fünf Bücher* zu erkennen:

a) Der *Allgemeine Teil* enthält die *Vorschriften, die für alle übrigen Bücher des BGB gelten*, sofern diese keine abweichenden Spezialregeln aufstellen. Im ersten Buch des BGB geht es vor allem um Normen über Personen, Sachen und Rechtsgeschäfte.

b) Das *Schuldrecht* behandelt die Schuldverhältnisse. Das sind *Sonderverbindungen* zwischen einzelnen Personen. Solche Verbindungen können auf Vertrag (§ 311 I; z. B. Kauf), aber auch unmittelbar auf Gesetz (z. B. § 823) beruhen. 43

c) Das *Sachenrecht* ordnet die *Beziehung einer Person zu einer Sache*. Es enthält Regeln über die tatsächliche Sachherrschaft (Besitz), die rechtliche Sachherrschaft (Eigentum) sowie beschränkte dingliche Rechte (z. B. Hypothek, Grundschuld, Pfandrecht). 44

d) Das *Familienrecht* bringt Normen über die *Ehe und Verwandtschaft* sowie die *Vormundschaft, rechtliche Betreuung* und *Pflegschaft*. 45

Im Eherecht sind häufig die allgemeinen Normen des 1. Buches nicht anwendbar; wegen der Besonderheiten dieses Rechtsgebietes sind Sonderregeln geschaffen worden.

Die Eheschließung ist ein Vertrag; er kann – wie jeder andere Vertrag – von einem Geschäftsunfähigen nicht geschlossen werden (vgl. § 1304, §§ 104 ff.). Für den Vertragsschluss ist eine besondere Form vorgeschrieben (§§ 1310 I, 1311: vor dem Standesbeamten persönlich und bei gleichzeitiger Anwesenheit).

Demnach ist z. B. eine Eheschließung durch Briefe oder per Telefon ausgeschlossen. Der an den Folgen eines »feuchten« Polterabends leidende Bräutigam kann auch nicht seinen Freund als seinen Vertreter bei der Eheschließung zum Standesamt schicken;

29 Einzelheiten zu Verweisungen im BGB: *Budde*, Jura 1984, 578.

§ 1311, 1 (»persönlich«) schließt die Regeln über die Stellvertretung (§§ 164 ff.; Rdnr. 508 ff.) aus. Da die Erklärungen vor dem Standesbeamten nicht »unter einer Bedingung oder einer Zeitbestimmung abgegeben werden« können (§ 1311 Satz 2), sind auch die Vorschriften über die Bedingung und Zeitbestimmung (§§ 158 ff.; Rdnr. 479 ff.) hier nicht anwendbar.

46 e) Das *Erbrecht* regelt die *vermögensrechtlichen Folgen des Todes eines Menschen*. Da der Mensch mit seinem Tode aus dem Rechtsleben ausscheidet und er damit nicht mehr Träger von Rechten und Pflichten sein kann (Rdnr. 709 ff.), muss bestimmt werden, wer an die Stelle des Verstorbenen tritt und welche Rechte und Pflichten er hat.

Das Erbrecht enthält teilweise Vorschriften, die vom Allgemeinen Teil abweichen. So ist die Anfechtung eines Testaments in §§ 2078 ff.[30] anders geregelt als allgemein die Anfechtung einer Willenserklärung in §§ 119 ff. (Rdnr. 375 ff.). Die Regeln über die Stellvertretung (§§ 164 ff.; Rdnr. 508 ff.) finden bei der Errichtung eines Testaments keine Anwendung (vgl. § 2064)[31].

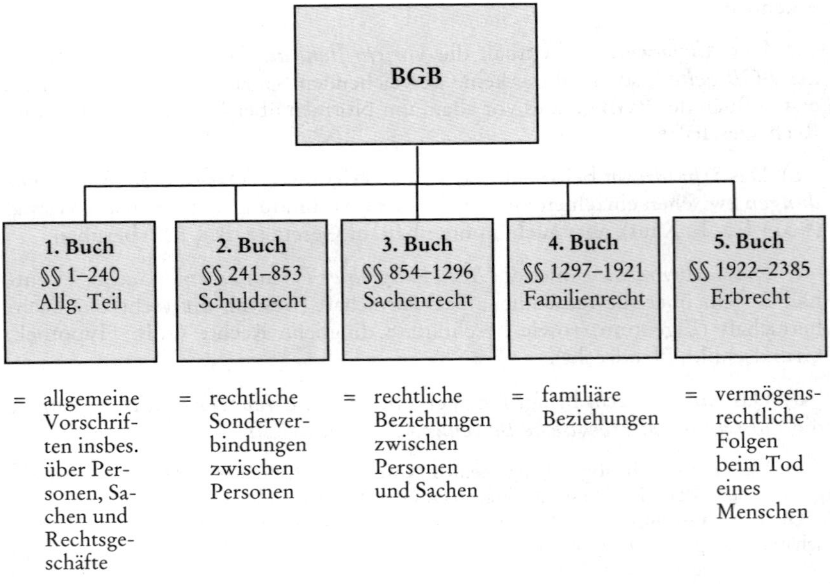

30 ErbR Rdnr. 230 ff.
31 ErbR Rdnr. 96.

V. Geltungsbereich 47

Bei der Lösung eines Rechtsfalles kann es darauf ankommen, ob das BGB überhaupt anwendbar ist. So können Zweifel bestehen, ob statt des BGB eine zivilrechtliche Norm eines Bundeslandes, eine bereits vor dem Inkrafttreten des BGB geltende Bestimmung oder die Norm eines fremden Staates in Betracht kommt. Dann stellt sich die Frage nach dem sachlichen, zeitlichen und räumlichen Geltungsbereich des BGB. Normen darüber finden sich im Einführungsgesetz zum BGB (EGBGB vom 18. 8. 1896, zuletzt geändert durch Gesetz vom 22.09.2005).

Seit dem Beitritt der DDR zur Bundesrepublik (3. 10. 1990) gelten das BGB und seine Nebengesetze grundsätzlich auch im Gebiet der ehemaligen DDR (Art. 8 des Einigungsvertrages); einige Besonderheiten ergeben sich aus Art. 230 ff. EGBGB.

1. Sachlicher Geltungsbereich 48

Im Verhältnis des BGB als das Privatrecht des Bundes zum Privatrecht eines Bundeslandes gilt Art. 31 GG: »Bundesrecht bricht Landesrecht.« Dem entspricht der Grundsatz des Art. 55 EGBGB, wonach die privatrechtlichen Vorschriften der Landesgesetze außer Kraft treten. Es war das vornehmliche Ziel, mit dem BGB die Rechtseinheit auf dem Gebiet des bürgerlichen Rechts für das Deutsche Reich herzustellen.

Das Landesprivatrecht blieb aber nach Art. 55 EGBGB bestehen, so weit das im BGB oder im EGBGB bestimmt war. Die Vorbehalte zu Gunsten des Landesrechts sind vor allem in den Art. 56, 59 ff. EGBGB enthalten. Man hat sie als »Verlustliste der deutschen Rechtseinheit« bezeichnet, um die im Gesetzgebungsverfahren heftig gekämpft worden ist.

Teile des Landesprivatrechts sind inzwischen gegenstandslos geworden, weil die Rechtsmaterien durch Reichs- oder Bundesgesetz geregelt worden sind. Das ist durch Bundesgesetz auch in Zukunft möglich.

So ist nach Art. 67 EGBGB das Bergrecht zwar dem Landesrecht überlassen. Der Bund kann aber ein bundeseinheitliches Berggesetz erlassen, da er dazu die Gesetzgebungsbefugnis hat (Art. 74 Nr. 11; Art. 72 GG). Davon hat er durch Erlass des Bundesberggesetzes (vom 13. 8. 1980) Gebrauch gemacht; dieses Gesetz geht den landesrechtlichen Berggesetzen vor (Art. 31 GG).

2. Zeitlicher Geltungsbereich 49

Hier ging es ursprünglich darum, ob ein Rechtsverhältnis, das vor dem 1. 1. 1900 (Inkrafttreten des BGB) begründet worden war, vom 1. 1. 1900 an nach vorher geltendem Recht oder nach BGB zu beurteilen war. Diese Fragen, die in den ersten Jahren des letzten Jahrhunderts begreiflicherweise eine große

Rolle gespielt haben und die in Art. 157–218 EGBGB eingehend geregelt sind, haben im Laufe der Zeit immer mehr an Bedeutung verloren. Vor 1900 geschlossene Kaufverträge sind inzwischen längst abgewickelt; Ehen aus dem 19. Jahrhundert sind durch den Tod eines Ehegatten aufgelöst. Jedoch sind möglicherweise die Übergangsvorschriften etwa für langdauernde Rechtsverhältnisse wie Miete und Pacht (Art. 171 f. EGBGB), für das Eigentum (Art. 181 ff. EGBGB) und für das Erbrecht (Art. 213 ff. EGBGB) auch heute noch bedeutsam.

So können bei der Beurteilung, ob jemandem bestimmte Gegenstände gehören, weit zurückliegende Erbfälle eine Rolle spielen. Dabei kann die Frage auftauchen, ob dafür vor dem Inkrafttreten des BGB geltendes Erbrecht anwendbar ist. Wenn der Erblasser vor dem 1. 1. 1900 gestorben ist, bleiben nach Art. 213 EGBGB die früheren Gesetze maßgebend. Aus dieser Bestimmung ist ferner zu entnehmen, dass für Erbfälle von dem genannten Tage an das BGB gilt. Hat der Erblasser, der nach dem 31. 12. 1899 gestorben ist, schon vor dem 1. 1. 1900 ein Testament errichtet, so wäre es nicht sinnvoll, wenn die Prüfung, ob ein solches Testament gültig ist, nach den z. Zt. der Errichtung noch nicht geltenden Regeln des BGB zu erfolgen hätte. Der Erblasser, der diese Vorschriften vielleicht nicht einmal kannte, vermochte sich bei der Testamentserrichtung nur nach dem alten Recht zu richten. Deshalb stellt Art. 214 EGBGB für die Errichtung des Testaments auf die früheren Gesetze ab, selbst wenn der Erbfall erst nach dem 31. 12. 1899 eingetreten ist.

Entsprechendes gilt für die Erbfälle, in denen der Erblasser mit letztem Wohnsitz im Gebiet der ehemaligen DDR vor dem 3. 10. 1990 (Beitritt der DDR) gestorben ist; es bleibt das Erbrecht der DDR maßgebend (Art. 235 § 1 I EGBGB). Auch wenn der Erblasser am 3. 10. 1990 oder später gestorben ist, wird eine frühere Errichtung des Testaments nach dem bisherigen Recht beurteilt (Einzelheiten: Art. 235 § 2 EGBGB); dadurch soll das Vertrauen in die Beständigkeit eines einmal gültig errichteten Testaments geschützt werden.

Mit Wirkung zum 1.1.2002 hat das Schuldrechtsmodernisierungsgesetz vom 26.11.2001[32] zu tiefgreifenden Änderungen im Schuldrecht, vor allem im Kaufrecht, geführt. Art. 229 §§ 5 ff. EGBGB bestimmen, dass im Grundsatz auf die schon vor diesem Zeitpunkt begründeten Schuldverhältnisse »altes« Schuldrecht Anwendung findet, während die nach dem 1.1.2002 begründeten Schuldverhältnisse sich nach neuem Recht richten. Eine Ausnahme gilt für Dauerschuldverhältnisse, die vor der Schuldrechtsmodernisierung schon bestanden und fortbestehen. Damit bei ihnen nicht auf unbestimmte Zeit altes und neues Schuldrecht parallel heranzuziehen ist, bestimmt Art. 229 § 6 EGBGB, dass ab dem 1.1.2003 das BGB in seiner neuen Fassung Anwendung findet. Die Vertragsparteien hatten also ein Jahr Zeit, ihre Verträge der geänderten Rechtslage anzupassen.

50 ### *3. Räumlicher Geltungsbereich*

Das BGB gilt für das Gebiet der Bundesrepublik und nicht für Rechtsverhältnisse in einem anderen Staat. Es gibt aber auch Fälle – und sie werden immer zahlreicher –, welche die Privatrechtsordnungen verschiedener Staaten berühren.

32 BGBl. I, 3183.

Beispiele: Ein Deutscher liefert Röhren nach Russland, gerät mit einem Holländer (in Köln, Amsterdam, Madrid) in eine Wirtshausschlägerei, heiratet (in München, Brüssel, Rom) eine Belgierin, will von ihr in Deutschland wieder geschieden werden, ist von seinem Onkel in Amerika zum Erben eingesetzt worden.

In solchen Kollisionsfällen muss festgestellt werden, ob auf den Sachverhalt das BGB oder das Privatrecht eines fremden Staates anzuwenden ist. Die Antwort ergibt sich vor allem aus den Art. 3–46 EGBGB. Diese *»Kollisionsnormen«* gehören zum *»Internationalen Privatrecht«*. Dieses besondere, schwierige und hier nicht näher zu erläuternde Rechtsgebiet hat den räumlichen Geltungsbereich der Privatrechtsnormen zum Gegenstand.

Die Bezeichnung als internationales Privatrecht ist irreführend. Es handelt sich dabei nicht um internationales, überstaatliches Recht, sondern um nationales, innerstaatliches Recht. So sagt das deutsche internationale Privatrecht dem deutschen Richter, ob er auf einen bestimmten Fall deutsches oder fremdes Recht anzuwenden hat.

Dabei knüpft das deutsche Recht für das Personen-, Familien- und Erbrecht grundsätzlich an die Staatsangehörigkeit der betreffenden Person an, während die Rechtsordnungen mancher anderer Staaten auf den Wohnsitz der Person abstellen. Das kann zu Schwierigkeiten führen.

Beispiel: Ein in Köln lebendes amerikanisches Ehepaar will sich vom Familiengericht Köln scheiden lassen. Nach deutschem internationalen Scheidungsrecht ist das Recht des Heimatstaates anzuwenden (Art. 17 I 1 i. V. m. Art. 14 I Nr. 1 EGBGB). Bestimmt dieses, dass für die Scheidung das Recht am »domicile« des Mannes maßgebend ist, fragt es sich, ob diese Rückverweisung für das ganze deutsche Recht, also auch für die Kollisionsnormen, gilt. Dann käme man wieder auf deutsches internationales Scheidungsrecht, das seinerseits auf amerikanisches Recht verweist. Um ein solches dauerndes Hin und Her zu vermeiden, nimmt man an, dass das amerikanische Recht nur auf die deutschen Sachnormen zurückverweist (Art. 4 I 2 EGBGB), so dass der deutsche Richter den Ehescheidungsantrag nach deutschem Recht zu beurteilen hat.

Auch wenn das deutsche Recht auf das Recht eines fremden Staates verweist, so ist nicht ausschließlich das fremde Recht maßgebend. Zwar ist von diesem auszugehen; es ist aber immer zu prüfen, ob die Anwendung dieses Rechts nicht dem hiesigen »ordre public« widerspricht. Denn nach Art. 6 EGBGB ist die Anwendung eines ausländischen Gesetzes ausgeschlossen, wenn sie gegen die guten Sitten oder gegen den Zweck eines deutschen Gesetzes verstoßen würde.

Beispiel: Die Eingehung der Ehe ist bei jedem Verlobten nach seinem Heimatrecht im Zeitpunkt der Eheschließung zu beurteilen (Art. 13 I EGBGB). Will ein bereits verheirateter Ausländer, nach dessen Heimatrecht die Polygamie zulässig ist, in Deutschland eine zweite Ehe mit einer Landsmännin eingehen, so verstößt eine solche Eheschließung zwar nicht gegen das anzuwendende fremde Recht, wohl aber gegen den ordre public (Art. 6 EGBGB), nämlich gegen den Grundgedanken der Einehe.

51 § 3 Die Rechtsanwendung

Schrifttum: *Bartholomeyczik*, Die Kunst der Gesetzesauslegung, 4. Aufl., 1967; *Canaris*, Die Feststellung von Lücken im Gesetz, 2. Aufl., 1983; *ders.*, Das Rangverhältnis der »klassischen« Auslegungskriterien, demonstriert an Standardproblemen aus dem Zivilrecht, Festschrift f. Medicus, 1999, 25; *Engisch*, Einführung in das juristische Denken, 10. Aufl., 2005; *Heck*, Gesetzesauslegung und Interessenjurisprudenz, AcP 112, 1; *M. Huber*, Savignys Lehre von der Auslegung der Gesetze in heutiger Sicht, JZ 2003, 1; *P. Kirchhof*, Richterliche Rechtsfindung, gebunden an »Gesetz und Recht«, NJW 1986, 2275; *Köhler*, Gesetzesauslegung und »gefestigte höchstrichterliche Rechtsprechung«, JR 1984, 45; *Larenz*, Methodenlehre der Rechtswissenschaft, 6. Aufl., 1991; *Mayer-Maly*, Über die der Rechtswissenschaft und der richterlichen Rechtsfortbildung gezogenen Grenzen, JZ 1986, 557; *Rüthers*, Die unbegrenzte Auslegung, 6. Aufl., 2005; *Schapp*, Einführung in das Bürgerliche Recht: Auslegung und Anwendung der Rechtssätze, JA 2002, 763; *ders.*, Einführung in das Bürgerliche Recht: Die Anspruchsnormen und ihre Anwendung, JA 2002, 939; *Jan Schröder*, Gesetzesauslegung und Gesetzesumgehung, 1985; *Wank*, Die Auslegung von Gesetzen, 3. Aufl., 2005; *Wieacker*, Gesetz und Richterkunst, 1958.

I. Allgemeines

1. Begriff und Zweck der Rechtsanwendung

a) Rechtsanwendung ist die Anwendung gesetzlicher Bestimmungen auf einen Lebensvorgang. Gesetze enthalten einen abstrakten Tatbestand und ordnen eine Rechtsfolge an. Bei der Rechtsanwendung prüft man, ob ein Lebenssachverhalt den gesetzlichen Tatbestand erfüllt. Trifft das zu, greift die im Gesetz genannte Rechtsfolge ein. Es ist also unter den gesetzlichen Tatbestand als Obersatz der konkrete Lebenssachverhalt als Untersatz zu subsumieren; der Schlusssatz ist die Rechtsfolge, die sich aus dem Gesetz für den konkreten Fall ergibt.

Beispiele:

(1) V will dem K sein Hausgrundstück für 200 000,– € verkaufen. K ist damit einverstanden. Beide wollen wissen, ob sie den Kaufvertrag mündlich oder schriftlich schließen können oder ob sie deshalb zum Notar müssen.

Obersatz: § 311 b I: »Ein Vertrag, durch den sich der eine Teil verpflichtet, das Eigentum an einem Grundstück zu übertragen . . ., bedarf der notariellen Beurkundung.«

Untersatz: V verpflichtet sich in einem Kaufvertrag mit K, diesem das Eigentum am Grundstück zu übertragen.

Schlusssatz: Der Grundstückskaufvertrag zwischen V und K muss notariell beurkundet werden. Mündlicher oder schriftlicher Vertragsschluss genügen also nicht.

(2) Nach notarieller Beurkundung des Kaufvertrages verlangt K von V Übergabe und Übereignung des Grundstücks. Mit Recht?

Obersatz: § 433 I 1: »Durch den Kaufvertrag wird der Verkäufer einer Sache verpflichtet, dem Käufer die Sache zu übergeben und das Eigentum an der Sache zu verschaffen.«

Untersatz: V hat mit K einen Kaufvertrag über das Grundstück zum Preise von 200 000,– € geschlossen.

Schlusssatz: K verlangt zu Recht von V Übergabe und Übereignung des Grundstücks.

(3) Sechs Sangesbrüder wollen einen Gesangverein »Liedertafel Schönberg e. V.« (= eingetragener Verein) gründen. Sie möchten wissen, ob sie ihr Ziel erreichen können.

Obersatz: § 56: »Die Eintragung (in das Vereinsregister beim Amtsgericht; vgl. § 55) soll nur erfolgen, wenn die Zahl der Mitglieder mindestens sieben beträgt.«

Untersatz: Sechs Mitglieder wollen den Verein eintragen lassen.

Schlusssatz: Das Amtsgericht wird die Eintragung ablehnen, weil die Mindestzahl an Mitgliedern nicht erreicht ist.

b) Die Rechtsanwendung dient sowohl der Lösung von Rechtsfragen, bevor 52
es zum Streit kommt, als auch der Streitentscheidung selbst.

So fragt im Beispielsfall (1) V einen Notar, ob beim Abschluss eines geplanten Grundstückskaufvertrags besondere Formvorschriften zu beachten sind. Ein Sangesbruder sucht im Fall (3) das Amtsgericht auf, um zu erfahren, was zur Eintragung im Vereinsregister erforderlich ist. K lässt sich im Fall (2) von einem Rechtsanwalt belehren, ob und wie er an das gekaufte Grundstück »herankommt«. Erst wenn der Anwalt für K gegen V auf Übergabe und Übereignung des Grundstücks klagt, wird der Richter zwecks Streitentscheidung mit dem Fall befasst.

2. *Bindung des Richters an das Gesetz* 53

Der Richter ist *an Gesetz und Recht gebunden* (vgl. Art. 97 I, 20 III GG). Er darf also einen Rechtsstreit nicht etwa nach seinem billigen Ermessen, nach Gefühl oder gar nach Willkür entscheiden. Wenn der Richter eine gesetzliche Bestimmung für ganz unzweckmäßig hält, mag er dagegen in Aufsätzen literarisch zu Felde ziehen; es steht ihm frei, sich an Abgeordnete des Parlaments zu wenden, um eine Gesetzesänderung zu erreichen. Kommt es bei der Entscheidung eines Streitfalles auf die nach seiner Meinung verfehlte Gesetzesbestimmung an, muss er sie jedoch beachten. Auch wenn der Richter die Anwendung eines bestimmten Gesetzes mit seinem Gewissen nicht vereinbaren zu können glaubt, ist er an dieses Gesetz gebunden. Selbst wenn der Richter eine Gesetzesnorm für verfassungswidrig hält, darf er sie bei der Entscheidung nicht einfach unberücksichtigt lassen; vielmehr muss er die Entscheidung des Bundesverfassungsgerichts darüber einholen, ob das Gesetz gegen das Grundgesetz verstößt (Art. 100 GG; §§ 80 ff. BVerfGG).

Erklärt das Bundesverfassungsgericht die Bestimmung für verfassungswidrig und nichtig, darf sie nicht befolgt werden. Ist dagegen die Norm nach der Entscheidung des Bundesverfassungsgerichts mit dem Grundgesetz vereinbar, muss der Richter sie auf den zur Entscheidung stehenden Fall auch dann anwenden, wenn er selbst sie nach wie vor für verfassungswidrig hält.

Damit der Richter »nur dem Gesetz unterworfen« ist, wird seine *Unabhängigkeit* verfassungsrechtlich garantiert (Art. 97 GG) und im Deutschen Richtergesetz (§§ 25 ff.) im Einzelnen gesichert:
Danach ist der Richter *sachlich unabhängig*; er ist nur dem Gesetz unterworfen und nicht an Weisungen etwa seiner Dienstvorgesetzten oder eines Ministers gebunden.

So darf der Präsident des Landgerichts dem Richter nicht nahe legen oder gar vorschreiben, in einem Rechtsstreit einen bestimmten Zeugen zu hören oder die Klage abzuweisen. – Dagegen ist der Staatsanwalt als weisungsgebundener Beamter gehalten, in einem Strafprozess auf Geheiß seines Vorgesetzten z. B. einen Zeugen zu benennen oder Freispruch des Angeklagten zu beantragen.

Zur Sicherung der sachlichen Unabhängigkeit soll der Richter auch *persönlich unabhängig* sein. Deshalb ist ein auf Lebenszeit ernannter Richter grundsätzlich unabsetzbar und unversetzbar (vgl. Art. 97 II GG).

Selbst eine vorübergehende Abordnung eines Richters auf Lebenszeit (zwecks Vertretung eines erkrankten Kollegen) an ein anderes Gericht oder gar die Beförderung in ein höheres Richteramt darf nur mit Zustimmung des Richters erfolgen.

54 *3. Rechtsanwendung durch den Richter*

Fall: Der Kläger Kramer reicht beim Amtsgericht eine Klage gegen den Beklagten Becker ein, in der er beantragt, den Beklagten zur Zahlung von 600,– € zu verurteilen. Begründung: Der Beklagte hat, um mich zu ärgern, am 1. 5. 2006 bewusst in ein Fenster meines Hauses geschossen. Dadurch ist die Fensterscheibe zerstört worden. Das Einsetzen einer neuen Scheibe hat mich 600,– € gekostet.
Der Beklagte beantragt, die Klage abzuweisen. Begründung: Ich habe nicht in das Fenster des Klägers geschossen. Jedenfalls habe ich es nicht bewusst getan. Allenfalls ist mir aus Unachtsamkeit das Missgeschick unterlaufen, das Fenster des Klägers durch einen Schuss beschädigt zu haben.
Wie entscheidet der Richter?

a) Der Richter prüft zunächst, ob der vom Kläger vorgetragene Sachverhalt unter eine Gesetzesbestimmung subsumiert werden kann, aus der sich die vom Kläger begehrte Rechtsfolge ergibt.

Im Ausgangsfall kommt § 823 I in Betracht. Diese Bestimmung setzt voraus: »Wer (= der Beklagte) das Eigentum eines anderen (= die Fensterscheibe des Klägers) verletzt (= durch Schuss zerstört)«. Diese Verletzung muss »widerrechtlich« erfolgt sein; es darf also kein Rechtfertigungsgrund (z. B. Notwehr; § 227, Rdnr. 694 ff.) vorliegen. Ein Rechtfertigungsgrund ist im vorliegenden Fall nicht ersichtlich. Schließlich ist die Verletzung auch »vorsätzlich« geschehen; der Beklagte hat mit Wissen und Wollen den Tatbestand verwirklicht. Damit ist der Tatbestand des § 823 I nach dem Vortrag des Klägers erfüllt. Aus dieser Bestimmung ergibt sich als Rechtsfolge die Schadensersatzverpflichtung: »Wer (= der Beklagte) . . ., ist dem anderen (= Kläger) zum Ersatz des daraus entstehenden Schadens (= zerstörte Fensterscheibe) verpflichtet.« Aus § 249 II ergibt sich: »Ist wegen Beschädigung einer Sache (= zerstörte Fensterscheibe) Schadensersatz zu leisten (= hier nach § 823), so kann der Gläubiger (= Kläger) statt der Herstellung (= Einsetzung einer neuen Scheibe) den dazu erforderlichen Geldbetrag (= hier 600,– €) verlangen.« Demnach ist die Klage nach dem Vortrag des Klägers begründet.

b) Erst dann, wenn der Richter zu dem Ergebnis gekommen ist, dass das Vorbringen des Klägers sein Begehren rechtfertigt, prüft er, ob das Vorbringen des Beklagten demgegenüber erheblich ist. **55**

Der Beklagte bestreitet, ins Fenster des Klägers geschossen zu haben. Hat der Beklagte das Eigentum des Klägers nicht verletzt, ist er nicht nach § 823 I schadensersatzpflichtig. Dann muss die Klage abgewiesen werden. Da es also für den Ausgang des Prozesses erheblich ist, ob der Beklagte ins Fenster des Klägers geschossen hat, muss der Richter (durch Beweisaufnahme) feststellen, ob die Behauptung des Klägers zutrifft, dass der Beklagte ins Fenster geschossen habe.

Angenommen, die Behauptung des Klägers über den Schuss des Beklagten erweist sich als richtig, dann kommt es darauf an, ob der weitere Vortrag des Beklagten rechtserheblich ist, allenfalls sei ihm aus Unachtsamkeit das Missgeschick unterlaufen, das Fenster des Klägers durch einen Schuss beschädigt zu haben. Damit will der Beklagte bestreiten, vorsätzlich gehandelt zu haben. Entfällt der Vorsatz, ist ein Schadensersatzanspruch aus § 823 I aber noch nicht ausgeschlossen; denn in dieser Bestimmung werden Vorsatz und Fahrlässigkeit gleichgestellt (»wer vorsätzlich oder fahrlässig ...«). Fahrlässig handelt nach § 276 II, »wer die im Verkehr erforderliche Sorgfalt außer Acht lässt.« Demnach spielt es für den Ausgang des Rechtsstreits keine Rolle, ob der Beklagte willentlich oder nur aus Unachtsamkeit ins Fenster des Klägers geschossen hat. Der Vortrag des Beklagten, er habe allenfalls aus Unachtsamkeit das Fenster des Klägers beschädigt, ist also rechtlich unerheblich.

Für den Ausgang des Rechtsstreits ist also (nur) die streitige Tatsache, ob der Beklagte in das Fenster des Klägers geschossen hat, rechtserheblich.

c) Über die zwischen den Prozessparteien streitigen Tatsachen, die rechtserheblich sind, muss der Richter Beweis erheben. **56**

(1) Ob eine Tatsache rechtserheblich ist, ergibt sich bei der Subsumtion des von den Parteien vorgebrachten Sachverhalts unter das Gesetz. Deshalb ist es falsch, wenn in der Literatur gelegentlich die Auffassung vertreten wird, es sei zunächst die (erste) Aufgabe des Richters, den Lebenssachverhalt, so wie er sich tatsächlich abgespielt habe, festzustellen.

Es ist Beweis über die rechtserhebliche Tatsache zu erheben, ob der Beklagte in das Fenster des Klägers geschossen hat. Falsch wäre es, wenn der Richter die Beweisaufnahme auch auf die Frage erstreckte, ob der Beklagte willentlich oder nur aus Unachtsamkeit ins Fenster des Klägers geschossen hat; denn die Subsumtion unter § 823 I hat ergeben, dass der Beklagte nicht nur bei Vorsatz, sondern auch bei (bloßer) Fahrlässigkeit nach § 823 I schadensersatzpflichtig ist.

(2) Tatsachen sind nur insoweit zum Gegenstand der Beweisaufnahme zu machen, als sie unter den Prozessparteien streitig sind. Eine Tatsache, die von einer Prozesspartei vorgetragen, von der anderen aber nicht bestritten wird, ist als **57**

zugestanden anzusehen (vgl. § 138 III ZPO). Der Richter muss sie als unstreitig hinnehmen und darf insoweit keine anderen Feststellungen treffen, selbst wenn er Zweifel an der Richtigkeit dieser Tatsache hat oder gar von ihrer Unrichtigkeit überzeugt ist.

Die Klage auf Zahlung von 600,– € ist nur dann in vollem Umfang begründet, wenn das Einsetzen der neuen Fensterscheibe auch 600,– € gekostet hat. Selbst wenn der Richter glaubt, der Kläger habe dafür höchstens 570,– € gezahlt, darf er über die Höhe des Schadens keinen Beweis erheben; denn der Kläger hat behauptet, das Einsetzen der Scheibe habe ihn 600,– € gekostet, und der Beklagte hat dazu nichts gesagt. Die Höhe des Schadens beläuft sich demnach unstreitig auf 600,– €.

58 (3) Die *Durchführung der Beweisaufnahme* über die rechtserheblichen und streitigen Tatsachen richtet sich nach der Zivilprozessordnung.

Wenn im Ausgangsfall der Kläger für seine Behauptung, der Beklagte habe in sein Fenster geschossen, die Zeugen A und B benennt und der Beklagte sich auf das Zeugnis des X dafür beruft, dass er sich zur Tatzeit auf einer Spazierfahrt befunden habe und infolgedessen nicht am Tatort gewesen sei, so wird der Richter alle drei Zeugen vorladen.

Die Beweisaufnahme kann drei verschiedene Ergebnisse haben:

(a) Erste Möglichkeit: Es steht zur Überzeugung des Richters fest, dass die Behauptung des Klägers den Tatsachen entspricht; dann gewinnt dieser den Prozess.

Ist der Richter z. B. nach der glaubhaften Bekundung der Zeugen A und B davon überzeugt, dass der Beklagte den Schuss ins Fenster des Klägers abgegeben hat, gibt er der Klage nach § 823 I, § 249 II statt; er verurteilt den Beklagten, an den Kläger 600,– € zu zahlen.

(b) Zweite Möglichkeit: Es steht zur Überzeugung des Richters fest, dass die Darstellung des Beklagten richtig ist; dann gewinnt dieser den Prozess.

Hat z. B. der Zeuge X glaubhaft bekundet, dass der Beklagte sich zur Tatzeit etwa 50 km vom Tatort entfernt aufgehalten habe, während die Zeugen A und B erklärt haben, sie hätten zwar den Schuss gehört, könnten aber nicht mit Sicherheit sagen, wer der Schütze gewesen sei, weist der Richter die Klage ab, weil nach seiner Überzeugung feststeht, dass der Beklagte den Schuss nicht abgegeben hat und deshalb der Tatbestand des § 823 I nicht erfüllt ist.

(c) Dritte Möglichkeit: Nach Abschluss der Beweisaufnahme ist der Richter weder von der Richtigkeit der Darstellung des Klägers noch von der Richtigkeit der Darstellung des Beklagten überzeugt. Er muss dennoch den Rechtsstreit entscheiden. Hier unterliegt diejenige Partei, die für die streitige Tatsache die Beweislast trifft. Die Beweislastfrage ist in einigen Fällen ausdrücklich im Gesetz geregelt (z. B. § 179 I; Rdnr. 606); im Übrigen trägt jede Partei die Beweislast dafür, dass die Voraussetzungen der ihr günstigen Norm vorliegen.

Wenn der Richter nach Durchführung der Beweisaufnahme sich nicht klar darüber ist, ob die Behauptung des Klägers, der Beklagte habe ins Fenster geschossen, oder die Behauptung des Beklagten, er habe nicht geschossen, den Tatsachen entspricht, ist die Klage unbegründet. Denn der Kläger muss die Voraussetzungen des § 823 I, dass der Beklagte das Eigentum des Klägers verletzt hat, beweisen. Gelingt ihm das nicht, darf die ihm günstige Vorschrift des § 823 I nicht angewandt werden, so dass seine Klage abzuweisen ist.

II. Gesetzesauslegung 59

1. Bedeutung und Methode

a) Wenn der Jurist prüft, ob auf einen Lebenssachverhalt eine gesetzliche Bestimmung anzuwenden ist, muss er den Sinn dieser Vorschrift ermitteln; er muss das Gesetz auslegen. Unter Gesetzesauslegung (Gesetzesinterpretation) versteht man also die *Ermittlung des rechtlich maßgebenden Sinnes des Gesetzes*. Diese Sinnermittlung ist nicht immer einfach, zumal das Gesetz nicht genau voneinander abgegrenzte Begriffe der Logik, sondern Ausdrücke der Fach- und Umgangssprache verwendet.

Parallelen zur Gesetzesauslegung finden sich in anderen Wissenschaften wie auch im alltäglichen Leben.

Beispiele: Bei der Interpretation einer mittelalterlichen, lateinischen Urkunde soll der Sinn ermittelt werden, den der Autor damit verbunden hat. Dazu geht man vom Wortlaut der einzelnen Textstelle aus. Dabei wird man es aber nicht bewenden lassen. Vielmehr wird man die Textstelle im Textzusammenhang lesen. Aus anderen Urkunden desselben Verfassers wird man möglicherweise auf eine ganz spezielle Bedeutung eines bestimmten Wortes schließen können. Die Texte anderer zeitgenössischer Autoren können Aufschluss darüber geben, welche Vorstellungen zur damaligen Zeit herrschten, und damit für die Auslegung der Textstelle hilfreich sein. Je mehr Quellenmaterial herangezogen wird, desto größer ist die Chance, die geschichtliche Wahrheit zu ermitteln.

An einem Eisenbahnabteil findet man das Schild mit der Aufschrift »Raucher« oder »Nichtraucher«. Aus der Bezeichnung allein könnte man folgern, das Abteil für Nichtraucher dürfe nur von Reisenden benutzt werden, die Nichtraucher sind, während das Raucherabteil nur den Rauchern offen stehe. Entscheidend ist der Sinn und Zweck, den die Regelung verfolgt: Es soll einem Reisenden die Möglichkeit eingeräumt werden, sein Reiseziel zu erreichen, ohne während der Fahrt den Tabakrauch von Mitreisenden inhalieren zu müssen. Deshalb darf auch ein Raucher das Nichtraucherabteil benutzen, wenn er während des Aufenthalts in diesem Abteil nicht raucht. Umgekehrt darf auch ein Nichtraucher im Raucherabteil fahren; in diesem darf, muss aber nicht geraucht werden.

Das Schild »Betreten des Rasens verboten« bezweckt, den Rasen vor Beschädigungen zu schützen. Diesem Sinn handelt auch zuwider, wer sich auf den Rasen rollt. Demnach ist der Ausdruck »Betreten« zu eng; er ist nach seinem Zweck erweiternd dahin auszulegen, dass auch Rollen, Fahren usw. auf dem Rasen verboten sein sollen.

Diese Beispiele zeigen, dass bei der Auslegung zwar vom Wortlaut der Erklärung auszugehen ist, dabei aber auch der Sprachgebrauch, der systematische und historische Zusammenhang und der Zweck der Erklärung zu beachten sind.

60 b) Auch bei der Gesetzesauslegung ist letztlich nicht anders zu verfahren. Es gibt eine Reihe von Auslegungselementen, die bei der Ermittlung des Sinnes einer gesetzlichen Vorschrift bedeutsam sind:

(1) Auszugehen ist vom *Wortlaut der Norm*. Dabei sind die Regeln der Grammatik, der allgemeine Sprachgebrauch und die besondere Fachsprache der Juristen zu berücksichtigen.

Auf diese Weise ist es möglich, ein Redaktionsversehen des Gesetzgebers festzustellen. Ein solches liegt vor, wenn ein anderer als der vom Gesetzgeber gewollte Wortlaut ins Gesetz gekommen ist.

Beispiel: § 919 I spricht davon, dass »ein Grenzzeichen verrückt . . . geworden ist«.

In manchen Fällen definiert das Gesetz selbst einen von ihm gebrauchten Begriff.

Beispiele: Der Begriff »fahrlässig« in § 823 I wird in § 276 II dahin erläutert, dass fahrlässig handelt, wer die im Verkehr erforderliche Sorgfalt außer Acht lässt. »Kennenmüssen« in § 166 heißt nach § 122 II »infolge von Fahrlässigkeit nicht kannte«. »Unverzüglich« in § 377 I HGB bedeutet nach der Klammerdefinition des § 121 I 1 »ohne schuldhaftes Zögern«.

Unterschiedliche gesetzliche Formulierungen machen für den Kenner der juristischen Fachsprache erkenntlich, dass unterschiedliche Rechtsfolgen gemeint sind. So sind Vorschriften zu beachten, gleichgültig, ob in ihnen ein »Müssen« oder ein »Sollen« vorgeschrieben ist. Bei Verstoß gegen eine »Mussvorschrift« liegt Nichtigkeit, bei Verstoß gegen eine bloße »Sollvorschrift« aber keine Nichtigkeit vor.

Beispiel: Wird ein Testament zur Niederschrift eines Notars errichtet, so *muss* der Notar eine Niederschrift aufnehmen (§ 8 BeurkG). Diese *muss* die Bezeichnung des Notars und des Erblassers sowie die Erklärung des letzten Willens enthalten (§ 9 I BeurkG). Die Verletzung einer Muss-Vorschrift führt zur Nichtigkeit des Testaments. Der Notar hat bei der Niederschrift aber auch die Soll-Vorschriften zu beachten. So *soll* die Niederschrift Ort und Tag der Verhandlung enthalten (§ 9 II BeurkG). Jedoch berührt der Verstoß gegen eine Soll-Vorschrift die Gültigkeit des Testaments nicht.

61 (2) Die Auslegung darf sich nicht mit dem Wortlaut der auszulegenden Vorschrift begnügen. Er ist nur eines der Auslegungskriterien. § 133 bestimmt für die Auslegung einer Willenserklärung, dass der wirkliche Wille zu erforschen und nicht an dem buchstäblichen Sinn des Ausdrucks zu haften ist. Das gilt gleichermaßen auch für die Auslegung einer gesetzlichen Bestimmung. Dem Willen des Gesetzgebers kommt man näher, wenn man den *Zusammenhang und das Verhältnis* der zu interpretierenden Vorschrift *zu anderen Bestimmun-*

gen und den Standort der auszulegenden Vorschrift innerhalb eines bestimmten Abschnitts im Gesetz beachtet (*systematische Auslegung*). Dadurch kann etwa festgestellt werden, dass der Wortlaut einer Vorschrift zu weit ist und Tatbestände erfasst, die nach dem Willen des Gesetzgebers von ihr nicht erfasst werden sollen.

Beispiel: Ein Arbeitgeber und ein Arbeitnehmer beenden das Arbeitsverhältnis einvernehmlich durch Auflösungsvertrag gegen Zahlung einer Abfindung. Der Vertrag wird im Personalbüro angebahnt und abgeschlossen. Nach dem Wortlaut des § 312 I Nr. 1 könnte der Arbeitnehmer, der es sich nach Vertragsschluss anders überlegt, den Auflösungsvertrag widerrufen; denn der Arbeitnehmer ist Verbraucher[33] (§ 13), bei dem Auflösungsvertrag handelt es sich um einen Vertrag über eine entgeltliche Leistung (Beendigung des Arbeitsverhältnisses gegen Zahlung einer Abfindung), und der Arbeitnehmer wurde am Arbeitsplatz zum Vertragsschluss bestimmt. Aber schon die systematische Stellung des § 312 im »Untertitel 2. Besondere Vertriebsformen« spricht gegen eine Anwendung des § 312 auf arbeitsrechtliche Auflösungsverträge[34]; denn dabei handelt es sich nicht um eine Vertriebsform.

(3) Wichtige Hinweise kann die *Entstehungsgeschichte des Gesetzes für die Sinnermittlung* geben (*historische Auslegung*). Als Materialien zur Auslegung des BGB kommen etwa dessen Entwürfe, Motive und Protokolle (Rdnr. 21) sowie die landesrechtlichen Vorläufer in Betracht, bei nachträglich eingefügten oder geänderten Vorschriften die Drucksachen des Bundestages (BT-Drs.) und des Bundesrates (BR-Drs.). Aber auch die Entwicklung, die eine Gesetzesbestimmung im Laufe der Zeit (z. B. durch Gesetzesänderungen) genommen hat, ist manchmal für die Auslegung bedeutsam. **62**

Beispiel: Wenn eine Vertragspartei zum Rücktritt vom Vertrag berechtigt ist (z.B. der Käufer wegen eines Mangels der Kaufsache, §§ 437 Nr. 2, 323)[35], besteht die Rechtsfolge des Rücktritts nach § 346 darin, dass die bereits empfangenen Leistungen (z.B. Kaufsache und Kaufpreis) zurückzugewähren sind. Falls der Käufer den Kaufpreis noch nicht gezahlt hat, liegt es nahe, dass er von seiner Zahlungspflicht frei wird. Diese Rechtsfolge ergibt sich zwar nicht aus dem Wortlaut des § 346. Aber den Gesetzesmaterialien[36] ist zu entnehmen, dass in diesem Fall die Leistungspflichten erlöschen sollen. Der Gesetzgeber hielt diese Folge für selbstverständlich und eine ausdrückliche Regelung für entbehrlich.

(4) Eine gesetzliche Vorschrift ist vor allem nach dem *Sinn und Zweck* (der ratio legis) auszulegen, den der Gesetzgeber damit verfolgt (*teleologische Auslegung*). Auf diese Weise kann etwa ermittelt werden, ob ein Begriff weit oder eng auszulegen ist. **63**

Beispiel: Wenn ein Arbeitnehmer mit seinem Arbeitgeber im Betrieb einen Auflösungsvertrag zwecks Beendigung des Arbeitsverhältnisses schließt, liegen nach dem Gesetzes-

33 BAG ZIP 2005, 1699, 1703 f.
34 BAG NZA 2004, 597, 601.
35 BS § 4 Rdnr. 49 ff.
36 BT-Drs. 14/6040, S. 194.

wortlaut des § 312 I Nr. 1 zwar die Voraussetzungen für ein Widerrufsrecht vor (Rdnr. 61). Nach ihrem Sinn und Zweck greift die Vorschrift jedoch nicht ein[37]; denn durch das Widerrufsrecht soll nur derjenige Verbraucher geschützt werden, der durch einen Vertragsschluss an einem ungewöhnlichen Ort überrascht oder überrumpelt wurde. Das trifft zwar für einen Kaufvertrag am Arbeitsplatz zu, nicht aber für einen Auflösungsvertrag; dieser wird vielmehr typischerweise in einem Büro im Betrieb vereinbart.

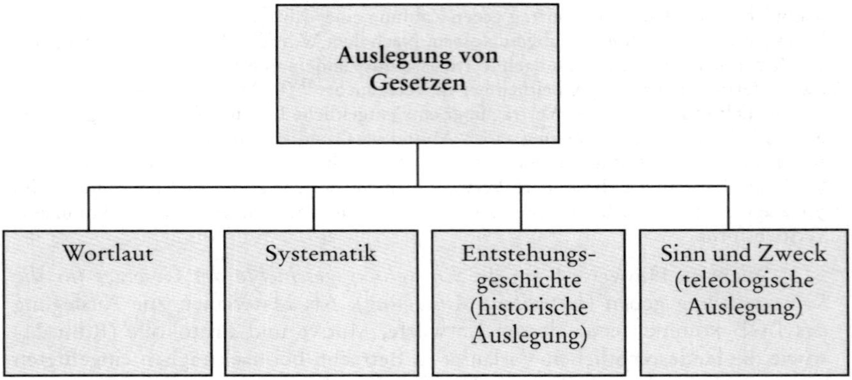

64 *2. Lückenausfüllung*

a) Auslegung ist nicht nur Sinnermittlung. Sie kann auch zu einer Ergänzung des Gesetzes führen, sofern das Gesetz unvollständig ist, also eine Lücke enthält. Eine solche Lücke kann darauf beruhen, dass der Gesetzgeber eine bestimmte Frage im Gesetz bewusst nicht geregelt oder dass er bei der Schaffung des Gesetzes einen Umstand (unbewusst) nicht bedacht hat. Wenn eine vorhandene Lücke des Gesetzes ausgefüllt wird, spricht man von *ergänzender Auslegung*.

Auch die ergänzende Gesetzesauslegung hat ihre Parallelen in anderen Wissenschaften und im Alltagsleben.

Beispiele: Der Theologe, der eine Bibelstelle auslegt, erklärt nicht nur die damalige geschichtliche Lage, sondern stellt auch die Frage, welche Stellung Jesus bezogen hätte, wenn ihm ein bestimmtes heutiges Problem vorgelegt worden wäre. Die Antwort findet der Interpret durch ergänzende Auslegung.

Der Hausherr H trägt beim Verlassen des Hauses seiner Hausangestellten D auf, sie solle niemanden ins Haus lassen. Die Ehefrau des H ist verreist und kehrt früher als von ihm vorgesehen nach Hause zurück. Hält D sich buchstäblich an das Wort des H, lässt sie auch dessen Frau nicht ins Haus. Wenn aber D nicht blind gehorcht, sondern mitdenkt, dann erkennt sie die Lücke in dem Gebot des H. Dieser ging bei seiner Anordnung von

37 BAG NZA 2004, 597, 602 f.

der falschen Vorstellung aus, seine Frau werde erst später als er selbst zurückkehren. D schließt die Lücke im Gebot des H, indem sie sich die Frage stellt, was H angeordnet hätte, wenn er mit der vorzeitigen Rückkehr seiner Frau gerechnet hätte. Sie gelangt zu dem Ergebnis, dass H ohne die falsche Vorstellung befohlen hätte: »Lass keinen ins Haus, ausgenommen meine Frau!« Durch ergänzende Auslegung kommt D zu einer Einschränkung der ihr erteilten Weisung des H.

b) Bei der ergänzenden Gesetzesauslegung hat der Richter zunächst mit Hilfe der bereits geschilderten Auslegungskriterien festzustellen, *ob eine Lücke im Gesetz vorliegt*. Das ist einmal dann der Fall, wenn der Gesetzgeber bei Erlass des Gesetzes einen bestimmten Umstand nicht oder nicht richtig in seine Willensbildung aufgenommen hat (*primäre Lücke*). Eine Lücke braucht aber bei Erlass des Gesetzes noch nicht vorzuliegen; sie kann erst später entstanden sein (*sekundäre Lücke*). 65

Eine Lücke darf der Richter aber nicht durch eine eigene Wertung schließen; denn damit würde er sich insoweit an die Stelle des Gesetzgebers setzen. Vielmehr muss er *die Lücke aus dem Geist des Gesetzes ausfüllen*. Er hat sich die Frage zu stellen, wie der Gesetzgeber das Problem geregelt hätte. Deshalb darf der Richter bei der Auslegung des Gesetzes nicht bei den Gebotsvorstellungen des Gesetzgebers haltmachen. Vielmehr muss er darüber hinaus die den Geboten zugrunde liegenden Interessenabwägungen und Motive des Gesetzgebers erforschen. Auf diese Weise wird der Richter erfahren, wie der Gesetzgeber die von ihm nicht beantwortete Frage gelöst hätte.

c) Die ergänzende Auslegung kann zu einer ausdehnenden Anwendung *einer* Gesetzesbestimmung auf einen gesetzlich nicht geregelten Fall führen (*Gesetzesanalogie*). 66

Beispiel: Nach § 442 I 2 kann der Käufer Rechte wegen Sachmängeln, die ihm infolge grober Fahrlässigkeit unbekannt geblieben sind, nur geltend machen, wenn der Verkäufer den Mangel arglistig verschwiegen oder eine Garantie für die Beschaffenheit übernommen hat. Das Gesetz sagt aber nicht, ob dem Käufer seine Rechte auch dann erhalten bleiben sollen, wenn der Verkäufer dem Käufer die Mangelfreiheit der Sache arglistig vorgespiegelt hat. Jedoch weist der (nicht geregelte) Fall des arglistigen Vorspiegelns die gleiche Interessenlage auf wie der (geregelte) Fall des arglistigen Verschweigens. In beiden Fällen nutzt der Verkäufer die Unkenntnis des Käufers von der tatsächlichen Beschaffenheit der Kaufsache bewusst aus. Es ist kein einleuchtender Grund ersichtlich, weshalb der Käufer nur bei arglistigem Verschweigen des Mangels seine Rechte behalten soll, nicht aber auch bei arglistigem Vorspiegeln der Mangelfreiheit. Demnach weist das Gesetz hinsichtlich des arglistigen Vorspiegelns eine Lücke auf. Hätte der Gesetzgeber sie erkannt, hätte er dieses Problem wie in dem gleichliegenden Fall des arglistigen Verschweigens geregelt. Demnach ist eine ausdehnende Auslegung des § 442 I 2 geboten[38].

d) Ergibt die Auslegung eine Lücke im Gesetz, so kann diese möglicherweise durch ein Regelungsprinzip, das *mehreren* Gesetzesbestimmungen zugrunde 67

38 *Palandt/Putzo*, § 442 Rdnr. 18.

liegt, gefüllt werden. Es werden also mehrere Gesetzesbestimmungen entsprechend angewandt (*Rechtsanalogie*).

Beispiel: Wenn eine Beeinträchtigung des Eigentums in anderer Weise als durch Entziehung oder Vorenthaltung des Besitzes droht (z.B. Überbau vom Nachbargrundstück auf das eigene Grundstück), steht dem Eigentümer nach § 1004 I 2 ein Unterlassungsanspruch zu. Gleiches gilt nach § 12 Satz 2 bei einer drohenden Beeinträchtigung des Namensrechts (Rdnr. 719) und nach § 862 I 2 bei einer drohenden Störung im Besitz (Rdnr. 723). Falls dagegen ein anderes Rechtsgut oder absolutes Recht verletzt zu werden droht (z.B. Verletzung des allgemeinen Persönlichkeitsrechts durch unzutreffende Tatsachenbehauptung in der Presse[39]; Verletzung des Rechts am eingerichteten oder ausgeübten Gewerbebetrieb durch einen geplanten rechtswidrigen Streik[40]), fehlt es für einen Unterlassungsanspruch an einer ausdrücklichen Rechtsgrundlage. Es wäre jedoch ebenso wie beim Eigentümer, Inhaber des Namensrechts und Besitzer sachwidrig, wenn der Rechtsinhaber erst eine Verletzung abwarten müsste, um dann nach § 823 I Schadensersatz verlangen zu können. Deshalb gewährt man auch ihm über den Wortlaut des § 1004 I 2 hinaus in Rechtsanalogie zu den §§ 1004, 12, 862 einen vorbeugenden Unterlassungsanspruch[41].

68 e) Die Lücke im Gesetz kann einmal darin bestehen, dass bestimmte Probleme nicht geregelt werden, obwohl man an sich eine Regelung erwartet hätte (*offene Lücke*). Sie wird oft durch analoge Anwendung anderer Vorschriften geschlossen.

Beispiel: Arglistiges Vorspiegeln einer Eigenschaft (Rdnr. 66).

69 Es gibt aber auch Fälle, in denen das Gesetz eine Regelung enthält, diese jedoch nicht für alle darunter fallenden Probleme passt, weil der Gesetzgeber deren Besonderheiten nicht berücksichtigt hat. Die getroffene Regelung geht zu weit. Der Gesetzgeber hätte sie eingeschränkt, wenn er die besondere Problematik beachtet hätte. Insoweit besteht eine Lücke, die durch die Existenz der zu weiten Regelung verdeckt ist (*verdeckte Lücke*). Auch in einem solchen Fall ist der Richter zur Lückenausfüllung befugt und verpflichtet. Dabei kann er von dem eindeutigen Wortlaut des Gesetzes und den Gebotsvorstellungen des Gesetzgebers abweichen, indem er die gesetzliche Regelung im Geiste des Gesetzes einschränkt (*einschränkende Auslegung; teleologische Reduktion*).

Beispiele: Gerner (G) kann seine Kaufpreisforderung, die er gegen Schröder (S) hat, auf Drepper (D) durch Vertrag übertragen (= abtreten; § 398). Jedoch bestimmt § 400, dass eine Forderung nicht abgetreten werden kann, soweit sie der Pfändung nicht unterworfen ist. Demnach ist G nicht in der Lage, seine unpfändbaren Lohnansprüche gegen seinen Arbeitgeber auf D zu übertragen. Die Bestimmung bezweckt, dem G im eigenen Interesse, aber auch im Interesse der Allgemeinheit, das Existenzminimum zu erhalten; es soll vermieden werden, dass der Lohnberechtigte der Allgemeinheit zur Last fällt. Der Ge-

39 BS § 41 Rdnr. 21 ff.
40 BS § 41 Rdnr. 15 ff.
41 BS § 45 Rdnr. 5 f.

setzgeber ging bei seinem Abtretungsverbot davon aus, dass die genannten Gründe bei jeder Abtretung einer unpfändbaren Forderung vorliegen. Er bedachte nicht, dass der Schutzzweck der Norm ausnahmsweise dann nicht vereitelt wird, wenn der Gläubiger G seine unpfändbare Forderung an einen Dritten D abtritt, der ihm laufend Beträge in Höhe der abgetretenen Forderung zahlt; in einem solchen Fall wird der Gläubiger G durch die Abtretung nicht schlechter gestellt. Deshalb ist § 400 trotz des eindeutigen Wortlauts und der entsprechenden Gebotsvorstellungen des Gesetzgebers wegen der aufgezeigten (verdeckten) Lücke einschränkend dahin auszulegen, dass das Abtretungsverbot dann nicht gilt, wenn der abtretende Gläubiger G von dem Dritten D tatsächlich entsprechende Zahlungen erhält[42].

In der Unterhaltungspresse werden Vorgänge aus dem Privatleben eines bekannten Künstlers (K) in ehrverletzender Weise dargestellt. Deshalb hat K einen Schadensersatzanspruch aus § 823 I (»ein sonstiges Recht verletzt«). Ein Anspruch auf Schadensersatz *in natura* (§ 249 I) führt zu einem Widerruf der ehrverletzenden Äußerung. Das reicht dem K nicht aus; er möchte Schadensersatz in Geld. Zwar gewährt § 253 auch wegen eines Schadens, der nicht Vermögensschaden ist, einen Schadensersatz *in Geld.* Der Schutz des allgemeinen Persönlichkeitsrechts soll jedoch weiterhin der Rechtsprechung überlassen bleiben. Bereits vor der Neuregelung des § 253 zum 1. 8. 2002 billigte der BGH dem Verletzten eine Geldentschädigung zu; das Gericht sah die Regelung im BGB als lückenhaft an, weil sie die Wertentscheidung des Grundgesetzes (Art. 1 und 2 GG) zu Gunsten des Persönlichkeitsschutzes nicht gebührend berücksichtigte. Deshalb ergänzte der BGH die gesetzliche Regelung dahin, dass bei erheblicher Beeinträchtigung der Persönlichkeitssphäre und schwerem Verschulden eine Entschädigung in Geld zu leisten sei[43]. Hier ist also durch Erlass des Grundgesetzes eine (verdeckte) Lücke entstanden. Diese ist durch die Wertung der Art. 1 und 2 GG zu schließen, so dass auch für eine Verletzung des allgemeinen Persönlichkeitsrechts eine Entschädigung in Geld zu zahlen ist.

42 Vgl. BGHZ 4, 163; 13, 360.
43 Vgl. BGHZ 26, 349; 35, 363; 39, 124; BVerfGE 34, 269.

Zweiter Teil Das Rechtsgeschäft

Erstes Kapitel Die Grundlagen

§ 4 Vertrag, Willenserklärung und Rechtsgeschäft 70

Schrifttum: *Brehm*, Zur automatisierten Willenserklärung, Festschrift f. Niederländer, 1991, 233; *Brox*, Fragen der rechtsgeschäftlichen Privatautonomie, JZ 1966, 761; *F. Bydlinski*, Erklärungsbewußtsein und Rechtsgeschäft, JZ 1975, 1; *Fabricius*, Stillschweigen als Willenserklärung, JuS 1966, 1; *Flume*, Rechtsgeschäft und Privatautonomie, Festschrift zum 43. Juristentag, Bd. I, 1960, 135; *Fritzsche/Malzer*, Ausgewählte zivilrechtliche Probleme elektronisch signierter Willenserklärungen, DNotZ 1995, 3; *Hanau*, Objektive Elemente im Tatbestand der Willenserklärung, AcP 165 (1965), 220; *Hönn*, Entwicklungslinien des Vertragsrechts, JuS 1990, 935; *H. Hübner*, Zurechnung statt Fiktion einer Willenserklärung, Festschrift f. Nipperdey, Bd. I, 1965, 373; *Köhler*, Die Problematik automatisierter Rechtsvorgänge, insbesondere von Willenserklärungen, AcP 182 (1982), 126; *Mayer-Maly*, Vertrag und Einigung, Festschrift f. Nipperdey, Bd. I, 1965, 509; *Melullis*, Zum Regelungsbedarf bei der elektronischen Willenserklärung, MDR 1994, 109; *Pawlowski*, Wie kommt es zum Vertrag? Festschrift f. Großfeld, 1999, 829; *Raiser*, Vertragsfunktion und Vertragsfreiheit, Festschrift zum 43. Juristentag, Bd. I, 1960, 101; *Reinhardt*, Die Vereinigung subjektiver und objektiver Gestaltungskräfte im Vertrage, Festschrift f. Schmidt-Rimpler, 1957, 115; *Rother*, Der Vertrag als Vertragsgegenstand, Festschrift f. Larenz, 1973, 409; *Schapp*, Grundfragen der Rechtsgeschäftslehre, 1986; *J. Schmidt*, Schutz der Vertragsfreiheit durch Deliktsrecht?, Festschrift f. Lukes, 1989, 793; *Schmidt-Rimpler*, Grundfragen der Erneuerung des Vertragsrechts, AcP 147 (1941), 130; *D. Schwab*, »Parallel laufende Erklärungen«, Festschrift f. Medicus, 1999, 587; *Schwerdtner*, Schweigen im Rechtsverkehr, Jura 1988, 443; *Weiler*, Die beeinflusste Willenserklärung, 2002; *Wieacker*, Willenserklärung und sozialtypisches Verhalten, Göttinger Festschrift f. das OLG Celle, 1961, 263; *Wieser*, Wille und Verständnis bei der Willenserklärung, AcP 189, 112; *M. Wolf*, Rechtsgeschäftliche Entscheidungsfreiheit und vertraglicher Interessenausgleich, 1970; *Zöllner*, Regelungsspielräume im Schuldvertragsrecht, AcP 196 (1996), 1.

Fälle:

a) V schreibt an K: »Ich biete Ihnen meine Vase, die Ihnen so gut gefiel, für 300,– € zum Kauf an.« K antwortet dem V: »Ich danke für Ihren Brief und akzeptiere Ihren Vorschlag zum Kauf der Vase.« Kann V von K die Zahlung von 300,– € verlangen? **(Rdnr. 78)**

b) Wie, wenn K auf den Brief des V antwortet: »Ich bin mit dem Kauf einverstanden, kann aber leider nur 250,– € zahlen«? **(Rdnr. 79)**

c) Wie, wenn K, während der Brief des V an K von der Post befördert wird, an V, ohne dessen Brief zu kennen, schreibt: »Sie werden gemerkt haben, dass ich Gefallen an Ihrer Vase gefunden habe. Ich biete Ihnen für die Vase 300,– €«? **(Rdnr. 80)**

d) Buchhändler B schickt dem X unaufgefordert ein Buch mit einem Anschreiben, wonach er das Buch dem X zum Kauf für 60,– € anbiete; wenn er von X innerhalb von zwei Wochen keine Antwort erhalte, gehe er davon aus, dass X durch sein Schweigen das Angebot annehme. X schweigt. Muss er zahlen? **(Rdnr. 91)**

I. Vertrag

1. Bedeutung

a) Wenn jemand bestimmte Güter benötigt, so bieten sich dafür gedanklich zwei grundverschiedene Möglichkeiten an: Entweder teilt der Staat jedem Einzelnen Nahrung, Kleidung, Wohnung, Arbeitsplatz usw. zu, oder aber der Einzelne beschafft sich die gewünschten Güter selbst. Die erste Möglichkeit widerspricht unserer Verfassung; das Grundgesetz geht von der Selbstverantwortlichkeit des Einzelnen aus und lässt eine staatliche Güterverteilung nur dann zu, wenn der Einzelne sich nicht mehr selbst helfen kann. Diese Art der Güterverteilung ist auch unpraktisch, wie die Mängel der Planwirtschaft zeigen. Die zweite Möglichkeit führt zu grob gemeinschaftswidrigen und ungerechten Ergebnissen, wenn der Einzelne mehr oder weniger rücksichtslos seinen eigenen Willen durchsetzt. Deshalb kann der Einzelne nach unserer Rechtsordnung grundsätzlich nicht durch seinen Willen allein die Güterversorgung beeinflussen. Wenn er z. B. bestimmte Nahrungsmittel erwerben will, wird er einen Kaufvertrag schließen; will er eine Wohnung benutzen, wird er sie mieten. Will er, um kaufen oder mieten zu können, Geld erwerben, wird er Sachen verkaufen, vermieten oder als Arbeitnehmer eine Arbeit aufnehmen usw. In allen diesen Fällen kommt es nicht nur auf den Willen *einer* Person (z. B. des Käufers) an; diese ist vielmehr auf den entsprechenden Willen einer *anderen* Person (z. B. des Verkäufers) angewiesen. Nur wenn beide Personen sich einigen, kommt es zu dem geplanten Güteraustausch. Die Willensübereinstimmung der sich gegenüberstehenden Personen, das »Sich-Vertragen«, ist ein Vertrag.

71 (1) Die Bedarfsdeckung im privaten und wirtschaftlichen Bereich erfolgt vor allem durch Verträge, die auf den Austausch von Vermögensgütern gerichtet sind. Kaufvertrag (§ 433), Miete (§ 535), Pacht (§ 581), Dienstvertrag (§ 611) und Werkvertrag (§ 631) haben gemeinsam, dass der eine Vertragsteil eine Leistung gerade deshalb verspricht, weil auch der andere sich zu einer Leistung verpflichtet (z. B. Ware gegen Geld).

Vor allem bei diesen Austauschverträgen zeigt sich, dass durch Privatinitiative der Vertragsparteien im Allgemeinen vernünftige Ergebnisse erreicht werden. Die Interessen der Vertragsparteien sind entgegengesetzt; der Vorteil der einen ist der Nachteil der anderen Partei. Jede Partei will für wenig eigene Leistung viel fremde Leistung erzielen. Wenn sich beide Parteien über Leistung und Gegenleistung einigen, dann hat jede von ihnen einen Teil ihrer eigennützigen Motive beiseite getan. Durch das Aushandeln, die wechselseitige Beeinflussung und die abschließende Einigung im Vertrag werden grundsätzlich einseitige Ergebnisse vermieden und gerechte Resultate erzielt.

Will K von V einen Pkw kaufen, so wird K einen möglichst geringen Kaufpreis (z. B. 7 500,– €) zahlen wollen; V dagegen will möglichst viel für seinen Wagen (z. B. 8 300,– €) haben. Einigen sie sich nach mehr oder weniger langen Verhandlungen auf einen »mittleren« Preis (von z. B. 8 000,– €), dann ist der Kaufvertrag geschlossen.

Diese »Vertragsgerechtigkeit« verwirklicht sich aber nur, wenn sich Vertragsparteien gegenüberstehen, die etwa gleich stark sind; nur dann kann es zu einem Aushandeln und nicht zu einem einseitigen Festsetzen des Vertragsinhalts kommen.

(2) Der Vertrag ist nicht nur für den wechselseitigen Austausch von Gütern **72**
bedeutsam. Auch dann, wenn die Leistungspflicht nur einer Person begründet werden soll, kann ein Vertragsschluss erforderlich sein. So setzt z. B. die Schenkung, durch die nur der Schenker, nicht aber der Beschenkte zu einer Leistung verpflichtet sein soll, einen Vertrag voraus; denn § 516 verlangt, dass »beide Teile darüber einig sind, dass die Zuwendung unentgeltlich erfolgt«. Der Grund für das Erfordernis des Vertragsschlusses ist, dass sich niemand ohne oder gegen seinen Willen etwas schenken zu lassen braucht.

Will A dem B zum Geburtstag einen Hund schenken und lehnt B dankend ab, fehlt es an der erforderlichen Willenseinigung, so dass kein Schenkungsvertrag zustande gekommen ist. Dabei ist es rechtlich uninteressant, ob B deshalb ablehnt, weil er die Hundesteuer scheut, Angst vor Hunden hat oder sich von A nichts schenken lassen will.

b) Die Willenseinigung spielt nicht nur im Vermögensrecht, sondern auch in **73**
anderen Rechtsgebieten, wie etwa im Personen- und Eherecht, eine Rolle.

So kann »Er« »Sie« nicht heiraten, wenn »Sie« nicht will.

2. *Vertragsfreiheit* **74**

a) Unter der Vertragsfreiheit versteht man die Freiheit des Einzelnen, seine privaten Lebensverhältnisse durch Verträge zu gestalten. Sie ist verfassungsrechtlich gewährleistet (Art. 2 I GG) und ist die wichtigste Erscheinungsform der Privatautonomie (Rdnr. 25). Die Vertragsfreiheit findet jedoch ebenso wie die im Prinzip der Privatautonomie zum Ausdruck kommende allgemeine Handlungsfreiheit ihre Grenze am Freiheitsraum des anderen. Wenn also zwischen zwei Personen Güter ausgetauscht werden sollen (z. B. Ware gegen Geld, Dienste gegen Geld), kann es nicht allein auf den Willen eines der beiden Beteiligten ankommen. Vielmehr müssen die Willen der beiden Betroffenen übereinstimmen. Nur bei einer auf freier Selbstgestaltung jedes Einzelnen beruhenden

Einigung der Beteiligten, d. h. bei einem Vertrag, erkennt das Recht die Selbstgestaltung als verbindlich an.

Beispiel: A erhält nicht deshalb gegen B einen Anspruch auf Lieferung des Pkw, weil A allein es so will, sondern weil A und B sich einig darüber sind, dass A einen solchen Anspruch haben soll. Den damit verbundenen Nachteil des B (Pflicht zur Lieferung des Pkw) lässt die Rechtsordnung deshalb gelten, weil B es so will. B wird schon wissen, weshalb er eine (ihn belastende) Verpflichtung übernimmt. Beim Verkauf des Pkw geht er die Verpflichtung ein, weil er von A als Gegenleistung den vereinbarten Kaufpreis von 8 000,– € bekommt. Den Kaufpreisanspruch erhält B aber nur deshalb, weil der insoweit belastete A damit einverstanden ist. Selbst wenn B für seinen Pkw einen höheren Preis (von 9 000,– €) hätte erzielen können, so gibt ihm die Rechtsordnung nur einen Anspruch auf Zahlung von 8 000,– €; denn ihm geschieht kein Unrecht, weil er sich mit A auf diesen Preis geeinigt hat; er hätte auf diesen Preis nicht einzugehen brauchen.

75 b) Die Vertragsfreiheit umfasst die Abschluss- und die Gestaltungsfreiheit.

(1) *Abschlussfreiheit*: Der Einzelne ist frei darin, *ob* und *mit wem* er einen Vertrag schließt.

B braucht dem Drängen des A, ihm den Pkw zu verkaufen, nicht nachzugeben. Er kann den Wagen behalten oder ihn an jemand anderen verkaufen.

Nur in Ausnahmefällen ist jemand verpflichtet, einen Vertrag abzuschließen. Ein solcher *Kontrahierungszwang* besteht kraft spezieller gesetzlicher Anordnung (z. B. für Strom, Gas, Personentransport) und allgemein bei öffentlichen Versorgungsaufgaben (Versorgung mit lebenswichtigen Gütern[44].

Ferner hat der Deutsche Bundestag am 29.6.2006 ein (politisch kontrovers diskutiertes) Gesetz zum Schutz vor Diskriminierungen im Zivilrecht und im Arbeitsrecht zu erwarten. Es sollte ursprünglich »Antidiskriminierungsgesetz« heißen und hat jetzt den Titel »Allgemeines Gleichbehandlungsgesetz«. Danach werden Arbeitgeber, Anbieter von Waren oder Dienstleistungen, Vermieter und Versicherungsgesellschaften ihre Vertragspartner nicht mehr frei aussuchen dürfen. Die Auswahlkriterien der Rasse, der ethnischen Herkunft, des Geschlechts, der Religion oder Weltanschauung, einer Behinderung oder des Alters sollen (im Arbeitsrecht und im Zivilrecht in unterschiedlichem Umfang) verboten werden. Allerdings sind in dem Gesetz mehrere Ausnahmetatbestände vorgesehen.

76 (2) *Gestaltungsfreiheit*: Die Vertragsparteien sind frei darin, *wie* sie den Vertrag inhaltlich ausgestalten (vgl. § 311 I). Diese Freiheit besteht vor allem bei schuldrechtlichen Verträgen, weniger bei Verträgen des Sachen-, Familien- und Erbrechts:

A und B können im Kaufvertrag z. B. vereinbaren, dass B den Wagen des A in Zahlung nimmt, A den Kaufpreis in bestimmten Raten zu zahlen hat, Ansprüche des A wegen Mängel des Pkw ausgeschlossen sein sollen, A berechtigt sein soll, den Vertrag innerhalb

44 Vgl. *Palandt/Heinrichs*, Einf. v. § 145 Rdnr. 8 ff.

von 8 Tagen (durch Rücktritt) rückgängig zu machen. – Dagegen ist es bei der Eheschließung zwischen X und Y nicht möglich, etwa einem von beiden ein Kündigungsrecht einzuräumen.

Ausnahmsweise setzt das Gesetz auch bei schuldrechtlichen Verträgen der Gestaltungsfreiheit Grenzen. So ist beispielsweise ein Vertrag nichtig, der gegen ein gesetzliches Verbot (§ 134; Rdnr. 320 ff.) oder gegen die guten Sitten (§ 138; Rdnr. 329 ff.) verstößt.

3. Begriff 77

Der Vertrag ist eine Willenseinigung. Es handelt sich genauer um ein Rechtsgeschäft, das aus inhaltlich übereinstimmenden, mit Bezug aufeinander abgegebenen Willenserklärungen von mindestens zwei Personen besteht. Zu diesem Begriff gelangt man durch Abstraktion, indem man von den Besonderheiten der einzelnen Verträge wie Kauf, Miete, Werkvertrag usw. absieht. Der Sinn der Definition besteht – entsprechend dem Bestreben des Gesetzgebers nach weitgehender Abstraktion (Rdnr. 37 ff.) – darin, die für jeden einzelnen Vertrag notwendigen Voraussetzungen deutlich zu machen. Von dieser Definition geht der Gesetzgeber aus, wenn er in den §§ 145 ff. allgemeine Regeln für alle Verträge aufstellt.

Durch weitere Abstraktion kommt man zu den Begriffen von Rechtsgeschäft und Willenserklärung, die in der genannten Definition des Vertrages enthalten sind und nun erklärt werden sollen.

Ein Vertrag setzt also Folgendes voraus:

a) Es müssen *Willenserklärungen von mindestens zwei Personen* vorliegen. 78
Man nennt die zeitlich erste Erklärung *Antrag* oder *Angebot* (§ 145) und bezeichnet die spätere als *Annahme* (§ 146).

Beispiele: Im **Fall a** kann V von K die Zahlung des Kaufpreises von 300,– € nach § 433 II verlangen, wenn ein Kaufvertrag über die Vase zum Preis von 300,– € zustande gekommen ist. Das ist der Fall; denn im Brief des V liegt der Antrag, im Brief des K die Annahme. – V unterschreibt einen Mietvertrag, nach dem er die Erdgeschosswohnung seines Hauses an die Eheleute M vermietet, und schickt ihn an die Eheleute M (= Angebot). Herr M und Frau M unterschreiben beide den Vertrag und senden ihn an V zurück (= Annahme). Dieses Beispiel zeigt, dass auch mehr als zwei Personen einen Vertrag schließen können.

b) Die Willenserklärungen müssen *inhaltlich übereinstimmen*. Sie brauchen 79
allerdings nicht inhaltsgleich zu sein oder gar wörtlich übereinzustimmen; sie müssen aber in dem bezweckten Rechtserfolg inhaltlich übereinstimmen (z. B. Kauf einer Vase für 300,– €). Weicht die Annahmeerklärung jedoch inhaltlich vom Angebot ab, liegt keine Einigung vor(vgl. § 150 II).

Im **Fall b** kann V von K nichts verlangen, weil kein Kaufvertrag zustande gekommen ist. Es genügt nämlich nicht, dass V verkaufen und K kaufen will. Vielmehr ist eine Einigung über Kaufsache und Kaufpreis erforderlich. Hier fehlt es an einer Einigung über den Kaufpreis.

80 c) Die Willenserklärungen müssen *mit Bezug aufeinander* abgegeben werden. Aus §§ 146 ff. ist zu entnehmen, dass der Antrag angenommen sein muss. Es genügt zum Vertragsschluss also nicht, dass die Erklärungen ohne Bezug nebeneinander herlaufen, selbst wenn sie inhaltlich übereinstimmen.

Im **Fall c** ist also kein Kaufvertrag geschlossen worden. Übersendet dagegen V nach Erhalt des Briefes von K die Vase an K, so ist darin die Annahme des Angebots des K zu erblicken.

81 d) Eine *Form* ist für den Vertrag nicht erforderlich, wenn nicht das Gesetz etwas anderes (z. B. Schriftform, notarielle Beurkundung) vorschreibt oder die Parteien dies vereinbaren (Rdnr. 298 ff.).

Es wäre unpraktisch und deshalb nicht einzusehen, wenn das Gesetz etwa für den Kauf von Brötchen und Wurst einen schriftlichen Vertrag verlangen würde.

82 II. Willenserklärung

1. *Begriff*

Die Willenserklärung ist eine private Willensäußerung, die auf die Erzielung einer Rechtsfolge gerichtet ist.

a) Nur eine *private*, also eine Willensäußerung, die nach dem Privatrecht beurteilt wird, kommt hier in Betracht, nicht dagegen eine Willensäußerung auf dem Gebiet des öffentlichen Rechts.

Auszuscheiden sind also öffentlich-rechtliche Erklärungen von Behörden (z. B. Verwaltungsakte), aber auch Willensäußerungen von Privaten in öffentlichen Angelegenheiten (z. B. Ausübung des Wahlrechts bei einer Bundestagswahl).

83 b) Die Willenserklärung ist die *Äußerung eines auf einen Rechtserfolg gerichteten Willens*. Sie besteht also aus zwei Elementen, dem (inneren) Willen und der Äußerung dieses Willens. Nicht der bloße innere Wille, sondern nur der kundgegebene Wille bewirkt einen Rechtserfolg. Da der innere Wille nämlich nicht erkennbar ist, muss er durch die Erklärung nach außen erkennbar gemacht werden. Der Wille verkörpert sich in der Erklärung; Wille und Erklärung bilden als Willensäußerung eine Einheit.

84 (1) Der (*innere*) *Wille* wurde von den Verfassern des BGB nach den damaligen Erkenntnissen der Psychologie in einen Handlungs-, Erklärungs- und Geschäftswillen aufgeteilt:

(a) Unter dem *Handlungswillen* versteht man das Bewusstsein zu handeln. Gemeint ist der bewusste Willensakt, der auf die Vornahme eines äußeren Verhaltens gerichtet ist.

Beispiele: Der Wille richtet sich auf Sprechen, bestimmte Gesten (Nicken, Kopfschütteln) oder Schweigen. Dagegen fehlt der Handlungswille, wenn solche Handlungen im Schlaf oder unter Hypnose geschehen.

(b) Beim *Erklärungswillen* oder *Erklärungsbewusstsein* geht es um das Bewusstsein des Handelnden, dass seine Handlung irgendeine rechtserhebliche Erklärung darstellt. Dieser Wille ist gegeben, wenn der Erklärende sich bewusst ist, dass sein Verhalten als eine rechtserhebliche Erklärung aufgefasst werden kann. Das Erklärungsbewusstsein wird heute nicht mehr als notwendiger Bestandteil einer Willenserklärung angesehen[45] (Rdnr. 137). **85**

Beispiele: A unterschreibt bei der Geschäftspost einen Brief, in dem ein Kaufangebot enthalten ist; er schickt ihn in dem Bewusstsein ab, dass sein Handeln rechtlich bedeutsam ist. Auch wenn A das Kaufangebot in der Meinung unterschreibt, es handele sich um eine Kündigungserklärung, ist das Erklärungsbewusstsein gegeben, da auch die Kündigungserklärung eine rechtserhebliche Erklärung ist; denn es reicht für das Erklärungsbewusstsein aus, dass der Erklärende sich bewusst ist, überhaupt rechtsgeschäftlich tätig zu sein. Der Erklärungswille braucht nicht auf eine bestimmte Rechtsfolge gerichtet zu sein.

Dagegen liegt kein Erklärungsbewusstsein vor, wenn A den B zum Abendessen einlädt, da eine solche Erklärung im außerrechtlichen, gesellschaftlichen Bereich abgegeben wird.

Im Schulfall der Trierer Weinversteigerung (vgl. auch Rdnr. 137) winkt der ortsfremde A bei der Versteigerung durch Erheben der Hand seinem Freund zu. A weiß nicht, dass hier das Handheben die Abgabe eines um 100,– € höheren Kaufangebots bedeutet. Der Versteigerer schlägt dem A das Fass Wein zu, nimmt also das »Angebot« des A an. Beim Erheben der Hand handelt A zwar mit Handlungswillen. Es fehlt ihm aber das Erklärungsbewusstsein. Er will mit seinem Winken keine rechtserhebliche Erklärung abgeben; es ist ihm nicht bewusst, dass sein Verhalten am Versteigerungsort als rechtserhebliche Erklärung (Kaufangebot) aufgefasst wird.

(c) Als *Geschäftswillen* bezeichnet man den Willen, mit der Erklärung eine bestimmte Rechtsfolge herbeizuführen. Im Gegensatz zum Erklärungsbewusstsein geht es beim Geschäftswillen nicht darum, irgendeine, sondern eine ganz konkrete Rechtsfolge herbeizuführen. **86**

Beispiele: A will dem B sein Motorrad für 5 430,– € verkaufen. Gibt er dem B gegenüber eine entsprechende Erklärung ab, dann entspricht diese seinem Geschäftswillen. Verspricht er sich, indem er den Kaufpreis mit 4 530,– € angibt, so liegt zwar für diese Erklärung das Erklärungsbewusstsein vor, da er eine Rechtsfolge herbeiführen will. Es fehlt aber der Geschäftswille, da A die erklärte Rechtsfolge (Verkauf des Motorrads für 4 530,– €) nicht will.

45 Vgl. BGHZ 91, 324; 109, 177.

Hebt A im Trierer Weinversteigerungsfall auf die Frage seines Freundes B, wer ihm seine Uhr für 50,– € abkaufe, die Hand, hat A das Erklärungsbewusstsein, nicht aber den auf den Kauf des Fasses Wein gerichteten Geschäftswillen.

87 Zu (a)–(c): Im Normalfall der Willenserklärung kommt die Willensbildung fehlerfrei zustande, und es wird der Geschäftswille fehlerfrei erklärt. Dann interessieren die einzelnen Willenselemente nicht näher. Zur gerichtlichen Entscheidung kommen aber oft die Fälle, in denen sich bei der Willensbildung oder bei der Umsetzung des Willens in die Erklärung ein Fehler eingeschlichen hat. Hier taucht die Frage auf, ob eine solche (fehlerhaft zustande gekommene) Erklärung überhaupt eine Rechtsfolge auslöst und ob sie jedenfalls durch Anfechtung vernichtet werden kann.

Hat A dem B in Hypnose den Mietvertrag gekündigt, hat er bei der Weinversteigerung durch Handaufheben nur dem Freund zuwinken wollen oder hat er sich beim Preis des zu verkaufenden Motorrads versprochen, so fragt sich, ob die auf einem Fehler beruhende Erklärung überhaupt keine rechtliche Wirkung entfaltet (Schutz des Erklärenden), ob die Erklärung so gilt, als ob sie fehlerfrei zustande gekommen wäre (Schutz des Erklärungsempfängers), oder ob die Erklärung gilt, der Erklärende aber die Möglichkeit hat, diese Wirkung wieder zu beseitigen (so beim Versprechen: Erklärungsirrtum; § 119 I; Rdnr. 413). Wenn dem Erklärenden der Geschäftswille fehlt, handelt es sich um einen Inhaltsirrtum, der unter den Voraussetzungen des § 119 I anfechtbar ist. Nach h.M. ist die Willenserklärung ebenfalls (wie bei einem Erklärungsirrtum) anfechtbar, wenn der Erklärungswille fehlt[46]. Diese Fragen werden bei den Willensmängeln (Rdnr. 376) näher behandelt.

88 (2) Der Geschäftswille verwirklicht sich in seiner *Äußerung*. Sie ist ein äußerlich erkennbares Verhalten, das den Willen zum Ausdruck bringt, eine bestimmte Rechtsfolge herbeizuführen. Eine solche Äußerung liegt nur dann vor, wenn man von dem erkennbaren Verhalten auf einen dadurch ausgedrückten Geschäftswillen des Erklärenden zu schließen vermag. Dieses Verhalten kann in vielerlei Weise erfolgen:

89 (a) Bei einer *ausdrücklichen (direkten, unmittelbaren) Willenserklärung* kommt der Geschäftswille des Erklärenden unmittelbar in der Erklärung zum Ausdruck.

Beispiele: In einem Brief heißt es: »Hiermit nehme ich Ihr Angebot vom 15. 5. an.« K sagt dem V: »Für Ihren Ring zahle ich Ihnen 100,– €.« Der Erklärende braucht keine juristischen Fachausdrücke zu benutzen; erforderlich ist nur, dass die Erklärung demjenigen, für den sie bestimmt ist, erkennbar macht, welche Rechtsfolge der Erklärende will. Sagt also der Mieter dem Vermieter, er ziehe Ende des Monats aus, so kann der Vermieter darin eine Kündigungserklärung des Mieters erblicken.

Bei der Internet-Bestellung bewirkt der Mausklick die Versendung eines elektronischen Signals, welches der Computer des Empfängers derart umwandelt, dass für diesen der Rechtsfolgewille des Erklärenden erkennbar wird.

46 BGHZ 91, 324, 329.

(b) Eine *konkludente (indirekte, mittelbare) Willenserklärung* liegt vor, wenn der Handelnde mit seinem Verhalten unmittelbar einen anderen Zweck verfolgt, mittelbar aber seinen Geschäftswillen zum Ausdruck bringt; aus dem Verhalten ist auf den Geschäftswillen zu schließen. **90**

Beispiele: Der Kirmesbesucher besteigt ein Karussell, um damit zu fahren; er gibt konkludent die Willenserklärung zum Abschluss eines entsprechenden Vertrages (Karussellfahren zu dem angeschlagenen Entgelt) ab. – Der Arbeitnehmer fordert seinen Arbeitgeber schriftlich auf: »Geben Sie mir sofort meine Papiere.« Damit verlangt er seine Arbeitspapiere heraus, um sich eine andere Arbeitsstelle zu suchen. Der Arbeitgeber kann und muss die Erklärung als (formgerechte, § 623) fristlose Kündigung des Arbeitsverhältnisses auffassen. – Schickt »Sie« ihrem Verlobten den Verlobungsring und die Verlobungsgeschenke zurück, kann »Er« aus diesem Verhalten auf eine Rücktrittserklärung (vgl. § 1298) schließen.

(c) Ausnahmsweise kann auch in einem *Nichtstun (=Schweigen)* ein Geschäftswille zum Ausdruck kommen. **91**

Regelmäßig ist jedoch aus dem Schweigen nicht auf eine Willenserklärung zu schließen.

So gilt im **Fall d** das Schweigen des X nicht als Annahme des Kaufangebots. Deshalb braucht X auch nicht zu zahlen.

Nur dann gilt das Schweigen als Willenserklärung, wenn die Parteien es vereinbart haben oder das Gesetz es bestimmt; das ist insbesondere der Fall, wenn der Schweigende nach Treu und Glauben zu einer Erklärung verpflichtet war (vgl. Rdnr. 195 ff.).

Beispiele: Nach § 362 I HGB ist ein Kaufmann, dessen Gewerbebetrieb die Besorgung von Geschäften für andere mit sich bringt, gehalten, auf ein entsprechendes Angebot eines Geschäftspartners unverzüglich zu antworten, andernfalls gilt sein Schweigen als Annahme des Angebots[47]. In diesem Fall schützt das Gesetz den Geschäftspartner, der aus dem Verhalten des Kaufmanns (aus dem Schweigen) auf eine Annahme schließen kann. – Gesetzliche Regelungen im BGB: §§ 108 II 2, 177 II 2, 415 II 2 (Schweigen als Ablehnung); §§ 416 I 2, 455 Satz 2, 516 II 2, 1943 (Schweigen als Zustimmung).

Wenn B und X im **Fall d** vereinbart hatten, dass B dem X alle Neuerscheinungen auf dem Gebiet der Belletristik zusenden solle und X die übersandten Bücher kaufe, sofern er sie nicht binnen zwei Wochen zurücksende, so ist in dem Schweigen des X innerhalb der genannten Frist eine Annahmeerklärung zu erblicken. Ist die Klausel, dass das Schweigen als Annahme verstanden werde, in den Allgemeinen Geschäftsbedingungen enthalten, die dem Angebot beilagen, so ist sie unwirksam (§ 308 Nr. 5).

47 HR Rdnr. 248 ff.

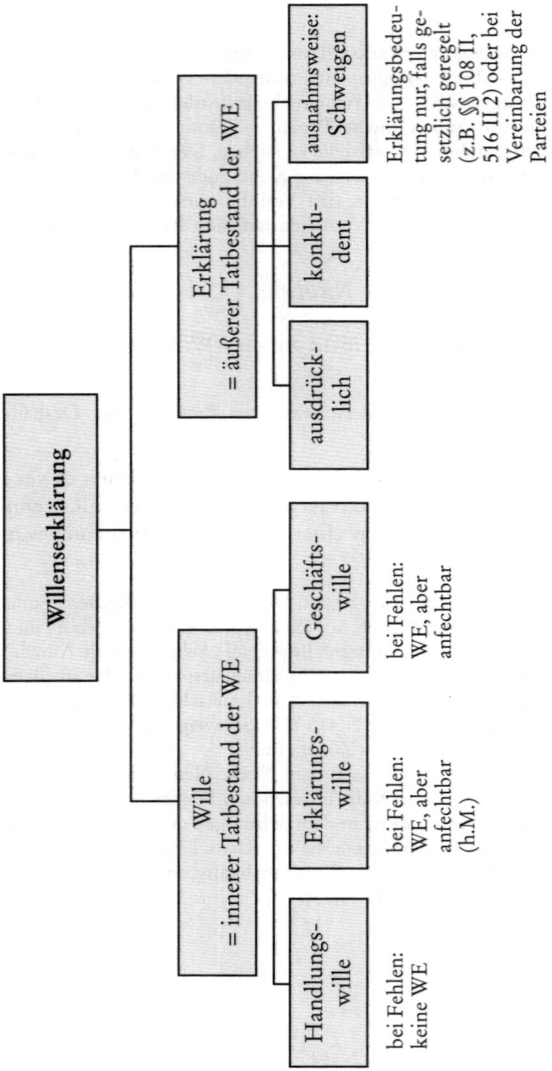

Willenserklärung
Wille = innerer Tatbestand der WE
Erklärung = äußerer Tatbestand der WE
Handlungs-wille
Erklärungs-wille
Geschäfts-wille
ausdrück-lich
konklu-dent
ausnahmsweise: Schweigen
bei Fehlen: keine WE
bei Fehlen: WE, aber anfechtbar (h.M.)
bei Fehlen: WE, aber anfechtbar
Erklärungsbedeutung nur, falls gesetzlich geregelt (z.B. §§ 108 II, 516 II 2) oder bei Vereinbarung der Parteien

2. *Arten* 92

a) *Empfangsbedürftige Willenserklärungen* sind solche, die *an eine andere Person (den Erklärungsempfänger) gerichtet* sind. Da diese Person in der Lage sein muss, sich auf die durch die Erklärung geschaffene neue Rechtslage einzustellen, ist es zur Wirksamkeit der Erklärung erforderlich, dass der Erklärungsempfänger sie wahrnehmen kann.

Beispiele: Die Kündigungserklärung des Mieters M ist eine empfangsbedürftige Willenserklärung. Der Vermieter muss sich auf die durch die Kündigung bewirkte neue Rechtslage einrichten können; er muss sich einen neuen Mieter suchen. Geht also etwa die Kündigungserklärung auf der Post verloren, wird sie nicht wirksam (vgl. § 130 I 1; Rdnr. 149).

Auch das Vertragsangebot (Rdnr. 165 ff.) ist eine empfangsbedürftige Willenserklärung; der Erklärungsempfänger muss sich schlüssig werden können, ob er das Angebot annimmt oder ablehnt. Die Annahmeerklärung ist ebenfalls empfangsbedürftig; denn der Antragende muss wissen, ob der Vertrag zustande gekommen ist.

b) *Nicht empfangsbedürftige Willenserklärungen* sind solche, die *nicht an eine andere Person gerichtet* sind. Hier gibt es keine Person, die sich auf die durch die Willenserklärung geschaffene Rechtslage einstellen müsste. 93

Beispiel: Das Testament ist eine nicht empfangsbedürftige Willenserklärung. Niemand – weder die im Testament bedachte noch die nicht bedachte Person – hat ein rechtlich schutzwürdiges Interesse daran, schon vor dem Tod des Erblassers zu erfahren, ob er den Erblasser beerbt. Vielleicht will der Erblasser sein Testament bis zu seinem Tode geheimhalten, um sich Streitigkeiten mit seinen Angehörigen zu ersparen.

3. *Abgrenzung* 94

Die Willenserklärung ist von Realakten und geschäftsähnlichen Handlungen abzugrenzen.

a) *Realakte* sind solche Handlungen, an welche die Rechtsordnung unabhängig von einem entsprechenden Willen des Handelnden Rechtsfolgen knüpft. Im Gegensatz zu den Willenserklärungen, bei denen der Rechtserfolg eintritt, weil er gewollt ist, schließen sich an die Realakte die Rechtswirkungen an, gleichgültig, ob sie vom Handelnden gewollt oder nicht gewollt sind[48].

Beispiele: A malt auf eine dem B gehörende Leinwand ein Bild. Durch diese »Verarbeitung« der Leinwand zu einem Bild wird A nach § 950 Eigentümer der neuen Sache (des Bildes). Dabei spielt es keine Rolle, ob A diese Rechtsfolge will. Selbst wenn A – etwa infolge geistiger Erkrankung – gar nicht willensfähig ist, erwirbt er kraft Gesetzes (§ 950) das Eigentum. – Wenn X einen Schatz (etwa einen Ring, der so lange verborgen gelegen hat, dass der Eigentümer nicht mehr zu ermitteln ist) entdeckt und an sich nimmt, wird er

48 Vgl. Mot. I, 127.

zur Hälfte Eigentümer der Sache (§ 984); auf einen Willen des X, Eigentum an dem Schatz zu erwerben, kommt es nicht an.

95 b) *Geschäftsähnliche Handlungen* sind Willensäußerungen oder Mitteilungen, an die das Gesetz Rechtsfolgen knüpft, ohne dass diese vom Äußernden gewollt sein müssen. Dadurch, dass die Rechtsfolge auch ohne einen darauf gerichteten Willen eintritt, unterscheiden sich die geschäftsähnlichen Handlungen von den Willenserklärungen. Andererseits stehen die geschäftsähnlichen Handlungen den Willenserklärungen näher als die Realakte; denn sie enthalten die Äußerung eines Willens oder einer Vorstellung.

Beispiele: Da der Schuldner S dem Gläubiger G die geschuldete Leistung nicht erbringt, mahnt G den S; damit will G erreichen, dass S seine Verpflichtung erfüllt. An diese Mahnung knüpft § 286 unter bestimmten weiteren Voraussetzungen den Schuldnerverzug, der den G berechtigt, von S Ersatz des Schadens zu verlangen, der ihm durch den Verzug entstanden ist (§§ 280 I, II, 286 I). Diese Rechtsfolge beruht u. a. auf der Mahnung, also auf einer Willensäußerung des G. Sie tritt auch dann ein, wenn es dem G bei der Mahnung nicht um die Herbeiführung der Verzugsfolgen, sondern nur darum geht, den S zur Leistung anzuhalten.

Hat der Großhändler V dem Händler K auf Grund eines Kaufvertrages verdorbene Kartoffeln geliefert (Rdnr. 18) und zeigt K dem V den Mangel sofort an, so handelt es sich bei dieser Unterrichtung des V um eine Mitteilung des K über den Zustand der gelieferten Kartoffeln. Diese Anzeige (§ 377 HGB) erhält dem K sein Recht auf Rückgängigmachung des Kaufs aus § 437 Nr. 2 (1. Alt.), und zwar auch dann, wenn K zur Zeit der Mitteilung nicht einmal daran denkt.

Da die geschäftsähnlichen Handlungen den Willenserklärungen nahe kommen, ist jeweils zu prüfen, ob die Vorschriften über die Willenserklärungen auf sie entsprechend anzuwenden sind.

In den Beispielsfällen der Mahnung und der Mängelrüge muss der Handelnde die Bedeutung seiner Handlung erkennen können. Deshalb werden die Vorschriften über die Geschäftsfähigkeit (§§ 104 ff.) analog angewandt, so dass die Äußerungen Geisteskranker die erwähnten Rechtsfolgen nicht auslösen.

96 III. Rechtsgeschäft

1. *Begriff*

Das Rechtsgeschäft ist ein Tatbestand, der aus mindestens einer Willenserklärung sowie oft aus weiteren Elementen besteht und an den die Rechtsordnung den Eintritt des gewollten rechtlichen Erfolges knüpft.

a) Das Rechtsgeschäft muss mindestens eine *Willenserklärung*, also eine auf die Erzielung einer Rechtsfolge gerichtete Willensäußerung (Rdnr. 82 ff.), enthalten. Die Willenserklärung ist der Kern des Rechtsgeschäfts. Sie ist aber nicht mit dem Rechtsgeschäft identisch. Dennoch verwendet das BGB die beiden

Begriffe oft gleichbedeutend nebeneinander[49]. Manchmal erschöpft sich der Tatbestand des Rechtsgeschäfts in einer Willenserklärung (z. B. Kündigungserklärung). Häufig enthält das Rechtsgeschäft mehrere Willenserklärungen (z. B. Vertrag).

Der Kaufvertrag ist ein Rechtsgeschäft, das aus der Willenserklärung des Verkäufers und der des Käufers besteht.

b) Nicht immer wird der Rechtserfolg allein von einer oder mehreren Willenserklärungen herbeigeführt. Oft müssen noch *andere Tatbestandsmerkmale* hinzutreten. Dabei kann es sich beispielsweise um einen Realakt (Rdnr. 94) oder eine behördliche Mitwirkung handeln. 97

Wenn A das Eigentum an seiner Uhr dem B übertragen will, dann genügt dazu nach § 929 Satz 1 nicht, dass beide sich darüber einig sind, dass das Eigentum übergehen soll, sie also einen Vertrag schließen. Es muss die Übergabe der Uhr von A an B, also ein Realakt, hinzukommen. – Zur Eheschließung genügt nicht ein entsprechender Vertrag der Verlobten. Vielmehr müssen die Willenserklärungen vor dem Standesbeamten abgegeben werden (§ 1310 I 1).

c) Die Rechtsfolge tritt nicht schon deshalb ein, weil sie gewollt ist; erforderlich ist, dass die *Rechtsordnung den gewollten Rechtserfolg anerkennt.* Wenn diese den Rechtserfolg missbilligt, bleibt er trotz eines entsprechenden Willens aus. 98

So ist z. B. ein wucherischer Kaufvertrag nach § 138 II nichtig (Rdnr. 344). Ein solcher Vertrag führt nicht die von den Vertragsparteien gewollte Rechtsfolge herbei. Ob andere Rechtsfolgen (z. B. ein Schadensersatzanspruch) ausgelöst werden, spielt hier keine Rolle.

2. *Arten* 99

a) *Einseitige Rechtsgeschäfte* enthalten die *Willenserklärung nur einer Person.*

Beispiele: Kündigungserklärung, Anfechtungserklärung (§ 143 I), Testamentserrichtung, Auslobung (§ 657).

b) *Mehrseitige Rechtsgeschäfte* enthalten die *Willenserklärungen mehrerer (mindestens zweier) Personen.* Zu den mehrseitigen Rechtsgeschäften gehören Verträge, Gesamtakte und Beschlüsse. 100

(1) *Verträge* sind die übereinstimmenden, wechselseitigen Willenserklärungen von mindestens zwei Personen (Rdnr. 77).

(2) *Gesamtakte* sind übereinstimmende, gleich gerichtete Willenserklärungen von mindestens zwei Personen. Im Gegensatz zum Vertrag werden nicht kor- 101

49 Vgl. dazu Mot. I, 126.

respondierende, wechselseitige Erklärungen ausgetauscht, sondern gleichlaufende (parallele) Erklärungen abgegeben.

Beispiel: Die Eheleute M und F, die gemeinschaftlich eine Wohnung gemietet haben, wollen das Mietverhältnis kündigen. Deshalb geben M und F je eine Kündigungserklärung gegenüber dem Vermieter ab.

102 (3) *Beschlüsse* sind gleich gerichtete Willenserklärungen von mehreren Personen in einer Personenvereinigung wie in Gesellschaften und Vereinen. Sie werden gegenüber dem Leiter der Vereinigung parallel abgegeben; sie haben das Ziel, die inneren Rechtsverhältnisse der Vereinigung zu regeln. Aus dem Gesellschaftsvertrag oder der Vereinssatzung und aus dem Gesetz ergibt sich, ob ein einstimmiger Beschluss erforderlich ist oder ein Mehrheitsbeschluss ausreicht. Anders als beim Vertrag oder Gesamtakt brauchen bei einem Mehrheitsbeschluss nicht alle Willenserklärungen übereinzustimmen; der Beschluss ist bindend, wenn die erforderliche Mehrheit erreicht ist.

Beispiel: Die Mitgliederversammlung eines Schützenvereins beschließt mit Mehrheit, dass eine neue Vereinsfahne angeschafft werden soll. Sieht die Vereinssatzung für einen solchen Fall einen Beschluss der Mehrheit der erschienenen Mitglieder vor, dann ist der gefasste Beschluss vereinsintern auch für die Mitglieder bindend, die gegen die Anschaffung einer Fahne gestimmt haben (Einzelheiten: Rdnr. 742).

103 § 5 Verpflichtungs- und Verfügungsgeschäfte, kausale und abstrakte Geschäfte

Schrifttum: *Eisenhardt*, Die Einheitlichkeit des Rechtsgeschäfts und die Überwindung des Abstraktionsprinzips, JZ 1991, 271; *Haedicke*, Der bürgerlich-rechtliche Verfügungsbegriff, JuS 2001, 966; *Kegel*, Verpflichtung und Verfügung, Festschrift f. Mann, 1977, 57; *Jauernig*, Trennungsprinzip und Abstraktionsprinzip, JuS 1994, 721; *Schreiber/Kreutz*, Der Abstraktionsgrundsatz – Eine Einführung, Jura 1989, 617.

Fälle:

a) V verkauft am 1. 4. in einem schriftlichen Vertrag ein bestimmtes Gemälde für 2 300,– € an K. Am 2. 5. liefert V es dem K. Rechtsstellung des K? **(Rdnr. 103, 104, 105, 117)**

b) Bevor V dem K das verkaufte Gemälde liefert, findet er am 5. 4. einen anderen Interessenten (D), der ihm für das Bild 4 000,– € bietet. V schließt mit D einen Kaufvertrag über das Bild und übereignet es sogleich dem D. Rechtslage? **(Rdnr. 109)**

c) Welche Rechtsstellung hat K im **Fall a**, wenn sich später herausstellt, dass V seit dem 15. 4. unerkannt geisteskrank war? **(Rdnr. 118)**

d) Als K im **Fall a** am 4. 5. den Kaufpreis bezahlen will, erkennt V, dass er sich im Vertrag verschrieben hat. Er wollte einen Kaufpreis von 3 200,– € schreiben, vertippte sich und schrieb 2 300,– €. V erklärt dem K sofort, er fechte den Vertrag wegen Irrtums (§ 119 I) an, und verlangt das Bild zurück. Rechtslage? **(Rdnr. 119, 120, 121)**

I. Verpflichtungs- und Verfügungsgeschäfte

1. *Verpflichtungsgeschäfte*

Unter einem Verpflichtungsgeschäft versteht man ein *Rechtsgeschäft, durch das die Verpflichtung zu einer Leistung begründet wird.* Die meisten Verpflichtungsgeschäfte sind im Schuldrecht des BGB enthalten; Hauptbeispiel ist der Kaufvertrag. Er »verpflichtet« den Verkäufer, dem Käufer die verkaufte Sache zu übergeben und zu übereignen (§ 433 I 1); der Käufer erwirbt durch den Kaufvertrag das Recht (den Anspruch, die Forderung) auf Übergabe und Übereignung der Kaufsache. Durch das Verpflichtungsgeschäft (den Kaufvertrag) ändert sich an der Rechtslage des Rechtsobjekts (der Kaufsache) unmittelbar nichts; der Verkäufer bleibt trotz Abschluss des Kaufvertrages Eigentümer der verkauften Sache. Das Verpflichtungsgeschäft bringt also keine unmittelbare Verminderung der Aktiva, wohl aber eine Vermehrung der Passiva des Verpflichteten mit sich.

Wird im **Fall a** das Gemälde am 2. 4. bei V durch den Dieb D gestohlen, kann nur V, nicht aber K von D das Bild nach § 985 herausverlangen; denn V ist trotz des Kaufs weiterhin Eigentümer des Bildes. K hat durch Abschluss des Kaufvertrages am 1. 4. einen Anspruch auf Verschaffung des Eigentums am Bild (§ 433 I 1), nicht aber Eigentum an dem Bild erworben.

Meistens ist das Verpflichtungsgeschäft ein *Vertrag* (Rdnr. 70 ff.), ausnahmsweise nur ein *einseitiges Rechtsgeschäft* (Rdnr. 99).

2. *Verfügungsgeschäfte* 104

a) Das Verfügungsgeschäft ist ein *Rechtsgeschäft, durch das ein Recht unmittelbar übertragen, belastet, geändert oder aufgehoben wird.* Dadurch wird auf den Bestand eines Rechts im Sinne einer Rechtsminderung eingewirkt.

Beispiele:
V *überträgt* im **Fall a** das Eigentum an seinem Gemälde durch Einigung und Übergabe (§ 929 Satz 1) am 2. 5. dem K. Damit geht das Eigentum an dem Bild von V auf K über.

C *belastet* das Eigentum an seinem Ring mit einem Pfandrecht zu Gunsten des D (§§ 1204 I, 1205 I). C bleibt zwar Eigentümer des Ringes; an diesem entsteht aber ein Pfandrecht des D. Dieser erwirbt einen vom Eigentum abgespaltenen, verselbstständigten »Eigentumssplitter«; ein Teil der Befugnisse des Eigentümers C steht jetzt dem Pfandgläubiger D zu.

E, der gegen F auf Grund eines Kaufvertrages einen Kaufpreisanspruch in Höhe von 500,– € hat, vereinbart mit F wegen dessen Zahlungsunfähigkeit in einem Vertrag (§ 311 I), dass seine Forderung auf Zahlung von 500,– € dahin *geändert* wird, dass er anstelle von 500,– € den gebrauchten Fernsehapparat des F bekommt.

G erlässt dem H durch Vertrag (§ 397 I) die Kaufpreisforderung von 200,– €, die H dem G schuldet; dadurch wird das Recht des G *aufgehoben.*

Durch das Verfügungsgeschäft vermindern sich – im Gegensatz zum Verpflichtungsgeschäft – unmittelbar die Aktiva des Verfügenden. Verfügender ist derjenige, dessen Recht durch die Verfügung vermindert wird oder der sein Recht durch die Verfügung gar verliert.

Im **Fall a** verfügt V durch Übereignung am 2. 5. über sein Bild. Er verliert das Eigentum; K erwirbt es.

Viele Verfügungsgeschäfte sind im Sachenrecht geregelt; deshalb spricht man auch von dinglichen Geschäften. Das darf aber nicht darüber hinwegtäuschen, dass sich auch im Schuldrecht Verfügungsgeschäfte finden.

Beispiele für Verfügungsgeschäfte im Sachenrecht: Eigentumsübertragung (§§ 929 ff. für bewegliche Sachen; §§ 873, 925 für Grundstücke).

Beispiele für Verfügungsgeschäfte im Schuldrecht: Abtretung einer Forderung (§ 398); Erlass einer Forderung (§ 397 I).

105 b) *Voraussetzungen* für ein wirksames Verfügungsgeschäft sind:

(1) Das Verfügungsgeschäft besteht meist aus einem *Vertrag*, ausnahmsweise aus einer *einzigen Willenserklärung*.

Beispiele für einen Verfügungsvertrag: V überträgt im **Fall a** das Eigentum an seinem Gemälde am 2. 5. durch Einigung und Übergabe (§ 929 Satz 1) dem K. Die Einigung ist ein Vertrag zwischen dem Veräußerer V und dem Erwerber K mit dem Inhalt, dass das Eigentum am Bild von V auf K übergehen soll. – X überträgt die ihm gegen den Käufer K zustehende Kaufpreisforderung an Y durch Vertrag zwischen X und Y, wonach die Forderung von X auf Y übergehen soll (§ 398 Satz 1); mit dem Abschluss dieses Vertrages tritt Y als der neue Gläubiger der Forderung an die Stelle des bisherigen Gläubigers X (§ 398 Satz 2).

Beispiel für eine Verfügung mit nur einer Willenserklärung: E will das Eigentum an seiner defekten Uhr aufgeben. Erforderlich sind die Willenserklärung des E zur Eigentumsaufgabe und die Besitzaufgabe (§ 959; Rdnr. 634). Dagegen ist der »Verzicht« des V auf seine Kaufpreisforderung gegen K nicht durch einseitiges Rechtsgeschäft des V möglich; vielmehr müssen V und K einen Erlassvertrag schließen (§ 397 I).

106 (2) Oft setzt die Verfügung *weitere Tatbestandsmerkmale* voraus.

So verlangt § 929 Satz 1 für die Eigentumsübertragung an einer beweglichen Sache außer dem Einigungsvertrag noch die Übergabe der Sache vom Veräußerer an den Erwerber. Zur Übertragung des Eigentums an einem Grundstück ist außer der Auflassung (= dem Einigungsvertrag; §§ 925 I 1, 873 I) die Eintragung in das Grundbuch erforderlich (§ 873 I).

Demgegenüber wird eine Forderung von einer Person auf eine andere allein durch Vertrag zwischen beiden Personen übertragen, ohne dass noch weitere Tatbestandsmerkmale gegeben sein müssen (§ 398 Satz 1).

107 (3) Die Verfügung ist aber immer nur wirksam, wenn dem Verfügenden die *Verfügungsmacht* zusteht. So bezeichnet man die *rechtliche Macht, über ein Recht* zu *verfügen*.

(a) Regelmäßig steht dem *Inhaber des Rechts* die Verfügungsmacht zu.

So hat der Eigentümer einer Sache oder der Inhaber einer Forderung grundsätzlich auch die Macht, durch Übereignung der Sache (§ 929) oder durch Abtretung der Forderung (§ 398) darüber zu verfügen, so dass der Erwerber Eigentümer der Sache oder Inhaber der Forderung wird.

(b) Ausnahmsweise ist nicht der Inhaber des Rechts, sondern *ein anderer verfügungsbefugt*. Voraussetzung dafür ist, dass ihm die Verfügungsmacht durch Gesetz oder Rechtsgeschäft eingeräumt ist. 108

Beispiele: Trotz der Eröffnung des Insolvenzverfahrens bleibt E Eigentümer des ihm gehörenden Gemäldes. Dennoch verliert er mit der Eröffnung des Verfahrens die Verfügungsmacht über das Gemälde; diese wird durch den Insolvenzverwalter ausgeübt (§ 80 InsO). Sinn dieser Regelung ist es, den Insolvenzverwalter in die Lage zu versetzen, das Vermögen des (Schuldners) E zu Geld zu machen, um damit die Gläubiger des E gleichmäßig zu befriedigen. Diesem Ziel des Gesetzes würde es widersprechen, wenn der Schuldner in der Lage wäre, über seine Vermögensgegenstände zu verfügen, sie zu »versilbern«, um den Erlös für sich zu verbrauchen, so dass seine Gläubiger leer ausgingen.

H übereignet das von ihm verkaufte Bild des Eigentümers E an K. Diese Verfügung ist wirksam, wenn E dem H die Verfügungsmacht eingeräumt hat (§ 185 I; Rdnr. 506). Obwohl H nicht Eigentümer ist, erwirbt K das Eigentum, und E verliert es. Diesem geschieht kein Unrecht, da er mit der Verfügung des H einverstanden war.

3. Unterschiede 109

Der Unterschied zwischen Verpflichtungs- und Verfügungsgeschäft wird besonders in zwei Punkten deutlich:

a) Das Verfügungsgeschäft setzt für seine Wirksamkeit eine besondere *Macht* des Verfügenden (Verfügungsmacht) voraus; für das Verpflichtungsgeschäft ist eine besondere Macht des sich Verpflichtenden nicht erforderlich.

So kann über das Eigentum an einer Sache grundsätzlich nur der verfügungsberechtigte Eigentümer verfügen und damit das Eigentum an der Sache auf einen anderen übertragen (vgl. § 929). Demgegenüber kann sich auch ein Nichtverfügungsberechtigter in einem Kaufvertrag verpflichten, dem Käufer das Eigentum an der Sache zu verschaffen.

Im **Fall b** hat V zwei gültige Kaufverträge über das Gemälde geschlossen. Er kann das Eigentum an dem Bild noch auf D übertragen (§ 929 Satz 1), obwohl er es schon an K verkauft hatte; denn durch den Kaufvertrag mit K hat sich an seiner Verfügungsberechtigung als Eigentümer des Bildes nichts geändert. Übereignet er das Gemälde an D, verliert er sein Eigentum; er ist nunmehr also nicht mehr in der Lage, dem K das Eigentum an dem Bild zu verschaffen. K hat gegen V einen Schadensersatzanspruch (§§ 275 IV, 280 I, III, 283). Gegen D hat K regelmäßig keinen Anspruch; lediglich unter den strengen Voraussetzungen des § 826 (vorsätzliche sittenwidrige Schädigung) steht ihm ein Schadensersatzanspruch gegen D zu.

Eine Verfügung beschränkt also das rechtliche Können; eine Verpflichtung beschränkt dagegen nur das Dürfen.

Nachdem V im **Fall b** das Gemälde an D übereignet hatte, *konnte* er es nicht noch einmal einem anderen übereignen. Obwohl V sich schon gegenüber K zur Übereignung des Gemäldes verpflichtet hatte, konnte er sich auch zur Übereignung an D verpflichten; er *durfte* es aber nicht, da er die Leistung nur einmal erbringen konnte. Deshalb ist er dem K schadensersatzpflichtig.

110 b) Bei Verfügungen gilt der *Prioritätsgrundsatz*; bei Verpflichtungen besteht eine solche Rangordnung nicht.

(1) Verfügt jemand mehrmals, so ist nur die zeitlich erste Verfügung wirksam, während alle späteren Verfügungen unwirksam sind (Ausnahme: gutgläubiger Erwerb bei Verfügung eines Nichtberechtigten; vgl. etwa Rdnr. 28, 639).

Tritt der Gläubiger G seine Forderung gegen den Schuldner S auf Zahlung von 500,– € an D 1, später an D 2 und alsdann an D 3 ab, so erwirbt D 1 (nach § 398) die Forderung gegen S. Die spätere Abtretung von G an D 2 ist wirkungslos, da G in diesem Zeitpunkt schon nicht mehr Gläubiger der Forderung war, also nicht mehr verfügen konnte. Entsprechendes gilt für die Abtretung an D 3.

(2) Demgegenüber ist eine mehrmalige Verpflichtung gegenüber verschiedenen Personen möglich; die zeitlich erste Verpflichtung steht rangmäßig nicht besser als die zeitlich letzte.

V kann sein Radio an K 1, dann an K 2 und schließlich an K 3 wirksam verkaufen. Alle drei Käufer haben einen Anspruch auf Übereignung des Radios. V kann allerdings nur *einen* der Kaufverträge erfüllen. Wenn er nämlich einmal (z. B. an K 2) übereignet hat, ist er nicht mehr Eigentümer des Radios, so dass er die beiden anderen Verträge nicht mehr erfüllen kann; den beiden anderen Käufern ist er schadensersatzpflichtig (§§ 275 IV, 280 I, III, 283).

111 II. Kausale und abstrakte Geschäfte

1. *Einführung*

Sowohl durch Verfügungs- als auch durch Verpflichtungsgeschäfte kann dem Geschäftspartner ein Vermögenswert zugewandt werden. Man spricht von Zuwendungen.

Übereignet etwa A an B sein Radio, so wird B um das Radio reicher. – Hat der Verkäufer V auf Grund eines Kaufvertrages einen Kaufpreisanspruch in Höhe von 800,– € gegen den Käufer K erhalten, so stellt diese Forderung für V einen Vermögenswert dar.

112 a) *Zuwendungen erfolgen nicht ohne Grund.*

(1) Rechtsgrund der Zuwendung sind *nicht die Motive* (= persönlichen Beweggründe), von denen sich der Zuwendende bei der Zuwendung leiten lässt.

Beispiele: A übereignet das Radio dem B aus Mitleid, um den Lebensabend des vereinsamten B zu verschönern, – aus Dankbarkeit, weil B dem A einen guten Rat gegeben hat,

– aus »Angabe«, weil er davon ausgeht, dass sich seine Freigebigkeit herumspricht, – aus Berechnung, weil er damit erreichen will, dass B ihn in seinem Testament bedenkt.

Von den vielen möglichen Motiven ist nur ein kleiner Kreis von typischen Zuwendungszwecken rechtlich bedeutsam. Man nennt sie Rechtsgrund der Zuwendung; im römischen Recht bezeichnete man sie als causa.

In den Beispielsfällen geht es trotz der verschiedenen Motive des A um eine unentgeltliche Bereicherung des B (= Schenkung als Rechtsgrund).

(2) *Rechtsgrund der Zuwendung ist der Grund, der die Zuwendung rechtfertigt.* 113

Wenn A dem B nach § 929 Satz 1 das Radio übereignet, so lässt diese Übereignung nicht erkennen, aus welchem Grund sie erfolgt. Es kann sich beispielsweise um die Erfüllung eines zwischen A und B geschlossenen Kaufvertrages oder um die Erfüllung eines Schenkungsvertrages handeln.

Bei der der Übereignung zugrunde liegenden causa unterscheidet man nach römischer Rechtstradition zwischen der causa donandi, der causa credendi und der causa solvendi. Bei der causa donandi soll die Zuwendung eine unentgeltliche Bereicherung bewirken (z. B. Schenkung). Bei der causa credendi (acquirendi, obligandi) soll mit der Zuwendung eine Verpflichtung des andern Teils begründet werden (z. B. mit der Sachdarlehenshingabe wird der Darlehensnehmer verpflichtet, das Empfangene in Sachen von gleicher Art, Güte und Menge zurückzuerstatten; § 607 I). Die Zuwendung erfolgt solvendi causa, wenn der Zuwendende damit eine Schuld tilgen will (z. B. durch Kaufpreiszahlung erfüllt der Käufer seine Verpflichtung aus dem Kaufvertrag).

b) Es gibt Rechtsgeschäfte, aus denen sich der Rechtsgrund unmittelbar entnehmen lässt. Der Rechtsgrund (die causa) ist Bestandteil des Rechtsgeschäfts. Deshalb bezeichnet man diese Geschäfte als *Kausalgeschäfte*. 114

Beispiele: Schenkungsvertrag, Kaufvertrag.

Davon sind solche Rechtsgeschäfte zu unterscheiden, bei denen die Bestimmung des Rechtsgrundes der Zuwendung nicht zu ihrem Inhalt gehört. Diese Geschäfte sind also losgelöst, abstrahiert vom Rechtsgrund. Man nennt sie *abstrakte Geschäfte*.

Beispiel: Eigentumsübertragung nach § 929 Satz 1.

2. *Kausale Geschäfte* 115

Kausale Geschäfte sind solche *Geschäfte, bei denen der Rechtsgrund (die causa) der Zuwendung zum Inhalt des Geschäfts gehört*. Zu ihnen zählen die meisten Verpflichtungsgeschäfte (Rdnr. 103).

Hauptbeispiel ist der Kaufvertrag. Die Vereinbarung, dass jede der beiden Vertragsparteien für ihre Leistung eine Gegenleistung erhält, ist der Rechtsgrund für den mit dem

Kaufvertrag entstehenden Anspruch des Käufers auf Übereignung der Kaufsache und den Anspruch des Verkäufers auf Kaufpreiszahlung.

Hat der Verkäufer die Sache aber nur zum Selbstkostenpreis an seinen Freund verkauft, um ihm einen Gefallen zu tun, so ist das nur ein rechtlich unbeachtliches Motiv; es ist kein Rechtsgrund des Kaufvertrages.

Da der Rechtsgrund ein Teil des Kausalgeschäfts ist, liegt kein gültiges Kausalgeschäft vor, wenn die Parteien sich nicht über den Rechtsgrund geeinigt haben.

Beispiel: A übereignet dem B einen Hunderteuroschein und will ihm damit ein Darlehen geben, das B zurückzuzahlen hat. B meint aber, A wolle ihm das Geld schenken. Hier fehlt es an einer Einigung über den Rechtsgrund. Dem abstrakten Geschäft der Übereignung des Geldscheins liegt also kein Kausalgeschäft zugrunde.

116 *3. Abstrakte Geschäfte*

Abstrakte Geschäfte sind *solche Geschäfte, die vom Rechtsgrund der Zuwendung losgelöst* sind. Der Rechtsgrund gehört nicht zum Inhalt des Geschäfts. Zu diesen Geschäften zählen alle Verfügungsgeschäfte (Rdnr. 104) sowie einige im Gesetz besonders geregelte Verpflichtungsgeschäfte.

Abstrakte Verpflichtungsgeschäfte sind das konstitutive Schuldversprechen (§ 780), das konstitutive Schuldanerkenntnis (§ 781), die Schuldverschreibung auf den Inhaber (§ 793) und vor allem die Verpflichtung aus einem Wechsel oder einem Scheck (nach dem WechselG bzw. dem ScheckG). Alle diese Verpflichtungsgeschäfte sind abstrakt, weil sie – im Gegensatz zu den meisten anderen Verpflichtungsgeschäften – den Rechtsgrund der Verpflichtung nicht enthalten. So ist etwa der Begründung einer Wechselverbindlichkeit nicht zu entnehmen, weshalb diese eingegangen wird; den Grund enthält das zugrunde liegende Kausalgeschäft (z. B. Kauf, Schenkung).

Auch den abstrakten Geschäften liegt regelmäßig ein Rechtsgrund zugrunde. Nur ist dieser nicht Inhalt des abstrakten Geschäfts. Die causa liegt vielmehr in dem einem abstrakten Geschäft zugrunde liegenden Kausalgeschäft.

117 III. Abstraktionsgrundsatz

1. Bedeutung

Bei dem Abstraktionsgrundsatz geht es um eine *rechtliche Trennung von kausalem und abstraktem Geschäft.* Diese Regelung ist zunächst wenig einsichtig, weil es sich bei den verschiedenen Geschäften um einen einzigen tatsächlichen Vorgang handelt.

Beispiel: A will von einem Straßenhändler, der eine Sportzeitung vertreibt, ein Exemplar erwerben. Ohne ein Wort zu sagen, gibt er ihm ein Eurostück. Darin ist das Angebot auf Abschluss eines Kaufvertrages über ein Exemplar, das Angebot auf Einigung über den Eigentumsübergang an dem Geldstück und dessen Übergabe zu erblicken. Händigt der

Händler ihm ebenfalls wortlos ein Zeitungsexemplar aus, so nimmt er damit das Kaufangebot und das Einigungsangebot des A an. Gleichzeitig übereignet er dem A die Zeitung; dieses Einigungsangebot über die Zeitung nimmt A an. In diesem einheitlichen Vorgang sind drei verschiedene Rechtsgeschäfte (Kauf, Übereignung des Geldes, Übereignung der Zeitung) enthalten.

Es gibt aber auch Fälle, in denen kausales und abstraktes Geschäft tatsächlich auseinanderfallen. Hier wird die rechtliche Trennung von kausalem und abstraktem Geschäft verständlich. Das kausale Geschäft ist oft die Vorstufe des abstrakten Geschäfts und dieses die Erfüllung des Kausalgeschäfts (vgl. § 362 I).

Beispiel: Im **Fall a** ist der Kaufvertrag vom 1. 4. die Vorstufe für die Übereignung des Gemäldes am 2. 5. Durch die Übereignung wird K Eigentümer des Bildes; gleichzeitig erlischt die Forderung des K gegen V auf Übereignung des Bildes, weil V durch Übereignung den Kaufvertrag erfüllt (vgl. § 362 I).

Das Abstraktionsprinzip beruht auf dem römischen Recht und hat sich vor allem unter dem Einfluss von Savigny im vorigen Jahrhundert durchgesetzt; es liegt der Regelung des BGB zugrunde.

Dieses Trennungsprinzip ist aber nicht aus logisch zwingenden Gründen das einzig Richtige. Vielmehr gehen viele andere Rechtsordnungen von dem Einheitsprinzip aus, wonach beispielsweise Kaufvertrag und Übereignung rechtlich eine Einheit bilden.

2. *Auswirkungen* 118

Kausales und abstraktes Geschäft sind rechtlich getrennt. Die Gültigkeit des einen hat nicht notwendigerweise die Gültigkeit des anderen zur Folge.

a) *Trotz Gültigkeit des Kausalgeschäfts kann das abstrakte Geschäft ungültig sein.*

Im **Fall c** war V bei Abschluss des Kaufvertrages geistig gesund, bei der Übereignung geisteskrank. Infolgedessen ist der Kaufvertrag gültig, die Einigung nach § 929 Satz 1 dagegen nichtig (§§ 104 Nr. 2, 105 I; Rdnr. 267). Da K demnach nicht Eigentümer des Gemäldes geworden ist, hat er auf Grund des gültigen Kaufvertrages weiterhin den Anspruch auf Übereignung des Bildes (§ 433 I 1). Dieser Anspruch wird dadurch erfüllt, dass der Betreuer (§ 1902) des V sich im Namen des V mit K über den Eigentumsübergang einigt.

b) *Das Fehlen oder die Nichtigkeit des Kausalgeschäfts berührt grundsätzlich nicht die Gültigkeit des abstrakten Geschäfts*, das zur Erfüllung des Kausalgeschäfts abgeschlossen wird. 119

Im **Fall d** kann V seine Willenserklärung wegen Erklärungsirrtums nach § 119 I anfechten (Rdnr. 413). Da V anficht, ist das Rechtsgeschäft als von Anfang an nichtig anzusehen (§ 142 I; Rdnr. 438). Damit fehlt es an einem gültigen Kaufvertrag. Davon wird aber die Übereignung des Gemäldes nicht berührt. Denn bei der Einigung über den Eigentumsübergang liegt kein Irrtum des V vor; V wollte das Gemälde übereignen, und er tat es auch. Infolgedessen hat V trotz Nichtigkeit des Kaufvertrages sein Eigentum an dem Bild verloren. Ihm steht mangels gültigen Kaufvertrages aber kein Kaufpreisanspruch zu. Andererseits kann V das Bild von K nicht nach § 985 herausverlangen, da er nicht mehr Eigentümer ist. Hier hilft § 812 I 1 dem V: Da K etwas (das Eigentum an dem Bild) durch die Leistung des V (Übereignung des Bildes) ohne rechtlichen Grund (ohne gültigen Kaufvertrag als Kausalgeschäft) erlangt hat, muss er das Erlangte dem V herausgeben (das Bild dem V zurückgeben und zurückübereignen).

120 *3. Gesetzgeberischer Grund*

Gesetzgeberischer Grund für das Abstraktionsprinzip ist es, *das abstrakte Geschäft von den Mängeln des Kausalgeschäfts unabhängig* zu machen. Damit dient das Prinzip der Sicherheit im Rechtsverkehr.

So ist im **Fall d** trotz Nichtigkeit des Kaufvertrages (infolge Anfechtung durch V; § 142 I) die Übereignung des Gemäldes an K gültig. Dass diese Regelung der Rechtssicherheit dient, wird besonders deutlich, wenn man sich vorstellt, dass K das Gemälde inzwischen an einen Dritten D weiterverkauft und übereignet hat: Da die Nichtigkeit des Kaufvertrages V–K die Übereignung an K unberührt lässt, erwirbt D vom Eigentümer K das Eigentum. D braucht sich also nicht darüber zu informieren, ob auch das Kausalgeschäft V–K gültig war; selbst wenn er den Mangel dieses Kausalgeschäfts genau kennt, erwirbt er das Eigentum vom Berechtigten (dem Eigentümer K). V kann das Gemälde nicht nach § 985 von D herausverlangen, da D Eigentümer geworden ist.

Auch die Gläubiger eines Schuldners werden durch das Abstraktionsprinzip geschützt: Wenn ihr Schuldner (S) etwa wertvollen Schmuck erworben hat, können die Gläubiger sich darauf verlassen, dass er Eigentümer ist und etwaige Mängel des Kausalgeschäfts, das zum Erwerb des Schmucks geführt hat (z. B. Kaufvertrag zwischen dem Voreigentümer und dem S), das Eigentum des S nicht beeinträchtigen. Deshalb können die Gläubiger des S den Schmuck bei S pfänden und versteigern lassen, ohne etwaige Interventionen des früheren Eigentümers, der den Schmuck an S verkauft und übereignet hat, befürchten zu müssen.

121 *4. Nachteile des Abstraktionsprinzips*

a) Das Abstraktionsprinzip hat auch Nachteile, weshalb es schon vor dem Inkrafttreten des BGB scharf angegriffen worden ist. Man hat ihm vor allem entgegengehalten, dass die Trennung eines einheitlichen Vorgangs (Barkauf des täglichen Lebens) in ein Kausalgeschäft (Kaufvertrag) und abstrakte Geschäfte (Übereignung der Kaufsache; Übereignung des Kaufpreises) der Volksanschauung widerspreche. Diese Trennung ist dem Laien schwer verständlich; sie bereitet dem Studienanfänger erhebliche Schwierigkeiten.

Außerdem wird mit Recht darauf hingewiesen, dass die Sicherheit im Rechtsverkehr, der das Abstraktionsprinzip dienen soll, im Sachenrecht durch die Vorschriften über den gutgläubigen Erwerb vom Nichtberechtigten (Rdnr. 639) gewährleistet sei.

Beispiel: Hat K im **Fall d** das Gemälde an D weiterverkauft sowie an ihn übereignet und würde die Nichtigkeit des Kaufvertrages auch die Nichtigkeit der Übereignung zur Folge haben (Einheitsprinzip), wäre K kein Eigentümer geworden. Infolgedessen könnte D nicht nach § 929 Satz 1 von K Eigentum erlangt haben. Jedoch käme ein gutgläubiger Erwerb des Eigentums vom Nichtberechtigten nach § 932 in Betracht (Rdnr. 639), wenn D gutgläubig den Veräußerer K für den Eigentümer des Gemäldes hielte.

Das Abstraktionsprinzip bewirkt aber auch heute noch einen Schutz der Rechtssicherheit (des Rechtsverkehrs) überall dort, wo das Gesetz einen Gutglaubensschutz verweigert.

Beispiel: Verkauft A an B seine Darlehensforderung gegen X (§ 453 i. V. m. § 433) und erfüllt er den Kaufvertrag dadurch, dass er die Darlehensforderung durch Vertrag mit B diesem abtritt (§ 398 Satz 1), dann wird B Inhaber der Darlehensforderung gegen X. Daran ändert sich auch nichts, wenn der Kaufvertrag nichtig ist; denn das abstrakte Geschäft (Abtretung, § 398 Satz 1) ist davon unabhängig. Tritt B die Darlehensforderung durch Vertrag an C ab, wird dieser Inhaber der Forderung. Der Mangel des Kaufvertrages A–B spielt für den Forderungsübergang keine Rolle. Anders wäre es, wenn nach dem Einheitsprinzip die Nichtigkeit des Kaufvertrages A–B die Nichtigkeit der Abtretung der Forderung bewirkte. Dann wäre B nicht Inhaber der Darlehensforderung geworden. Er wäre infolgedessen auch nicht in der Lage gewesen, die ihm nicht zustehende Darlehensforderung auf C zu übertragen. Einen gutgläubigen Erwerb der Forderung (durch C) vom Nichtberechtigten (B) kennt das Gesetz – anders als bei § 932 – nicht. Demgemäß würde sich die Nichtigkeit des Kaufvertrages A–B auf den Erwerb der Forderung durch C auswirken. Dieses dem Verkehrsschutz nicht entsprechende Ergebnis wird durch das Abstraktionsprinzip verhindert.

Der Haupteinwand gegen das Abstraktionsprinzip liegt darin, dass es die Interessen des rechtsgrundlos Verfügenden nicht hinreichend schützt, wenn der Verfügungsempfänger weiterveräußert oder wenn seine Gläubiger in den Verfügungsgegenstand die Zwangsvollstreckung betreiben.

Beispiele: Solange sich im **Fall d** das Gemälde noch bei K befindet, kann V es von ihm bei Nichtigkeit des Kaufvertrages zurückverlangen. Zwar steht ihm kein Herausgabeanspruch nach § 985, wohl aber ein Bereicherungsanspruch nach § 812 I 1 zu. Hat K das Gemälde aber an D weiterverkauft und übereignet, kommt V an das Bild nicht mehr heran: Denn nach § 985 kann er gegen D nicht vorgehen, da V nicht mehr Eigentümer des Bildes ist. Ein Bereicherungsanspruch nach § 812 I 1 gegen D scheidet aus, weil D nicht durch die Leistung des V das Bild ohne Rechtsgrund erlangt hat; Bereicherungsschuldner des V ist K, nicht aber D. Von K kann V das Bild nicht nach § 812 I 1 zurückverlangen, weil K das Bild nicht mehr hat. Es bleibt dem V gegen K ein Anspruch auf Wertersatz für das Bild nach § 818 II; aber auch dieser Anspruch führt zu nichts, wenn K inzwischen vermögenslos geworden ist.

Schutzlos ist V im **Fall d** auch dann, wenn das Gemälde bei K von dessen Gläubiger G gepfändet und versteigert wird. Da V trotz Nichtigkeit des Kaufvertrages das Eigentum an dem Gemälde durch wirksame Übereignung an K verloren hat, muss er die Pfändung und Versteigerung des Gemäldes geschehen lassen, ohne etwas dagegen unternehmen zu können. Der Bereicherungsanspruch (§ 812 I 1) des V gegen K nützt V nichts; denn K hat das Bild nicht mehr, und ein Anspruch auf Wertersatz für das Bild (§ 818 II) ist bei Vermögenslosigkeit des K nicht realisierbar.

122 b) Um diese Nachteile zu vermeiden, werden verschiedene Wege beschritten:

(1) Wenn das kausale und das abstrakte Geschäft eine wirtschaftliche Einheit darstellen, wird vorgeschlagen, sie als eine *Einheit im Sinne des § 139* (Rdnr. 353) zu behandeln. Nach dieser Bestimmung ist grundsätzlich das ganze Rechtsgeschäft nichtig, wenn ein Teil des Rechtsgeschäfts nichtig ist.

Beispiel: Ist der Kaufvertrag (als Teil des Rechtsgeschäfts) nichtig, dann ist auch das ganze Rechtsgeschäft (Kauf und Übereignung der Kaufsache und des Kaufpreises) nichtig.

Jedoch ist diese Auslegung des § 139 als eine unzulässige Umgehung des Abstraktionsprinzips abzulehnen. Das Gesetz will durch die Trennung von kausalem und abstraktem Geschäft das abstrakte Geschäft von den Mängeln des Kausalgeschäfts unabhängig machen. Diesem Willen des Gesetzes widerspricht die Anwendung des § 139.

123 (2) Man fasst das abstrakte Geschäft als ein *bedingtes Geschäft* auf (vgl. § 158; Rdnr. 479). Das abstrakte Geschäft soll unter der Bedingung stehen, dass das Kausalgeschäft gültig ist.

Beispiel: Die Übereignung der Kaufsache erfolgt unter der Bedingung, dass der zugrunde liegende Kaufvertrag gültig ist. Stellt sich heraus, dass der Kaufvertrag (etwa wegen Anfechtung) nichtig ist, dann fehlt die Bedingung, unter der die Übereignung der Kaufsache steht, so dass die Übereignung wegen Fehlens der Bedingung nicht wirksam ist.

Zwar ist es in aller Regel möglich, das abstrakte Geschäft unter der Bedingung der Gültigkeit des Kausalgeschäfts zu schließen. Ein solches bedingtes abstraktes Geschäft liegt aber nur dann vor, wenn die Geschäftspartner mindestens über die Gültigkeit des Kausalgeschäfts im Ungewissen sind. Daran fehlt es in aller Regel. Es geht nicht an, in jedem Fall eines abstrakten Geschäfts eine solche Bedingung anzunehmen. Wer eine solche Bedingung in das abstrakte Geschäft »hineinkonstruiert«, will damit nur das ungeliebte Abstraktionsprinzip beseitigen und damit den Willen des Gesetzes umgehen.

124 § 6 Die Auslegung des Rechtsgeschäfts

Schrifttum: *Betti*, Zur Grundlegung einer allgemeinen Auslegungslehre, Festschrift f. Rabel, Bd. II, 1954, 79; *Bickel*, Die Methoden der Auslegung rechtsgeschäftlicher Erklärungen, 1976; *Brox*, Die Einschränkung der Irrtumsanfechtung, 1960, 92; *ders.*, Richterliche Gestaltung privater Rechtsverhältnisse, JR 1960, 321; *ders.*, Der Bundesgerichtshof und die Andeutungstheorie, JA 1984, 549; *Hager*, Gesetzes- und sittenkonforme Auslegung und Aufrechterhaltung von Rechtsgeschäften, 1983; *Henckel*, Die ergänzende Vertragsauslegung, AcP 159 (1960/61), 106; *Jahr*, Geltung des Gewollten und Geltung des Nicht-Gewollten – Zu Grundfragen des Rechts empfangsbedürftiger Willenserklärungen, JuS 1989, 249; *Larenz*, Die Methode der Auslegung des Rechtsgeschäfts, 1930; *Lüderitz*, Auslegung von Rechtsgeschäften, 1966; *Petersen*, Die Auslegung von Rechtsgeschäften, Jura 2004, 536; *M. Reinicke*, Der Satz von der »falsa demonstratio« im Vertragsrecht, JA 1980, 455; *Scherer*, Die Auslegung von Willenserklärungen »klaren und eindeutigen« Wortlauts, Jura 1988, 302; *Schimmel*, Zur Auslegung von Willenserklärungen, JA 1998, 979; *ders.*, Zur ergänzenden Auslegung von Verträgen, JA 2001, 339; *Semmelmayer*, »Falsa demonstratio non nocet«, JuS 1996, L 9; *Trupp*, Die Bedeutung des § 133 BGB für die Auslegung von Willenserklärungen, NJW 1990, 1346; *Wieacker*, Die Methode der Auslegung des Rechtsgeschäfts, JZ 1967, 385; *Wieling*, Die Bedeutung der Regel »falsa demonstratio non nocet« im Vertragsrecht, AcP 172 (1972), 297; *ders.*, Falsa demonstratio non nocet, Jura 1979, 524; *Wieser*, Zurechenbarkeit des Erklärungsinhalts?, AcP 184 (1984), 40.

Fälle:

a) A vermacht in seinem Testament dem B sein Grundstück »eingetragen im Grundbuch von Mainz, Band 3, Blatt 13«. Nach dem Tod des A verlangt B vom Sohn S als Erben des A dieses Grundstück (vgl. § 1939). S macht geltend, A habe dem B nur sein kleineres Grundstück (Mainz, Band 3, Blatt 31) zuwenden wollen, was A mehrfach gegenüber seinen Verwandten geäußert habe. Kann B von S das größere oder das kleinere Grundstück verlangen? **(Rdnr. 131)**

b) A verkauft dem B in einem notariell beurkundeten Vertrag sein Grundstück (Mainz, Band 3, Blatt 13). Als B später von A Übereignung dieses Grundstücks verlangt, macht A geltend, B könne nur das kleinere Grundstück (Mainz, Band 3, Blatt 31) verlangen. Dieses Grundstück hat A verkaufen wollen, sich jedoch bei der Bezeichnung des Grundstücks geirrt; dieses kleinere Grundstück allein ist auch vor Kaufabschluss von B eingehend besichtigt worden. Was kann B verlangen? **(Rdnr. 133)**

c) Was kann B im **Fall b** verlangen, wenn A bei den Vertragsverhandlungen das Grundstück fälschlicherweise immer als Mainz, Band 3, Blatt 13 bezeichnet hat und B sich durch Einblick in das Grundbuch von der Lage dieses Grundstücks vergewissert und es vor Kaufabschluss auch besichtigt hat? **(Rdnr. 136)**

d) A in Aachen und B in Bonn schließen einen Vertrag, wonach sie ihre juristischen Fachbuchhandlungen tauschen. Kurze Zeit nach dem Tausch kehrt B nach Bonn zurück, um in der Nähe seiner früheren Buchhandlung ein Geschäft zu eröffnen. A meint, B dürfe ihm keine Konkurrenz machen. B entgegnet, ein Konkurrenzverbot bestehe nicht, weil es nicht vereinbart sei. **(Rdnr. 139, 140)**

e) V verpachtet dem P sein Tabakwarengeschäft für fünf Jahre. Im Vertrag wird vereinbart, dass es dem V verboten sein soll, im selben Haus ein solches Geschäft zu betreiben. Darf V vor dem Haus einen Kiosk errichten und dort Tabakwaren verkaufen? **(Rdnr. 139, 140)**

f) Der Grundstückseigentümer E vereinbart mit seinem Nachbarn N, dass dieser an der dem Grundstück des E zugekehrten Wand seines Hauses keine Fenster anbringen darf. Später lässt N in diese Wand Glasbausteine einbauen, um dadurch Licht ins Haus gelangen zu lassen. Mit Recht? **(Rdnr. 139, 140)**

Die Auslegung spielt in der Rechtswissenschaft bei der Gesetzesauslegung und bei der Auslegung des Rechtsgeschäfts eine Rolle. In beiden Fällen ist ein

Wille (des Gesetzgebers bzw. des Erklärenden) erklärt; bei der Auslegung ermittelt man, von dem Erklärten (Gesetz bzw. Rechtsgeschäft) ausgehend, den Willen (des Gesetzgebers bzw. des Erklärenden). Außerdem kann sowohl das Gesetz als auch das Rechtsgeschäft eine Lücke enthalten, die durch ergänzende Auslegung ausgefüllt wird. Wegen der aufgeführten Parallelen sollten zuvor die Ausführungen über die Gesetzesauslegung (Rdnr. 59 ff.) noch einmal nachgelesen werden.

125 I. Einfache Auslegung

1. Ziel, Weg und Bedeutung

a) Mit der im Rechtsgeschäft enthaltenen Willenserklärung will der Erklärende einen bestimmten Rechtserfolg herbeiführen. Der (innere) Geschäftswille (Rdnr. 86) des Erklärenden erscheint in der (äußeren) Gestalt der Erklärung. *Ziel* der einfachen Auslegung ist es, *den hinter der Erklärung stehenden Geschäftswillen des Erklärenden zu ermitteln.* Auf diesen Willen kommt es nach dem Grundsatz der Privatautonomie (Rdnr. 74, 25) maßgeblich an (vgl. aber noch Rdnr. 136); denn der Einzelne soll seine privaten Lebensverhältnisse nach seinem Willen selbst gestalten können. Im Regelfall decken sich Wille und Erklärung. Zur gerichtlichen Entscheidung kommen aber immer wieder Fälle, in denen die Erklärung nicht oder nur unvollkommen dem Willen des Erklärenden entspricht.

So kann die Erklärung mehrdeutig sein (z. B. das Verkaufsangebot lautet auf Dollar, ohne dass man aus der Erklärung entnehmen kann, welche Dollar-Währung gemeint ist). Selbst wenn die Erklärung eindeutig ist (z. B. »ich verkaufe das Bild für 890,– €«), entspricht sie nicht dem Willen des Erklärenden, wenn dieser sich verschrieben hat (z. B. statt 890,– € wollte er 980,– € haben) oder wenn er mit dem in der Erklärung gebrauchten Begriff einen anderen Sinn verbunden hat (z. B. weil der erklärende Ausländer den von ihm benutzten Begriff »verkaufen« im Sinn von »kaufen« verstanden hat).

126 b) Der *Weg* zur Ermittlung des Willens *geht von der Erklärung aus.* Dabei darf man aber bei der Auslegung nicht stehen bleiben; denn sonst könnte man z. B. bei einem Versprechen oder Verschreiben den wirklichen Willen des Erklärenden nicht ermitteln. Deshalb bestimmt § 133, dass bei der Auslegung einer Willenserklärung nicht an dem buchstäblichen Sinn des Ausdrucks zu haften, sondern der wirkliche Wille zu erforschen ist. Zu diesem Willen dringt man nur vor, wenn man *alle, auch außerhalb der Erklärung liegenden Umstände mit berücksichtigt.* Deshalb sind außer der Erklärung alle überhaupt erreichbaren Umstände wie Spracheigentümlichkeiten des Erklärenden, Äußerungen gegenüber anderen Personen, Prospekte, Vertragsverhandlungen, Geschäftsbräuche und Verkehrssitten zur Auslegung heranzuziehen.

Beispiele: Aus den Tatsachen, dass der Erklärende aus Kanada stammt und die von ihm verkauften Sachen aus Kanada bezieht, ist zu schließen, dass kanadische Dollar gemeint sind. Aus der Preisliste ist zu entnehmen, dass der Wille des Erklärenden auf einen Kaufpreis von 980,– € gerichtet ist. – Aus den Gesten, die der Ausländer bei den Vertragsverhandlungen macht, ist ersichtlich, dass er erwerben und nicht veräußern will.

Auch eine eindeutige Erklärung ist nach richtiger Ansicht auszulegen; eine **127** Berücksichtigung aller, auch außerhalb der Erklärung liegenden Umstände kann zu dem Ergebnis führen, dass sich hinter der Erklärung ein anderer Geschäftswille des Erklärenden verbirgt, als der Wortlaut der Erklärung vermuten lässt.

Beispiele: A bietet dem B schriftlich 100 Klaviere zu einem bestimmten Preis zum Kauf an. Aus den Vertragsverhandlungen ergibt sich, dass A und B Waffengeschäfte machen und aus Geheimhaltungsgründen die einzelnen Waffenarten im Schriftverkehr als bestimmte Musikinstrumente bezeichnen. Danach ist die eindeutige Erklärung »Verkauf von 100 Klavieren« als »Verkauf von 100 Maschinengewehren« auszulegen.

X vermacht dem Y testamentarisch »seine Bibliothek«. Durch Vernehmung von Freunden des X kommt der Richter zu der Überzeugung, dass X nur einige Krimis sein Eigen nannte und seinen ausgezeichneten Weinkeller scherzhaft als seine Bibliothek bezeichnete. Demnach verbarg sich hinter der eindeutigen Erklärung »Vermächtnis der Bibliothek« der Geschäftswille des X, dass Y seinen Weinbestand als Vermächtnis haben sollte.

c) Die *Bedeutung* der Auslegung zeigt sich zunächst bei der Frage, ob über- **128** haupt eine Willenserklärung vorliegt.

Beispiel: Wenn A gegenüber B erklärt: »Ja«, so ist unter Heranziehung der Frage des B zu erklären, ob die Antwort des A eine Willenserklärung enthält. Das ist zu bejahen, wenn die Frage lautet: »Wollen Sie meinen Hund für 300,– € haben?«, und zu verneinen, wenn B fragt, ob A gestern im Zoo gewesen sei.

Ferner kommt es auf die Auslegung an, wenn es darum geht, ob ein Vertrag zustande gekommen ist. Da Angebot und Annahme sich inhaltlich entsprechen müssen (Rdnr. 79, 186), ist bei jeder der beiden Willenserklärungen durch Auslegung der Wille des Erklärenden zu ermitteln. Nur wenn beide Willen sich decken, ist ein Vertrag zustande gekommen.

Beispiel: Lauten Angebot und Annahme bei einem in Deutschland geschlossenen Kaufvertrag auf 1 000,– Dollar, meinte die eine Vertragspartei US-amerikanische, die andere dagegen kanadische Dollar, dann ist trotz der Übereinstimmung der Erklärungen mangels Willensübereinstimmung kein Vertrag geschlossen.

Schließlich sind auch der abgeschlossene Vertrag und das einseitige Rechtsgeschäft auszulegen, um dadurch festzustellen, welche Rechtsfolgen sich daraus ergeben.

Beispiele: Die Vertragsparteien nehmen in den Vertragstext eine typische Klausel wie »netto Kasse« auf; diese ist dahin auszulegen, dass der Käufer den Kaufpreis bei Empfang der Ware bar und ohne Abzug eines Skontos zu zahlen verpflichtet ist. – Der Mieter schreibt an den Vermieter, er habe eine bessere und billigere Wohnung gefunden, weshalb man sich Ende des Monats trennen müsse; die Auslegung ergibt eine Kündigung zum Monatsende.

129 *2. Auslegungsmethode*

Bei der Auslegung eines Rechtsgeschäfts sind die Interessen des Erklärenden und die des Erklärungsempfängers zu berücksichtigen. Stellt man nur auf die Interessen des Erklärenden ab, ermittelt man dessen wirklichen Willen; stellt man dagegen auf die Interessen des Erklärungsempfängers ab, ermittelt man einen normativen Willen, der nicht mit dem wirklichen Willen des Erklärenden übereinzustimmen braucht. Dementsprechend kann man im ersten Fall von einer natürlichen, im zweiten von einer normativen Auslegung sprechen.

130 a) Bei der *natürlichen Auslegung* wird der wirkliche Wille des Erklärenden festgestellt (vgl. § 133). Damit wird nur den Erfolgsinteressen des Erklärenden Rechnung getragen, während die Interessen des Erklärungsempfängers unberücksichtigt bleiben. Das ist dann berechtigt, wenn außer dem Erklärenden keine Person vorhanden ist, deren Interessen geschützt werden müssten, oder wenn zwar generell eine andere Person (der Erklärungsempfänger) zu schützen ist, diese aber im Einzelfall ausnahmsweise nicht schutzbedürftig bzw. nicht schutzwürdig ist.

131 (1) Es gibt Rechtsgeschäfte, bei denen immer nur die Interessen des Erklärenden auf dem Spiele stehen. Hauptbeispiel ist das Testament. Hier gibt es keine Person, die geschützt werden muss. Auch der im Testament Bedachte (Erbe, Vermächtnisnehmer) ist in seinem Vertrauen auf das im Testament Erklärte nicht schutzwürdig. Er ist nicht Erklärungsempfänger; er erwirbt unentgeltlich, da er keine Gegenleistung erbringt. Deshalb ist bei der Testamentsauslegung nur auf die Interessen des Erklärenden abzustellen und dessen wirklicher Wille zu ermitteln, gleichgültig, ob dieser im Wortlaut des Testaments zum Ausdruck kommt oder nicht[50].

Im **Fall a** muss der Richter – etwa durch Vernehmung der Verwandten des A – ermitteln, ob dieser dem B das größere, im Testament benannte Grundstück (Bd. 3, Bl. 13) oder das kleinere, im Testament nicht genannte Grundstück (Bd. 3, Bl. 31) vermachen wollte. Ergeben die Nachforschungen des Richters, dass A das kleinere Grundstück meinte, gilt das Gewollte, nicht das im Testament Erklärte, so dass B nur Anspruch auf das kleinere Grundstück hat. Kann der Richter jedoch einen vom Wortlaut des Testaments abweichenden Willen des A nicht feststellen, bleibt es bei dem Erklärten.

Entsprechendes gilt für den Weinkeller-Fall (Rdnr. 127); X hat dem Y den Weinbestand, nicht etwa seine Bücher vermacht.

132 (2) Bei den meisten Rechtsgeschäften kommt es neben den Interessen des Erklärenden auch auf die Interessen des Erklärungsempfängers an. Die empfangs-

50 Str.; vgl. ErbR Rdnr. 197 ff.

bedürftigen Willenserklärungen (z. B. Kündigungserklärung, Vertragsangebot, Vertragsannahme; Rdnr. 92) berühren auch die Interessen des Empfängers, da er in der Lage sein muss, sich auf die durch die Erklärung geschaffene Rechtslage einzustellen. Wenn hier die Erklärung vom Willen des Erklärenden abweicht (z. B. der Verkäufer will eine Sache für 980,– € verkaufen, verschreibt sich und erklärt, er biete für 890,– € an), so fragt es sich, ob der Erklärungsempfänger in seinem Vertrauen auf das Erklärte zu schützen ist. Ein solcher Schutz ist in zwei Fällen nicht erforderlich:

(a) Schutzwürdig ist der Erklärungsempfänger dann nicht, *wenn er* trotz der **133** vom Willen des Erklärenden abweichenden Erklärung richtig *erkennt, was der Erklärende gewollt hat*. Dabei spielt es keine Rolle, ob der Erklärende bewusst oder irrtümlich einen Wortlaut gewählt hat, der seinem wirklichen Willen nicht entspricht. Wenn der Erklärungsempfänger weiß, was der Erklärende will, vertraut er nicht auf das Erklärte, so dass entgegen dem Wortlaut das vom Erklärenden Gewollte gilt[51].

Beispiele: Gebrauch eines abgesprochenen Code-Wortes (Klavier statt Maschinengewehr; Rdnr. 127).

Bietet A dem B »Haakjöringsköd«, das im Norwegischen Haifischfleisch bedeutet, zum Kauf an, verstanden A und B darunter aber Walfischfleisch, ist das gemeinsam Gemeinte (Walfischfleisch) maßgebend[52].

Im **Fall b** ist trotz der falschen Bezeichnung des Grundstücks im Vertrag das kleinere Grundstück verkauft, da beide Parteien dieses Grundstück meinten; die Formbedürftigkeit des Vertrages gem. § 311 b I ändert daran nichts[53].

Wenn der Käufer sich verspricht und coffeinarme Zigarren verlangt, so kommt dennoch ein Vertrag über nikotinarme Zigarren zustande, sofern der Verkäufer erkennt, dass nikotinarme Zigarren gewollt sind.

Eine falsche Bezeichnung schadet also dann nicht, wenn beide Parteien die Erklärung nicht im gemeinverständlichen Wortsinn, sondern übereinstimmend in einem anderen Sinn verstehen (falsa demonstratio non nocet). Entscheidend ist, dass der Empfänger erkennt, was der Erklärende will. Dann gilt das Gewollte, da der Empfänger nicht schutzbedürftig ist.

(b) Wenn der Erklärungsempfänger zwar nicht erkennt, was mit der Erklä- **134** rung gewollt ist, er dies aber *bei Anwendung der ihm zumutbaren Sorgfalt hätte erkennen können*, dann ist er im Vertrauen auf das Erklärte nicht schutzwürdig. Aus der Pflicht zur gegenseitigen Rücksichtnahme folgt für den Erklärungsempfänger, dass er die Erklärung auszulegen hat. Unterlässt er die Auslegung, ist er wegen seines pflichtwidrigen Unterlassens in seinem Vertrauen auf das Erklärte nicht schutzwürdig. Ergibt die Auslegung des Empfängers

51 Vgl. BGH NJW 1984, 721; NJW-RR 1987, 1284.
52 RGZ 99, 148.
53 Vgl. BGHZ 87, 150, 152.

Anhaltspunkte, dass ein anderer Wille der Erklärung zugrunde liegt, ist dieser Wille aber von ihm nicht mit Gewissheit zu ermitteln, dann ist es ihm zuzumuten, beim Erklärenden nachzufragen. Auf keinen Fall darf er sich dann auf das Erklärte verlassen oder eine mehrdeutige Erklärung einfach in seinem Sinne auslegen.

Beispiele: Bietet X dem Y an, von ihm bestimmte Waren zum Listenpreis zu »kaufen«, obwohl er »verkaufen« will, darf Y sich nicht auf den Wortlaut der Erklärung »kaufen« verlassen, wenn er unter Berücksichtigung der ihm zuvor übersandten Preisliste hätte entnehmen können, dass X sich mit dem Verkauf dieser Waren beschäftigt. Schreibt also Y dem X, dass er das Angebot annehme, dann ist zwischen X als Verkäufer und Y als Käufer ein Kaufvertrag zustande gekommen. – Schreibt X in Köln dem B in München, er biete ihm ein bestimmtes Bild zu 5 000,– Dollar an, so ist die Erklärung mehrdeutig, da sich nicht ergibt, ob US-amerikanische oder kanadische Dollar gemeint sind. Y darf sich nicht die Währung aussuchen, die für ihn am günstigsten ist.

135 b) Bei der *normativen Auslegung* ermittelt man nicht den wirklichen Willen, sondern die objektive Bedeutung der Erklärung.

(1) Grund für diese Auslegung ist es, den Interessen des Erklärungsempfängers gerecht zu werden. Dieser muss zwar auch die Erklärung auslegen, um den wirklichen Willen (§ 133) des Erklärenden zu ermitteln; er hat dabei alles zur Auslegung geeignete Material heranzuziehen. Aber trotzdem wird der Empfänger nicht immer in der Lage sein, diesen wirklichen Willen zu erkennen.

Weicht die Erklärung vom wirklichen Willen des Erklärenden ab und steht dem Empfänger außer der Erklärung kein weiteres Auslegungsmaterial zur Verfügung, dann schließt der Empfänger von dem Erklärten auf den Willen des Erklärenden; jedoch deckt sich dieser so ermittelte Wille nicht mit dem wirklichen Willen des Erklärenden.

Schreibt V an K, dass er ihm ein Bild für 890,– € zum Kauf anbiete, während er in Wirklichkeit für 980,– € verkaufen wollte, so muss K mangels weiterer Anhaltspunkte aus der Erklärung auf den (in Wirklichkeit nicht vorhandenen) Willen des V schließen, für 890,– € zu verkaufen.

Steht dem Empfänger bei der Auslegung außer der Erklärung noch weiteres Material zur Verfügung, muss er es ebenfalls seiner Willensermittlung zugrunde legen. Dadurch kann es ihm gelingen, den wirklichen Willen des Erklärenden zu ermitteln. Es ist aber auch möglich, dass der Empfänger bei der Auslegung trotz Berücksichtigung allen Auslegungsmaterials zu einem anderen als dem wirklichen Willen des Erklärenden gelangt.

Kann K aus der Vorkorrespondenz entnehmen, dass V immer an einen Verkauf für 980,– € dachte, wird K den Schreibfehler in dem Angebot erkennen und den wirklichen Willen des V ermitteln. – Ist dagegen aus Vorkorrespondenz und Prospekt kein Preis ersichtlich, wird K aus dem Angebot (890,– €) auf einen dementsprechenden Willen des V schließen.

(2) Wägt man die Interessen von Erklärendem und Erklärungsempfänger gegeneinander ab, so ist zu berücksichtigen, dass das Abweichen von Wille und Erklärung durch den Erklärenden verursacht wurde, also in seiner Sphäre entstanden ist. Wenn zudem der Erklärungsempfänger mangels entgegenstehenden anderen Auslegungsmaterials auf das Erklärte vertrauen muss, ist es interessengerecht, dem Vertrauensschutz des Empfängers den Vorrang vor dem Erfolgsinteresse des Erklärenden zu geben. Dann gilt also nicht das vom Erklärenden wirklich Gewollte, sondern das, was der Empfänger auf Grund der Erklärung als das vom Erklärenden Gewollte ansehen kann[54]. Dieses Ergebnis wird durch § 157 und § 119 I bestätigt. Nach § 157 ist ein Vertrag so auszulegen, wie Treu und Glauben mit Rücksicht auf die Verkehrssitte es erfordern; damit soll das Vertrauen des Empfängers geschützt werden. Gem. § 119 I kann der Erklärende bei Abweichen von Wille und Erklärung seine Erklärung unter bestimmten Voraussetzungen anfechten. Daraus ergibt sich, dass das Erklärte, nicht das Gewollte gilt; nur hat der Erklärende die Möglichkeit, die seinem Willen nicht entsprechende Erklärung durch Anfechtung (Rdnr. 407 ff.) zu »beseitigen«. 136

Hat K bei der Auslegung nur die Erklärung zur Verfügung, muss er auf einen Willen des V, das Bild für 890,– € zu verkaufen, schließen. Nimmt K das so verstandene Angebot des V an, dann ist – entgegen dem wirklichen, aber entsprechend dem normativen Willen des V – ein Kaufvertrag über das Bild zum Preise von 890,– € zustande gekommen. Allerdings kann V, da er eine Erklärung dieses Inhalts überhaupt nicht abgeben wollte, seine Willenserklärung nach § 119 I anfechten. Tut er das, ist seine Erklärung nach § 142 I als von Anfang an nichtig anzusehen, so dass kein Kaufvertrag besteht.

Demnach ist es für die normative Auslegung entscheidend, wie die Erklärung vom Empfänger bei der ihm zumutbaren Sorgfalt zu verstehen ist *(Auslegung nach dem Empfängerhorizont)*. Ist danach der Erklärungsempfänger in seinem Vertrauen schutzwürdig, tritt die Rechtsfolge ein, die eintreten würde, wenn der Erklärende den Geschäftswillen gehabt hätte, der sich vom Empfängerhorizont aus ergibt.

Im **Fall c** ist dem B nicht das von A gewollte kleinere Grundstück, sondern das im notariellen Vertrag genannte größere Grundstück verkauft. B durfte sich auch bei Anwendung der ihm zumutbaren Sorgfalt auf das Erklärte verlassen, da A auch bei den Vertragsverhandlungen das Grundstück so bezeichnet hat und B durch Einsicht ins Grundbuch und Besichtigung des dort beschriebenen Grundstücks sich über das Kaufobjekt Klarheit verschafft hat. Zu einem anderen Ergebnis kommt man dann, wenn der Wert des größeren Grundstücks in solchem Maße von dem beurkundeten Kaufpreis abweicht, dass B sich unter Berücksichtigung der ortsüblichen Grundstückspreise hätte sagen müssen, zu einem solchen Preis würde niemand das bezeichnete Grundstück verkaufen.

(3) Streitig ist, ob die normative Auslegung auch dann in Betracht kommt, 137
wenn es um die durch Auslegung zu beantwortende Frage geht, ob überhaupt

54 Vgl. BGH NJW 1984, 721.

eine Willenserklärung vorliegt. Dieses Problem ergibt sich etwa dann, wenn – wie im Trierer Weinversteigerungsfall – dem Erklärenden das Erklärungsbewusstsein fehlt (Rdnr. 85).

Aus der Sicht des Erklärungsempfängers stellt sich eine Erklärung auch dann, wenn sie ohne Erklärungsbewusstsein abgegeben wird, normalerweise als eine Willenserklärung dar. Hier ist das Vertrauen des Empfängers darauf, dass überhaupt eine Willenserklärung vorliegt, ebenso schutzwürdig, wie wenn der Empfänger darauf vertraut, dass rechtsgeschäftlicher Wille und Erklärung übereinstimmen. Ob die normative Auslegung bei einer Willenserklärung zu einem ganz anderen Ergebnis führt, als der Erklärende gewollt hat, oder ob die Auslegung eines Verhaltens, dem überhaupt kein rechtsgeschäftlicher Wille zugrunde liegt, eine Willenserklärung ergibt, macht keinen Unterschied. In beiden Fällen hat der Handelnde den falschen Eindruck bei dem anderen verursacht; das Handeln ist ihm zuzurechnen. Schutzbedürftig ist der Empfänger in seinem Vertrauen auf die ihm als Willenserklärung erscheinende Handlung, wenn er bei Anwendung der ihm zumutbaren Sorgfalt zu dem Auslegungsergebnis kommen durfte, dass es sich um eine Willenserklärung handele[55].

Unterschreibt jemand ein Kaufangebot in der Meinung, es handele sich um ein Glückwunschschreiben, so kann der Empfänger das Schreiben nur als Kaufangebot auffassen. Nimmt er es an, ist ein Kaufvertrag zustande gekommen. Da aber der Erklärende bei Abweichen von Wille und Erklärung seine Willenserklärung durch Anfechtung vernichten kann (§§ 119 I, 142), muss der Handelnde diese Möglichkeit auch dann haben, wenn sein nicht rechtsgeschäftliches Handeln als Willenserklärung aufgefasst werden darf und deshalb als Willenserklärung gilt. – Im Trierer Weinversteigerungsfall (Rdnr. 85) gilt das Gleiche, wenn nicht der Versteigerer erkennen kann, dass der »Bieter« die Ortsbräuche nicht kennt oder offensichtlich nur seinem Freund zuwinken will.

138 II. Ergänzende Auslegung

1. Bedeutung

Ergänzende Auslegung bedeutet Ergänzung des lückenhaften Rechtsgeschäfts. Ergänzt werden können sowohl ein Vertrag als auch ein einseitiges Rechtsgeschäft (z. B. Testament[56]). Die ergänzende Auslegung des Vertrages setzt erst ein, nachdem durch natürliche oder normative Auslegung der einzelnen Willenserklärungen ein Vertragsschluss bejaht worden ist. Jetzt kann es sich herausstellen, dass die Vertragsparteien einen bestimmten Punkt im Vertrag nicht geregelt haben. Dabei ist es möglich, dass die Parteien eine Regelung bewusst unterlassen haben, weil sie den betreffenden Punkt nicht für regelungsbedürftig hielten; möglich ist aber auch ein unbewusstes Unterlassen, weil die Parteien

55 BGHZ 91, 324; 109, 177.
56 Vgl. ErbR Rdnr. 201.

eine bestimmte Frage übersehen haben oder gar nicht sehen konnten, da sie zur Zeit des Vertragsschlusses überhaupt noch nicht bestand und erst später auftauchte. Immer setzt die ergänzende Auslegung eine Lücke voraus, die der Richter durch Lückenausfüllung zu schließen hat (vgl. zur ergänzenden Auslegung des Gesetzes: Rdnr. 64 ff.).

In häufig vorkommenden Fällen hilft das Gesetz dem Richter bei der Lückenausfüllung, indem es dispositive Regeln (Rdnr. 36) zur Verfügung stellt.

Beispiel: V und K schließen einen Kaufvertrag über eine bestimmte Sache zum Preise von 900,– €. Der Vertrag enthält keine Regelung für den Fall, dass die Kaufsache mangelhaft sein sollte. Das unterbleibt deshalb, weil die Parteien die Sache für mangelfrei halten. Für diese Lücke gibt das Gesetz selbst ergänzende Normen (vgl. §§ 434 ff.). Eine richterliche Ergänzung des Vertrages ist deshalb nicht erforderlich.

Die Auslegung kann aber auch ergeben, dass die dispositiven Regeln zur Lückenausfüllung im Einzelfall nicht passen. Dann darf der Richter nicht auf diese Vorschriften zurückgreifen; er muss vielmehr die Lücke nach den Grundsätzen der ergänzenden Auslegung schließen.

2. *Lücke* 139

Voraussetzung für eine ergänzende Auslegung ist, dass eine *Lücke im Rechtsgeschäft* besteht. Ob das der Fall ist, muss durch Auslegung des Rechtsgeschäfts ermittelt werden. Nur darf diese Auslegung nicht bei der Ermittlung des Geschäftswillens stehen bleiben; sie muss darüber hinaus die Motive und Umstände erforschen, die zu dem Geschäftswillen geführt haben. Eine ausfüllungsbedürftige Lücke liegt dann vor, wenn beim Vertragsschluss beide Parteien und bei einem einseitigen Rechtsgeschäft (wie dem Testament) der Erklärende einen bestimmten Umstand nicht oder in falscher Weise berücksichtigt haben. Dabei spielt es keine Rolle, ob die Vertragsparteien bei Vertragsschluss oder etwa der Erblasser bei der Testamentserrichtung einen damals schon vorhandenen Umstand außer Acht gelassen haben (= primäre Lücke) oder ob dieser erst später entstanden ist (= sekundäre Lücke; vgl. Rdnr. 65).

Im **Fall d** liegt keine Lücke hinsichtlich der Zulässigkeit des Betriebs einer Buchhandlung durch B in unmittelbarer Nähe der Buchhandlung des A vor, wenn beide Parteien mit der Rückkehr des B nach Bonn gerechnet haben und bei den Vertragsverhandlungen B dem A gegenüber erkennbar gemacht hat, dass er sich die Möglichkeit vorbehalte, seine Buchhandlung wieder in der Nähe seiner alten Buchhandlung zu betreiben. – Dagegen besteht eine Lücke, sofern A und B bei Vertragsschluss überhaupt nicht daran gedacht haben, dass einer von ihnen seine neue Buchhandlung aufgeben werde und wieder an dem früheren Ort verkaufen wolle[57].

Im **Fall e** ist das Problem des Konkurrenzverbots zwar von den Vertragsparteien gesehen und geregelt worden. Haben beide aber nicht an die Möglichkeit gedacht, dass auch

57 Vgl. zu derartigen Fällen BGH NJW 2002, 2310; BGHZ 127, 138, 142; 16, 76.

von einem vor dem Haus errichteten Kiosk aus Tabakwaren verkauft werden können, dann ist der Vertrag hinsichtlich der Regelung des Konkurrenzverbots insoweit lückenhaft[58].

Im **Fall f** besteht eine Lücke im Vertrag, wenn die Parteien bei Vertragsschluss nicht an die Möglichkeit dachten, dass auch durch Verwendung von Glasbausteinen Licht in das Gebäude des N gelangen kann, und sie deshalb im Vertrag nur von Fenstern als der nach ihrer Meinung einzigen Lichtquelle sprachen. Dabei ist es unerheblich, ob die Parteien an Glasbausteine noch gar nicht denken konnten, weil es diese bei Vertragsabschluss noch nicht gab, oder ob sie die damals schon bekannte Möglichkeit, Glasbausteine zu verwenden, nicht bedacht haben.

140 ### *3. Lückenfüllung*

Ist eine regelungsbedürftige Lücke im Rechtsgeschäft festgestellt, muss sie vom Richter geschlossen werden. Er hat zu ermitteln, was bei einem Vertrag beide Parteien gewollt hätten, wenn sie den nicht bedachten Umstand berücksichtigt und hierbei die Gebote von Treu und Glauben sowie der Verkehrssitte beachtet hätten(vgl. § 157). Entscheidend ist also nicht der wirkliche, sondern der hypothetische Wille beider Vertragsparteien. Zur Ermittlung des hypothetischen Willens ist von den im Vertrag getroffenen Wertungen der Parteien auszugehen und zu fragen, was die Parteien bei Kenntnis der Lücke vernünftigerweise vereinbart hätten.

Dass bei der Lückenfüllung die Wertungen der Parteien zugrunde zu legen sind, zeigt das Gesetz in dem von ihm geregelten Spezialfall der Herabsetzung des Kaufpreises bei Mangelhaftigkeit der Kaufsache (= Minderung, § 441).

Ist die von V an K für 900,– € verkaufte Sache mangelhaft, so wird bei der Minderung der Kaufpreis dem Wert der Kaufsache angepasst. Das geschieht nicht einfach dadurch, dass der Richter den wirklichen Wert der fehlerhaften Sache (z. B. 800,– €) ermittelt. Der Richter hat vielmehr von der Vereinbarung der Parteien auszugehen. Der vereinbarte Preis (900,– €) ist im Verhältnis des Wertes der Kaufsache in mangelfreiem Zustand (z. B. 1 200,– €) zu dem in mangelhaftem Zustand (800,– €), also im Verhältnis 4 : 3, auf 600,– € herabzusetzen (§ 441 III). Hätte nämlich K anstelle des vereinbarten Preises von 900,– € den Wert der Sache in mangelhaftem Zustand, also 800,– €, zu zahlen, so würde er benachteiligt, da er den bei Vertragsschluss erzielten Vorteil eines für ihn günstigen Vertrages (Kauf einer mangelfreien Sache im Wert von 1 200,– € für 900,– €) verlöre.

Wie der Richter die Wertungen der Parteien bei der Lückenausfüllung zu Ende denken muss, hängt vom Einzelfall ab. Deshalb sind alle Umstände des Falles (Motive, Verkehrssitten, Interessenlage) zu berücksichtigen; oft hilft der von den Parteien mit dem Vertrag verfolgte Zweck weiter.

Hätten die Parteien im **Fall d** mit einer baldigen Rückkehr des B nach Bonn gerechnet, hätten sie bedacht, dass es dem Übernehmer einer Fachbuchhandlung innerhalb einer

58 Vgl. RGZ 119, 355.

kurzen Zeit nicht möglich ist, seine Beziehungen zu den bisher von seinem Vorgänger bedienten Kunden so zu festigen, dass er durch dessen Rückkehr keine wesentliche Einbuße mehr erfahren würde. Da also eine baldige Rückkehr eines Tauschpartners in seinen früheren Geschäftsbereich den Vertragszweck weitgehend gefährdet, hätten die Parteien ein auf eine bestimmte Zeit begrenztes Rückkehrverbot vereinbart. Dementsprechend ist die Lücke zu schließen[59].

Im **Fall e** bezweckten die Parteien durch das Konkurrenzverbot den Schutz des P vor einer Konkurrenz durch V. Dieser Zweck würde nicht erreicht, wenn es dem V erlaubt wäre, vor dem Geschäft des P von einem Kiosk aus Tabakwaren zu verkaufen. Deshalb ist der Vertrag dahin zu ergänzen, dass das Verbot sich auch auf diesen Fall bezieht.

War im **Fall f** der Sinn der Vereinbarung, dass das Grundstück des E nicht einsehbar und keinen Geräuscheinflüssen ausgesetzt ist, dann besteht kein Grund, die Vereinbarung auch auf Glasbausteine zu erstrecken, da die genannten Zwecke auch bei Verwendung von Glasbausteinen erreicht werden. Sollte dagegen durch die Vereinbarung verhindert werden, dass Licht auf das Grundstück des E fällt, dann muss das Verbot sich auch auf die Verwendung von Glasbausteinen beziehen[60].

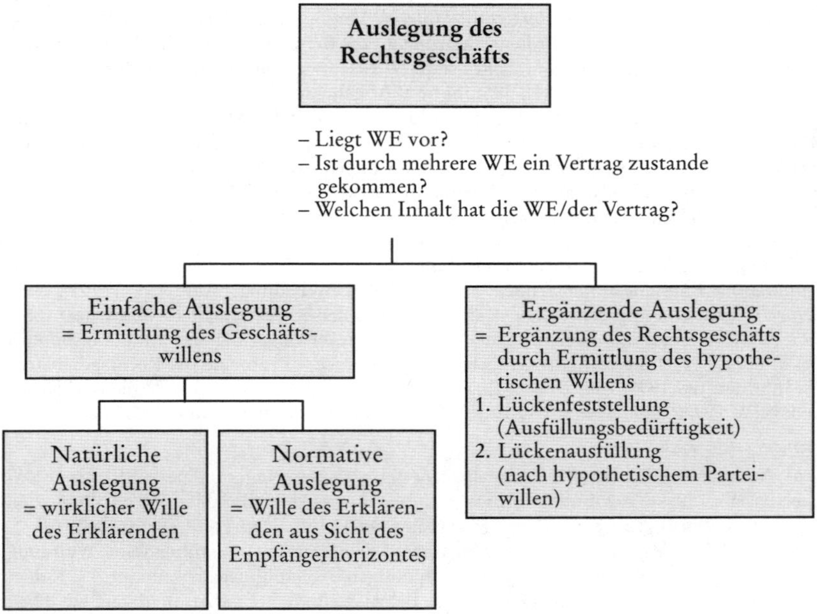
Auslegung des Rechtsgeschäfts
– Liegt WE vor?
– Ist durch mehrere WE ein Vertrag zustande gekommen?
– Welchen Inhalt hat die WE/der Vertrag?
Einfache Auslegung
= Ermittlung des Geschäftswillens
Ergänzende Auslegung
= Ergänzung des Rechtsgeschäfts durch Ermittlung des hypothetischen Willens
1. Lückenfeststellung (Ausfüllungsbedürftigkeit)
2. Lückenausfüllung (nach hypothetischem Parteiwillen)
Natürliche Auslegung
= wirklicher Wille des Erklärenden
Normative Auslegung
= Wille des Erklärenden aus Sicht des Empfängerhorizontes

59 Vgl. BGHZ 16, 77 ff.
60 Vgl. die z. T. andere Begründung des BGH LM Nr. 17 zu § 133 (C) BGB.

141
§ 7 Abgabe und Zugang der Willenserklärung

Schrifttum: *Behn*, Das Wirksamwerden von schriftlichen Willenserklärungen mittels Einschreiben, AcP 178 (1978), 505; *Brauer*, Vertragsschluss und Zugang bei Verträgen mit Minderjährigen, JuS 2004, 472; *Brehm*, Zur automatisierten Willenserklärung, Festschrift f. Niederländer, 1991, 233; *Brinkmann*, Der Zugang von Willenserklärungen, 1984; *Brun*, Die »postmortale Willenserklärung«, Jura 1994, 291; *Burgard*, Das Wirksamwerden empfangsbedürftiger Willenserklärungen im Zeitalter moderner Telekommunikation, AcP 195 (1995), 74; *Coester-Waltjen*, Das Wirksamwerden empfangsbedürftiger verkörperter Willenserklärungen, Jura 1992, 272; *dies.*, Einige Probleme des Wirksamwerdens empfangsbedürftiger Willenserklärungen, Jura 1992, 441; *Czeguhn*, Vertragsschluss im Internet, JA 2001, 708; *H. Dilcher*, Der Zugang von Willenserklärungen, AcP 154 (1955), 120; *Dörner*, Rechtsgeschäfte im Internet, AcP 202 (2002), 363; *Ernst*, Beweisprobleme bei E-Mail und anderen Online-Willenserklärungen, MDR 2003, 1091; *Franzen*, Zugang und Zugangshindernisse bei eingeschriebenen Briefsendungen – BAG, NJW 1997, 146; BGH, NJW 1998, 134; JuS 1999, 429; *Fritzsche/Malzer*, Ausgewählte zivilrechtliche Probleme elektronisch signierter Willenserklärungen, DNotZ 1995, 3, 9; *Haas*, Das Wirksamwerden von Willenserklärungen, JA 1997, 116; *Höland*, Verzögerung, Verwirkung, Vereitelung. Probleme des Zugangs von Willenserklärungen am Beispiel der Arbeitgeberkündigung, Jura 1998, 352; *John*, Grundsätzliches zum Wirksamwerden empfangsbedürftiger Willenserklärungen, AcP 184 (1984), 385; *Joussen*, Abgabe und Zugang von Willenserklärungen unter Einschaltung einer Hilfsperson, Jura 2003, 577; *Kanzleiter*, Der Zugang beurkundeter Willenserklärungen, DNotZ 1996, 931; *Köhler*, Die Problematik automatisierter Rechtsvorgänge, insbesondere von Willenserklärungen, AcP 182 (1982), 126; *Mankowski*, Zum Nachweis des Zugangs bei elektronischen Erklärungen, NJW 2004, 1901; *Norpoth/Dittberner*, Die Genehmigung nach § 108 III BGB – immer eine empfangsbedürftige Willenserklärung?, JA 1996, 642; *A. Roth*, Probleme des postmortalen Zugangs von Willenserklärungen – Ein Beitrag zum Anwendungsbereich des § 130 II BGB, NJW 1992, 791; *Sandmann*, Empfangsbotenstellung und Verkehrsanschauung, AcP 199 (1999), 455; *Schlechtriem*, Das »Sprachrisiko« – ein neues Problem?, Festschrift f. Weitnauer, 1980, 129; *G. Chr. Schwarz*, Kein Zugang bei Annahmeverweigerung des Empfangsboten?, NJW 1994, 891; *Taupitz/Kritter*, Electronic Commerce – Probleme bei Rechtsgeschäften im Internet, JuS 1999, 839; *Ultsch*, Zugangsprobleme bei elektronischen Willenserklärungen, NJW 1997, 3007; *Weiler*, Der Zugang von Willenserklärungen, JuS 2005, 788.

Fälle:

a) A heftet an einen Straßenbaum einen Zettel: »Wiederbringer meines entlaufenen Dackels erhält 150,– € Belohnung« Muss A diesen Betrag dem B zahlen, wenn dieser den Hund zurückbringt, aber von dem Zettel nichts weiß? Vgl. dazu § 657. **(Rdnr. 142)**

b) Der Mieter M, der nach dem Mietvertrag das Mietverhältnis über seine Wohnung mit einer Monatsfrist zum Monatsende zu kündigen berechtigt ist, schreibt am 15. 1. dem Vermieter V einen Brief, in dem er zu Ende Februar kündigt. Er wirft den Brief am 22. 1. in den Briefkasten. Ist die Kündigung wirksam, wenn M am 20. 1. (23. 1.) geisteskrank wird? **(Rdnr. 148)**

c) Der Mieter (M) einer Maschine will das Mietverhältnis telefonisch kündigen. Deshalb ruft er am Freitagnachmittag im Geschäft des Vermieters (V) an. Wegen Dienstschlusses ist das Telefon nicht mehr besetzt, aber mit einem automatischen Anrufbeantworter verbunden. M erklärt, er kündige das Mietverhältnis zu Ende Februar. V hört am Montag um 9 Uhr das Band ab. Ist die Kündigung wirksam, wenn die Kündigungsfrist am Freitag ablief? **(Rdnr. 149, 150)**

d) V lehnt die Annahme eines Briefes des M ab, weil er Nachporto bezahlen soll. Nach ausreichender Frankierung durch M wird der Brief, der eine Kündigungserklärung enthält, drei Tage später dem V zugestellt. Ist die Kündigung wirksam, obwohl innerhalb der drei Tage die Kündigungsfrist verstrichen ist? **(Rdnr. 157)**

e) Wie ist zu entscheiden, wenn V sich in Urlaub befunden und bei der Post keinen Nachsendungsantrag gestellt hat, so dass er den eingeschriebenen Kündigungsbrief erst nach Rückkehr aus dem Urlaub und nach Ablauf der Kündigungsfrist auf der Post in Empfang nimmt? **(Rdnr. 159)**

f) Dem 17 Jahre alten V (vgl. § 106) werden von M eine schriftliche Kündigungserklärung und ein schriftliches Vertragsangebot ausgehändigt. Wirksam? **(Rdnr. 161)**

I. Interessenlage und Überblick

Die Willenserklärung ist als die private Äußerung eines auf einen Rechtserfolg gerichteten Willens definiert worden (Rdnr. 82 ff.). Hat also der Erklärende seinen Geschäftswillen geäußert, ist die Willenserklärung existent. Das genügt aber nicht in allen Fällen für die Wirksamkeit der Willenserklärung. So macht § 130 I 1 die Wirksamkeit einer »Willenserklärung, die einem anderen gegenüber abzugeben ist, . . . wenn sie in dessen Abwesenheit abgegeben wird«, davon abhängig, dass die Erklärung dem Empfänger zugeht; die Bestimmung unterscheidet also zwischen Abgabe und Zugang der Willenserklärung. Tatsächlich durchläuft etwa der Brief, der eine Kündigungserklärung enthält, verschiedene Stadien: Er wird vom Erklärenden geschrieben, in den Postkasten geworfen, dem Empfänger von der Post zugestellt und von diesem gelesen. Mit dem Einwurf in den Briefkasten tritt er aus der Sphäre des Erklärenden heraus; mit der Zustellung gelangt er in die Sphäre des Empfängers.

Auf dem Weg der Erklärung vom Erklärenden zum Erklärungsempfänger können sich Fehler einschleichen: Die Erklärung kommt verstümmelt beim Empfänger an (statt »verkaufen« heißt es im Ankunftstelegramm »kaufen«); sie wird dem Empfänger von der Post verspätet oder gar überhaupt nicht zugestellt. Hier stellt sich die Frage, ob die Gefahr für solche Fehler vom Erklärenden oder vom Erklärungsempfänger getragen werden soll. Zur gerechten Risikoverteilung muss ein Zeitpunkt für das Wirksamwerden der Willenserklärung auf Grund einer Interessenabwägung bestimmt werden.

Als frühester Zeitpunkt kommt die Äußerung oder Absendung der Erklärung in Betracht. Dann fiele mit der Abgabe der Willenserklärung deren Wirksamwerden zusammen. Diese Lösung, die von der Äußerungs-, Absendungs- oder Entäußerungstheorie vertreten wurde, führt bei nicht empfangsbedürftigen Willenserklärungen wie den Testamenten (Rdnr. 93) zu interessengerechten Ergebnissen; denn hier geht es nur um die Interessen des Erklärenden; ein Erklärungsempfänger, der zu schützen wäre, ist gar nicht vorhanden. Bei empfangsbedürftigen Willenserklärungen wie den Kündigungserklärungen (Rdnr. 92) soll sich aber der Erklärungsempfänger auf die durch die Erklärung geschaffene neue Rechtslage einstellen können; deshalb muss er wenigstens in die Lage versetzt werden, die Willenserklärung wahrzunehmen. Dazu besteht aber bei bloßer Äußerung oder Absendung keine Möglichkeit.

Stellt man andererseits auf den spätesten Zeitpunkt, nämlich den der Kenntnisnahme durch den Erklärungsempfänger, ab (so die Vernehmungstheorie), trägt der Erklärende das Risiko zu lange, während der Erklärungsempfänger zu Unrecht auf Kosten des Erklärenden begünstigt wird. Dieser hat nämlich keinen Einfluss darauf, dass der Empfänger die ihm durch die Post zugestellte briefliche Erklärung auch zur Kenntnis nimmt. Liest er etwa alle im Laufe der Woche ankommenden Postsendungen erst am Sonntag, kann eine im Brief enthaltene Kündigungserklärung unwirksam sein, weil die Kündigungsfrist inzwischen verstrichen ist. Nimmt der Empfänger die Erklärung überhaupt nicht wahr, wird sie niemals wirksam.

Deshalb muss der Zeitpunkt des Gefahrübergangs zwischen Absendung und Kenntnisnahme liegen. Wenn die Erklärung in die Sphäre des Erklärungsempfängers gelangt, hat dieser in der Regel die Möglichkeit der Kenntnisnahme, während der Erklärende keinen Einfluss darauf hat, dass der Empfänger die Erklärung zur Kenntnis nimmt. Deshalb stellte die im gemeinen Recht herrschende Empfangs- oder Zugangstheorie auf den Empfang oder Zugang beim Erklärungsempfänger ab. Dem ist das BGB gefolgt (vgl. § 130 I 1), weil damit interessengemäße Ergebnisse erzielt werden. Da danach die Äußerung oder Absendung für die Wirksamkeit der empfangsbedürftigen Erklärung nicht ausreicht, geht der Verlust der brieflichen Erklärung auf dem Wege zum Empfänger zu Lasten des Erklärenden. Andererseits ist für das Wirksamwerden der Willenserklärung die Kenntnisnahme durch den Empfänger nicht erforderlich. Es genügt vielmehr, dass die Erklärung in den Bereich des Empfängers gelangt und dieser die Möglichkeit hat, von ihr Kenntnis zu nehmen. Nimmt er dennoch keine Kenntnis, geht das zu Lasten des Empfängers.

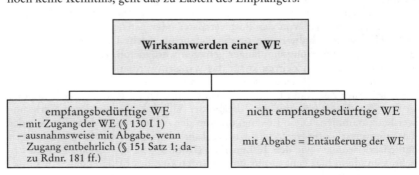

Wirksamwerden einer WE

empfangsbedürftige WE	nicht empfangsbedürftige WE
– mit Zugang der WE (§ 130 I 1) – ausnahmsweise mit Abgabe, wenn Zugang entbehrlich (§ 151 Satz 1; dazu Rdnr. 181 ff.)	mit Abgabe = Entäußerung der WE

II. Abgabe der Willenserklärung 142

1. Voraussetzungen

Bei der Abgabe ist zwischen einer nicht empfangsbedürftigen und einer empfangsbedürftigen Willenserklärung zu unterscheiden:

a) Die Abgabe einer *nicht empfangsbedürftigen Willenserklärung* liegt vor, wenn der Erklärende sich der Erklärung entäußert (sie vollendet, fertiggestellt) hat. Regelmäßig ist eine solche Erklärung mit der Abgabe bereits wirksam.

Die Auslobung im **Fall a** ist eine nicht empfangsbedürftige Willenserklärung. Sie ist mit dem Anschlag am Straßenbaum abgegeben und auch wirksam, selbst wenn kein Mensch den Anschlag wahrnimmt. A muss dem B die ausgesetzte Belohnung zahlen, »auch wenn dieser nicht mit Rücksicht auf die Auslobung gehandelt hat« (§ 657 a. E.).

b) Bei einer *empfangsbedürftigen Willenserklärung* reicht es für die Abgabe 143
nicht aus, dass der Erklärende sich der Erklärung entäußert. Zur Abgabe der Erklärung gehört vielmehr, dass der Erklärende die Erklärung *in Richtung auf den Empfänger in Bewegung setzt* und er bei Zugrundelegung normaler Verhältnisse mit dem *Zugang beim Empfänger rechnen darf*.

(1) Eine *mündliche* Erklärung gegenüber einem *Anwesenden* ist abgegeben, 144
wenn sie so geäußert wird, dass dieser in der Lage ist, sie zu verstehen. Das gilt auch für eine telefonische Erklärung, die vom Gesetz mit Recht wie eine Erklärung unter Anwesenden behandelt wird (vgl. § 147 I 2; Rdnr. 156).

Die Kündigungserklärung des A gegenüber B auf dem Fußballplatz während des Geschreis der Zuschauer ist nicht abgegeben, wenn die Erklärung des A nicht zu verstehen ist. Sofern B die Erklärung verstehen kann, ist diese abgegeben; eine andere Frage ist es, ob sie wirksam wird, wenn B sie nicht versteht (Rdnr. 156). – Die Kündigungserklärung ist abgegeben, wenn sie von A dem B telefonisch erklärt wird, nicht dagegen, wenn A sich verwählt und in der Annahme, den B »an der Leitung zu haben«, sie einem anderen erklärt.

(2) Eine *mündliche* Erklärung gegenüber einem *Abwesenden* kann durch ei- 145
nen Boten übermittelt werden. Handelt es sich um einen Boten des Erklärenden (Erklärungsboten; Rdnr. 417), hat der Erklärende alles getan, damit die Erklärung wirksam wird, wenn er die Erklärung gegenüber dem Boten vollendet und diesem die Weisung gegeben hat, diese Erklärung dem Erklärungsempfänger zu übermitteln.

Sagt A seinem Fahrer F, dieser solle zu B fahren und bestellen, er – A – kündige hiermit den Mietvertrag zum nächstzulässigen Termin, so ist die Kündigungserklärung des A abgegeben. Eine andere Frage ist es, ob die Erklärung dem B auch zugeht und damit wirksam wird. Das ist z. B. nicht der Fall, wenn F seinen Auftrag vergisst.

146 (3) Eine *schriftliche* Erklärung gegenüber einem *Anwesenden* ist abgegeben, wenn sie diesem zur Entgegennahme überreicht wird. Mit der Herstellung der Urkunde hat sich der Erklärende der Erklärung noch nicht in Richtung auf den Empfänger entäußert.

Solange A die schriftliche Kündigungserklärung dem vor ihm sitzenden B noch nicht ausgehändigt hat, ist die Erklärung noch nicht abgegeben. Das Schreiben der Erklärung bereitet die Abgabe der Willenserklärung lediglich vor. A kann das Schriftstück zurückhalten oder gar zerreißen, so dass mangels Abgabe keine Kündigungserklärung vorliegt.

147 (4) Eine *schriftliche* Erklärung gegenüber einem *Abwesenden* ist abgegeben, wenn der Erklärende das vollendete Schriftstück in Richtung auf den Erklärungsempfänger auf den Weg gebracht hat, so dass normalerweise mit dem Zugang beim Erklärungsempfänger gerechnet werden kann.

Die in einem *Brief* enthaltene Willenserklärung ist demnach erst dann abgegeben, wenn der Erklärende den Brief selbst in den Postkasten wirft oder jemanden (z. B. in seinem Betrieb, aus seiner Familie) mit der Absendung beauftragt. Lässt er den Brief auf seinem Schreibtisch liegen (z. B. weil er sich »die Sache noch einmal überlegen will«), findet seine Ehefrau den Brief dort vor und wirft sie ihn in der Annahme, der Brief sei versehentlich liegen geblieben, in den Briefkasten, liegt keine Abgabe der Willenserklärung vor; denn diese ist nicht mit Willen des Erklärenden auf den Weg zum Empfänger gebracht worden.

Bei der Abgabe einer Willenserklärung durch *moderne Kommunikationsmittel* ist zu unterscheiden:

Beim *Telefax-Verfahren* (Fernkopieren) wird eine Erklärung hergestellt und der Text dann durch das öffentliche Fernsprechnetz auf das Empfängergerät kopiert. Durch die Veranlassung der Fernkopie ist die Erklärung abgegeben[61].

Auch bei *Willenserklärungen im Internet* (z.B. per E-Mail) handelt es sich in der Regel um Willenserklärungen unter Abwesenden. Nur wenn eine zeitlich unmittelbare Verbindung zwischen zwei Computern und somit eine direkte Kommunikation (ähnlich wie bei einem Telefongespräch) besteht, können die Erklärungen wie solche unter Anwesenden behandelt werden. Die Abgabe einer Willenserklärung im Internet erfolgt meist durch Mausklick oder Betätigen der Taste »Return«. Dadurch wird die Willenserklärung als elektronisches Signal in Richtung auf den Empfänger auf den Weg gebracht[62].

148 2. *Rechtliche Bedeutung*

a) Mit der Abgabe wird die nicht empfangsbedürftige Willenserklärung regelmäßig auch wirksam. Für die empfangsbedürftige Willenserklärung ist die Abgabe dagegen nur eine der Wirksamkeitsvoraussetzungen.

b) Für das Vorhandensein bestimmter Eigenschaften des Erklärenden kommt es auf den Zeitpunkt der Abgabe, nicht des Zugangs an. Nach § 130 II ist es auf

61 Zu den Gefahren der Manipulation: *Schmittmann*, DB 1993, 2575.
62 Zu Abgabe und Zugang von Willenserklärungen im *Internet* siehe *Dörner*, AcP 202, 363.

die Wirksamkeit der Willenserklärung ohne Einfluss, wenn der Erklärende nach der Abgabe stirbt oder geschäftsunfähig wird.

Im **Fall b** ist die am 22. 1. durch Einwurf in den Postkasten abgegebene Kündigungserklärung nach §§ 104 Nr. 2, 105 I nichtig, wenn M seit dem 20. 1. geisteskrank ist. – Tritt die Geisteskrankheit jedoch erst am 23. 1., also nach Abgabe der Willenserklärung ein, wird davon die Gültigkeit der Willenserklärung nach § 130 II nicht berührt, selbst wenn diese dem V erst am 24. 1. zugeht. Die Kündigung ist also wirksam.

Über die beiden in § 130 II genannten Fälle (Tod, Geschäftsunfähigkeit) hinaus greift der Grundgedanke dieser Bestimmung überall dort ein, wo es um die subjektiven Voraussetzungen der Willenserklärung geht.

So kommt es für die Frage, ob ein zur Anfechtung nach §§ 119 ff. (Rdnr. 413 ff.) berechtigender Irrtum des Erklärenden gegeben ist, auf den Zeitpunkt der Abgabe der Erklärung an.

III. Zugang der Willenserklärung 149

1. Zugang gegenüber einem Abwesenden

Eine empfangsbedürftige Willenserklärung wird nach § 130 I 1 mit dem Zugang beim abwesenden Erklärungsempfänger wirksam. a) *Zugang* ist nach h. M. dann gegeben, wenn die Willenserklärung so in den Bereich des Erklärungsempfängers gelangt ist, dass er Kenntnis nehmen kann und unter normalen Umständen mit der Kenntnisnahme zu rechnen ist[63].

(1) Für den Zugang ist es erforderlich, dass die Erklärung *in den Bereich des Empfängers gelangt* ist. Das ist vielfach der räumliche Machtbereich (Wohnung, Geschäftsräume, Hausbriefkasten). Es reicht aber auch jeder sonstige »Bereich« aus.

In den Bereich des Erklärungsempfängers ist die Erklärung z. B. dann gelangt, wenn diesem das Telegramm telefonisch zugesprochen wird[64] oder die über ein modernes Kommunikationsmittel (vgl. Rdnr. 147 a. E.) abgegebene Willenserklärung vom Empfangsapparat des Erklärungsempfängers aufgenommen ist (beim Fax grundsätzlich Abschluss des Druckvorgangs am Empfangsgerät des Adressaten[65]).

Im **Fall c** handelt es sich um eine mündliche Erklärung unter Abwesenden; der Gedanke des § 147 I 2 greift nicht ein, weil M nicht mit V spricht. Mit der Aufnahme auf das angeschlossene Band ist die Erklärung des M in den Machtbereich des V gelangt. Angaben gegenüber einer von ihm selbst zur Empfangnahme geschaffenen Einrichtung muss der Empfänger gegen sich gelten lassen (vgl. aber Rdnr. 153).

63 BGH NJW 2004, 1320; NJW 1998, 976, 977; NJW 1977, 194; MüKo/*Einsele*, § 130 Rdnr. 9, 16 m. w. N.
64 RGZ 105, 256.
65 BGH NJW 2004, 1320; NJW 1995, 665, 667.

Ein an die Heimatanschrift gerichtetes Kündigungsschreiben gelangt auch dann mit dem Einwurf in den Hausbriefkasten in den Machtbereich des Arbeitnehmers, wenn dieser sich im Urlaub befindet.

Die per E-Mail übertragene Willenserklärung ist dann in den Machtbereich des Empfängers gelangt, wenn die E-Mail abrufbereit in der Mailbox des Empfängers angekommen ist.

149a (2) Ferner muss der *Empfänger in der Lage sein, von dem Inhalt der Willenserklärung Kenntnis zu nehmen*. Das ist in aller Regel in dem Moment der Fall, in dem die Erklärung in den Machtbereich des Empfängers gelangt.

Wird während der Öffnungszeit der Post der Brief in das Schließfach des Empfängers oder der postlagernd gesandte Brief zum Abholen bereit gelegt, ist dem Empfänger eine Kenntnisnahme möglich. Geschieht das Bereitlegen jedoch während der Nacht, kann der Empfänger erst am nächsten Morgen nach Öffnung der Post den Brief lesen.

150 (3) Zum Zugang gehört schließlich, dass mit der Möglichkeit der Kenntnisnahme *unter normalen Umständen gerechnet werden kann*. Das ist besonders für die Frage wichtig, ob eine fristgebundene Willenserklärung (z. B. eine Kündigungserklärung) innerhalb der Frist zugeht. Es könnte für den Erklärungsempfänger unbillig sein, wenn man nur auf die Möglichkeit der Kenntnisnahme abstellte; dann wäre nämlich die Erklärung zur »Unzeit« (z. B. um 23.30 Uhr) dem Empfänger zugegangen. Ihm ist es aber nicht zuzumuten, zu jeder Tages- und Nachtzeit nachzuforschen, ob eine Erklärung bei ihm eingegangen ist, und diese auch sofort zur Kenntnis zu nehmen, obwohl er die Möglichkeit dazu hätte. Erst dann, wenn das von dem Empfänger (nach der Verkehrssitte, den Regeln des Lebens, nach allgemeiner Übung) erwartet werden kann, ist die Erklärung ihm zugegangen. Die Möglichkeit der Kenntnisnahme ist abstrakt zu beurteilen; deshalb geht eine Willenserklärung auch dann zu, wenn der Adressat im konkreten Fall wegen Krankheit oder Urlaubsabwesenheit (z.B. der urlaubsbedingt abwesende Arbeitnehmer[66]) an der Kenntnisnahme gehindert ist. Er muss in einem solchen Fall die nötigen Vorkehrungen (z.B. Leerung des Briefkastens und Benachrichtigung durch Nachbarn oder Verwandte; Nachsendeantrag) treffen[67].

Beispiele: Im **Fall c** ist die am Freitag nach Geschäftsschluss in den Bereich des V gelangte Erklärung diesem erst am Montagmorgen, also verspätet, zugegangen; denn nach den Gepflogenheiten des Geschäftsbetriebs konnte man nicht erwarten, dass V sich früher Kenntnis verschaffte.

Wird ein Brief an den Empfänger »postlagernd« gesandt, ist er zwar in dessen Bereich gelangt, wenn er für ihn zum Abholen bereit liegt und das Abholen möglich ist; jedoch ist er damit noch nicht zugegangen, wenn der Empfänger mit einer postlagernden Sendung

66 So schon BAG JZ 1989, 295.

67 BGH NJW 2004, 1320 f.

nicht zu rechnen braucht. Dagegen ist der Brief schon mit dem Bereitlegen zugegangen, sofern der Empfänger mit dem Erklärenden postlagernde Sendung vereinbart hatte.

Keine Besonderheiten ergeben sich für den Zugang der über ein modernes Kommunikationsmittel (Rdnr. 147 a. E.) abgegebenen Willenserklärung. Im geschäftlichen Bereich ist mit ihrer Kenntnisnahme zu rechnen, wenn sie während der Geschäftsstunden eingeht, sonst mit dem nächsten Geschäftsstundenbeginn[68].

Für den Zugang von Willenserklärungen per E-Mail bedeutet das: Wird eine E-Mail an den Mailbox-Verwalter des Erklärungsempfängers gesandt und stellt der Mailbox-Verwalter sie in dessen Mailbox ein, so ist die E-Mail zwar in den Bereich des Erklärungsempfängers gelangt, da dieser sie fortan jederzeit (bis zum Ablauf der Vorhaltefrist) abrufen kann. Jedoch ist sie damit noch nicht zugegangen. Denn bei geschäftlicher E-Mail-Nutzung geht die E-Mail erst dann zu, wenn nach den Gepflogenheiten des Geschäftsbetriebs mit der Kenntnisnahme zu rechnen ist, also während der Geschäftszeiten (bei einem 24-Stunden-Service allerdings rund um die Uhr). Außerdem muss der Adressat irgendwie (z.B. auf Visitenkarte, Briefkopf) zu erkennen gegeben haben, dass er mit seiner E-Mail-Adresse am Rechtsverkehr teilnimmt. Bei E-Mail-Nutzung zu privaten Zwecken liegt Zugang grundsätzlich erst mit tatsächlicher Kenntnisnahme vor. Etwas anderes gilt aber auch hier , wenn der Benutzer die Benachrichtigung per E-Mail (z.B. durch Verabredung mit dem anderen Teil) akzeptiert hat. Dann kommt es darauf an, wann unter normalen Umständen mit einer Abfrage der E-Mails zu rechnen ist. Bei Privatpersonen dürfte das ähnlich wie beim Hausbriefkasten jedenfalls einmal pro Tag der Fall sein.

b) Der Zugang der Willenserklärung, die über eine *Mittelsperson* an den **151**
Empfänger gelangen soll, hängt davon ab, ob diese Mittelsperson Empfangsvertreter, Empfangsbote oder Erklärungsbote ist.

(1) Handelt es sich um einen *Empfangsvertreter* (§ 164 III; Rdnr. 518 ff.), so ist die Erklärung dem Vertretenen bereits mit dem Zugang beim Vertreter zugegangen. Eine Weitergabe der Erklärung an den Vertretenen ist für den Zugang nicht erforderlich.

Beispiel: Zugang bei einer GmbH, wenn die Willenserklärung dem Geschäftsführer als dem gesetzlichen Vertreter (§ 35 I, II GmbHG) zugeht. Unerheblich ist, ob die Willenserklärung den Geschäftsführer in seiner geschäftlichen oder privaten Sphäre erreicht[69].

(2) Ist die Mittelsperson nicht Vertreter, kann sie *Empfangsbote* sein. Das ist **152**
eine Person, die als zur Entgegennahme der Erklärung geeignet und ermächtigt anzusehen ist.

Davon kann der Erklärende regelmäßig etwa bei einem kaufmännischen Angestellten, einer Hausgehilfin und einem Familienangehörigen des Erklärungsempfängers ausgehen. Die Voraussetzungen sind bei Ablieferung einer schriftlichen Erklärung eher gegeben als bei einer mündlichen. Jedoch dürfte es bei einem kleinen Kind an der erforderlichen Eignung zur Entgegennahme auch einer schriftlichen Erklärung für den Erklärenden erkennbar fehlen.

68 BGH NJW 2004, 1320.
69 BGH NJW 2003, 3270.

Die Erklärung ist dem Erklärungsempfänger zu dem Zeitpunkt zugegangen, zu dem regelmäßig die Weitergabe an ihn zu erwarten ist[70]. Der Empfangsbote hat also die Funktion eines menschlichen Briefkastens beim Erklärungsempfänger. Übermittelt der Empfangsbote die Erklärung falsch, verspätet oder überhaupt nicht, so geht das zu Lasten des Erklärungsempfängers.

Die Erklärung geht aber überhaupt nicht zu, wenn der Empfangsbote die Entgegennahme einer schriftlichen Erklärung ablehnt[71].

153 (3) Ist die Mittelsperson auch kein Empfangsbote, trägt der Erklärende die Gefahr der richtigen und rechtzeitigen Übermittlung. Die Mittelsperson ist *Erklärungsbote* des Erklärenden. Dem Erklärungsempfänger geht die Erklärung erst mit der Übermittlung an ihn selbst zu.

154 c) Trotz Zugangs der Willenserklärung wird diese nicht wirksam, wenn dem Empfänger vor dem Zugang oder gleichzeitig mit diesem ein *Widerruf* zugeht (§ 130 I 2). Dieser muss spätestens gleichzeitig mit der Willenserklärung dem Empfänger zugehen; anderenfalls ist dieser in seinem Vertrauen auf die Wirksamkeit der ihm zugegangenen Willenserklärung schutzwürdig.

Beispiele: K nimmt brieflich ein Kaufangebot des V an. Als er den Brief in den Postbriefkasten gesteckt hat, macht X ihm ein wesentlich günstigeres Angebot. Deshalb schickt K sofort ein Fax an V, wonach sein Brief nicht gelten soll. Das Fax geht dem V noch während der Geschäftszeit am selben Tag zu (= Zugang des Widerrufs), während der Brief erst am nächsten Tag dem V zugestellt wird (= Zugang der Annahmeerklärung). Die Annahme wird nach § 130 I 2 trotz Zugangs wegen des Widerrufs nicht wirksam. – Geht dagegen das Faxdem V erst nach dem Brief zu, ist und bleibt die Annahmeerklärung wirksam, da der Widerruf zu spät kommt. Weiß V jedoch bei Zugang des Briefes, dass ein Widerruf an ihn unterwegs ist, dann ist er in seinem Vertrauen auf die Wirksamkeit der Annahmeerklärung nicht schutzwürdig; vielmehr muss er sich nach richtiger Ansicht so behandeln lassen, als ob die Widerrufserklärung ihm gleichzeitig mit der Annahmeerklärung zugegangen wäre.

d) § 130 ist dispositives Recht; durch eine entsprechende *Parteivereinbarung* können Zugangserleichterungen vorgesehen werden[72]. Jedoch ist eine Bestimmung in Allgemeinen Geschäftsbedingungen, wonach z. B. eine Kündigungserklärung des Verwenders der AGB als zugegangen gilt, auch wenn sie den Empfänger nicht erreicht hat, unwirksam (§ 308 Nr. 6). Die Klausel in AGB, dass die Wirksamkeit von Erklärungen an den Verwender besonderen Zugangserfordernissen unterliegt (z. B. Abgabe nur gegenüber der Kundendienststelle des Verwenders), ist ebenfalls unwirksam (§ 309 Nr. 13).

70 BGH NJW-RR 1989, 757.
71 BAG NJW 1993, 1093; dazu *Schwarz*, NJW 1994, 891.
72 BGH NJW 1995, 2217; dazu *Armbrüster*, NJW 1996, 438.

2. *Zugang gegenüber einem Anwesenden* 155

Für das Wirksamwerden einer empfangsbedürftigen Willenserklärung gegenüber einem Anwesenden fehlt eine gesetzliche Regelung. Hier ist der Grundgedanke des § 130 zu berücksichtigen und danach zu unterscheiden, ob es sich um eine schriftliche oder mündliche Erklärung handelt.

a) Bei einer *schriftlichen Erklärung* kommt es auf den Zugang beim Empfänger an. Demnach wird die Erklärung regelmäßig mit der Übergabe an den Empfänger wirksam; denn damit kommt die Erklärung in den Machtbereich des Empfängers, so dass diesem in diesem Zeitpunkt die Kenntnisnahme möglich ist.

Wird die schriftliche Erklärung dem Empfänger heimlich in die Tasche gesteckt, ist sie zwar in seinen Bereich gelangt, aber doch noch nicht zugegangen, weil der Empfänger mit einer solchen Art der »Zustellung« nicht zu rechnen braucht.

b) Eine *mündliche Erklärung* gegenüber einem Anwesenden wird mit der 156
Abgabe regelmäßig auch wirksam, da der Empfänger in diesem Zeitpunkt die Erklärung zur Kenntnis nimmt. Deshalb wird zum Teil für den Zugang auf die akustische Vernehmung der Erklärung durch den Erklärungsempfänger abgestellt (*reine Vernehmungstheorie*)[73]. Dem ist zwar für den Regelfall zuzustimmen. Wenn aber die Erklärung vom Empfänger nicht vernommen worden ist, sie jedoch für ihn vernehmbar war und der Erklärende annehmen konnte, dass der Empfänger sie verstanden hat, ist die Erklärung nach der reinen Vernehmungstheorie nicht zugegangen. Diese Entscheidung zu Ungunsten des Erklärenden ist nicht interessengerecht und widerspricht der Auffassung vom Zugang nach § 130 I 1. Danach kommt es auch nicht auf die Kenntnisnahme der Erklärung durch den Empfänger an, sondern darauf, ob dieser unter normalen Umständen Kenntnis nehmen kann. Folglich muss Zugang jedenfalls dann angenommen werden, wenn der Erklärende vernünftigerweise keinen Zweifel daran haben kann, dass der Empfänger die Erklärung akustisch verstanden hat (*= eingeschränkte Vernehmungstheorie*)[74].

Hat also der Empfänger die Erklärung nicht verstanden, weil er schwerhörig ist oder nicht zuhört, so ist die Erklärung zugegangen, wenn der Erklärende keinen Anlass hatte, aus den Umständen zu schließen, dass der Empfänger die Erklärung nicht richtig vernommen hat.

73 MüKo/*Einsele*, § 130 Rdnr. 10 u. 28.

74 *Erman/Palm*, § 130 Rdnr. 18; *Larenz/Wolf*, § 26 Rdnr. 36; *Soergel/Hefermehl*, § 130 Rdnr. 21.

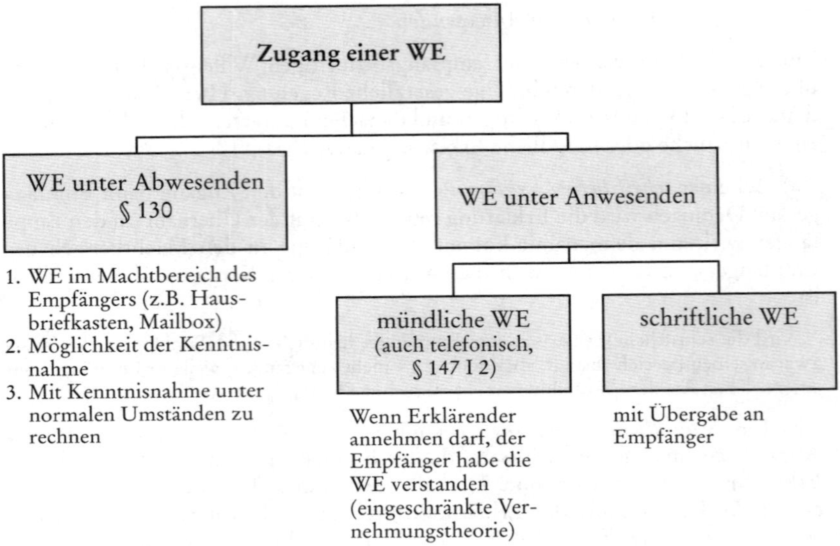

157 *3. Zugangshindernisse*

Gesetzlich nicht geregelt sind die Fälle, in denen die Willenserklärung wegen eines Verhaltens des Empfängers oder eines sonstigen in seiner Sphäre liegenden Grundes diesem nicht oder verspätet zugeht. Auch hier kann die Lösung nur unter Abwägung der sich gegenüberstehenden Interessen gefunden werden.

a) Bei einer *Verweigerung der Annahme* der schriftlichen oder des Anhörens der mündlichen Erklärung sind zwei Fallgruppen zu unterscheiden:

(1) Eine *berechtigte* Verweigerung durch den Erklärungsempfänger geht zu Lasten des Erklärenden. Die Erklärung ist nicht zugegangen.

Beispiele: Der Empfänger soll wegen ungenügender Frankierung Nachporto bezahlen (**Fall d**; die Kündigung ist unwirksam). Die Anschrift des Briefes lässt nicht eindeutig erkennen, ob er an den Empfänger gerichtet ist. Der Erklärungsempfänger hält sich die Ohren zu, verlässt den Raum oder legt den Telefonhörer auf, weil die mündliche Erklärung Beleidigungen enthält.

(2) Eine *unberechtigte* Verweigerung (Zugangsvereitelung) geht zu Lasten des Erklärungsempfängers. Die Erklärung gilt dann in dem Moment als zugegangen, in dem sie ohne die Annahmeverweigerung zugegangen wäre, obwohl sie in diesem Zeitpunkt nicht in den Machtbereich des Empfängers gelangt ist (Rechtsgedanke des § 162; Rdnr. 493). Der Empfänger war nämlich in der Lage,

sich vom Inhalt der Erklärung Kenntnis zu verschaffen, und damit konnte unter normalen Umständen auch gerechnet werden[75].

Beispiele: Obwohl der Empfänger mit dem Zugang z.B. einer Kündigung rechnen muss, verweigert er die Annahme eines ihm hingehaltenen Briefes oder eines Einschreibens; er holt trotz eines Benachrichtigungszettels im Briefkasten ein Einschreiben nicht bei der Post ab.

In solchen Fällen der grundlosen Annahmeverweigerung wird der Zugang in der Regel unabhängig davon fingiert, ob der Erklärende einen erneuten Zustellungsversuch unternimmt, weil dieser im Zweifel keinen Erfolg verspricht und daher entbehrlich ist[76].

b) Eine sonstige Zugangsverhinderung oder Zugangsverzögerung kann auch 158
auf einer *fehlenden oder fehlerhaften Empfangseinrichtung* (fehlender Briefkasten, fehlendes Namensschild, ausgeschaltetes Faxgerät, überfüllte E-Mail-Box) beruhen. Der Empfänger ist dann nicht schutzwürdig, wenn er Vorkehrungen für einen rechtzeitigen Zugang der Erklärung hätte treffen müssen. Eine solche Obliegenheit kann sich aus einem Vertrag, aus dem Eintritt in Vertragsverhandlungen, aber auch aus der Berufsstellung des Empfängers (z. B. Kaufmann) ergeben.

So muss z.B. der Arbeitnehmer oder Mieter mit rechtsgeschäftlichen Erklärungen (z.B. Kündigung) seines Vertragspartners rechnen und (z.B. durch Briefkasten mit Namensschild) dafür sorgen, dass ihm solche Erklärungen zugehen können. Hat jemand seinem Vertragspartner seine Faxnummer oder E-Mail-Adresse angegeben, muss er sich um eine funktionierende Empfangsmöglichkeit kümmern. Ein Geschäftsmann muss die Verlegung seines Geschäftslokals der Post ordnungsgemäß anzeigen.

Auf ein Verschulden des Adressaten kommt es dabei nicht an; es genügt, dass die Zugangsverhinderung oder -verzögerung in seiner Sphäre liegt. Grundsätzlich hat derjenige, der mit dem Eingang rechtsgeschäftlicher Erklärungen rechnen muss, Vorsorge dafür zu treffen, dass die Erklärungen ihn auch erreichen[77].

Die *Folge* einer solchen Zugangsverhinderung oder Zugangsverzögerung sah 159
man früher wie bei der arglistigen Zugangsvereitelung in einer Zugangsfiktion. Danach galt die Erklärung dem Empfänger zu dem Zeitpunkt als zugegangen, zu dem sie ohne das vom Empfänger geschaffene Hindernis zugegangen wäre. Nach der heute h. M.[78] wird dem Erklärenden eine Wahlmöglichkeit eingeräumt. Unternimmt er nichts, bemüht er sich also nicht um einen nachträglichen Zugang, dann treten die Rechtsfolgen der Erklärung nicht ein. Will er aber, dass seine Erklärung wirksam wird, muss er alles ihm Zumutbare und nach der

75 Ähnlich: BGH NJW 1983, 929.
76 BGH NJW 1998, 976, 977.
77 BGH NJW 1998, 976, 977; BAG NZA 2006, 204, 205.
78 *Medicus*, BürgR Rdnr. 50 f.; MüKo/*Einsele*, § 130 Rdnr. 36.

Sachlage Erforderliche unternehmen, die Willenserklärung in den Machtbereich des Erklärungsempfängers gelangen zu lassen. Er muss also so schnell wie möglich einen erneuten Zustellungsversuch unternehmen, um den Zugang zu bewirken. Einen verspäteten Zugang hat der Erklärungsempfänger dann nach Treu und Glauben als rechtzeitig gegen sich gelten zu lassen[79]. Er muss sich so behandeln lassen, als habe der Erklärende die entsprechende Frist (z.B. Kündigungsfrist) gewahrt[80].

Kommt der Kündigungsbrief als »unzustellbar« zurück und will der Erklärende weiterhin die Kündigung, muss er sofort erneut einen Zugangsversuch unternehmen (notfalls nach § 132). Geht die Erklärung dann zu, muss sich der Empfänger so behandeln lassen, als ob der erste Versuch des Zugangs zum Erfolg geführt hätte.

Entsprechendes gilt für die Übermittlung von Willenserklärungen per E-Mail. Ist die E-Mail z. B. wegen Überfüllung der Mailbox »unzustellbar«, so geht das etwa bei geschäftlicher E-Mail-Nutzung zu Lasten des insoweit nachlässigen Empfängers. Führt ein neuer Zustellungsversuch zum Erfolg, muss sich der Empfänger so behandeln lassen, als wäre der erste Versuch des Zugangs bereits erfolgreich gewesen.

Im **Fall e** ist der Zugang nicht an einer fehlenden oder fehlerhaften Empfangseinrichtung gescheitert. V muss die Kündigung allenfalls dann als rechtzeitig gegen sich gelten lassen, wenn ihm diese in Aussicht gestellt worden war. Nur in diesem Fall kann er eine Obliegenheit gehabt haben, dafür Sorge zu tragen, dass ihn auch ein Einschreiben trotz Abwesenheit erreicht. Musste er dagegen nicht mit einer Kündigung rechnen, geht die Verspätung zu Lasten des M. Hätte dieser die Kündigung durch einfachen Brief statt durch Einschreiben erklärt, wäre sie rechtzeitig zugegangen; denn der Brief wäre in den Hausbriefkasten des V eingeworfen worden und damit in dessen Machtbereich gelangt.

160 *4. Besondere Fälle des Zugangs*

a) Bei dem Wirksamwerden einer *gegenüber einem nicht voll Geschäftsfähigen* abgegebenen Willenserklärung ist danach zu unterscheiden, ob der Empfänger geschäftsunfähig oder beschränkt geschäftsfähig ist. Unerheblich ist, ob es sich um eine Erklärung unter Ab- oder Anwesenden handelt.

(1) Die Erklärung gegenüber einem *Geschäftsunfähigen* (§ 104; Rdnr. 264 ff.) wird wirksam, wenn sie dem gesetzlichen Vertreter zugeht (§ 131 I). Da der Empfänger sich auf die durch die Erklärung geschaffene Rechtslage einstellen können muss, verlangt das Gesetz die erforderliche Erkenntnisfähigkeit des Empfängers. Diese ist bei einem Geschäftsunfähigen nicht gegeben, so dass die Willenserklärung dem gesetzlichen Vertreter zugehen muss. Der Geschäftsunfähige kann allerdings Erklärungsbote (Rdnr. 153) oder Empfangsbote (Rdnr. 152) sein; Empfangsbote ist er nur dann, wenn er als solcher vom gesetzlichen Vertreter eingesetzt worden ist.

79 BGH LM Nr. 1 zu § 130 BGB.
80 BAG NZA 2006, 204, 205; NZA 1996, 1227.

(2) Für die Erklärung gegenüber einem *beschränkt Geschäftsfähigen* (§ 106; Rdnr. 270 ff.) gilt grundsätzlich das Gleiche (§ 131 II 1). Da aber ein beschränkt Geschäftsfähiger eine wirksame Willenserklärung abgeben kann, wenn diese ihm einen lediglich rechtlichen Vorteil bringt (§ 107; Rdnr. 272 ff.) oder der gesetzliche Vertreter eingewilligt hat (§ 111; Rdnr. 285), ist auch eine gegenüber dem beschränkt Geschäftsfähigen abgegebene Willenserklärung in diesen Fällen mit dem Zugang an ihn wirksam (§ 131 II 2); denn dann ist der beschränkt Geschäftsfähige hinreichend geschützt. 161

Im **Fall f** bringt das Vertragsangebot dem V lediglich einen rechtlichen Vorteil; denn damit wird ihm nur das Recht eingeräumt, das Angebot anzunehmen. Infolgedessen ist das Vertragsangebot mit dem Zugang bei V nach § 131 II 2 wirksam. Da aber die Kündigungserklärung für V nicht lediglich rechtlich vorteilhaft ist, muss sie, um wirksam zu werden, dem gesetzlichen Vertreter des V zugehen (§ 131 II 1).

(3) Die Wirksamkeit einer Willenserklärung gegenüber einem *Bewusstlosen* 162
oder *vorübergehend Geistesgestörten* ist in § 131 nicht geregelt. Eine solche Person hat keinen gesetzlichen Vertreter. Eine Willenserklärung, die in einem solchen Zustand abgegeben wird, ist nichtig (§ 105 II). Daraus folgt jedoch noch nicht, dass die Willenserklärung gegenüber einer bewusstlosen oder vorübergehend geistesgestörten Person nicht mit dem Zugang an diese wirksam wird. Vielmehr gilt für die Wirksamkeit der Erklärung gegenüber einem Abwesenden § 130, die Wirksamkeit der Erklärung gegenüber einem Anwesenden richtet sich nach der eingeschränkten Vernehmungstheorie (Rdnr. 156).

Beispiele: Die briefliche Kündigung wird wirksam, wenn sie in den Hausbriefkasten des Empfängers gelangt und dieser unter normalen Umständen Kenntnis nehmen kann; es ist dabei gleichgültig, ob der Empfänger sinnlos betrunken oder nüchtern ist. – Die mündliche Erklärung gegenüber dem betrunkenen Erklärungsempfänger wird nicht wirksam, weil dieser die Erklärung – für den Erklärenden erkennbar – gar nicht richtig aufnehmen kann.

§ 131 II ist auch auf einen geschäftsfähigen Betreuten im Falle des Einwilligungsvorbehalts anwendbar (§ 1903 I 2; dazu Rdnr. 287 ff.).

b) Die *gegenüber einer Behörde abzugebende (= amtsempfangsbedürftige)* 163
Willenserklärung wird nach § 130 III einer empfangsbedürftigen Willenserklärung gleichgestellt. Für das Wirksamwerden kommt es also auf den Zugang an (§ 130 I 1).

c) *Ersatzmittel für das Zugehen* der Willenserklärung sind zum einen die Zustellung der Erklärung durch den Gerichtsvollzieher (§ 132 I) und zum anderen die öffentliche Zustellung durch das Amtsgericht (§ 132 II). 164

d) Besondere Vorschriften über den Zugang von Annahmeerklärungen bei einem Vertragsschluss enthalten ferner die §§ 151, 152, 156 (Rdnr. 181 ff.).

Zweites Kapitel Der Vertragsschluss

165 § 8 Angebot und Annahme

Schrifttum: *Bischof*, Der Vertragsschluss beim verhandelten Vertrag, 2001; *Brehmer*, Die Annahme nach § 151 BGB, JuS 1994, 386; *P. Bydlinski*, Probleme des Vertragsabschlusses ohne Annahmeerklärung, JuS 1988, 36; *Czeguhn*, Vertragsschluss im Internet, JA 2001, 708; *Dörner*, Rechtsgeschäfte im Internet, AcP 202 (2002), 363; *Eckardt*, Die »Vergleichsfalle« als Problem der Auslegung adressatenloser Annahmeerklärungen nach § 151 S. 1 BGB, BB 1996, 1945; *Haupt*, Über faktische Vertragsverhältnisse, 1941; *Henrich*, Vorvertrag, Optionsvertrag, Vorrechtsvertrag, 1965; *N. Hilger*, Die verspätete Annahme, AcP 185 (1985), 559; *H. Honsell/Holz-Dahrenstaedt*, Grundprobleme des Vertragsschlusses, JuS 1986, 969; *Jung*, Die Einigung über die »essentialia negotii« als Voraussetzung für das Zustandekommen eines Vertrages, JuS 1999, 28; *Kramer*, Schweigen als Annahme eines Antrags, Jura 1984, 235; *Leenen*, Abschluß, Zustandekommen und Wirksamkeit des Vertrages, AcP 188 (1988), 381; *Mayer-Maly*, Vertrag und Einigung, Festschrift f. Nipperdey, Bd. I, 1965, 509; *Meder*, Annahme durch Schweigen bei Überweisungsvertrag und Gutschrift, JZ 2003, 443; *Moritz*, Vertragsfixierung durch kaufmännisches Bestätigungsschreiben, BB 1995, 420; *Petersen*, Schweigen im Rechtsverkehr, Jura 2003, 687; *Repgen*, Abschied von der Willensbetätigung, AcP 200 (2000), 533; *Schmidt-Rimpler*, Grundfragen einer Erneuerung des Vertragsrechts, AcP 147 (1941), 130; *Schöne/Vowinkel*, Vertragsschluss bei Internet-Auktionen, Jura 2001, 680; *Schultz*, Annahme im Sinne des § 151 BGB und Annahme durch Schweigen, MDR 1995, 1187; *Schwarze*, Die Annahmehandlung in § 151 BGB als Problem der prozessualen Feststellbarkeit des Annahmewillens, AcP 202 (2002), 607; *Simitis*, Die faktischen Vertragsverhältnisse, 1957; *M. Weber*, Der Optionsvertrag, JuS 1990, 249; *Wieacker*, Willenserklärung und sozialtypisches Verhalten, Göttinger Festschrift f. das OLG Celle, 1961, 263.

Fälle:

a) V hat in seinem Schaufenster ein Modellkleid für 1 500,– € ausgestellt. Frau A, die das Kleid gesehen hat, ruft V an und erklärt, dass sie das Kleid nehme. V antwortet, er werde es ihr zuschicken. Kurz danach sieht Frau B das Kleid, geht sofort in den Laden und erklärt dem V, dass sie das Kleid kaufe. V bedauert, das Kleid sei bereits verkauft. Frau B verlangt das Kleid, da sie das von V im Schaufenster gemachte Angebot angenommen habe. Mit Recht? **(Rdnr. 165a)**

b) Der Buchhändler B schreibt an seinen Kunden K, er biete ihm die »neueste Auflage des Palandt, soeben eingetroffen« zum Kauf an. K antwortet, er nehme das Angebot an, und verlangt später Lieferung des Palandt. Mit Recht? **(Rdnr. 167)**

c) Wie, wenn B dem K einen »Palandt antiquarisch« anbietet und K das Angebot annimmt? **(Rdnr. 167)**

d) V bietet dem K in einem am 1. 6. abgeschickten und dem K am 3. 6. durch die Post zugestellten Brief eine Vase für 900,– € zum Kauf an. K schreibt dem V am Abend des 4. 6. einen Brief, in dem er erklärt, er nehme das Angebot an; dieser Brief geht dem V am 6. 6. zu. Ist ein Kaufvertrag zustande gekommen? **(Rdnr. 173, 175)**

e) Wie, wenn K im **Fall d** am Morgen des 4. 6. dem V telefonisch mitgeteilt hat, er nehme die Vase für 800,– €, und V darauf nicht eingegangen ist? **(Rdnr. 171)**

f) Auf das Schreiben des V an K, dass er ihm eine bestimmte Maschine für 5 000,– € zum Kauf anbiete, antwortet K, er sei mit dem Angebot einverstanden, müsse aber darauf bestehen, dass er den Kaufpreis in fünf gleichen Monatsraten zahlen dürfe. Vertragsschluss? **(Rdnr. 187)**

Der Vertrag besteht aus inhaltlich übereinstimmenden Willenserklärungen von mindestens zwei Personen (Rdnr. 78 ff.). Die zeitlich erste Willenserklärung bezeichnet man als Antrag oder Angebot, die spätere als Annahme.

I. Angebot

1. Begriff und Wirksamkeitsvoraussetzungen

Das Vertragsangebot (die Offerte, der Antrag; § 145) ist eine empfangsbedürftige Willenserklärung, durch die ein Vertragsschluss einem anderen so angetragen wird, dass nur von dessen Einverständnis das Zustandekommen des Vertrages abhängt.

a) Durch Auslegung muss zunächst ermittelt werden, ob im Einzelfall ein Angebot oder lediglich eine *Aufforderung zur Offerte (invitatio ad offerendum)* vorliegt. Diese ist kein Angebot, sondern nur eine Aufforderung an andere, ihrerseits ein Angebot zu machen. Derjenige, der zur Abgabe von Angeboten aufgefordert hat, kann das ihm gemachte Angebot annehmen oder ablehnen. **165a**

Bei Verlautbarungen an die Allgemeinheit (»Angeboten« in Zeitungsanzeigen, im Internet[81], Postwurfsendungen, Katalogen, Schaufenstern) fehlt erkennbar ein Geschäftswille, so dass es sich nicht um Angebote im Rechtssinne, sondern nur um Aufforderungen zur Abgabe von Angeboten handelt. Wären es Angebote, könnte eine unbegrenzte Zahl von Personen durch Annahme einen Vertragsschluss zustande bringen. Alle Verträge wären gültig (Rdnr. 109 f.); der »Anbieter« könnte möglicherweise nur einen einzigen Vertrag erfüllen und sich gegenüber den anderen Vertragspartnern wegen Nichterfüllung der Verträge schadensersatzpflichtig machen. Ferner könnte jemand das »Angebot« annehmen, den der »Anbieter« z. B. wegen Zahlungsunfähigkeit nicht als Vertragspartner haben will. Diese Schwierigkeiten werden dem »Anbieter« erspart, wenn es sich bei seiner Erklärung nur um eine Aufforderung zur Offerte handelt. Dann machen die anderen das Angebot, und es liegt bei dem »Anbieter«, ob er das Angebot annimmt. Dagegen stellt die Freischaltung einer Angebotsseite einer Internetauktion nicht nur eine bloße invitatio ad offerendum dar;

81 BGH NJW 2005, 976.

vielmehr handelt es sich um eine rechtsverbindliche Willenserklärung auf Abschluss eines Kaufvertrages mit dem Höchstbietenden innerhalb der Bietzeit[82].

Im **Fall c** hat Frau B Anspruch auf das Kleid, wenn zwischen ihr und V ein Kaufvertrag über das Kleid zustande gekommen ist. Das ist zu verneinen. Denn das Ausstellen im Fenster war lediglich eine Aufforderung zur Offerte[83]. Das Angebot gab Frau B im Laden ab; dieses Angebot lehnte V ab. Dagegen ist ein Vertrag über das Kleid zwischen V und Frau A durch Anruf der Frau A (= Angebot) und Zustimmung des V (= Annahme) entstanden. Wäre das Ausstellen im Fenster bereits das Angebot des V, dann wäre durch die Erklärung der Frau A am Telefon und durch die Erklärung der Frau B im Laden je ein Kaufvertrag über das Kleid zustande gekommen; V könnte aber nur einen der Verträge erfüllen.

Die Unterscheidung zwischen Angebot und Aufforderung zum Angebot spielt auch bei falscher Preisauszeichnung eine Rolle.

Ist das Preisschild bei dem Modellkleid verwechselt worden (1 200,– € statt 1 500,– €) und handelte es sich um ein Angebot, dann käme durch Erklärung einer Kundin, sie nehme das Kleid, ein Kaufvertrag zu dem im Schaufenster angegebenen Preis zustande. V könnte seine falsche Erklärung lediglich anfechten (§ 119 I; Rdnr. 413). Da es sich bei der Ausstellung im Fenster aber nur um eine Aufforderung zur Offerte handelt, kann V das Angebot der Kundin, sie nehme das Kleid zu dem angegebenen Preis, ablehnen. Damit liegt kein Vertrag vor; einer Anfechtung des V bedarf es nicht.

166 b) Als *empfangsbedürftige Willenserklärung* ist das Angebot nicht schon mit der Abgabe, sondern erst mit dem *Zugang* beim Empfänger wirksam (Rdnr. 149 ff.). Bis dahin kann es widerrufen werden (§ 130 I 2).

167 c) Da das Zustandekommen des Vertrages von dem Einverständnis des anderen abhängt, muss das Angebot *inhaltlich so bestimmt sein, dass die Annahme durch eine bloße Zustimmung des anderen erfolgen kann.* Voraussetzung dafür, dass der Vertrag etwa durch ein bloßes »Ja« des Annehmenden zustande kommt, ist es, dass das Angebot die wesentlichen Punkte des Vertrages, also beim Kauf den Kaufgegenstand und den Kaufpreis, enthält. Jedenfalls müssen sie bestimmbar sein (vgl. §§ 315 ff.).

Gibt A seine defekte Uhr dem Uhrmacher U zur Reparatur, dann liegt darin ein Angebot zum Abschluss eines Werkvertrages, selbst wenn von einer Vergütung keine Rede ist; denn es gilt stillschweigend die übliche Vergütung als vereinbart, wenn U das Angebot annimmt (vgl. § 632).

Im **Fall b** enthält die Offerte des B keine Angabe des Kaufpreises. Dieser ist jedoch bestimmbar, da ein Verkauf zum Ladenpreis gemeint ist. Dagegen ist im **Fall c** nicht erkennbar, welche Auflage des Palandt zu welchem Preis angeboten wird. Demnach liegt im **Fall c** kein wirksames Angebot vor, so dass kein Vertrag zustande kommt und K von B

82 BGH NJW 2002, 363, 364.
83 Vgl. auch BGH NJW 1980, 1388.

nichts verlangen kann. Im **Fall b** kann K nach § 433 I 1 Lieferung des Palandt fordern, da ein Vertrag über ein Exemplar der neuesten Auflage des Palandt zum Ladenpreis vorliegt.

Das Angebot ist normalerweise nur dann hinreichend bestimmt, wenn es auch die *Person des Vertragspartners* erkennen lässt. Dem Antragenden ist es in der Regel nicht gleichgültig, mit wem er einen Vertrag schließt. Es gibt aber Fälle, in denen sich jemand seine Vertragspartner nicht aussuchen will und ein individueller Antrag an einzelne Empfänger nicht möglich ist. Hier ist die Erklärung an die Allgemeinheit bereits als Vertragsangebot aufzufassen (sog. *Offerte ad incertas personas*).

Beispiele: Das Aufstellen eines Warenautomaten stellt ein Angebot auf Abschluss eines Kaufvertrages an jeden dar, der das verlangte Geldstück einwirft. Es ist dahin auszulegen, dass es solange gilt, wie der Vorrat reicht und der Apparat funktioniert. – Der Betrieb einer Straßenbahn ist ein Angebot auf Abschluss eines Beförderungsvertrages an jedermann. – Die Freischaltung einer Angebotsseite einer Internetauktion durch den Verkäufer ist eine hinreichend bestimmte Willenserklärung auf Abschluss eines Kaufvertrages[84]. Sie richtet sich an denjenigen Bieter, der innerhalb der Bietzeit das höchste Gebot abgibt. Ob es sich dabei um das Angebot oder um die vorweggenommene Annahmeerklärung handelt, ist unerheblich.

d) Das Angebot ist nur wirksam, so lange es *noch nicht erloschen* ist (dazu Rdnr. 171 ff.). **168**

2. Wirkung **169**

Im Interesse des Empfängers bestimmt § 145, dass der Antragende *an seinen Antrag gebunden* ist, sofern er die Gebundenheit nicht ausgeschlossen hat.

a) Der Antrag ist also grundsätzlich unwiderruflich (zu Ausnahmen Rdnr. 198 ff.). Der Antragende kann sich nicht einseitig – wohl aber mit Zustimmung des durch die Vorschrift geschützten Empfängers – von seinem Antrag lossagen. Durch die Bindung des Antragenden erlangt der Empfänger eine günstige Rechtsposition: Er kann das Angebot annehmen oder ablehnen.

Voraussetzung für die Unwiderruflichkeit ist es, dass das Angebot nicht nur abgegeben, sondern dem Empfänger auch zugegangen ist; denn damit wird die Erklärung erst wirksam. Bis zu diesem Zeitpunkt kann das Wirksamwerden der Willenserklärung durch einen Widerruf verhindert werden (§ 130 I 2; Rdnr. 154).

b) Der Antragende kann seine *Gebundenheit ausschließen* (§ 145 a. E.). Voraussetzung dafür ist, dass das Angebot selbst den Ausschluss der Gebundenheit enthält oder der Ausschluss wenigstens gleichzeitig mit dem Angebot dem Empfänger zugeht. **170**

84 BGH NJW 2002, 363, 364.

Oft verwendet der Antragende Ausdrücke wie »freibleibend« oder »ohne Obligo«. Damit kann gemeint sein, dass der Antragende sich vorbehält, nach Zugang der Annahmeerklärung zu widersprechen, so dass dann kein Vertrag zustande kommt. In diesem Fall ist nach Treu und Glauben vom Antragenden zu verlangen, dass er unverzüglich widerspricht, wenn er den Vertrag nicht will; schweigt er auf die Annahmeerklärung, muss der Empfänger das als endgültige Zustimmung ansehen. – Die genannten Klauseln können vom Antragenden aber auch als Vertragsinhalt gewollt sein. Dann kommt durch Annahme der Vertrag mit der Klausel zustande. Diese schließt nicht die Bindung an den Antrag aus. Sie berechtigt jedoch den Antragenden, sich von dem geschlossenen Vertrag loszusagen (vertragliches Rücktrittsrecht; §§ 346 ff.).

171 *3. Erlöschen des Angebots*

Zum Schutze des Antragenden darf die Bindung an seinen Antrag nicht »bis in alle Ewigkeit dauern«. Deshalb enthält das Gesetz Bestimmungen über das Erlöschen des Antrags. Unter anderem kann der Antragende selbst dafür sorgen, dass sein Angebot erlischt.

a) *Erlöschensgründe* sind die Ablehnung des Antrags und der Ablauf der Annahmefrist, regelmäßig aber nicht Tod oder Geschäftsunfähigkeit des Antragenden (§ 153).

(1) Bei der *Ablehnung* des Antrags gegenüber dem Antragenden (§ 146) handelt es sich um eine empfangsbedürftige Willenserklärung. Eine Ablehnung liegt auch dann vor, wenn das Angebot »unter Erweiterungen, Einschränkungen oder sonstigen Änderungen« angenommen wird (§ 150 II); eine solche »Annahme«, die rechtlich keine Annahme ist, stellt einen neuen Antrag dar (§ 150 II), der von der anderen Seite angenommen oder abgelehnt werden kann.

Im **Fall e** hat K in dem Telefongespräch das Angebot des V abgelehnt, da er nur 800,– € bezahlen wollte. Dieses neue Angebot des K ist von V am Telefon abgelehnt worden. Als K an V schreibt, er nehme das Angebot des V an, lag infolge Erlöschens des Angebots des V kein Angebot mehr vor, das hätte angenommen werden können. Das Schreiben ist als neues Angebot des K (Kauf der Vase für 900,– €) aufzufassen. Es liegt bei V, ob er es annimmt oder ablehnt.

172 (2) Wird das Angebot nicht rechtzeitig angenommen, erlischt es (§ 146; *Fristablauf*).

a) Die *Fristbestimmung* erfolgt in erster Linie *durch den Antragenden*; ist das geschehen, kann die Annahme nur innerhalb der Frist erfolgen (§ 148). Der Antragende kann im Angebot einen Zeitpunkt als Endtermin (z. B. bis zum 10. 6.) oder einen Zeitraum (z. B. innerhalb einer Woche) für die Annahme bestimmen.

Da der Antragende wissen will, ob ein Vertrag zustande gekommen oder die Frist abgelaufen und er nicht mehr gebunden ist, muss grundsätzlich davon ausgegangen werden, dass die angegebene Frist mit dem Datum des Antrags (nicht mit dessen Zugang beim Empfänger) beginnen soll und dass die Annahmeerklärung bis zum Ablauf der Frist dem

Antragenden zugegangen (nicht bloß abgesandt) sein muss. Selbstverständlich kann der Antragende etwas anderes bestimmen (z. B. dass eine Absendung der Annahme innerhalb der Frist genügt). Auch aus den Umständen des Einzelfalles kann sich eine Fristsetzung ergeben. So lässt der Satz im Angebotsschreiben »Erbitte Antwort per e-mail« auf den Willen des Antragenden schließen, dass die Frist kürzer sein soll als bei einer normalen brieflichen Antwort.

b) Mangels Fristbestimmung durch den Antragenden erfolgt die *Fristbestimmung durch das Gesetz*: 173

Nach § 147 I kann der einem Anwesenden oder der telefonisch gemachte Antrag nur sofort angenommen werden. Der Empfänger muss sich also sofort entscheiden. Stimmt er dem Angebot nicht sofort zu, erlischt es.

Antwortet der Empfänger eines telefonischen Angebots, er wolle sich die Sache überlegen, er rufe innerhalb von einer Stunde zurück, und ist der Antragende damit einverstanden, so ist aus diesem Verhalten des Antragenden zu schließen, dass er sein Angebot innerhalb der nächsten Stunde aufrechterhält. In diesem Falle ist § 147 I abbedungen; es gilt die Frist von einer Stunde (§ 148).

Nach § 147 II kann der einem *Abwesenden* gemachte Antrag nur bis zu dem Zeitpunkt angenommen werden, in dem der Antragende den Eingang der Antwort unter regelmäßigen Umständen erwarten darf. Im Interesse des Antragenden stellt das Gesetz darauf ab, wann er normalerweise mit dem Zugang der Annahmeerklärung rechnen darf. Bei der Fristberechnung sind die Zeiten für das Zugehen des Antrags beim Empfänger, für das Überlegen und Beantworten sowie für das Zugehen der Antwort beim Antragenden zu berücksichtigen.

In Rechnung zu stellen sind etwa: normale Dauer der Beförderung durch das gewählte Beförderungsmittel, Ankunft im Geschäftslokal am arbeitsfreien Wochenende, Dauer der Überlegungszeit nach der Wichtigkeit und dem Umfang des Angebots. Danach hat K im **Fall d** das Angebot des V rechtzeitig angenommen.

Auch außergewöhnliche Umstände (z. B. Poststreik, Krankenhausaufenthalt des Empfängers) sind vom Antragenden zu beachten, wenn sie ihm bekannt sind; denn dann muss er mit einer weiteren Verzögerung rechnen.

Die Hinweise zeigen, dass es nicht möglich ist, die Annahmefrist gesetzlich näher zu bestimmen. Das kann zu der Unsicherheit führen, wie lang im Einzelfall die Frist ist. Deshalb wird der Antragende, dem an einer klaren Fristbestimmung gelegen ist, selbst sein Angebot befristen.

Eine Bestimmung in Allgemeinen Geschäftsbedingungen, wonach sich der Verwender eine unangemessen lange oder eine nicht hinreichend bestimmte Frist für die Annahme oder Ablehnung des Angebots vorbehält, ist unwirksam (§ 308 Nr. 1; vgl. Rdnr. 235). Die in Neuwagen-Verkaufsbedingungen enthaltene vierwöchige Bindungsfrist des Käufers ist nicht unangemessen lang[85].

(3) *Keine Erlöschensgründe* sind regelmäßig der *Tod* und die *Geschäftsunfähigkeit des Antragenden* (§ 153). Diese Bestimmung ergänzt § 130 II; danach ist 174

85 BGHZ 109, 359.

es auf die Wirksamkeit einer Willenserklärung ohne Einfluss, wenn der Erklärende zwischen Abgabe und Zugang der Willenserklärung stirbt oder geschäftsunfähig wird (Rdnr. 148). § 153 fügt dem hinzu, dass ein Angebot auch noch angenommen werden kann, wenn der Antragende stirbt oder geschäftsunfähig wird, gleichgültig, ob der Tod oder die Geschäftsunfähigkeit vor oder nach dem Zugang des Angebots eintritt. Die Annahme ist dann gegenüber den Erben des Verstorbenen oder dem gesetzlichen Vertreter des Geschäftsunfähigen abzugeben.

Ausnahmsweise erlischt das Angebot bei Tod oder Geschäftsunfähigkeit, wenn ein solcher Wille des Antragenden anzunehmen ist (§ 153 a. E.). Da der Antragende sich bei Abgabe der Erklärung keine Gedanken über Tod oder Geschäftsunfähigkeit gemacht haben dürfte, kommt es auf den hypothetischen Willen des Antragenden an. Entscheidend ist, was er bestimmt hätte, wenn er an seinen Tod oder den Eintritt seiner Geschäftsunfähigkeit gedacht hätte. Bei Kenntnis des bevorstehenden Todes hätte er sich beispielsweise keine Gegenstände des persönlichen Bedarfs, wohl aber Waren für sein Geschäft bestellt. Zum Schutz des Adressaten ist allerdings zu verlangen, dass diesem die für den hypothetischen Parteiwillen maßgebenden Umstände erkennbar waren[86].

Stirbt der Empfänger des Angebots, so sind folgende Fälle zu unterscheiden:

Tritt der Tod vor dem Zugang des Angebots ein, kann das Angebot nicht mehr zugehen. Es ist zu prüfen, ob der Antragende das Angebot auch den Erben gemacht hätte; ist das zu bejahen, wird das Angebot mit dem Zugang bei den Erben wirksam.

Stirbt der Empfänger nach dem Zugang, fragt sich, ob das Recht zur Annahme auf die Erben übergegangen ist. Entscheidend ist der (hypothetische) Wille des Antragenden; es kommt darauf an, ob dieser bereit gewesen wäre, statt mit dem Empfänger auch mit dessen Erben abzuschließen.

Stirbt der Empfänger des Angebots nach Abgabe und vor Zugang seiner Annahmeerklärung, kommt der Vertrag durch Zugang der Erklärung zustande (vgl. § 130 II).

175 b) Die *Wirkung* des Erlöschens des Antrags besteht darin, dass der Antrag rechtlich nicht mehr existiert. Deshalb führt die dennoch erklärte Annahme mangels Angebots nicht zu einem Vertragsschluss. Die Annahmeerklärung gilt als neuer Antrag (§ 150).

Das gilt auch dann, wenn die Annahmeerklärung zwar rechtzeitig abgesandt worden ist, aber dennoch – wegen unregelmäßiger Beförderung – erst nach Ablauf der Annahmefrist (§ 148, § 147) dem Antragenden zugeht. Auch in diesem Fall wird der Antragende geschützt, der an seinen Antrag wegen Fristablaufs nicht mehr gebunden ist. Auf der anderen Seite darf der Annehmende nicht ganz schutzlos gelassen werden. Wenn er seine Annahmeerklärung rechtzeitig abgesandt hat, kann er normalerweise damit rechnen, dass seine Erklärung dem Antragenden rechtzeitig zugeht und damit der Vertrag geschlossen wird.

86 Str.; vgl. *Medicus*, AT Rdnr. 377; *Staudinger/Bork*, § 153 Rdnr. 5.

Kommt die Erklärung wider Erwarten zu spät, hat der Annehmende ein Interesse daran zu erfahren, dass kein Vertrag zustande gekommen ist. Deshalb ist der Antragende nach § 149 gehalten, dem Annehmenden die Verspätung unverzüglich anzuzeigen. Voraussetzung dafür ist einmal, dass die Annahmeerklärung rechtzeitig abgesandt wurde und bei regelmäßiger Beförderung dem Antragenden rechtzeitig zugegangen wäre (andernfalls ist der Annehmende nicht schutzwürdig). Zum anderen kann man vom Antragenden eine Anzeige nur dann verlangen, wenn er erkannte oder jedenfalls erkennen musste, dass die Verspätung des Zugangs auf einer unregelmäßigen Beförderung beruht. Dann kann der Annehmende erwarten, über die Verspätung informiert zu werden; eine solche Information ist dem Antragenden auch zumutbar. Unterlässt oder verzögert dieser eine solche Anzeige, wird der Annehmende in seinem Vertrauen darauf geschützt, dass ein Vertrag zustande gekommen ist. Deshalb gilt nach § 149 Satz 2 die verspätete Annahme als nicht verspätet. Der Vertrag ist also trotz der Verspätung geschlossen.

Kommt im **Fall d** der Brief des K vom 4. 6. infolge eines Fehlers bei der Post erst am 15. 6. bei V an und muss V auf Grund des Absendedatums sowie des Poststempels erkennen, dass bei der Beförderung durch die Post eine »Panne passiert« ist, hat er das unverzüglich dem K anzuzeigen (§ 149 Satz 1). Tut er das, bleibt es dabei, dass wegen verspäteten Zugangs der Annahmeerklärung kein Vertrag zustande gekommen ist. Andernfalls gilt die Annahme als nicht verspätet (§ 149 Satz 2), so dass der Vertrag geschlossen ist.

II. Annahme 176

1. Begriff und Wirksamkeitsvoraussetzungen

a) Die Annahme ist eine grundsätzlich empfangsbedürftige Willenserklärung, durch die der Antragsempfänger dem Antragenden sein Einverständnis mit dem angebotenen Vertragsschluss zu verstehen gibt.

(1) Als (grundsätzlich) *empfangsbedürftige* Erklärung wird die Annahmeerklärung erst mit dem *Zugang* beim Antragenden wirksam (zu Ausnahmen Rdnr. 181 ff.); bis zum Zugang kann der Annehmende seine Erklärung also widerrufen (§ 130 I 2). 177

(2) Der Antragende kann nicht nur eine Frist für die Annahme bestimmen (§ 148); er ist auch in der Lage, die *Erfordernisse an die Annahmeerklärung zu erschweren* (z. B. Übergabe an den Antragenden persönlich; notarielle Beurkundung, die gesetzlich nicht vorgeschrieben ist) *oder zu erleichtern* (z. B. Zugang nicht erforderlich). 178

(3) Da der Annehmende durch die Annahme sein Einverständnis mit dem Angebot kundgibt, *muss die Annahmeerklärung in Bezug auf das Angebot ab-* 179

gegeben werden. Haben sich Angebotsbrief und Annahmebrief gekreuzt, ist kein Vertrag zustande gekommen (Rdnr. 80).

180 (4) *Inhaltlich* muss die Annahmeerklärung mit dem Angebot übereinstimmen; andernfalls liegt keine Einigung vor (Rdnr. 79, 187).

181 b) Ausnahmsweise ist ein *Zugang der Annahmeerklärung nicht erforderlich*:

(1) Wenn eine *Erklärung der Annahme nach der Verkehrssitte nicht zu erwarten ist oder der Antragende auf sie verzichtet hat*, kommt der Vertrag durch die Annahme zustande, ohne dass diese dem Antragenden gegenüber erklärt zu werden braucht (§ 151 Satz 1). Die Bestimmung enthält also eine Ausnahme vom Zugangserfordernis und beschleunigt dadurch das Zustandekommen eines Vertrages. Erforderlich ist aber auch im Fall des § 151 ein Annahmewille, der nach außen unzweideutig in Erscheinung tritt[87]; ein bloß innerer Annahmewille genügt nicht. Das äußere Verhalten muss vom Standpunkt eines objektiven Dritten auf einen wirklichen Annahmewillen schließen lassen.

Beispiel: Wenn ein Gläubiger gegen seinen Schuldner einen unbestrittenen Anspruch geltend macht und der Schuldner ihm einen Scheck nur über einen kleinen Bruchteil des geltend gemachten Betrages zusendet, kann darin ein Vergleichs- oder Abfindungsangebot liegen (sog. Erlassfalle). Allein aus dem Einlösen dieses Schecks ist jedoch nicht der Wille des Gläubigers zu entnehmen, dieses Abfindungsangebot anzunehmen. Aus Sicht eines unbeteiligten Dritten kann nämlich nicht angenommen werden, der Gläubiger wolle dem Schuldner den größten Teil der unbestrittenen Forderung erlassen[88]. Es kommt daher trotz § 151 Satz 1 kein Abfindungs-, Vergleichs- oder Erlassvertrag zustande.

Da der Wille nicht »erklärt«, sondern nur »betätigt« zu werden braucht, spricht man von einer bloßen »Willensbetätigung«[89]. Man ist sich aber weitgehend darüber einig, dass die Annahme jedenfalls wie eine Willenserklärung zu behandeln ist, so dass z. B. bei einem Willensmangel eine Anfechtung (§§ 119, 123; Rdnr. 413 ff.) in Betracht kommt.

182 – Die Zugangsbedürftigkeit entfällt erstens, *wenn ein Zugang nach der Verkehrssitte nicht zu erwarten ist* (z. B. kurzfristige Bestellung eines Hotelzimmers; Schenkungsangebot). Betätigt der Empfänger des Angebots seinen Annahmewillen durch eine Handlung (z. B. durch Bereitstellen des Hotelzimmers; durch Randbemerkungen in dem mit dem Schenkungsangebot übersandten Buch), ist der Vertrag geschlossen, ohne dass der Antragende etwas davon erfährt.

Im Hotelzimmerfall kann der Hotelier, der das Zimmer für den Besteller freigehalten hat, von ihm Zahlung des Übernachtungspreises verlangen, wenn der Gast nicht kommt (Schutz des Empfängers des Angebots). Andererseits hat der Besteller auf Grund des geschlossenen Vertrages Anspruch auf das reservierte Zimmer; er kann Schadensersatz ver-

87 BGH NJW 2004, 287; NJW 2001, 2324; NJW 1990, 1655, 1656.
88 BGH NJW 2001, 2324.
89 So z.B. BGH NJW 2004, 287.

langen, wenn der Hotelier das Zimmer an einen anderen vergeben hat und der Besteller deshalb in ein teureres Hotel ziehen muss (Schutz des Antragenden).

– Die Zugangsbedürftigkeit entfällt zweitens, *wenn der Antragende auf den Zugang der Annahme verzichtet hat* (z. B. Waren, die starken Preisschwankungen unterliegen, werden »express« bestellt). Die Annahme liegt in einer Erfüllungshandlung (z. B. Verpacken, Absenden der Ware), wodurch der Vertrag zustande gekommen ist. **183**

Da mit dem Verpacken ein Vertrag zustande kommt, darf der Empfänger des Angebots nicht mehr anders disponieren und die Ware einem anderen verkaufen. Der Besteller hat einen Lieferungsanspruch aus dem Kaufvertrag (Schutz des Antragenden). Geht die Ware nach der Absendung auf der Bahn verloren, hat der Verkäufer Anspruch auf den Kaufpreis (§ 447 I; Ausnahme gem. § 474 II beim Verbrauchsgüterkauf, dazu BS § 7 Rdnr. 1, 4). Der Antragende kann sich demgegenüber nicht darauf berufen, sein Angebot sei vom Empfänger des Angebots nicht angenommen, weil die Annahmeerklärung ihm – dem Antragenden – nicht zugegangen sei; denn der Kaufvertrag wurde bereits mit dem Absenden der Ware geschlossen (Schutz des Empfängers des Antrags).

Die Beispiele zeigen, dass es sich bei den Annahmehandlungen vor allem um Erfüllungshandlungen (z. B. Reservierung des Hotelzimmers; Versendung der bestellten Ware) und um Aneignungs- und Gebrauchshandlungen (z. B. Verschenken oder »Zerlesen« des mit dem Kaufangebot übersandten Buches) handelt.

Damit der Antragende nicht zu lange Zeit an seinen Antrag gebunden bleibt, schreibt § 151 Satz 2 vor, dass sich der Zeitpunkt des Erlöschens des Antrags nach dem aus dem Antrag oder den Umständen zu entnehmenden Willen des Antragenden bestimmt.

(2) Werden *bei notarieller Beurkundung eines Vertrages Angebot und Annahme getrennt beurkundet* (§ 128; Rdnr. 306), kommt bereits mit der Beurkundung der Annahmeerklärung und nicht erst mit deren Zugang der Vertrag zustande (§ 152 Satz 1). Diese Regelung entspricht dem vermuteten Willen des Antragenden und dient der Beschleunigung des Vertragsschlusses; sie ist abdingbar (§ 152 Satz 1 a. E.). **184**

Für den Zeitpunkt des Erlöschens des Antrags verweist § 152 Satz 2 auf § 151 Satz 2. Eine danach verspätete Beurkundung der Annahmeerklärung führt nicht zum Vertragsschluss.

(3) Bei einer *privatrechtlichen Versteigerung* kommt der Vertrag durch den Zuschlag des Versteigerers zustande (§ 156 Satz 1). Demnach ist das Gebot des Bieters das Angebot, der Zuschlag die Annahme. Diese Annahme ist ebenfalls nicht empfangsbedürftig. Der Vertrag kommt also auch dann zustande, wenn der Bieter vor dem Zuschlag das Versteigerungslokal verlässt und von dem Zuschlag nichts erfährt. **185**

Das Ausbieten des Versteigerers ist danach lediglich eine Aufforderung zur Offerte. Das Gebot (= Angebot des Bieters) erlischt, wenn ein Übergebot abgegeben oder die Versteigerung ohne Zuschlag geschlossen wird (§ 156 Satz 2).

Nicht um eine Versteigerung i.S.d. § 156 handelt es sich bei einer ebay-Auktion[90]. Auf das Gebot des Bieters ergeht nämlich kein Zuschlag. Der Vertrag kommt vielmehr durch Willenserklärungen nach §§ 145 ff. zustande (vgl. Rdnr. 166 f.).

186 2. *Wirkung*

a) *Entspricht die Annahme inhaltlich dem Antrag* (Rdnr. 79) und ist sie vor dem Erlöschen des Antrags wirksam geworden, ist der Vertrag zustande gekommen.

187 b) *Enthält die Annahme gegenüber dem Antrag Erweiterungen, Einschränkungen oder sonstige Änderungen*, bringt der Erklärende damit zum Ausdruck, dass er mit dem Angebot nicht oder jedenfalls nicht in vollem Umfange einverstanden ist. Infolgedessen ist seine Erklärung nicht als Annahme, sondern als Ablehnung des Angebots aufzufassen. Sie gilt nach § 150 II als neuer Antrag, den der Partner annehmen oder ablehnen kann. Äußert dieser sich darauf nicht, so kann sein Schweigen nicht als Zustimmung und demnach auch nicht als Annahme des neuen Angebots angesehen werden.

Im **Fall f** entspricht die Erklärung des K nicht dem Angebot des V, da K den Kaufpreis in Raten zahlen will, während nach dem Angebot des V dem K nicht das Recht zustehen soll, den Preis in Raten zu zahlen. Demnach ist das Angebot des V abgelehnt (§ 150 II). Mit seiner Ablehnung verbindet K aber einen neuen Antrag (Kauf der Maschine für 5 000,– €, zahlbar in fünf gleichen Monatsraten), den V annehmen oder ablehnen kann.

Heißt es in dem Brief des K aber, er nehme das Angebot des V an, bitte den V jedoch, wohlwollend zu prüfen, ob er ihm nicht monatliche Ratenzahlungen à 1 000,– € bewilligen könne, dann enthält die Annahme des K keine Änderungen gegenüber dem Antrag des V, so dass der Vertrag entsprechend dem Antrag (also ohne Ratenzahlungen) zustande gekommen ist. Die Bitte um Gewährung von Ratenzahlungen ist als neuer Antrag auf Abänderung des geschlossenen Kaufvertrages hinsichtlich der Zahlungsmodalitäten aufzufassen; geht V darauf ein, ist der geschlossene Vertrag entsprechend dem Abänderungsangebot des K abgeändert; andernfalls bleibt es bei dem geschlossenen Vertrag.

188 c) *Ist die Annahme verspätet*, so muss zunächst geprüft werden, ob nach § 149 (Rdnr. 175) die Annahme ausnahmsweise als nicht verspätet gilt. Ist dies nicht der Fall, bewirkt die verspätete Annahme keinen Vertragsschluss, weil das Angebot wegen Fristablaufs erloschen ist. Dann ist die »Annahmeerklärung« als neuer Antrag aufzufassen (§ 150 I).

90 BGH NJW 2002, 362, 364.

3. Verpflichtung zur Annahme 189

a) Aus dem Grundsatz der Privatautonomie folgt, dass der Empfänger eines Angebots *grundsätzlich frei darin ist, ob er das Angebot annimmt oder ablehnt* (Rdnr. 25, 75).

b) *Ausnahmsweise* kann der Empfänger eines Angebots *zur Annahme verpflichtet* sein (= Abschlusspflicht). 190

(1) Im *Vorvertrag* verpflichten sich eine oder beide Parteien, einen anderen Vertrag (= Hauptvertrag) zu schließen. Aus dem Vorvertrag hat der Berechtigte einen Anspruch gegen den Verpflichteten, dass dieser das Angebot zum Abschluss des Hauptvertrages annimmt. Die Zulässigkeit des Vorvertrages ergibt sich aus dem Grundsatz der Vertragsfreiheit.

In der Praxis hat der Vorvertrag kaum eine Bedeutung.

(2) *Kraft Gesetzes* ergibt sich ein Abschlussgebot z. B. für Strom, Gas, Personentransport (Rdnr. 75) sowie allgemein dann, wenn eine öffentliche Versorgungsaufgabe besteht. Die Pflicht zum Abschluss eines Vertrages folgt aus speziellen gesetzlichen Bestimmungen oder generell aus §§ 826, 249, wenn die Ablehnung eines Vertragsangebots eine sittenwidrige Schädigung darstellt. 191

Beispiele: Kontrahierungszwang des Wasserwerks, der Apotheke, des am Unfallort anwesenden Arztes.

Voraussetzungen eines Vertragsschlusses

I. Angebot (§ 145)
1. Abgabe einer Erklärung mit Rechtsbindungswillen (≠ invitatio ad offerendum)
2. Zugang (§ 130 I 1)
3. Kein Widerruf (§ 130 I 2)
4. Hinreichend bestimmt bzgl. Inhalt, Vertragspartner

II. Annahme
1. Zugang (§ 130 I 1), wenn Zugang nicht entbehrlich (§ 151 Satz 1)
2. Kein Widerruf (§ 130 I 2)
3. In Bezug auf das Angebot
4. Inhalt: Ja (sonst § 150 II)
5. Rechtzeitigkeit (§§ 146–149, sonst § 150 I)

192 III. Sonderfälle

1. Option

Die Option ist das Recht, durch Erklärung einseitig, also ohne weiteres Zutun des Partners, einen Vertrag zu begründen. Im Gegensatz zu einem Angebot bedarf die Ausübung des Optionsrechts also keiner Annahmeerklärung des Vertragspartners, damit der Vertrag zustande kommt. Dem Vertragspartner geschieht damit kein Unrecht. Denn das Optionsrecht beruht auf einem zuvor zwischen den Parteien geschlossenen Vertrag (= Optionsvertrag), in dem das Einverständnis des anderen Teils zu der Begründung eines weiteren Vertrages durch den Optionsberechtigten gegeben ist.

Beispiel: In einem befristeten Mietvertrag wird dem Mieter das Recht eingeräumt, nach Ablauf des Mietverhältnisses durch einseitige Erklärung ein neues Mietverhältnis zu den im Vertrag genannten Bedingungen zu begründen.

Rechtlich ist der Optionsvertrag als ein aufschiebend bedingter (Rdnr. 479 ff.) Vertrag aufzufassen. Die Bedingung besteht hier in der Ausübung des Optionsrechtes durch den Berechtigten.

Die gleichen Rechtswirkungen wie bei einem Optionsvertrag können bei einer *Festofferte* bestehen, bei welcher der Antragende eine lange Annahmefrist (meist über mehrere Jahre) eingeräumt hat. Der Unterschied zum Optionsvertrag zeigt sich vor allem darin, dass die Annahme einer Festofferte der für den Vertrag eventuell notwendigen Form bedarf, während nach h. M. bei der Optionserklärung diese Form nicht eingehalten werden muss[91].

193 *2. Sozialtypisches Verhalten*

a) Nach einer früher vertretenen Ansicht sollte im modernen Massenverkehr ein Vertrag nicht durch Angebot und Annahme, sondern allein durch tatsächliche Inanspruchnahme der Leistung zustande kommen. Eine solche Inanspruchnahme müsse nach ihrer sozialtypischen Bedeutung die Rechtsfolgen rechtsgeschäftlichen Handelns hervorrufen. Ein Vertrag sollte danach also unabhängig von einem rechtsgeschäftlichen Willen allein durch ein tatsächliches Verhalten zustande kommen.

Beispiele: Das bloße Besteigen einer Straßenbahn sollte einen Beförderungsvertrag, das Abstellen eines Autos auf einem bewachten Parkplatz einen Bewachungsvertrag begründen, so dass der Benutzer der Straßenbahn oder des Parkplatzes verpflichtet ist, das tariflich festgelegte Entgelt zu zahlen.

Diese Lehre vom sozialtypischen Verhalten wollte vor allem zwei Schwierigkeiten lösen: Einmal soll der Minderjährige (Rdnr. 271), der ohne Wissen seiner

91 Vgl. BGH LM Nr. 16 zu § 433.

Eltern die Leistung in Anspruch nimmt (z. B. die Straßenbahn besteigt), zur Erbringung der Gegenleistung (z. B. des Fahrpreises) verpflichtet sein. Zum anderen soll der Geschäftsfähige, der von der Leistung Gebrauch macht (z. B. sein Auto auf einem bewachten Parkplatz abstellt), auch dann zur Gegenleistung (z. B. Zahlung der Gebühr) verpflichtet sein, wenn er bei der Inanspruchnahme der Leistung erklärt, er wolle weder die Leistung erhalten noch die Gegenleistung erbringen (z. B., er wolle zwar parken, aber keine Bewachung und deshalb auch nicht zahlen[92]).

b) Die Ansicht ist abzulehnen. Sie findet keine Stütze im Gesetz, das für einen Vertragsschluss Angebot und Annahme verlangt. Man braucht die Lehre vom sozialtypischen Verhalten auch nicht. Meist kann in der Inanspruchnahme der Leistung eine (konkludente) Willenserklärung erblickt werden. **194**

So ist das Besteigen einer Straßenbahn als Willenserklärung auf Abschluss eines entgeltlichen Beförderungsvertrages aufzufassen.

Der Minderjährige, der ohne Zustimmung seiner Eltern von der Leistung Gebrauch macht, schließt keinen gültigen Vertrag (vgl. § 108), so dass er aus Vertrag nicht auf Zahlung des Fahrpreises in Anspruch genommen werden kann. Die Lehre vom sozialtypischen Verhalten, die den Minderjährigen zur Zahlung des Fahrpreises für verpflichtet hielt, verstieß gegen den Minderjährigenschutz des BGB.

Möglicherweise kommt ein Bereicherungsanspruch (§ 812) oder ein Schadensersatzanspruch (§§ 823, 828 III, 829) gegen den Minderjährigen in Betracht.

Der Geschäftsfähige, der eine Leistung in Anspruch nimmt, muss die verkehrsmäßige Bedeutung seines Handelns gegen sich gelten lassen, selbst wenn er sich dahin äußert, er wolle die Gegenleistung nicht erbringen (Parkplatzfall). Seine protestatio facto contraria ist unbeachtlich, da der Handelnde sich damit zu seinem tatsächlichen Verhalten in Widerspruch setzt.

3. Schweigen als Annahme **195**

a) Grundsätzlich hat das bloße Schweigen nicht die Bedeutung einer Willenserklärung (zur Rechtslage bei unbestellten Leistungen jetzt § 241 a). *Nur ausnahmsweise gilt Schweigen auf ein Angebot als Annahme.* Voraussetzung dafür ist, dass die Parteien dies vereinbart haben oder das Gesetz dies bestimmt.

Beispiele: § 516 II 2; § 362 I HGB (Rdnr. 91).

92 Vgl. BGHZ 21, 319.

196 b) Das *Schweigen auf ein kaufmännisches Bestätigungsschreiben* gilt nach Gewohnheitsrecht als Zustimmung zu dem Inhalt des Schreibens (HR Rdnr. 251 ff.)[93].

(1) Im kaufmännischen Verkehr ist es üblich, dass eine Vertragspartei der anderen den Inhalt eines bereits mündlich geschlossenen Vertrages schriftlich bestätigt. *Sinn dieses Bestätigungsschreibens* ist es, später Streitigkeiten darüber zu vermeiden, ob überhaupt ein Vertrag geschlossen worden ist und welche Vertragsbedingungen im Einzelnen vereinbart worden sind. Soll also das Schreiben vornehmlich *Beweiszwecken* dienen, so würde dieser Zweck vereitelt, wenn der Empfänger auf das Schreiben hin untätig bliebe und später im Streitfall sich darauf berufen könnte, der Inhalt des Schreibens sei falsch, da kein Vertrag geschlossen oder etwas anderes als Vertragsinhalt vereinbart worden sei. Deshalb muss der Empfänger unverzüglich widersprechen, wenn er mit dem Inhalt des Schreibens nicht einverstanden ist; andernfalls muss er später den Inhalt gegen sich gelten lassen.

Diese Regelung ist gerechtfertigt, weil gerade im Handelsverkehr ein besonderes Bedürfnis nach Klarheit besteht und man vom Kaufmann als Empfänger des Bestätigungsschreibens eine besondere Sorgfalt bei der Behandlung seiner Post verlangen darf. Äußert er sich auf ein solches Schreiben nicht unverzüglich, erweckt er den Eindruck, dass er mit dem Inhalt des Schreibens einverstanden ist. In diesem Vertrauen muss der Absender geschützt werden.

Beispiel: Kaufmann K bestellt bei V telefonisch mehrere Posten Herrenhosen. V verwechselt im Bestätigungsschreiben die gewünschten Mengen der einzelnen Posten. Wenn K nicht unverzüglich widerspricht, gilt die Menge als verkauft, die im Bestätigungsschreiben genannt ist.

197 (2) Aus dem Sinn und Zweck der Regel ergeben sich folgende *Voraussetzungen*:

(a) Der Empfänger des Schreibens muss *Kaufmann* sein oder zumindest in größerem Umfang am Geschäftsleben teilnehmen. Von einer anderen Person erwartet man insoweit keine besondere Sorgfalt. Der Bestätigende muss ebenfalls wenigstens in größerem Umfang am Geschäftsverkehr teilnehmen. Nur dann kann er erwarten, dass ihm gegenüber nach kaufmännischer Sitte verfahren wird.

(b) Es müssen *Vertragsverhandlungen* dem Bestätigungsschreiben vorausgegangen sein. Ist das nicht der Fall, kann der Absender nicht damit rechnen, dass der schweigende Empfänger einverstanden ist.

93 Ausführlich: *K. Schmidt*, Handelsrecht, 5. Aufl., 1999, 563 ff.

(c) Das Bestätigungsschreiben muss *unmittelbar nach den Vertragsverhandlungen abgeschickt* werden, so dass der Empfänger auf das Eintreffen vorbereitet ist[94].

(d) Das *Schreiben muss den früheren Vertragsschluss unter Wiedergabe des Vertragsinhalts bestätigen*. Falls es nur zum Ausdruck bringt, dass der Absender das Angebot des Vertragspartners annimmt und damit der Vertrag erst zustande kommen soll, handelt es sich nicht um ein Bestätigungsschreiben, selbst wenn es als »Auftragsbestätigung« bezeichnet wird. Sofern eine solche Annahme vom Antrag abweicht, greift § 150 II ein; das Schweigen des Empfängers auf dieses neue Angebot gilt nicht als Annahme[95].

(e) Der *Absender muss der Meinung sein dürfen, dass der Inhalt des Schreibens der Vereinbarung entspricht* oder nur solche Abweichungen enthält, die der Empfänger billigt[96]. Der unredliche Absender ist in seinem Vertrauen auf das Schweigen des Empfängers nicht schutzwürdig.

(f) Der *Empfänger darf nicht unverzüglich widersprochen haben*. Bei rechtzeitigem Widerspruch ist der Absender nicht schutzbedürftig. Ein Widerspruch nach mehr als einer Woche ist in der Regel verspätet[97].

§ 9 Der Widerruf einer auf den Vertragsschluss gerichteten Willenserklärung 198

I. Das allgemeine Widerrufsrecht (§ 130 I 2)

Das allgemeine Widerrufsrecht steht jedermann zu, der eine Willenserklärung abgegeben hat, solange sie dem Empfänger noch nicht zugegangen ist (§ 130 I 2; Rdnr. 154).

II. Verbraucherschützende Widerrufsrechte 199

Schrifttum: *Bernhard*, Widerrufsrecht bei Internet-Auktionen?, ZGS 2005, 226; *Boemke*, Das Widerrufsrecht im allgemeinen Verbraucherschutzrecht und seine Ausübung in der Zwangsvollstreckung, AcP 197 (1997), 161; *Borges*, Das Widerrufsrecht in der Internet-Auktion, DB 2005, 319; *Brox*, »Schlüsselgewalt« und »Haustürgeschäft«, Festschrift f.

94 BGH NJW 1964, 1223, 1224.
95 Vgl. BGHZ 18, 212; 61, 285.
96 Vgl. BGHZ 40, 44 ff.
97 BGH BB 1969, 933.

Mikat, 1989, 841; *Bülow*, Sicherungsgeschäfte als Haustür- oder Verbraucherkreditgeschäfte, NJW 1996, 2889; *Dethloff*, Vertragsschluss-, Widerrufs- und Rückgaberecht im E-Commerce, Jura 2003, 730; *Fischer*, Das verbraucherschützende Widerrufsrecht und die Schuldrechtsreform, DB 2002, 253; *Gernhuber*, Verbraucherschutz durch Rechte zum Widerruf von Willenserklärungen, WM 1998, 1797; *Habersack/Mayer*, Der Widerruf von Haustürgeschäften nach der »Heininger«-Entscheidung des EuGH, WM 2002, 253; *Kellermann*, Der deutsche Verbraucherbegriff – eine Würdigung der streitigen Einzelfälle, JA 2005, 546; *Kemper*, Verbraucherschutzinstrumente, 1994; *Mankowski*, Online-Auktionen, Versteigerungsbegriff und fernabsatzrechtliches Widerrufsrecht, JZ 2005, 444; *Martis/Meinhof*, Voraussetzungen des Widerrufs nach § 355 BGB, MDR 2004, 4; *Reiner*, Der verbraucherschützende Widerruf im Recht der Willenserklärungen, AcP 203 (2003), 1; *Reinicke/Tiedtke*, Kaufrecht, 7. Aufl., Rdnr. 1648 ff.; *K. Schmidt*, Verbraucherbegriff und Verbrauchervertrag – Grundlagen des § 13 BGB, JuS 2006, 1; *Schmidt-Kessel*, Die gesetzliche Ausweitung der Widerrufsrechte nach Heininger, ZGS 2002, 311; *Schmidt-Räntsch*, Gesetzliche Neuregelung des Widerrufsrechts bei Verbraucherverträgen, ZIP 2002, 1100; *Staudinger*, Der Widerruf bei Haustürgeschäften: eine unendliche Geschichte?, NJW 2002, 653; *Staudinger/Schmidt-Bendun*, Kein Ausschluss des Widerrufsrechts des Verbrauchers im Rahmen einer Internetauktion – eBay, BB 2005, 732.

1. Sinn und Begriffsbestimmung

a) Selbst wenn durch Angebot (Rdnr. 165) und Annahme (Rdnr. 176) ein wirksamer Vertrag zustande gekommen ist, hat eine der Vertragsparteien in besonderen Fällen das Recht, ihre Willenserklärung binnen einer bestimmten Frist zu widerrufen. Ein solches Widerrufsrecht wird zum Zwecke des Verbraucherschutzes einer besonders schutzbedürftigen Vertragspartei vom Gesetz eingeräumt. Die Begriffe »Verbraucher« und »Unternehmer« stammen aus dem Recht der EU und sind entsprechend der Ausklammerungsmethode des BGB (Rdnr. 37 ff.) an den Anfang des BGB gestellt.

b) Gem. § 13 ist *Verbraucher* jede natürliche Person, die ein Rechtsgeschäft zu einem Zwecke abschließt, der weder ihrer gewerblichen noch ihrer beruflichen Tätigkeit zugerechnet werden kann. Geschützt werden demnach nur natürliche Personen, also Menschen (Rdnr. 702 ff.), nicht jedoch juristische Personen wie Vereine und Gesellschaften (Rdnr. 728 ff.). Aber auch eine natürliche Person ist nur dann schutzbedürftig, wenn das von ihr abgeschlossene Rechtsgeschäft zu ihrem privaten Bereich und nicht zu ihrer gewerblichen oder selbstständigen beruflichen Tätigkeit gehört. Ob das der Fall ist, richtet sich weder nach dem inneren Willen der Person noch nach dem Ort des Geschäftsabschlusses, sondern nach dem objektiven Zweck des Geschäfts.

Unternehmer ist nach § 14 eine natürliche oder juristische Person, aber auch eine rechtsfähige Personengesellschaft, wenn sie bei Abschluss eines Rechtsgeschäfts in Ausübung einer gewerblichen oder selbstständigen Tätigkeit handelt.

2. Gesetzlich geregelte Widerrufsrechte 200

Das BGB enthält eine Reihe von verschiedenen verbraucherschützenden Widerrufsrechten, deren Voraussetzungen im Rahmen der Vorschriften über die jeweiligen Verbraucherverträge geregelt sind. So wird z. B. dem Verbraucher, der einen Darlehensvertrag abschließt (vgl. §§ 491 ff.), in § 495 das Recht eingeräumt, seine auf den Abschluss des Verbraucherdarlehensvertrags gerichtete Willenserklärung bei Vorliegen der dort genannten Voraussetzungen zu widerrufen. Weitere Widerrufsrechte befinden sich in § 312 I (Haustürgeschäfte), § 312 d I (Fernabsatzverträge), § 485 I (Teilzeit-Wohnrechteverträge), § 505 I (Ratenlieferungsverträge) und § 4 I Fern-USG (Fernunterrichtsverträge). Liegen die Voraussetzungen eines solchen Widerrufsrechts vor, so kann der Verbraucher es grundsätzlich nach § 355 ausüben. In den §§ 355–359 sind nämlich für alle verbraucherschützenden Widerrufsrechte Ausübung und Rechtsfolgen einheitlich geregelt. Sie finden erst Anwendung, wenn dem Verbraucher durch eine andere Vorschrift ein Widerrufsrecht eingeräumt ist.

Dieses Ineinandergreifen von Vorschriften über die Voraussetzungen eines Widerrufsrechts mit den Regelungen der §§ 355–359 über die Ausübung und die Rechtsfolgen des Widerrufs soll beispielhaft für das Widerrufsrecht bei Haustürgeschäften näher erklärt werden.

a) Widerrufsrecht bei Haustürgeschäften 201

Fälle:

a) Frau K hat sich auf einer Kaffeefahrt eine Heizdecke aufschwatzen lassen und den Preis von 80,– € sofort bezahlt. Später möchte sie das Geschäft »rückgängig« machen. Möglich? **(Rdnr. 204, 207)**

b) K möchte durch Schreibarbeiten einen Nebenverdienst erzielen. Auf eine entsprechende Zeitungsanzeige eines Schreibbüros bittet er um den Besuch eines Mitarbeiters des Büros. Dieser verkauft ihm im Laufe des Gesprächs einen PC. Muss K ihn bezahlen? **(Rdnr. 206)**

c) Im **Fall b** hat K am 1. 2. ein Auftragsformular für den Kauf des PC unterschrieben. Das Formular enthält sieben vorgedruckte Absätze in gleicher Größe; in dem fünften Absatz wird auf das Widerrufsrecht hingewiesen. Ist die am 25. 2. abgegebene Widerrufserklärung des K wirksam? **(Rdnr. 213)**

(1) Bedeutung

Häufig werden insbesondere (aber nicht nur) ältere Leute an der Haustür durch einen (aufdringlichen) Werber oder Vertreter zu einem Vertragsabschluss (etwa über Bücher, Zeitschriften, Kosmetika, Staubsauger, Küchengeräte) bewogen, den sie später bedauern. Weil der Verbraucher von dem Werber an der Haustür vielfach überrascht oder gar überrumpelt und zum Abschluss eines Vertrages überredet wird, räumt ihm § 312 unter bestimmten Voraussetzungen ein Widerrufsrecht ein. Dadurch wird der Verbraucher geschützt, dessen Entscheidungsfreiheit bei Vertragsschluss beeinträchtigt ist, weil er ohne hinreichende Überlegung Zahlungsverpflichtungen mit oft schwerwiegenden finanziellen Folgen eingeht. Dieser gesetzliche Verbraucherschutz kann nicht durch Parteivereinbarung eingeschränkt werden; alle von den §§ 312 f. zum Nachteil des Verbrauchers abweichenden Vereinbarungen sind unwirksam (vgl. § 312 f).

202 *(2) Voraussetzungen des Widerrufsrechts*

Das Widerrufsrecht setzt voraus, dass der Verbraucher unter besonderen Umständen zur Abgabe einer Willenserklärung bestimmt worden ist, die auf den Abschluss eines Vertrages über eine entgeltliche Leistung gerichtet ist (§ 312).

(a) Die Willenserklärung des Verbrauchers muss das Angebot oder die Annahme zum *Abschluss eines Vertrages über eine entgeltliche Leistung* sein. Darunter fallen nicht nur Kaufverträge und andere gegenseitige Verträge, sondern alle Verträge, nach denen der Verbraucher zur Leistung eines Entgelts verpflichtet sein soll. Dabei spielt es keine Rolle, ob das Entgelt als Preis, Lohn, Honorar, Gebühr oder anders bezeichnet wird.

Beispiele für Verträge über eine entgeltliche Leistung: Kauf-, Miet-, Pacht-, Arbeits-, Werk-, Reise-, (Ehe-)Maklervertrag sowie der Eintritt in einen Verein mit Beitragspflicht. Im Bürgschaftsvertrag übernimmt der Bürge einseitig eine Verbindlichkeit; das Bedürfnis, ihn vor Überrumpelung zu schützen, ist aber größer als in den Fällen, in denen jemandem für seine Leistung irgendein Entgelt versprochen oder geleistet wird. Deshalb kann auch ein Bürgschaftsvertrag unter § 312 fallen[98].

203 (b) Die Willenserklärung des Verbrauchers muss auf einer Überraschung oder Überrumpelung beruhen. Das Gesetz zählt insoweit folgende Tatbestände auf: Der *Verbraucher ist zu seiner Erklärung bestimmt worden*

(α) durch mündliche Verhandlungen *an seinem Arbeitsplatz oder im Bereich einer Privatwohnung* (§ 312 I 1 Nr. 1).

Der Begriff Arbeitsplatz umfasst auch das Werksgelände, insbesondere die Werkskantine und das Werkstor. Mit der Privatwohnung ist nicht nur die des Verbrauchers gemeint; zu ihrem Bereich gehören auch die Haus- oder Etagentür, das Treppenhaus und der Hausgarten. Jedoch fällt eine Werbung durch Telefonanruf am Arbeitsplatz oder in der Privatwohnung nicht unter die Bestimmung[99].

204 (β) *anlässlich einer Freizeitveranstaltung*, die vom Unternehmer oder zumindest auch in dessen Interesse von einem Dritten durchgeführt wird (§ 312 I 1 Nr. 2).

98 *Reinicke/Tiedtke*, Bürgschaftsrecht, 2. Aufl., 2000, Rdnr. 458 ff.
99 BGHZ 132, 1.

Beispiele: Kaffee-, Butter-, Besichtigungsfahrten (**Fall a**); Modenschauen; Filmvorführungen. Dagegen ist die Grüne Woche in Berlin keine Freizeitveranstaltung i.S.d. § 312 I 1 Nr. 2, weil sie keinen eigenständigen überragenden Unterhaltungswert hat, der in der Vorstellung des Besuchers den eigentlichen Zweck der Grünen Woche in den Hintergrund treten lassen könnte; es kommt hinzu, dass es dem Besucher in einem solchen Fall nicht besonders schwer gemacht wird, sich den Verkaufsbemühungen der dort tätigen Händler zu entziehen[100].

(γ) im Anschluss an ein überraschendes Ansprechen *in (öffentlichen) Verkehrsmitteln oder im Bereich öffentlich zugänglicher Verkehrsflächen* (§ 312 I 1 Nr. 3). 205

Hierher gehören auch Bahnhöfe und Bahnsteige, Autobahnraststätten, öffentliche Parks.

Obwohl die Aufzählung in § 312 I 1 abschließend gemeint ist, muss nach dem Schutzzweck des Gesetzes ein überraschendes Anbieten etwa auf dem Sportplatz oder innerhalb von Heimen oder Anstalten ebenfalls zu einem Widerrufsrecht führen. Diese ausdehnende Auslegung lässt sich auch auf das Umgehungsverbot des § 312 f Satz 2 stützen. Letztlich können alle Willenserklärungen unter die §§ 312 ff. fallen, die außerhalb von Geschäftsräumen (mit-)verursacht worden sind[101].

(3) Ausschluss des Widerrufsrechts 206

Ausgeschlossen ist das Widerrufsrecht, wenn der Verbraucher nicht schutzbedürftig ist. Das Gesetz nennt folgende Fälle:

(a) Die Vertragsverhandlungen am Arbeitsplatz oder in einer Privatwohnung sind *auf vorhergehende Bestellung des Verbrauchers* geführt worden (§ 312 III Nr. 1). Hier fehlt der Überraschungseffekt.

Beispiele: Schickt jemand die einer Werbeanzeige beigefügte Antwortkarte mit dem Aufdruck »Vertreterbesuch erwünscht« zurück, ist er nicht schutzbedürftig, da er auf den Besuch vorbereitet ist. Schließt er einen Vertrag ab, steht ihm kein Widerrufsrecht zu. Dagegen greift im **Fall b** die Ausnahmevorschrift des § 312 III Nr. 1 nicht ein, da K bei der Bestellung nur mit einer Vereinbarung über Schreibarbeiten und nicht mit dem Kauf eines PC rechnete. Deshalb kann K widerrufen. – Wer sich an einer Verlosung oder einem Preisausschreiben beteiligt und dabei seine Anschrift angibt, bestellt damit keinen Vertreter zu Vertragsverhandlungen. – Wer ohne Veranlassung des Verbrauchers telefonisch bei diesem anfragt, ob ein Vertreterbesuch genehm sei, provoziert die Bestellung und kann sich nicht auf den Ausschluss des Widerrufsrechts gem. § 312 III Nr. 1 berufen. Das gilt auch, wenn der Verbraucher vorher auf einer Werbeantwortkarte um Zusendung von Prospekten gebeten und dabei seine »Telefonnummer zwecks Rückruf« angegeben hat;

100 So BGH NJW 1992, 1889 f.
101 Vgl. BT-Drucks. 8/130 S. 4.

denn § 312 III Nr. 1 setzt eine Einladung zur Führung von Vertragsverhandlungen voraus[102].

207 (b) Bei Abschluss der Verhandlungen wird die *Leistung sofort erbracht sowie bezahlt, und das Entgelt übersteigt 40,– € nicht* (§ 312 III Nr. 2). Der Verbraucher kann hier zwar überrascht oder überrumpelt worden sein; jedoch werden solche Geschäfte als Bagatellgeschäfte angesehen, die den Verbraucher nur geringfügig belasten.

Im **Fall a** (80,– €) steht der K also ein Widerrufsrecht zu. – Werden etwa zwei Stücke zum Gesamtpreis von 80,– € verkauft und wegen § 312 III Nr. 2 zwei Verträge zu je 40,– € geschlossen, liegt eine Umgehung des Gesetzes vor.

208 (c) Die Willenserklärung ist *von einem Notar beurkundet* worden (§ 312 III Nr. 3). Hier ist der Verbraucher hinreichend geschützt, weil eine vorherige Belehrung durch den Notar erforderlich ist (vgl. § 17 BeurkG).

Gedacht ist insbesondere an den Fall, dass der Vertrag in der Privatwohnung eines Vertragspartners ausgehandelt und später notariell beurkundet wird.

209 (d) Für den *Abschluss von Versicherungsverträgen* gelten die §§ 312 f. nicht (§ 312 III).

Die besondere Behandlung solcher Verträge gegenüber allen anderen Verträgen war ursprünglich durch keinen vernünftigen Grund sachlich gerechtfertigt[103]. Die Vorgängerregelung zum heutigen § 312 in § 6 Nr. 2 des früheren HausTWG wurde deshalb z.T. wegen Verstoßes gegen Art. 3 GG als verfassungswidrig angesehen. Allerdings gibt es seit 1994 für das Widerrufsrecht bei Versicherungsverträgen eine Sonderregelung. § 8 IV des Versicherungsvertragsgesetzes (VVG) räumt beim Abschluss eines Versicherungsverhältnisses mit einer längeren Laufzeit als einem Jahr ein Widerrufsrecht innerhalb von vierzehn Tagen ein, sofern der Versicherungsnehmer nicht Kaufmann ist.

210 *(4) Ausübung des Widerrufsrechts*

Die Ausübung des Widerrufsrechts richtet sich nach § 355. Die Widerrufserklärung ist eine empfangsbedürftige Willenserklärung (Rdnr. 92), durch die der Verbraucher gegenüber dem Unternehmer die Rücknahme seiner auf den Vertragsschluss gerichteten Willenserklärung zum Ausdruck bringt. Dabei ist der Gebrauch des Wortes »Widerruf« nicht erforderlich; es genügt, dass aus dem Wortlaut der Erklärung für den Unternehmer erkennbar ist, der Verbraucher wolle an seine Willenserklärung nicht gebunden sein.

Beispiele: »Ich habe es mir anders überlegt; ich will mit dem Vertrag nichts mehr zu tun haben.« »Ich trete vom Vertrag zurück.« »Behalten Sie gefälligst ihre Ware.«

102 BGHZ 109, 127.
103 Vgl. *Gilles*, NJW 1986, 1131, 1147; *Teske*, ZRP 1990, 412.

(a) *Form*: Die Widerrufserklärung erfolgt in Textform (§ 126 b) oder durch Rücksendung der Sache. Eine mündliche Erklärung genügt also nicht, selbst wenn sie gegenüber dem anwesenden Vertragspartner abgegeben wird. **211**

(b) *Frist*: Der Widerruf muss fristgemäß erfolgen. Zur Wahrung der Frist genügt die rechtzeitige Absendung des Widerrufs (§ 355 I 2 a. E.); dieser braucht also dem Unternehmer nicht innerhalb der Frist zugegangen zu sein (vgl. Rdnr. 149 ff.). **212**

Die Widerrufsfrist beträgt *zwei Wochen*; sie beginnt mit der Aushändigung der Belehrung an den Verbraucher. **213**

Eine ordnungsgemäße Belehrung setzt nach § 355 II 1 voraus:

Sie muss *in Textform* erfolgen und *drucktechnisch deutlich gestaltet* sein. Es ist nicht erforderlich, dass die Belehrung in einer vom Auftragsformular gesonderten Urkunde enthalten ist. Entscheidend ist allein, dass dem Verbraucher Inhalt und Bedeutung der Belehrung klar vor Augen geführt werden. Dem kann auch dadurch Rechnung getragen werden, dass die Belehrung etwa auf dem Auftragsformular steht. Dann ist es aber notwendig, dass die Belehrung aus dem sonstigen Text des Formulars in einer vom Verbraucher nicht zu übersehenden Weise herausgehoben ist.

Im **Fall c** ist die Widerrufsbelehrung nicht drucktechnisch deutlich gestaltet, so dass die Widerrufsfrist noch nicht begonnen hat.

Aus dem *Inhalt* der Belehrung muss der Verbraucher entnehmen können, dass er ohne weitere Voraussetzungen innerhalb von zwei Wochen seit seiner Willenserklärung diese widerrufen kann, der Widerruf in Textform oder durch Rücksendung der Sache erfolgen muss und die Frist durch Absendung des Widerrufs gewahrt wird. Außerdem muss die Belehrung über den Widerruf auch eine Belehrung über den Beginn der Widerrufsfrist[104] sowie den Namen und die Anschrift des Widerrufsempfängers enthalten.

Die Belehrung muss *vom Verbraucher unterschrieben* oder mit einer qualifizierten elektronischen Signatur (siehe Rdnr. 304 a) versehen und *ihm ausgehändigt* werden. **214**

Da dem Verbraucher ein von ihm unterschriebenes Exemplar der Belehrung übergeben werden muss und da andererseits der Vertragspartner aus Beweisgründen ein Exemplar nebst Bestätigung des Verbrauchers über die Aushändigung behalten möchte, werden in der Praxis regelmäßig zwei Exemplare hergestellt.

104 BGH NJW 1993, 1013.

Nicht notwendig ist der *Vermerk des Datums* der Aushändigung auf der Belehrung. Zweckmäßig ist der Vermerk jedoch wegen des Nachweises des Zeitpunkts für den Beginn der Widerrufsfrist (vgl. § 355 II).

215 *(5) Rechtsfolgen des Widerrufs*

Wenn der Verbraucher sein Widerrufsrecht form- und fristgerecht ausgeübt hat, ergeben sich die Rechtsfolgen aus § 357 und den Rücktrittsregeln der §§ 346 ff.

Einzelheiten gehören ins Schuldrecht[105]. Hier sei nur erwähnt: Die erbrachten Leistungen sind Zug um Zug zurückzugewähren. Hat der Verbraucher die Rückgabe schuldhaft verschlechtert oder gar unmöglich gemacht, hat er Wertersatz zu leisten (dazu: § 357 III 1).

216 *b) Widerrufsrecht bei Verbraucherdarlehensverträgen*

Wer als Privatmann Kredit in Anspruch nimmt, ist häufig geschäftlich unerfahren. Es besteht die Gefahr, dass er sich zum Abschluss eines für ihn ungünstigen Darlehensvertrages verleiten lässt. Deshalb soll der Verbraucher, der das Darlehen privat und nicht etwa in Ausübung seiner beruflichen Tätigkeit nutzen will, durch § 495 besonders geschützt werden. Diese Vorschrift räumt ihm ein Widerrufsrecht ein, dessen Ausübung und Rechtsfolgen sich nach den §§ 355 ff. richten[106].

217 *c) Widerrufsrecht bei Fernabsatzverträgen*

Demjenigen, der als Verbraucher einen Fernabsatzvertrag geschlossen hat, steht nach § 312 d ein Widerrufsrecht gem. § 355 zu[107]. Unter einem Fernabsatzvertrag versteht § 312 b grundsätzlich einen Vertrag über die Lieferung von Waren oder die Erbringung von Dienstleistungen, der zwischen einem Unternehmern und einem Verbraucher unter ausschließlicher Verwendung von Fernkommunikationsmitteln abgeschlossen wird.

Das Widerrufsrecht des § 312 d besteht auch bei Verträgen zwischen einem Unternehmer und einem Verbraucher im Rahmen einer sog. *Internet-Auktion (eBay)*[108]. Zwar ist das Widerrufsrecht nach § 312 d IV Nr. 5 ausgeschlossen bei Fernabsatzverträgen, die in Form von Versteigerungen (§ 156) geschlossen werden. Damit sind aber nach den Vorstellungen des Gesetzgebers nur solche Versteigerungen gemeint, die zu einem Vertragsschluss durch Zuschlag führen. Verträge im Rahmen von Internet-Auktionen kommen

105 AS § 19 Rdnr. 34 ff.
106 Einzelheiten zum Verbraucherdarlehen: BS § 17 Rdnr. 36 ff.
107 Dazu BGH NJW 2003, 1665. Einzelheiten zum Fernabsatzgeschäft: AS § 19 Rdnr. 11 ff., 34 ff.
108 BGH NJW 2005, 53 ff.

jedoch nicht durch einen Zuschlag nach § 156 zustande, sondern durch Angebot des Verkäufers und Annahme des Meistbietenden[109] (Rdnr. 185).

d) Widerrufsrecht bei Teilzeit-Wohnrechteverträgen 218

Entsprechend § 312 für Haustürgeschäfte und § 495 für Verbraucherdarlehensverträge räumt § 485 dem Verbraucher bei einem Teilzeit-Wohnrechtevertrag ein Widerrufsrecht nach § 355 ein. Einzelheiten werden im Schuldrecht erörtert[110].

Widerruf
einer auf Vertragsschluss gerichteten WE

Allgemeines Widerrufsrecht (§ 130 I 2)	Widerruf von Haustürgeschäften (§§ 312, 355)	Widerruf von Verbraucherdarlehensverträgen (§§ 495, 355)	Sonstige Widerrufsrechte zum Verbraucherschutz (§§ 312 d, 485, 505, 355)
bis zum Zugang der WE	1. Voraussetzungen: a) Vertrag zwischen Unternehmer (§ 14) u. Verbraucher (§ 13) über entgeltliche Leistung (§ 312 I 1) b) Bestimmung zum Vertragsschluss an ungewöhnlichen Orten (§ 312 I 1 Nr. 1–3, § 312 f Satz 2) c) kein Ausschluss des Widerrufsrechts (§ 312 III) 2. Form- u. fristgerechte Ausübung des Widerrufsrechts (§ 355 I, II) 3. Rechtsfolgen des Widerrufs a) keine Bindung an die WE (§ 355 I 1) b) Rückabwicklung der schon erbrachten Leistungen (§§ 357, 346)	1. Voraussetzungen: a) Darlehensvertrag zwischen Unternehmer (§ 14) u. Verbraucher (§ 13) als Darlehensnehmer (§ 495 I) b) Kein Ausschluss des Widerrufsrechts (§§ 491 II, 495 II) 2. Form- und fristgerechte Ausübung des Widerrufsrechts (§ 355 I, II) 3. Rechtsfolgen des Widerrufs a) keine Bindung an die WE (§ 355 I 1) b) Rückabwicklung der schon erbrachten Leistungen (§§ 357, 346)	

109 BGH NJW 2002, 363.
110 Einzelheiten: BS § 7 Rdnr. 67 ff.

219
§ 10 Vertragsschluss unter Einbeziehung Allgemeiner Geschäftsbedingungen und Abschluss von Verbraucherverträgen mit missbräuchlichen Klauseln

Schrifttum: *Armbrüster*, Das Transparenzgebot für Allgemeine Geschäftsbedingungen nach der Schuldrechtsmodernisierung, DNotZ 2004, 437; *Hansen*, Die Anwendung der §§ 305 ff. BGB auf vorformulierte Arbeitsverträge, ZGS 2004, 21; *Hennrichs*, Die Kontrolle von Allgemeinen Geschäftsbedingungen, in: Dauner-Lieb/Heidel/Lepa/Ring, Das neue Schuldrecht, 2002, 169; *Kappus*, Inhaltskontrolle gesetzesretizierender Klauseln, NJW 2003, 322; *Koch*, Auswirkungen der Schuldrechtsreform auf die Gestaltung Allgemeiner Geschäftsbedingungen, WM 2002, 2137, 2217; *Kötz*, Der Schutzzweck der AGB-Kontrolle – Eine rechtsökonomische Skizze, JuS 2003, 209; *Lakies*, Inhaltskontrolle von Vergütungsvereinbarungen im Arbeitsrecht, NZA-RR 2002, 337; *Lange*, Auslegung, Unklarheitenregel und Transparenzklausel, ZGS 2004, 208; *Schäfer*, Vertragsschluss unter Einbeziehung von Allgemeinen Geschäftsbedingungen gegenüber Fremdmuttersprachlern, JZ 2003, 879; *P.W. Tettinger*, Zu den Freizeichnungsmöglichkeiten des Verkäufers einer mangelhaften Sache, AcP 205 (2005), 1; *Walker*, Die Verbandsklage nach dem Unterlassungsklagengesetz (UKlaG), in: Dauner-Lieb/Heidel/Lepa/Ring, Das neue Schuldrecht, 2002, 183; *Walker/Stomps*, Die bisherigen Änderungen des UKlaG insbesondere durch die UWG-Reform, ZGS 2004, 336; *Weick*, Schuldrechtsreform, Transparenz und Gesetzgebungstechnik, JZ 2002, 442; *v. Westphalen*, Nach der Schuldrechtsreform: Neue Grenzen für Haftungsfreizeichnungs- und Haftungsbegrenzungsklauseln, BB 2002, 209; *ders.*, AGB-Recht ins BGB – Eine erste Bestandsaufnahme, NJW 2002, 12; *ders.*, AGB-Recht im Jahr 2002, NJW 2003, 1635; *Wolf/Pfeiffer*, Der richtige Standort des AGB-Rechts innerhalb des BGB, ZRP 2001, 303.

Aus dem Schrifttum zum früheren AGBG: *Belke*, Die Prüfung Allgemeiner Geschäftsbedingungen in der Klausur, JA 1988, 475; *Borges*, Die Inhaltskontrolle von Verbraucherverträgen, 2000; *Coester-Waltjen*, Inhaltskontrolle von einfachen Geschäftsbedingungen in Verbraucherverträgen, FS Medicus, 1999, 63; *Dreher*, Die Auslegung von Rechtsbegriffen in Allgemeinen Geschäftsbedingungen, AcP 189 (1989), 342; *Fischer*, Praktische Probleme der Einbeziehung von AGB unter Kaufleuten, insbesondere bei laufenden Geschäftsverbindungen, BB 1995, 2491; *Freitag/Leible*, Grundfragen der Inhaltskontrolle Allgemeiner Geschäftsbedingungen, JA 2001, 978; *J. Hager*, Der lange Abschied vom Verbot der geltungserhaltenden Reduktion, JZ 1996, 175; *Hansen*, Das sogenannte Transparenzgebot im System des AGB-Gesetzes, WM 1990, 1521; *Heinrichs*, Umsetzung der EG-Richtlinie über mißbräuchliche Klauseln in Verbraucherverträgen durch Auslegung, NJW 1995, 153; *v. Hoyningen-Huene*, Die Inhaltskontrolle nach § 9 AGB-Gesetz, 1992; *Joost*, Der Ausschluß der Inhaltskontrolle bei Entgeltregelungen in Allgemeinen Geschäftsbedingungen, ZIP 1996, 1685; *Lass*, Zum Lösungsrecht bei arglistiger Verwendung unwirksamer AGB, JZ 1997, 67; *Locher*, Das Recht der Allgemeinen Geschäftsbedingungen, 3. Aufl., 1997; *Martis*, Allgemeine Geschäftsbedingungen im Kauf- und Werkvertragsrecht, MDR 1999, 449; *Matusche/Beckmann*, Die Bedingungsanpassungsklausel – Zulässiges Instrument für den Fall der Unwirksamkeit Allgemeiner Versicherungsbedingungen?, NJW 1998, 112; *Michel/Hilpert*, Allgemeine Geschäftsbedingungen oder »aus«-gehandelter Individualvertrag? – eine Risikoanalyse, DB 2000, 2513; *Neumann*, Geltungserhaltende Reduktion und ergänzende Auslegung von Allgemeinen Geschäftsbedingungen, 1988; *Niebling*, Isolierte Betrachung Allgemeiner Geschäftsbedingungen oder Würdigung des Gesamtvertrages?, BB 1992, 717; *H. Roth*, Funktion und Anwendungsbereich der Unklarheitenregel des § 5 AGBG, WM 1991, 2085, 2125; *ders.*, Vertragsänderung bei fehlgeschlagener Verwendung von Allgemeinen Geschäftsbedingungen, 1994; *Schmidt-Salzer*, Recht der AGB und der mißbräuchlichen Klauseln: Grundfragen, JZ 1995, 223; *Schulz*, Schriftformklauseln in Allgemeinen Geschäftsbedingungen, Jura 1995, 71; *Teske*, Schriftformklauseln in Allgemeinen Geschäftsbedingungen, 1990; *Wackerbarth*, Unternehmer, Verbraucher und die Rechtfertigung der Inhaltskontrolle vorformulierter Verträge, AcP 200 (2000), 45; *Westermann*, Das Transparenzgebot – ein neuer Oberbegriff der AGB-Inhaltskontrolle?, FS Steindorff, 1990, 817; *Wille*, Langjährige Schadens- und Unfallversicherungsverträge im Lichte des AGBG, VersR 1995, 1401; *M. Wolf*, Vertragsfreiheit und Vertragsrecht im Lichte der AGB-Rechtsprechung des Bundesgerichtshofs, in: 50 Jahre Bundesgerichtshof, Festgabe aus der Wissenschaft, 2000, Bd. I, 111; *M. Wolf/Ch. Ungeheuer*, Zum Recht der allgemeinen Geschäftsbedingungen, JZ 1995, 77, 176; sowie die Kommentare zum BGB und die Kommentare zum AGBG von *Thamm/Pilger*, Taschenkommentar (1998), *Ulmer/Brandner/Hensen* (9. Aufl., 2001), *M. Wolf/Horn/Lindacher* (4. Aufl., 1999).

Fälle:

a) Nach Abschluss eines Kaufvertrages sendet V dem K die gekaufte Maschine mit einem Lieferschein, auf dem AGB abgedruckt sind. Danach steht dem Käufer bei Mangelhaftigkeit der Kaufsache nur ein Anspruch auf Nachbesserung zu. K will wegen eines Mangels den Kauf rückgängig machen (vgl. § 437 Nr. 2, 1. Fall). V beruft sich auf die AGB. **(Rdnr. 225)**

b) Wie ist zu entscheiden, wenn die AGB auf dem Angebot des V standen? **(Rdnr. 228, 235, 238)**

c) Der Bankkunde, der die AGB der Bank in ihrer jeweiligen Fassung als verbindlich anerkannt hat, erfährt, dass die Bank die AGB zu seinem Nachteil geändert hat. Muss er das gegen sich gelten lassen? **(Rdnr. 229)**

d) K kauft eine Kaffeemaschine. Nach dem Kleingedruckten der AGB des Verkäufers muss der Käufer monatlich eine bestimmte Menge Kaffee abnehmen. Als K später von seiner Abnahmeverpflichtung erfährt, fühlt er sich hinters Licht geführt. Er will den Kaffee nicht haben und am liebsten auch die Maschine zurückgeben. **(Rdnr. 230)**

I. Bedeutung der AGB **220**

Häufig fügt der Antragende seinem Vertragsangebot gedruckte Allgemeine Geschäftsbedingungen (AGB) bei. Dadurch will er erreichen, dass die Regeln, die in den AGB enthalten sind, Inhalt des Vertrages werden. Nimmt der Empfänger des Angebots dieses ohne Einschränkungen an, dann ist der Vertrag mit dem Inhalt zustande gekommen, der sich aus dem Angebot, zu dem auch die AGB gehören, ergibt.

Im heutigen Wirtschaftsleben spielen die AGB eine wichtige Rolle. Die meisten großen Unternehmen (z. B. Banken, Versicherungen, Transportunternehmen, Warenhersteller) verwenden bei Vertragsabschlüssen AGB (z. B. Bank-,

Versicherungs-, Transport-, Lieferbedingungen), die von ihnen, ihren Rechtsberatern oder ihren Interessenverbänden ausgearbeitet worden sind. Dadurch können verschiedene Zwecke erreicht werden: Beim Abschluss von Massenverträgen sollen die AGB einen Rationalisierungseffekt herbeiführen; so vereinfachen gleichlautende Lieferungs- und Zahlungsbedingungen die Geschäftsabwicklung. Ferner sollen bestimmte Regelungen in den AGB das Risiko des Verwenders begrenzen (z. B. »Die Ware bleibt bis zur vollständigen Bezahlung mein Eigentum«; »Zwischenzeitliche Lohnerhöhungen berechtigen zu einer entsprechenden Preiserhöhung«). Schließlich sollen die AGB das Rechtsverhältnis umfassend regeln. Oft reichen nämlich die gesetzlichen Bestimmungen hierfür nicht aus. Das gilt einmal für gesetzlich nicht geregelte Vertragstypen (z. B. Leasingvertrag; Automatenaufstellungsvertrag), zum anderen aber auch für vorhandene, abdingbare Gesetzesbestimmungen (z. B. lediglich Nachbesserung statt Rücktritt oder Minderung beim Sachmangel; §§ 434 ff.).

Den Vorteilen der Verwendung von AGB stehen aber auch Nachteile gegenüber. Es besteht die Gefahr, dass der Verwender von AGB diese einseitig zu seinen Gunsten und zu Lasten seines Partners ausgestaltet, indem er sich etwa von Verpflichtungen freizeichnet und alle Risiken auf den Partner abwälzt. Dieser ist zwar frei darin, ob er überhaupt abschließt; wenn er sich aber dazu entschließt, muss er sich mit der Geltung der AGB einverstanden erklären. Dazu ist er praktisch gezwungen, falls er beispielsweise die Ware oder Dienstleistung dringend braucht und der Verwender der AGB eine Monopolstellung hat. Das Gleiche gilt, wenn er zwar unter mehreren Anbietern wählen kann, die aber alle die von ihrem Interessenverband aufgestellten AGB zum Vertragsinhalt machen. Obwohl also formal die Vertragsfreiheit (Abschlussfreiheit) auch bei der Verwendung von AGB gewahrt bleibt, handelt es sich sachlich vielfach um ein einseitiges Diktat des Verwenders der AGB. Es kommt hinzu, dass ein juristisch und geschäftlich ungeschulter Partner die vielen, oft sehr klein gedruckten Bestimmungen der AGB nicht liest oder ihre Bedeutung nicht erkennt.

221 II. Gesetzliche Regelung und Anwendbarkeit der §§ 305 ff.

Die geschilderten schweren Nachteile der AGB haben Rechtsprechung und Wissenschaft seit langem veranlasst, die Geltung der AGB insoweit einzuschränken, als diese die gesetzlichen Regelungen einseitig zu Ungunsten des Vertragspartners des Verwenders abbedingen. Die AGB-Kontrolle erfolgte seit 1977 auf der Grundlage des AGBG vom 9. 12. 1976. An dessen Stelle sind am 1.1.2002 im Wesentlichen die §§ 305 bis 310 getreten.

Die §§ 305 ff. werden ergänzt durch das Unterlassungsklagengesetz – UKlaG. Danach kann derjenige, der unwirksame AGB verwendet oder empfiehlt, unter anderem von Verbraucherschutzverbänden auf Unterlassung in Anspruch genommen werden (Rdnr. 239).

Die Vorschriften über die AGB-Kontrolle gelten nicht bei allen Verträgen. Nach § 310 I, II, IV ist die *Anwendbarkeit der §§ 305 ff.* für verschiedene Bereiche eingeschränkt oder ausgeschlossen. Das gilt namentlich für AGB, die gegenüber einem (als nicht schutzwürdig angesehenen) Unternehmer verwendet werden, für Verträge auf den Gebieten des Familien-, Erb- und Gesellschaftsrechts sowie für Tarifverträge und Betriebsvereinbarungen. Bevor die Voraussetzungen der §§ 305 ff. untersucht werden, muss immer zuerst anhand von § 310 geprüft werden, ob diese Vorschriften überhaupt anwendbar sind.

III. Begriff der AGB 222

AGB sind alle für eine Vielzahl von Verträgen vorformulierten Vertragsbedingungen, die eine Vertragspartei (Verwender) der anderen bei Abschluss des Vertrages stellt (§ 305 I 1).

Unter *Vertragsbedingungen* sind Bestimmungen zu verstehen, die Inhalt des Vertrages werden sollen. Dabei kann es sich um fast den ganzen Vertragsinhalt oder nur um einzelne Vertragsbestandteile handeln.

Beispiele: Ein Formularvertrag wie der Einheitsmietvertrag enthält bis auf die Angabe der Vertragsparteien, des Mietobjekts, der Miete und des Beginns der Mietzeit alle Vertragsbestimmungen. – Zahlungs- oder Lieferungsbedingungen treffen nur Regelungen über einzelne Vertragsteile.

Die Vertragsbedingungen müssen *für eine Vielzahl von Verträgen vorformuliert* sein. »Vielzahl« setzt die Absicht einer mindestens dreimaligen Verwendung voraus[111]. Für »vorformuliert« spielt es keine Rolle, ob der Verwender selbst, sein Interessenverband oder ein Dritter sie aufgesetzt hat. Es ist auch gleichgültig, ob die Bestimmungen einen äußerlich gesonderten Vertragsbestandteil bilden oder in die Vertragsurkunde selbst aufgenommen werden. Ebenso wenig kommt es darauf an, welchen Umfang sie haben, in welcher Schriftart sie verfasst sind und welche Form der Vertrag hat (§ 305 I 2).

So kann in einem notariellen Vertrag auf (z. B. vorgedruckte oder in Maschinenschrift geschriebene) Bedingungen Bezug genommen oder können diese selbst in den Text der notariellen Urkunde aufgenommen werden. AGB sollen nach Ansicht des BGH sogar vorliegen, wenn ein Notar Klauseln aus einem Formularbuch entnimmt und sich eine Partei diese einseitig zu ihren Gunsten zunutze macht[112]. Schon eine zur wiederkehrenden Verwendung formulierte Klausel genügt, um eine vorformulierte Vertragsbedingung i.S.v. § 305 I anzunehmen[113].

Die Vertragsbedingungen müssen dem Vertragspartner *von dem Verwender gestellt*, also einseitig auferlegt werden. Daran fehlt es, wenn die Vertragsbedin-

111 BGH NJW 2002, 138; NJW 1998, 2601.
112 BGHZ 74, 210; kritisch: *Stürner*, JZ 1979, 758; anders auch: BGH NJW 1991, 843.
113 BGH NJW 1992, 2759.

gungen zwischen den Parteien im Einzelnen ausgehandelt werden (§ 305 I 3). Ein Aushandeln liegt nach ständiger Rspr. des BGH dann vor, wenn der »Verwender die in seinen AGB enthaltenen Bestimmungen ernsthaft zur Disposition stellt und dem Verhandlungspartner Gestaltungsfreiheit zur Wahrung eigener Interessen einräumt mit zumindest der realen Möglichkeit, die inhaltliche Ausgestaltung der Vertragsbedingungen beeinflussen zu können«[114].

Die handschriftliche Änderung einzelner Klauseln (z. B. der Provisionshöhe oder Vertragslaufzeit) in einem sonst wie vorformuliert stehen gebliebenen Klauselwerk macht dieses noch nicht insgesamt zu einer Individualvereinbarung. Dagegen liegt trotz des vorformulierten Textes eine Individualabrede vor, wenn die Parteien beim Aushandeln der Vertragsbedingungen schließlich zu dem Ergebnis kommen, man wolle die auch sonst gebräuchlichen »Zahlungsbedingungen« als für beide Parteien zweckmäßig vereinbaren, da dieser Text von beiden Parteien frei ausgehandelt und nicht von einer Partei der anderen »diktiert« ist. Deshalb sind die §§ 305 ff. nicht anwendbar. Von einem Aushandeln kann dagegen keine Rede sein, wenn der Verwender lediglich zu erkennen gegeben hat, dass er bereit ist, über einzelne Bestimmungen der AGB zu verhandeln[115].

223 IV. Einbeziehung der AGB in den Vertrag

Die AGB sind keine Rechtsnormen wie etwa Tarifverträge, denen der Gesetzgeber ausdrücklich Normencharakter beigelegt hat. Die Geltung der AGB beruht immer auf rechtsgeschäftlicher Grundlage. Damit die AGB Inhalt eines Vertrages werden, ist eine entsprechende Willensübereinstimmung der Vertragsparteien (Einbeziehungsvereinbarung) erforderlich (§ 305 II, III). Außerdem werden solche AGB nicht Vertragsbestandteil, bei denen es sich um überraschende Klauseln handelt (§ 305c I).

224 *1. Einbeziehungsvereinbarung*

Die notwendige Einbeziehungsvereinbarung kann nach § 305 II, III für den Einzelfall oder in Form einer Rahmenvereinbarung geschlossen werden.

225 a) Die *Einbeziehungsvereinbarung im Einzelfall* ist kein besonderes Rechtsgeschäft, sondern ein Teil des Vertrages. Sie setzt voraus:

(1) Der Verwender muss die andere Vertragspartei *bei Vertragsschluss auf die AGB hinweisen.* Im Regelfall ist ein *ausdrücklicher Hinweis* erforderlich (§ 305 II Nr. 1).

Ein Hinweis *nach* Vertragsschluss (z. B. auf der Rechnung, dem Lieferschein; **Fall a)**) genügt nicht, da es sich dabei um einen Antrag auf Änderung des bereits geschlossenen

114 BGH NJW 1992, 2760 m.w.N.
115 A. A. BGH NJW 1979, 367.

Vertrages handelt. Diesen Antrag braucht der Vertragspartner nicht anzunehmen. Aus einem Schweigen des Partners oder der Annahme der Leistung durch ihn kann nicht auf eine Annahme des Änderungsangebots geschlossen werden. Im **Fall a** kann K vom Vertrag zurücktreten (§ 437 Nr. 2). – Auch der bloße Abdruck der AGB auf der Rückseite des Vertragsangebots genügt nicht; erforderlich ist vielmehr ein ausdrücklicher Hinweis im Vertragsangebot auf die AGB[116].

Ausnahmsweise, wenn nämlich ein ausdrücklicher Hinweis wegen der Art des Vertragsschlusses nur unter unverhältnismäßigen Schwierigkeiten möglich ist, genügt ein *deutlich sichtbarer Aushang* am Ort des Vertragsschlusses (§ 305 II Nr. 1). **226**

Beispiele: Bewachung des Kraftfahrzeugs auf bewachtem Parkplatz; Benutzung eines Schließfachs.

Eines ausdrücklichen Hinweises auf die AGB bedarf es auch nicht bei AGB, die gegenüber einem Unternehmer verwendet werden. Hier ist nämlich § 305 II, III nicht anwendbar (vgl. § 310 I 1). Im kaufmännischen Verkehr reicht es aus, wenn sich die Parteien, und sei es konkludent, über die Einbeziehung der AGB einigen (vgl. Rdnr. 228)[117]. Entsprechendes gilt, wenn AGB gegenüber einer juristischen Person des öffentlichen Rechts oder einem öffentlich-rechtlichen Sondervermögen verwendet werden (§ 310 I 1).

(2) Der Kunde muss in *zumutbarer Weise von dem Inhalt der AGB Kenntnis nehmen können* (§ 305 II Nr. 2). Diese müssen grundsätzlich für einen Durchschnittskunden mühelos lesbar und ohne übermäßigen Zeitaufwand auch verständlich sein. Darüber hinaus hat der Verwender aber auch erkennbare körperliche Behinderungen der anderen Vertragspartei zu berücksichtigen. **227**

Erkennt der Verwender, dass es sich bei dem Kunden um einen Ausländer handelt, der die AGB nicht verstehen kann, muss er sich erbieten, eine Übersetzung vornehmen zu lassen. Allerdings kann der Kunde auf eine Übersetzung und überhaupt auf eine Kenntnisnahme verzichten[118].

(3) Der Kunde muss *mit der Geltung der AGB einverstanden* sein (§ 305 II a. E.). Das Einverständnis kann ausdrücklich oder stillschweigend erklärt werden. **228**

Hat der Verwender in seinem Vertragsangebot ausdrücklich auf die AGB hingewiesen und nimmt der Partner das Angebot ohne Erwähnung der AGB an, so sind diese Inhalt des Vertrages (**Fall b**; zur Wirksamkeit der Klausel: Rdnr. 235). Hat dagegen der Kunde das Angebot abgegeben und nimmt der Verwender dieses Angebot unter Hinweis auf seine AGB an, so liegt darin eine Ablehnung des Angebots und gleichzeitig ein neues Angebot (§ 150 II; Rdnr. 187).

116 Vgl. BGH ZIP 1986, 1126.
117 BGHZ 102, 293, 304; BGH BB 1991, 502.
118 Vgl. BGH NJW 1995, 190.

Bei Verträgen unter Kaufleuten kommt es oft vor, dass jeder der beiden Vertragspartner seiner Willenserklärung seine eigenen AGB beifügt und diese beiden AGB *voneinander abweichen.*

Beispiel: Der Verkäufer verweist in seinem Antrag auf die beigefügten Verkaufsbedingungen, und der Käufer bezieht sich in seiner Annahmeerklärung auf die auf der Rückseite stehenden Einkaufsbedingungen. Nach den Verkaufsbedingungen soll der Käufer vom Vertragsabschluss an die Gefahr des Untergangs der Kaufsache tragen; nach den Einkaufsbedingungen erfolgt der Transport der Kaufsache auf Gefahr des Verkäufers.

Da die AGB ein Teil der Willenserklärung sind, decken sich die Willenserklärungen insoweit nicht, als die AGB voneinander abweichen. Deshalb ist § 150 II anzuwenden (Rdnr. 187). Demnach gilt die Annahme als Ablehnung des Angebots und als neues Angebot. Wenn die Parteien aber trotzdem den Vertrag ausführen, so geben sie damit zu erkennen, dass sie den Vertrag nicht an der Divergenz der AGB scheitern lassen wollen. Dann gelten die AGB nur insoweit, als sie übereinstimmen[119]; im Übrigen ist dispositives Recht anwendbar (§ 306 II).

229 b) Die *Rahmenvereinbarung* ist eine von den Vertragsparteien für eine bestimmte Art von künftigen Rechtsgeschäften *im Voraus* getroffene Vereinbarung über die Geltung bestimmter AGB (§ 305 III). Dadurch soll es den Parteien erspart werden, jeweils bei Abschluss eines neuen Vertrages wieder die Geltung der AGB zu vereinbaren.

Beispiel: Bei der Aufnahme einer Bankverbindung vereinbaren die Bank und ihr Kunde, dass für alle künftigen Geschäfte die Bankbedingungen gelten sollen.

(1) Eine solche Rahmenvereinbarung ist nur dann *wirksam, wenn die in § 305 II bezeichneten Erfordernisse* erfüllt sind (§ 305 III; vgl. Rdnr. 225 ff.).

Die Bankbedingungen gelten also nur dann für die künftigen Geschäfte, wenn die Bank auf ihre AGB hinweist, der Bankkunde von ihrem Inhalt Kenntnis nehmen kann und mit ihrer Geltung einverstanden ist.

(2) Es kann nur die Geltung *bestimmter* AGB, nicht auch der AGB in ihrer jeweiligen Fassung vereinbart werden. Andernfalls hätte es der Verwender in der Hand, die AGB ohne Einverständnis des Partners einseitig zu seinen Gunsten zu ändern.

Will die Bank im Laufe der Zeit ihre Bedingungen ändern, so werden die geänderten Bedingungen nur unter den Voraussetzungen des § 305 II Vertragsinhalt. Deshalb wirken im **Fall c** die Änderungen nicht gegen den Bankkunden.

119 BGH NJW 1985, 1839; 1991, 1606.

2. Keine Einbeziehung überraschender Klauseln 230

Selbst wenn eine nach § 305 II, III wirksame Einbeziehungsvereinbarung im Einzelfall oder eine Rahmenvereinbarung vorliegt, werden einzelne Bestimmungen der AGB dennoch nicht Vertragsbestandteil, wenn sie nach den Umständen, insbesondere nach dem äußeren Erscheinungsbild des Vertrages, so ungewöhnlich sind, dass der Vertragspartner des Verwenders mit ihnen nicht zu rechnen braucht (§ 305 c I). Dadurch soll der Partner vor Überraschungen geschützt werden; er soll darauf vertrauen dürfen, dass die AGB sich im Rahmen dessen halten, was bei einem solchen Vertrag normalerweise zu erwarten ist. Deshalb bezieht das Gesetz das Einverständnis nicht auf überraschende Klauseln, so dass diese nicht Inhalt des Vertrages werden.

Beispiele: Der Handwerker kauft eine Maschine; in den AGB des Verkäufers »versteckt« sich ein Wartungsvertrag. – Im **Fall d** handelt es sich bei der Pflicht zur Abnahme des Kaffees um eine überraschende Klausel nach § 305 c I. Sie ist nicht wirksam in den Vertrag einbezogen. Der Kaufvertrag über die Kaffeemaschine ist aber wirksam (§ 306 I; Rdnr. 238).

V. Auslegung der AGB 231

1. Auslegungsmethode

Sind die AGB Inhalt des Rechtsgeschäfts geworden, gelten für sie grundsätzlich die Regeln, die für die Auslegung des Rechtsgeschäfts maßgebend sind (Rdnr. 124 ff.); es kommt also sowohl die einfache Auslegung (Rdnr. 125 ff.) als auch eine ergänzende Auslegung (Rdnr. 138 ff.) in Betracht.

Jedoch ist aus dem mit den AGB verfolgten Zweck, eine gleichmäßige Geschäftsabwicklung von Massenverträgen zu erreichen, zu folgern, dass es bei der Auslegung der AGB nicht darauf ankommt, wie der konkrete Erklärungsempfänger im Einzelfall die AGB verstanden hat oder verstehen musste; vielmehr ist auf das Verständnis eines Durchschnittskunden abzustellen. Deshalb sind bei der Auslegung der AGB nur solche Umstände zu berücksichtigen, deren Kenntnis von einem Durchschnittskunden erwartet werden kann[120].

2. Vorrang der Individualabrede 232

Haben die Parteien eine individuelle Vertragsabrede getroffen und steht diese im Widerspruch zu einer Klausel der AGB, so hat die Individualabrede Vorrang vor den AGB (§ 305 b). Das entspricht dem Willen der Vertragsparteien; denn diese wollten mit der Individualabrede deren Geltung erreichen, gleichgültig, ob ihnen der Widerspruch zu einer Klausel der AGB bekannt war.

120 Vgl. dazu etwa BGHZ 106, 42, 49; 33, 218.

Selbst wenn die AGB vorsehen, dass eine von ihnen abweichende Individualabrede der Schriftform bedarf, so ist diese Abrede auch dann gültig, wenn sie formlos (mündlich) getroffen wird; denn mit einer solchen Abrede ist gleichzeitig insoweit die Schriftformklausel (stillschweigend) abbedungen (h. M.; Rdnr. 318).

233 *3. Unklarheitenregel*

Führt die Auslegung einer Klausel der AGB auch unter Berücksichtigung aller zur Auslegung heranzuziehenden Umstände zu keinem eindeutigen Ergebnis und sind mindestens zwei Auslegungsergebnisse rechtlich vertretbar, so geht das zu Lasten des Verwenders (§ 305 c II). Denn der Kunde hat – anders als beim Individualvertrag – keinen Einfluss auf die Ausgestaltung der AGB, und der Verwender hätte sich klarer ausdrücken können und müssen. Es gilt deshalb das Auslegungsergebnis, das für den Verwender ungünstiger und den Kunden günstiger ist.

Nahe verwandt mit der Unklarheitenregel des § 305 c II ist das ebenfalls von der Rechtsprechung aufgestellte, aber nicht ins Gesetz übernommene *Restriktionsprinzip*. Danach sind Klauseln der AGB, die zum Nachteil des Kunden von abdingbaren Gesetzesbestimmungen abweichen, eng (also zu Gunsten des Kunden) auszulegen. Das kommt vor allem für Freizeichnungsklauseln in Betracht. Zeichnet sich der Verwender der AGB in einer Klausel z. B. von Schäden an einem von ihm zu erstellenden Werk frei, so bezieht sich das im Zweifel nur auf die vertragliche Haftung, nicht dagegen auf Ansprüche aus unerlaubter Handlung[121]. Die Unklarheitenregel und das Restriktionsprinzip führen beide zu einer für den Kunden günstigen Auslegung.

234 VI. Inhaltskontrolle der AGB

Hauptziel der §§ 305 ff. ist es, die Geltung der AGB dort einzuschränken, wo diese die gesetzlichen Regeln einseitig zu Ungunsten des Vertragspartners des Verwenders abbedingen. Darum bestimmt § 307 III 1, dass eine Inhaltskontrolle nur dann erfolgt, wenn die Bestimmungen der AGB von Rechtsvorschriften abweichen oder diese ergänzen. Diese Voraussetzungen liegen auch dann vor, wenn AGB die für einen anderen Vertragstyp geltenden gesetzlichen Vorschriften für anwendbar erklären (z. B. Werkvertragsregeln beim Kauf)[122].

Das Gesetz enthält einzelne Klauselverbote (§§ 308, 309) sowie eine Generalklausel (§ 307 I, II). Die §§ 307 bis 309 sind von hinten nach vorn zu prüfen. Zuerst stellt sich also die Frage, ob eine Klausel unter den Katalog des § 309 fällt und daher immer unwirksam ist. Nur wenn das nicht der Fall ist, muss weiter untersucht werden, ob die Klausel von § 308 erfasst wird und auf Grund der nach dieser Vorschrift jeweils notwendigen Wertung im Einzelfall (z.B. »unangemessen lange« und »hinreichend bestimmt« [Nr. 1, 2]; »sachlich ge-

121 Vgl. BGH NJW 1975, 1315, 1316.
122 Vgl. auch BGHZ 91, 55, 57 f.

rechtfertigter Grund« [Nr. 3]) unwirksam ist. Schließlich kann sich die Unwirksamkeit noch aus der Generalklausel des § 307 ergeben.

1. *Einzelne Klauselverbote (§§ 308, 309)* 235

Die in §§ 308, 309 enthaltenen Klauseln betreffen die verschiedensten Rechtsgebiete und müssen jeweils dort abgehandelt werden.

Im **Fall b** ist die Klausel Inhalt des Vertrages geworden. Sie verweigert aber dem K einen Mindestrechtsschutz; wenn nämlich die Nachbesserung durch V fehlschlägt, hat K keinerlei Rechte wegen des Mangels der Maschine. Deshalb ist nach § 309 Nr. 8 b) bb) die Klausel über die Beschränkung des Rechts des Käufers auf Nachbesserung unwirksam, weil sie dem Käufer nicht ausdrücklich das Recht vorbehält, bei Fehlschlagen der Nachbesserung Herabsetzung des Kaufpreises geltend zu machen oder vom Vertrag zurückzutreten[123].

2. *Generalklausel (§ 307)* 236

Die einzelnen Klauselverbote können nicht alle gegen Treu und Glauben verstoßenden Klauseln erfassen. Deshalb stellt § 307 I, II als Auffangtatbestand eine Generalklausel auf. Ist keiner der in §§ 308, 309 aufgeführten Tatbestände erfüllt, dann muss geprüft werden, ob die Generalklausel des § 307 I, II eingreift.

Diese Vorschrift ist auch dann zu beachten, wenn die AGB gegenüber einer juristischen Person des öffentlichen Rechts, einem öffentlich-rechtlichen Sondervermögen oder einem Unternehmer verwendet werden; in diesen Fällen sind zwar die §§ 305 II, III, 308 und 309 nicht anwendbar (vgl. § 310 I 1), wohl aber die Generalklausel des § 307 I, II.

Nach § 307 I 1 sind AGB unwirksam, wenn sie den Vertragspartner des Verwenders *entgegen den Geboten von Treu und Glauben unangemessen benachteiligen*.

a) Dafür nennt § 307 *drei Fallgruppen*: 236a

(1) Gem. § 307 I 2 kann sich eine unangemessene Benachteiligung daraus ergeben, dass die Bestimmung nicht klar und verständlich ist (sog. *Transparenzgebot*). Der Verwender muss seine AGB zwar nicht einzeln erläutern, aber doch so formulieren, dass auch der juristisch nicht vorgebildete Vertragspartner sich ihren Inhalt erschließen kann.

(2) Ferner ist eine unangemessene Benachteiligung im Zweifel anzunehmen, wenn eine Bestimmung der AGB *mit wesentlichen Grundgedanken der abbedungenen gesetzlichen Regelung nicht zu vereinbaren* ist (§ 307 II Nr. 1).

123 Vgl. auch BGH NJW 1994, 1005.

Beispiel: Nach den AGB eines Maklers soll der Anspruch auf Maklerlohn ohne Rücksicht auf die Maklerleistung entstehen. Diese Klausel verstößt nicht gegen eine der in §§ 308, 309 enthaltenen Spezialregeln, wohl aber gegen die Generalklausel des § 307 I, II. Nach dem gesetzlichen Leitbild des Maklerrechts hängt die Entstehung des Lohnanspruchs davon ab, ob der angestrebte Vertrag durch Nachweis oder Vermittlung des Maklers zustande kommt (§ 652). Eine davon abweichende AGB ist unwirksam (§ 307 II Nr. 1); es gilt die gesetzliche Regelung des § 652.

(3) Schließlich liegt im Zweifel eine unangemessene Benachteiligung vor, wenn eine Bestimmung der AGB wesentliche Rechte oder Pflichten, die sich aus der Natur des Vertrages ergeben, so einschränkt, dass die *Erreichung des Vertragszwecks gefährdet* ist (§ 307 II Nr. 2).

Beispiel: In den AGB eines Bewachungsunternehmens ist die Haftung für mangelhafte Bewachung ausgeschlossen. Damit ist eine ordnungsgemäße Erfüllung der Bewachungspflicht infrage gestellt, so dass der Vertragszweck gefährdet ist.

236b b) **Weitere Beispiele** zum heutigen § 307 (vorher § 9 AGBG) aus der Rechtsprechung: Autovermietung: Koppelung der Fälligkeit von Schadensersatzansprüchen an Einsichtnahme in polizeiliche Ermittlungsakten[124]; Bierbezugsverpflichtung von 10 Jahren: Im Regelfall nicht unangemessen[125]; Breitbandkabelanschlussvertrag: Keine unangemessene Benachteiligung bei 12-jähriger Bindung[126] sowie bei Pflicht des Kabelanschlusskunden, für den Einzug des monatlichen Nutzungsentgelts eine Einzugsermächtigung zu erteilen[127]; Ehe- oder Partnerschaftsanbahnung: Kündigungsausschluss[128]; Einkaufsbedingungen: Verlängerung der Verjährungsfrist[129]; Fitness-Studio: Wirksame stillschweigende Vertragsverlängerung[130]; vorformulierte Entgeltpflicht trotz Nichtnutzung des Studios[131]; Girokonto: Preisklauseln[132]; unwirksame Klausel, dass Wertstellung von Bareinzahlungen erst einen Bankarbeitstag nach Einzahlung erfolgt[133]; Kraftfahrzeugreparatur: Unwirksame Beschränkung der Gewährleistungsansprüche auf eine Fahrleistung des reparierten Kfz, wenn dadurch eine mittelbare Verkürzung der kurzen Gewährleistungsfrist des § 638 eintritt[134]; Private Krankenversicherung: Beschränkung psychotherapeutischer Behandlung[135]; Kreditinstitute: Entgelt für Bearbeitung und Überwachung von Pfändungsmaßnahmen[136]; vorformuliertes Einverständnis mit Telefonwerbung im Kontoeröffnungs-

124 BGH NJW 1994, 1788.
125 BGHZ 147, 279.
126 BGH NJW 1993, 1133.
127 BGH WM 1996, 335.
128 BGHZ 106, 341.
129 BGHZ 110, 88.
130 BGH JZ 1997, 1007.
131 BGH NJW 1997, 193.
132 BGH WM 1996, 1080.
133 BGH WM 1997, 1661.
134 BGHZ 122, 241.
135 BGH NJW 1999, 3411.
136 BGH NJW 1999, 2276.

formular[137]; Kreditkarte: Missbrauchsrisiko trägt der Kunde ohne Rücksicht auf dessen Verschulden[138]; andere unwirksame Kreditkarten-AGB[139]; Kreditinstitut: Unzulässige Entgelte für Nichtausführung von Daueraufträgen und Überweisungen sowie für Rückgabe von Schecks und Lastschriften mangels Deckung[140]; für Verwaltung von Freistellungsaufträgen[141]; Miete von Wohnraum: Kleinreparaturen hat Mieter selbst vorzunehmen[142]; Vorauszahlungsklauseln in Wohnraummietverträgen[143]; Möbelkauf[144]; Restzahlung vor Möbellieferung[145]; Partnerschaftsvermittlungsvertrag: Laufzeitverlängerungsklausel[146]; Rechtsschutzversicherung: Fünfjährige Laufzeit, Kündigungsrecht des Versicherungsnehmers[147]; Supermarkthinweisschild, dass gegebenenfalls Taschenkontrollen an den Kassen durchgeführt werden[148]; Telekommunikationsanlagen: Zehnjahreslaufzeitklausel[149]; Unfallversicherungsvertrag: Unwirksamkeit der formularmäßigen Bestimmung über eine zehnjährige Laufzeit[150]; anders bei fünfjähriger Laufzeit[151]; Versicherungsbedingungen: Unwirksame Klauseln, mit denen sich der Versicherer ein uneingeschränktes Recht vorbehält, Prämien, Tarife und sonstige versicherungsvertragliche Rechte und Pflichten abzuändern[152]; Vertragshändlervertrag: Vorformulierte Ersatzteillager-Rückkaufspflicht[153]; Vertragslaufzeit: Ankreuzen in Vertragsformular[154].

VII. Umgehungsverbot 237

Da nach dem Gesetz viele Klauseln verboten sind, werden Verfasser von AGB nach Wegen suchen, auf denen das Gesetz umgangen werden kann. Das soll durch das Umgehungsverbot des § 306 a verhindert werden. Die Vorschrift greift schon beim Vorliegen des objektiven Tatbestandes ein. Der Verwender braucht sich der Umgehung nicht bewusst zu sein; eine Umgehungsabsicht ist erst recht nicht erforderlich.

137 BGH NJW 1999, 1864.
138 BGHZ 114, 238.
139 BGHZ 125, 343.
140 BGH DB 1997, 2528.
141 BGH WM 1997, 1663.
142 BGHZ 118, 194.
143 BGH NJW 1995, 254.
144 BGH NJW 1995, 1488.
145 BGH NJW 1999, 2180.
146 BGH NJW 1999, 276.
147 BGH BB 1997, 2072.
148 BGH NJW 1996, 2574.
149 BGH NJW-RR 1997, 2123.
150 BGHZ 127, 35.
151 BGH MDR 1996, 244.
152 BGH ZIP 1997, 2123.
153 BGHZ 128, 67.
154 BGH ZIP 1998, 336.

Beispiel: Der Händler, der einen Kunden ständig mit Waren beliefert, schließt mit diesem keine Kaufverträge über die einzelnen Lieferungen, sondern einen Gesellschaftsvertrag ab, der seine Allgemeinen Lieferungsbedingungen enthält. Auf Gesellschaftsverträge sind die §§ 305 ff. nicht anwendbar (vgl. § 310 IV 1). Da im Beispielsfall das Gesetz umgangen wird, greift es nach § 306 a dennoch ein.

238 **VIII. Rechtsfolgen bei Unwirksamkeit oder Nichteinbeziehung einer Klausel**

1. Grundsatz: Wirksamkeit des Vertrages im Übrigen

Enthalten die in den Vertrag einbezogenen AGB eine unwirksame Klausel, so wäre nach der Regel des § 139 (Rdnr. 353 ff.) das ganze Geschäft nichtig. Dieses Ergebnis liefe jedoch regelmäßig dem Zweck der Inhaltskontrolle zuwider, den Vertragspartner des Verwenders zu schützen. Dem typischen Interesse des Vertragspartners entspricht die *Aufrechterhaltung des Vertrages mit Ausnahme der unwirksamen Klausel.* Das sieht § 306 I für den Regelfall vor. Entsprechendes gilt auch, soweit AGB ganz oder teilweise nicht Vertragsbestandteil geworden sind.

Infolge der Unwirksamkeit oder Nichteinbeziehung der Klausel kann der Vertrag *lückenhaft* sein. Die Lücke des Vertrages soll nach § 306 II durch die (dispositiven) gesetzlichen Vorschriften geschlossen werden. Ist das (z. B. wegen Fehlens solcher Vorschriften) nicht möglich, kommt eine ergänzende Auslegung des Vertrages (Rdnr. 138 ff.) in Betracht[155].

Im **Fall b** greift anstelle der unwirksamen Klausel die gesetzliche Regelung ein, wonach der Käufer bei einem Mangel der Kaufsache Nacherfüllung, Rücktritt, Minderung oder Schadens- bzw. Aufwendungsersatz geltend machen kann (§ 437).

Streitig ist, ob eine unwirksame Klausel (z. B. vierjährige Laufzeit eines Zeitungsabonnements; vgl. § 309 Nr. 9 a) wenigstens insoweit aufrechterhalten werden kann, als sie gerade noch (z. B. zweijährige Laufzeit) für zulässig zu erachten ist (sog. *geltungserhaltende Reduktion*). Das ist im Regelfall *zu verneinen*, weil nur die Unwirksamkeit der ganzen Klausel klare Verhältnisse schafft, der Verwender keinen Schutz verdient und andernfalls der Zweck des Gesetzes (Verbraucherschutz) unterlaufen würde[156].

238a *2. Ausnahme: Unwirksamkeit des gesamten Vertrages*

Ausnahmsweise ist bei Unwirksamkeit oder Nichteinbeziehung einer Klausel der ganze Vertrag unwirksam, wenn das Festhalten an ihm auch unter Berücksichtigung der Lückenfüllung nach § 306 II eine unzumutbare Härte für eine

155 BGHZ 90, 69, 73 ff.; 117, 98.
156 BGHZ 84, 109, 114 ff.; 92, 312, 315; 124, 380; BGH NJW 2000, 1113.

Vertragspartei darstellen würde (§ 306 III). Das ist z. B. der Fall, wenn durch die Aufrechterhaltung des Vertrages das Verhältnis von Leistung und Gegenleistung völlig ungleichgewichtig würde oder der verbleibende Restvertrag im Hinblick auf den erstrebten Zweck sinnlos wäre.

IX. Gerichtlicher Verbraucherschutz 239

Der Verbraucherschutz wäre unvollkommen, wenn sich nur der einzelne Vertragspartner in einem Rechtsstreit mit dem Verwender gegen unwirksame Klauseln zur Wehr setzen könnte. Deshalb sind z. B. Verbraucherverbände, Industrie- und Handelskammern sowie Handwerkskammern im Rahmen einer sog. Verbandsklage befugt, den Verwender der AGB auf Unterlassung bzw. auf Widerruf in Anspruch zu nehmen, obwohl sie selbst nicht unmittelbar betroffen sind (§ 3 UKlaG). Auf das der Klage stattgebende Urteil kann sich nach § 11 UKlaG auch der betroffene Vertragspartner des Verwenders grundsätzlich berufen. Einzelheiten sind dem Gesetz über Unterlassungsklagen bei Verbraucherrechts- und anderen Verstößen (Unterlassungsklagengesetz – UKlaG) zu entnehmen.

X. Besonderheiten bei Verbraucherverträgen 240

1. Schutzzweck des § 310 III

Durch § 310 III soll der Verbraucherschutz beim Vertragsschluss verstärkt werden. Da eine natürliche Person als Verbraucher bei Vertragsverhandlungen im privaten Bereich dem Unternehmer, der in Ausübung seiner gewerblichen oder beruflichen Tätigkeit handelt, regelmäßig unterlegen ist, soll sie – ähnlich wie der Vertragspartner des Verwenders von AGB – vor missbräuchlichen Klauseln geschützt werden. Dieser Schutz soll dem Verbraucher auch dann gewährt werden, wenn die entsprechende Klausel nicht vom Unternehmer in den Vertrag eingeführt oder wenn sie nur einmal verwandt worden ist und deswegen die Voraussetzungen des § 305 I nicht erfüllt.

2. Voraussetzungen des erweiterten Schutzes 241

§ 310 III setzt einen Vertrag zwischen einem Unternehmer und einem Verbraucher voraus.

a) *Unternehmer* ist eine Person, die in Ausübung ihrer gewerblichen oder selbstständigen beruflichen Tätigkeit handelt (vgl. § 14).

Dazu gehören nicht nur Handelsgesellschaften, sondern auch Einzelpersonen, etwa Landwirte, Handwerker und Freiberufler, sofern ihre selbstständige Tätigkeit von gewisser Dauer und auf Gewinnerzielung gerichtet ist.

b) *Verbraucher* i. S. des § 310 III ist eine natürliche Person, die einen Vertrag abschließt, der weder einer gewerblichen noch einer selbstständigen beruflichen Tätigkeit zugerechnet werden kann (vgl. § 13).

Wer einen Vertrag abschließt, um Bedarfsgegenstände für eine abhängig ausgeübte Beschäftigung zu erwerben, bleibt daher Verbraucher. Nicht geschützt werden aber etwa Vereine und Stiftungen, da es sich bei ihnen um juristische Personen handelt.

c) Der *Vertrag* zwischen Unternehmer und Verbraucher fällt dann unter § 310 III, wenn die eine Vertragspartei bei seinem Abschluss im Rahmen ihrer gewerblichen oder selbstständigen beruflichen Tätigkeit handelt, die andere dagegen nicht. Beim Unternehmer ist der Vertrag im Zweifel dem unternehmerischen Bereich zuzuordnen (Rechtsgedanke des § 344 HGB; HR Rdnr. 243). Vom Verbraucher muss der Vertrag zu privaten Zwecken geschlossen werden. Um welchen Vertragstyp es sich im Einzelfall handelt (z. B. Kauf, Miete, Darlehen), spielt dagegen keine Rolle.

§ 310 III greift also nicht ein bei Verträgen zwischen Gewerbetreibenden, zwischen Verbrauchern sowie zwischen einem Unternehmer und einem Verbraucher, sofern dieser beim Vertragsschluss in Ausübung einer gewerblichen oder einer selbstständigen beruflichen Tätigkeit handelt.

242 *3. Folgen*

Liegt ein Verbrauchervertrag i. S. d. § 310 III vor, sind auf ihn die Regeln der §§ 305 ff. anzuwenden.

a) Das gilt auch, wenn die AGB nicht vom Unternehmer, sondern von einem Dritten (z. B. Notar, Makler, Architekt) gestellt worden sind. Wenn jedoch die AGB vom Verbraucher in den Vertrag eingeführt worden sind (z. B. dem Mietvertrag wird ein Mietvertragsformular auf Vorschlag des Verbrauchers zugrunde gelegt), ist dieser nicht schutzwürdig, so dass die Vorschriften der §§ 305–310 nicht zu beachten sind (vgl. § 310 III Nr. 1).

b) Die §§ 305 c II, 306 und 307–309 sowie Art. 29 a EGBGB sind auch dann anwendbar, wenn die Vertragsbedingungen nur zur einmaligen Verwendung bestimmt sind, soweit der Verbraucher auf Grund der Vorformulierung auf ihren Inhalt keinen Einfluss nehmen konnte (§ 310 III Nr. 2).

c) Bei der Beurteilung, ob eine Klausel den Verbraucher unangemessen benachteiligt, ist nicht nur eine generalisierende überindividuelle Betrachtung anzustellen (vgl. § 307 I, II); vielmehr sind – entsprechend der EG-Richtlinie – auch die den Vertragsschluss begleitenden, also die konkreten individuellen Umstände zu berücksichtigen (§ 310 III Nr. 3).

Beispiel: Die Überrumpelung des Partners beim Vertragsschluss spricht für eine Unwirksamkeit.

AGB-Kontrolle

I. Anwendbarkeit der §§ 305 ff. (§ 310 I, II, IV)

II. Vorliegen von AGB (§ 305 I)
1. Vertragsbedingungen
2. Für eine Vielzahl von Fällen vorformuliert (Ausnahme: § 310 III Nr. 2)
3. Vom Verwender gestellt (auch § 310 III Nr. 1)

III. Einbeziehungskontrolle
1. Einbeziehung
   a) im Einzelfall (§ 305 II)
      (1) Ausdrücklicher Hinweis durch den Verwender oder deutlich sichtbarer Aushang (§ 305 II Nr. 1)
      (2) Möglichkeit der Kenntnisnahme (§ 305 II Nr. 2)
      (3) Einverständnis des Vertragspartners (§ 305 II a.E.)
   oder
   b) durch Rahmenvereinbarung (§ 305 III)
2. Keine überraschende Klausel (§ 305 c I)

IV. Auslegung der AGB
1. Vorrang der Individualabrede (§ 305 b)
2. Unklarheitenregel: Auslegungszweifel zu Lasten des Verwenders (§ 305 c II)

V. Inhaltskontrolle (in den Grenzen des § 307 III 1)
1. Klauselverbote ohne Wertungsmöglichkeit (§ 309)
2. Klauselverbote mit Wertungsmöglichkeit (§ 308)
3. Generalklausel (§ 307): Unangemessene Benachteiligung, insbes. durch
   a) Verstoß gegen das Transparenzgebot (§ 307 I 2)
   b) Unvereinbarkeit mit dem Grundgedanken des Gesetzes (§ 307 II Nr. 1)
   c) Gefährdung des Vertragszwecks (§ 307 II Nr. 2)

243 § 11 Konsens und Dissens

Schrifttum: *Diederichsen*, Der Auslegungsdissens, Festschrift f. H. Hübner, 1984, 421; *Kramer*, Grundfragen der vertraglichen Einigung, 1972; *Jung*, Die Einigung über die »essetialia negotii« als Voraussetzung für das Zustandekommen eines Vertrages, JuS 1999, 28; *Leenen*, Abschluß, Zustandekommen und Wirksamkeit des Vertrages – zugleich ein Beitrag zur Lehre vom Dissens –, AcP 188 (1988), 381.

Fälle:
Ist in folgenden Fällen ein Vertrag zustande gekommen?

a) V will sein Gemälde dem K für 980,– € verkaufen und schreibt dem K, er biete ihm das Bild für 890,– € an. K weiß, dass V für das Bild 980,– € haben will, und ist damit einverstanden; er antwortet dem V, er kaufe das Bild für 98,– €. V bemerkt den Schreibfehler. **(Rdnr. 244, 247)**

b) Auf den Brief des V im **Fall a** antwortet K, er nehme das Angebot an. Dabei weiß K nichts vom Schreibfehler im Angebotsschreiben, und er kann auch – mangels weiteren Auslegungsmaterials – nicht auf den wirklichen Willen des V (Kaufpreis 980,– €) schließen. **(Rdnr. 245, 248)**

c) V bietet sein Gemälde dem K zum Kauf für 980,– € an. K erklärt, er nehme das Angebot an, müsse aber auf Ratenzahlung bestehen. V antwortet, damit sei er einverstanden, er erwarte entsprechende Vorschläge. **(Rdnr. 255)**

d) A schreibt dem B per Fax: »50 Fernseher Typ E à 500,– €«. B antwortet ebenfalls per Fax: »Einverstanden«. Später stellt sich heraus, dass jede Partei verkaufen wollte und den Partner als Käufer ansah. **(Rdnr. 256, 257)**

I. Konsens

1. Begriff und gesetzliche Regelung

a) Unter dem Begriff Konsens (»consensus«) versteht man die *Übereinstimmung* der Willenserklärungen der Vertragsschließenden. Nur wenn Angebot und Annahme übereinstimmen, kommt ein Vertrag zustande; dagegen hindert eine Nichtübereinstimmung (Dissens) den Vertragsschluss.

b) Eine ausdrückliche gesetzliche Regelung gibt es für den Konsens nicht. Es ist auf die Bestimmungen über den Vertragsschluss (§§ 145 ff.) zurückzugreifen. Vor allem aus § 150 II ist zu entnehmen, dass nur eine solche Willenserklärung eine Annahme des Angebots darstellt, die nicht von dem Angebot abweicht, also mit ihm übereinstimmt.

244 *2. Konsens und Auslegung*

Wenn Konsens die Übereinstimmung der Willenserklärungen bedeutet, so fragt sich, ob damit die Übereinstimmung der (inneren) Willen oder der (äußeren) Erklärungen oder der objektiven Bedeutungen der Erklärungen gemeint ist. Die richtige Lösung lässt sich nur unter Beachtung der Auslegungsgrundsätze (Rdnr. 125 ff.) finden. Danach sind folgende Fallgruppen zu unterscheiden:

a) Ergibt die Auslegung von Angebot und Annahme, dass hinter beiden Erklärungen *übereinstimmende Willen der beiden Erklärenden* stehen, dann ist wegen der Übereinstimmung der inneren Willen ein Konsens im Sinne des gemeinsam Gewollten zu bejahen, selbst wenn die Erklärungen übereinstimmend von dem beiderseits Gewollten abweichen (falsa demonstratio non nocet; Rdnr. 133). Diese Lösung benachteiligt keine der beiden Parteien, da sie auf das von beiden Gewollte abstellt.

Demnach sind bei der Prüfung, ob Konsens vorliegt, zuerst die Willen der beiden Erklärenden zu ermitteln. Stimmen sie überein, ist Konsens gegeben. Auf das Erklärte kommt es dann nicht an.

Im **Fall a** stimmen die Willen von V und K überein (Kaufvertrag über das Bild zu 980,– €). Zu diesen Bedingungen ist der Vertrag zustande gekommen. Die falschen, sich nicht deckenden Erklärungen ändern daran nichts.

b) Ergibt die Auslegung, dass die Willen von Antragendem und Annehmendem nicht übereinstimmen, ist durch normative Auslegung beider Willenserklärungen (Rdnr. 135 f.) zu ermitteln, welchen Sinn jede der Erklärungen – vom Empfängerhorizont aus betrachtet – hat. *Stimmt der Sinn beider Erklärungen (der objektive Erklärungswert) überein*, ist ein Konsens gegeben, obwohl die tatsächlichen Willen der Parteien nicht übereinstimmen. **245**

Im **Fall b** stimmen die inneren Willen der Parteien nicht überein; V will für 980,– € verkaufen, während K für 890,– € kaufen will. Bei normativer Auslegung des Angebots muss V die Erklärung (Verkauf für 890,– €) gegen sich gelten lassen. Damit stimmt die Annahme des K überein, so dass ein Kaufvertrag zu 890,– € zustande gekommen ist.

3. Folgen **246**

a) *Bei Konsens ist der Vertrag geschlossen*, so dass jede Partei die ihr nach dem Vertrag zustehenden Ansprüche gegen den Partner geltend machen kann.

b) Beruht der *Konsens auf der Übereinstimmung der wirklichen Willen*, hat keine Partei das Recht, ihre Willenserklärung wegen Irrtums anzufechten (§§ 119 ff.; Rdnr. 413 ff.); selbst wenn die Erklärung von dem Willen abweicht, wirkt sich dieser Fehler nicht zum Nachteil des Erklärenden aus, da allein sein wirklicher Wille maßgebend ist. **247**

Im **Fall a** ist der Vertrag zu den von beiden Parteien gewollten Bedingungen (Kaufpreis 980,– €) zustande gekommen. Deshalb kann keine Partei ihre auf einem Irrtum beruhende Erklärung anfechten.

c) Beruht der *Konsens auf dem durch normative Auslegung gefundenen, übereinstimmenden Sinn der Erklärungen*, kann die Partei, die einen vom Ge- **248** wollten abweichenden Sinn der Erklärung gegen sich gelten lassen muss, anfechten (§ 119 I).

Im **Fall b** ist der Kaufvertrag zum Preis von 890,– € zustande gekommen. Da V einen anderen Willen hatte, kann er seine Erklärung wegen Erklärungsirrtums nach § 119 I (Rdnr. 413) anfechten.

249 **II. Dissens**

1. Voraussetzungen

Dissens (»dissensus«) bedeutet *Nichtübereinstimmung* der Willenserklärungen. Da ein Dissens vorliegt, wenn kein Konsens gegeben ist, muss zunächst durch Auslegung der Willenserklärungen ermittelt werden, ob eine Übereinstimmung der wirklichen Willen (Rdnr. 133) oder des objektiven Erklärungswertes beider Erklärungen (Rdnr. 135) vorhanden ist. Nur wenn beides verneint wird, ist Dissens zu bejahen.

Demnach sind beim Dissens vor allem zwei Fallgruppen zu unterscheiden:

250 a) Die *Willenserklärungen* der Parteien *gehen aneinander vorbei*, decken sich also nicht.

Beispiel: V erklärt dem K, er wolle ihm sein Bild für 1 000,– € verkaufen; K antwortet, er nehme das Bild für 900,– €. Da die Parteien sich über den Kaufpreis nicht geeinigt haben, ist kein Kaufvertrag zustande gekommen (vgl. § 150 II). Sollten aber beide Parteien entgegen ihren Erklärungen übereinstimmend einen Preis von z. B. 1 000,– € gewollt haben, liegt wegen der Übereinstimmung der beiden Willen ein Vertragsschluss vor.

251 b) Die *Willenserklärungen* der Parteien *sind objektiv mehrdeutig*. Dann fehlt es an einer Übereinstimmung, selbst wenn sich die Erklärungen äußerlich decken.

Schulbeispiele sind die Währungsfälle (Rdnr. 126, 128): Ein Vertrag lautet über 1 000,– Dollar. Das können US-amerikanische oder kanadische Dollar sein. Dennoch kann eine Willensübereinstimmung vorliegen, wenn nämlich beide Parteien etwa kanadische Dollar meinten oder wenn bei normativer Auslegung als übereinstimmender Sinn z. B. kanadische Dollar ermittelt werden, weil der Vertrag etwa in Kanada geschlossen wurde. Nur wenn beide Möglichkeiten ausscheiden, liegt wegen Mehrdeutigkeit Dissens vor.

252 *2. Offener und versteckter Dissens*

Liegt ein Dissens vor und sind sich die Parteien bewusst, dass sie sich nicht geeinigt haben, spricht man von offenem Dissens. Meinen die Parteien irrtümlich, dass sie sich geeinigt haben, ist ein versteckter Dissens gegeben. Auf dieser Unterscheidung beruhen die Auslegungsregeln des § 154 (offener Dissens) und des § 155 (versteckter Dissens).

a) Beim *offenen Dissens* (= offenen Einigungsmangel) wissen die Parteien, dass sie sich nicht geeinigt haben. 253

Beispiel: V bietet dem K eine Maschine für 5 000,– € an. K erklärt, er wolle nur 4 500,– € bezahlen (= Ablehnung, verbunden mit einem neuen Angebot; § 150 II; Rdnr. 187).

(1) Ist über einen der *wesentlichen Vertragsbestandteile* (= essentialia negotii) keine Einigung erzielt, ist ein Vertrag nicht zustande gekommen. Wesentlich sind die Umstände, die nach dem Gesetz den Vertragstyp bestimmen. 254

Das sind beim Kauf die Bestimmung des Kaufgegenstandes und des Kaufpreises (§ 433), bei der Miete die Bestimmung der Mietsache und des Mietzinses (§ 535).

(2) Ist dagegen lediglich über vertragliche *Nebenpunkte* (= accidentalia negotii) keine Einigung erzielt, kommt es auf den Willen der Parteien an, ob der Vertrag erst dann geschlossen sein soll, wenn auch über den letzten der noch offen gebliebenen Nebenpunkte eine Einigung erreicht worden ist, oder ob der Vertrag trotz der noch ausstehenden Einigung über die Nebenpunkte bereits jetzt als geschlossen anzusehen ist. Nach dem Willen der Parteien kann der noch nicht geregelte Nebenpunkt (z. B. über Zeit oder Ort der Leistung, Tragung der Transportkosten) eine derartige Bedeutung haben, dass sie die Wirksamkeit des ganzen Vertrages von der Einigung über den Nebenpunkt abhängig machen. Dieser Nebenpunkt kann für die Parteien aber auch so nebensächlich sein, dass sie den Vertragsschluss an der Nichteinigung über diesen Punkt nicht scheitern lassen wollen. 255

Der Wille der Parteien ist durch Auslegung zu ermitteln. Führt sie zu keinem Ergebnis, greift die *Auslegungsregel des § 154 I 1* ein. Danach ist im Zweifel der Vertrag nicht geschlossen, solange sich die Parteien nicht über alle Punkte eines Vertrages geeinigt haben, über die nach der Erklärung auch nur einer Partei eine Vereinbarung geschlossen werden soll.

Im **Fall c** hat V das Angebot des K, das Gemälde zu einem in Raten zahlbaren Kaufpreis von 980,– € zu kaufen, angenommen. Da eine Einigung über einen Nebenpunkt, nämlich die Modalitäten der Ratenzahlungen (wie viele Raten, in welcher Höhe, zu welchen Terminen), fehlt, muss ermittelt werden, ob die Parteien den Kaufvertrag dennoch als geschlossen angesehen haben. Ein Indiz für einen solchen Willen können etwa die Übereignung und die Übergabe des Bildes als Erfüllung des Kaufvertrages sein. Führt die Auslegung zu keinem Ergebnis, bleibt es bei der Auslegungsregel des § 154 I 1, so dass der Kaufvertrag nicht geschlossen ist.

Kommt die Auslegung zum Ergebnis, dass der Vertrag trotz der fehlenden Einigung über einen Nebenpunkt geschlossen sein soll, muss die Lücke durch ergänzende Vertragsauslegung (Rdnr. 140) oder durch Anwendung dispositiven Gesetzesrechts geschlossen werden.

§ 154 enthält noch zwei andere Auslegungsregeln. Einmal stellt eine Aufzeichnung über einzelne Punkte (= *Punktation*) vor der Einigung über den ganzen Vertrag im Zweifel noch keine bindende Einigung dar (§ 154 I 2). Diese Regel ergibt sich schon aus § 154 I 1.

Zum anderen ist im Zweifel der Vertrag erst mit seiner *Beurkundung* geschlossen, wenn die Parteien eine (privatschriftliche oder notarielle) Beurkundung vereinbart haben (§ 154 II).

256 b) Beim *versteckten Dissens* (= versteckten Einigungsmangel) meinen die Parteien, sich geeinigt zu haben, während in Wirklichkeit ein Dissens vorliegt.

Beispiele: Die Personen, die eine offene Handelsgesellschaft gründen wollen, haben den Gesellschaftsvertrag schriftlich niedergelegt und unterschrieben. Sie halten den Vertrag für geschlossen, haben aber eine beabsichtigte Regelung über das Ende der Gesellschaft schließlich doch vergessen. – Im **Fall d** gebrauchen beide Parteien Worte, die scheinbar zueinander passen. In Wirklichkeit liegt aber ein Einigungsmangel vor. Denn nach dem wirklichen Willen jeder Partei sollte sie selbst Verkäuferin und die andere Käuferin sein. Auch bei normativer Auslegung der beiden Erklärungen kann kein übereinstimmender Sinn festgestellt werden, da aus den knappen telegrafischen Äußerungen nicht zu entnehmen ist, wer Verkäufer und wer Käufer sein soll[157].

257 (1) Fehlt eine Einigung über einen *wesentlichen Vertragsbestandteil*, ist – wie beim offenen Dissens – kein Vertrag zustande gekommen (**Fall d**).

258 (2) Fehlt eine Einigung über einen *Nebenpunkt*, so muss beim versteckten Dissens berücksichtigt werden, dass die Parteien davon ausgehen, der Vertrag sei zustande gekommen. Da beide Parteien auf die Gültigkeit des Vertrages vertrauen, soll die Auslegungsregel des § 155 die übrige fehlerfreie vertragliche Einigung »retten«. Deshalb gilt nach § 155 das Vereinbarte, sofern anzunehmen ist, dass die Parteien den Vertrag auch ohne eine Bestimmung über den Nebenpunkt geschlossen hätten.

Ob die Parteien den Vertrag ohne Regelung des Nebenpunktes geschlossen hätten, muss durch Auslegung ermittelt werden. Ist danach ein Vertragsschluss zu bejahen, muss die bestehende Lücke des Vertrages durch ergänzende Auslegung oder durch Anwendung dispositiven Gesetzesrechts ausgefüllt werden.

Beispiel: Hätten die Vertragsparteien den Gesellschaftsvertrag auch ohne eine vertragliche Regelung über das Ende der offenen Handelsgesellschaft geschlossen, kann die vertragliche Lücke, falls kein anderer hypothetischer Parteiwille zu ermitteln ist, notfalls durch die gesetzliche Regelung (§§ 131 f. HGB) geschlossen werden.

157 Vgl. RGZ 104, 266.

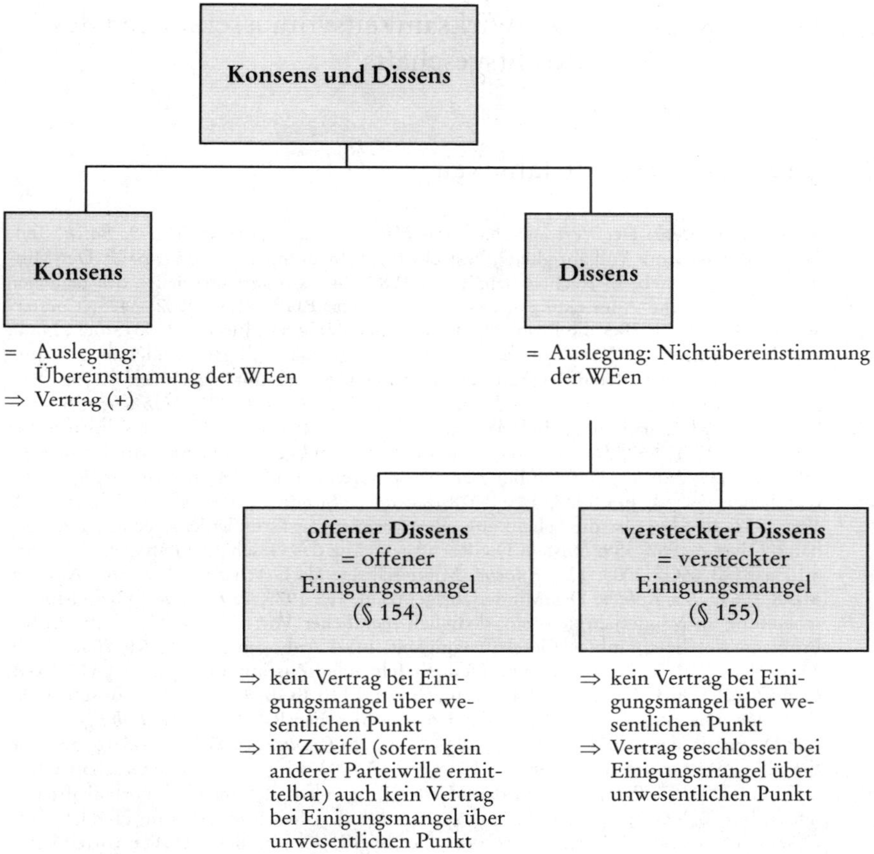
Konsens und Dissens
Konsens
= Auslegung: Übereinstimmung der WEen
⇒ Vertrag (+)
Dissens
= Auslegung: Nichtübereinstimmung der WEen
offener Dissens = offener Einigungsmangel (§ 154)
⇒ kein Vertrag bei Einigungsmangel über wesentlichen Punkt
⇒ im Zweifel (sofern kein anderer Parteiwille ermittelbar) auch kein Vertrag bei Einigungsmangel über unwesentlichen Punkt
versteckter Dissens = versteckter Einigungsmangel (§ 155)
⇒ kein Vertrag bei Einigungsmangel über wesentlichen Punkt
⇒ Vertrag geschlossen bei Einigungsmangel über unwesentlichen Punkt

Drittes Kapitel Die Wirksamkeitsvoraussetzungen des Rechtsgeschäfts

259

§ 12 Die Geschäftsfähigkeit

Schrifttum: *Aleth*, Der Vertragsschluß mit Minderjährigen, JuS 1995, L 9; *Bosch*, Teil-Unmündigkeit trotz Volljährigkeit?, Festschrift f. Schiedermair, 1976, 51; *Brox*, Der Minderjährigenschutz beim Rechtsgeschäft, JA 1989, 441; *Casper*, Geschäfte des täglichen Lebens – kritische Anmerkungen zum neuen § 105a BGB, NJW 2002, 3425; *Coester-Waltjen*, Überblick über die Probleme der Geschäftsfähigkeit, Jura 1994, 331; *dies.*, Nicht zustimungsbedürftige Rechtsgeschäfte beschränkt geschäftsfähiger Minderjähriger, Jura 1994, 668; *Franzen*, Rechtsgeschäfte erwachsener Geschäftsunfähiger nach § 105a BGB zwischen Rechtsgeschäftslehre und Betreuungsrecht, JR 2004, 221; *Hähnchen*, Schwebende Unwirksamkeit im Minderjährigenrecht – Ein Aufbauproblem aus historischer Sicht, Jura 2001, 668; *Hagemeister*, Grundfälle zu Bankgeschäften mit Minderjährigen, JuS 1992, 839; *Harder*, Die Erfüllungsannahme durch den Minderjährigen – lediglich ein rechtlicher Vorteil, JuS 1977, 149; 1978, 84; *ders.*, Minderjährige Schwarzfahrer, NJW 1990, 857; *Jerschke*, Ist die Schenkung eines vermieteten Grundstücks rechtlich vorteilhaft?, DNotZ 1982, 459; *Joussen*, Die Rechtsgeschäfte des Geschäftsunfähigen – der neue § 105a BGB, ZGS 2003, 101; *Knoche*, Minderjährige als Geschäftsführer ohne Auftrag, MDR 1964, 193; *Köbler*, Das Minderjährigenrecht, JuS 1979, 789; *Köhler*, Grundstücksschenkung an Minderjährige – ein »lediglich rechtlicher Vorteil«?, JZ 1983, 225; *Kulke*, Probleme der beschränkten Geschäftsfähigkeit, JuS Lernbogen 2000, L 81; 2000, L 89; 2001, L 1; 2001, L 9; *Leenen*, Die Heilung fehlender Zustimmung gemäß § 110 BGB, FamRZ 2000, 863; *Lindacher*, Überlegungen zu § 110 BGB, Festschrift f. Bosch, 1976, 533; *Lipp*, Die neue Geschäftsfähigkeit Erwachsener, FamRZ 2003, 721; *Löhnig/Schärtl*, Zur Dogmatik des § 105a BGB, AcP 204 (2004), 25; *Pawlowski*, Willenserklärungen und Einwilligungen in personenbezogene Eingriffe, JZ 2003, 66; *Petersen*, Die Geschäftsfähigkeit, Jura 2003, 97; *Preuß*, Das für den Minderjährigen lediglich rechtlich vorteilhafte Geschäft, JuS 2006, 305; *K. Schmidt*, Grenzen des Minderjährigenschutzes im Handels- und Gesellschaftsrecht, JuS 1990, 517; *Schmitt*, Der Begriff der lediglich rechtlich vorteilhaften Willenserklärung i.S. des § 107 BGB, NJW 2005, 1090; *K. Schreiber*, Neutrale Geschäfte Minderjähriger, Jura 1987, 221; *Stürner*, Der lediglich rechtliche Vorteil, AcP 173 (1973), 402; *Ulrici*, Alltagsgeschäfte volljähriger Geschäftsunfähiger, Jura 2003, 520; *Vortmann*, Bankgeschäfte mit Minderjährigen, WM 1994, 965; *Wilhelm*, Aufforderung zur Erklärung über die Genehmigung eines schwebend unwirksamen Geschäfts und Widerruf des Geschäftes, NJW 1992, 1666.

Fälle:

a) K, der schon längere Zeit an Schizophrenie leidet, kauft von V ein Gemälde für 5 000,– €. Kommt ein Vertrag zustande, wenn K in einem geistig klaren Augenblick handelt? **(Rdnr. 265, 267)**

b) Wie, wenn das Vormundschaftsgericht für K den Betreuer B in allen Vermögensangelegenheiten bestellt und angeordnet hat, dass zu einer Willenserklärung des K in Vermögensangelegenheiten die Einwilligung des B erforderlich ist? (vgl. §§ 1896, 1903). **(Rdnr. 271)**

c) Die Eltern E wollen ihrem 15-jährigen Sohn S ein Hausgrundstück schenken und übertragen. Das Grundstück ist 200 000,– € wert und mit Hypotheken in Höhe von 150 000,– € belastet. Können E und S die nötigen Verträge schließen? **(Rdnr. 275, 276, 286)**

d) Der 16-jährige K kauft ohne Wissen seiner Eltern bei V einen MP3-Player zum Preis von 60,– € und zahlt von seinem Taschengeld 20,– € an; den Rest will er in vier Monatsraten zahlen. Wirksamer Kaufvertrag? **(Rdnr. 280, 281, 282, 283)**

e) Der minderjährige G hat eine verzinsliche Darlehensforderung gegen S in Höhe von 1 000,– €. Nach dem Vertrag kann zum 1. jeden Monats mit einmonatiger Kündigungsfrist gekündigt werden. G kündigt ohne Wissen seiner Eltern am 30. 4. zum nächsten Termin; am 1. 6. verlangt er von S Zahlung. **(Rdnr. 284, 285)**

f) Der 17-jährige S eröffnet mit Einverständnis seiner Eltern und mit vormundschaftsgerichtlicher Genehmigung ein Lebensmittelgeschäft. Als er Geschäftsräume mieten, eine Verkäuferin einstellen und einen Kredit in Höhe von 20 000,– € aufnehmen will, sind seine Eltern dagegen. Kann S die Geschäfte selbstständig abschließen? **(Rdnr. 296)**

g) Der 17-jährige Hilfsarbeiter S arbeitet mit Einwilligung seiner Eltern in einer Spinnerei. Da es ihm dort nicht gefällt, kündigt er ohne Wissen seiner Eltern und beginnt in einer Ziegelei als Hilfsarbeiter; er tritt einer Gewerkschaft bei. Wirksam? **(Rdnr. 297)**

I. Begriff, Bedeutung und Abgrenzung

1. Begriff und Bedeutung

a) Geschäftsfähigkeit ist die *Fähigkeit, Rechtsgeschäfte wirksam vorzunehmen.* Die Privatautonomie ermöglicht es dem Einzelnen, Rechtsgeschäfte nach seinem eigenen Willen abzuschließen. Das ist aber nur dann sinnvoll, wenn der Handelnde die Folgen seiner rechtsgeschäftlichen Erklärungen verstehen kann; er muss deshalb ein Mindestmaß an Einsichts- und Urteilsfähigkeit besitzen, also geschäftsfähig sein.

Es würde zu großer Rechtsunsicherheit führen, wenn Vertragsparteien bei jedem Vertragsschluss sich darüber vergewissern müssten, ob der jeweilige Partner geschäftsfähig ist. Dazu besteht auch normalerweise keine Veranlassung, da in der Regel jeder Erwachsene die nötige Willensreife besitzt. Deshalb sagt das Gesetz auch nicht positiv, wer geschäftsfähig ist, sondern bestimmt nur, wem die volle Geschäftsfähigkeit fehlt. Dabei macht es die fehlende Geschäftsfähigkeit von festen Altersstufen und von einer bestimmten Störung der geistigen Gesundheit abhängig. Aus dieser Regelung ergibt sich, dass regelmäßig jeder Volljährige, also jeder, der das achtzehnte Lebensjahr vollendet hat (§ 2), geschäftsfähig ist, soweit er nicht an einer solchen Störung der geistigen Gesundheit leidet, die eine freie Willensbestimmung ausschließt.

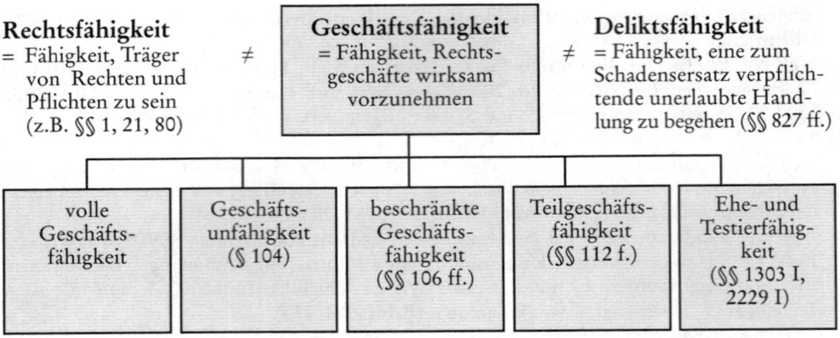
Rechtsfähigkeit
= Fähigkeit, Träger von Rechten und Pflichten zu sein (z.B. §§ 1, 21, 80)
≠
Geschäftsfähigkeit
= Fähigkeit, Rechtsgeschäfte wirksam vorzunehmen
≠
Deliktsfähigkeit
= Fähigkeit, eine zum Schadensersatz verpflichtende unerlaubte Handlung zu begehen (§§ 827 ff.)
volle Geschäftsfähigkeit
Geschäftsunfähigkeit (§ 104)
beschränkte Geschäftsfähigkeit (§§ 106 ff.)
Teilgeschäftsfähigkeit (§§ 112 f.)
Ehe- und Testierfähigkeit (§§ 1303 I, 2229 I)

260 b) Die Bedeutung der Vorschriften über die fehlende Geschäftsfähigkeit liegt im *Schutz der nicht voll Geschäftsfähigen*. Sie sollen davor geschützt werden, sich selbst zu schädigen. Diese Schutzfunktion wird auch nicht im Interesse des Rechtsverkehrs durchbrochen, wenn etwa der Vertragspartner des nicht voll Geschäftsfähigen diesen für geschäftsfähig gehalten hat und dies auch durfte. Deshalb wird der gute Glaube an die Geschäftsfähigkeit des Geschäftspartners vom Gesetz nicht geschützt[158] (anders beim guten Glauben an das Eigentum des Veräußerers: Rdnr. 28, 639).

261 *2. Abgrenzung*

Die Geschäftsfähigkeit, zu der auch die Ehefähigkeit und die Testierfähigkeit gehören, ist von der Deliktsfähigkeit sowie der Rechtsfähigkeit abzugrenzen.

a) *Ehefähigkeit* und *Testierfähigkeit* sind Sonderfälle der Geschäftsfähigkeit. Ehefähigkeit ist die Fähigkeit, eine Ehe wirksam einzugehen; sie tritt grundsätzlich mit der Volljährigkeit ein (§ 1303 I). Testierfähigkeit ist die Fähigkeit, ein Testament wirksam zu errichten; sie tritt grundsätzlich mit Vollendung des sechzehnten Lebensjahres ein (§ 2229 I)[159].

Der 17-jährige A und die 16-jährige B, die einander heiraten wollen, sind nicht ehefähig. Das Familiengericht kann jedoch auf Antrag vom Erfordernis der Ehefähigkeit Befreiung erteilen, wenn der Antragsteller das 16. Lebensjahr vollendet hat und sein künftiger Ehegatte volljährig ist (§ 1303 II). Demnach kann die Befreiung erst erteilt werden, wenn A 18 Jahre alt geworden ist. Widerspricht der gesetzliche Vertreter oder ein sonstiger Inhaber der Personensorge dem Antrag, darf das Familiengericht die Befreiung nur erteilen, wenn der Widerspruch nicht auf triftigen Gründen beruht (§ 1303 III). – B kann

158 RGZ 120, 170, 174; BGH ZIP 1988, 829, 831.
159 ErbR Rdnr. 89 ff.

jedoch schon jetzt den A in einem notariellen Testament wirksam zu ihrem Erben einsetzen (vgl. §§ 2229 I, 2233 I)[160].

b) Die *Deliktsfähigkeit* ist die Fähigkeit, eine zum Schadensersatz verpflichtende unerlaubte Handlung (§§ 823 ff.) zu begehen. Während die Geschäftsfähigkeit Voraussetzung für wirksames rechtsgeschäftliches Handeln ist, ist die Deliktsfähigkeit grundsätzlich Voraussetzung für eine Haftung aus unerlaubter Handlung. **262**

Kauft ein Zwölfjähriger einen Fußball, so richtet sich die Wirksamkeit des Vertrages nach den Vorschriften über die Geschäftsfähigkeit; schießt er mit dem Ball beim Nachbarn eine Fensterscheibe ein, so hängt seine Haftung wegen unerlaubter Handlung (§ 823) von seiner Deliktsfähigkeit ab.

Die Deliktsfähigkeit ist in §§ 827 f. geregelt. Danach ist zu unterscheiden:

(1) *Deliktsunfähig* sind alle Personen vor Vollendung des siebenten Lebensjahres (§ 828 I) sowie diejenigen, die sich im Zustand der Bewusstlosigkeit oder in einem die freie Willensbestimmung ausschließenden Zustand krankhafter Störung der Geistestätigkeit befinden (§ 827 Satz 1; vgl. auch § 827 Satz 2).

(2) *Beschränkt deliktsfähig* sind grundsätzlich die Personen, die das siebente, aber nicht das achtzehnte Lebensjahr vollendet haben. Ihnen wird die unerlaubte Handlung nur zugerechnet, wenn sie bei Begehung der schädigenden Handlung die zur Erkenntnis der Verantwortlichkeit erforderliche Einsicht hatten (§ 828 III).

Der Zwölfjährige, der den Fußball in die Scheibe schießt, ist für den Schaden verantwortlich, wenn er das Unrecht seiner Tat sowie die daraus folgende Haftung nach seiner geistigen Entwicklung verstehen kann.

Eine Ausnahme von diesem Grundsatz macht § 828 II. Danach sind an sich beschränkt deliktsfähige Personen sogar bis zur Vollendung ihres zehnten Lebensjahres für den einem anderen zugefügten Schaden nicht verantwortlich, sofern sich der zum Schaden führende Unfall im Straßen- oder Schienenverkehr zugetragen hat und sie die Verletzung nicht vorsätzlich herbeigeführt haben.

Das gilt allerdings nur, wenn sich mit dem Unfall eine typische Überforderungssituation des Kindes durch die Gefahren des motorisierten Straßenverkehrs verwirklicht hat[161]. Für einen Schaden, den das Kind z.B. mit seinem Fahrrad an einem parkenden Auto verursacht, ist es nach Maßgabe des § 828 III verantwortlich.

(3) *Deliktsfähig* sind alle übrigen Personen.

160 ErbR Rdnr. 89 f.
161 BS § 40 Rdnr. 7.

263 c) Die *Rechtsfähigkeit* ist die Fähigkeit, Träger von Rechten und Pflichten zu sein (Rdnr. 703). Sie steht der Handlungsfähigkeit (Geschäfts- und Deliktsfähigkeit) gegenüber. Rechtsfähig ist jede Person.

So können etwa der Säugling und der Geisteskranke zwar keinen Kaufvertrag schließen und nicht wegen unerlaubter Handlung haften, da sie weder geschäfts- noch deliktsfähig sind; aber sie können etwa Grundstückseigentümer oder Schuldner einer Forderung sein.

264 II. Geschäftsunfähigkeit

Geschäftsunfähige können keine wirksamen Rechtsgeschäfte vornehmen.

1. Voraussetzungen

a) *Wer nicht das siebente Lebensjahr vollendet hat*, ist geschäftsunfähig (§ 104 Nr. 1).

265 b) *Wer sich in einem die freie Willensbestimmung ausschließenden Zustande krankhafter Störung der Geistestätigkeit befindet, sofern nicht der Zustand seiner Natur nach ein vorübergehender ist*, ist geschäftsunfähig (§ 104 Nr. 2). Ein Ausschluss der freien Willensbestimmung liegt vor, wenn jemand nicht imstande ist, seinen Willen frei und unbeeinflusst von einer vorliegenden Geistesstörung zu bilden und nach zutreffend gewonnenen Einsichten zu handeln[162].

Im **Fall a** leidet K zwar an einer krankhaften Störung der Geistestätigkeit, nämlich an Schizophrenie. Dieser Zustand ist bei ihm auch von Dauer und nicht nur vorübergehend. Doch befindet er sich nicht in einem die freie Willensbestimmung ausschließenden Zustand, da er in dem lichten Augenblick (lucidum intervallum) in der Lage ist, die Bedeutung der von ihm abgegebenen Willenserklärung einzusehen und nach dieser Einsicht zu handeln. Der Kaufvertrag ist also gültig.

Bei Volltrunkenheit liegt keine Geschäftsunfähigkeit nach § 104 Nr. 2 vor. Die Volltrunkenheit stellt aber eine vorübergehende Störung der Geistestätigkeit dar (vgl. § 105 II; Rdnr. 269). Verschenkt also ein Volltrunkener einen Hunderteuroschein, so ist die Schenkung nicht wirksam, da der Volltrunkene eine wirksame Willenserklärung nicht abgeben kann (vgl. § 105 II).

Wer die Voraussetzungen des § 104 Nr. 2 erfüllt, ist für jedes Rechtsgeschäft geschäftsunfähig. Anerkannt ist aber auch eine *partielle Geschäftsunfähigkeit*, wenn sich der Ausschluss der freien Willensbestimmung lediglich auf bestimmte Lebensbereiche, wie etwa die Führung eines bestimmten Prozesses (»Querulantenwahn«), bezieht; für alle übrigen Geschäfte besteht dann weiter volle Geschäftsfähigkeit. Abzulehnen ist dagegen eine *relative Geschäftsunfähigkeit* für besonders schwierige Geschäfte[163]; sonst wäre jede klare Abgrenzung ausgeschlossen.

162 BGH NJW 1996, 918.
163 So auch BayObLG NJW 1989, 1678.

c) Bis 1991 war nach § 104 Nr. 3 a. F. der wegen Geisteskrankheit Entmündigte geschäftsunfähig. Diese Vorschrift ist ebenso wie § 6 a. F., der die Entmündigung betraf, mit Wirkung vom 1. 1. 1992 durch das Betreuungsgesetz – BtG – (Art. 1 Nr. 1 u. 2) aufgehoben worden. Dieses Gesetz schaffte die Entmündigung wegen ihrer Auswirkung auf die Geschäftsfähigkeit ab, da ein solch starrer Eingriff die Restfähigkeiten des Betroffenen nicht ausreichend berücksichtige[164]. Die Bestellung eines Betreuers hat keinen Einfluss auf die Geschäftsfähigkeit des Betreuten. Dieser ist nur dann geschäftsunfähig, wenn er sich in einem die freie Willensbestimmung ausschließenden Zustand krankhafter Störung der Geistestätigkeit befindet (vgl. § 104 Nr. 2). **266**

Liegt kein Fall des § 104 Nr. 2 vor, ist der Betreute geschäftsfähig, so dass er etwa einen Kaufvertrag über ein Fernsehgerät wirksam schließen kann. Eine Ausnahme gilt nur dann, wenn das Vormundschaftsgericht zum Schutz des Betreuten einen Einwilligungsvorbehalt angeordnet hat (§ 1903; Rdnr. 287). Aber auch der Betreuer ist in der Lage, im Namen des Betreuten einen solchen Vertrag abzuschließen, da er in seinem Aufgabenbereich den Betreuten gerichtlich und außergerichtlich vertritt (§ 1902), so dass es zu Doppelverpflichtungen kommen kann[165].

2. *Folgen* **267**

a) *Die Willenserklärung eines Geschäftsunfähigen ist nichtig* (§ 105 I); der Geschäftsunfähige kann also nicht wirksam rechtsgeschäftlich handeln. Dem Geschäftsunfähigen können auch keine Willenserklärungen wirksam zugehen (vgl. § 131 I; Rdnr. 160).

Wenn K im **Fall a** beim Vertragsschluss wegen Geisteskrankheit geschäftsunfähig war, konnte er weder ein Kaufangebot abgeben (§§ 105 I, 104 Nr. 2) noch ein Vertragsangebot des V empfangen (§§ 131 I, 104 Nr. 2).

b) Da der Geschäftsunfähige rechtsfähig ist, muss er, wenn auch nicht selbst, auf andere Weise am Rechtsverkehr teilnehmen können. *Für den Geschäftsunfähigen handelt sein gesetzlicher Vertreter.* Das sind für Kinder in der Regel beide Eltern (§ 1629 I 2), für geisteskranke Volljährige deren Betreuer (§ 1902). Handelt der gesetzliche Vertreter im Namen des Geschäftsunfähigen, treffen die Rechtsfolgen den vertretenen Geschäftsunfähigen (Rdnr. 531, 533). **268**

c) Nichtig ist auch eine Willenserklärung, die im Zustande der Bewusstlosigkeit oder vorübergehender Störung der Geistestätigkeit abgegeben wird (§ 105 II). Hierunter können etwa Volltrunkenheit, epileptische Anfälle und sonstige vorübergehende Bewusstseinstrübungen fallen. Durch diesen Zustand allein tritt jedoch keine Geschäftsunfähigkeit ein. Der Unterschied zwischen einer Willensstörung, die zur Geschäftsunfähigkeit führt, und einer solchen **269**

164 Vgl. BT-Drucks. 11/4528, S. 49.
165 *Zimmermann/Damrau*, NJW 1991, 538, 539.

nach § 105 II liegt darin, dass dem Bewusstlosen selbst eine Willenserklärung wirksam zugehen kann (vgl. Rdnr. 162).

269a *3. Besonderheit des § 105 a*

Ein volljähriger Geschäftsunfähiger ist nach § 105 a in der Lage, ein Geschäft des täglichen Lebens, das mit geringwertigen Mitteln bewirkt werden kann, wirksam abzuschließen. Dadurch soll die soziale Integration erwachsener, geistig behinderter Menschen gefördert werden[166].

Unter die Vorschrift fallen Alltagsgeschäfte (nicht: einseitige Rechtsgeschäfte), die von dem geistig Behinderten etwa als Käufer oder Verkäufer von Lebensmitteln oder als Vertragspartner sonstiger Geschäfte des täglichen Bedarfs geschlossen werden.

Das von dem geistig Behinderten abgeschlossene Geschäft wird erst dann wirksam, wenn Leistung und Gegenleistung bewirkt worden sind. Das gilt allerdings nicht, wenn das Geschäft eine erhebliche Gefahr für die Person oder das Vermögen des Geschäftsunfähigen begründet (z. B. Kauf von Alkohol bei Alkoholkranken).

Geschäftsfähigkeit
= Fähigkeit, Rechtsgeschäfte wirksam vorzunehmen

I. Grundsatz: Geschäftsfähigkeit ist gegeben (§ 104 als Ausnahme formuliert)

II. Ausnahme: Geschäftsunfähigkeit (§ 104)

1. Voraussetzungen
   a) Vor Vollendung des 7. Lebensjahres (§ 104 Nr. 1)
   b) Nicht nur vorübergehende krankhafte Störung der Geistestätigkeit (§ 104 Nr. 2)
2. Folgen
   a) WE nichtig (§ 105 I; auch § 105 II, obwohl hier gerade keine Geschäftsunfähigkeit)
   Ausnahme: § 105 a
   b) Kein Zugang einer WE beim Geschäftsunfähigen (§ 131 I)
3. Vertretung durch gesetzlichen Vertreter
   - Eltern (§§ 1629 I 2, 1626 I 1)
   - Elternteil (§§ 1671, 1680)
   - Betreuer (§ 1902)

166 Einzelheiten: *Casper*, NJW 2002, 3425; *Löhnig/Schärtl*, AcP 204, 25; *Ulrici*, Jura 2003, 520.

III. Beschränkte Geschäftsfähigkeit 270

Beschränkt geschäftsfähige Personen können in bestimmtem Umfang selbst Rechtsgeschäfte wirksam vornehmen. Grundsätzlich bedürfen sie aber der Zustimmung ihres gesetzlichen Vertreters; dabei unterscheidet das Gesetz zwischen Verträgen und einseitigen Rechtsgeschäften.

1. Voraussetzungen 271

Beschränkt geschäftsfähig sind:

a) *Minderjährige*, die das siebente Lebensjahr vollendet haben (§ 106), aber noch nicht volljährig, d. h. noch nicht 18 Jahre alt sind (§ 2).

b) Seit dem 1. 1. 1992 gibt es *keinen Volljährigen* mehr, der beschränkt geschäftsfähig wäre. Der bis dahin geltende § 114 a.F., wonach Entmündigte den beschränkt Geschäftsfähigen gleichgestellt waren, ist damals durch Art. 1 Nr. 3 BtG aufgehoben worden. Ein Volljähriger ist also entweder geschäftsunfähig (§ 104 Nr. 2) oder (voll) geschäftsfähig.

Im **Fall b** kommt es nicht darauf an, ob K geschäftsfähig ist oder nicht; denn selbst im Fall der Geschäftsfähigkeit ist eine Willenserklärung wegen des Einwilligungsvorbehalts (§ 1903) nicht wirksam, solange die Einwilligung (richtiger: Zustimmung; vgl. Rdnr. 503) des Betreuers nicht erteilt worden ist (Einzelheiten: Rdnr. 287).

2. Zustimmungsfreie Rechtsgeschäfte 272

Der beschränkt Geschäftsfähige kann selbst wirksam Rechtsgeschäfte vornehmen, wenn er durch sie *lediglich einen rechtlichen Vorteil* erlangt; bringt ihm das Geschäft einen rechtlichen Nachteil, so ist die Einwilligung des gesetzlichen Vertreters zur Wirksamkeit des Geschäfts erforderlich (§ 107). Ob ein lediglich rechtlicher Vorteil vorliegt, ist allein nach der rechtlichen Wirkung, nicht aber nach dem wirtschaftlichen Erfolg des Geschäfts zu entscheiden. Das Gesetz will nämlich nicht auf den unsicheren Maßstab des wirtschaftlichen Vorteils abstellen.

a) *Verpflichtungsgeschäfte* (Rdnr. 103) sind rechtlich vorteilhaft, wenn der be- 273
schränkt Geschäftsfähige keine rechtsgeschäftlichen Verpflichtungen übernimmt.

(1) Ein *gegenseitiger Vertrag* ist für den beschränkt Geschäftsfähigen niemals lediglich rechtlich vorteilhaft. Ein solcher Vertrag liegt vor, wenn der eine Vertragsteil eine Leistung gerade deshalb verspricht, weil auch der andere sich zu einer Leistung verpflichtet. Den beschränkt Geschäftsfähigen trifft also immer eine rechtsgeschäftliche Verpflichtung.

Nicht lediglich rechtlich vorteilhaft sind also etwa der Kauf eines Bildes für 500,– €, der Tausch eines Fußballs gegen ein Buch oder die Anmietung eines Zimmers zur Miete von 300,– €, da der beschränkt Geschäftsfähige in allen Fällen zu einer Leistung verpflichtet ist. Dies gilt auch dann, wenn das Geschäft für den beschränkt Geschäftsfähigen wirtschaftlich sehr günstig ist.

274 (2) Auch ein *unvollkommen zweiseitig verpflichtender Vertrag* ist für keine Vertragspartei lediglich rechtlich vorteilhaft. Ein solcher Vertrag liegt vor, wenn für einen Vertragsteil immer Verpflichtungen entstehen, für den anderen Vertragsteil dagegen nur unter bestimmten Voraussetzungen. Der beschränkt Geschäftsfähige wird also entweder mit Vertragsschluss schon rechtlich verpflichtet, oder er kann unter weiteren Voraussetzungen verpflichtet werden.

Gibt etwa der minderjährige A seinen Hund für die Ferien bei B in unentgeltliche Verwahrung (§ 688), so muss A zwar keine Gegenleistung für die Verwahrung erbringen; deshalb handelt es sich nicht um einen gegenseitigen Vertrag. Doch besteht für A die Verpflichtung, dem B Aufwendungen wie Futterkosten für den Hund zu ersetzen (vgl. § 693). Wegen dieser rechtsgeschäftlichen Verpflichtung ist der Vertrag für A nicht lediglich rechtlich vorteilhaft.

275 (3) Bei den *einseitig verpflichtenden Verträgen* wird immer nur eine Vertragspartei verpflichtet. Deshalb kann der beschränkt Geschäftsfähige diese Verträge schließen, wenn er nicht der verpflichtete Vertragsteil ist.

Im **Fall c** kann S das Schenkungsangebot der E auf Übereignung des Grundstücks wirksam annehmen; der schuldrechtliche Schenkungsvertrag ist für S lediglich rechtlich vorteilhaft, da dieser den Übereignungsanspruch erhält, ohne seinerseits eine rechtsgeschäftliche Verpflichtung zu übernehmen. Hypothekenschuldner wird S erst auf Grund des Verfügungsgeschäfts. – Die Schenkung ist aber rechtlich nachteilig, wenn die Eltern die Schenkung unter der Auflage machen, S müsse ihr Grab pflegen (vgl. § 525).

276 b) *Verfügungsgeschäfte* (Rdnr. 104 ff.) sind rechtlich vorteilhaft, wenn zu Gunsten des beschränkt Geschäftsfähigen ein Recht übertragen, aufgehoben, verändert oder belastet wird.

Die Übereignung des Grundstücks im **Fall c** an S ist rechtlich vorteilhaft, da er das Eigentum erwirbt. Zwar wird S Hypothekenschuldner, doch wird das Geschäft dadurch nicht rechtlich nachteilig. S haftet für die Hypotheken nämlich nicht mit seinem sonstigen persönlichen Vermögen, sondern nur mit dem Grundstück[167]. S erlangt also ein um die Hypothekenschulden gemindertes Eigentum im Wert von 50 000,– €. Im denkbar ungünstigsten Fall bringt der Eigentumserwerb weder Vorteile noch Nachteile, wenn nämlich der Wert der Hypotheken den Wert des Grundstücks übersteigt[168]. Anders verhält es sich bei der Übertragung von vermieteten oder verpachteten Grundstücken[169] oder von Wohnungseigentum[170]; denn in diesen Fällen haftet der Erwerber für seine Verpflichtun-

167 BGH NJW 2005, 415, 417; NJW 1952, 1175.
168 BGHZ 15, 168; BayObLGZ 1979, 53.
169 BGH ZIP 2005, 1430.
170 Vgl. BGHZ 78, 28, 31 ff.; *Jauernig*, JuS 1982, 576.

gen aus den Miet- oder Pachtverträgen (vgl. §§ 566 I, 581 II) bzw. nach dem Wohnungseigentumsgesetz (WEG) nicht nur dinglich mit der erworbenen Sache, sondern auch persönlich mit seinem sonstigen Vermögen. Dagegen machen die auf dem Grundstückseigentum ruhenden öffentlich-rechtlichen Lasten, wie etwa Grundsteuer und Anliegerbeiträge, das Geschäft nicht rechtlich nachteilig[171]. Das wird z.T. damit begründet, dass diese Belastungen nicht auf dem Rechtsgeschäft, sondern auf einem alle Grundstückseigentümer treffenden Gesetz beruhen. Der BGH behandelt diese öffentlichen Lasten nicht als nachteilig, weil sie in ihrem Umfang begrenzt sind, meist aus den Erträgen des Grundstücks bestritten werden können und typischerweise zu keiner Vermögensgefährdung des Minderjährigen führen[172].

Nach dem Abstraktionsprinzip (Rdnr. 117 ff.) sind die Verfügungen als abstrakte Rechtsgeschäfte unabhängig von den ihnen zugrunde liegenden Kausalgeschäften zu beurteilen. Das gilt auch, wenn die Verfügungen der Erfüllung der Kausalgeschäfte dienen. Es findet also bei der Prüfung des lediglich rechtlichen Vorteils keine Gesamtbetrachtung des schuldrechtlichen und des dinglichen Rechtsgeschäfts statt[173].

Beispiele: Der 17-jährige K kauft gegen den ausdrücklichen Willen seiner Eltern ein Moped für 500,– € von V. Es wird ihm gleich übereignet. Da K nicht zahlt, verlangt V das Moped heraus. Ein Herausgabeanspruch nach § 985 steht V nicht zu. Die Übereignung nach § 929 Satz 1 ist nämlich auch ohne Einwilligung der Eltern wirksam, da die Eigentumsübertragung dem K lediglich rechtlichen Vorteil bringt. K ist also Eigentümer geworden. Er muss das Moped jedoch nach § 812 I 1, 1. Fall zurückgeben, da er »etwas« (= Eigentum und Besitz am Moped) »durch Leistung eines anderen« (= durch Übereignung seitens V) »ohne rechtlichen Grund« (= ohne wirksamen Kaufvertrag) erlangt hat. Der Kaufvertrag ist als gegenseitiger Vertrag nicht lediglich rechtlich vorteilhaft und mangels Einwilligung der Eltern nicht wirksam.

Im **Fall c** kommt es nicht auf die Frage an, ob durch die Eigentumsübertragung auf S sein Übereignungsanspruch aus dem Schenkungsversprechen erloschen ist (vgl. § 362 I) und ob darin eventuell ein rechtlicher Nachteil der Übereignung liegt. Ob die Verfügung lediglich rechtlich vorteilhaft ist, entscheidet sich unabhängig vom Schicksal des Kausalgeschäfts.

c) Rechtsgeschäfte, die für den beschränkt Geschäftsfähigen weder rechtlich **277**
vorteilhaft noch nachteilig sind (= *neutrale Geschäfte*), kann dieser selbst wirksam vornehmen. Obwohl der Wortlaut des § 107 einen rechtlichen Vorteil verlangt, ist der beschränkt Geschäftsfähige nicht schutzbedürftig, wenn das Geschäft keinen rechtlichen Nachteil mit sich bringt. Neutral sind die Geschäfte, die nur Rechtsfolgen für einen anderen und nicht für den beschränkt Geschäftsfähigen selbst haben.

Beispiele: Der beschränkt Geschäftsfähige bestimmt nach § 317 I als an dem Vertrag unbeteiligter Dritter die Höhe des Kaufpreises. Dadurch hat er weder einen rechtlichen

171 BGH NJW 2005, 415, 417 f.
172 BGH NJW 2005, 415, 418.
173 BGH NJW 2005, 415, 417.

Vorteil noch einen Nachteil. – Er verfügt über fremde Sachen. Die Verfügung ist wirksam, wenn sie entweder mit Einwilligung des Berechtigten erfolgt (§ 185 I, Rdnr. 506) oder wenn der Erwerber gutgläubig erwirbt (§ 932, Rdnr. 639). Die Verfügung als solche ist auch dann nicht rechtlich nachteilig, wenn der beschränkt Geschäftsfähige einem Bereicherungsanspruch (§ 816 I, Rdnr. 852)[174] oder einem Schadensersatzanspruch (§ 823)[175] ausgesetzt ist.

278 *3. Zustimmungsbedürftige Verträge*

a) *Grundsatz* des Gesetzes ist es, dass der beschränkt Geschäftsfähige zu einer Willenserklärung, durch die er nicht lediglich einen rechtlichen Vorteil erlangt, der *Einwilligung seines gesetzlichen Vertreters* bedarf (§ 107). Einwilligung ist die *vorherige* Zustimmung (vgl. § 183 Satz 1; Rdnr. 503). Hat der beschränkt Geschäftsfähige die Einwilligung des gesetzlichen Vertreters zum Abschluss eines Vertrages erhalten, so ist die von ihm abgegebene Vertragserklärung wirksam. Die Einwilligung ist jedoch grundsätzlich bis zur Vornahme des Rechtsgeschäfts widerruflich (§ 183 Satz 1). Sowohl die Erteilung der Einwilligung als auch ihr Widerruf können dem beschränkt Geschäftsfähigen oder seinem Vertragspartner gegenüber erklärt werden (vgl. § 182 I, § 183 Satz 2).

Beispiel: Geben die Eltern ihrem minderjährigen Sohn K das Geld zum Kauf eines Fahrrads, so liegt darin die Einwilligung zum Fahrradkauf gegenüber K. Dieser kann deshalb selbst mit dem Händler einen wirksamen Kaufvertrag schließen. Bekommen die Eltern Bedenken und widerrufen sie telefonisch dem Händler gegenüber noch vor dem Vertragsschluss, so kann K keine wirksame Willenserklärung zum Abschluss eines Kaufvertrages abgeben.

279 (1) Der *Umfang der Einwilligung* kann verschieden sein. Es ist möglich, sie für ein bestimmtes einzelnes Rechtsgeschäft zu erteilen. Der gesetzliche Vertreter kann aber auch eine generelle Einwilligung zu einem begrenzten Kreis von Rechtsgeschäften erteilen (beschränkter Generalkonsens).

Erhält der minderjährige Berufsschüler von seinen Eltern zur Bestreitung aller Aufwendungen 600,– € monatlich, so liegt darin die Einwilligung für alle Rechtsgeschäfte, die zur Deckung des Lebensbedarfs und zur Durchführung seiner Ausbildung erforderlich sind. Der Berufsschüler kann also selbstständig Lebensmittel und Lehrbücher kaufen.

Die generelle Einwilligung darf allerdings nicht so weit gehen, dass der gesetzliche Vertreter dem beschränkt Geschäftsfähigen im Voraus die unbegrenzte Zustimmung zu Geschäften aller Art erteilt und ihn damit wie einen Geschäftsfähigen stellt; das widerspräche der gesetzlichen Regelung.

280 (2) Ein von dem beschränkt Geschäftsfähigen ohne Zustimmung des gesetzlichen Vertreters geschlossener Vertrag gilt als von Anfang an wirksam, wenn er

174 Einzelheiten: BS § 38 Rdnr. 17 ff.
175 Einzelheiten: BS § 41 Rdnr. 1 ff.

die vertragsmäßige Leistung mit Mitteln bewirkt, die ihm zu diesem Zweck oder zu freier Verfügung von dem Vertreter oder mit dessen Zustimmung von einem Dritten überlassen worden sind (§ 110; *Taschengeldparagraf*). Trotz des Wortlauts (»ohne Zustimmung«) handelt es sich um einen Spezialfall der Einwilligung; sie liegt in der Überlassung der Mittel durch den gesetzlichen Vertreter oder in seiner Zustimmung bei Überlassung durch einen Dritten. Deshalb ist in einer juristischen Arbeit § 110 auch nach § 107 und vor § 108 (Rdnr. 282) zu prüfen.

§ 110 verlangt, dass der beschränkt Geschäftsfähige die *vertragsmäßige Leistung tatsächlich bewirkt*. Die Leistung muss voll erbracht worden sein. Der Gesetzeswortlaut »mit Mitteln bewirkt« ist als »mit Mitteln bewirkt *hat*« zu verstehen.

Im **Fall d** hat K seine vertragsmäßige Leistung im Zeitpunkt der Einigung noch nicht bewirkt; der Vertrag ist nicht nach § 110 wirksam. § 110 will Ratengeschäfte des beschränkt Geschäftsfähigen verhindern; dieser soll sich von vornherein wirksam nur zur Leistung solcher Mittel verpflichten können, die er schon tatsächlich zur Verfügung hat. Da der Vertrag ohne die erforderliche Einwilligung der Eltern des K abgeschlossen ist, ist er schwebend unwirksam, und seine Wirksamkeit hängt von der Genehmigung der Eltern ab (vgl. § 108 I; Rdnr. 282). Wissen die Eltern jedoch nichts von dem Geschäft und leistet K alle Ratenzahlungen, so ist der Vertrag nach § 110 mit Zahlung der letzten Rate rückwirkend wirksam geworden, da K dann seine vertragsmäßige Leistung bewirkt hat.

Die Mittel müssen dem beschränkt Geschäftsfähigen *vom gesetzlichen Vertreter oder mit dessen Zustimmung zu diesem Zweck oder zu freier Verfügung überlassen* sein. Da § 110 einen Fall der Einwilligung regelt, ist stets zu prüfen, ob sich die in der Überlassung der Mittel liegende Einwilligung gerade auf die Erfüllung des konkreten Vertrages bezieht. Der gesetzliche Vertreter kann nämlich die Mittel grundsätzlich zur freien Verfügung überlassen, aber bestimmte Rechtsgeschäfte (z.B. Kauf von Zigaretten oder von Alkohol) ausschließen. Ein anderes Verständnis des § 110, wonach der gesetzliche Vertreter nur die Wahl habe, konkret zweckgebundene Mittel oder solche zur totalen Verwendungsfreiheit zur Verfügung zu stellen, wird der Erziehungsfunktion der §§ 106 ff. nicht gerecht[176].

Kauft sich etwa ein Minderjähriger ein Lotterielos für 5,– €, so ist der Kauf nach § 110 wirksam, da das Geschäft durch die Überlassung des Geldes zur freien Verfügung gedeckt ist. Kauft der Minderjährige mit dem Losgewinn von 5 000,– € ein Motorrad, so wird dieser Kauf von der Einwilligung der Eltern nicht gedeckt[177]. Liegt in der Überlassung der Mittel nicht bereits zugleich eine entsprechende Einwilligung des gesetzlichen Vertreters, so bedürfen Rechtsgeschäfte des Minderjährigen über das mit den ihm überlassenen Mitteln Erworbene der Einwilligung des gesetzlichen Vertreters (§ 107).

176 MüKo/*Schmitt*, § 110 Rdnr. 26.
177 Vgl. RGZ 74, 235.

281 b) *Die Wirksamkeit eines ohne Einwilligung geschlossenen Vertrages hängt von der Genehmigung des gesetzlichen Vertreters ab* (§ 108 I). Genehmigung ist die *nachträgliche* Zustimmung (vgl. § 184 I; Rdnr. 503). Bis zur Erteilung oder Verweigerung der Genehmigung tritt ein Schwebezustand ein; der Vertrag ist schwebend unwirksam. Durch die Erteilung der Genehmigung wird der Vertrag wirksam. Sie kann dem beschränkt Geschäftsfähigen sowie dessen Vertragspartner gegenüber erklärt werden (§ 182 I) und wirkt grundsätzlich auf den Zeitpunkt der Vornahme des Rechtsgeschäfts zurück (§ 184 I). Durch die Verweigerung der Genehmigung wird der Vertrag unwirksam.

Im **Fall d** ist der Kauf zunächst schwebend unwirksam, da die Einwilligung der Eltern sowie die Voraussetzungen des § 110 nicht vorliegen. Erklären die Eltern später gegenüber K oder V die Genehmigung, so wird der Vertrag rückwirkend wirksam; bei einer Verweigerung der Genehmigung bleibt er unwirksam.

Wird der beschränkt Geschäftsfähige geschäftsfähig, während ein von ihm abgeschlossener Vertrag noch schwebend unwirksam ist, so tritt seine Genehmigung an die Stelle der Genehmigung des gesetzlichen Vertreters(vgl. § 108 III).

282 (1) Der Vertragsgegner hat ein Interesse daran zu wissen, ob der schwebend unwirksame Vertrag gelten soll oder nicht. Deshalb gibt § 108 II ihm die Möglichkeit, sich hierüber Klarheit zu verschaffen. Der *Vertragsgegner kann den Vertreter zur Erklärung über die Genehmigung auffordern*. Dann kann die Genehmigung nur noch dem Vertragspartner gegenüber erfolgen; eine vor der Aufforderung dem beschränkt Geschäftsfähigen gegenüber erklärte Genehmigung oder Verweigerung wird unwirksam. Denn durch die Aufforderung erlangt der Vertreter erneut Entscheidungsfreiheit, selbst wenn er sich vorher schon gegenüber dem beschränkt Geschäftsfähigen erklärt hat. Erklärt der Vertreter die Genehmigung aber nicht bis zum Ablauf von zwei Wochen nach dem Empfang der Aufforderung, so gilt sie als verweigert, und der Vertrag ist unwirksam.

Haben im **Fall d** die Eltern gegenüber K die Genehmigung zum Kauf des MP3-Players erteilt, weiß V davon aber nichts und fordert er sie deshalb auf, ihre Zustimmung zu erteilen, so ist der Kaufvertrag von Anfang an unwirksam, wenn die Eltern sich V gegenüber nicht innerhalb von zwei Wochen nach dem Empfang der Aufforderung äußern.

283 (2) Solange der Vertrag zwischen dem beschränkt Geschäftsfähigen und seinem Partner schwebend unwirksam ist, bleibt die endgültige Bindung des beschränkt Geschäftsfähigen bis zur Entscheidung seines gesetzlichen Vertreters offen. Deshalb hat der Vertragspartner ein Interesse, seinerseits nicht an den Vertrag gebunden zu sein, bis der Vertrag auch für den beschränkt Geschäftsfähigen bindend ist. Daher gewährt § 109 ihm ein *Widerrufsrecht*. Danach kann der Vertragspartner bis zur Genehmigung des Vertrages den Widerruf gegenüber dem Vertreter sowie dem beschränkt Geschäftsfähigen erklären (§ 109 I). Der Vertragspartner bedarf jedoch keines Schutzes und hat deshalb auch kein

Widerrufsrecht, wenn er die beschränkte Geschäftsfähigkeit seines Partners kannte. Dann musste er nämlich von der schwebenden Unwirksamkeit des Vertrages ausgehen. Der Vertragspartner, der die beschränkte Geschäftsfähigkeit kannte, kann jedoch widerrufen, wenn der beschränkt Geschäftsfähige der Wahrheit zuwider die Einwilligung des Vertreters behauptet hat; das Widerrufsrecht ist aber ausgeschlossen, wenn ihm das Fehlen der Einwilligung bei Abschluss des Vertrages bekannt war (§ 109 II).

Kannte V im **Fall d** die Minderjährigkeit des K nicht, so kann V bis zur Genehmigung durch die Eltern widerrufen. Haben die Eltern nur K gegenüber die Genehmigung ausgesprochen und fordert V sie zur Genehmigung ihm gegenüber auf (vgl. § 108 II), so kann V auch dann noch widerrufen, da durch seine Aufforderung die Eltern in ihrer Entscheidung frei sind und die Bindung des K an den Vertrag offen ist.

4. Einwilligungsbedürftige einseitige Rechtsgeschäfte 284

a) *Ein einseitiges Rechtsgeschäft* (Rdnr. 99), das der beschränkt Geschäftsfähige *ohne die erforderliche Einwilligung* seines gesetzlichen Vertreters vornimmt, *ist unwirksam* (§ 111 Satz 1). Es kann auch nicht durch Genehmigung wirksam werden. Wirksam ist es also nur, wenn es dem beschränkt Geschäftsfähigen lediglich einen rechtlichen Vorteil bringt (Rdnr. 272 ff.) oder der gesetzliche Vertreter die Einwilligung (= *vorherige* Zustimmung) erklärt hat. Sinn dieser Regelung ist es, für die Personen Klarheit zu schaffen, die durch das Rechtsgeschäft betroffen, aber an seiner Vornahme nicht beteiligt sind. Ihretwegen soll ein Schwebezustand wie bei Verträgen ausgeschlossen sein.

Darüber hinaus dient es der Klarheit, wenn selbst das mit Einwilligung des gesetzlichen Vertreters einem anderen gegenüber vorgenommene Rechtsgeschäft unwirksam ist, falls der beschränkt Geschäftsfähige die Einwilligung nicht in schriftlicher Form vorlegt und der andere das Rechtsgeschäft aus diesem Grund unverzüglich zurückweist (§ 111 Satz 2). Die Zurückweisung ist aber ausgeschlossen, wenn der gesetzliche Vertreter den anderen von der Einwilligung in Kenntnis gesetzt hat (§ 111 Satz 3).

Im **Fall e** ist die Kündigung unwirksam, da sie ohne Einwilligung der Eltern des G erklärt wurde. G kann also am 1. 6. keine Zahlung verlangen. – Kündigt er jedoch mit Einwilligung seiner Eltern, ohne aber dem S die Einwilligung in schriftlicher Form nachzuweisen, und rügt S den Mangel des Nachweises erst bei der Zahlungsaufforderung durch G am 1. 6., so hat G den Rückzahlungsanspruch; denn die Zurückweisung der nicht schriftlich vorgelegten Einwilligung nach einem Monat erfolgt nicht unverzüglich.

b) *Ausnahmsweise* greift § 111 trotz fehlender Einwilligung des gesetzlichen Vertreters nicht ein. Das ist der Fall, wenn der Betroffene in Kenntnis der beschränkten Geschäftsfähigkeit des Handelnden damit einverstanden ist, dass die Wirksamkeit des Rechtsgeschäfts von der Genehmigung des gesetzlichen Vertreters abhängig ist. Dann greift der Schutzzweck des § 111 nicht ein; vielmehr sind die §§ 108 f. entsprechend anwendbar. 285

Ist S im **Fall e** mit der Kündigung am 30. 4. einverstanden, so muss er nicht geschützt werden, wenn er die Minderjährigkeit des G kennt. Genehmigen die Eltern des G die Kündigung am 15. 5., so wird die Kündigung rückwirkend am 30. 4. wirksam(vgl. §§ 108 I, 184 I). G kann am 1. 6. Zahlung verlangen.

286 *5. Erfüllung gegenüber beschränkt Geschäftsfähigen*

Die Erfüllung eines Anspruchs, der dem beschränkt Geschäftsfähigen zusteht, ist durch Leistung an ihn nicht möglich, da die Erfüllung (§ 362 I) für ihn nicht lediglich rechtlich vorteilhaft ist. Denn durch die Erfüllung erlischt der Anspruch. Deshalb kann der Anspruch des beschränkt Geschäftsfähigen durch Leistung an ihn nur mit Einwilligung des gesetzlichen Vertreters oder durch Leistung an den gesetzlichen Vertreter selbst erfüllt werden.

Beispiele: Hat der 10-jährige V einen Vermächtnisanspruch (§ 2174) gegen den Erben E auf Zahlung von 1 000,– €, so wird V zwar Eigentümer, wenn E ihm die Scheine übereignet, doch erlischt der Anspruch auf 1 000,– € damit nicht. Macht V aus den Scheinen Wurftauben und lässt sie fliegen, so können seine Eltern in seinem Namen von E nochmalige Zahlung verlangen. Die Verlustgefahr trägt also E, bis das Geld an die Eltern des V oder an diesen mit deren Einverständnis geleistet ist. – Im **Fall c** ist der Schenkungsanspruch des S erloschen, da S gerade mit Einwilligung seiner Eltern das Hausgrundstück übertragen erhielt.

Beschränkte Geschäftsfähigkeit
= Minderjährige zwischen Vollendung des
7. und 18. Lebensjahres (§ 106, § 2)

I. Wirksamkeit der Rechtsgeschäfte des Minderjährigen nur, wenn
1. Lediglich rechtlicher Vorteil für den Minderjährigen (§ 107)
   - einseitige Verpflichtungsgeschäfte ohne Pflichten für den Minderjährigen (niemals gegenseitige Verträge!)
   - Verfügungsgeschäfte (z.B. Übereignung) zu Gunsten des Minderjährigen
   - rechtlich neutrale Geschäfte = ohne Vor- und Nachteile für den Minderjährigen
2. Einwilligung (= vorherige Zustimmung, § 183 Satz 1) des gesetzlichen Vertreters
   a) Ausdrückliche oder konkludente Einwilligung (§ 107)
   b) Einwilligung durch Taschengeldgewährung, falls der Minderjährige die vertragliche Leistung mit Mitteln des Taschengeldes bewirkt hat (§ 110)
3. Genehmigung (= nachträgliche Zustimmung, § 184 I) des gesetzlichen Vertreters (§ 108 I)
   (bis zur Genehmigung: schwebende Unwirksamkeit)

- Genehmigung gegenüber dem Minderjährigen oder dem Vertragspartner möglich (§ 182 I)
- bei Erlangung der Volljährigkeit eigene Genehmigung möglich (§ 108 III)
- Verkürzung des Schwebezustandes durch Aufforderung des Vertragspartners an gesetzlichen Vertreter zur Genehmigung (§ 108 II)
- Beendigung des Schwebezustandes durch Widerruf des Vertragspartners (§ 109)

II. Unwirksamkeit einseitiger Rechtsgeschäfte (z.B. Kündigung) des Minderjährigen
Ausnahme nur bei Einwilligung des gesetzlichen Vertreters (§ 111 Satz 1)

III. Keine Erfüllung (§ 362) gegenüber dem Minderjährigen ohne Einwilligung des gesetzlichen Vertreters möglich
(Erfüllung ist wegen Verlustes der Forderung kein rechtlicher Vorteil)

IV. Wirksamwerden von WEen gegenüber einem Minderjährigen (Rdnr. 161)
1. Grundsatz: Bei Zugang beim gesetzlichen Vertreter (§ 131 II 1)
2. Ausnahme: Bei Zugang beim Minderjährigen (§ 131 II 2)
   a) 1. Fall: bei lediglich rechtlichem Vorteil der WE für den Minderjährigen
   b) 2. Fall: bei Einwilligung des gesetzlichen Vertreters

6. Anhang: Einwilligungsvorbehalt bei Willenserklärungen eines Betreuten **287**

Die §§ 108 bis 113 sowie § 131 II und § 210 gelten gem. § 1903 I 2 entsprechend, wenn »der Betreute zu einer Willenserklärung, die den Aufgabenkreis des Betreuers betrifft, dessen Einwilligung bedarf« (so § 1903 I 1). Mit diesem sog. Einwilligungsvorbehalt hat es folgende Bewandtnis:

a) Wenn ein Volljähriger wegen einer psychischen Krankheit oder einer körperlichen, geistigen oder seelischen Behinderung seine Angelegenheiten ganz oder teilweise nicht besorgen kann, bestellt das Vormundschaftsgericht für ihn einen Betreuer (§ 1896 I 1). Der Betreuer darf nur für solche Aufgabenkreise bestellt werden, in denen die Betreuung erforderlich ist, andere Hilfen also nicht in Betracht kommen (§ 1896 II 1 u. 2). In seinem Aufgabenkreis vertritt der Betreuer den Betreuten gerichtlich und außergerichtlich (§ 1902); er hat also eine auf einer gesetzlichen Vorschrift beruhende Vertretungsmacht (Rdnr. 531). Die Betreuerbestellung ändert an der Geschäftsfähigkeit des Betreuten nichts, so dass dieser – sofern er nicht unter § 104 Nr. 2 (Rdnr. 265) fällt – geschäftsfähig ist und deshalb wirksame Rechtsgeschäfte für sich vornehmen kann. Soweit es jedoch zur Abwendung einer erheblichen Gefahr für die Person oder das Vermögen des Betreuten erforderlich ist, ordnet das Vormundschaftsgericht für einen bestimmten Aufgabenkreis des Betreuers einen Einwilligungsvorbehalt an (§ 1903 I 1). Dann bedarf die Willenserklärung des Betreuten, die den genannten Aufgabenkreis betrifft, zu ihrer Wirksamkeit der Einwilligung des Betreuers (§ 1903 I 1). Die Regelung bezweckt den Schutz des Betreuten.

288 b) Besteht ein solcher Einwilligungsvorbehalt, ist das vom geschäftsfähigen Betreuten in dem bestimmten Bereich vorgenommene Rechtsgeschäft dem Geschäft eines beschränkt Geschäftsfähigen vergleichbar; das zeigt die Verweisung des § 1903 I 2 auf §§ 108 ff. sowie auf § 131 II und § 210.

Daraus ergibt sich:

(1) Schließt der Betreute einen Vertrag ohne die erforderliche Einwilligung des Betreuers, hängt die Wirksamkeit von der Genehmigung des Betreuers ab (vgl. § 108 I; Rdnr. 282). Der Vertragspartner des Betreuten kann den Betreuer zur Erklärung über die Genehmigung auffordern; dann kann die Genehmigung nur dem Vertragspartner gegenüber erfolgen (vgl. § 108 II; Rdnr. 283). Wird der Einwilligungsvorbehalt aufgehoben (§ 1908 d), tritt die Genehmigung des Betreuten an die Stelle der Genehmigung des Betreuers (vgl. § 108 III; Rdnr. 282 a. E.).

289 (2) Bis zur Genehmigung des Vertrages durch den Betreuer ist der Vertragspartner zum Widerruf sowohl gegenüber dem Betreuer als auch gegenüber dem Betreuten befugt (vgl. § 109 I; Rdnr. 284). Jedoch besteht kein Widerrufsrecht, wenn der Vertragspartner die Anordnung des Einwilligungsvorbehalts gekannt hat; allerdings kann der Partner trotzdem widerrufen, sofern der Betreute wahrheitswidrig die Einwilligung des Betreuers behauptet hat; dieses Widerrufsrecht ist aber ausgeschlossen, wenn dem Partner das Fehlen der Einwilligung bei Vertragsschluss bekannt war (vgl. § 109 II; Rdnr. 284).

290 (3) Der vom Betreuten ohne Zustimmung des Betreuers geschlossene Vertrag gilt als von Anfang an wirksam, wenn der Betreute die vertragsmäßige Leistung mit Mitteln bewirkt, die ihm zu diesem Zweck oder zu freier Verfügung von dem Betreuer oder mit dessen Zustimmung von einem Dritten überlassen worden sind (vgl. § 110; Rdnr. 281).

291 (4) Ein einseitiges Rechtsgeschäft, das der Betreute ohne die erforderliche Einwilligung des Betreuers vornimmt, ist unwirksam (vgl. § 111 Satz 1; Rdnr. 285; weitere Einzelheiten: Rdnrn. 285 f.).

292 (5) Für den selbstständigen Betrieb eines Erwerbsgeschäfts sowie die Eingehung, Aufhebung und Erfüllung eines Dienst- oder Arbeitsvertrages durch den unter Einwilligungsvorbehalt stehenden geschäftsfähigen Betreuten gelten § 112 und § 113 entsprechend (siehe dazu Rdnrn. 296 und 297).

(6) Auf § 107 (Rdnrn. 272 ff.) verweist § 1903 I 2 nicht. Jedoch bestimmt **293** § 1903 III 1 ausdrücklich, dass eine Einwilligung des Betreuers trotz Einwilligungsvorbehalts nicht erforderlich ist, wenn die Willenserklärung dem Betreuten lediglich einen rechtlichen Vorteil bringt. Es gilt also hier das zu § 107 Gesagte (Rdnr. 272–278) entsprechend. Nach § 1903 III 2 ist auch dann eine Einwilligung des Betreuers nicht erforderlich, wenn die Willenserklärung eine geringfügige Angelegenheit des täglichen Lebens betrifft, sofern das Gericht nichts anderes angeordnet hat. Gemeint sind alltägliche Bargeschäfte über geringwertige Gegenstände wie der Kauf von Lebensmitteln, soweit diese nach Menge und Wert nicht das übliche Maß übersteigen[178].

(7) Die Willenserklärung gegenüber einem Betreuten im Falle eines Einwilli- **294** gungsvorbehalts wird wirksam, wenn sie dem Betreuer zugeht (vgl. § 131 II 1; Rdnr. 161). Jedoch ist die Willenserklärung mit dem Zugang an den Betreuten wirksam, wenn sie ihm einen lediglich rechtlichen Vorteil bringt oder der Betreuer eingewilligt hat (vgl. § 131 II 2; Rdnr. 161).

(8) Die Verjährung von Ansprüchen des Betreuten ist im Falle des Einwilli- **295** gungsvorbehalts gehemmt, solange der Betreute ohne gesetzlichen Vertreter ist (vgl. § 210; Rdnr. 676).

IV. Teilgeschäftsfähigkeit **296**

Die beschränkt Geschäftsfähigen sind für die in §§ 112, 113 geregelten Rechtsgeschäfte voll geschäftsfähig; für alle übrigen Rechtsgeschäfte fehlt ihnen dagegen die volle Geschäftsfähigkeit.

Die beiden Vorschriften sind auch auf Betreute entsprechend anwendbar, soweit diese zur Wirksamkeit ihrer Willenserklärung der Einwilligung des Betreuers bedürfen (§ 1903 I 2; Rdnr. 287).

1. Betrieb eines Erwerbsgeschäfts

Ermächtigt der gesetzliche Vertreter mit Genehmigung des Vormundschaftsgerichts den beschränkt Geschäftsfähigen zum selbstständigen Betrieb eines Erwerbsgeschäfts, so ist dieser für solche Rechtsgeschäfte unbeschränkt geschäftsfähig, welche der Geschäftsbetrieb mit sich bringt (§ 112 I 1). Der beschränkt Geschäftsfähige bedarf dann insoweit nicht mehr der Zustimmung seines gesetzlichen Vertreters; dieser kann auch nicht mehr als gesetzlicher Vertreter für

178 BT-Drucks. 11/4528, S. 139.

ihn wirksam handeln. Die Teilgeschäftsfähigkeit gilt nicht für Rechtsgeschäfte, zu denen der Vertreter der Genehmigung des Vormundschaftsgerichts bedarf (§§ 112 I 2, 1643, 1821 f.). Die Ermächtigung kann von dem gesetzlichen Vertreter nur mit Genehmigung des Vormundschaftsgerichts zurückgenommen werden (§ 112 II).

Im **Fall f** betreibt S selbstständig ein Lebensmittelgeschäft. Ein solcher Betrieb bringt die geplanten Geschäfte mit sich. Da S das Geschäft mit Einwilligung seiner Eltern und mit Genehmigung des Vormundschaftsgerichts betreibt, ist er insoweit voll geschäftsfähig. Das gilt aber nicht für die Kreditaufnahme, da die Eltern zu einem solchen Geschäft, wenn sie es für S vornehmen wollten, selbst der vormundschaftsgerichtlichen Genehmigung bedürften (§§ 112 I 2, 1643 I, 1822 Nr. 8). Da die Eltern ihre Ermächtigung nur mit vormundschaftsgerichtlicher Genehmigung zurücknehmen können, dies aber nicht getan haben, kann S die Räume mieten und die Verkäuferin einstellen.

297 *2. Dienst- oder Arbeitsverhältnis*

Wird der beschränkt Geschäftsfähige von seinem gesetzlichen Vertreter ermächtigt, in Dienst oder in Arbeit zu treten, so ist er für solche Rechtsgeschäfte unbeschränkt geschäftsfähig, welche die Eingehung oder Aufhebung eines Dienst- oder Arbeitsverhältnisses der gestatteten Art oder die Erfüllung der sich aus einem solchen Verhältnis ergebenden Verpflichtungen betreffen (§ 113 I 1). Eine vormundschaftsgerichtliche Genehmigung ist hier im Gegensatz zu § 112 nicht erforderlich. Ausgenommen sind ebenfalls Verträge, zu denen der Vertreter der Genehmigung des Vormundschaftsgerichts bedarf (§§ 113 I 2, 1643, 1821 f.). Die für einen einzelnen Fall erteilte Ermächtigung gilt im Zweifel als allgemeine Ermächtigung zur Eingehung von Arbeitsverhältnissen derselben Art (§ 113 IV). Sie kann von dem Vertreter zurückgenommen oder eingeschränkt werden (§ 113 II). Der Ermächtigte ist im Rahmen des § 113 voll geschäftsfähig; sein gesetzlicher Vertreter verliert insoweit die Vertretungsmacht.

Im **Fall g** kann S den Arbeitsvertrag mit der Spinnerei ohne Einwilligung seiner Eltern wirksam kündigen, da er zur Aufhebung des Arbeitsverhältnisses, zu dessen Eingehung er von seinen Eltern ermächtigt war, unbeschränkt geschäftsfähig ist (§ 113 I 1). Die Ermächtigung zur Eingehung einer Hilfsarbeitertätigkeit bei einer Spinnerei gilt als allgemeine Ermächtigung zur Eingehung von Arbeitsverhältnissen derselben Art (§ 113 IV). Das Berufsbild als Hilfsarbeiter ist unabhängig davon, ob S diese Tätigkeit in einer Spinnerei oder Ziegelei ausführt. Deshalb kann er das Arbeitsverhältnis bei der Ziegelei selbstständig eingehen. Der Beitritt zur Gewerkschaft dient der Erfüllung der sich für S aus dem Arbeitsverhältnis ergebenden Pflichten, da die Gewerkschaft für S unmittelbar die Arbeitsbedingungen aushandelt. S kann deshalb selbstständig der Gewerkschaft beitreten[179]. Die Ermächtigung deckt jedoch nicht den Abschluss eines Arbeitsvertrages als Barmixer, da es sich nicht um ein Arbeitsverhältnis derselben Art (§ 113 IV) handelt[180].

179 Str.; vgl. *Gilles/Westphal*, JuS 1981, 899, 901 m. w. N.
180 ArbR Rdnr. 55 ff.

§ 13 Die Form des Rechtsgeschäfts

298

Schrifttum: *Bernard*, Formbedürftige Rechtsgeschäfte, 1979; *Böhm*, Das Abgehen von rechtsgeschäftlichen Formgeboten, AcP 179 (1979), 425; *Boente/Riehm*, Das BGB im Zeitalter digitaler Kommunikation – Neue Formvorschriften, Jura 2001/793; *Ebbing*, Schriftform und E-Mail, CR 1996, 271; *Ebnet*, Rechtsprobleme bei der Verwendung von Telefax, NJW 1992, 2985, 2989; *Einsele*, Formerfordernisse bei mehraktigen Rechtsgeschäften, DNotZ 1996, 835; *Fritzsche/Malzer*, Ausgewählte zivilrechtliche Probleme elektronisch signierter Willenserklärungen, DNotZ 1995, 3, 17; *Gernhuber*, Formnichtigkeit und Treu und Glauben, Festschrift f. Schmidt-Rimpler, 1957, 151; *Gotthard/Beck*, Elektronische Form und Textform im Arbeitsrecht: Wege durch den Irrgarten, NZA 2002, 876; *Hähnchen*, Das Gesetz zur Anpassung der Formvorschriften des Privatrechts und anderer Vorschriften an den modernen Rechtsgeschäftsverkehr, NJW 2001, 2831; *Häsemeyer*, Die gesetzliche Form der Rechtsgeschäfte, 1971; *ders.*, Die Bedeutung der Form im Privatrecht, JuS 1980, 1; *Hagen*, Formzwang, Formzweck, Formmangel und Rechtssicherheit, Festschrift f. Schippel, 1996, 173; *Heun*, Elektronisch erstellte oder übermittelte Dokumente und Schriftform, CR 1995, 2; *Holzhauer*, Die eigenhändige Unterschrift, 1973; *Kanzleiter*, Der Umfang der Beurkundungsbedürftigkeit bei verbundenen Rechtsgeschäften, DNotZ 1994, 275; *Keim*, § 313 BGB und die Burkundung zusammengesetzter Verträge, DNotZ 2001, 827; *Köhler*, Die Problematik automatisierter Rechtsvorgänge, insbesondere von Willenserklärungen, AcP 182 (1982), 126; *ders.*, Die Unterschrift als Rechtsproblem, Festschrift f. Schippel, 1996, 209; *Lorenz*, Rechtsfolgen formnichtiger Schuldverträge – BGH, NJW 1965, 812, JuS 1966, 429; *Malzer*, Die öffentliche Beglaubigung, DNotZ 2000, 169; *Petersen*, Die Form des Rechtsgeschäfts, Jura 2005, 168; *Pohlmann*, Die Heilung formnichtiger Verpflichtungsgeschäfte durch Erfüllung, 1992; *D. Reinicke*, Rechtsfolgen formwidrig abgeschlossener Verträge, 1969; *Roßnagel*, Das neue Recht elektronischer Signaturen – Neufassung des Signaturgesetzes und Änderung des BGB und der ZPO, NJW 2001, 1817; *Tschentscher*, Beweis und Schriftform bei Telefaxdokumenten, CR 1991, 141; *M. Wolf*, Rechtsgeschäfte im Vorfeld von Grundstücksübertragungen und ihre eingeschränkte Beurkundungsbedürftigkeit, DNotZ 1995, 179.

Fälle:

a) T hat sich aus Mitleid mit einem Vertreter an seiner Haustür das Jahresabonnement einer juristischen Fachzeitschrift aufschwatzen lassen. Da ihn das Geschäft nun aber doch reut, möchte er seine Erklärung widerrufen. Dazu hinterlässt er eine entsprechende Erklärung auf dem Anrufbeantworter des Herausgebers der Zeitschrift. Wirksamer Widerruf? **(Rdnr. 300)**

b) V, Vermieter einer Wohnung, kündigt dem Mieter M per Fax. Wirksam? (vgl. § 568 I). **(Rdnr. 303, 308)**

c) Die Bank vereinbart mit dem Darlehensschuldner, dass eine Kündigung durch eingeschriebenen Brief erfolgen soll. Sie kündigt das Darlehen durch einen mit Faksimilestempel unterzeichneten Brief, ohne ihn als »Einschreiben« zu schicken. Wirksame Kündigung? **(Rdnr. 304, 317)**

d) V verkauft sein Grundstück durch notariell beurkundeten Kaufvertrag an K. Gleichzeitig vereinbaren sie mündlich, dass K den Kaufpreis in Raten zahlen darf. Wirksam? **(Rdnr. 308, 310)**

e) Rechtsanwalt R verspricht dem Gläubiger G, für die Schuld des S als Bürge zu haften. R weist darauf hin, als Rechtsanwalt brauche er sein Versprechen nicht schriftlich zu erklären (vgl. § 766 Satz 1). Später verlangt G von R Zahlung. Zu Recht? **(Rdnr. 314)**

I. Grundsatz der Formfreiheit

Rechtsgeschäfte sind grundsätzlich formlos wirksam. Der Erklärende ist frei in der Wahl des Erklärungsmittels (z. B. mündliche, schriftliche Äußerung; Gebärde). Der Grundsatz der Formfreiheit soll der Erleichterung des Rechtsverkehrs dienen. Nur ausnahmsweise ist die Einhaltung einer Form erforderlich.

299 II. Bedeutung der Formbedürftigkeit

Die Formbedürftigkeit des Rechtsgeschäfts, die entweder auf Gesetz oder auf Parteivereinbarung beruht, soll sehr verschiedenen Zwecken dienen. So kann die Form Klarheit darüber schaffen, ob und zu welchen Bedingungen ein Vertrag abgeschlossen worden ist; auf diese Weise werden Streitigkeiten darüber vermieden, ob die Parteien lediglich Vorverhandlungen geführt oder bereits einen Vertrag geschlossen haben und welchen Inhalt dieser Vertrag hat. Die Form dient damit auch der Sicherung des Beweises *(Beweisfunktion)*. Ferner kann eine Formvorschrift die Warnung vor dem übereilten Abschluss eines wichtigen Rechtsgeschäfts bezwecken *(Warnfunktion)*. Schließlich soll durch eine notarielle Beurkundung des Rechtsgeschäfts oft auch eine juristische Beratung über die Auswirkungen des Geschäfts erreicht werden *(Beratungsfunktion)*. Meistens bestehen die Formvorschriften aus mehreren der genannten Gründe.

Beispiele: Nach § 550 Satz 1 i. V. m. § 578 I bedarf ein Grundstücksmietvertrag, der für länger als ein Jahr geschlossen wird, der Schriftform, damit der Beweis über den Vertragsinhalt gesichert wird; das ist besonders bei der Veräußerung des Grundstücks für den Erwerber wichtig, der anstelle des Vermieters in dessen Rechte und Pflichten eintritt (§ 566). Da § 550 den Ersatz der Schriftform durch elektronische Form nicht ausschließt, kann ein Grundstücksmietvertrag aber auch in elektronischer Form geschlossen werden (vgl. § 126 a), von der der Gesetzgeber annimmt, dass sie hier in gleicher Weise der Beweissicherung dient. – Nach § 766 Satz 1 ist für die Willenserklärung des Bürgen Schriftform erforderlich, um diesen vor Übereilung zu schützen. Einen vergleichbaren Schutz vermag die elektronische Form hier nicht zu gewährleisten. Daher ist sie in § 766 Satz 2 ausgeschlossen. – Nach § 311 b I 1 bedarf der Kaufvertrag über ein Grundstück der notariellen Beurkundung, um den Grundstückseigentümer und den Erwerber vor Übereilung zu warnen, eine fachkundige Beratung durch einen Notar zu ermöglichen sowie etwaigen Streitigkeiten über Abschluss und Inhalt des Vertrages vorzubeugen.

III. Arten der Formen 300

Die gesetzlichen Formen sind abschließend geregelt. Die rechtsgeschäftlich vereinbarten Formen können auf Grund der Privatautonomie frei bestimmt werden; meist wird dabei aber eine der gesetzlichen Formen vereinbart.

1. Textform

Bei einer durch Gesetz vorgeschriebenen Textform muss die Erklärung in einer Urkunde oder auf andere zur dauerhaften Wiedergabe in Schriftzeichen geeigneten Weise abgegeben, die Person des Erklärenden genannt und der Abschluss der Erklärung durch Nachbildung der Namensunterschrift oder anders erkennbar gemacht werden (so § 126 b).

Die Textform wurde durch Gesetz vom 13. Juli 2001[181] eingeführt und stellt auf Grund ihres Verzichts auf eine eigenhändige Unterschrift eine praktisch sehr bedeutsame Erleichterung gegenüber der Schriftform (§ 126) dar. Daher kommt ihr andererseits aber auch nur eine geringe Beweis- und Warnfunktion zu, mit der Folge, dass der Gesetzgeber sie meist nur bei rechtsgeschäftsähnlichen Handlungen (z. B. Widerrufsbelehrung gem. § 355 II – vgl. Rdnr. 213 – sowie Mieterhöhungsverlangen gem. § 558 a I) oder Rechtsgeschäften von geringerer Bedeutung (z. B. Widerruf bei Verbraucherverträgen gem. § 355 I 2; vgl. Rdnr. 211) zulässt.

a) Die Erklärung muss *in einer Urkunde oder auf andere zur dauerhaften Wiedergabe in Schriftzeichen geeigneten Weise* abgegeben werden.

Während mit *Urkunde* (vgl. auch Rdnr. 300 a) Papierdokumente wie Kopie, Fax oder Telegramm gemeint sind, fallen unter Erklärungen, die auf andere zur dauerhaften Wiedergabe in Schriftzeichen geeigneten Weise abgegeben werden, vor allem solche, die auf elektronischen Dokumenten, wie Diskette, CD-Rom oder Computer-Festplatte gespeichert sind. Damit genügt in dieser Hinsicht auch die E-Mail den Anforderungen der Textform, da der Empfänger die Möglichkeit hat, sie auf seiner Festplatte zu speichern und von dort aus dauerhaft wiederzugeben.

Im **Fall a** hinterlässt T seine Widerrufserklärung auf dem Anrufbeantworter des Herausgebers der Zeitschrift. Dieser ist zwar zur dauerhaften Speicherung der Erklärung, nicht aber zu dessen Wiedergabe in Schriftzeichen geeignet. Daher hat T nicht formgerecht widerrufen.

b) Ferner muss die Person des Erklärenden genannt und der Abschluss der Erklärung durch Nachbildung der Namensunterschrift oder anders erkennbar gemacht werden. Hierfür reicht allerdings schon, dass sich die Person des Er-

181 BGBl. I, 1542.

klärenden aus dem Text ergibt und der Abschluss der Erklärung durch irgendeinen geeigneten Hinweis (z. B. Ort und Datum) ergibt (vgl. zur Abschlusswirkung auch Rdnr. 301).

Als das »geringste« Formerfordernis ist die Textform jedenfalls auch durch jede andere »höhere« Form (Schriftform bzw. elektronische Form, notarielle Beglaubigung sowie notarielle Beurkundung) gewahrt.

300a *2. Schriftform*

a) Zur Wahrung der Schriftform muss eine Urkunde erstellt und von dem Aussteller eigenhändig durch Namensunterschrift oder durch notariell beglaubigtes Handzeichen unterzeichnet werden (§ 126 I).

(1) Es muss eine *Urkunde erstellt* werden. Urkunde ist die schriftliche Verkörperung einer Erklärung. Dabei braucht der Text der Urkunde nicht vom Erklärenden selbst niedergelegt zu werden; der Text kann etwa gedruckt, mit der Schreibmaschine oder mit der Hand geschrieben sein.

Hierin unterscheidet sich die einfache Schriftform von der des eigenhändigen Testaments. Dieses muss der Erblasser selbst handschriftlich (= eigenhändig) schreiben und unterschreiben (§ 2247 I)[182].

Ist die Erklärung auf verschiedenen Blättern enthalten, so bilden die einzelnen Seiten grundsätzlich nur dann eine Urkunde, wenn zwischen ihnen eine als dauernd gewollte körperliche Verbindung – wie bei zusammengehefteten Seiten – hergestellt ist[183].

Die Schriftform des § 126 erfordert aber keine körperliche Verbindung der einzelnen Blätter der Urkunde, wenn sich deren Einheit aus fortlaufender Paginierung, fortlaufender Numerierung der einzelnen Bestimmungen, einheitlicher graphischer Gestaltung, inhaltlichem Zusammenhang des Textes oder vergleichbaren Merkmalen zweifelsfrei ergibt[184].

301 (2) Die *Unterzeichnung* muss den Text der Urkunde räumlich abschließen. Nur das vor der Unterschrift Stehende wird durch die Unterschrift gedeckt. Ein Nachtrag muss daher erneut unterzeichnet werden[185]. Die Unterzeichnung hat also *Abschluss- und Deckungswirkung*. Deshalb genügt eine »Oberschrift« nicht, selbst wenn ein Formular die Zeichnung am oberen Rand vorsieht[186].

Bei einem Vertrag ist die Unterzeichnung der Parteien auf derselben Urkunde erforderlich (§ 126 II 1); die Unterschriften der Parteien müssen den gesamten

182 ErbR Rdnr. 121 ff.
183 Vgl. BGHZ 40, 263; 52, 29 f.
184 BGH NJW 2003, 1248; WM 1997, 2361.
185 BGH DB 1990, 877.
186 BGHZ 113, 48.

Inhalt der Erklärung decken. Will jeder Vertragspartner eine Urkunde haben, gestattet es § 126 II 2 aus Vereinfachungsgründen, dass jeder nur die für den anderen bestimmte Urkunde unterzeichnet. Auch dadurch hat jede Partei die Einigung insgesamt unterschrieben.

Macht V dem M ein Angebot über die fünfjährige Vermietung seines Grundstücks durch Zuschicken eines unterzeichneten Vertragsentwurfs und erklärt M brieflich die Annahme, so ist die Schriftform (vgl. § 550 Satz 1 i. V. m. § 578 I) nicht gewahrt. Die Unterzeichnung des Vertragsentwurfs durch V und die des Briefs durch M deckt nur jeweils das Angebot oder die Annahme, nicht aber die Einigung insgesamt ab. Deshalb müssen V und M den Vertragstext gemeinsam unterzeichnen, um der Schriftform zu genügen. Dafür reicht es aus, dass M seine Unterschrift auf den von V unterzeichneten Vertragsentwurf setzt[187]. Es genügt auch, wenn V eine für M bestimmte Urkunde und M eine Urkunde für V unterschreibt.

Zulässig ist auch eine sog. *Blankounterschrift*. Dabei wird ein noch unausgefülltes Blatt unterzeichnet. Der später von der ermächtigten Person darüber gesetzte Text gilt aus Gründen des Vertrauensschutzes auch dann als Erklärung des Unterzeichners, wenn er von dessen Willen abweicht (vgl. Rdnr. 424).

(3) Der Aussteller der Urkunde muss *durch Namensunterschrift oder durch notariell beglaubigtes Handzeichen* unterzeichnen. Dies ist erforderlich, damit der Aussteller zweifelsfrei festgestellt werden kann. Es genügt die Unterzeichnung mit dem Familiennamen oder die Verwendung eines Pseudonyms, wenn der Erklärende dadurch sicher ermittelt werden kann. Die Unterschrift muss nicht lesbar sein, aber doch eine Zusammensetzung aus Buchstaben erkennen lassen und charakteristische Merkmale aufweisen, welche die Identität des Unterzeichnenden ausreichend kennzeichnen[188]. 302

(4) Die Unterzeichnung muss von dem Aussteller *eigenhändig* erfolgen. Dadurch übernimmt der Aussteller selbst die Verantwortung für die Erklärung. Eigenhändig bedeutet handschriftlich; eine Unterzeichnung mittels Faksimilestempel oder Schreibmaschinenschrift ist also nicht ausreichend. 303

Die Kündigung im **Fall b** bedarf nach § 568 I der Schriftform. Das Fax genügt jedoch der Schriftform nicht[189], so dass die Kündigung unwirksam ist. Die von V eigenhändig unterschriebene und auf das Faxgerät gelegte Urkunde erfüllt zwar die Voraussetzungen der Schriftform, doch geht M diese nicht zu (§ 130). Das bei M ausgedruckte Fax (Fernkopie, Rdnr. 147) ist von V nicht eigenhändig unterzeichnet, so dass die zugegangene Kündigungserklärung nicht schriftlich erfolgt ist[190]. Zum möglichen Ersatz durch elektronische Form vgl. Rdnr. 304 a.

187 BGH ZIP 2004, 2142, 2143 f.
188 BGH NJW 2005, 3775; NJW 1997, 3380.
189 Vgl. BGHZ 121, 224.
190 Vgl. BGHZ 24, 301.

Eigenhändig bedeutet nicht, dass Vertretung bei der Unterzeichnung ausgeschlossen ist. Der Vertreter muss seine Vertretung grundsätzlich kenntlich machen, indem er im Namen des Vertretenen handelt (vgl. § 164 I, Rdnr. 524). Deshalb kann er mit seinem Namen und einem seine Vertretung kennzeichnenden Zusatz (»in Vertretung«, »im Auftrag«) unterschreiben[191]. Doch ist es heute gewohnheitsrechtlich anerkannt, dass der Vertreter auch mit dem Namen des Vertretenen eigenhändig unterzeichnen kann[192].

304 b) Ist *durch Rechtsgeschäft* schriftliche Form für ein Rechtsgeschäft bestimmt, so gilt im Zweifel die Vorschrift über die gesetzliche Schriftform (§ 127 I). Doch sind die Parteien in der Lage, die Anforderungen an die Schriftform zu erleichtern oder zu erschweren; so können sie von der Eigenhändigkeit der Unterzeichnung absehen oder etwa Zustellung des Schriftstückes durch eingeschriebenen Brief vereinbaren.

Soll nach AGB für die Erklärungen gegenüber dem Verwender eine strengere Form als die Schriftform gelten, so ist die Bestimmung unwirksam (§ 309 Nr. 13).

Haben die Parteien aber keine Besonderheiten für die Schriftform vorgesehen, so genügt telekommunikative Übermittlung und bei einem Vertrag Briefwechsel; wird eine solche Form gewählt, so kann nachträglich eine dem § 126 entsprechende Beurkundung verlangt werden (§ 127 II 2).

Im **Fall c** ist das Kündigungsschreiben nicht eigenhändig unterschrieben. Für die rechtsgeschäftlich vereinbarte Schriftform genügt jedoch die Faksimileunterschrift, wenn kein anderer Wille der Parteien anzunehmen ist. Dies ergibt sich aus § 127 II 1; denn bei telekommunikativer Übermittlung liegt ebenfalls keine eigenhändige Unterschrift vor. Die Schriftform ist also gewahrt, doch fehlt es an der Zusendung durch eingeschriebenen Brief (dazu: Rdnr. 317).

304a *3. Elektronische Form*

Die gesetzlich vorgeschriebene schriftliche Form kann durch die elektronische Form ersetzt werden, wenn sich nicht aus dem Gesetz etwas anderes ergibt (§ 126 III). Erforderlich ist, dass der Aussteller der Erklärung dieser seinen Namen hinzufügt und das elektronische Dokument mit einer qualifizierten Signatur nach dem Signaturgesetz versieht (§ 126 a I).

Ausdrücklich ausgeschlossen ist die Nutzung der elektronischen Form, wo die Warnfunktion einer Unterschrift nicht gewährleistet erscheint. Das gilt z.B. für den Abschluss eines Verbraucherdarlehensvertrages (§ 492 I 2), für eine Bürgschaftserklärung (§ 766 I 2) und für die Beendigung von Arbeitsverhältnissen durch Kündigung oder Aufhebungsvertrag (§ 623 a.E.).

191 BGH NJW 2003, 3054.
192 So schon RGZ 74, 72.

a) Unter *elektronischen Dokumenten* versteht man alle in elektronischer Form vorliegenden Daten, die, sei es am Bildschirm oder durch Ausdruck, in Schriftzeichen umgewandelt und somit lesbar gemacht werden können.

b) *Elektronische Signaturen* sind Daten in elektronischer Form, die anderen elektronischen Daten beigefügt oder logisch mit ihnen verknüpft sind und die zur Authentifizierung dienen (vgl. § 2 Nr. 1 Signaturgesetz – SigG)[193]. Als *qualifiziert* werden sie dann bezeichnet, wenn sie auf einem Zertifikat beruhen, das von einer qualifizierten Einrichtung i. S. v. § 2 Nr. 7 SigG ausgestellt wurde, und mit einer sicheren Signaturerstellungseinheit i. S. v. § 10 SigG erstellt wurden.

Einzelheiten zu den Anforderungen an Zertifizierungsdiensteanbieter und zu den Sicherheitsvorkehrungen bei der Bereitstellung von Signaturschlüsseln sind in der Signaturverordnung (SigV) vom 16.11.2001[194] geregelt.

c) Der *Namenshinzufügung* kommt schließlich wieder Abschluss- und Deckungswirkung zu.

d) Bei einem Vertrag genügt es gem. § 126 a II, wenn die Parteien jeweils nur ein gleichlautendes Dokument in der genannten Weise elektronisch signieren. Nicht ausreichend für die gesetzlich angeordnete elektronische Form ist jedoch das bloße Signieren von Angebot und Annahme. Ewas anderes gilt nur bei der gewillkürten elektronischen Form, für die § 126 a im Zweifel zwar auch gilt, § 127 I aber einige Formerleichterungen vorsieht.

4. *Öffentliche Beglaubigung* 305

Ist durch Gesetz für eine Erklärung öffentliche Beglaubigung vorgeschrieben, so muss die Erklärung schriftlich abgefasst und die Unterschrift oder das Handzeichen des Erklärenden von einem Notar beglaubigt werden (§ 129 I). Durch Landesrecht kann die Zuständigkeit für die öffentliche Beglaubigung von Abschriften oder Unterschriften auch anderen Personen oder Stellen (z.B. Ortsgerichten nach § 13 I Hess OrtsgerichtsG) übertragen werden (§ 63 BeurkG). Die Beglaubigung bezieht sich nur auf die Unterschrift, nicht auf den Text der Urkunde. Der Notar bestätigt auf der Urkunde, dass die Unterschrift von dem herrührt, der die Erklärung wirklich abgegeben hat, indem er in seinem Beglaubigungsvermerk die Person bezeichnet, welche die Unterschrift vollzogen hat (§ 40 III BeurkG). Demnach dient die Beglaubigung dazu, die Echtheit einer Urkunde zu beweisen. Das ist oft bei der Abgabe einer Erklärung gegenüber einer Behörde erforderlich.

193 Einzelheiten: *Palandt/Heinrichs*, § 126 a Rdnr. 3 ff.
194 BGBl. I, 3074.

So bedürfen etwa wichtige Erklärungen gegenüber dem Grundbuchamt (vgl. § 29 GBO) sowie Anmeldungen zur Eintragung in das Vereinsregister (§ 77) und das Handelsregister (vgl. § 12 HGB) der notariellen Beglaubigung.

Von der öffentlichen Beglaubigung zu unterscheiden ist die *amtliche Beglaubigung* durch eine Verwaltungsbehörde, mit der etwa die Übereinstimmung einer Kopie oder Abschrift mit der Originalurkunde bescheinigt wird. Sie wird nicht von § 129 erfasst, und auch die Vorschriften des BeurkG gelten für sie nicht (§ 65 BeurkG). Maßgeblich sind die Verwaltungsverfahrensgesetze des Bundes und der Länder (vgl. §§ 33 f. VwVfG).

306 *5. Notarielle Beurkundung*

Die notarielle Beurkundung einer Erklärung erfolgt in einem besonderen Verfahren vor dem Notar. Die Erklärung wird nach Beratung durch den Notar diesem gegenüber abgegeben, niedergeschrieben, dem Erklärenden vorgelesen, von ihm genehmigt und unterschrieben; der Notar unterzeichnet anschließend die Niederschrift (vgl. §§ 8 ff. BeurkG). Die Urkunde liefert Beweis dafür, dass der Erklärende die beurkundete Erklärung vor dem Notar abgegeben hat. Die Beurkundung ersetzt die schriftliche Form und die öffentliche Beglaubigung (§§ 126 IV, 129 II) und damit auch die Textform sowie die elektronische Form. Die notarielle Beurkundung ihrerseits wird bei einem gerichtlichen Vergleich durch die Aufnahme des Vergleichs in das Gerichtsprotokoll ersetzt (§ 127 a).

Der Beurkundung bedürfen besonders wichtige Verträge, wie etwa ein Verpflichtungsvertrag zur Übereignung eines Grundstücks (vgl. § 311 b I 1) und ein Schenkungsversprechen (vgl. § 518 I).

Grundsätzlich ist nicht die gleichzeitige Beurkundung des Angebots und der Annahme erforderlich; es genügt vielmehr, wenn zunächst der Antrag und sodann die Annahme des Antrags beurkundet wird (§ 128; Sukzessivbeurkundung). Dann kommt der Vertrag, wenn die Parteien nichts anderes vereinbart haben, schon mit der Beurkundung der Annahme und nicht erst mit deren Zugang zustande (§ 152; Rdnr. 184).

307 *6. Abgabe vor einer Behörde*

Ist die Abgabe von Erklärungen vor einer Behörde vorgeschrieben, so muss dies in wichtigen Fällen bei gleichzeitiger Anwesenheit aller Beteiligten erfolgen.

So müssen die Eheschließenden die Erklärungen zur Eingehung der Ehe vor dem Standesbeamten bei gleichzeitiger Anwesenheit und persönlich abgeben (§ 1310 ff.). Veräußerer und Erwerber eines Grundstücks müssen die Auflassung bei gleichzeitiger Anwesenheit vor dem Notar erklären (§ 925 I); persönliches Erscheinen ist hier allerdings nicht erforderlich, die Beteiligten können sich vertreten lassen.

IV. Rechtsfolgen bei Nichtbeachtung der Form 308

1. Nichtbeachtung der gesetzlichen Form

a) *Nichtig* ist ein Rechtsgeschäft, bei dem die durch Gesetz vorgeschriebene Form nicht beachtet ist (§ 125 Satz 1).

Da V im **Fall b** weder die Schriftform noch die elektronische Form für die Kündigung eingehalten hat, ist die Kündigung nichtig.

(1) Ist eine *Nebenabrede* eines formbedürftigen Rechtsgeschäfts formlos, der Hauptteil des Geschäfts dagegen formgerecht abgeschlossen, so ist die Nebenabrede nach § 125 Satz 1 nichtig, während sich die Wirksamkeit des Hauptteils nach § 139 (Rdnr. 353) richtet. Danach ist im Zweifel das ganze Rechtsgeschäft nichtig, wenn nicht anzunehmen ist, dass es auch ohne die nichtige Nebenabrede vorgenommen worden wäre.

Im **Fall d** ist die Ratenzahlungsvereinbarung nach § 125 Satz 1 i. V. m. § 311 b I 1 nichtig. Hätten V und K den Kaufvertrag bei Kenntnis der Nichtigkeit der Ratenvereinbarung nicht geschlossen, weil es ihnen besonders auf die Ratenzahlungen ankam, so ist auch der beurkundete Hauptteil des Vertrages nichtig (§§ 139; 125 Satz 1; 311 b I 1).

(2) *Abänderungen* eines formbedürftigen Rechtsgeschäfts sind grundsätzlich 309
ebenfalls formbedürftig und deshalb bei Formmangel nichtig, sofern es sich um rechtlich erhebliche Änderungen handelt[195]. Das gilt nicht, wenn die Verpflichtung desjenigen, der durch die Form geschützt wird, nur eingeschränkt werden soll, weil er dann keines Schutzes bedarf.

Wird etwa ein Bürgschaftsvertrag, durch den der Bürge B verpflichtet ist, für eine Schuld von 1 000,– € einzustehen, so abgeändert, dass B für 1 500,– € haften soll, so bedarf das erweiterte Versprechen der Schriftform, da § 766 Satz 1 den Bürgen schützen will. Wird die Bürgschaftsverpflichtung dagegen auf 700,– € ermäßigt, so bedarf das Einverständnis des B zur Ermäßigung nicht der Schriftform; B braucht keinen Schutz, da sich seine Verpflichtung verringert.

b) Bei bestimmten formbedürftigen Rechtsgeschäften kann eine *Heilung des* 310
Formmangels eintreten. Durch die Heilung wird das formlose Rechtsgeschäft wirksam; bei Grundstücksveräußerungsverträgen (vgl. § 311 b I 2), Schenkungsversprechen (vgl. § 518 II) und Bürgschaften (vgl. § 766 Satz 3) tritt die Heilung ein, wenn die formlos versprochene Leistung bewirkt worden ist. Grund für die Heilung ist vor allem der Gedanke der Rechtssicherheit. Es soll vermieden werden, dass sachenrechtlich abgeschlossene Verhältnisse bis zum Ablauf der Verjährung der bereicherungsrechtlichen Rückabwicklung unterliegen[196]. Außerdem ist die Warn- und Beweisfunktion nach erfolgter Erfüllung

195 BGH ZIP 2001, 883, 884 (rechtliche Erheblichkeit verneint); NJW 1996, 452.
196 BGH DB 2005, 663.

entbehrlich. Den genannten Bestimmungen kann aber ein allgemeiner Grundsatz der Heilung von Formvorschriften durch Erfüllung nicht entnommen werden.

Beispiel: Wenn V und K im **Fall d** das Grundstück auflassen und die Eintragung des K als Eigentümer im Grundbuch erfolgt ist (vgl. §§ 873 I, 925 I), kann V von K nicht die Rückübereignung nach § 812 I mit der Begründung verlangen, der Kaufvertrag sei formnichtig und deshalb sei die Übereignung ohne Rechtsgrund erfolgt. Nach § 311 b I 2 ist nämlich mit Auflassung und Eintragung der Formmangel der Nebenabrede geheilt und damit der Kaufvertrag Rechtsgrund für die Übereignung.

311 c) Im Einzelfall kann es *gegen Treu und Glauben* verstoßen, wenn eine Partei die Nichtigkeit des Rechtsgeschäfts wegen Formmangels geltend macht (vgl. § 242). Die Durchbrechung des Formzwangs aus Gründen der Einzelfallgerechtigkeit muss aber auf wenige Ausnahmen beschränkt bleiben; andernfalls würden die Formvorschriften ausgehöhlt. Dabei ist zu unterscheiden zwischen schuldrechtlichen Rechtsgeschäften, die grundsätzlich nur die Interessen der Geschäftspartner berühren, und solchen Rechtsgeschäften wie etwa Verfügungen, die öffentliche Interessen oder Belange Dritter berühren.

312 (1) *Bei schuldrechtlichen Verträgen* hat die Rechtsprechung oft hervorgehoben, dass nur in Ausnahmefällen zur Vermeidung schlechthin untragbarer Ergebnisse auf Grund des § 242 vom Formzwang abgesehen werden könne und dass es nicht genüge, wenn die Ergebnisse für den Betroffenen hart seien[197]. Die Formel ist jedoch zu unklar und führt nicht weiter. Es müssen deshalb Fallgruppen gebildet werden; sie können nicht abschließend sein[198].

313 (a) *Haben die Parteien den Mangel der Form gekannt* und dennoch die Formvorschrift nicht beachtet, so ist das Rechtsgeschäft nichtig. Der durch den Formmangel Geschädigte verdient nicht den Schutz, dass das Geschäft als wirksam angesehen wird, da er den Formfehler kannte.

314 (b) *Hat eine Partei die andere über die Formbedürftigkeit arglistig getäuscht*, so kann der Täuschende die Erfüllung des Vertrages nicht mit der Begründung verweigern, dass die Form fehle. Verlangt der Getäuschte Erfüllung, so muss der Vertrag im Interesse des Getäuschten als wirksam behandelt werden.

Hat G im **Fall e** auf das Wort des fachkundigen R vertraut und kannte er die Formbedürftigkeit des Bürgschaftsversprechens nicht, so kann er von R trotz Nichtigkeit der Bürgschaft Zahlung verlangen.

197 BGHZ 29, 10; 48, 398; BGH NJW 1978, 102; DB 1990, 878.
198 Einzelheiten: *Reinicke*, Rechtsfolgen formwidrig abgeschlossener Verträge, 41 ff.; *Erman/Palm*, § 125 Rdnr. 23 ff.

(c) Haben die Parteien die Formbedürftigkeit des Vertrages nicht gekannt und *beruht die Nichtbeachtung der Form auf Fahrlässigkeit*, so kann der Vertrag grundsätzlich nicht als wirksam behandelt werden. **315**

Verkauft V sein Grundstück mündlich an K und vergessen die Parteien, die notarielle Beurkundung des Vertrages nachzuholen (vgl. § 311 b I 1), so ist der Vertrag nichtig; V und K verdienen keinen Schutz. Daran ändert sich nichts, wenn nur V die Formbedürftigkeit infolge von Fahrlässigkeit nicht kannte, K aber auf die Erklärungen des V vertrauen durfte. K kann dann aber einen Schadensersatzanspruch gegen V wegen Pflichtverletzung beim Zustandekommen des Vertrages haben (culpa in contrahendo; §§ 280 I, 241 II, 311 II).

(2) Bei *Verfügungen* (Rdnr. 104) kann der Formzwang nicht durch § 242 durchbrochen werden. Denn die Verfügungen wirken absolut und berühren deshalb Interessen Dritter; hier geht das Interesse an der Verkehrssicherheit vor. **316**

2. Nichtbeachtung der rechtsgeschäftlichen Form **317**

a) Das Recht der Parteien, durch Rechtsgeschäft die Einhaltung einer Form zu vereinbaren, beruht auf der Privatautonomie (Rdnr. 25). Deshalb richten sich die Rechtsfolgen bei Nichteinhaltung einer vereinbarten Form ebenfalls nach dem Willen der Parteien. Dieser ist durch Auslegung zu ermitteln. Kann insoweit kein Wille festgelegt werden, greift § 125 Satz 2 ein. Danach hat *der Mangel der durch Rechtsgeschäft bestimmten Form im Zweifel Nichtigkeit zur Folge*.

Die Auslegung kann ergeben, dass die Parteien die vereinbarte Form als *Wirksamkeitsvoraussetzung* des Rechtsgeschäfts *oder* nur als *Beweissicherungsmittel* gewollt haben. Im ersten Fall wird erst durch die Einhaltung der Form das Rechtsgeschäft wirksam (= konstitutive Wirkung); die Nichteinhaltung der Form hat Nichtigkeit zur Folge. Im zweiten Fall dient die Form nur der Sicherung des Beweises (= deklaratorische Wirkung); ihre Nichtbeachtung beeinträchtigt die Wirksamkeit nicht.

Im **Fall c** ist die Formabrede, die Kündigung als Einschreiben zugehen zu lassen, nicht beachtet. Mit dem Einschreibebrief wollen die Parteien meistens erreichen, dass die Erklärung dem Empfänger sicher zugeht und der Nachweis des Zugangs leicht erbracht werden kann. Deshalb dient die Form der Beweissicherung und berührt die Wirksamkeit der Kündigung nicht, wenn sie auf andere Weise tatsächlich zugegangen ist[199].

Haben die Parteien eine Beurkundung des Vertrages vereinbart, ist der Vertrag im Zweifel nicht geschlossen, bis die Beurkundung erfolgt ist (§ 154 II; Rdnr. 255).

b) Eine *Vereinbarung der Form* kann von den Parteien jederzeit wieder *aufgehoben werden*. Dies ist ausdrücklich, aber auch stillschweigend möglich, in- **318**

199 BGH NJW 2004, 1320; NJW-RR 1996, 866, 867.

dem die Parteien das Rechtsgeschäft formlos abschließen und damit die Aufhebung der Formvereinbarung zu erkennen geben.

Beispiel: Wollen V und K den Kaufvertrag über einen Pkw schriftlich abschließen, tun sie es aber nicht, sondern übereignen sie sofort den Pkw gegen Barzahlung, so ist der Kaufvertrag wirksam. Die beiderseitige Erfüllung spricht dafür, dass die Parteien die Formabrede abbedungen haben.

Eine sogenannte einfache Schriftformklausel in einem Vertrag (»Änderungen bedürfen der Schriftform«) verhindert also nicht, dass der Vertrag formlos abgeändert wird. Wollen die Vertragsparteien das verhindern, müssen sie eine sogenannte doppelte Schriftformklausel vereinbaren (»Änderungen bedürfen der Schriftform. Das gilt auch für eine Aufhebung dieses Schriftformerfordernisses«).

Formvorschriften für Rechtsgeschäfte

I. Sinn
1. Beweisfunktion
2. Warnfunktion
3. Beratungsfunktion

II. Arten
1. Textform (§ 126 b), z.B. bei § 355 II, I 2
2. Schriftform (§§ 126, 127)
   a) Gesetzliche Schriftform (§ 126), z.B. §§ 623, 766
   b) Vertragliche Schriftform (§ 127)
3. Elektronische Form als Ersatz für Schriftform (§§ 126a, 126 III)
4. Öffentliche Beglaubigung (§ 129), z.B. § 29 GBO
5. Notarielle Beurkundung (§ 128), z.B. §§ 311 b I, 518
6. Abgabe vor einer Behörde bei gleichzeitiger Anwesenheit, z.B. §§ 925 I, 1310 ff.

III. Rechtsfolgen bei Nichtbeachtung der Form
1. Nichtbeachtung der gesetzlichen Form
   a) Grundsatz: Nichtigkeit des Rechtsgeschäfts (§ 125 Satz 1)
   b) Heilung des Formmangels gem. §§ 311 b I 2, 518 II, 766 Satz 3
   c) In Ausnahmefällen Berufung auf Formnichtigkeit wegen Verstoßes gegen § 242 unzulässig
2. Nichtbeachtung der rechtsgeschäftlichen Form
   a) Im Zweifel Nichtigkeit des Rechtsgeschäfts (§ 125 Satz 2)
   b) Aber: jederzeit Aufhebung des Formerfordernisses möglich

§ 14 Inhaltliche Schranken des Rechtsgeschäfts 319

Schrifttum: *Arzt*, Die Ansicht aller billig und gerecht Denkenden, 1962; *Beater*, Der Gesetzesbegiff von § 134 BGB, AcP 197 (1997), 505; *Beer*, Die relative Unwirksamkeit, 1975; *Bezzenberger*, Ethnische Diskriminierung, Gleichheit und Sittenordnung im bürgerlichen Recht, AcP 196 (1996), 395; *Bülow*, Grundfragen der Verfügungsverbote, JuS 1994, 1; *Cahn*, Zum Begriff der Nichtigkeit im Bürgerlichen Recht, JZ 1997, 8; *Canaris*, Gesetzliches Verbot und Rechtsgeschäft, 1983; *H. Dilcher*, Rechtsgeschäfte auf verfassungswidriger Grundlage, AcP 163 (1964), 193; *Eckert*, Sittenwidrigkeit und Wertungswandel, AcP 199 (1999), 337; *Grunwaldt*, Sittenwidriger Ratenkreditvertrag: kurze Verjährung und vertragsgemäße Verrechnung der Zahlungen, MDR 1995, 125; *H. Honsell*, Die zivilrechtliche Sanktion der Sittenwidrigkeit, JA 1986, 573; *U. Hübner*, Personale Relativierung der Unwirksamkeit von Rechtsgeschäften nach dem Schutzzweck der Norm, Festschrift f. H. Hübner, 1984, 489; *Jung*, Wucherähnliches Rechtsgeschäft – Tatbestand und Beweis, ZGS 2005, 95; *Kreft*, Privatautonomie und persönliche Verschuldung, WM 1992, 1425; *Lindacher*, Grundsätzliches zu § 138 BGB, AcP 173 (1973), 124; *Mayer-Maly*, Das Bewußtsein der Sittenwidrigkeit, 1971; *ders.*, Die guten Sitten als Maßstab des Rechts, JuS 1986, 596; *ders.*, Was leisten die guten Sitten?, AcP 194 (1994), 105; *Otte*, Die Nichtigkeit letztwilliger Verfügungen wegen Gesetzes- oder Sittenwidrigkeit, JA 1985, 192; *Petersen*, Gesetzliches Verbot und Rechtsgeschäft, Jura 2003, 532; *Schmoeckel*, Der maßgebliche Zeitpunkt zur Bestimmung der Sittenwidrigkeit nach § 138 I BGB, AcP 197 (1997), 1; *Seiler*, Über verbotswidrige Rechtsgeschäfte (§ 134 BGB), Gedächtnisschrift f. W. Martens, 1987, 719; *Simitis*, Gute Sitten und ordre public, 1960; *Steinmetz*, Sittenwidrige Ratenkreditverträge in der Rechtspraxis auf der Grundlage der BGH-Rechtsprechung, NJW 1991, 881; *Taupitz*, Berufsständische Satzungen als Verbotsgesetze im Sinne des § 134 BGB, JZ 1994, 221; *Teichmann*, Die Gesetzesumgehung, 1962; *Teubner*, Standards und Direktiven in Generalklauseln, 1971; *Timm*, Außenwirkungen vertraglicher Verfügungsverbote?, JZ 1989, 13; *Ulrici*, Verbotsgesetz und zwingendes Gesetz, JuS 2005, 1073; *E. Wagner*, Rechtsgeschäftliche Unübertragbarkeit und § 137 S. 1 BGB, AcP 194 (1994), 451; *Willingmann*, Systemspielverträge im Spannungsfeld zwischen Zivilrechtsdogmatik, Verbraucherschutz und Wettbewerbsrecht, VuR 1997, 299; *Zimmermann*, Sittenwidrigkeit und Abstraktion, JR 1985, 48.

Fälle:

a) Bäckermeister B kündigt seinem Gesellen, weil dieser der Gewerkschaft beigetreten ist, und verkauft Brötchen unter Verstoß gegen das Ladenschlussgesetz nach Ladenschluss. Gültig? **(Rdnr. 323)**

b) Weil dem Gastwirt W die Erlaubnis zum Betrieb einer Gaststätte wegen Trunksucht entzogen worden ist, verkauft er die Gaststätte an K und vereinbart mit ihm, als dessen Geschäftsführer die Wirtschaft zu führen. Gültig? **(Rdnr. 328)**

c) Die Bank B vereinbart mit ihrem stark verschuldeten Kunden K, dass dieser alle seine Maschinen an B zwecks Sicherung eines Kredits zu Eigentum übertragen soll, um dadurch B zum Nachteil der übrigen Gläubiger besonders abzusichern. Entsprechend dieser Verpflichtung übereignet K die Maschinen an B. Wirksam? **(Rdnr. 334, 340)**

d) Der inhaftierte G verspricht dem nikotinsüchtigen Mithäftling H seine Zigarettenration, wenn H aus der Kirche austrete. Kann H nach erfolgtem Kirchenaustritt von G die Zigaretten verlangen? **(Rdnr. 337)**

e) A gibt dem B, der zuvor seine äußerst prekäre finanzielle Lage geschildert hat, ein Darlehen, das mit 10 % pro Monat verzinst werden soll. **(Rdnr. 344, 345, 346)**

Rechtsgeschäfte müssen einen zulässigen Inhalt haben, um wirksam zu sein. Der Schutz überragender Interessen der Allgemeinheit gebietet eine Beschränkung der Möglichkeit, den Inhalt von Rechtsgeschäften frei zu gestalten. Diesen Schutz verfolgen die §§ 134, 138. Danach sind Rechtsgeschäfte nichtig, deren Inhalt gegen ein gesetzliches Verbot oder gegen die guten Sitten verstößt.

Abgesehen davon kann eine Einzelperson Interesse daran haben, dass ihre Rechtsstellung nicht durch Rechtsgeschäfte eines anderen beeinträchtigt wird. Ihrem Schutz dienen die Veräußerungsverbote der §§ 135 ff.

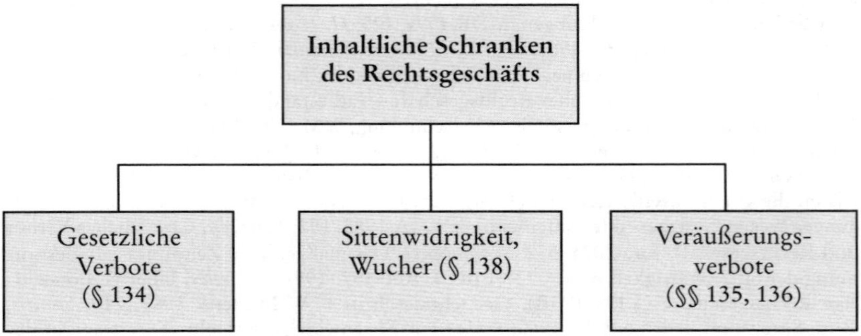

320 I. Gesetzliche Verbote

Nach § 134 ist ein Rechtsgeschäft, das gegen ein gesetzliches Verbot verstößt, nichtig, wenn sich nicht aus dem Gesetz ein anderes ergibt. Für die Rechtsfolge der Nichtigkeit muss also zum einen ein Verbotsgesetz vorliegen und zum anderen der Verstoß gegen das Verbot zur Nichtigkeit des Rechtsgeschäfts führen. Ob eine Rechtsnorm ein gesetzliches Verbot enthält und ob bei einem Gesetzesverstoß die Rechtsfolge der Nichtigkeit des Geschäfts eingreift, lässt sich jedoch aus § 134 nicht entnehmen. Vielmehr muss das durch Auslegung nach Sinn und Zweck der einzelnen Gesetzesvorschrift ermittelt werden.

321 *1. Verbotsgesetze*

Da »Gesetz« im Sinne des BGB jede Rechtsnorm ist (vgl. Art. 2 EGBGB), können nicht nur formelle Gesetze wie etwa das BGB oder das GG[200], sondern auch Rechtsverordnungen (Rdnr. 5), autonome Satzungen (Rdnr. 6), Vorschriften des europäischen Gemeinschaftsrechts (Rdnr. 7) und das Gewohnheitsrecht

200 Zur Anwendbarkeit des § 134 bei Grundrechtsverstößen BGH NJW 2004, 1031; NJW 1976, 709.

(Rdnr. 8) Verbotsgesetze enthalten. Die Auslegung der Rechtsnorm kann ergeben, dass ein Rechtsgeschäft wegen der besonderen Umstände, unter denen es vorgenommen wird, wegen seines Inhalts oder wegen seines bezweckten Rechtserfolges untersagt ist. Dabei bietet der Gesetzeswortlaut einen Anhaltspunkt. Zwar enthalten die meisten Verbotsbestimmungen nicht Ausdrücke wie »verbieten« oder »untersagen«; jedoch deuten in der Regel die Formulierungen »darf nicht«, »ist unzulässig«, »ist nicht übertragbar« darauf hin, dass die Rechtsordnung die Vornahme eines bestimmten Rechtsgeschäfts missbilligt.

Beispiele: § 259 StGB (Ankauf gestohlener Sachen); § 284 I StGB (verbotenes Glücksspiel); § 334 I StGB (Schenkung zur Bestechung eines Amtsträgers); Art. 3 I GG (Willkürverbot als Ausfluss des Gleichheitsgrundsatzes[201]); Art. 1 § 1 Satz 1 RechtsberatungsG (Erlaubnispflicht der geschäftsmäßigen Rechtsberatung; dazu Rdnr. 326)[202].

2. Folgen des Verstoßes gegen ein Verbotsgesetz **322**

Nicht jeder Verstoß gegen ein gesetzliches Verbot führt zur Nichtigkeit des Rechtsgeschäfts. Nach § 134 ist nämlich ein Rechtsgeschäft wegen eines Gesetzesverstoßes nur dann nichtig, wenn sich aus der Verbotsnorm nicht ein anderes ergibt.

a) Es gibt Verbotsgesetze, die sich nur gegen die Art und Weise wenden, in **323**
der das Rechtsgeschäft abgeschlossen wird *(Ordnungsvorschriften)*. Sie wollen den Erfolg des Rechtsgeschäfts nicht verhindern. Deshalb führt ein Verstoß gegen eine solche Ordnungsvorschrift nicht zur Nichtigkeit des Rechtsgeschäfts.

So will das Ladenschlussgesetz nicht verhindern, dass B im **Fall a** überhaupt Brötchen verkauft. Vielmehr soll ein Verkauf aus Gründen des Schutzes der Arbeitnehmer nur zu bestimmten Zeiten erfolgen. Die Gültigkeit eines Lebensmittelverkaufs außerhalb der Ladenzeiten will das Ladenschlussgesetz jedoch nicht ausschließen.

b) Andere Verbotsnormen wollen Rechtsgeschäfte wegen ihres Inhalts ver- **324**
hindern. Bei einem Verstoß gegen ein solches *Inhaltsverbot* tritt als Rechtsfolge regelmäßig die Nichtigkeit des Geschäfts ein.

(1) Wendet sich das *Verbotsgesetz* jedoch *nur gegen das Verhalten einer Partei* **325**
des Rechtsgeschäfts, so ist besonders zu prüfen, ob das Rechtsgeschäft nichtig oder ob es im Interesse der redlichen Partei gültig sein soll.

Beispiele: Kommt ein Kaufvertrag durch Betrug des Verkäufers zustande, so verstößt das Rechtsgeschäft gegen § 263 StGB. Obwohl dem Verkäufer ein Verstoß gegen ein gesetzliches Verbot vorzuwerfen ist, kann der redliche Käufer ein Interesse daran haben, dass der Kaufvertrag dennoch gültig bleibt; dieser ist daher nicht von vornherein nichtig,

201 Dazu BGH NJW 2004, 1031 (nach § 134 unwirksame Kündigung eines Kontos der »Republikaner« durch die Postbank).

202 Einzelfälle: *Erman/Palm*, § 134 Rdnr. 19 ff.; *Palandt/Heinrichs*, § 134 Rdnr. 14 ff.

sondern nur durch Anfechtung des Käufers wegen arglistiger Täuschung (§ 123; Rdnr. 450) vernichtbar. – Verstößt beim Abschluss eines Werkvertrages der Unternehmer gegen das Gesetz zur Bekämpfung der Schwarzarbeit und kennt der Besteller den Verstoß nicht, so gebieten es die Interessen des gesetzestreuen Bestellers, ihm seine Erfüllungs- und Gewährleistungsansprüche zu belassen; deshalb ist der Vertrag nicht nach § 134 nichtig[203]. Selbst dann, wenn bei Abschluss eines Werkvertrages vereinbart wird, dass der Unternehmer »ohne Rechnung« bezahlt werden soll, führt die damit erleichterte Steuerhinterziehung nicht zur Unwirksamkeit des Vertrages; diese tritt nach der Rechtsprechung nur dann ein, wenn die Steuerhinterziehung Hauptzweck des Vertrages ist[204].

326 (2) Richtet sich das Verbotsgesetz gegen den Inhalt des Rechtsgeschäfts, führt ein Gesetzesverstoß grundsätzlich zur *Nichtigkeit nur des Verpflichtungsgeschäfts*. Die in Erfüllung des nichtigen Verpflichtungsgeschäfts erfolgten Verfügungen bleiben wirksam, können aber über die Regeln der ungerechtfertigten Bereicherung nach §§ 812 ff. rückabgewickelt werden (beachte aber § 817).

Beispiel: Wenn jemand durch Geschäftsbesorgungsvertrag (§ 675) mit der Besorgung fremder Rechtsangelegenheiten beauftragt wird, obwohl er dazu keine Erlaubnis nach Art. 1 § 1 Satz 1 RechtsberatungsG hat, ist nur der Geschäftsbesorgungsvertrag, nicht dagegen die Übereignung des Honorars nichtig. Dieses ist aber mangels wirksamer Verpflichtung ohne Rechtsgrund gezahlt und kann nach § 812 I 1, 1. Fall zurück gefordert werden.

Aus dem Sinn und Zweck des Verbotsgesetzes kann sich ergeben, dass neben dem Verpflichtungsgeschäft auch eine zur Durchführung der verbotenen Tätigkeit erteilte *Vollmacht nach § 134 unwirksam* ist.

Beispiel: Bei dem Verstoß gegen das RechtsberatungsG ist neben dem Geschäftsbesorgungsvertrag auch die zur Ausführung des Vertrags erteilte Vollmacht unwirksam[205]. Der Beauftragte handelt dann, wenn er im Namen des Auftraggebers handelt, ohne Vertretungsmacht, sofern nicht die Voraussetzungen für eine Rechtsscheinsvollmacht vorliegen (dazu Rdnr. 560, 562 ff.).

327 (3) Wenn durch das Verbotsgesetz nicht allein der Inhalt des Verpflichtungsgeschäfts missbilligt, sondern darüber hinaus auch eine Verschiebung der Güter untersagt wird, dann ist außer dem Verpflichtungs- *auch das Verfügungsgeschäft nichtig*. In diesen Fällen der Fehleridentität bleibt der über sein Eigentum Verfügende weiterhin Eigentümer; er kann sein Eigentum nach § 985 herausverlangen.

Beispiele: Aus dem Verbot des Handeltreibens mit Betäubungsmitteln (§ 29 I Nr. 1 Betäubungsmittelgesetz – BtMG) folgt nicht nur die Nichtigkeit des Kaufvertrages, sondern auch diejenige der Übereignung der Drogen und des als Kaufpreis gezahlten Geldes[206]. –

203 BGHZ 89, 373.
204 BGH NJW-RR 2001, 380 f.
205 Ständige Rechtsprechung; siehe nur BGH NJW 2005, 2983; ZIP 2002, 1191, 1192 f.
206 BGH NJW 1983, 636.

Verspricht A dem Finanzbeamten B einen Geldbetrag, wenn B die Steuerschuld des A zu niedrig festsetzt, so ist nicht nur die Verpflichtung des A, sondern auch die Übereignung des Geldes an B wegen Verstoßes gegen § 334 I StGB nach § 134 nichtig.

3. Umgehungsgeschäfte 328

Die Rechtsfolge des § 134 erfasst auch die sog. Umgehungsgeschäfte. Darunter versteht man Rechtsgeschäfte, die den vom Verbotsgesetz missbilligten Erfolg auf einem Weg zu erreichen suchen, den die Verbotsnorm nicht erfasst. Für diese Geschäfte gilt die Folge des § 134 aber nur dann, wenn die Verbotsbestimmung den Erfolg des Rechtsgeschäfts schlechthin verhindern will, unabhängig von dem Weg, auf dem die Parteien dieses Ziel erreichen wollen. Das Verbotsgesetz muss dann über seinen Wortlaut hinaus auch auf die Fälle angewandt werden, auf die es nach der im Gesetz enthaltenen Wertung angewandt werden soll.

Im **Fall b** ergibt sich aus dem Verbotscharakter der Bestimmungen des Gaststättengesetzes, dass W keinen Gaststättenbetrieb führen darf. Dieses gesetzliche Verbot würde umgangen, wenn W durch eine Vereinbarung mit K in der Lage wäre, dennoch eine Gastwirtschaft zu leiten. Deshalb ist der Vertrag des W mit K, dass W als Geschäftsführer für K den Gaststättenbetrieb führt (sog. Kastellanvertrag), wegen Umgehung eines Verbotsgesetzes nach § 134 nichtig[207].

II. Verstoß gegen die guten Sitten 329

1. Tatbestand

Ein Rechtsgeschäft, das gegen die guten Sitten verstößt, ist nach § 138 I nichtig.

a) Der Ausdruck *gute Sitten* ist ein wertausfüllungsbedürftiger Begriff. Was zu den guten Sitten gehört, ist in Anlehnung an die Entstehungsgeschichte und die höchstrichterliche Rechtsprechung nach dem »Rechts- und Anstandsgefühl aller billig und gerecht Denkenden« zu bestimmen[208]. Diese Umschreibung ist ebenfalls ausfüllungsbedürftig. Sie verdeutlicht jedoch, dass hier nicht an die Sitte (Rdnr. 2), sondern an die bestehende Sozialmoral (Rdnr. 3) anzuknüpfen ist. Dabei ist nicht auf die moralisch besonders hochstehende Anschauung bestimmter Kreise abzustellen. Ebenso wenig sind besonders laxe Ansichten und Unsitten, selbst wenn sie weit verbreitet sind, maßgeblich. Vielmehr kommt es auf die Auffassung des »anständigen Durchschnittsmenschen« an, die oft schwer festzustellen ist. Häufig bleibt daher nur der Weg, das Unwerturteil durch Interessenabwägung zu ermitteln. Sittenwidrig können auch Rechtsge-

207 Vgl. OLG Hamm NJW 1986, 2440; OLG Koblenz NJW-RR 1994, 493.
208 Vgl. Mot. II, 727; BGH NJW 2004, 2668, 2670; BGHZ 52, 20; RGZ 48, 124.

schäfte sein, durch die Dritte gefährdet oder geschädigt werden oder die in krassem Widerspruch zum Gemeinwohl stehen[209].

Beispiele: Ein Leihmuttervertrag ist sittenwidrig, wenn das Kind zum Gegenstand eines Rechtsgeschäfts gemacht und damit zur Handelsware degradiert wird[210]; die Ersatzmuttervermittlung wird durch das Adoptionsvermittlungsgesetz (i. d. F. v. 22. 12. 2001) verboten. – Gewinnspiele nach dem »Schneeballprinzip« verstoßen gegen die guten Sitten, weil sie darauf angelegt sind, dass die große Masse der Teilnehmer ihren Einsatz verliert[211].

330 b) Der Tatbestand des § 138 verlangt einen *Verstoß gegen die guten Sitten*.

(1) Die Sittenwidrigkeit eines Rechtsgeschäfts setzt einmal *objektiv* voraus, dass *ein Sittenverstoß vorliegt*. Zum anderen ist *subjektiv* erforderlich, dass der Handelnde *die Umstände kennt*, aus denen sich die Sittenwidrigkeit ergibt; nicht erforderlich ist es dagegen, dass er sein Handeln für sittenwidrig hält.

Beispiel: Verpflichtet eine Brauerei einen Gastwirt, für die Hingabe eines Darlehens 30 Jahre lang sein Bier ausschließlich von ihr zu einem überhöhten Preis zu beziehen, verstößt dieser Vertrag gegen die guten Sitten, weil die wirtschaftliche Bewegungsfreiheit des Gastwirts über Gebühr beschränkt wird. Selbst wenn die Parteien den Vertrag als gerecht ansehen, verstößt das Rechtsgeschäft gegen die guten Sitten, da die Vertragsparteien die Umstände, aus denen sich die Sittenwidrigkeit ergibt, kennen.

331 (2) *Grundsätzlich* müssen bei einem Vertrag *beide Parteien sittenwidrig handeln*. Wenn nur einer Vertragspartei ein Sittenverstoß zur Last gelegt werden kann, ist der Vorwurf des sittenwidrigen Handelns gegenüber der redlichen Partei nicht gerechtfertigt. Diese kann ein berechtigtes Interesse haben, dass das Rechtsgeschäft trotz des vorwerfbaren Verhaltens der anderen Partei wirksam ist.

Beispiel: Kauft K von V ein giftiges Pflanzenschutzmittel, um seine Ehefrau zu vergiften, so verstößt der Kaufvertrag nicht gegen die guten Sitten, wenn V vom Vorhaben des K nichts weiß. Kennt V jedoch den Plan des K, handeln beide bei Abschluss des Kaufvertrages sittenwidrig.

Ausnahmsweise reicht ein *einseitiger Sittenverstoß* aus, wenn die Sittenwidrigkeit gerade in dem Verhalten gegenüber dem Geschäftspartner zum Ausdruck kommt (wie im Brauereifall).

332 c) Für die Frage des Sittenverstoßes ist regelmäßig auf den *Zeitpunkt des Geschäftsabschlusses* abzustellen. Eine spätere Änderung der Moralanschauung hat keinen Einfluss auf die Wirksamkeit eines Rechtsgeschäfts, wenn es sofort abgewickelt wird. Wandelt sich die Moralauffassung in der Zeitspanne zwischen

209 BGH NJW 2005, 1490, 1491; NJW 1990, 567.
210 OLG Hamm NJW 1986, 782.
211 BGH NJW 1997, 2314.

Geschäftsabschluss und Eintritt des Rechtserfolges, so ist der letztere Zeitpunkt maßgebend. Denn § 138 will nicht eine verwerfliche Gesinnung bestrafen, sondern einen zu missbilligenden Rechtserfolg verhindern. Auch bei Änderung der tatsächlichen Verhältnisse ist der Zeitpunkt maßgebend, in dem der Rechtserfolg eintritt (str.).

Beispiel: Setzt der Erblasser E in einem Testament seine Geliebte G zur Belohnung des ehebrecherischen Verhältnisses als Alleinerbin ein, verstößt die Verfügung von Todes wegen gegen § 138. Heiratet E später die G, liegt beim Tod des E kein Grund mehr vor, die Erbeinsetzung der G als sittenwidrig anzusehen.

2. Rechtsfolgen 333

a) Ein Verstoß gegen die guten Sitten führt zur *Nichtigkeit des Rechtsgeschäfts*. Vertragliche Ansprüche z.B. auf Erfüllung oder Mangelbeseitigung sind daher ausgeschlossen.

(1) Nichtig ist *grundsätzlich nur das Verpflichtungsgeschäft*, nicht auch das Verfügungsgeschäft. Dieses ist nämlich in aller Regel wertneutral, weil es lediglich auf eine Änderung der Güterzuordnung abzielt.

(2) Liegt jedoch der Sittenverstoß gerade in der Veränderung der Güterzuordnung, so ist auch das Verfügungsgeschäft nichtig. 334

So ist im **Fall c** nicht nur die schuldrechtliche Verpflichtung zur Sicherung, sondern auch die Übereignung sittenwidrig und damit nichtig; denn die sittenwidrige Gefährdung der übrigen Gläubiger wird gerade durch den Verlust des Eigentums beim Schuldner bewirkt.

b) Darüber hinaus hat der durch das sittenwidrige Rechtsgeschäft Geschädigte, dem selbst kein Verstoß gegen die guten Sitten vorgeworfen werden kann, einen *Schadensersatzanspruch* gegen den Schädiger nach § 826. 335

3. Fallgruppen 336

Die Generalklausel des § 138 ist im Laufe der Zeit durch die Rechtsprechung ausgefüllt worden. Dabei haben sich einige typische Fallgruppen herausgebildet, die jedoch keinesfalls als abschließend zu verstehen sind[212].

a) Manche Rechtsgeschäfte sind schon allein *wegen ihres Inhalts sittenwidrig*, weil sie auf die Vornahme von allgemein missbilligten Handlungen gerichtet sind. 337

Beispiele: A verspricht dem B eine Belohnung dafür, dass dieser eine strafbare Handlung (Mord, Diebstahl) begeht. – Ein Kaufvertrag über ein Radarwarngerät ist nichtig, weil er der Begehung eines nach §§ 23 I b, 49 I Nr. 22 StVO ordnungswidrigen Verhaltens

212 Einzelfälle: *Erman/Palm*, § 138 Rdnr. 65 ff.; *Palandt/Heinrichs*, § 138 Rdnr. 77 ff.

dient und letztlich darauf gerichtet ist, die Sicherheit im Straßenverkehr zu beeinträchtigen[213]. – Im **Fall d** kann H die Zigarettenration von G nicht verlangen; denn man kann sein weltanschauliches Bekenntnis nicht verkaufen (Rdnr. 29).

338 b) Sittenwidrig sind die *sog. Knebelungsverträge*. Darunter versteht man Verträge, die einen Vertragspartner in seiner persönlichen oder wirtschaftlichen Freiheit übermäßig beschränken und ihn damit dem anderen mehr oder weniger ausliefern.

Beispiele: Eine Brauerei verpflichtet den Gastwirt, in seiner Gastwirtschaft 30 Jahre lang ausschließlich die Erzeugnisse der Brauerei auszuschenken (sittenwidriger Bierbezugsvertrag)[214]. – Ein Gastwirt verpflichtet sich gegenüber einem Automatenaufsteller, bei Eröffnung eines weiteren Lokals wiederum Automatenaufstellungsverträge mit ihm abzuschließen[215]. –Dafür, dass der Verleger V das Erstlingswerk des Schriftstellers S veröffentlicht, verpflichtet sich dieser, in Zukunft sämtliche Arbeiten ausschließlich dem V zu überlassen; dieser entscheidet darüber, ob die Arbeiten gedruckt werden[216].

339 c) Die *übermäßige Ausnutzung einer Monopolstellung* kann gegen die guten Sitten verstoßen. Eine Monopolstellung darf nicht dazu ausgenutzt werden, um dem Vertragspartner, der ohnehin schon in der freien Wahl seines Geschäftsgegners beschränkt ist, unbillige und unverhältnismäßig strenge Vertragsbedingungen vorzuschreiben. Diese Fallgruppe hat jedoch wegen der Regelung des GWB (Gesetz gegen Wettbewerbsbeschränkungen) an Bedeutung verloren.

340 d) Die *übermäßige Sicherung* eines Gläubigers verstößt gegen die guten Sitten, wenn dadurch andere Gläubiger benachteiligt werden. Insbesondere ist eine Sicherungsübereignung (**Fall c**) sittenwidrig, wenn den übrigen Gläubigern sämtliche Haftungsobjekte entzogen werden und darüber hinaus gegenüber neuen Gläubigern die Kreditunwürdigkeit des Schuldners verschleiert wird[217].

341 e) Rechtsgeschäfte können deshalb sittenwidrig sein, weil sie *gegen die Ehe- und Familienordnung* verstoßen.

Beispiele: Jemand bedenkt seine Geliebte testamentarisch, damit sie die ehewidrigen Beziehungen zu ihm fortsetzt. – Eheleute vereinbaren für den Fall der Ehescheidung einen Verzicht auf nachehelichen Unterhalt und führen dadurch bewusst eine Unterstützungsbedürftigkeit zu Lasten der Sozialhilfe herbei[218].

341a f) Bei der Beurteilung, ob Verstöße *gegen die Sexualmoral* zur Sittenwidrigkeit führen, ist vieles streitig. Das liegt nicht nur an einer Liberalisierung der gesellschaftlichen Moralvorstellungen, sondern auch daran, dass der Gesetzge-

213 BGH NJW 2005, 1490 f.
214 BGHZ 74, 293, 298; BGH NJW 1992, 2145.
215 Vgl. BGH NJW 1983, 159.
216 BGHZ 22, 347.
217 Vgl. BGHZ 109, 240; BGH NJW-RR 1990, 1459; 1991, 625.
218 Vgl. BGH NJW 1992, 3164.

ber z.B. gleichgeschlechtliche Lebenspartnerschaften anerkannt (LPartG[219]) und Regelungen zum Bestand von Entgeltforderungen für vorgenommene sexuelle Handlungen getroffen hat (ProstitutionsG[220]). Nach wie vor sind jedoch Verträge über sexuelles Verhalten sittenwidrig und begründen keine Verpflichtungen. Zwar sollen Verträge über Telefonsex nach inzwischen verbreiteter Ansicht nicht mehr unter § 138 fallen[221]. Das ist jedoch zweifelhaft; denn durch solche Abreden soll ein bestimmtes Sexualverhalten der potenziellen Kunden von Telefonsexdienste-Anbietern in verwerflicher Weise ausgenutzt werden[222].

Wertneutral und damit nicht sittenwidrig ist dagegen der Telefondienstvertrag zwischen einem Netzbetreiber und seinem Kunden. Deshalb kann das nach der jeweiligen Preisliste ermittelte Entgelt auch dann von dem Kunden verlangt werden, wenn dieser durch das Anwählen einer bestimmten 09005-Nummer (früher 0190) die hergestellte Fernsprechverbindung zu Gesprächen mit sittenwidrigem Inhalt nutzt[223]. Ebenfalls nicht sittenwidrig sind Kaufverträge über erlaubte Bordelle[224] und Wohnungsmietverträge mit Prostituierten[225].

g) Ein *Missverhältnis zwischen Leistung und Gegenleistung* allein reicht für eine Sittenwidrigkeit nach § 138 I nicht aus; vielmehr muss eine verwerfliche Gesinnung des Begünstigten hinzukommen. Auf eine solche kann jedoch bei einem groben (krassen) Missverhältnis geschlossen werden, wenn etwa der Wert der Leistung knapp doppelt so hoch ist wie der Wert der Gegenleistung[226]. **342**

h) Auch die *Herbeiführung einer Überschuldung unbemittelter Personen* kann zur Sittenwidrigkeit führen. Zwar darf die Wirksamkeit eines Vertrages nicht bei jeder Störung des Verhandlungsgleichgewichts in Frage gestellt werden. Hat jedoch eine Vertragspartei ein so starkes Übergewicht, dass sie den Vertragsinhalt faktisch einseitig bestimmt, bewirkt das für die andere Partei eine Fremdbestimmung[227]. Bei ausgeprägter Unterlegenheit einer Partei kommt es für die Sittenwidrigkeit entscheidend darauf an, wie der Vertrag zustande gekommen ist und insbesondere, wie die überlegene Partei sich verhalten hat[228]. **343**

219 Gesetz vom 16.2.2001, BGBl. I, 266; abgedruckt und kommentiert bei *Palandt/Brudermüller*, Anhänge hinter dem BGB.
220 Gesetz vom 20.12.2001, BGBl. I, 3983; abgedruckt und kommentiert bei *Palandt/Heinrichs*, Anh. zu § 138.
221 Siehe nur *Palandt/Heinrichs*, § 138 Rdnr. 52a m.w.N. sowie die Andeutung bei BGH NJW 2002, 361.
222 Diese Begründung von BGH NJW 1998, 2895, 2896 hat nach wie vor Gültigkeit.
223 BGH NJW 2002, 361, 362.
224 BGH NJW-RR 1988, 1379.
225 BGH NJW 1970, 1179.
226 BGH NJW 1992, 899; NJW-RR 1993, 198; BGH NJW-RR 2003, 558.
227 BVerfGE 81, 242, 255.
228 BVerfGE 89, 214; BGH NJW 1994, 1278, 1341; 1995, 592; 1997, 52.

Beispiel: Die Ehefrau oder ein gerade volljähriges Kind verbürgt sich für die Schuld des Ehemannes/Vaters oder übernimmt dessen Schuld. Hier kann es für die Sittenwidrigkeit entscheidend sein, ob das Familienmitglied die übernommene Verpflichtung voraussichtlich niemals wird erfüllen können, ob es sich dessen nicht hinreichend bewusst ist und ob die kreditgebende Bank das alles erkennt und eine entsprechende Aufklärung unterlässt. Besteht ein krasses Missverhältnis zwischen der Verpflichtung des Bürgen und dessen Leistungsfähigkeit, wird der Bürgschaftsvertrag als sittenwidrig angesehen, sofern der Gläubiger nicht ausnahmsweise ein berechtigtes Interesse an dieser Bürgschaft hat[229].

344 *4. Wucherische Rechtsgeschäfte*

Ein Sonderfall des sittenwidrigen Rechtsgeschäfts ist das wucherische Geschäft (§ 138 II: »insbesondere«). Diese Sonderregelung schließt allerdings einen Rückgriff auf § 138 I nicht aus.

Liegen z. B. die subjektiven Voraussetzungen des § 138 II nicht vor, kann ein wucherähnliches Rechtsgeschäft nach § 138 I nichtig sein. Das ist insbesondere bei unangemessenen Ratenkreditbedingungen von Bedeutung[230].

a) Das wucherische Geschäft setzt *objektiv* ein *auffälliges Missverhältnis von Leistung und Gegenleistung* voraus. Wann ein solches Missverhältnis vorliegt, kann nicht einheitlich bestimmt werden. Vielmehr sind bei jedem Rechtsgeschäft sämtliche Umstände des Einzelfalles zu berücksichtigen (z. B. Risikoverteilung, Spekulationscharakter des Geschäfts, allgemeine Marktlage, Marktüblichkeit).

Im **Fall e** steht eine Forderung von monatlich 10 % Zinsen trotz des von A eingegangenen Verlustrisikos in keinem angemessenen Verhältnis zur Darlehenshingabe des A.

345 b) Subjektiv erfordert § 138 II, dass der Wucherer die Zwangslage, die Unerfahrenheit, den Mangel an Urteilsvermögen oder die erhebliche Willensschwäche eines anderen ausbeutet.

Unter *Ausbeuten* versteht man das bewusste Ausnutzen der schlechten Situation des Geschäftsgegners, um einen übermäßigen Gewinn zu erzielen. Dabei ist es unerheblich, ob das Anerbieten zum Abschluss des Geschäfts vom Bewucherten selbst ausgeht[231]. Der Wucherer muss nicht nur das auffällige Missverhältnis der vereinbarten Leistungen, sondern auch die Zwangslage, die Unerfahrenheit, den Mangel an Urteilsvermögen oder die erhebliche Willensschwäche des Vertragspartners kennen. Ein Indiz dafür ist regelmäßig in dem übermäßigen Missverhältnis von Leistung und Gegenleistung zu sehen.

229 BGH ZIP 2005, 432; ZIP 2003, 796, 797; siehe auch BS § 32 Rdnr. 9 ff.

230 Vgl. dazu BGHZ 80, 153; BGH NJW 1987, 183, 2220; 1988, 696 u. 1659; *Erman/Palm*, § 138 Rdnr. 11 ff.; *Staudinger/Sack*, § 138 Rdnr. 181 ff.

231 BGH NJW 1985, 3006 f.

(1) Eine *Zwangslage* liegt vor, wenn wegen einer augenblicklichen dringenden, meist wirtschaftlichen Bedrängnis ein zwingendes Bedürfnis nach Sach- oder Geldleistungen besteht.

Beispiele: Fall e (Kreditwucher). – Dem illegal in Deutschland arbeitenden Ausländer A werden für eine Unterkunft in einem Mehrbettzimmer 600,– € Monatsmiete abverlangt (Mietwucher)[232].

(2) *Unerfahrenheit* bedeutet einen Mangel an Lebens- oder Geschäftserfahrung.

Beispiel: Ein Aussiedler, der mit den hiesigen wirtschaftlichen Verhältnissen nicht vertraut ist, erhält von A als »Starthilfe« ein monatlich mit 10 % zu verzinsendes Darlehen.

(3) Ein *Mangel an Urteilsvermögen* besteht, wenn jemandem (meist infolge einer Verstandesschwäche) in erheblichem Maße die Fähigkeit fehlt, sich bei seinem rechtsgeschäftlichen Handeln von vernünftigen Beweggründen leiten zu lassen oder die beiderseitigen Leistungen und die wirtschaftlichen Folgen des Geschäfts richtig zu bewerten.

Beispiel: Der einfältige X lässt sich zum Kauf eines 20-bändigen Werkes über Atomphysik überreden.

(4) Unter einer *erheblichen Willensschwäche* ist eine verminderte Widerstandsfähigkeit zu verstehen.

Beispiel: Ein Drogenabhängiger, der bereits unter schweren Entzugserscheinungen leidet, nimmt ein Darlehen zu 50 % Zinsen auf, weil er dringend Geld für neue Drogen benötigt.

c) *Rechtsfolge* des Wuchers ist die Nichtigkeit des Rechtsgeschäfts. Nach dem **346**
Wortlaut des § 138 II (»versprechen oder gewähren lässt«) ist nicht nur das Verpflichtungsgeschäft, sondern auch das Verfügungsgeschäft nichtig.

Im **Fall e** steht dem Rückforderungsanspruch des A aus § 812 I 1, 1. Fall die Vorschrift des § 817 Satz 2 nicht entgegen, da dem B nur die Nutzung des Geldes überlassen war. Nach richtiger Ansicht kann A das Darlehen aber nicht sofort, sondern erst nach Ablauf der vereinbarten Darlehenszeit zurückverlangen; das folgt aus Sinn und Zweck des § 817 Satz 2. Für diese Zeit steht dem A nicht der Wucherzins, wohl aber ein angemessener Zins zu[233].

Außerdem steht dem Bewucherten nach § 823 II i.V.m. Schutzgesetz oder nach § 826 ein Schadensersatzanspruch zu.

232 Vgl. BGH NJW 1982, 896.
233 *Medicus*, BürgR Rdnr. 700; BS § 17 Rdnr. 19 und § 37 Rdnr. 47; a. A. RGZ 161, 52, 57 f.; BGH NJW 1983, 1420, 1422 f.; NJW 1993, 2108, 2109.

§ 138

I. Sittenwidrigkeit (§ 138 I)
1. Voraussetzungen
   a) Objektiv: Verstoß gegen die guten Sitten (z.B. Verleitung zum Vertragsbruch, Verpflichtung zur Vornahme sexueller Handlungen – str., Kauf eines verbotenen Radarwarngerätes)
   b) Subjektiv: Kenntnis der Umstände, aus denen sich die Sittenwidrigkeit ergibt
2. Rechtsfolgen bei Verstoß
   a) Nichtigkeit des Verpflichtungsgeschäfts
   b) Nur ausnahmsweise Nichtigkeit des Verfügungsgeschäfts
   c) Ggf. Schadensersatzanspruch des Geschädigten nach § 826

II. Wucher (§ 138 II)
1. Voraussetzungen
   a) Objektiv: Auffälliges Missverhältnis zwischen versprochener oder gewährter Leistung und Gegenleistung (z.B. Kreditwucher)
   b) Subjektiv: Ausbeutung (= bewusste Ausnutzung) der Zwangslage, der Unerfahrenheit, des Mangels an Urteilsvermögen oder der erheblichen Willensschwäche
2. Rechtsfolgen bei Verstoß
   a) Nichtigkeit des Verpflichtungsgeschäfts (»versprechen lässt«)
   b) Nichtigkeit des Verfügungsgeschäfts (»gewähren lässt«)
   c) Ggf. Schadensersatzanspruch des Geschädigten nach §§ 823 II, 826

347 III. Veräußerungsverbote

Veräußerungsverbote (Verfügungsverbote, Verfügungsbeschränkungen) untersagen eine sonst zulässige Verfügung. Man unterscheidet absolute und relative Veräußerungsverbote.

1. Absolute Veräußerungsverbote

Absolute Veräußerungsverbote dienen dem Schutz überragender Interessen der Allgemeinheit. Deshalb wirken sie gegenüber jedermann (= absolut); daher sind Verfügungen, die gegen ein solches Verbot verstoßen, nach § 134 nichtig.

Absolute Veräußerungsverbote sind selten; sie fanden sich in den Vorschriften über Beschlagnahmen und Bewirtschaftungen von Gütern in der Kriegs- und Nachkriegszeit. Heute bestehen sie etwa bei der Veräußerung gesundheitsgefährdender Lebens- und Arzneimittel (vgl. §§ 8 f. LMBG; §§ 43 ff. ArzneimittelG).

2. *Relative Veräußerungsverbote* 348

a) Der *Sinn* relativer Veräußerungsverbote besteht darin, *bestimmte Personen* (nicht die Allgemeinheit) *zu schützen*. Diese Verbote sollen verhindern, dass der Rechtsinhaber (z. B. der Eigentümer einer Sache) durch eine Verfügung die Rechtsstellung einer schutzbedürftigen Einzelperson beeinträchtigt. Deshalb verbieten sie dem Rechtsinhaber eine Verfügung zum Nachteil der geschützten Person.

b) Ein relatives Veräußerungsverbot besteht *kraft Gesetzes* (§ 135) oder *kraft gerichtlicher oder behördlicher Anordnung* (§ 136). Hauptanwendungsfall der schwer verständlichen Regelung ist die vom Gericht erlassene einstweilige Verfügung, durch die ein relatives Veräußerungsverbot ausgesprochen wird. 349

Beispiel: V hat sein Gemälde für 1200,– € an K 1 verkauft, aber noch nicht übereignet. Dann verkauft er dasselbe Bild noch einmal für 1500,– € an K 2. Da K 1 befürchten muss, dass V das Bild dem K 2 übereignet, dieser dadurch Eigentümer wird und K 1 damit von V kein Eigentum mehr erwerben kann, beantragt K 1 beim Amtsgericht den Erlass einer einstweiligen Verfügung (vgl. §§ 935, 938 II ZPO)[234]. Durch die einstweilige Verfügung wird dem V verboten, über das Bild zum Nachteil des K 1 zu verfügen.

Beachtet V das Verbot, ist K 1 hinreichend geschützt. Hält V sich dagegen nicht an das Verbot und übereignet er das Gemälde dennoch an K 2, wird dieser zwar Eigentümer des Bildes; denn das Verfügungsgeschäft ist nicht etwa nichtig. Aber die Verfügung ist gegenüber dem K 1 (= relativ) unwirksam (§§ 136, 135 I 1). K 2 erwirbt also das Eigentum, das er allen gegenüber geltend machen kann, nur nicht dem K 1 gegenüber.

Dem durch das relative Veräußerungsverbot geschützten K 1 gegenüber ist die Verfügung des V unwirksam. Nur dem K 1 gegenüber ist V trotz der Übereignung an K 2 nach wie vor Eigentümer des Gemäldes. Deshalb kann K 1 von V aus dem Kaufvertrag gem. § 433 I 1 Übereignung des Bildes verlangen. Diese Übereignung kann zwar nicht nach § 929 Satz 1 durch Einigung und Übergabe erfolgen, da V das Bild nicht mehr in Besitz hat; aber V kann den K 1 nach § 931 durch Einigung und Abtretung des Herausgabeanspruchs gegen K 2 zum Eigentümer des Bildes machen. In den Besitz des Bildes kommt K 1 dadurch, dass er (als Eigentümer) es von K 2 (als Besitzer) nach § 985 herausverlangt.

Auf der anderen Seite ist aber K 2 schutzwürdig, wenn er beim Erwerb des Bildes von der einstweiligen Verfügung nichts weiß und ihm deren Bestehen auch nicht infolge grober Fahrlässigkeit verborgen geblieben ist. In diesem Falle erwirbt er (auch gegenüber K 1) vollwirksames Eigentum (§§ 136, 135 II, 932 II). Dann kann K 1 von V kein Eigentum an dem Bild erwerben; ihm steht aber ein Schadensersatzanspruch statt der Leistung gegen V zu (§§ 275 IV, 280 I, III, 283).

c) *Rechtsfolge* des relativen Veräußerungsverbots ist es, dass der Rechtsinhaber über den Gegenstand nicht zum Nachteil des durch das Verbot Geschützten verfügen darf. 350

234 ZVR Rdnr. 1580 ff.

(1) Setzt sich der Rechtsinhaber über das relative Veräußerungsverbot hinweg, ist die Verfügung gegenüber der Person unwirksam, zu deren Gunsten das Verbot besteht (§ 135 I 1).

Die Verfügung ist also nicht schlechthin nichtig. Vielmehr kann sich ein Dritter, der nicht durch das Veräußerungsverbot geschützt wird, nicht auf den Verbotsverstoß berufen; er muss das Rechtsgeschäft als gültig gegen sich gelten lassen. Nur demjenigen gegenüber, zu dessen Gunsten das Verfügungsverbot besteht, ist die Verfügung rechtlich bedeutungslos. Der Verstoß gegen ein relatives Veräußerungsverbot führt daher zur *relativen Unwirksamkeit der Verfügung*.

Da der durch ein relatives Veräußerungsverbot Begünstigte die Folgen einer verbotswidrigen Verfügung nicht gegen sich gelten zu lassen braucht, bleibt für ihn der bisherige Eigentümer trotz der Verfügung weiterhin Eigentümer der Sache. Der durch das Verbot Geschützte, der einen Anspruch auf Eigentumsübertragung gegen den Eigentümer hat, kann von diesem Übereignung der Sache (regelmäßig nach § 931)[235] verlangen. Der Dritte, der durch eine verbotswidrige Verfügung des Eigentümers Eigentum an der Sache erlangt hat, muss diese dem Begünstigten (nach § 985) herausgeben.

(2) Andererseits kann die relative Unwirksamkeit den Interessen dessen zuwiderlaufen, der die Sache durch verbotswidrige Verfügung erworben hat. Grundsätzlich darf er von der Verfügungsmacht des Rechtsinhabers ausgehen. Dieses Vertrauen würde missachtet, wenn der Begünstigte in jedem Fall den Rechtserwerb eines gutgläubigen Dritten rückgängig machen könnte. Deshalb bestimmt § 135 II, dass der verbotswidrige Erwerb einer Sache grundsätzlich auch gegenüber dem durch das Verbotsgesetz Geschützten wirksam bleibt.

Jedoch verdient der bösgläubige Erwerber keinen Schutz. Bösgläubig ist, wer beim Erwerb einer beweglichen Sache das Verfügungsverbot kennt oder infolge grober Fahrlässigkeit nicht kennt (§ 135 II i. V. m. § 932 II).

351 d) *Durch Rechtsgeschäft kann ein relatives Veräußerungsverbot nicht begründet werden.* Im Interesse des Rechtsverkehrs kann die Verfügungsbefugnis über ein veräußerliches Recht durch Rechtsgeschäft nicht ausgeschlossen oder beschränkt werden (§ 137 Satz 1). Ein durch Rechtsgeschäft begründetes Veräußerungsverbot macht eine Verfügung nicht relativ unwirksam.

Beispiel: Vereinbart V mit K, dass dieser das von V erworbene Grundstück nicht an einen Dritten übertragen solle, so ist dieses rechtsgeschäftliche Veräußerungsverbot nach § 137 Satz 1 unwirksam. Verfügt K über das Grundstück, steht dem die mit V getroffene vertragliche Abrede nicht entgegen; die Verfügung ist wirksam.

235 Anders BGH JZ 1991, 40, m. abl. Anm. *Mayer-Maly* u. *Kohler*, Jura 1991, 349.

Ein rechtsgeschäftliches Veräußerungsverbot ist jedoch rechtlich nicht ohne jede Bedeutung. Es begründet nämlich eine wirksame schuldrechtliche Verpflichtung, eine Verfügung zu unterlassen (§ 137 Satz 2).

Im Beispielsfall ist K dem V zum Schadensersatz verpflichtet, wenn er über das Grundstück verfügt.

§ 15 Teilnichtigkeit, Umdeutung und Bestätigung 352

Schrifttum: *Battes*, Rechtsformautomatik oder Willensherrschaft, AcP 174 (1974), 429; *Canaris*, Gesamtunwirksamkeit und Teilgültigkeit rechtsgeschäftlicher Regelungen, Festschrift f. Steindorff, 1990, 519; *Deubner*, Von verfehlter und richtiger Anwendung des § 139 BGB – OLG Schleswig, NJW-RR 1995, 554, JuS 1996, 106; *v. Esch*, Teilnichtige Rechtsgeschäfte, 1968; *Hartmann*, Zur Anwendung des § 139 BGB auf Vollmacht und Grundgeschäft, ZGS 2005, 62; *Keim*, Keine Anwendung des § 139 BGB bei Kenntnis der Parteien von der Teilnichtigkeit?, NJW 1999, 2866; *Krampe*, Die Konversion des Rechtsgeschäfts, 1980; *ders.*, Aufrechterhaltung von Verträgen und Vertragsklauseln, AcP 194 (1994), 1; *Mayer-Maly*, Über die Teilnichtigkeit, Gedenkschrift f. Gschnitzer, 1965, 265; *Sandrock*, Subjektive und objektive Gestaltungskräfte bei der Teilnichtigkeit von Rechtsgeschäften, AcP 159, 481; *Siller*, Die Konversion (§ 140 BGB), AcP 138 (1934), 144; *Tiedtke*, Teilnichtigkeit eines sittenwidrigen Rechtsgeschäfts, ZIP 1987, 1089; *Ulmer*, Offene Fragen zu § 139 BGB, Festschrift f. Steindorff, 1990, 799.

Fälle:

a) V vermietet dem M sein Grundstück schriftlich und räumt ihm gleichzeitig in derselben Urkunde das Vorkaufsrecht ein. Wirksamer Mietvertrag? **(Rdnr. 354, 355, 356, 358, 361, 362)**

b) Um von V Waren auf Kredit zu erhalten, tritt ihm K zur Sicherung des Kaufpreises mehrere Forderungen ab. Als K später erfährt, dass die Abtretungen wegen Knebelung nichtig sind, hält er den ganzen Vertrag für nichtig und verweigert die Bezahlung der Waren. **(Rdnr. 354, 355, 356, 360)**

c) A, B und C gründen eine offene Handelsgesellschaft zum gemeinsamen Betrieb einer Arztpraxis. Der OHG-Vertrag ist nichtig, da kein Gewerbe betrieben wird. Besteht ein Gesellschaftsverhältnis? **(Rdnr. 370)**

d) Der geisteskranke V schließt am 1. 1. mit M einen Mietvertrag. Am 1. 2. erklären der Betreuer des V und M übereinstimmend, dass der Vertrag gültig sein soll. Muss M die Miete für den Monat Januar bezahlen? **(Rdnr. 372, 373, 374)**

Ein nichtiges Rechtsgeschäft hat von Anfang an keine Rechtswirkungen. Es fragt sich, ob die Nichtigkeit nur eines Teiles des Rechtsgeschäfts auch die übrigen, an sich gültigen Teile des Rechtsgeschäfts ergreift und damit das ganze Rechtsgeschäft nichtig ist oder ob nicht wenigstens die übrigen Teile wirksam sind (zur Teilnichtigkeit: § 139). Ferner taucht das Problem auf, ob das nichtige Rechtsgeschäft in ein anderes, gültiges Rechtsgeschäft umgedeutet werden kann, so dass der mit dem nichtigen Geschäft bezweckte Erfolg auf diese Weise ganz oder wenigstens teilweise erreicht werden kann (zur Umdeutung: § 140). Schließlich ist zu erörtern, ob derjenige, der ein nichtiges Rechtsgeschäft vorgenommen hat, durch Bestätigung dem Geschäft den Makel der Nichtigkeit nehmen kann (zur Bestätigung: § 141; Rdnrn. 371 ff.).

353 I. Teilnichtigkeit

Ist ein Teil eines Rechtsgeschäfts nichtig, so ist nach § 139 das ganze Rechtsgeschäft nichtig, wenn nicht anzunehmen ist, dass es auch ohne den nichtigen Teil vorgenommen sein würde. Demnach muss zunächst geprüft werden, ob ein Teil eines einheitlichen Rechtsgeschäfts nichtig ist. Alsdann ist durch (ergänzende) Auslegung zu ermitteln, ob das restliche Rechtsgeschäft trotz der Teilnichtigkeit gültig oder wegen der Teilnichtigkeit auch nichtig sein soll. Ergibt die Auslegung kein klares Bild, greift die Auslegungsregel des § 139 ein; danach ist das ganze Rechtsgeschäft nichtig.

354 *1. Voraussetzungen für die Auslegung*

a) Es muss ein *einheitliches Rechtsgeschäft* vorliegen. Auch wenn es sich um mehrere Geschäfte handelt, kann § 139 anwendbar sein, sofern sie nicht selbstständig nebeneinander stehen. Entscheidend ist der Wille der Beteiligten[236]. Ein Anhaltspunkt für ein einheitliches Rechtsgeschäft kann in der gleichzeitigen Vornahme oder in der Unterzeichnung einer einheitlichen Urkunde liegen. Auch eine enge wirtschaftliche Verflechtung kann für eine geschäftliche Einheit sprechen.

Beispiele: In einem Kaufvertrag wird vereinbart, welches Gericht für Streitigkeiten aus dem Vertrag zuständig sein soll (= Gerichtsstandsvereinbarung). Ein Arbeitsvertrag enthält ein Wettbewerbsverbot. Mehrere Vertragstypen werden aus wirtschaftlichen Gründen miteinander verbunden (**Fälle a und b**). Mehr als zwei Personen schließen einen Gesellschaftsvertrag. – Pacht und Kauf stellen ein einheitliches Geschäft dar, wenn A dem B sein Lebensmittelgeschäft verpachtet und ihm das Inventar und den Warenbestand verkauft; das ist selbst dann anzunehmen, wenn zunächst nur der Pachtvertrag und einige Tage später erst der Kaufvertrag geschlossen wird. Kein einheitliches Geschäft liegt vor, wenn Pacht und Kauf nichts miteinander zu tun haben, weil das Geschäft in Köln verpachtet und das Landhaus in Bayern verkauft wird; daran ändert sich auch nichts, wenn beide Verträge in einer einzigen notariellen Urkunde enthalten sind. – Der Kaufvertrag und die zu seiner Erfüllung vorgenommene Übereignung bilden – wegen des Abstraktionsprinzips – kein einheitliches Rechtsgeschäft (Rdnr. 122).

355 b) Das einheitliche Geschäft muss *teilbar* sein. »Erforderlich ist, dass das Rechtsgeschäft dergestalt teilbar ist, dass nach Abtrennung des unwirksamen

236 Vgl. Mot. I, 222.

Teils ein Rest zurückbleibt, der als selbstständiges Rechtsgeschäft bestehen kann«[237]; nur dann taucht überhaupt die Frage auf, ob der verbleibende Rest als Rechtsgeschäft gültig bleibt. Rechtsgeschäfte können hinsichtlich ihres Inhalts, hinsichtlich der Beteiligten, aber auch hinsichtlich der Zeitabschnitte, in denen sie Rechtswirkungen hervorrufen sollen, teilbar sein.

Beispiele: In den **Fällen a und b** sind die Verträge in Teile zerlegbar. Bei einem Kaufvertrag über mehrere Sachen zu einem Gesamtpreis ist der Vertragsgegenstand (mehrere Sachen, Kaufpreis) teilbar, wenn der Gesamtpreis nach den verkauften Sachen aufgeschlüsselt werden kann[238]. – Bei übermäßig langer Dauer eines Bierlieferungsvertrages kann dieser in entsprechender Anwendung des § 139 mit verkürzter Laufzeit aufrechterhalten werden[239]. Dagegen ist kein Raum für eine entsprechende Anwendung des § 139, wenn die Sittenwidrigkeit einer wettbewerbsbeschränkenden Regelung nicht allein in der zeitlichen Ausdehnung liegt, sondern noch weitere zur Anwendung des § 138 führende Gründe hinzutreten (BGH DB 1997, 2070). – Haben A, B und C einen Gesellschaftsvertrag geschlossen und ist die Willenserklärung des C wegen Geschäftsunfähigkeit nichtig, dann kann der Vertrag zwischen A und B bestehen bleiben, weil die Willenserklärung des C vom einheitlichen Geschäft abteilbar ist (vgl. RGZ 141, 108). Haben dagegen nur zwei Personen einen Vertrag abgeschlossen und ist die Erklärung der einen Person nichtig, so ist das Rechtsgeschäft (der Vertrag) nicht teilbar, da die (gültige) Willenserklärung der anderen Person allein keinen Vertrag darstellt.

c) Ein *Teil* des einheitlichen Rechtsgeschäfts muss *nichtig* sein. Dabei spielt es **356**
keine Rolle, auf welchem Grund die Nichtigkeit beruht (z. B. Geschäftsunfähigkeit, Formmangel, Verstoß gegen § 134 oder § 138).

Im **Fall a** ist die Bestellung des Vorkaufsrechts wegen Formmangels (§ 125 Satz 1; § 311 b I 1), im **Fall b** die Sicherungsabtretung wegen Sittenwidrigkeit (§ 138) nichtig.

2. *Auslegung* **357**

Ist ein Teil eines Rechtsgeschäfts nichtig, so kommt es auf den Willen der Beteiligten an, ob der Rest des Geschäfts gültig oder nichtig sein soll. Dieser Wille ist durch Auslegung zu ermitteln.

a) Die Auslegung kann ergeben, dass die Beteiligten mit der Möglichkeit einer Teilnichtigkeit gerechnet und für diesen Fall eine *Regelung darüber getroffen haben, ob der Rest Rechtsfolgen auslösen soll.*

So findet man am Ende eines umfangreichen Gesellschaftsvertrages oft die Klausel: »Sollte ein Teil dieses Vertrages unwirksam sein, so soll davon die Gültigkeit des übrigen Vertrages nicht berührt werden.«

237 RGZ 93, 338; BGH NJW 1962, 913.
238 Vgl. BGH BB 1957, 164.
239 BGH NJW 1992, 2145.

358 b) Enthält das Rechtsgeschäft keine Regelung für den Fall einer Teilnichtigkeit, ist es insoweit lückenhaft. Diese Lücke muss dann durch *ergänzende Auslegung* (Rdnr. 138 ff.) geschlossen werden. Maßgebend ist, welche Entscheidung die Beteiligten vernünftigerweise nach Treu und Glauben unter Berücksichtigung der Verkehrssitte getroffen hätten. Dabei sind alle Umstände des Falles (Motive, Verkehrssitten, Interessenlage, verfolgter Zweck) zu berücksichtigen.

Beispiele: Haben A, B und C einen Gesellschaftsvertrag geschlossen und stellt sich heraus, dass die Willenserklärung des C wegen Geschäftsunfähigkeit nichtig war, so ist der ganze Vertrag nichtig, wenn sich ergibt, dass A und B nur mit Rücksicht auf die hohe Kapitaleinlage des C den Vertrag geschlossen haben. Dagegen bleibt die Gültigkeit des Geschäfts A–B von der Nichtigkeit der Erklärung des C unberührt, wenn die Beteiligung des C für A und B nicht entscheidend war. – Im **Fall a** ist der Mietvertrag trotz Nichtigkeit der Einräumung des Vorkaufsrechts gültig, wenn die Auslegung ergibt, dass es dem M entscheidend nur um den Mietvertrag, nicht auch um das Vorkaufsrecht ging. Spielte dagegen das Vorkaufsrecht eine entscheidende Rolle, was sich etwa in der Höhe der Gegenleistung des M niederschlug, ist der ganze Vertrag nichtig.

359 *Für eine Teilnichtigkeit* und damit gegen eine Gesamtnichtigkeit *können insbesondere folgende Umstände sprechen*:

(1) *Ist nur ein geringfügiger Teil des Geschäfts nichtig*, kann es sinnlos sein, auch den für die Beteiligten im Vordergrund stehenden, überwiegenden Teil des Geschäfts als nichtig anzusehen. Das gilt vor allem dann, wenn für die nichtige Nebenabrede eine gesetzliche Regelung eingreift.

Beispiel: Die bei einem Haustürgeschäft (Rdnr. 201 ff.) getroffene Vereinbarung, dass für Streitigkeiten das Gericht am Wohnsitz des Unternehmers zuständig sein soll, ist wegen § 29 c ZPO nichtig. Das Haustürgeschäft bleibt davon unberührt.

360 (2) *Sollte der nichtige Teil des Rechtsgeschäfts allein oder vorwiegend den Interessen eines Beteiligten dienen und würde sich die Gesamtnichtigkeit zu Gunsten eines anderen Beteiligten auswirken*, dann ist diese Rechtsfolge durch den hypothetischen Parteiwillen ausgeschlossen. Denn der Beteiligte, zu dessen Gunsten die (nichtige) Bestimmung nicht getroffen wurde, erleidet keinen Nachteil, wenn das Geschäft ohne den für einen anderen günstigen Teil wirksam bleibt[240].

Im **Fall b** ist die nichtige Sicherungsabtretung zu Gunsten des V getroffen worden. Es ist nicht zu dulden, dass K »aus der Nichtigkeit der Sicherung Kapital schlägt, um sich der Erfüllung überhaupt zu entziehen«[241]. K muss zahlen.

361 (3) *Wird die Nichtigkeit eines Teils des Geschäfts überhaupt nicht bedeutsam*, besteht kein Anlass, dass aus der Teilnichtigkeit die Gesamtnichtigkeit folgt. Ist das Geschäft abgewickelt, ohne dass es auf die nichtige Bestimmung angekom-

240 Vgl. BGH NJW-RR 1997, 684, 686; RG JW 1916, 391.
241 So RG JW 1916, 391.

men wäre, dann entspricht es den Interessen der Beteiligten, den abgewickelten, gültigen Teil aufrechtzuerhalten[242].

Sind im **Fall a** der Mietvertrag und das Vorkaufsrecht auf 10 Jahre begrenzt, so kann nach Ablauf der Zeit die Nichtigkeit des Vorkaufsrechts nicht zur Nichtigkeit der Miete führen, wenn der Vorkaufsfall (§ 463) überhaupt nicht eingetreten ist.

c) Ist ein Teil eines einheitlichen Rechtsgeschäfts nichtig und führt die Aus- **362**
legung nicht zu dem Ergebnis, dass der Rest des Rechtsgeschäfts gültig sein soll, greift die *Auslegungsregel des § 139* ein; danach ist dann das ganze Rechtsgeschäft nichtig.

Kann im **Fall a** nicht ermittelt werden, dass der Mietvertrag trotz der Nichtigkeit der Einräumung des Vorkaufsrechts gültig sein soll, dann ist nach § 139 auch der Mietvertrag nichtig.

3. *Ausnahmen von § 139* **363**

§ 139 ist nicht anwendbar, wenn eine im Gesetz enthaltene spezielle Auslegungsregel für die Behandlung eines teilnichtigen Rechtsgeschäfts anwendbar ist oder wenn sich aus dem Sinn und Zweck einer Gesetzesbestimmung ergibt, dass keine Gesamtnichtigkeit eintreten soll.

a) Eine *spezielle Auslegungsregel* enthält § 2085 für das Testament: Ist in einem Testament eine von mehreren Verfügungen nichtig, so bewirkt das nach § 2085 im Zweifel *nicht* die Nichtigkeit der übrigen Verfügungen. Anders als § 139 stellt § 2085 also eine widerlegbare Vermutung für die Wirksamkeit der übrigen Verfügungen auf. Das dürfte regelmäßig dem Interesse des Erblassers entsprechen; die Errichtung eines neuen Testaments scheidet aus, da der Erblasser tot ist, wenn sein Testament Rechtsfolgen auslöst.

Beispiel: Hat E den A und die B zu seinen Erben eingesetzt und ist die Einsetzung der B wegen Sittenwidrigkeit (§ 138 I) nichtig, führt das regelmäßig nicht zur Nichtigkeit der Erbeinsetzung des A.

b) Bei Nichtigkeit oder Teilnichtigkeit von *Allgemeinen Geschäftsbedingungen* bleibt der Vertrag nach § 306 I im übrigen wirksam; an die Stelle der nichtigen Bestimmungen treten nach § 306 II die gesetzlichen Vorschriften. Dagegen ist der ganze Vertrag nach § 306 III unwirksam, wenn das Festhalten an dem Vertrag für eine Partei eine unzumutbare Härte darstellen würde (Rdnr. 238).

c) *Aus dem Zweck einer Gesetzesbestimmung* kann sich ergeben, dass § 139 **364**
nicht anwendbar ist.

Für die Kündigung des Vermieters schreibt § 573c I bei der Wohnraummiete zum Schutz des Mieters zwingende Mindestfristen vor; die Vereinbarung einer kürzeren Frist

242 Vgl. BGHZ 112, 288, 296.

ist nichtig. Hätte das die Nichtigkeit des ganzen Mietvertrages zur Folge, wäre der Mieter ganz schutzlos, da er ohne Kündigung sofort räumen müsste. Damit würde der Sinn der Bestimmung ins Gegenteil verkehrt.

365 II. Umdeutung

Entspricht ein nichtiges Rechtsgeschäft den Erfordernissen eines anderen (gültigen) Rechtsgeschäfts, so gilt nach § 140 dieses Geschäft, wenn anzunehmen ist, dass dessen Geltung bei Kenntnis der Nichtigkeit gewollt sein würde. Die Umdeutung (= Konversion) dient also der Aufrechterhaltung des nichtigen Geschäfts. Nach § 140 ist zu prüfen, ob ein nichtiges Rechtsgeschäft vorliegt, in diesem ein wirksames Geschäft enthalten ist und die Beteiligten dieses wirksame Geschäft geschlossen hätten, wenn sie die Nichtigkeit des geschlossenen Geschäfts gekannt hätten.

366 *1. Voraussetzungen für die Auslegung*

a) Es muss ein *nichtiges Rechtsgeschäft* vorliegen. Dabei ist es gleichgültig, aus welchem Grunde das Rechtsgeschäft nichtig ist.

367 b) In dem nichtigen Rechtsgeschäft muss ein *wirksames Ersatzgeschäft* enthalten sein.

(1) Nur wenn das Ersatzgeschäft ein Weniger gegenüber dem Mehr des nichtigen Geschäfts darstellt, kommt eine Umdeutung in Betracht. Mit dem Ersatzgeschäft muss der durch das nichtige Geschäft bezweckte Erfolg ganz oder teilweise erreicht werden können; denn durch die Umdeutung soll der Wille der Beteiligten aufrechterhalten werden. Andersartige oder weiterreichende Rechtsfolgen entsprechen nicht dem Gewollten und können daher durch eine Umdeutung nicht begründet werden.

Beispiele: Die Übertragung eines Nießbrauchs ist nach § 1059 Satz 1 nichtig. In dem nichtigen Rechtsgeschäft sind jedoch alle Merkmale einer Überlassung des Nießbrauchs zur Ausübung als ein Minus enthalten; dieses Geschäft ist nach § 1059 Satz 2 wirksam. – Die nichtige außerordentliche Kündigung enthält als ein Minus eine wirksame ordentliche Kündigung zum nächstzulässigen Termin. – Dagegen ist eine nichtige Pfandrechtsbestellung nicht als eine gültige Eigentumsübertragung aufrechtzuerhalten, da diese gegenüber der Pfandrechtsbestellung ein Mehr darstellt[243].

368 (2) Das Ersatzgeschäft selbst darf nicht an einem Nichtigkeitsgrund leiden.

Deshalb scheidet bei einer Nichtigkeit wegen Geschäftsunfähigkeit eine Umdeutung aus, da auch das andere Geschäft mit diesem Nichtigkeitsgrund behaftet ist. Dagegen ist die Umdeutung eines Rechtsgeschäfts, das wegen Verstoßes gegen ein gesetzliches Verbot

243 Einzelfälle: *Erman/Palm*, § 140 Rdnr. 19 ff.; *Palandt/Heinrichs*, § 140 Rdnr. 9 ff.

oder gegen die guten Sitten nichtig ist, möglich, sofern das Ersatzgeschäft dem Zweck des Verbots nicht widerspricht.

2. Auslegung **369**

Ist nach dem Gesagten eine Umdeutung des nichtigen Rechtsgeschäfts in ein anderes Geschäft möglich, dann ist umzudeuten, wenn dies dem Willen der Beteiligten entspricht; das ist durch Auslegung zu ermitteln.

a) *Haben die Beteiligten* für den Fall der Nichtigkeit *eine Ersatzregelung vorgesehen, greift diese ein.*

b) In der Regel haben die Beteiligten *an eine Nichtigkeit nicht gedacht*; dann ist nicht ihr wirklicher, sondern ihr *mutmaßlicher Wille zu erforschen.* Das geschieht durch *ergänzende Auslegung* (Rdnr. 138 ff.). Dabei ist zu ermitteln, ob die Beteiligten bei Kenntnis der Nichtigkeit des Rechtsgeschäfts den Abschluss des Ersatzgeschäfts gewollt oder von einem Abschluss abgesehen hätten. **370**

Im **Fall c** kann die ergänzende Auslegung ergeben, dass der nichtige OHG-Vertrag in einen gültigen Partnerschaftsvertrag (vgl. Partnerschaftsgesellschaftsgesetz)[244] oder in einen Vertrag zur Errichtung einer Gesellschaft des bürgerlichen Rechts (vgl. §§ 705 ff.) umzudeuten ist. Möglich ist aber auch, dass A, B und C nur eine offene Handelsgesellschaft und – wenn das nicht möglich sein sollte – überhaupt keine Gesellschaft gründen wollten; dann bleibt es bei der Nichtigkeit des Vertrages.

III. Bestätigung **371**

Die Beteiligten können ein nichtiges Rechtsgeschäft durch Bestätigung (§ 141) zu einem gültigen machen. Die Bestätigung ist eine Neuvornahme des Rechtsgeschäfts (§ 141 I).

1. Voraussetzungen

a) Es muss ein *nichtiges Rechtsgeschäft* vorliegen, gleichgültig, um welchen Nichtigkeitsgrund es sich handelt.

b) Das nichtige Rechtsgeschäft muss *bestätigt* werden: **372**

(1) Zunächst ist ein *Bestätigungswille* erforderlich. Das setzt Kenntnis der Nichtigkeit voraus. Aber auch Zweifel an der Gültigkeit des Geschäfts reichen aus, wenn es darum geht, die Wirksamkeit auf alle Fälle zu sichern[245].

244 Schönfelder, Nr. 50 b
245 BGHZ 129, 371, 377; RGZ 150, 388.

Erfüllen die Parteien ihre Pflichten, die in einem nichtigen Vertrag festgelegt sind, so liegt darin mangels Bestätigungswillens keine Bestätigung, wenn sie von der Gültigkeit des Vertrages ausgehen.

(2) *Der Bestätigungswille muss erklärt werden.* Das ist die *erneute Vornahme* des Rechtsgeschäfts. Sie kann ausdrücklich, aber auch konkludent erfolgen. Jedoch muss das neue Geschäft sämtlichen Wirksamkeitsvoraussetzungen entsprechen.

Erfüllen die Parteien in Kenntnis der Nichtigkeit des Vertrages ihre Vertragspflichten, liegt darin eine konkludente Bestätigung des nichtigen Vertrages. Bedarf der Vertrag einer Form (z. B. der notariellen Beurkundung), muss auch die Neuvornahme diese Form wahren. Das gilt auch dann, wenn die Nichtigkeit des Vertrages nicht auf einem Formmangel beruht[246].

Im **Fall d** ist durch die Bestätigung des M und des Betreuers des V am 1. 2. erstmalig ein Mietvertrag zustande gekommen.

373 *2. Folgen*

a) Durch die Bestätigung wird das nichtige Rechtsgeschäft nicht rückwirkend von Anfang an wirksam. Vielmehr *entsteht erst durch die Neuvornahme ein wirksames Rechtsgeschäft*.

Im **Fall d** ist der Mietvertrag erst vom 1. 2. an gültig.

374 b) Bei Verträgen begründet die Bestätigung im Zweifel die *schuldrechtliche Verpflichtung der Parteien, einander zu gewähren, was sie haben würden, wenn der Vertrag von Anfang an gültig gewesen wäre* (§ 141 II). Das entspricht regelmäßig den Interessen der Vertragsparteien. Durch die Bestätigung soll nämlich die ursprüngliche (nichtige) Vereinbarung wenigstens in schuldrechtlicher Beziehung der Vertragsparteien zueinander Bedeutung erlangen. Wenn ein Vertragspartner diese Verpflichtung nicht will, muss er dies bei der Bestätigung zum Ausdruck bringen. Sonst gilt die Auslegungsregel des § 141 II (»Im Zweifel«).

Im **Fall d** ist M, wenn nichts anderes vereinbart wird, verpflichtet, auch für Januar die Miete zu zahlen. – Wird dagegen ein nichtiges sachenrechtliches Geschäft, wie eine Übereignung (§ 929), erneut vorgenommen, geht das Eigentum erst bei der Neuvornahme über.

246 BGH WM 1985, 1000.

Viertes Kapitel Die Willensmängel

§ 16 Überblick über die gesetzliche Interessenbewertung bei Willensmängeln 375

I. Ausgangslage

1. Mangelfreie Willenserklärung

Eine Willenserklärung (Rdnr. 82 ff.) entsteht auf folgende Weise: Jemand gelangt auf Grund einer Reihe von Beweggründen (Motiven) zu dem Willen, eine bestimmte Rechtsfolge herbeizuführen. Entsprechend diesem sog. Geschäftswillen gibt er seine Erklärung ab.

Beispiel: K will seiner Freundin zu ihrem Geburtstag am 1. 6. ein Geschenk machen. Er geht davon aus, dass die Freundin Schmuck liebt und dass er 500,– € für den Kauf eines Schmuckstücks zur Verfügung hat. Den ihm von V vorgelegten Ring hält er für golden. Aus den genannten Gründen will er den Ring für 500,– € kaufen. Dementsprechend erklärt er dem V: »Ich kaufe diesen Ring für 500,– €.« Nimmt V dieses Angebot an, ist ein Kaufvertrag über den Ring zum Preise von 500,– € zustande gekommen.

Im Ideal- und Regelfall kommt die Willensbildung fehlerfrei zustande, und der Geschäftswille wird fehlerfrei erklärt.

2. Mangelhafte Willenserklärung 376

a) Die Verfasser des BGB hatten Regelungen für *drei Gruppen von Willensmängeln* zu treffen:

(1) Ein *Fehler bei der Willensbildung* liegt vor, wenn der Erklärende von einem unrichtigen Beweggrund ausgeht.

Die Freundin des K hat erst am 1. 12. Geburtstag; sie hat für Schmuck nichts übrig; K kann für das Geschenk nur 300,– € aufwenden; der Ring ist nicht aus Gold, sondern nur vergoldet.

(2) Ein *Fehler bei der Erklärung* liegt vor, wenn die Erklärung von dem Geschäftswillen abweicht; es besteht eine dem Erklärenden *unbewusste Diskrepanz von Wille und Erklärung.* 377

K will den Ring für 500,– € kaufen, verspricht sich aber und erklärt: »Ich kaufe diesen Ring für 600,– €.«

378 (3) Der Erklärende handelt ohne Geschäftswillen (Rdnr. 86). Er erklärt ohne Fehler, was er erklären will; jedoch will er, dass das Erklärte nicht gelten soll. Es besteht also eine dem Erklärenden *bewusste Diskrepanz zwischen diesem Willen und der Erklärung*.

K erklärt in Gegenwart seiner Freundin, der er imponieren will, er kaufe den Ring für 500,– €, obwohl er das in Wirklichkeit gar nicht will.

379 b) Zur Regelung der Rechtsfolgen mangelhafter Willenserklärungen boten sich den Verfassern des BGB vornehmlich *zwei Theorien* an.

(1) Die *Willenstheorie* stellte entscheidend auf den Willen des Erklärenden ab und kam infolgedessen zu dem Ergebnis, dass eine Erklärung, die nicht durch einen entsprechenden Willen gedeckt sei, keine Rechtswirkung entfalte. Diese Meinung wirkt sich zu Gunsten des Erklärenden und zu Ungunsten des Erklärungsempfängers aus.

Danach wäre die Erklärung des K, er kaufe den Ring für 600,– €, nichtig, wenn K nur 500,– € bieten will und sich verspricht.

380 (2) Die *Erklärungstheorie* hielt das Erklärte für entscheidend. Infolgedessen sollte das Erklärte auch dann Rechtsfolgen auslösen, wenn ein entsprechender Wille fehlt. Diese Auffassung wirkt sich zu Gunsten des Erklärungsempfängers und zu Ungunsten des Erklärenden aus.

Danach wäre die Erklärung des K, er kaufe den Ring für 600,– €, auch dann gültig, wenn K nur 500,– € bieten will und sich verspricht.

381 II. Interessenbewertung

Der Gesetzgeber ist keiner der genannten Theorien gefolgt. Er hat vielmehr für einzelne Fallgruppen unter Abwägung der sich gegenüberstehenden Interessen von Erklärendem und Erklärungsempfänger ihm interessengerecht erscheinende Lösungen gesucht. Dabei hat er *drei verschiedene Lösungen* gefunden, die hier an je einem Beispielsfall erläutert werden sollen:

382 *1. Gültigkeit der Willenserklärung*

Bestimmte Willensmängel sind nach dem BGB unbeachtlich. Deshalb sind die Willenserklärungen trotz des Willensmangels gültig. Damit schützt das Gesetz – wie die Erklärungstheorie – den Erklärungsempfänger in seinem Vertrauen auf das Erklärte.

Würde beispielsweise *jeder* Fehler bei der Willensbildung zur Nichtigkeit der Willenserklärung führen, wäre die Verkehrssicherheit gefährdet. Im Interesse des Erklärungsempfängers und der Rechtssicherheit muss ein Motivirrtum des Erklärenden grundsätzlich unbeachtlich und die Willenserklärung deshalb gültig sein.

Die Erklärung des K, er kaufe den Ring für 500,– €, ist und bleibt gültig, auch wenn K sich über den Geburtstag seiner Freundin, ihre Einstellung zum Schmuck oder seine finanziellen Verhältnisse irrt.

2. *Nichtigkeit der Willenserklärung* 383

Es gibt Willensmängel, die das Gesetz für so beachtlich hält, dass die mit einem solchen Mangel behafteten Willenserklärungen keine Rechtsfolgen auslösen sollen. Deshalb sind die Willenserklärungen wegen des Willensmangels nichtig; sie entfalten von vornherein keine Rechtswirkung, ohne dass der Erklärende etwas tun muss, um die Nichtigkeit seiner Erklärungen herbeizuführen. Damit schützt das Gesetz – wie die Willenstheorie – den Erklärenden.

So ist beispielsweise eine empfangsbedürftige Willenserklärung, die mit Einverständnis des Erklärungsempfängers nur zum Schein abgegeben wird, nach § 117 I nichtig. Diese Entscheidung zu Gunsten des Erklärenden und zu Ungunsten des Erklärungsempfängers wird deshalb getroffen, weil der Erklärungsempfänger nicht schutzbedürftig ist, da die Erklärung mit seinem Einverständnis nur zum Schein abgegeben wird.

K, der seiner Freundin imponieren will, lässt diese bei V ein Schmuckstück aussuchen. Sie entscheidet sich für einen Ring zu 500,– €. K erklärt dem V, er kaufe diesen Ring für 500,– €. In Wirklichkeit will er aber nicht kaufen. Er hatte sich schon vorher mit V telefonisch geeinigt, dass seine Erklärungen keine Rechtsfolgen auslösen sollen.

3. *Vernichtbarkeit der Willenserklärung* 384

Bei den meisten Willensmängeln, die das Gesetz für beachtlich hält, wird ein Mittelweg zwischen Gültigkeit und Nichtigkeit der Erklärung eingeschlagen, um sowohl den Interessen des Erklärenden als auch denen des Erklärungsempfängers Rechnung zu tragen: Die Willenserklärung ist gültig, aber vernichtbar; sie kann durch *Anfechtung* vernichtet werden.

Will beispielsweise der Erklärende eine Erklärung dieses Inhalts überhaupt nicht abgeben, weil er sich verspricht, so ist die Erklärung wegen Erklärungsirrtums nach § 119 I 2. Fall anfechtbar.

K will den Ring für 500,– € kaufen, verspricht sich und erklärt, er kaufe den Ring für 600,– €.

a) Die *Gültigkeit der anfechtbaren Willenserklärung dient dem Erklärungsempfänger*, der sich auf das Erklärte verlassen können muss. 385

Nimmt V das irrtümlich von K erklärte Angebot zum Kauf des Ringes für 600,– € an, ist ein Kaufvertrag über den Ring für 600,– € zustande gekommen.

b) Die *Anfechtbarkeit der Willenserklärung kommt dem Erklärenden zugute.* Er hat nämlich die Wahlmöglichkeit, ob es bei dem (irrtümlich) Erklärten bleiben oder ob das Erklärte wieder »aus der Welt geschafft« werden soll. 386

(1) Soll es bei dem Erklärten bleiben, braucht der Erklärende nichts zu tun.

Unternimmt K nichts gegen seine mangelhafte Erklärung, ist und bleibt der Vertrag über den Kauf des Rings für 600,– € gültig.

(2) Will der Erklärende seine mangelhafte Erklärung vernichten, muss er eine Anfechtungserklärung gegenüber dem Erklärungsempfänger abgeben. *Damit ist das Rechtsgeschäft als von Anfang an nichtig anzusehen* (§ 142 I).

Erklärt K dem V, er habe sich bei seinem Angebot versprochen und deshalb fechte er es an, ist der Kaufvertrag von Anfang an nichtig.

387 c) Weil das Gesetz dem Erklärenden eine Wahlmöglichkeit zwischen Gültigkeit und Vernichtung der Willenserklärung einräumt, entsteht für den Erklärungsempfänger eine Ungewissheit, ob es bei der Willenserklärung bleibt oder ob sie vernichtet wird. Dieser Schwebezustand muss *im Interesse des Erklärungsempfängers* möglichst bald beendet werden; der Erklärungsempfänger soll möglichst schnell wissen, woran er ist. Deshalb muss der Erklärende *in einer bestimmten Frist* anfechten; bei einem Erklärungsirrtum etwa muss die Anfechtung unverzüglich, d. h. ohne schuldhaftes Zögern, erfolgen, nachdem der Erklärende vom Anfechtungsgrund Kenntnis erlangt hat (§ 121 I 1).

Erfährt K bei Zusendung der Rechnung von seinem »Versprecher«, darf er nicht wochenlang überlegen, ob er anfechten soll. Ficht er nicht unverzüglich nach Kenntnis von seinem Irrtum an, verliert er sein Anfechtungsrecht, und der geschlossene Vertrag bleibt gültig.

388 d) Hat der Erklärende seine Erklärung wirksam angefochten und damit das Rechtsgeschäft vernichtet, können dem Erklärungsempfänger dadurch Schäden entstanden sein, dass er auf die Gültigkeit der Erklärung vertraut hat. Deshalb muss der Erklärende *dem Erklärungsempfänger grundsätzlich dessen sog. Vertrauensschaden ersetzen* (§ 122 I). Der Erklärungsempfänger braucht jedoch dann nicht geschützt zu werden, wenn er etwa die Anfechtbarkeit kannte oder kennen musste (§ 122 II).

Hat V dem K auf dessen Bitten den Ring durch die Post zugesandt und wird das Geschäft von K wegen Erklärungsirrtums angefochten, dann hat K dem V die Portokosten zu ersetzen. Denn V hat nur im Vertrauen auf die Gültigkeit des Kaufs den Ring per Post versandt, und dadurch sind ihm die Portokosten entstanden.

389 III. Gesetzliche Regelung

1. Anfechtbare Willenserklärungen

Die wichtigsten Tatbestände sind die anfechtbaren Willenserklärungen. Dazu gehören:

a) von den Fällen des *unbewussten Abweichens* von Wille und Erklärung
   (1) der Erklärungsirrtum (§ 119 I 2. Fall; Rdnr. 413),

(2) der Inhaltsirrtum (§ 119 I 1. Fall; Rdnr. 414),
(3) die unrichtige Übermittlung der Willenserklärung (§ 120; Rdnr. 415);

b) von den *Fehlern bei der Willensbildung*
(1) der Irrtum über eine verkehrswesentliche Eigenschaft der Person oder Sache (§ 119 II; Rdnr. 418),
(2) die arglistige Täuschung (§ 123; Rdnr. 450),
(3) die widerrechtliche Drohung (§ 123; Rdnr. 464).

2. *Nichtige Willenserklärungen* 390

Zu den nichtigen Willenserklärungen gehören die meisten Fälle, in denen ein *bewusstes Abweichen* von Wille und Erklärung vorliegt, nämlich
a) die Scheinerklärung (§ 117; Rdnr. 402 ff.),
b) die Scherzerklärung (§ 118; Rdnr. 397 ff.),
c) die Willenserklärung mit geheimem Vorbehalt, den der Erklärungsempfänger kennt (§ 116 Satz 2; Rdnr. 396).

3. *Gültige Willenserklärungen* 391

Alle anderen Willensmängel berühren die Gültigkeit der Willenserklärung nicht. Das Gesetz erwähnt nur den geheimen Vorbehalt, den der Erklärungsempfänger nicht kennt (§ 116 Satz 1; Rdnr. 393 ff.).

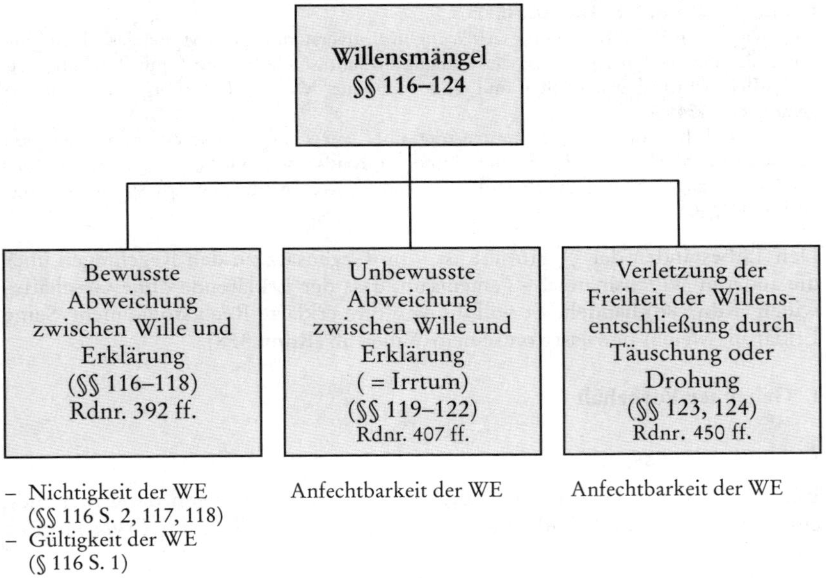

392 § 17 Bewusstes Abweichen von Wille und Erklärung

Schrifttum: *Coester-Waltjen*, Die fehlerhafte Willenserklärung, Jura 1990, 362; *Kallimopoulos*, Die Simulation im bürgerlichen Recht, 1966; *Kramer*, Das Scheingeschäft des Strohmanns – BGH, NJW 1982, 569, JuS 1983, 423; *Michaelis*, Scheingeschäft, verdecktes Geschäft und verkleidetes Geschäft im Gesetz und in der Rechtspraxis, Festschrift f. Wieacker, 1978, 444; *Preuß*, Geheimer Vorbehalt, Scherzerklärung und Scheingeschäft, Jura 2002, 815; *Thiessen*, Scheingeschäft, Formzwang und Wissenszurechnung, NJW 2001, 3025; *Tscherwinka*, Die Scherzerklärung gem. § 118 BGB, NJW 1995, 308; *Wacke*, Mentalreservation und Simulation als antizipierte Konträrakte bei formbedürftigen Geschäften, Festschrift f. Medicus, 1999, 651; *Weiler*, Wider die Scherzerklärung, NJW 1995, 2608.

Fälle:

a) V kündigt dem M das Mietverhältnis über ein Ladenlokal zum Ende des Jahres, obwohl er das in Wirklichkeit nicht will. Er will vielmehr erreichen, dass M zu Kreuze kriecht und ihn anfleht, das Mietverhältnis fortzusetzen. Wirksame Kündigung? **(Rdnr. 394, 395)**

b) Wie, wenn M im **Fall a** vor der Kündigung durch V von einem Dritten erfahren hatte, dass V ihm kündigen werde, ohne damit eine Beendigung des Mietverhältnisses zu wollen? **(Rdnr. 394, 396)**

c) Wie, wenn V am Biertisch, nachdem er sich schon mit allerlei Heldentaten gerühmt hatte, die Kündigungserklärung aus Scherz unter Augenzwinkern gegenüber M abgibt? **(Rdnr. 398, 399)**

d) Im **Fall c** verlangt M, der die Kündigung als ernst aufgefasst und infolgedessen in einer Zeitungsanzeige einen anderen Laden gesucht hat, von V Ersatz der Inseratskosten. Mit Recht? **(Rdnr. 398, 399, 400, 401)**

e) Wie, wenn V die Kündigungserklärung im Einverständnis des M nur deshalb abgibt, um D darüber zu täuschen, dass der Laden zum Jahresende frei wird, mit ihm sofort einen Mietvertrag abzuschließen und von ihm eine Mietvorauszahlung zu kassieren? **(Rdnr. 402, 404)**

f) V und K wollen einen Kaufvertrag über ein Hausgrundstück zum Preis von 500 000,– € schließen. Im notariell beurkundeten Kaufvertrag wird ein Kaufpreis von nur 400 000,– € angegeben; dadurch wollen V und K Kosten und Steuern sparen. Gültig? **(Rdnr. 403, 405)**

Den Tatbeständen der §§ 116–118 ist – im Gegensatz zu den Regelungen über die anderen Willensmängel – gemeinsam, dass der Erklärende ohne Geschäftswillen (Rdnr. 86) handelt. Er will die von ihm erklärte Rechtsfolge nicht. Seine Erklärung weicht bewusst von seinem Willen ab (Rdnr. 378).

393 I. Geheimer Vorbehalt

1. Voraussetzungen

Ein geheimer Vorbehalt (= Mentalreservation) liegt vor, wenn der Erklärende eine Willenserklärung abgibt und *sich insgeheim vorbehält, das Erklärte nicht zu wollen* (§ 116 Satz 1).

a) Erforderlich ist also einmal, dass die Erklärung *vom Erklärenden nicht ernst gemeint ist* und sich sein Vorbehalt gerade auf die erklärte Rechtsfolge bezieht.

b) Hinzukommen muss der *Wille des Erklärenden, dass der andere* (also der Erklärungsempfänger bei der empfangsbedürftigen Willenserklärung) *den geheimen Vorbehalt nicht kennt*; dabei ist das Motiv des Erklärenden (z. B. Täuschung des Partners, Beruhigung eines Schwerkranken) ohne Bedeutung. Geht der Erklärende davon aus, der andere werde die Nichternstlichkeit der Erklärung erkennen, handelt es sich nicht um einen Fall des § 116, sondern um eine Scherzerklärung nach § 118 (Rdnr. 397 ff.). **394**

In den **Fällen a und b** will V nicht, dass M den geheimen Vorbehalt erkennt. Er will M vielmehr hereinlegen. Dieser »böse Scherz« erfüllt den Tatbestand des § 116.

2. Folgen **395**

Die Rechtsfolgen des geheimen Vorbehalts richten sich danach, ob dem anderen der Vorbehalt unbekannt oder bekannt ist.

a) Bei *Unkenntnis des Vorbehalts* ist die Erklärung im Interesse des Unwissenden *gültig* (§ 116 Satz 1). Der Erklärende muss sich an seiner Erklärung festhalten lassen; deshalb ist sein geheimer Vorbehalt rechtlich bedeutungslos.

Im **Fall a** ist die Kündigung wirksam.

b) Bei *Kenntnis des Vorbehalts* bedarf der Erklärungsempfänger nach der Wertung des Gesetzes keines Schutzes. Deshalb ist in diesem Falle die Willenserklärung *nichtig* (§ 116 Satz 2). **396**

Im **Fall b** ist die Kündigung als böser Scherz, den M durchschaut, nach § 116 Satz 2 nichtig.

II. Scherzerklärung **397**

1. Voraussetzungen

Eine Scherzerklärung liegt vor, wenn der Erklärende eine nicht ernstlich gemeinte Willenserklärung in der Erwartung abgibt, der Mangel der Ernstlichkeit werde nicht verkannt werden (§ 118).

a) Die Erklärung ist – wie bei § 116 – *vom Erklärenden nicht ernsthaft gemeint.*

b) Im Unterschied zu § 116 setzt § 118 voraus, dass der *Erklärende davon ausgeht, der andere werde die Nichternstlichkeit der Erklärung erkennen.* Dabei spielt das Motiv des Erklärenden (z. B. Scherz, Prahlerei) keine Rolle; deshalb **398** ist die Bezeichnung als Scherzerklärung zu eng. Entscheidend ist allein, dass der Erklärende ohne Täuschungsabsicht handelt. Für den Tatbestand des § 118 kommt es auch nicht darauf an, ob der andere die Nichternstlichkeit erkennt oder wenigstens erkennen kann.

In den **Fällen c und d** liegt eine Scherzerklärung vor, da V erwartet, M werde die Nichternstlichkeit erkennen (»guter Scherz« im Gegensatz zum »bösen Scherz« in den Fällen a und b).

399 *2. Folgen*

a) Jede Scherzerklärung ist *nichtig* (§ 118; **Fälle c und d**). Das gilt auch dann, wenn der andere die Erklärung für »bare Münze« hält. Zwar ist er schutzwürdig, wenn er die Nichternstlichkeit ohne Fahrlässigkeit nicht kennt; dem trägt das Gesetz aber auf andere Weise Rechnung (§ 122).

In den **Fällen c und d** ist die Kündigungserklärung nach § 118 nichtig.

400 b) Die nichtige Scherzerklärung löst für den anderen, der auf die Gültigkeit der Erklärung vertraut, einen *Anspruch gegen den Erklärenden auf Ersatz des Vertrauensschadens* aus (§ 122 I; Einzelheiten: Rdnr. 444 ff.). Voraussetzung ist, dass die Scherzerklärung für einen Vertrauensschaden des anderen ursächlich ist.

Dieser *Schadensersatzanspruch* ist jedoch zum einen *ausgeschlossen*, wenn der andere die Nichternstlichkeit *kennt* (§ 122 II); denn dann hat er nicht auf die Gültigkeit vertraut. Zum anderen versagt § 122 II einen Schadensersatzanspruch auch dann, wenn der andere die Nichternstlichkeit *infolge von (leichter) Fahrlässigkeit nicht kennt*; das gilt nach dem Willen des Gesetzes auch dann, wenn der Erklärende etwa infolge grober Fahrlässigkeit erwartet, der andere werde die Nichternstlichkeit erkennen.

Im **Fall d** sind dem M, der die Kündigung als ernst auffasste, im Vertrauen auf die Gültigkeit der Kündigungserklärung die Kosten für die Zeitungsanzeige entstanden. Er kann sie jedoch nicht ersetzt verlangen, da er die Nichternstlichkeit infolge Fahrlässigkeit nicht kannte. Denn bei gehöriger Aufmerksamkeit hätte er den Scherz des V erkennen können (Biertisch, Prahlerei, Augenzwinkern).

401 c) *Erkennt der Erklärende, dass seine Scherzerklärung von dem anderen als ernst aufgefasst worden ist*, so ist er nach Treu und Glauben verpflichtet, den anderen unverzüglich über diesen Irrtum aufzuklären; andernfalls täuscht er ihn durch Unterlassen. Dann ist es interessengerecht, wenn seine Erklärung als gültig behandelt wird. Das ergibt sich aus der Wertung des § 116 Satz 1; danach soll derjenige, der etwas für sich behält, was er offenbaren müsste, aus seinem Verhalten keinen Vorteil ziehen. Der Erklärende handelt arglistig, wenn er sich auf die Nichternstlichkeit beruft.

Sieht V im **Fall d** die Zeitungsanzeige des M, muss er daraus schließen, dass M die Kündigung als ernst angesehen hat. Klärt V den M nicht ohne Zögern auf, kann er sich später nicht darauf berufen, seine Erklärung sei als Scherz nichtig gewesen; vielmehr muss er die Kündigung als wirksam gegen sich gelten lassen.

III. Scheingeschäft 402

1. *Voraussetzungen*

a) Eine Scheinerklärung (= *simulierte Erklärung*) liegt vor, wenn der Erklärende eine empfangsbedürftige Willenserklärung mit Einverständnis des Erklärungsempfängers nur zum Schein abgibt (§ 117 I).

(1) Es muss sich um eine *empfangsbedürftige Willenserklärung* (Rdnr. 92) handeln; andernfalls fehlte es an einem Erklärungsempfänger, der mit dem Schein einverstanden sein könnte.

(2) Durch das *Einverständnis des Erklärenden und des Erklärungsempfängers*, dass das Geschäft nicht gelten soll, unterscheidet sich die Scheinerklärung vom geheimen Vorbehalt und der Scherzerklärung. Der Beweggrund für eine Scheinerklärung kann sehr verschiedener Art sein; jedoch scheidet hier die Absicht des Erklärenden, den Erklärungsempfänger zu täuschen, wegen des erforderlichen Einverständnisses des Erklärungsempfängers als Motiv aus. Meist geht es beiden darum, einen Dritten zu täuschen (**Fall e**).

Fehlt es an dem vom Erklärenden vorausgesetzten Einverständnis des Erklärungsempfängers, handelt es sich um ein misslungenes Scheingeschäft. Es wird von § 118 erfasst und ist daher nichtig[247] (Rdnr. 397 ff.).

b) Das Scheingeschäft (= simuliertes Geschäft) verdeckt oft ein anderes, ernstlich gewolltes (= dissimuliertes) Geschäft (§ 117 II). Bei einem *dissimulierten Geschäft* will der Erklärende im Einverständnis mit dem Erklärungsempfänger zwar nicht die erklärte, aber doch eine andere Rechtsfolge. 403

Beispiele: Die Parteien erklären Angebot und Annahme zu einem Kaufvertrag, wollen in Wirklichkeit Miete oder Schenkung. – Im **Fall f** schließen V und K einen Kaufvertrag zu einem von ihnen nicht gewollten Preis von 400 000,– €, während sie einen Kaufpreis von 500 000,– € wollen; durch Täuschung des Notars, des Gerichts und des Finanzamtes sollen Notariatsgebühren, Gerichtsgebühren und Grunderwerbsteuern gespart werden.

2. *Folgen* 404

a) Eine *simulierte Erklärung ist nichtig* (§ 117 I). Diese Entscheidung des Gesetzes zu Gunsten des Erklärenden und zu Ungunsten des Erklärungsempfängers ist berechtigt, weil der Erklärungsempfänger nicht schutzbedürftig ist, da

247 BGH NJW 2001, 1062; NJW 2000, 3127.

die Erklärung mit dessen Einverständnis nur zum Schein abgegeben wird. Die Nichtigkeit der Scheinerklärung wirkt auch gegenüber einem getäuschten Dritten.

Im **Fall e** ist die Kündigung nach § 117 I nichtig. D kann seinen Schaden von V und K ersetzt verlangen (§ 823 II i. V. m. § 263 StGB; § 826).

405 b) Auf das hinter einem simulierten Geschäft steckende *dissimulierte Geschäft* finden die für dieses geltenden Vorschriften Anwendung (§ 117 II). Das versteckte Geschäft ist also *gültig, wenn es allen Gültigkeitserfordernissen entspricht*. Verstößt es z. B. gegen ein gesetzliches Verbot (§ 134), ist es sittenwidrig (§ 138); entbehrt es der vorgeschriebenen Form (§ 125), ist auch das versteckte Geschäft nichtig.

Im **Fall f** ist das Erklärte (Kauf zu 400 000,– €) nicht gewollt, also als Scheingeschäft nach § 117 I nichtig; das Gewollte (Kauf zu 500 000,– €) ist nicht beurkundet, also wegen Formmangels nichtig (§ 125 Satz 1; § 311 b I 1). Dieses Ergebnis widerspricht der Regel, dass eine falsche Bezeichnung (falsa demonstratio) nicht schadet, wenn beide Parteien übereinstimmend etwas anderes gewollt haben (Rdnr. 133). Danach müsste der Grundstückskaufvertrag mit dem Preis von 500 000,– € gültig sein, da beide Parteien diesen Preis übereinstimmend gewollt haben. Es ist jedoch zu berücksichtigen, dass V und K den Kaufvertrag hinsichtlich des Preises nicht versehentlich, sondern bewusst unrichtig haben beurkunden lassen. Die falsa-demonstratio-Regel würde hier eine bewusste Umgehung der Formvorschrift begünstigen. Deshalb bleibt es hier bei der Nichtigkeit des verdeckten Geschäfts wegen Formmangels. Dieser kann jedoch durch Auflassung und Eintragung des K im Grundbuch geheilt werden; damit wird das gewollte und nicht beurkundete Geschäft gültig (§ 311 b I 2; Rdnr. 310).

406 *3. Abgrenzungen*

Das Scheingeschäft ist vom Treuhand-, Strohmann- und Umgehungsgeschäft zu unterscheiden. Während beim Scheingeschäft nach dem übereinstimmenden Willen von Erklärendem und Erklärungsempfänger die Erklärung nicht ernst gemeint ist, soll bei den genannten Geschäften nach dem Willen der Beteiligten die Rechtsfolge der Willenserklärung eintreten. Das Besondere dieser Geschäfte liegt darin, dass von dem gewollten Rechtserfolg der damit bezweckte wirtschaftliche Erfolg nach dem Willen der Beteiligten bewusst abweicht.

Beispiel für *Treuhandgeschäft*: Ein Gläubiger (Treugeber) überträgt seine Forderungen gegen seine Schuldner (durch Abtretung; § 398; Rdnr. 105) an ein Inkassobüro (Treuhänder) »zu treuen Händen« (sog. Inkassozession). Dadurch wird das Inkassobüro Gläubiger der Forderungen. Dieses Büro ist gegenüber dem Treugeber verpflichtet, die Forderungen einzuziehen und die dadurch erlangten Beträge an ihn abzuführen.

Beispiel für *Strohmanngeschäft*: H möchte ein wertvolles Bild für sich erwerben, aber nicht selbst als Käufer auftreten, sondern im Hintergrund bleiben. Deshalb veranlasst er den K (Strohmann), das Bild im eigenen Namen zu erwerben. K schließt als Käufer mit dem Verkäufer V einen Kaufvertrag und lässt sich das Bild übereignen. K allein ist also der Vertragspartner des V; er schuldet dem V den Kaufpreis; er wird durch Übereignung Eigentümer des Bildes. Auf Grund der Vereinbarung zwischen K und H ist K verpflichtet, dem H das Bild zu übereignen, und ist H verpflichtet, ihm das für den Erwerb des Bildes verauslagte Geld zu ersetzen.

Beispiel für *Umgehungsgeschäft* (Rdnr. 328): Der Arbeitnehmer N schließt mit dem Arbeitgeber G einen Arbeitsvertrag. Darin wird bestimmt, dass N keinen Lohn erhält, sondern der Frau N Zahlungsansprüche gegen G zustehen sollen. Diese Vereinbarung wird deshalb geschlossen, weil der überschuldete N befürchten muss, dass seine Lohnforderungen von seinen Gläubigern gepfändet werden. Zur Vermeidung solcher Pfändungen werden Lohnansprüche des N ausgeschlossen und Forderungen der Frau N eingeräumt. Das ist von den Parteien des Arbeitsvertrages ernstlich gewollt (sog. Lohnschiebungsvertrag; vgl. § 850 h ZPO).

Bewusstes Abweichen von Wille und Erklärung

I. Geheimer Vorbehalt = Mentalreservation (§ 116)

1. Voraussetzungen
   a) WE nicht ernstlich gemeint = Vorbehalt
   b) Insgeheim = Täuschungsabsicht
2. Rechtsfolgen
   a) Bei Unkenntnis des anderen vom Vorbehalt: WE wirksam (§ 116 Satz 1)
   b) Bei Kenntnis des anderen vom Vorbehalt: WE nichtig (§ 116 Satz 2)

II. Scherzerklärung = Mangel der Ernstlichkeit (§ 118)

1. Voraussetzungen
   a) WE nicht ernstlich gemeint = Vorbehalt
   b) Erwartung, dass Mangel der Ernstlichkeit erkannt wird = keine Täuschungsabsicht
2. Rechtsfolgen
   a) WE nichtig (§ 118)
   b) Schadensersatzanspruch des anderen, wenn keine Kenntnis oder fahrlässige Unkenntnis vom Mangel der Ernstlichkeit (§ 122 I, II)
   c) Ggf. Behandlung der WE als wirksam, wenn der Erklärende erkennt, dass der andere die Scherzerklärung als ernst gemeinte WE auffasst (arg. e § 116 Satz 1)

III. Scheingeschäft (§ 117)

1. Voraussetzungen
   a) WE nicht ernstlich gemeint = Vorbehalt
   b) Einverständnis des Erklärungsempfängers
2. Rechtsfolgen
   a) WE nichtig (§ 117 I)
   b) Ggf. Wirksamkeit eines durch das nichtige Scheingeschäft verdeckten anderen Rechtsgeschäfts (§ 117 II)

407 § 18 Der Irrtum

Schrifttum: *A. Birk*, § 119 BGB als Regelung für Kommunikationsirrtümer, JZ 2002, 446; *Brox*, Die Einschränkung der Irrtumsanfechtung, 1960; *Coester-Waltjen*, Die fehlerhafte Willenserklärung, Jura 1990, 362; *Edenfeld*, Übungsklausur – Bürgerliches Recht: Anfechtung, Stellvertretung und Abstraktionsprinzip, JuS 2005, 42; *Grigoleit*, Abstraktion und Willenmangel, Die Anfechtbarkeit des Verfügungsgeschäfts, AcP 199 (1999), 379; *Jahr*, Geltung des Gewollten und Geltung des Nicht-Gewollten – Zu Grundfragen des Rechts empfangsbedürftiger Willenserklärungen, JuS 1989, 249; *Kellermann*, Problemfelder des Anfechtungsrechts, JA 2004, 405; *Kindl*, Der Kalkulationsirrtum im Spannungsfeld von Auslegung, Irrtum und unzulässiger Rechtsausübung, WM 1999, 2198; *Köhler*, Die Problematik automatisierter Rechtsvorgänge, insbesondere von Willenserklärungen, AcP 182 (1982), 126; *Kornblum*, Die überzähligen Klorollen – LG Hanau, NJW 1979, 721, JuS 1980, 258; *E. A. Kramer*, Bundesgerichtshof und Kalkulationsirrtum, in: 50 Jahre Bundesgerichtshof, Festgabe aus der Wissenschaft; 2000, Bd. I, 57; *Leenen*, Die Anfechtung von Verträgen, Jura 1991, 393; *Leßmann*, Irrtumsanfechtung nach § 119 BGB, JuS 1969, 478, 525; *Löhnig*, Irrtumsrecht nach der Schuldrechtsmodernisierung, JA 2003, 516; *Loewenheim*, Irrtumsanfechtung bei Allgemeinen Geschäftsbedingungen, AcP 180 (1980), 433; *Mankowski*, Beseitigungsrechte, 2003; *Marburger*, Absichtliche Falschübermittlung und Zurechnung von Willenserklärungen, AcP 173 (1973), 137; *J. Mayer*, Der Rechtsirrtum und seine Folgen im bürgerlichen Recht, 1989; *Mayer-Maly*, Rechtsirrtum und Rechtsunkenntnis als Probleme des Privatrechts, AcP 170 (1970), 133; *M. Müller*, Beschränkung der Anfechtung auf »das Gewollte«, JuS 2005, 18; *Pawlowski*, Die Kalkulationsirrtümer: Fehler zwischen Motiv und Erklärung, JZ 1997, 741; *Probst*, Zur »Eindeutigkeit« von Anfechtungserklärungen, JZ 1989, 878; *Rothoeft*, System der Irrtumslehre als Methodenfrage der Rechtsvergleichung, 1968; *A. Säcker*, Irrtum über den Erklärungsinhalt, 1985; *Schlachter*, Irrtum, Dissens und kaufrechtliche Gewährleistungsansprüche, JA 1991, 105; *Schmidt-Rimpler*, Eigenschaftsirrtum und Erklärungsirrtum, Festschrift f. Lehmann, Bd. I, 1956, 213; *Schmiedel*, Der allseitige Irrtum über die Rechtslage bei der Neuregelung eines Rechtsverhältnisses, Festschrift f. v. Caemmerer, 1978, 231; *Schnorr*, Die rechtliche Behandlung irrtümlich angenommener Formerfordernisse, JuS 2006, 115; *Singer*, Geltungsgrund und Rechtsfolgen der fehlerhaften Willenserklärungen, JZ 1989, 1030; *ders.*, Selbstbestimmung und Verkehrsschutz im Recht der Willenserklärungen, 1995; *ders.*, Der Kalkulationsirrtum – ein Fall für Treu und Glauben?, JZ 1999, 342; *Spieß*, Zur Einschränkung der Irrtumsanfechtung, JZ 1985, 593; *Waas*, Der Kalkulationsirrtum zwischen Anfechtung und unzulässiger Rechtsausübung – BGHZ 139, 177, JuS 2001, 14; *Wasmuth*, Wider das Dogma vom Vorrang der Sachmängelhaftung gegenüber der Anfechtung wegen Eigenschaftsirrtums, Festschrift f. Piper, 1996, 1083; *H. Westermann*, Einheit und Vielfalt der Wertungen in der Irrtumslehre, JuS 1964, 169; *Wiegand*, Vertragliche Beschränkungen der Berufung auf Willensmängel, 2000; *Wieser*, Der Kalkulationsirrtum, NJW 1972, 708; *Wilhelm*, Irrtum über rechtliche Eigenschaften und Kauf, Festgabe f. Flume, 1998, 301; *Wurm*, Blanketterklärung und Rechtsscheinshaftung, JA 1986, 577.

Fälle:

a) V will dem K eine Maschine für 11 000,– € anbieten; er verschreibt sich und verlangt 10 000,– €. K weiß aus der Vorkorrespondenz, dass V 11 000,– € haben will, und nimmt das Angebot an. Kann V wegen Erklärungsirrtums (§ 119 I, 2. Fall) anfechten? **(Rdnr. 408)**

b) Wie, wenn K im **Fall a** keine Anhaltspunkte für den wirklichen Willen des V hatte? **(Rdnr. 409, 433, 434)**

c) Wie, wenn V im **Fall b** statt 11 000,– € irrtümlich 12 000,– € schreibt und K das Angebot annimmt? **(Rdnr. 410)**

d) V versendet an seine Kunden einen Warenkatalog über Uhren und Schmuck. K sucht die unter Nr. 55 aufgeführte Uhr aus, deren Preis im Katalog irrtümlich mit 560,– € angegeben ist; die Preisangabe hätte richtig 650,– € lauten sollen. K schreibt an V: »Ich bestelle hiermit die Uhr Nr. 55.« V übersendet dem K ohne weitere Bemerkung die Uhr. Anfechtbar? Von wem? Weshalb? **(Rdnr. 413, 414)**

e) V vermietet eine Wohnung in seinem Zweifamilienhaus an M. Später erfährt er, dass der im Haushalt des M lebende Sohn mehrfach wegen Diebstahls vorbestraft ist. Kann V den Vertrag deshalb anfechten? **(Rdnr. 419)**

f) Im **Fall b** hat V sein Angebot wegen des Schreibfehlers unmittelbar nach Kenntnis des Fehlers angefochten. Kann er die bereits gelieferte Maschine von K zurückverlangen und muss er den Kaufpreis zurückzahlen? **(Rdnr. 439, 440)**

g) M bestellt bei V eine Ferienwohnung für einen Monat zu 1 000,– €. Er will für Juli mieten, schreibt aber versehentlich »Juni«. Als er seinen Irrtum entdeckt, ficht er seine Erklärung an. V verlangt von M Ersatz seiner Portokosten von 6,– € und Zahlung von 800,– €, die ihm dadurch entgangen sind, dass er einem anderen Interessenten abgesagt hat, der für Juni zu 800,– € mieten wollte. **(Rdnr. 446, 447)**

I. Verhältnis der Anfechtung zur Auslegung

1. Anfechtung

Ist dem Erklärenden bei seiner Willenserklärung ein Irrtum unterlaufen, so räumt das Gesetz (§§ 119 ff.) ihm unter bestimmten Voraussetzungen ein Anfechtungsrecht ein. Damit wird ihm die Möglichkeit gegeben, seine auf einem Irrtum beruhende Willenserklärung wieder »aus der Welt zu schaffen«, sie rechtlich zu vernichten (Rdnr. 384 ff.). Vor allem bei den Fällen des unbewussten Abweichens von Wille und Erklärung, wie beim Inhalts- und Erklärungsirrtum (§ 119 I; Rdnr. 377, 389), steht dem Erklärenden ein Anfechtungsrecht zu. Diese Regelung beruht auf der Erwägung, dass der Erklärende nicht gegen seinen Willen an einer Erklärung festgehalten werden soll, die seinem Geschäftswillen nicht entspricht. Die Anfechtung setzt also voraus, dass beim Abweichen von Wille und Erklärung nicht das Gewollte, sondern das Erklärte gilt, wenn der Erklärungsempfänger in seinem Vertrauen auf das Erklärte zu schützen ist (Rdnr. 132). Ob der Erklärungsempfänger in seinem Vertrauen auf das Erklärte schutzwürdig ist, hängt davon ab, wie er die Willenserklärung aufgefasst hat und wie er sie bei Anwendung der ihm zumutbaren Sorgfalt auffassen musste (Rdnr. 133 f.). Das ist durch Auslegung der Willenserklärung zu ermitteln.

Demnach muss die Auslegung der Willenserklärung vorangehen, bevor geprüft wird, ob dem Erklärenden ein Anfechtungsrecht zusteht.

408 *2. Auslegung*

a) Auslegung bedeutet, dass zunächst der hinter der Erklärung stehende wirkliche Wille des Erklärenden zu ermitteln ist (Rdnr. 130). Wenn der Erklärungsempfänger erkennt oder bei Anwendung der ihm zumutbaren Sorgfalt hätte erkennen können, was der Erklärende mit seiner Erklärung gewollt hat, dann gilt das vom Erklärenden Gewollte (Rdnr. 133 f.). Da das vom Gewollten abweichende Erklärte nicht gilt, besteht für den Erklärenden kein Grund, seine Erklärung durch Anfechtung zu vernichten. Denn er wird so gestellt, wie er stehen würde, wenn er seinen Willen irrtumsfrei erklärt hätte.

Im **Fall a** ist ein Kaufvertrag zum Preise von 11 000,– € zustande gekommen. Der Erklärungsirrtum des V wirkt sich also nicht aus. V kann nicht anfechten.

409 b) Kann der Erklärungsempfänger bei der Auslegung der Erklärung des Erklärenden auch bei Anwendung der ihm zumutbaren Sorgfalt den wirklichen Willen nicht erkennen, ist durch normative Auslegung die objektive Bedeutung der Erklärung zu ermitteln (Rdnr. 135 f.). Diese Auslegung nach dem Empfängerhorizont kann zu dem Ergebnis führen, dass der so ermittelte Wille von dem wirklichen Willen des Erklärenden abweicht. Wegen dieser Diskrepanz kommt eine Anfechtung durch den Erklärenden in Betracht.

Da K im **Fall b** den wirklichen Willen des V (11 000,– €) nicht kannte und ihn auch nicht ermitteln konnte, gilt das Erklärte (10 000,– €). V kann wegen Erklärungsirrtums anfechten.

410 (3) Die normative Auslegung der beiden zum Vertragsschluss führenden Willenserklärungen kann zu dem Ergebnis führen, dass beide Willenserklärungen mehrdeutig sind (z. B. Währungsfälle in Rdnr. 251). Dann kommt wegen Dissenses (Rdnr. 249 ff.) kein Vertrag zustande; eine Anfechtung scheidet aus, weil kein Rechtsgeschäft (Vertrag) vorhanden ist, das zu vernichten wäre.

Zusammenfassend kann gesagt werden: *Auslegung geht der Anfechtung vor.* Eine Anfechtung darf also immer erst geprüft werden, nachdem zuvor die Willenserklärung ausgelegt worden ist.

411 II. Irrtumstatbestände

1. Irrtum bei der Willensäußerung

Ein Irrtum bei der Willensäußerung liegt vor, wenn die Erklärung unbewusst vom Geschäftswillen abweicht. Das Gesetz behandelt den Erklärungs- und Inhaltsirrtum (§ 119 I) sowie die unrichtige Übermittlung der Erklärung (§ 120).

a) Ein *Inhaltsirrtum* ist gegeben, wenn der Erklärende *»bei der Abgabe einer Willenserklärung über deren Inhalt im Irrtum war«* (§ 119 I 1. Fall). Der Erklärende erklärt zwar, was er erklären will; aber er irrt über die rechtliche Bedeutung seiner Erklärung; er misst seiner Erklärung einen anderen Sinn bei, als sie in Wirklichkeit hat.

Im **Fall d** stellt das Übersenden des Katalogs eine Aufforderung zur Offerte (Rdnr. 167) dar. Das Schreiben des K ist das Angebot. Es ist dahin aufzufassen, dass K die Uhr zu dem im Katalog genannten Preis, also zu 560,– €, kaufe. In dem Übersenden der Uhr durch V liegt dessen Annahmeerklärung, die als »Verkauf der Uhr zum Katalogpreis« auszulegen ist. Angebot und Annahme decken sich. Es ist ein Kaufvertrag über die Uhr zum Katalogpreis (560,– €) zustande gekommen. V befindet sich bei Abgabe der Annahmeerklärung in einem Inhaltsirrtum: Er legt seiner Erklärung die Bedeutung bei, er verkaufe für 650,– €. Diese Bedeutung hat seine Erklärung in Wirklichkeit nicht. V verschreibt sich bei der Annahmeerklärung nicht. Er weiß, *was* er erklärt; er weiß aber nicht, was er *damit* erklärt. V kann also wegen Inhaltsirrtums anfechten.

b) Ein *Erklärungsirrtum* (= Irrtum in der Erklärungshandlung, Irrung) liegt vor, wenn der Erklärende bei der Abgabe einer Willenserklärung *»eine Erklärung dieses Inhalts überhaupt nicht abgeben wollte«* (§ 119 I 2. Fall). Der Erklärende erklärt nicht das, was er erklären will; er verspricht, verschreibt, vergreift sich. **412**

Beispiele: V will dem K ein Bild für 700,– € zum Kauf anbieten; er schreibt irrtümlich »600,– €«. – Ein Erklärungsirrtum liegt auch dann vor, wenn eine falsche Kaufpreisauszeichnung im Internet (245 € statt 2650 € als Verkaufspreis für einen Laptop[248]) auf einen Softwarefehler im Datentransfer zurückzuführen ist; denn es macht keinen Unterschied, ob sich der Erklärende selbst vertippt, oder ob die Abweichung von der gewollten Erklärung auf einem solchen Softwarefehler beruht. – Wie ein Erklärungsirrtum wird auch der Fall behandelt, in dem eine Erklärung ohne Erklärungsbewusstsein abgegeben wird[249] (Rdnr. 85, 137, 428).

Der Erklärungsirrtum unterscheidet sich also vom Inhaltsirrtum: Beim Erklärungsirrtum benutzt der Erklärende ein Erklärungszeichen, das er nicht benutzen will (er verspricht, verschreibt oder vergreift sich). Beim Inhaltsirrtum gebraucht der Erklärende ein Erklärungszeichen, das er auch benutzen will; aber er irrt sich über Sinn und Bedeutung dieses Zeichens.

Übersendet V im **Fall d** dem K keinen Katalog (= Aufforderung zur Offerte), sondern ein Vertragsangebot mit der falschen Preisangabe (560,– € statt 650,– €) und schreibt K, er nehme das Angebot an, dann ist auch ein Vertrag über die Uhr zu 560,– € zustande gekommen. Nur hat sich V bei Abgabe des Angebots in einem Erklärungsirrtum befunden.

Inhalts- und Erklärungsirrtum werden in § 119 I gleichbehandelt; in beiden Fällen weicht die Erklärung vom Geschäftswillen ab.

248 BGH NJW 2005, 976 f.
249 BGHZ 91, 324; 109, 177.

413 c) Ein Irrtum bei der Willensäußerung liegt auch bei der *unrichtigen Übermittlung des Willens* vor.

(1) Der Erklärende bedient sich zur Übermittlung seiner Erklärung einer Person (eines Boten) oder einer Einrichtung (z. B. der Post), und die *Willenserklärung wird durch die »Person oder Einrichtung unrichtig übermittelt«* (§ 120).

Beispiele: V trägt seinem Boten B auf, dem K zu übermitteln, dass V ihm die Uhr für 650,– € zum Kauf anbiete. Der unaufmerksame B überbringt dem K die Erklärung, V wolle ihm die Uhr für 560,– € verkaufen. – V will dem K telegrafisch das Angebot machen, die Uhr für 650,– € zu verkaufen; er füllt auch das Aufgabeformular entsprechend seinem Willen aus. Das bei K ankommende Telegramm enthält als Kaufpreis »560,– €«. In beiden Fällen will V ein Angebot dieses Inhalts (560,– €) nicht abgeben.

414 (2) Die unrichtige Übermittlung der Erklärung wird *wie ein Erklärungsirrtum*[250] *behandelt* (§ 120). In beiden Tatbeständen weichen Wille und Erklärung voneinander ab. Beim Erklärungsirrtum erklärt der Erklärende seinen Willen selbst (er verschreibt, verspricht sich); beim Tatbestand des § 120 benutzt er eine Übermittlungsperson oder Einrichtung als sein Erklärungswerkzeug, dessen unrichtiges Funktionieren er sich zurechnen lassen muss. Es gilt das irrtümlich Erklärte, aber der Erklärende kann anfechten.

Nimmt K in den Beispielsfällen das Angebot des V an, ist ein Kaufvertrag über die Uhr zu 560,– € zustande gekommen. V kann nach § 120 anfechten.

415 (3) *§ 120 setzt voraus*:

(a) Zur Übermittlung der Willenserklärung muss eine Person oder Einrichtung tätig werden *(Erklärungsbote)*. Der Bote überbringt keine eigene Willenserklärung, sondern die des Geschäftsherrn. Nicht hierher gehört die Tätigkeit eines Stellvertreters; dieser erklärt seine eigene Willenserklärung im Namen und mit Wirkung für den Geschäftsherrn (Rdnr. 518 f.).

(b) Der Bote muss die Erklärung *unbewusst unrichtig übermitteln*. Dabei spielt es keine Rolle, worauf das Versehen des Boten zurückzuführen ist (z. B. Versprechen, Verwechseln, unrichtige Erinnerung an den Auftrag des Erklärenden). Selbst wenn er eine ganz andere Erklärung übermittelt (z. B. statt Kaufangebot für eine Uhr Mietangebot für ein Ferienheim), gilt das Erklärte[251]; denn der Erklärende trägt die Gefahr der Übermittlung. Er kann nach § 120 anfechten.

Übermittelt der Bote dagegen *bewusst* eine unrichtige Erklärung, so ist dem Erklärenden diese Erklärung nicht zuzurechnen; die Erklärung ist dem Erklärungsempfänger also

250 BGH NJW 2005, 976, 977: § 120 als Fall des Erklärungsirrtums, der lediglich eine gesonderte Regelung erhalten hat.

251 H. M.; *Soergel/Hefermehl*, § 120 Rdnr. 5 m. N.

überhaupt nicht zugegangen, so dass es keiner Anfechtung bedarf[252]. Vertraut der Erklärungsempfänger auf die Erklärung und entsteht ihm dadurch ein Schaden, so kommen Ansprüche gegen den Boten (analog § 179; vgl. Rdnr. 600 ff.) oder gegen den Erklärenden (analog § 122) in Betracht.

Bei der Übermittlung von Willenserklärungen im Internet ist dann eine unrichtige Übermittlung durch den Erklärungsboten gegeben, wenn die Fehlerquelle beim Provider des Erklärenden liegt.

Werden dagegen Provider oder Mailbox-Verwalter des Erklärungsempfängers als Empfangsboten tätig und tritt bei der Übermittlung ein Fehler auf, so handelt es sich um ein Problem des Zugangs.

2. *Irrtum bei der Willensbildung* 416

Ein Irrtum bei der Willensbildung (Motivirrtum) liegt vor, wenn der Erklärende irrtümlich von einem falschen Umstand ausgeht, der für den Geschäftswillen bedeutsam ist. Ein solcher Irrtum ist grundsätzlich unbeachtlich. Nach § 119 II berechtigt aber *»auch der Irrtum über solche Eigenschaften der Person oder der Sache, die im Verkehr als wesentlich angesehen werden«*, zur Anfechtung. Bei diesem *Eigenschaftsirrtum* handelt es sich um einen Spezialfall des Motivirrtums[253]. Es besteht keine Diskrepanz von Wille und Erklärung; dem Erklärenden ist bei der Willensbildung ein Irrtum unterlaufen.

Beispiel: V bietet dem K einen Ring zu einem Kaufpreis von 90,– € an; er hält den Ring nur für vergoldet, während dieser in Wirklichkeit aus Gold ist. Hätte V das gewusst, hätte er den Ring nicht für 90,– € an K verkauft, sondern von einem Verkauf abgesehen oder jedenfalls 500,– € für den Ring verlangt.

a) § 119 II setzt einen *Irrtum über eine verkehrswesentliche Eigenschaft der Person oder der Sache* voraus: 417

(1) Eigenschaften einer Person:

(a) *Person* kann außer den Geschäftsparteien auch ein Dritter sein; Voraussetzung ist aber, dass das Rechtsgeschäft sich auf ihn bezieht.

Da im **Fall e** auch die zum Haushalt des M gehörenden Personen die Wohnung benutzen dürfen (Mitnutzung durch Familienangehörige ist Bestandteil des vertragsmäßigen Gebrauchsrechts des Mieters[254]), kann der Irrtum des V über eine Eigenschaft des Sohnes nach § 119 II erheblich sein.

(b) *Eigenschaften* sind prägende Merkmale tatsächlicher oder rechtlicher Art, die sich aus der Person selbst ergeben und von einer gewissen Dauer sind.

252 H. M.; *Erman/Palm*, § 120 Rdnr. 3; a. A. *Marburger*, AcP 173, 137.
253 H. M.; *Larenz/Wolf*, § 36 Rdnr. 48; vgl. Prot. I, 114.
254 MüKo/*Schilling*, Vor § 535 Rdnr. 78, 80.

Beispiele: Alter, Geschlecht, Konfession, politische Einstellung, Vorstrafen (**Fall e**), berufliche Fähigkeiten, Kreditwürdigkeit. Dagegen wird die Schwangerschaft einer Bewerberin um einen Arbeitsplatz nicht als Eigenschaft der Person angesehen, da es sich bei ihr nur um einen vorübergehenden Zustand handelt[255].

(c) *Erheblich* ist die Eigenschaft nur, wenn sie in unmittelbarer Beziehung zum Geschäftsinhalt steht.

Bei der Einstellung als Maurermeister ist die Eigenschaft des Arbeitnehmers als geprüfter Maurermeister, nicht aber dessen Parteizugehörigkeit eine wesentliche Eigenschaft. Andererseits ist der Arbeitsvertrag des Verlegers mit einem Redakteur für den politischen Teil einer Zeitung anfechtbar, wenn sich herausstellt, dass der Redakteur einer politischen Partei angehört, die nicht mit der Tendenz der Zeitung übereinstimmt. Die Kreditwürdigkeit des Käufers ist beim Kauf auf Kredit eine wesentliche Eigenschaft, nicht dagegen beim Barkauf.

418 *(2) Eigenschaften einer Sache:*

(a) *Sache* ist nicht nur ein körperlicher (§ 90), sondern jeder Gegenstand (Rdnr. 781); es muss sich aber um den Gegenstand des Geschäfts handeln.

(b) *Eigenschaften* sind alle wertbildenden Faktoren. Dazu gehören nicht nur die auf der natürlichen Beschaffenheit beruhenden Merkmale, sondern auch die tatsächlichen und rechtlichen Verhältnisse des Gegenstandes, die infolge ihrer Beschaffenheit und Dauer auf die Brauchbarkeit und den Wert von Einfluss sind[256].

Eigenschaften eines Grundstücks können z. B. sein: Lage, Grenzen, Beschaffenheit des Bodens, Bebaubarkeit.

Keine Eigenschaft ist der Wert oder Preis eines Gegenstandes[257]; denn der Wert oder Preis ist selbst kein wertbildender Faktor, sondern von den Gegebenheiten des Marktes abhängig. Irrt der Erklärende beim Irrtum über den Wert in Wirklichkeit aber über einen wertbildenden Faktor, kann eine Anfechtung wegen dieses Eigenschaftsirrtums in Betracht kommen.

V irrt über den Wert des Ringes, den er für 90,– € zum Verkauf anbietet, weil er ihn irrtümlich nur für vergoldet hält, während der Ring in Wirklichkeit aus Gold ist. V kann sein Angebot nach § 119 II anfechten.

419 *(3) Verkehrswesentlichkeit*

Nach § 119 II kommen nur solche Eigenschaften in Betracht, »die im Verkehr als wesentlich angesehen werden«. Damit sollen solche Eigenschaften ausge-

255 BAG NJW 1992, 2173, 2174.
256 BGHZ 34, 41; 88, 245.
257 BGHZ 16, 57.

schlossen werden, die nur vom Standpunkt des Erklärenden, also subjektiv und nicht objektiv, erheblich sind. Danach ist auf den typischen wirtschaftlichen Zweck des Geschäfts abzustellen.

Andererseits muss aber auch der Irrtum über eine nur subjektiv erhebliche Eigenschaft zur Anfechtung berechtigen, wenn diese Eigenschaft zum Inhalt der Erklärung gehört (Geschäftswesentlichkeit), was durch Auslegung zu ermitteln ist.

Beispiel: Ist dem Verkäufer eines Grundstücks erkennbar, dass der Käufer es bebauen will, dann ist die Bebaubarkeit des Grundstücks eine verkehrswesentliche Eigenschaft i. S. des § 119 II.

b) Selbst wenn die Voraussetzungen des § 119 II erfüllt sind, kann die Anfechtung *durch Rechtsgeschäft oder Gesetz ausgeschlossen* sein: **420**

(1) Kauft K von V ein Bild, das er für ein Original hält, zu einem Preis, der den Bedenken gegen die Echtheit Rechnung trägt, so kann er nicht wegen Eigenschaftsirrtums anfechten, wenn sich später herausstellt, dass es sich doch nur um eine Kopie handelt. Hier ist K ein riskantes Geschäft eingegangen; durch den für ein Original zu niedrigen Kaufpreis hat er sich (konkludent) sein Anfechtungsrecht wegen Irrtums über die Echtheit »abkaufen« lassen.

(2) Der Bürge B, der sich für die Erfüllung der Verbindlichkeit des Schuldners S gegenüber dem Gläubiger G durch Bürgschaftsvertrag mit G verbürgt (§ 765 I), kann richtiger Ansicht nach nicht wegen Irrtums über die Zahlungsfähigkeit des S anfechten, da es der Sinn der Bürgschaft ist, dass der Bürge dieses Risiko trägt.

(3) Bei einem Irrtum des Käufers über eine verkehrswesentliche Eigenschaft der Kaufsache können auch die Gewährleistungsvorschriften (§§ 434 ff.) eingreifen. In diesen Fällen gehen die §§ 434 ff. als Spezialvorschriften vor, so dass dem Käufer eine Anfechtung nach § 119 II verwehrt ist.

(4) Auch der Verkäufer, der sich über einen Sachmangel geirrt hat, kann nicht nach § 119 II anfechten, da er sich auf diese Weise der Sachmängelhaftung entzöge.

Dagegen steht ihm ein Anfechtungsrecht zu, sofern sich der Eigenschaftsirrtum nicht auf einen Sachmangel bezieht; denn insoweit scheidet eine Konkurrenz zu §§ 434 ff. aus. Die Anfechtung ist auch zulässig, wenn sicher ist, dass der Käufer keine Mängelansprüche geltend machen wird[258].

3. Einzelfälle **421**

a) Der *Irrtum beim Unterschreiben einer nicht gelesenen Urkunde* berechtigt nur in besonderen Fällen zur Anfechtung. Man muss unterscheiden:

(1) Haben die Parteien sich über den Inhalt eines Geschäfts mündlich geeinigt und soll das Vereinbarte schriftlich niedergelegt werden, dann mag in der unterschriebenen Urkunde stehen, was will: Es gilt das Gewollte, nicht das Erklärte,

258 BGH NJW 1988, 2597: Das als Werk eines unbekannten Malers verkaufte Bild erweist sich als wertvolles Meisterwerk; dazu: *Köhler/Fritzsche*, JuS 1990, 17.

da eine falsche Bezeichnung nicht schadet (Rdnr. 133); eine Anfechtung scheidet also aus[259].

(2) Nimmt der Unterzeichner einer Urkunde im Bewusstsein, eine rechtsgeschäftliche Erklärung abzugeben, von dem Inhalt der Urkunde keine Kenntnis und macht er sich davon auch keine Vorstellung, scheidet eine Anfechtung mangels Irrtums aus. Da sich der Unterzeichner bei der Abgabe der Erklärung keine Vorstellung macht, weicht sein Wille nicht von der Erklärung ab. Er ist nicht schutzbedürftig, da er mit seinem Verhalten zu erkennen gibt, dass er die ungelesene Erklärung gegen sich gelten lasse.

(3) Ist der Unterzeichner bei der Unterschrift der irrigen Meinung, es handele sich um die Urkunde A, während er in Wahrheit die Urkunde B unterschreibt, weichen Wille und Erklärung unbewusst voneinander ab. Deshalb steht ihm nach h. M. ein Anfechtungsrecht wegen Erklärungsirrtums zu[260].

(4) Dasselbe gilt, wenn der Unterzeichner eine von ihm selbst oder nach seinem Diktat fehlerhaft abgefasste Urkunde ungelesen unterschreibt.

422 b) Unterschreibt jemand ein *Blankettformular*, das dann abredewidrig ausgefüllt wird, liegt ein Erklärungsirrtum vor, da der Unterzeichner eine andere Erklärung wollte.

Beispiel: K kauft bei V Möbel für 5 000,– €. Er unterzeichnet ein Darlehensformular, das V vereinbarungsgemäß mit »5 000,– €« ausfüllen soll. V schreibt jedoch »7 000,– €«.

Eine Anfechtung ist jedoch nach richtiger Ansicht ausgeschlossen. Es sind zwei Fallgruppen zu unterscheiden:

(1) Hat der Erklärungsempfänger (V) das Formular abredewidrig ausgefüllt und macht er selbst Rechte gegen den Unterzeichner geltend, kann er sich nicht auf den Text der (ausgefüllten) Urkunde berufen, da er in seinem Vertrauen auf den Text nicht schutzwürdig ist. Es gilt das Gewollte.

Ist der Darlehensvertrag zwischen K und V geschlossen, gilt das Gewollte (5 000,– €).

(2) Ein anderer, der das Formular nicht ausgefüllt hat, ist im Vertrauen auf das Erklärte zu schützen, wenn er die abredewidrige Ausfüllung weder kennt noch kennen muss.

Handelt es sich bei dem von K unterschriebenen Formular um einen Darlehensantrag an die Bank B, den V abredewidrig mit »7 000,– €« ausfüllt, und nimmt die Bank den Antrag an, ist ein Vertrag über 7 000,– € zustande gekommen.

259 BGH NJW 1995, 190, 191; BAG 1971, 639, 640; *Erman/Palm*, § 119 Rdnr. 35; a. A. *Hübner*, Rdnr. 803 m. N.

260 Vgl. *Soergel/ Hefermehl*, § 119 Rdnr. 13.

Obwohl also ein Erklärungsirrtum vorliegt, kann der Erklärende nicht anfechten. Er ist nicht schutzwürdig, weil er bei Unterzeichnung damit rechnen musste, dass das Formular abredewidrig ausgefüllt werde. Die Interessenlage entspricht der bei der Erteilung einer Vollmachtsurkunde. Nach §§ 172 II, 173 bleibt die Vollmacht dem gutgläubigen Dritten gegenüber bis zur Zurückgabe oder Kraftloserklärung der Urkunde bestehen (Rdnr. 560). Entsprechend dieser Wertung des Gesetzes kann sich auch der Unterzeichner einer Blanketturkunde gegenüber einem gutgläubigen Dritten nicht darauf berufen, die Urkunde sei abredewidrig ausgefüllt[261].

K kann gegenüber der Bank seine Willenserklärung nicht anfechten. Er schuldet ihr nach dem Vertrag 7 000,– €.

c) Beim *Rechtsfolgeirrtum* irrt der Erklärende über eine Rechtsfolge, die seine **423**
Willenserklärung auslöst. Hierbei kann es sich um einen unbeachtlichen Motivirrtum oder um einen beachtlichen Inhaltsirrtum handeln.

(1) Wenn die Rechtsfolge *vom Gesetz* an die Willenserklärung geknüpft wird und der Erklärende über diese Rechtsfolge im Irrtum ist, besteht keine Diskrepanz von Wille und Erklärung, sondern nur ein unbeachtlicher Motivirrtum.

V verkauft dem K seinen Pkw. Im Vertrag steht nichts über die Sachmängelhaftung des V; diese ergibt sich aus dem Gesetz (§§ 434 ff.). Meint V irrtümlich, er brauche bei Sachmängeln nicht einzustehen, weil er im Vertrag keine entsprechende Zusage gemacht habe, liegt ein Motiv- und kein Inhaltsirrtum vor.

(2) Wenn die Rechtsfolge dagegen den *Inhalt der Erklärung* bildet und der Erklärende sich darüber irrt, weicht seine Erklärung von seinem Willen ab, da sie einen anderen Sinn hat, als er damit verbindet (Inhaltsirrtum).

Heißt es in dem Kaufvertrag über den Pkw, die Rechtsmängelhaftung des Verkäufers sei ausgeschlossen, und geht V irrtümlich davon aus, damit sei auch die Haftung für Sachmängel gemeint, dann irrt er über die Bedeutung seiner Erklärung, weshalb er wegen Inhaltsirrtums anfechten kann.

d) Beim *Kalkulationsirrtum* irrt der Erklärende über einen Umstand (Rech- **424**
nungsfaktor), den er seiner Berechnung (z. B. des Preises, der Menge) zugrunde legt.

Das Angebot des Malermeisters M, dem Hauseigentümer E bestimmte Anstreicherarbeiten zu einem Gesamtpreis von 4 000,– € zu erbringen, beruht darauf, dass M von einer zu kleinen Quadratmeterzahl der Wandflächen oder von zu niedrigen Stundenlöhnen ausgegangen ist oder dass er sich beim Zusammenzählen der einzelnen Posten zu seinen Ungunsten verrechnet hat.

261 Vgl. BGHZ 40, 68, 305.

(1) Ist die Kalkulationsgrundlage dem Geschäftspartner nicht offengelegt (sog. *verdeckter Kalkulationsirrtum*), handelt es sich beim Kalkulationsirrtum nur um einen Motivirrtum, der nicht zur Anfechtung berechtigt.

Gibt M dem E nur den Gesamtbetrag von 4 000,– € an, scheidet also eine Anfechtung aus.

(2) Ist die Kalkulation dem Geschäftspartner erkennbar (sog. *offener Kalkulationsirrtum*), soll dem Erklärenden nach der Ansicht des Reichsgerichts ein beachtlicher Inhaltsirrtum unterlaufen sein, da die Kalkulation dann Inhalt der Erklärung geworden sei[262]. Diese Ansicht wird mit Recht fast allgemein abgelehnt[263]. Der Erklärende erklärt nicht etwas anderes, als er zu erklären meint. Wille und Erklärung stimmen vielmehr überein. Lediglich zwischen dem gewollt Erklärten und dem richtigen Rechenergebnis besteht eine Diskrepanz. Es handelt sich um einen grundsätzlich unbeachtlichen Motivirrtum. Das Ziel des Reichsgerichts, den Erklärenden zu schützen, kann in manchen Fällen aber auf andere Weise erreicht werden.

Enthält etwa die dem Erklärungsempfänger mitgeteilte Rechnung einen für diesen erkennbaren Rechenfehler bei der Addition der einzelnen Rechnungsposten, kann es sich bei der Gesamtsumme um eine Falschbezeichnung handeln, so dass der richtige Gesamtbetrag vereinbart ist; dann hilft also schon die Auslegung.

Stellt der Motivirrtum einen Eigenschaftsirrtum dar, kann eine Anfechtung nach § 119 II helfen.

Hat der Erklärungsgegner selbst bei dem Erklärenden den Kalkulationsirrtum hervorgerufen, dann kann er aus culpa in contrahendo (§§ 280 I, 241 II, 311 II) verpflichtet sein, den Erklärenden von der Rechtsbindung seiner Erklärung zu befreien oder sonst Schadensersatz zu leisten.

Geht nicht nur der Erklärende, sondern auch der Erklärungsempfänger von demselben unrichtigen Motiv aus (z. B. beim Kaufvertrag über Aktien legen beide Parteien einen falschen Börsenkurs der Berechnung des Kaufpreises zugrunde), liegt ein beiderseitiger Motivirrtum vor; er wird nach den Regeln vom Fehlen oder Wegfall der Geschäftsgrundlage (§ 313) behandelt (Rdnr. 476).

425 e) Von manchen Autoren wird versucht, *einen Motivirrtum, der nicht schon unter § 119 II fällt, zum Inhaltsirrtum zu machen*, um dadurch dem Irrenden ein Anfechtungsrecht nach § 119 I zu geben. Man begründet das damit, dass die Vorstellung von einem bestimmten Umstand Bestandteil des Geschäftswillens sei.

Diese Auffassung widerspricht der Wertung des Gesetzes, wonach nur bei einem Abweichen von Wille und Erklärung (§ 119 I) und bei einem Spezialfall des Motivirrtums, dem Eigenschaftsirrtum (§ 119 II), eine Anfechtung möglich sein soll. Durch »Hochstilisierung« des Motivirrtums zu einem Inhaltsirrtum

262 Vgl. RGZ 64, 268; 162, 201; offengelassen in BGH NJW 1981, 1551.

263 Vgl. BGH NJW 2002, 2312 f.; NJW 2001, 2464, 2465; MDR 1999, 216; *Larenz/Wolf*, § 36 Rdnr. 70 ff. m. w. N.

wird die scharfe Grenze des Gesetzes zwischen beachtlichen und unbeachtlichen Irrtümern verwischt. Wenn jedes Motiv zum Geschäftswillen gehörte, könnte auf diesem Wege ein Motivirrtum das Rechtsgeschäft wegen Inhaltsirrtums nach § 119 I anfechtbar machen.

Kauft der Brautvater K wegen der bevorstehenden Hochzeit seiner Tochter Möbel bei V, dann ist die Hochzeit eines der Motive für K, mit V einen Kaufvertrag über Möbel zu schließen. Selbst wenn K dem V sagt, dass er die Möbel wegen der Hochzeit seiner Tochter kaufen wolle, wird dieses Motiv nicht zum Inhalt des Kaufvertrages; es handelt sich nur um die Mitteilung seines Beweggrundes zum Kauf. Fällt die Hochzeit aus, kann K nicht wegen des (bloßen) Motivirrtums anfechten.

Richtigerweise muss wie folgt unterschieden werden:

(1) Ein bestimmter Umstand kann dazu dienen, den Geschäftspartner oder **426**
den Geschäftsgegenstand zu kennzeichnen (zu identifizieren). Meint der Erklärende eine andere Person oder einen anderen Gegenstand, als sich aus seiner Erklärung für den Erklärungsempfänger entnehmen lässt, liegt ein *Identitätsirrtum* vor, der nach § 119 I zur Anfechtung berechtigt.

Beispiel: K gerät versehentlich in eine Pferdemetzgerei und bestellt dort »ein Kilo Filet«; seine Erklärung ist am Erklärungsort als »Filet vom Pferd« aufzufassen. Will K aber Rindsfilet kaufen, so ist dieser Wille Teil des Geschäftswillens, weil er zur Identifizierung des Kaufgegenstands nötig ist. Es liegt also ein Inhaltsirrtum vor.

(2) Wenn der Erklärende die Person oder den Gegenstand richtig identifi- **427**
ziert, aber über einen anderen Umstand irrt, der ihn zu der Willenserklärung veranlasst, handelt es sich nicht um einen Inhalts-, sondern um einen Motivirrtum.

Sucht K in der Pferdemetzgerei ein auf der Theke liegendes Filetstück aus, dann ist dieses Stück gekauft. Durch das Zeigen auf ein Stück ist dieses genau bestimmt. Wille und Erklärung decken sich. K irrt über eine Eigenschaft des Fleisches. Er kann nach § 119 II anfechten.

X will mit dem Handwerksmeister M, den er anruft, den Vertrag schließen. Er meint nur irrtümlich, M gehöre zu seinen Kunden, weshalb er ihn mit den Arbeiten beauftragt. Es liegt kein Inhaltsirrtum vor; X irrt auch nicht über eine *verkehrswesentliche* Eigenschaft.

f) Liegt trotz *fehlenden Erklärungsbewusstseins* (Rdnr. 85) eine Willenserklä- **428**
rung vor, weil der Erklärungsempfänger die Handlung des Erklärenden als Willenserklärung auffassen musste, steht dem Erklärenden ein Anfechtungsrecht wie beim Erklärungsirrtum zu (Rdnr. 85, 137, 412).

g) Besonderheiten ergeben sich in Fällen des *Irrtums bei der Stellvertretung*: **429**
Rdnr. 535 ff., 568 ff.

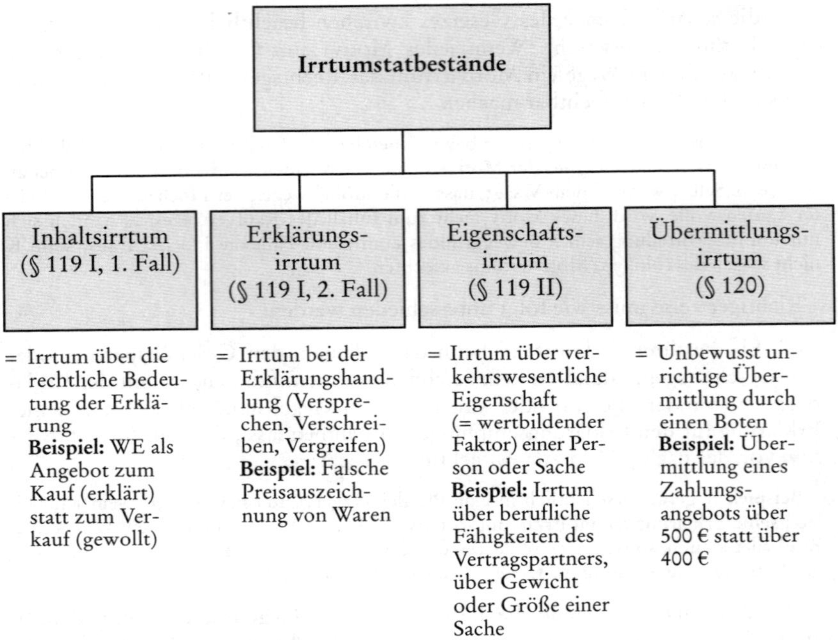
Irrtumstatbestände
Inhaltsirrtum (§ 119 I, 1. Fall)
Erklärungsirrtum (§ 119 I, 2. Fall)
Eigenschaftsirrtum (§ 119 II)
Übermittlungsirrtum (§ 120)
= Irrtum über die rechtliche Bedeutung der Erklärung **Beispiel:** WE als Angebot zum Kauf (erklärt) statt zum Verkauf (gewollt)
= Irrtum bei der Erklärungshandlung (Versprechen, Verschreiben, Vergreifen) **Beispiel:** Falsche Preisauszeichnung von Waren
= Irrtum über verkehrswesentliche Eigenschaft (= wertbildender Faktor) einer Person oder Sache **Beispiel:** Irrtum über berufliche Fähigkeiten des Vertragspartners, über Gewicht oder Größe einer Sache
= Unbewusst unrichtige Übermittlung durch einen Boten **Beispiel:** Übermittlung eines Zahlungsangebots über 500 € statt über 400 €

430 **III. Voraussetzungen der Irrtumsanfechtung**

Die Irrtumsanfechtung hat folgende Voraussetzungen:

1. Irrtum

Es muss ein in §§ 119 f. genannter Irrtum vorliegen (Rdnr. 413 ff.).

431 *2. Kausalzusammenhang zwischen Irrtum und Willenserklärung*

Der Irrtum muss für die Willenserklärung ursächlich sein. Die Kausalität spielt in zweifacher Hinsicht eine Rolle:

a) Es muss anzunehmen sein, dass der Erklärende die Willenserklärung *»bei Kenntnis der Sachlage«* nicht abgegeben haben würde (§ 119 I). Diese *subjektive Erheblichkeit* des Irrtums ist zu verneinen, wenn der Erklärende auch ohne den Irrtum die Erklärung abgegeben hätte.

Beispiel: Will X bei dem ihm bekannten Gasthaus für seinen Urlaub das Zimmer Nr. 31 bestellen und schreibt er irrtümlich »Zimmer Nr. 35«, so liegt zwar ein Erklärungsirrtum vor. Aber X kann sich nicht durch Anfechtung vom Vertrage lossagen, wenn das Zimmer Nr. 35 ebensogut ausgestattet, ebenso preiswert und mindestens so ruhig gelegen ist wie Zimmer Nr. 31, worauf es dem geräuschempfindlichen X besonders ankommt. In diesem Falle hätte X auch bei Kenntnis der Sachlage die Willenserklärung über Zimmer Nr. 35 abgegeben.

b) Ferner muss anzunehmen sein, dass der Erklärende die Willenserklärung *»bei verständiger Würdigung des Falles«* nicht abgegeben hätte (§ 119 I). Durch dieses Erfordernis der *objektiven Erheblichkeit* des Willens will das Gesetz die Anfechtungsmöglichkeit einschränken; entscheidend ist, ob der Irrende als ein verständiger Mensch und »frei von Eigensinn, subjektiven Launen und törichten Anschauungen«[264] die Abgabe der Willenserklärung unterlassen hätte. 432

Bestellt X im Gasthaus statt des Zimmers Nr. 31 das »Zimmer Nr. 13« und will er aus Aberglauben dieses Zimmer nicht beziehen, so liegt zwar ein subjektiv erheblicher Erklärungsirrtum vor, der jedoch mangels objektiver Erheblichkeit des Irrtums nicht zur Anfechtung berechtigt, weil den Erklärenden als verständigen Menschen die Bezeichnung des Zimmers mit der Nr. 13 nicht gestört hätte.

3. *Anfechtungserklärung* 433

a) Die Anfechtung muss erklärt werden. Sie ist eine *einseitige, empfangsbedürftige Willenserklärung* (§ 143 I). Sie braucht nicht den Ausdruck »anfechten« zu enthalten; es genügt, dass der Erklärungsempfänger aus der Erklärung entnehmen kann, der Erklärende wolle ein bestimmtes Rechtsgeschäft wegen eines Willensmangels von Anfang an beseitigen.

Beispiel: Im **Fall b** schreibt V an K: »Da ich mich in meinem Kaufangebot beim Kaufpreis verschrieben habe, annulliere ich hiermit den Kaufvertrag.«

Zur Wirksamkeit der Anfechtungserklärung ist nicht erforderlich, dass der Anfechtungsgrund in der Erklärung angegeben wird[265]. Zwar hat der Anfechtungsgegner ein Interesse daran, den Anfechtungsgrund zu erfahren. Nur dann kann er beurteilen, ob er die Anfechtung gelten lassen oder dagegen vorgehen soll. Auf Grund dieses Interesses ist es jedoch nicht erforderlich, die Wirksamkeit der Anfechtungserklärung von der Angabe des Anfechtungsgrundes abhängig zu machen. Wenn dem Anfechtungsgegner der Anfechtungsgrund nicht erkennbar ist, hat er die Möglichkeit, sich beim Anfechtenden zu erkundigen. Antwortet der Anfechtende nicht oder macht er falsche Angaben über den Anfechtungsgrund, dann muss er den dem Anfechtungsgegner daraus erwachsenden Nachteil tragen. Falls die Anfechtung auf einen bestimmten Grund gestützt wird, liegt in dem späteren Nachschieben eines anderen Anfechtungsgrundes eine neue Anfechtungs-

264 BAG NJW 1991, 2723, 2726; RGZ 62, 206.
265 RGZ 65, 86, 88; *Palandt/Heinrichs*, § 143 Rdnr. 3; a. A. *Lent*, AcP 152, 401.

erklärung, deren Rechtzeitigkeit (§ 121) nach dem Zeitpunkt ihrer Abgabe zu beurteilen ist[266].

434 b) Die Anfechtung hat der Anfechtungsberechtigte gegenüber dem Anfechtungsgegner zu erklären.

(1) *Anfechtungsberechtigt* ist, wer die auf dem Willensmangel beruhende Willenserklärung abgegeben hat. Das ist in den Fällen des § 119 der Irrende, im Fall des § 120 der Geschäftsherr (nicht die Übermittlungsperson).

Hat ein Vertreter ohne Vertretungsmacht die irrtümliche Erklärung abgegeben und wird er von dem Vertragspartner nach § 179 BGB in Anspruch genommen (dazu Rdnr. 601 ff.), steht ihm das Anfechtungsrecht zu[267].

(2) *Anfechtungsgegner* ist derjenige, dem gegenüber die Anfechtungserklärung abzugeben ist. Das ist bei einem Vertrag der Vertragspartner (§ 143 II; im **Fall b**: K); bei einem mehrseitigen Vertrag sind es alle Beteiligten, die von der Anfechtung berührt werden[268]. Bei einem einseitigen, empfangsbedürftigen Rechtsgeschäft (z. B. einer Kündigungserklärung) ist Anfechtungsgegner die Person, der gegenüber die Erklärung abzugeben war (§ 143 III 1; z. B. der Empfänger der Kündigungserklärung). Da bei einem einseitigen, nicht empfangsbedürftigen Rechtsgeschäft kein Erklärungsempfänger vorhanden ist, muss gegenüber dem angefochten werden, der auf Grund des Rechtsgeschäfts unmittelbar einen rechtlichen Vorteil erlangt hat (§ 143 IV 1).

Hat X, der das Eigentum an seinem Buch A aufgeben wollte, sich vergriffen und sein Buch B in der Absicht, auf das Eigentum zu verzichten, weggeworfen (vgl. § 959; Rdnr. 634), kann er seine nicht empfangsbedürftige Willenserklärung wegen Erklärungsirrtums anfechten. Anfechtungsgegner ist nach § 143 IV 1 der Y, der sich das herrenlose Buch B inzwischen angeeignet hat (vgl. § 958 I; Rdnr. 634). Wenn dagegen das Buch B noch nicht angeeignet worden, also noch herrenlos ist, bedarf es keiner Anfechtung; X kann das Buch B wieder in seinen Besitz nehmen.

Zur Anfechtung einer Willenserklärung, die gegenüber einer Behörde abzugeben war, vgl. einerseits § 143 III 2, andererseits § 143 IV 2.

435 *4. Unverzüglichkeit der Anfechtung*

Die Anfechtung muss unverzüglich erfolgen (§ 121 I 1). Dadurch soll der ungewisse Schwebezustand im Interesse des Erklärungsempfängers abgekürzt werden.

a) »Unverzüglich« heißt nach der gesetzlichen Definition, dass die Anfechtung *ohne schuldhaftes Zögern* erfolgen muss, nachdem der Anfechtungsbe-

266 BGH NJW-RR 1993, 948.
267 So zu einer Anfechtung wegen arglistiger Täuschung BGH NJW 2002, 1867.
268 BGHZ 96, 302; dazu *Dörner*, NJW 1986, 2916.

rechtigte von dem Anfechtungsgrund Kenntnis erlangt hat. Die Frist beginnt erst, wenn der Berechtigte zuverlässige Kenntnis vom Anfechtungsgrund erhalten hat (z. B. er entdeckt den Schreibfehler in seinem Angebot). Auch dann muss nicht »sofort« angefochten werden; vielmehr ist unter Würdigung der Umstände des Einzelfalles zu ermitteln, welche Frist dem Anfechtungsberechtigten nach den besonderen Verhältnissen zuzubilligen ist (z. B. Überlegungszeit, Beratung durch einen Rechtsanwalt).

b) Zwar wird die einem Abwesenden gegenüber erfolgte Anfechtung erst mit ihrem Zugang wirksam (§ 130 I 1; Rdnr. 149); jedoch *genügt es für die Rechtzeitigkeit der Anfechtung, dass die Anfechtungserklärung unverzüglich abgesandt worden ist* (§ 121 I 2). Eine Verzögerung zwischen Absendung und Zugang der Anfechtungserklärung geht also nicht zu Lasten des Anfechtenden, wenn diesen an der Verzögerung kein Verschulden trifft.

5. Fehlen eines Ausschlussgrundes 436

Nur dann kann eine auf einem Irrtum beruhende Willenserklärung wirksam angefochten werden, wenn kein Grund vorliegt, der die Anfechtung ausschließt. Abgesehen von dem Fall, dass die Anfechtungsfrist nach § 121 I verstrichen ist, kommen folgende Ausschlussgründe in Betracht:

a) *Wenn seit der Abgabe der anfechtbaren Willenserklärung 10 Jahre verstrichen sind*, ist die Anfechtung ausgeschlossen (§ 121 II). Ist also innerhalb dieser Ausschlussfrist die Anfechtungserklärung dem Anfechtungsgegner nicht zugegangen, scheidet eine Anfechtung aus; das gilt auch dann, wenn der ansonsten zur Anfechtung Berechtigte erst nach Ablauf dieser Frist vom Anfechtungsgrund Kenntnis erlangt hat.

b) *Wenn das anfechtbare Rechtsgeschäft von dem Anfechtungsberechtigten bestätigt wird*, ist die Anfechtung ebenfalls ausgeschlossen (§ 144 I). Die Bestätigung ist eine nicht empfangsbedürftige Willenserklärung des Anfechtungsberechtigten, wodurch dieser auf sein Anfechtungsrecht verzichtet. Sie setzt Kenntnis vom Anfechtungsgrund voraus und bedarf nach § 144 II nicht der für das Rechtsgeschäft bestimmten Form. 437

Verlangt K, obwohl er soeben erfahren hat, dass er sich bei Abschluss des notariell beurkundeten Grundstückskaufvertrages mit V in einem Inhaltsirrtum befunden hat, von V die Auflassung des Grundstücks, so ist in diesem Verlangen konkludent eine Bestätigung des anfechtbaren Kaufvertrages zu erblicken. Die Bestätigung des anfechtbaren Geschäfts ist – anders als die Bestätigung eines nichtigen Geschäfts (§ 141 I; Rdnr. 371 ff.) – nicht als Neuvornahme des Geschäfts zu beurteilen und bedarf daher keiner Form. Mit der Bestätigung ist eine Anfechtung ausgeschlossen, selbst wenn eine nach § 121 I fristgerechte Anfechtungserklärung noch möglich wäre.

Hat K dagegen wegen des Inhaltsirrtums angefochten, ist der Kaufvertrag nichtig. Nunmehr ist eine Bestätigung des nichtigen Geschäfts nur noch nach § 141 I, also durch

Neuvornahme, möglich. K muss mit V einen neuen notariellen (§ 311 b I 1) Kaufvertrag über das Grundstück schließen.

437a c) Schließlich kann die *Anfechtung nach Treu und Glauben (§ 242) ausgeschlossen* sein:

(1) Führt die normative Auslegung dazu, dass der ermittelte Wille zwar vom wirklichen Willen abweicht, der so *ermittelte Wille für den Erklärenden aber günstiger ist als das, was er wirklich gewollt hat*, dann ist deshalb kein Raum für eine Anfechtung, weil der Irrende durch seine irrtümliche Erklärung nicht schlechter gestellt wird. Er hat keinen vernünftigen Grund, seine Erklärung durch Anfechtung zu vernichten[269].

Im **Fall c** ist ein Kaufvertrag zu 12 000,– € zustande gekommen. V steht mit Irrtum besser da als ohne Irrtum. Er kann nicht anfechten.

437b (2) Auch dann darf dem Erklärenden das Anfechtungsrecht nicht zustehen, wenn die normative Auslegung zwar eine Diskrepanz von Wille und Erklärung ergibt und das Erklärte für den Erklärenden ungünstiger ist als das Gewollte, der *Erklärungsempfänger* aber nach Aufdeckung des Irrtums *damit einverstanden* ist, *dass das vom Erklärenden Gewollte statt des von ihm Erklärten gelten solle*. Durch dieses Entgegenkommen des Erklärungsempfängers wird der Erklärende so gestellt, wie er ohne Irrtum stehen würde. Deshalb muss der Erklärende sich nach Treu und Glauben an dem von ihm Gewollten festhalten lassen. Er darf seinen Irrtum nicht dazu benutzen, um von seiner Erklärung loszukommen, weil er auch das von ihm Gewollte – etwa infolge inzwischen eingetretener Preissteigerungen – jetzt bereut; er will die Anfechtung zu einem »Reurecht« ausnutzen. Damit setzt er sich in Widerspruch zu seinem früheren Verhalten.

Beispiel: V bietet dem K die Maschine statt wie gewollt für 11 000,– € für 10 000,– € an. Als er wegen des Irrtums anficht, erklärt K, er zahle auch 11 000,– €. V lässt sich darauf nicht ein, weil er die Maschine jetzt für 14 000,– € verkaufen kann. Die Anfechtung des V greift nicht durch, weil er durch K so gestellt wird, als sei der Irrtum nicht geschehen.

438 IV. Folgen der Irrtumsanfechtung

1. Nichtigkeit des Rechtsgeschäfts

a) Wird ein anfechtbares Rechtsgeschäft wirksam angefochten, so ist es *als von Anfang an nichtig anzusehen* (§ 142 I).

269 Vgl. RGZ 128, 121.

(1) Die Anfechtung bewirkt also nicht, dass an die Stelle des mangelhaften Rechtsgeschäfts das Rechtsgeschäft tritt, das ohne den Irrtum zustande gekommen wäre. Vielmehr wird durch die Anfechtung das mangelhafte Geschäft nur *kassiert, nicht reformiert.*

Die Anfechtung vernichtet nur einen Teil eines Rechtsgeschäfts, wenn sich der Willensmangel nur auf diesen Teil bezieht und der verbleibende Rest nach § 139 (Rdnr. 353 ff.) aufrechterhalten werden kann.

(2) Die Nichtigkeit des angefochtenen Rechtsgeschäfts tritt nicht erst mit dem Zeitpunkt der Anfechtungserklärung (ex nunc) ein, so dass es bis zu diesem Zeitpunkt gültig bliebe; vielmehr vernichtet die Anfechtung das Geschäft *von Anfang an (rückwirkend= ex tunc).* Das Rechtsgeschäft wird so angesehen, als sei es überhaupt nicht vorgenommen worden.

Die rückwirkende Vernichtung führt bei Dauerrechtsverhältnissen (z. B. Arbeits- oder Gesellschaftsverhältnissen), die bereits in Vollzug gesetzt worden sind, zu Abwicklungsschwierigkeiten; so ist z. B. die geleistete Arbeit nicht mehr rückgängig zu machen. Der Gesetzgeber hat diese Probleme nicht gesehen. Die gesetzliche Lücke ist dahin zu schließen, dass in diesen Fällen die Anfechtung nur ex nunc wirkt (Einzelheiten: *Brox*, a. a. O., 214 ff.).

b) Die Anfechtung bewirkt nicht nur die Nichtigkeit eines einseitigen Rechtsgeschäfts, sondern führt auch zur Nichtigkeit von Verträgen. Anfechtbar ist zwar nicht der ganze Vertrag, sondern die einzelne, mit einem Irrtum behaftete Willenserklärung. So kann der Antragende seinen Antrag, der Annehmende seine Annahmeerklärung anfechten. Wird eine dieser beiden Willenserklärungen wirksam angefochten, fehlt eine der für den Vertrag erforderlichen Willenserklärungen, so dass damit der *Vertrag selbst hinfällig* ist. **439**

Im **Fall f** ist infolge der Anfechtung durch V dessen Angebot rückwirkend vernichtet. Damit fehlt es für einen Kaufvertrag zwischen V und K an einer Willenserklärung des V.

c) Die anfechtbare Willenserklärung kann Teil des *schuldrechtlichen Kausalgeschäfts*, aber auch des *dinglichen Erfüllungsgeschäfts* sein. **440**

(1) Ist *nur die zum schuldrechtlichen Vertrag gehörende Willenserklärung anfechtbar und angefochten*, ist dieser Vertrag hinfällig, so dass keine Verpflichtungen der Parteien bestehen. Hat eine Partei bereits erfüllt, so bleibt wegen des Abstraktionsprinzips (Rdnr. 117 ff.) die Gültigkeit des Erfüllungsgeschäfts von der Nichtigkeit des Kausalgeschäfts unberührt. Das Geleistete kann wegen Fehlens des Rechtsgrundes aus ungerechtfertigter Bereicherung (§ 812) zurückgefordert werden.

Im **Fall f** braucht K wegen Nichtigkeit des Kaufvertrages den Kaufpreis nicht zu zahlen. Die Übereignung der Maschine (§ 929 Satz 1) ist trotz Nichtigkeit des Kaufvertrages gültig. V hat also gegen K keinen Herausgabeanspruch nach § 985, wohl aber einen Bereicherungsanspruch nach § 812 auf Rückübereignung der Maschine. Hat K die Maschine inzwischen an D weiterverkauft und übereignet, so hat D nach § 929 Satz 1 vom Eigentümer K das Eigentum an der Maschine erworben; V kann sie auch von D nicht herausverlangen. K hat dem V nach §§ 812, 818 II Wertersatz zu leisten.

441 (2) Nur das *Erfüllungsgeschäft* – und nicht auch das Kausalgeschäft – *kann angefochten werden, wenn lediglich das Erfüllungsgeschäft mit einem erheblichen Willensmangel behaftet ist.*

Beispiel: Zur Erfüllung eines nicht anfechtbaren Kaufvertrages übereignet der Verkäufer V infolge Vergreifens dem Käufer K eine nicht geschuldete Sache. Ficht V die Einigung über den Eigentumsübergang an, wird K rückwirkend Nichteigentümer. V kann die Sache von K nach § 985 herausverlangen. V ist auf Grund des gültigen Kaufvertrags weiterhin verpflichtet, dem K die verkaufte Sache zu übereignen und zu übergeben.

(3) Schließlich sind *das schuldrechtliche und auch das Erfüllungsgeschäft anfechtbar, wenn beide Geschäfte an demselben Willensmangel leiden.*

Beispiel: Beruht der Willensmangel des V auf einer arglistigen Täuschung (§ 123; Rdnr. 450) des K, vernichtet die Anfechtungserklärung des V sowohl den Kauf- als auch den Übereignungsvertrag.

442 d) Besondere Probleme treten bei der durch Anfechtung bewirkten Nichtigkeit eines Erfüllungsgeschäfts auf, *wenn der Anfechtungsgegner vor der Anfechtung an einen Dritten weiterverfügt hat.*

(1) Wenn der Dritte die *Anfechtbarkeit des Verfügungsgeschäfts kannte oder kennen musste*, wird er nach erfolgter Anfechtung so behandelt, wie wenn er die Nichtigkeit des Rechtsgeschäfts gekannt hätte oder hätte kennen müssen (§ 142 II).

Zum Verständnis dieser Vorschrift ist von folgendem Fall auszugehen: Der minderjährige V verkauft und übereignet ohne Zustimmung seiner Eltern eine ihm gehörende Sache (Gemälde, Grundstück) an K. Dieser erwirbt mangels wirksamer Einigung (§ 929 Satz 1; §§ 873, 925) kein Eigentum an der Sache. Veräußert K die Sache an D weiter, so wird dieser nur dann Eigentümer der Sache, wenn er an das Eigentum des K glaubt. (Zum gutgläubigen Erwerb vom Nichtberechtigten sind Rdnr. 28 [für Grundstücke] und Rdnr. 639 [für bewegliche Sachen] nachzulesen.) Kennt D die Nichtigkeit der Übereignung von V an K, scheidet ein gutgläubiger Erwerb des D aus.

Ist V dagegen volljährig, seine Einigungserklärung aber mit einem zur Anfechtung berechtigenden Irrtum behaftet, erwirbt K das Eigentum an der Sache, solange V seine Einigungserklärung noch nicht angefochten hat. Auch D erwirbt das Eigentum, und zwar in diesem Falle vom Berechtigten (dem Eigentümer K). Ficht nun V seine Einigungserklärung wirksam an, wird die Einigung rückwirkend vernichtet und damit K rückwirkend zum Nichteigentümer, so dass D nur kraft guten Glaubens vom Nichtberechtigten (K) das Eigentum erworben haben kann. Für diesen Gutglaubenserwerb kann es aber nicht auf den guten Glauben des D an das Eigentum des K ankommen, da dieser im Zeitpunkt der Übereignung mangels Anfechtungserklärung des V noch Eigentümer der Sache war. Hier greift § 142 II ein: Kannte D die Anfechtbarkeit der Übereignung oder musste er sie kennen, dann musste er mit der Anfechtung und der dadurch bewirkten Nichtigkeit der

Übereignung rechnen. Deshalb muss er sich so behandeln lassen, als ob er die Nichtigkeit des Geschäfts gekannt hätte oder hätte kennen müssen. Kannte D also die Anfechtbarkeit der Übereignung von V an K, war er bösgläubig, so dass er die von K erworbene Sache nach erfolgter Anfechtung an den Eigentümer V herausgeben muss (§ 985). Der Kenntnis der Anfechtbarkeit steht die Kenntnis der Tatsachen (Irrtum, Täuschung oder Drohung) gleich, welche die Anfechtbarkeit begründen[270]. Die Bösgläubigkeit richtet sich beim Erwerb von Grundstücken nach § 892 I 2 (Rdnr. 28; Kenntnis schadet) und beim Erwerb von beweglichen Sachen nach § 932 II (Rdnr. 639; Kenntnis und grobfahrlässige Unkenntnis schaden).

(2) Wegen der Regelung des § 142 II kann es erforderlich sein, auch ein nich- **443**
tiges Rechtsgeschäft anzufechten. Das verwundert zunächst, weil nicht recht einzusehen ist, weshalb ein bereits nichtiges Rechtsgeschäft noch durch eine Anfechtung vernichtet werden sollte. Es gibt Fälle, in denen ein Bedürfnis für die Anfechtung eines nichtigen Rechtsgeschäfts besteht. Dadurch erhält die heute anerkannte Lehre über die »Doppelwirkungen im Recht« ihre Rechtfertigung.

Beispiel: Der minderjährige V übereignet ohne Zustimmung seiner Eltern eine ihm gehörende Sache an K, wobei die Einigungserklärung des V mit einem zur Anfechtung berechtigenden Irrtum behaftet ist. K erwirbt mangels wirksamer Einigung nicht das Eigentum. Veräußert K die Sache an D weiter, sind zwei Fälle zu unterscheiden:

Kennt D die Minderjährigkeit des V, so kennt er die Nichtigkeit der Übereignung von V an K und damit die Nichtberechtigung des K, so dass ein gutgläubiger Erwerb des D ausscheidet. V kann von D nach § 985 die Sache herausverlangen.

Kennt D die Minderjährigkeit des V nicht, wohl aber die Anfechtbarkeit der Einigungserklärung des V, dann kann V die Sache von D nur dann herausverlangen, wenn er die Einigung anficht, da D hinsichtlich der Anfechtbarkeit bösgläubig war (§ 142 II).

2. *Schadensersatzpflicht* **444**

Die Anfechtung nach §§ 119 f. löst eine Schadensersatzpflicht aus (§ 122). Entsprechendes gilt für eine (nichtige) Scherzerklärung nach § 118 (Rdnr. 397 ff.).

a) *Verpflichteter* ist derjenige, der die mangelhafte Erklärung abgegeben hat (§ 122 I). Dieser haftet ohne Verschulden (Veranlassungshaftung).

b) *Berechtigter* ist bei einer empfangsbedürftigen Willenserklärung der Erklä- **445**
rungsempfänger, bei einer anderen Willenserklärung jeder betroffene Dritte.

Geschützt wird aber nur derjenige, welcher auf die Gültigkeit der Erklärung vertraut hat und darauf auch vertrauen durfte. Deshalb ist nicht schutzwürdig, wer den Grund der Anfechtbarkeit (oder der Nichtigkeit der Scherzerklärung) kannte oder infolge von Fahrlässigkeit nicht kannte (= kennen musste; § 122 II); in diesen Fällen tritt eine Schadensersatzpflicht nicht ein.

270 BGH NJW-RR 1987, 1456, 1457; LM Nr. 1 zu § 142.

446 c) Der *Umfang* des Schadensersatzanspruchs ist in zweifacher Hinsicht begrenzt:

(1) Zu ersetzen ist nur der *Vertrauensschaden* (§ 122 I), nicht der Erfüllungsschaden.

(a) *Vertrauensschaden* (= Vertrauens- oder negatives Interesse) ist der Schaden, den der Anspruchsberechtigte dadurch erleidet, »dass er auf die Gültigkeit der Erklärung vertraut« (§ 122 I). Er muss so gestellt werden, wie er stünde, wenn er von dem Geschäft nichts gehört hätte.

Im **Fall g** gehören die Portokosten des V zum Vertrauensschaden. Das gilt auch für die 800,– €, die dem V dadurch entgangen sind, dass er mit Rücksicht auf seinen Vertrag mit M ein anderes Mietangebot für Juni zu 800,– € Miete abgelehnt hat.

(b) *Nicht zu ersetzen ist der Erfüllungsschaden* (= Erfüllungs- oder positives Interesse). Darunter versteht man den Schaden, der jemandem dadurch entstanden ist, dass der andere nicht erfüllt hat. Der Geschädigte muss beim Ersatz des Erfüllungsschadens so gestellt werden, wie er stünde, wenn erfüllt worden wäre.

447 (2) Die zweite Grenze des Schadensersatzanspruchs wird von § 122 I dadurch gezogen, dass der *Vertrauensschaden nur bis zur Höhe des Erfüllungsschadens* zu ersetzen ist.

Hätte V im **Fall g** im Vertrauen auf die Gültigkeit des Mietvertrages mit M einen anderen Interessenten abgelehnt, der 1 200,– € zu zahlen bereit war, dann ist auch das sein Vertrauensschaden. Dieser übersteigt jedoch das Erfüllungsinteresse des V, der bei Gültigkeit des Mietvertrages mit M nur einen Anspruch auf Zahlung von 1 000,– € gehabt hätte. Deshalb ist der Vertrauensschaden nur bis zur Höhe von 1 000,– € zu ersetzen.

Der Ersatz des Vertrauensschadens wird deshalb auf den Betrag des Erfüllungsinteresses begrenzt, weil der Anspruchsberechtigte durch die Vernichtung der Willenserklärung nicht besser gestellt werden darf, als er bei Gültigkeit der Erklärung gestanden hätte. Dem Anspruchsverpflichteten brächte das ihm vom Gesetz eingeräumte Anfechtungsrecht mehr Schaden als Nutzen, wenn er auch den Vertrauensschaden zu ersetzen hätte, der über das Erfüllungsinteresse hinausgeht.

Anfechtung wegen Irrtums (§§ 119, 120)

I. Voraussetzungen
1. Anfechtungsgrund
   a) Irrtum (§§ 119 I, II, 120)
   b) Kausalität zwischen Irrtum und WE (= subjektive und objektive Erheblichkeit des Irrtums)
2. Anfechtungserklärung (§ 143)
   a) Wirksame WE (insbesondere Zugang gem. § 130)
   b) Durch den Anfechtungsberechtigten
   c) Gegenüber dem richtigen Anfechtungsgegner (§ 143 II–IV)
3. Anfechtungsfrist (§ 121 I: unverzüglich)
4. Kein Ausschluss der Anfechtung
   a) 10 Jahre seit Abgabe der anfechtbaren WE (§ 121 II)
   b) Bestätigung des anfechtbaren Rechtsgeschäfts durch den Anfechtungsberechtigten (§ 144)
   c) Ausschluss nach Treu und Glauben (§ 242)
      (1) Das Erklärte ist für den Erklärenden günstiger als das Gewollte
      (2) Erklärungsempfänger lässt das wirklich Gewollte gegen sich gelten

II. Rechtsfolgen
1. Nichtigkeit des angefochtenen Rechtsgeschäfts ex tunc (§ 142 I)
2. Schadensersatzpflicht des Anfechtenden (§ 122)
   a) Voraussetzungen
      (1) Wirksame Anfechtung (§§ 119, 120, 143)
      (2) Vertrauen des Erklärungsempfängers auf die Gültigkeit der angefochtenen WE (§ 122 II)
   b) Rechtsfolge
      Ersatz des Vertrauensschadens (negatives Interesse) begrenzt durch den Erfüllungsschaden (positives Interesse) (§ 122 I)

V. Sonderfälle des Irrtums 448

1. Irrtum bei der Testamentserrichtung

Ein Irrtum des Erblassers bei der Errichtung seines Testaments kann zur Anfechtung des Testaments nach §§ 2078 ff. berechtigen. Diese Spezialvorschriften weichen in folgenden Punkten von den allgemeinen Regeln der §§ 119 ff. ab (Einzelheiten: ErbR Rdnr. 230 ff.):

a) Zur Anfechtung berechtigt – abgesehen vom Erklärungs- und Inhaltsirrtum (§ 2078 I) – *jeder Motivirrtum* des Erblassers (§ 2078 II). Diese Erweiterung der Anfechtungsgründe ist berechtigt, weil es beim Testament auf die Verkehrssicherheit nicht ankommt und kein Erklärungsempfänger vorhanden ist, der zu schützen wäre (vgl. Rdnr. 131).

b) Der Irrtum muss zwar für die Verfügung des Erblassers ursächlich gewesen sein. Es genügt aber die subjektive Erheblichkeit des Irrtums (»bei Kenntnis der Sachlage«; § 2078 I). *Nicht erforderlich ist die objektive Erheblichkeit*; die in § 119 I genannte Voraussetzung »bei verständiger Würdigung des Falles« wird in § 2078 I nicht genannt. Das Gesetz stellt also allein auf den Willen und die Eigenarten des Erblassers ab.

c) *Anfechtungsberechtigt ist nicht der Erblasser*, der das Testament jederzeit widerrufen kann (§§ 2253 ff.), sondern derjenige, dem die Aufhebung unmittelbar zustatten käme (§ 2080 I).

d) Die *Anfechtungserklärung* ist *gegenüber dem Nachlassgericht* abzugeben (§ 2081 I); dadurch soll der Anfechtungsberechtigte der Mühe enthoben werden, die durch das Testament Begünstigten zu ermitteln.

e) Die Anfechtung braucht *nicht unverzüglich* zu erfolgen; § 2082 bestimmt eine Frist von einem Jahr.

f) Die *Anfechtung löst keinen Anspruch auf Ersatz des Vertrauensschadens* aus (§ 2078 III), da ein testamentarisch Bedachter in seinem Vertrauen auf die Gültigkeit des Testaments nicht schutzwürdig ist.

449 *2. Irrtum bei der Eheschließung*

Auch die Erklärung vor dem Standesbeamten, mit dem Partner die Ehe eingehen zu wollen (§ 1310 I 1), kann auf einem bestimmten Irrtum beruhen (vgl. § 1314 II Nr. 3).

Beispiel: Die Frau erfährt nach der Eheschließung, dass ihr Mann bereits bei der Heirat an einer unheilbaren Krankheit litt, die er ihr arglistig verschwieg.

In diesen Fällen kann die Ehe nicht durch Anfechtungserklärung rückwirkend vernichtet werden. Vielmehr ist derjenige Gatte, der sich bei der Eheschließung in einem erheblichen Irrtum befunden hat, in der Lage, einen Antrag auf Aufhebung der Ehe zu stellen (§§ 1313 ff.). Gibt das Gericht dem Antrag statt, dann ist die Ehe mit der Rechtskraft des Urteils (ex nunc) aufgelöst (§ 1313 Satz 2).

§ 19 Arglistige Täuschung und widerrechtliche Drohung 450

Schrifttum: *Coester-Waltjen*, Die fehlerhafte Willenserklärung, Jura 1990, 362; *Heerstraßen*, Arglistige Täuschung beim Kunstkauf – OLG Hamm, NJW-RR 1993, 628, JuS 1995, 197; *Karakatsanes*, Die Widerrechtlichkeit in § 123 BGB, 1974; *Kellermann*, Problemfelder des Anfechtungsrechts, JA 2004, 405; *Löhnig*, Vertragsaufhebung wegen fahrlässiger Täuschung, JA 2003, 553; *v. Lübtow*, Zur Anfechtung von Willenserklärungen wegen arglistiger Täuschung, Festschrift f. Bartholomeyczik, 1973, 249; *Mankowski*, Arglistige Täuschung durch vorsätzlich falsche oder unvollständige Anworten auf konkrete Fragen, JZ 2004, 121; *Martens*, Wer ist »Dritter«? – Zur Abgrenzung der §§ 123 I und II 1 BGB, JuS 2005, 887; *Schubert*, Unredliches Verhalten Dritter bei Vertragsabschluß, AcP 168 (1968), 470; *Windel*, Welche Willenserklärungen unterliegen der Einschränkung der Täuschungsanfechtung gem. § 123 Abs. 2 BGB?, AcP 199 (1999), 421.

Fälle:

a) Kann K den Kaufvertrag anfechten, wenn V ihm seinen Kraftwagen wahrheitswidrig als »Vorführwagen« verkauft hat? **(Rdnr. 450)**

b) Wie, wenn der Wagen 60 000 km gelaufen, der Kilometerzähler jedoch infolge eines Defektes bei 7 000 km stehen geblieben ist, was V dem K verschweigt? **(Rdnr. 451)**

c) Wie, wenn V bei den Kaufverhandlungen nicht erwähnt, dass der Wagen einen schweren Unfall hatte? **(Rdnr. 452)**

d) Nach einem Verkehrsunfall, den B verschuldet hat, legt der geschädigte A dem B eine Erklärung zur Unterschrift vor; darin bekennt der Unterzeichner, den Unfall verschuldet zu haben, und er verpflichtet sich zum Schadensersatz. B unterschreibt, weil A ihm androht, ihn sonst zusammenzuschlagen. Kann B seine Erklärung anfechten? **(Rdnr. 468)**

e) Wie, wenn B im **Fall d** unterschreibt, weil A damit droht, sonst die Polizei zum Unfallort zu rufen, die dann den Alkoholgenuss des B feststellen und diesem den Führerschein abnehmen würde? **(Rdnr. 468, 470)**

f) Wie, wenn A dem B mit Strafanzeige droht, falls dieser ihm nicht dabei helfe, die Versicherung zu betrügen? **(Rdnr. 469)**

g) Wie, wenn A von B Bezahlung des ihm von B zugefügten Schadens verlangt, andernfalls er ihn wegen einer schon früher begangenen Fahrerflucht anzeigen werde? **(Rdnr. 470)**

I. Arglistige Täuschung

Nach § 123 I berechtigt ein Motivirrtum zur Anfechtung der Willenserklärung, wenn er auf einer arglistigen Täuschung beruht. Damit soll die Freiheit der Willensentschließung geschützt werden.

1. Täuschungshandlung

Es muss eine Täuschungshandlung vorliegen. Darunter versteht man – wie beim Betrug (§ 263 StGB) – ein Verhalten, das darauf abzielt, in einem anderen eine unrichtige Vorstellung hervorzurufen, zu bestärken oder zu unterhalten.

a) Die Täuschungshandlung kann in einem *positiven Tun* liegen. In Betracht kommen (ausdrückliche oder konkludente) wahrheitswidrige Behauptungen bedeutsamer Umstände.

Beispiele: Unrichtige Bezeichnung des verkauften Wagens als Vorführwagen (**Fall a**); Zurückdrehen des Kilometeranzeigers bei einem zum Verkauf stehenden Pkw; falsche Beantwortung der Frage nach Krankheiten bei Abschluss einer Lebensversicherung.

Die wahrheitswidrige Behauptung muss sich nicht in jedem Fall auf eine Tatsache, sie kann sich auch auf andere objektiv nachprüfbare Umstände beziehen; bloße Anpreisungen und subjektive Werturteile, die als solche erkennbar sind, reichen allerdings nicht aus.

451 b) Die Täuschungshandlung kann auch in einem bloßen *Unterlassen* (Verschweigen) liegen; eine solche Unterlassung ist aber nur dann beachtlich, wenn eine Rechtspflicht zur Aufklärung besteht. Diese ist gegeben, wenn eine Mitteilung des Umstandes nach Treu und Glauben und den im Verkehr herrschenden Anschauungen geboten ist. Dabei ist auf die besonderen Umstände des Einzelfalles abzustellen. Bei dem Bestehen oder der Begründung eines besonderen Vertrauensverhältnisses (z. B. eines Gesellschaftsverhältnisses) geht die Offenbarungspflicht weiter als etwa bei Umsatzgeschäften. So ist bei Kaufverhandlungen nicht jedes Verschweigen eines negativen Umstandes als eine Täuschungshandlung anzusehen, zumal hier ein Interessengegensatz zwischen Verkäufer und Käufer nicht ganz außer Acht gelassen werden darf. Jedenfalls sind solche Umstände zu offenbaren, die für den Partner erkennbar von besonderer Bedeutung sind und deren Mitteilung er nach der Verkehrsauffassung erwarten durfte.

Bei falscher Kilometeranzeige (**Fall b**) ist der Verkäufer verpflichtet offenzulegen, wieviel Kilometer das Fahrzeug in Wirklichkeit gelaufen ist; denn der Kilometerstand ist für den Käufer eines Gebrauchtwagens (insbes. hinsichtlich des Kaufpreises) von erheblicher Bedeutung. Der Hinweis darauf, dass es sich um einen Unfallwagen handelt (**Fall c**), ist jedenfalls dann geboten, wenn der Käufer danach fragt, da dadurch dem Verkäufer erkennbar wird, dass es dem Käufer auf diesen Umstand entscheidend ankommt. Aber auch ohne eine entsprechende Frage ist in der Regel eine Pflicht zur Offenbarung über die Unfallbeteiligung zu bejahen[271]. Der Verkäufer eines Grundstücks muss den Käufer über eine ihm bekannte geplante tiefgreifende Verkehrsumgestaltung[272] oder über eine Kontaminierung des Grundstücks mit Öl[273] aufklären.

271 Vgl. BGH NJW 1982, 1386; BGHZ 29, 150; 63, 386; Fallgruppen: *Palandt/Heinrichs*, § 123 Rdnr. 7–9.
272 OLG Frankfurt NJW-RR 2002, 523.
273 BGH NJW 2002, 1867; NJW 2001, 64.

2. *Kausalität* 452

Die Täuschungshandlung muss für die Willenserklärung ursächlich sein (»zur Abgabe der Willenserklärung durch arglistige Täuschung ... bestimmt«; § 123 I). Erforderlich ist also, dass die Täuschung zu einem Irrtum des Getäuschten führt und dieser Irrtum für die Abgabe der Willenserklärung ursächlich ist.

a) Die Täuschungshandlung muss zu einem *Irrtum des Getäuschten* führen. Unerheblich ist es, worauf der Irrtum sich bezieht. Meist bewirkt die Täuschung einen Irrtum des Getäuschten über eine verkehrswesentliche Eigenschaft der Person oder Sache (§ 119 II). Es genügt aber auch jeder Motivirrtum, der auf der Täuschung beruht.

So ist die Zahlungsfähigkeit der Mieter eines verkauften Mietshauses keine Eigenschaft dieses Hauses; jedoch kann die Täuschung über die Zahlungsfähigkeit zur Anfechtung nach § 123 I berechtigen.

Der Kausalzusammenhang zwischen Täuschung und Irrtum ist nicht nur dann gegeben, wenn eine falsche Vorstellung durch die Täuschung hervorgerufen wird, sondern auch dann, wenn sie durch die Täuschung aufrechterhalten wird.

Es genügt, dass K, der beim Kauf des Mietshauses irrtümlich von der Zahlungsfähigkeit der Mieter ausgeht, in dieser falschen Vorstellung von V bestärkt wird.

An einem ursächlichen Zusammenhang fehlt es, wenn derjenige, der getäuscht werden soll, den wahren Sachverhalt kennt. Dagegen kommt es nicht darauf an, ob der Getäuschte seinen Irrtum durch Anwendung der im Verkehr erforderlichen Sorgfalt hätte vermeiden können.

Weiß der Käufer des Mietshauses, dass die Mieter zahlungsunfähig sind, fehlt es an einem Irrtum, so dass eine Anfechtung ausscheidet. Hätte er die Frage der Zahlungsfähigkeit unschwer selbst aufklären können, unterlässt er das aber, ändert das an seinem Irrtum und damit an der Anfechtbarkeit nichts.

b) Der *Irrtum* des Getäuschten muss *für die abgegebene Willenserklärung ursächlich* sein. Entscheidend ist, dass der Getäuschte ohne den Irrtum die Willenserklärung überhaupt nicht oder nicht zu der Zeit oder nur mit anderem Inhalt abgegeben hätte. Es genügt, dass der durch die Täuschungshandlung hervorgerufene Irrtum für die Willenserklärung mitbestimmend gewesen ist.

Hätte K gewusst, dass es sich um einen Unfallwagen handelte (**Fall c**), hätte er vom Kauf dieses Wagens abgesehen oder einen niedrigeren Preis geboten. – Wenn K das Mietshaus kauft, um Einnahmen zu erzielen, ist sein Irrtum über die Zahlungsfähigkeit der Mieter ursächlich für den Kauf. Will er das Haus aber abreißen, um ein Geschäftshaus auf dem Grundstück zu errichten, ist sein Irrtum für die Abgabe der Willenserklärung nicht bestimmend.

453 *3. Widerrechtlichkeit*

Die Täuschung muss widerrechtlich sein. Das ergibt sich – anders als bei der Drohung – nicht aus dem Gesetzeswortlaut. Der Gesetzgeber ging nämlich davon aus, eine arglistige Täuschung sei stets widerrechtlich; er übersah, dass in Ausnahmefällen die Widerrechtlichkeit fehlen kann; hier muss eine Anfechtung wegen arglistiger Täuschung ausgeschlossen sein.

Beispiel: Der Arbeitgeber fragt den Stellenbewerber nach dessen bereits im Strafregister gelöschten Vorstrafen. Wenn der Bewerber, der sich nach § 53 I Bundeszentralregistergesetz als unbestraft bezeichnen darf, die Beantwortung der Frage verweigert oder wahrheitsgemäß gelöschte Vorstrafen angibt, wird er im Regelfall die Stelle nicht bekommen. Die Chance eingestellt zu werden hat er nur, wenn er die (unzulässige) Frage wahrheitswidrig beantwortet. Wird der Arbeitsvertrag abgeschlossen, kann dieser vom Arbeitgeber nicht wegen arglistiger Täuschung wirksam angefochten werden, weil die Täuschung rechtmäßig war.

454 *4. Arglist*

Für die Arglist des Täuschenden ist (nur) Vorsatz erforderlich. Dieser muss sich auf die Tatbestandsmerkmale Täuschungshandlung, Irrtumserregung und Willenserklärung beziehen. Der Täuschende muss also wissen und wollen, dass der andere durch die Täuschung zu einer Willenserklärung bestimmt wird, die er ohne Täuschung möglicherweise nicht oder nicht so abgeben würde.

Geht V irrig davon aus, K wisse, dass der Wagen einen Unfall hatte, fehlt es am Vorsatz des V. Eine Anfechtung nach § 123 scheidet aus, selbst wenn die Unkenntnis des V auf grober Fahrlässigkeit beruht.

Ein arglistiges Verhalten ist auch zu bejahen, wenn der Erklärungsempfänger »ins Blaue« hinein falsche Angaben macht[274]. Er handelt dann jedenfalls mit bedingtem Vorsatz.

Da der objektive Tatbestand des § 123 I – anders als § 263 StGB – keinen Vermögensschaden des Getäuschten verlangt, braucht auch der Wille des Täuschenden nicht darauf gerichtet zu sein, dem Getäuschten einen Vermögensschaden zuzufügen. Eine Absicht des Täuschenden, sich oder einem anderen einen rechtswidrigen Vermögensvorteil zu verschaffen, ist ebenfalls nicht erforderlich. § 123 bezweckt nicht den Schutz des Vermögens, sondern den der Entschließungsfreiheit. Deshalb kommt es auch nicht auf den Beweggrund des Täuschenden an; selbst wenn er mit seiner Täuschung nur das Beste des Getäuschten will, kann eine Arglist i. S. des § 123 I gegeben sein[275].

274 Vgl. BGHZ 63, 382, 388; 74, 383, 391 f.

275 H. M.; *Larenz/Wolf*, § 37 Rdnr. 12; MüKo/*Kramer*, § 123 Rdnr. 9; vgl. auch BGHZ 109, 327, 333 (zum Merkmal der Arglist i.S.d. § 463 a.F.); a. A. noch BGH LM Nr. 9 zu § 123.

5. *Person des Täuschenden* 455

Bei der Frage, von wem die arglistige Täuschung verübt sein muss, differenziert das Gesetz:

a) Bei einer *nicht empfangsbedürftigen Willenserklärung* (Rdnr. 93; z. B. Auslobung, Dereliktion) spielt es keine Rolle, wer arglistig täuscht (vgl. § 123 II).

b) Bei einer *empfangsbedürftigen Willenserklärung* (Rdnr. 92) ist zu unterscheiden: 456

(1) Täuscht der *Erklärungsempfänger* (V in den **Fällen a–c**), kann der Getäuschte seine Willenserklärung in jedem Falle anfechten (vgl. § 123 II).

(2) Verübt ein *anderer als der Erklärungsempfänger* die Täuschung, soll der Erklärungsempfänger in seinem Vertrauen auf die Willenserklärung des Getäuschten grundsätzlich geschützt werden. 457

Nicht schutzwürdig ist der Empfänger in zwei Fällen:

(a) Dem *bösgläubigen Erklärungsempfänger* gegenüber ist die Willenserklärung stets anfechtbar; bösgläubig ist er, wenn er die Täuschung kannte oder kennen musste (§ 123 II 1).

Macht der an dem Geschäft völlig unbeteiligte Dritte dem K vor, der zum Kauf stehende Pkw sei ein Vorführwagen mit Luxusausstattung, kann K den mit V geschlossenen Kaufvertrag nach § 123 nur dann anfechten, wenn V bei Kaufabschluss wusste oder infolge von Fahrlässigkeit nicht wusste, dass der Dritte den K täuschte, und die Täuschung für die Willenserklärung des K ursächlich war.

(b) Auch ein *gutgläubiger Erklärungsempfänger* ist nicht schutzwürdig, wenn die Täuschung zwar durch einen anderen verübt wurde, der Erklärungsempfänger sich aber dessen Verhalten zurechnen lassen muss. § 123 enthält darüber keine Regelung. Es entspricht aber einer gerechten Interessenabwägung, dem Erklärungsempfänger die Täuschung durch einen anderen zuzurechnen, wenn dieser bei dem Geschäft Hilfsperson des Erklärungsempfängers ist. Deshalb ist z. B. der Vertreter des Erklärungsempfängers nicht Dritter i.S.d. § 123 II 1. Auch eine Täuschung durch eine Person, die dem Erklärungsempfänger näher steht als dem Getäuschten, ist als Täuschung des Erklärungsempfängers selbst zu behandeln.

Hat der von V beauftragte Makler M den K über die Bebaubarkeit des Grundstücks arglistig getäuscht, kann K auch dann anfechten, wenn V die Täuschung weder kannte noch kennen musste. § 123 II 1 greift nicht ein.

(3) Selbst wenn der Erklärungsempfänger in Bezug auf die von einem Dritten verübte Täuschung gutgläubig ist und deshalb eine Anfechtung nach § 123 II 1 ausscheidet, kann dem Erklärenden ein Anfechtungsrecht zustehen. § 123 II 2

lässt eine Anfechtung zu, wenn *ein anderer aus der Erklärung unmittelbar ein Recht erworben hat* und dieser *Begünstigte die Täuschung kannte oder kennen musste*. Die Anfechtung ist dem Begünstigten gegenüber zu erklären und wirkt nur ihm gegenüber. Diese Regelung gilt vor allem für den Vertrag zu Gunsten Dritter (§ 328; z. B. Lebensversicherungsvertrag).

Hier sind folgende *Fallgruppen* zu unterscheiden:

458 (a) Täuschte der Erklärungsempfänger selbst oder eine Person, deren Verhalten dem Erklärungsempfänger zuzurechnen ist, greift § 123 II nicht ein. Die Anfechtung richtet sich nach § 123 I.

Täuschte der Ehemann (M) bei Abschluss einer Lebensversicherung zu Gunsten seiner Frau (F) die Versicherungsgesellschaft (V) arglistig (etwa durch falsche Beantwortung der Frage nach überstandenen Krankheiten), so täuschte der Erklärungsempfänger selbst (Rdnr. 456). Die V kann nach § 123 anfechten, ohne dass es darauf ankommt, ob F die Täuschung durch M kannte oder kennen musste.

(b) Täuschte ein Unbeteiligter und kannte der Erklärungsempfänger die Täuschung oder musste er sie kennen, ist eine Anfechtung nach § 123 II 1 gegenüber dem Erklärungsempfänger möglich.

Täuschte der unbeteiligte D die Versicherung V und kannte der Vertragspartner der V (nämlich der Ehemann M) die Täuschung oder musste er diese kennen, kann V gegenüber M nach § 123 II 1 anfechten, selbst wenn die begünstigte Frau F gutgläubig war.

(c) Im Regelfall des § 123 II 2 sind vier Personen beteiligt: Der Erklärende gab gegenüber dem Erklärungsempfänger eine Erklärung ab, wodurch ein »anderer« unmittelbar ein Recht erwarb. Diese Erklärung beruhte auf der arglistigen Täuschung eines Unbeteiligten. Der Erklärende kann nach § 123 II 2 gegenüber dem begünstigten »anderen« anfechten, soweit dieser die Täuschung kannte oder kennen musste.

Der unbeteiligte D verübte die arglistige Täuschung gegenüber der Versicherung V. Aus dem zwischen M und V geschlossenen Lebensversicherungsvertrag erwarb F unmittelbar ein Recht. V kann gegenüber F anfechten, wenn diese die Täuschung kannte oder kennen musste (§ 123 II 2).

(d) Täuschte der begünstigte »andere« selbst den Erklärenden, kann dieser erst recht nach § 123 II 2 anfechten.

Täuschte F selbst die V arglistig, kann diese anfechten, selbst wenn M die Täuschung weder kannte noch kennen musste.

459 *6. Rechtzeitige Anfechtungserklärung*

Der Anfechtungsberechtigte muss rechtzeitig anfechten.

a) Für die *Anfechtungserklärung* gilt § 143 (Rdnr. 433). Anfechtungsberechtigt ist derjenige, der die auf der arglistigen Täuschung beruhende Willenserklärung abgegeben hat. Den Anfechtungsgegner bestimmt § 143 II–IV (Rdnr. 434). Im Falle des § 123 II 2 (Rdnr. 457 f.) muss die Anfechtungserklärung gegenüber dem erfolgen, der aus dem Vertrag unmittelbar ein Recht erworben hat (§ 143 II).

b) Die *Anfechtungsfrist* beträgt *ein Jahr* nach Entdeckung der Täuschung durch den Anfechtungsberechtigten (Einzelheiten: § 124). Im Gegensatz zu § 121 (Rdnr. 435) ist die Frist deshalb länger, weil der Getäuschte hier besser gestellt werden soll und der Täuschende oder der Bösgläubige keinen Schutz verdient. Andererseits soll das Geschäft im Interesse des Rechtsverkehrs nicht allzu lange in der Schwebe bleiben.

7. Ausschluss der Anfechtung **459a**

Die Anfechtung ist ausgeschlossen, wenn seit der Abgabe der Willenserklärung 10 Jahre verstrichen sind (§ 124 III; vgl. Rdnr. 436) oder wenn der Anfechtungsberechtigte das anfechtbare Rechtsgeschäft bestätigt hat (§ 144; Rdnr. 437).

8. Rechtsfolgen der Anfechtung **460**

a) Das angefochtene Rechtsgeschäft ist *als von Anfang an nichtig anzusehen* (§ 142 I; Rdnr. 438). Derjenige, der die Anfechtbarkeit kannte oder kennen musste, wird so behandelt, wie wenn er die Nichtigkeit gekannt hätte oder hätte kennen müssen (§ 142 II; Rdnr. 442).

b) Der wegen arglistiger Täuschung Anfechtende ist – anders als der nach §§ 119 f. Anfechtende (Rdnr. 444) – *nicht zum Ersatz des Vertrauensschadens verpflichtet.* Das ergibt sich aus dem Wortlaut und der Stellung des § 122 (vor § 123). Es würde der Gerechtigkeit Hohn sprechen, wenn der Täuschende noch mit einem Schadensersatzanspruch belohnt würde.

9. Konkurrenzen **461**

a) Ein Sachverhalt kann sowohl den Tatbestand der arglistigen Täuschung als auch den des *Irrtums nach § 119* erfüllen, wenn z. B. die arglistige Täuschung zu einem Irrtum über eine verkehrswesentliche Eigenschaft nach § 119 II führt. Dann hat der Anfechtungsberechtigte die Wahl, auf welche Bestimmung er die Anfechtung stützen will. § 123 ist für den Anfechtenden günstiger, weil dieser eine längere Anfechtungsfrist (§ 124) zur Verfügung hat und nicht nach § 122 schadensersatzpflichtig ist. Andererseits muss der Anfechtende im Fall des § 123 bei Bestreiten des Gegners beweisen, dass dieser ihn arglistig getäuscht hat; gelingt der Beweis nicht, kann die Anfechtung nach § 119 begründet sein.

462 b) Beim Verkauf einer mangelhaften Sache kann gleichzeitig der Tatbestand der arglistigen Täuschung erfüllt sein. Auch hier mag der Getäuschte wählen, ob er nach § 123 anfechten oder die *Mängelrechte nach §§ 437 ff.* geltend machen will. Da bei einer arglistigen Täuschung neben dem Kaufvertrag in der Regel auch das Erfüllungsgeschäft anfechtbar ist, kann eine Anfechtung für den Käufer günstiger sein als ein Rücktritt mit seinen schwächeren (nur schuldrechtlichen) Wirkungen. Hat der Käufer wirksam angefochten, scheiden Mängelrechte aus, da der Vertrag durch die Anfechtung vernichtet ist.

463 c) Mit § 123 BGB können schließlich auch *Schadensersatzansprüche* konkurrieren.

Bei einer arglistigen Täuschung ist oft der Straftatbestand des Betruges (§ 263 StGB) gegeben. Dann kommt ein *Schadensersatzanspruch aus unerlaubter Handlung* nach § 823 II wegen Verletzung eines Schutzgesetzes in Betracht. Selbst wenn Betrug nicht vorliegt, kann ein Schadensersatzanspruch wegen vorsätzlicher sittenwidriger Schädigung (§ 826) gegeben sein. Ein Schadensersatzanspruch aus unerlaubter Handlung hängt nicht davon ab, ob der Getäuschte wirksam angefochten hat. Dieser wird deshalb Schadensersatz nach §§ 823 II, 826 besonders dann verlangen, wenn eine Anfechtung nicht mehr möglich ist, weil die Anfechtungsfrist des § 124 verstrichen ist.

Meist werden bei einer unter § 123 fallenden Täuschung gleichzeitig auch die Voraussetzungen für einen *Schadensersatzanspruch aus culpa in contrahendo* (§§ 280 I, 241 II, 311 II) erfüllt sein. Nach der Rechtsprechung soll eine solche Haftung, die von der Rechtsfolge her ebenfalls auf die Aufhebung des Vertrages geht, neben der Anfechtung aus § 123 bestehen können, sofern dem Getäuschten ein Vermögensschaden entstanden ist[276]. Das überzeugt jedoch nicht, weil bei dieser Lösung die in § 123 vorgesehene Beschränkung der Anfechtung auf arglistiges Verhalten und die Regelung des § 124 ausgehöhlt würden[277]. Danach soll allein ein durch schuldhafte Pflichtverletzung verursachter Vermögensschaden für eine Möglichkeit zur Beseitigung des Vertrages gerade nicht ausreichen.

Würde man neben § 123 einen Anspruch aus culpa in contrahendo (§§ 280 I, 241 II, 311 II) auf Aufhebung eines abgeschlossenen Vertrages zulassen, dann könnte der Getäuschte schon bei fahrlässiger Irreführung über einen Schadensersatzanspruch die gleichen Rechtsfolgen wie bei der Anfechtung herbeiführen. Das wäre sogar noch möglich, wenn die in § 124 genannte Anfechtungsfrist von einem Jahr schon längst verstrichen ist, da Ansprüche aus den §§ 280 ff. grundsätzlich erst nach 3 Jahren verjähren. Neben § 123 kann ein Schadensersatzanspruch aus culpa in contrahendo (§§ 280 I, 241 II, 311 II) allenfalls insoweit bejaht werden, als er sich nicht auf den im Abschluss des Vertrages liegenden Schaden bezieht.

276 BGH NJW-RR 2002, 308, 309; NJW 1998, 302, 303 m. w. N.

277 Kritisch gegenüber der Rechtsprechung auch MüKo/*Kramer*, § 123 Rdnr. 35.

Anfechtung wegen arglistiger Täuschung (§ 123 I, 1. Fall)

I. Voraussetzungen
1. Anfechtungsgrund
   a) Täuschung = Hervorrufen oder Aufrechterhalten eines Irrtums
      (1) Durch positives Tun (wahrheitswidrige Behauptung von Tatsachen oder nachprüfbaren Umständen)
      (2) Durch Unterlassen (nur wenn Rechtspflicht zur Aufklärung)
   b) Kausalität zwischen Irrtum und WE
   c) Widerrechtlichkeit der Täuschung (fehlt nur bei Rechtfertigungsgründen)
   d) Arglist = Vorsatz bzgl. Täuschungshandlung, Irrtum und WE
   e) Bei Täuschung durch Dritten
      (1) Anfechtbarkeit gegenüber dem Erklärungsempfänger, falls dieser bzgl. der Täuschung bösgläubig ist (§ 123 II 1)
      (2) Anfechtbarkeit gegenüber einem anderen aus dem Rechtsgeschäft Berechtigten, falls dieser bzgl. der Täuschung bösgläubig ist (§ 123 II 2)
2. Anfechtungserklärung (§ 143)
3. Anfechtungsfrist (§ 124 I, II)
4. Kein Ausschluss der Anfechtung (§§ 124 III, 144)

II. Rechtsfolge
Nichtigkeit der WE ex tunc (§ 142 I)
(kein Schadensersatz nach § 122!)

II. Widerrechtliche Drohung 464

Der Tatbestand der widerrechtlichen Drohung (§ 123 I) unterscheidet sich von allen bisher erörterten Tatbeständen dadurch, dass hier kein Irrtum des Erklärenden vorliegt. Die widerrechtliche Drohung berechtigt zur Anfechtung der Willenserklärung, weil damit – wie bei der Anfechtung wegen arglistiger Täuschung – die Freiheit der Willensentschließung geschützt werden soll.

1. Drohung

Unter einer Drohung versteht man das *Inaussichtstellen eines zukünftigen Übels*, auf dessen Eintritt der Drohende Einfluss zu haben vorgibt[278].

a) Als *Übel* genügt jeder Nachteil; dieser braucht nicht besonders schwer zu sein.

278 BGH NJW-RR 1996, 1281, 1282; LM Nr. 23 zu § 123; BGHZ 2, 295.

Beispiele: Drohung mit Strafanzeige, mit herabsetzender Pressenotiz, Kündigung eines Darlehens, Verprügeln.

Durch das Inaussichtstellen des Übels soll in dem Bedrohten Furcht vor dem künftigen Übel erregt werden. Deshalb setzt § 123 I eine *psychische Zwangslage* (vis compulsiva) voraus. Bei physischem, unwiderstehlichem Zwang (vis absoluta) liegt keine Willenserklärung vor, die angefochten werden könnte.

Wenn A dem B, der den ihm vorgelegten Vertrag nicht unterschreiben will, bei der Unterschrift mit Gewalt die Hand führt, liegt überhaupt keine Willenserklärung des B vor, die anzufechten wäre. Denn es fehlt der Handlungswille (Rdnr. 84) des B.

Andererseits ist eine Willensbeeinflussung gegeben, wenn die Drohung gar nicht ernst gemeint ist, der Bedrohte sie aber *für ernst gemeint* hält[279].

Beispiel: A droht dem B mit einer Strafanzeige, die er gar nicht erstatten will, um den B zur Unterschriftsleistung zu bewegen. B unterschreibt, um die Strafanzeige, mit der er rechnet, zu vermeiden.

465 b) Das künftige Übel muss *aus der Sicht des Bedrohten vom Willen des Drohenden abhängig* sein. Der Hinweis auf eine vom Willen des Drohenden unabhängige Zwangslage genügt nicht[280].

Wenn der Vermieter V dem Mieter M ankündigt, er werde ihn wegen Diebstahls anzeigen, sofern M nicht mit der sofortigen Beendigung des Mietverhältnisses einverstanden sei, liegt eine Drohung vor. Dagegen ist eine Drohung nicht gegeben, wenn V den M darauf hinweist, dass ein Strafverfahren gegen M anhängig sei und dieser mit seiner Verhaftung rechnen müsse.

466 *2. Kausalität*

Die Drohung muss für die Furcht des Bedrohten und diese für dessen Willenserklärung ursächlich sein. Die Kausalität ist nicht vom Standpunkt eines vernünftigen Beobachters aus zu beurteilen; sie hängt entscheidend von der psychischen Verfassung des Bedrohten ab.

So kann ein und dieselbe Drohung bei dem nervenstarken A lediglich ein müdes Lächeln und bei dem zart besaiteten B ein ängstliches Zittern und dadurch die Abgabe der geforderten Willenserklärung bewirken.

467 *3. Widerrechtlichkeit*

Der Bedrohte muss zur Abgabe seiner Willenserklärung »widerrechtlich durch Drohung bestimmt worden« sein (§ 123 I). Die Rechtswidrigkeit kann sich aus

279 Vgl. BGH NJW 1996, 1281, 1282; NJW 1982, 2301, 2302.
280 BGH WM 1988, 1156.

dem angedrohten Übel, dem erstrebten Erfolg oder aus dem Verhältnis von angedrohtem Übel und erstrebtem Erfolg ergeben[281].

a) Die Drohung mit einer widerrechtlichen Handlung (= *Widerrechtlichkeit des Mittels*) macht die Bestimmung zur Abgabe der Willenserklärung stets widerrechtlich. Der Einsatz eines widerrechtlichen Mittels ändert an der Widerrechtlichkeit des Verhaltens des Drohenden selbst dann nichts, wenn mit dem Mittel ein erlaubter Zweck erreicht werden soll. **468**

Beispiele: Drohung mit Tötung, Körperverletzung (**Fall d**), Sachbeschädigung. – Im **Fall e** ist es das gute Recht des A, die Polizei an die Unfallstelle zu rufen. Deshalb ist die angedrohte Handlung nicht widerrechtlich. – Auch bei der Drohung mit Klageerhebung oder Zwangsvollstreckung handelt es sich um erlaubte Mittel.

b) Die Bestimmung zur Abgabe einer Willenserklärung ist auch dann widerrechtlich, wenn der damit erstrebte Erfolg widerrechtlich ist (= *Widerrechtlichkeit des Zwecks*). Das gilt selbst dann, wenn das eingesetzte Mittel nicht zu beanstanden ist. **469**

Im **Fall f** ist die angedrohte Handlung (Strafanzeige) rechtmäßig, nicht aber der erstrebte Erfolg (Beihilfe zum Betrug).

Andererseits ist der Zweck nicht schon deshalb widerrechtlich, weil der von dem Drohenden verfolgte Anspruch in Wirklichkeit nicht besteht. Jedenfalls bei zweifelhafter Rechtslage genügt es für die Rechtmäßigkeit des Zwecks, wenn der Drohende einen in vertretbarer Weise für berechtigt gehaltenen Anspruch durchsetzen will[282].

c) Selbst wenn sowohl das Mittel als auch der Zweck rechtmäßig sind, so kann doch der Einsatz *dieses* Mittels zur Erreichung *dieses* Erfolgs rechtswidrig sein, wenn nämlich die Verbindung *dieses* Mittels mit *diesem* Zweck widerrechtlich ist (= *Widerrechtlichkeit der Mittel-Zweck-Relation*). **470**

Im **Fall g** kann A von B Schadensersatz nach § 823 I verlangen. Er ist auch berechtigt, B wegen einer früheren Straftat anzuzeigen. Aber die Verknüpfung des Mittels (Anzeige einer früheren Straftat) mit dem verfolgten Zweck (Bezahlung des Schadens) ist rechtlich zu missbilligen; denn diese Schadensersatzforderung hat mit dem früheren Unfall nichts zu tun.

Im **Fall e** ist die Mittel-Zweck-Relation nicht zu beanstanden. Zwar hat A keinen Anspruch auf die Verpflichtungserklärung des B. Aber auch bei Fehlen eines Rechtsanspruchs kann eine Bestimmung durch Drohung rechtmäßig sein, wenn der Drohende an der Erreichung des von ihm erstrebten Erfolges ein berechtigtes Interesse hat und die Drohung nach der Auffassung aller billig und gerecht Denkenden ein angemessenes Mittel zur Erreichung des nicht zu missbilligenden Zwecks ist[283].

281 BGH NJW 2005, 2766 f.
282 BGH NJW 2005, 2766 f.
283 BGHZ 25, 220; BAG NZA 1999, 417, 419.

471 *4. Subjektiver Tatbestand (Vorsatz)*

Aus der Formulierung des § 123 I, wonach der Erklärende zur Abgabe einer Willenserklärung bestimmt worden sein muss, folgt, dass der Drohende den *Willen* haben muss, *den Willen des Bedrohten zu bestimmen*.

Dagegen kommt es auf das Bewusstsein der Rechtswidrigkeit und auf ein Verschulden des Drohenden nach richtiger Ansicht nicht an. Denn es geht bei § 123 I nicht darum, dem Drohenden einen Vorwurf zu machen, sondern darum, die Entschließungsfreiheit des Bedrohten zu schützen[284].

472 *5. Person des Drohenden*

Im Gegensatz zur Anfechtung wegen arglistiger Täuschung ist es für die Anfechtung wegen widerrechtlicher Drohung gleichgültig, ob der Erklärungsempfänger oder ein Dritter droht. Selbst bei Gutgläubigkeit des Erklärungsempfängers ist die Willenserklärung anfechtbar. Das ist dem Umkehrschluss aus § 123 II zu entnehmen.

473 *6. Rechtzeitige Anfechtungserklärung*

Es gilt das zur arglistigen Täuschung Gesagte (Rdnr. 459). Die Anfechtungsfrist beginnt mit dem Zeitpunkt, in dem die Zwangslage aufhört (§ 124 II 1).

474 *7. Rechtsfolgen der Anfechtung*

Insoweit wird ebenfalls auf das zur arglistigen Täuschung Gesagte verwiesen (Rdnr. 460).

475 *8. Konkurrenzen*

Sofern der Tatbestand der Nötigung (§ 240 StGB) oder der Erpressung (§ 253 StGB) erfüllt ist, kommt auch ein Schadensersatzanspruch aus § 823 II, bei vorsätzlicher sittenwidriger Schädigung ein solcher aus § 826 in Betracht (vgl. Rdnr. 463). Zum Anspruch aus c. i. c. (§§ 280 I, 241 II, 311 II): Rdnr. 463.

284 Anders: BGHZ 25, 224.

Anfechtung wegen widerrechtlicher Drohung (§ 123 I, 2. Fall)

I. Voraussetzungen
1. Anfechtungsgrund
   a) Drohung (= Inaussichtstellen eines zukünftigen Übels) (Person des Drohenden unerheblich)
   b) Kausalität zwischen Drohung und WE
   c) Widerrechtlichkeit der Drohung
      (1) Widerrechtlichkeit des Mittels (z.B. Körperverletzung)
      (2) Widerrechtlichkeit des Zwecks (z.B. Begehung einer Straftat)
      (3) Widerrechtlichkeit der Mittel-Zweck-Relation (z.B. Drohung mit Strafanzeige wegen einer früheren Straftat, um Abschluss eines Vertrages zu erreichen, der mit der Straftat nichts zu tun hat)
   d) Vorsatz bzgl. Bestimmung des Bedrohten zur Abgabe einer WE
2. Anfechtungserklärung (§ 143)
3. Anfechtungsfrist (§ 124 I, II)
4. Kein Ausschluss der Anfechtung (§§ 124 III, 144 I)

II. Rechtsfolge
Nichtigkeit der WE ex tunc (§ 142 I)
(kein Schadensersatz gem. § 122!)

§ 20 Beiderseitiger Motivirrtum 476

Schrifttum: *Brox*, Die Einschränkung der Irrtumsanfechtung, 1960; *Goltz*, Motivirrtum und Geschäftsgrundlage im Schuldvertrag, 1973; *Köhler*, Grundprobleme der Lehre von der Geschäftsgrundlage, JA 1979, 498; *Heinr. Lange*, Ausgangspunkte, Wege und Mittel zur Berücksichtigung der Geschäftsgrundlage, Festschrift f. Gieseke, 1958, 21; *Larenz*, Geschäftsgrundlage und Vertragserfüllung, 3. Aufl., 1963; *Littbarski*, Neuere Tendenzen zum Anwendungsbereich der Lehre von der Geschäftsgrundlage, JZ 1981, 8; *Nicklisch*, Ergänzende Vertragsauslegung und Geschäftsgrundlagenlehre – ein einheitliches Rechtsinstitut zur Lückenausfüllung?, BB 1980, 949; *Schmidt-Rimpler*, Zum Problem der Geschäftsgrundlage, Festschrift f. Nipperdey, 1955, 1; *Schmiedel*, Der allseitige Irrtum über die Rechtslage bei der Neuregelung eines Rechtsverhältnisses, Festschrift f. v. Caemmerer, 1978, 231; *Wieacker*, Gemeinsamer Irrtum der Vertragspartner und clausula rebus sic stantibus, Festschrift f. Wilburg, 1965, 229; *Windscheid*, Die Voraussetzung, AcP 78 (1978), 161; *Yushkova/Stolz*, Der Wegfall der Geschäftsgrundlage vor und nach der Schuldrechtsmodernisierung des Jahres 2001, JA 2003, 70.

Fälle:

a) V verkauft an K Aktien. Bei der Berechnung des Kaufpreises gehen beide von dem in der Zeitung falsch ausgedruckten, zu niedrigen Tageskurs der Aktien aus. Kann V sich von dem Vertrag lossagen? **(Rdnr. 476, 477)**

b) A und B vereinbaren, dass A auf dem Grundstück von B ein Haus errichtet. Beide wissen nicht, dass der Baugrund aus Granit besteht. Muss A das Haus trotzdem bauen? Zu welchem Preis? **(Rdnr. 478)**

I. Problematik

Fehler bei der Willensbildung sind grundsätzlich unbeachtlich (Rdnr. 382); geht also der Erklärende von einem unrichtigen Beweggrund (Motiv) aus, so hat das keinen Einfluss auf die Gültigkeit der Willenserklärung, weil der Erklärungsempfänger in seinem Vertrauen auf den Inhalt und die Gültigkeit der Erklärung geschützt werden soll. Nur wenn der Motivirrtum einen Eigenschaftsirrtum (§ 119 II) darstellt oder auf arglistiger Täuschung (§ 123 I) beruht, ist der Erklärende zur Anfechtung seiner Willenserklärung berechtigt.

Gesetzlich nicht geregelt war bisher der Fall, dass bei einem Vertragsabschluss *beide* Vertragspartner von einem bestimmten unrichtigen Motiv ausgehen. Hier ist kein Raum für den Vertrauensschutz einer Partei. Die Parteien hätten ohne den beiderseitigen Motivirrtum den Vertrag überhaupt nicht oder jedenfalls nicht zu den vereinbarten Bedingungen geschlossen. Da beide von einem falschen Motiv ausgegangen sind, muss der Grundsatz der Vertragstreue durchbrochen werden; denn eine Vertragspartei verstieße gegen den Grundsatz von Treu und Glauben, wenn sie die andere Partei trotz des gemeinsamen Irrtums an den vereinbarten Bedingungen des Vertrages festhielte. Es ist gerechter, wenn der Vertrag wegen des beiderseitigen Irrtums aufgelöst oder dahin »korrigiert« wird, wie er von den Parteien gestaltet worden wäre, wenn sie vom richtigen Motiv ausgegangen wären.

Im **Fall a** haben beide Parteien den Kaufpreis der Aktien auf Grund des falschen Börsenkurses berechnet. K kann V nicht an dem Vertrag mit dem zu niedrig berechneten Kaufpreis festhalten. Entweder muss der Vertrag aufgelöst oder der Kaufpreis danach berichtigt werden, was die Parteien vereinbart hätten, wenn sie vom richtigen Börsenkurs ausgegangen wären.

477 II. Lösung

Zur Lösung des aufgezeigten Problems ist schon seit langem die Lehre vom Fehlen oder Wegfall der Geschäftsgrundlage herangezogen worden. Diese Lehre ist vor allem in der Zeit nach dem ersten Weltkrieg entwickelt worden, um bestehende Vertragsverhältnisse den einschneidenden wirtschaftlichen Verhältnissen der Inflationszeit anpassen zu können.

Beispiele: Bei einem langfristigen Mietvertrag, der in normalen Zeiten abgeschlossen worden war, führte die nicht vorhersehbare Geldentwertung dazu, dass die vereinbarte Höhe des Mietzinses in einem groben Missverhältnis zum Wert der Gebrauchsüberlassung stand.

Die Lehre von der Störung der Geschäftsgrundlage erfasste die Auswirkungen von sozialen Katastrophen etwa bei Krieg oder Inflation. Sie sollte auch in den Fällen der übermäßigen Leistungserschwerung, der Zweckvereitelung, der Äquivalenzstörung und des beiderseitigen Motivirrtums eingreifen[285].

Beispiele: Die verpflichtete Sängerin trat wegen schwerer Erkrankung ihres Kindes nicht auf (= Leistungserschwerung); der liegengebliebene Pkw sprang wieder an, bevor der bestellte Abschleppwagen kam (= Zweckvereitelung); infolge einer erheblichen Erhöhung der Branntweinsteuer reichte der im Kaufvertrag über Branntwein vereinbarte Kaufpreis nicht einmal aus, um davon die Steuern zu bezahlen (= Äquivalenzstörung); V und K irrten im **Fall a** über den Börsenkurs (= beiderseitiger Motivirrtum).

Seit dem 1.1.2002 ist die Störung der Geschäftsgrundlage in § 313 geregelt. **478**
Diese Vorschrift sieht eine Anpassung oder Beendigung von Verträgen vor, wenn die Umstände, die zur Grundlage des Vertrages geworden sind, sich nach Vertragsschluss schwerwiegend verändert oder von Anfang an gefehlt haben. Dazu sind vier Fallgruppen anerkannt: Zweckstörung, Äquivalenzstörung, wirtschaftliche Unmöglichkeit und beiderseitiger Motivirrtum.

Im **Fall b** ist A weiterhin verpflichtet, das Haus zu bauen. Er kann aber wegen des größeren Aufwandes Vertragsanpassung (höheres Entgelt) verlangen (§ 313 II).

Einzelheiten zu § 313 gehören in das Schuldrecht[286].

285 Einzelheiten: *Medicus*, BürgR Rdnr. 151 ff.
286 AS § 7 Rdnr. 13 ff.; § 27.

Fünftes Kapitel Bedingte, befristete und zustimmungsbedürftige Rechtsgeschäfte

479 § 21 Bedingte und befristete Rechtsgeschäfte

Schrifttum: *Brox*, Das Anwartschaftsrecht des Vorbehaltskäufers, JuS 1984, 657; *Egert*, Die Rechtsbedingung im System des bürgerlichen Rechts, 1974; *Schreiber*, Die bedingte Übereignung, NJW 1966, 2333.

Fälle:

a) Der Vormund V übereignet ein Grundstück seines Mündels M an den Käufer K durch Auflassung und Eintragung im Grundbuch (§§ 925, 873). In der Auflassungserklärung heißt es: »Die Auflassung erfolgt unter der Bedingung, dass das Vormundschaftsgericht genehmigt.« Später meint V unter Hinweis auf § 925 II, die Auflassung sei unwirksam, weil sie unter einer Bedingung erfolgt sei. Mit Recht? **(Rdnr. 480)**

b) K möchte das ihm von V für 5 000,– € angebotene Kraftfahrzeug kaufen. Da ihm das Geld fehlt, schließen beide am Samstagnachmittag einen Kaufvertrag »unter der Bedingung, dass K bei der heutigen Lottoausspielung mindestens 5 000,– € gewinnt«. Bei der Ziehung der Lottozahlen hat K »6 Richtige«. Rechtslage? **(Rdnr. 481, 483, 485, 488)**

c) Wie, wenn V und K im **Fall b** den Vertrag am Sonntagmorgen schließen, beide aber noch nichts vom Glück des K wissen? **(Rdnr. 481)**

d) V will an K ein Fernsehgerät für 1 500,– €, zahlbar in monatlichen Raten zu100,– €, verkaufen. K soll das Gerät sofort geliefert bekommen; andererseits will V auf das Gerät zurückgreifen können, wenn K seine Ratenzahlungen nicht einhält. Wie können V und K diese Ziele erreichen? (vgl. § 449). **(Rdnr. 483, 485, 488)**

e) K bringt im **Fall d** das ihm unter Eigentumsvorbehalt verkaufte Fernsehgerät zur Überprüfung in das Geschäft des V. Dieser veräußert das Gerät für 1 600,– € an D. K will wissen, ob er von V Schadensersatz fordern oder von D das Gerät herausverlangen kann. **(Rdnr. 497, 499)**

I. Begriff, Bedeutung und Zulässigkeit

1. *Begriff*

a) Das *bedingte* Rechtsgeschäft enthält eine Bestimmung, welche die Wirkungen des Geschäfts *von einem zukünftigen, ungewissen Ereignis abhängig* macht (vgl. § 158).

Das Gesetz verwendet den Begriff »Bedingung« in zweifachem Sinne: Einmal ist damit die entsprechende Bestimmung des Rechtsgeschäfts gemeint, wonach dessen Geltung von einem zukünftigen ungewissen Ereignis abhängig gemacht wird (§ 158: »Wird ein Rechtsgeschäft unter einer . . . Bedingung vorgenommen«). Zum anderen wird damit das Ereignis selbst bezeichnet (§ 158 II: ». . . mit dem Eintritte der Bedingung . . .«).

(1) Das Gesetz regelt nur die *rechtsgeschäftlich* begründete Bedingung und nicht die sog. Rechtsbedingung. Unter einer Rechtsbedingung ist eine Voraussetzung zu verstehen, die von einer Rechtsnorm für die Wirksamkeit des Rechtsgeschäfts gefordert wird. **480**

Im **Fall a** bedarf V zur Verfügung über das Grundstück der Genehmigung des Vormundschaftsgerichts (§ 1821 I Nr. 1). Dabei handelt es sich um eine Rechtsbedingung. Denn die vormundschaftsgerichtliche Genehmigung ist kraft Gesetzes erforderlich, auch wenn davon nichts in der Auflassungserklärung steht. Da also keine rechtsgeschäftliche Bedingung vorliegt, ist § 925 II nicht verletzt. Genehmigt das Vormundschaftsgericht, ist K durch Auflassung und Eintragung Eigentümer des Grundstücks geworden.

Aber nicht jede rechtsgeschäftliche Bestimmung, die nach dem Sprachgebrauch als Geschäfts- oder Vertragsbedingung bezeichnet wird, ist eine Bedingung i. S. der §§ 158 ff. Viele dieser Bestimmungen machen die Wirksamkeit des Rechtsgeschäfts nicht von einem zukünftigen, ungewissen Ereignis abhängig.

Beispiele: Lieferbedingungen, Zahlungsbedingungen, Allgemeine Geschäftsbedingungen (Rdnr. 219 ff.).

(2) Bei der Bedingung im Sinne des Gesetzes handelt es sich um ein *zukünftiges, ungewisses Ereignis*. **481**

An der *Ungewissheit* fehlt es bei der »notwendigen Bedingung«. Diese macht den Eintritt der Rechtswirkung von einem notwendigerweise eintretenden Ereignis abhängig. Es handelt sich um eine Befristung, die – im Unterschied zu der Bedingung – ein zukünftiges, gewisses Ereignis darstellt (Rdnr. 482).

Beispiel: A verspricht dem B, ihm oder seinen Erben monatlich 400,– € zu zahlen, wenn der Vater des B stirbt. Der Tod des Vaters ist gewiss; ungewiss ist nur der Zeitpunkt des Todes.

Ein *zukünftiges* Ereignis ist zwar nicht gegeben, wenn die »Bedingung« auf ein gegenwärtiges oder gar bereits vergangenes Ereignis abstellt (z.B. Kauf eines Kfz-Zubehörteils »unter der Voraussetzung, dass es passt«). In diesen Fällen liegt nach h. M. keine Bedingung vor, selbst wenn den am Rechtsgeschäft Beteiligten das (objektiv gewisse) Ereignis subjektiv ungewiss ist[287].
Jedoch können die Vorschriften der §§ 158 ff. analog angewandt werden, wenn die Parteien nicht auf das bereits Geschehene, sondern auf ihre zukünftige Kenntnis von dem bereits Geschehenen abstellen. In diesem Falle entspricht die Interessenlage derjenigen, die gegeben ist, wenn das Geschehene noch in der Zukunft läge, da in beiden Fällen eine gleiche Ungewissheit für die Parteien besteht.

Danach gibt es keinen einleuchtenden Grund, den **Fall c** im Ergebnis anders zu behandeln als den **Fall b**, in dem eine objektive Ungewissheit und damit eine echte Bedingung

287 *Palandt/Heinrichs*, Einf v. § 158 Rdnr. 6.

vereinbart wird. Solange V und K im **Fall c** noch nicht wissen, ob K gewonnen hat, soll die Wirkung des Vertrages in der Schwebe bleiben.

482 b) Das *befristete* Rechtsgeschäft enthält eine Bestimmung, welche die Wirkungen des Geschäfts von dem Eintritt eines bestimmten Termins abhängig macht (vgl. § 163). Bei der Befristung geht es also um ein *zukünftiges, gewisses Ereignis*. Das kann ein bestimmter Kalendertag, aber auch etwa der Todestag einer bestimmten Person sein. In beiden Fällen ist der Eintritt des Ereignisses gewiss, im letzteren nur der Zeitpunkt des Eintritts ungewiss. Dagegen ist ein bestimmter Geburtstag einer Person als Bedingung aufzufassen, da es unbestimmt ist, ob die Person diesen Tag erlebt.

Verspricht A dem B, an ihn – nicht auch an dessen Erben – monatlich 400,– € zu zahlen, wenn der Vater des B stirbt, so hängt die Verpflichtung nicht nur vom Tod des Vaters, sondern auch davon ab, dass B seinen Vater überlebt. Das ist ungewiss; deshalb handelt es sich um eine Bedingung. Soll A verpflichtet sein, an B oder dessen Erben zu zahlen, kommt es nur auf den Tod des Vaters des B, also auf ein gewisses Ereignis, an.

483 2. *Bedeutung*

a) Eine *Bedingung* wird meist deshalb in das Rechtsgeschäft aufgenommen, um schon bei Geschäftsabschluss einem möglichen künftigen Umstand Rechnung zu tragen und das *Geschäft der zukünftigen Entwicklung anzupassen*.

Beispiele: Der Erblasser bestimmt in seinem Testament, dass die Erbfolge sich zu Gunsten seiner Kinder und zu Ungunsten seiner Ehefrau ändern soll, wenn diese wieder heiratet.

Im **Fall b** möchte K nur dann zur Kaufpreiszahlung verpflichtet sein, wenn er einen entsprechenden Lottogewinn macht. Er könnte mit dem Abschluss des (unbedingten) Kaufvertrages warten, bis sich herausstellt, ob er gewonnen hat. Aber er will durch den schon vorher abgeschlossenen (bedingten) Kaufvertrag verhindern, dass V sich später anders besinnt; dieser soll mit Eintritt der Bedingung (Lottogewinn) ohne weiteres zur Übereignung des Kraftwagens an K verpflichtet sein.

Im **Fall d** werden V und K einen (unbedingten) Kaufvertrag schließen. Außerdem wird V das Gerät durch Einigung und Übergabe (§ 929 Satz 1) an K übereignen; jedoch soll das Eigentum an dem Gerät erst dann auf K übergehen, wenn dieser die letzte Kaufpreisrate zahlt. Deshalb wird in die Einigung über den Eigentumsübergang die Bedingung vollständiger Kaufpreiszahlung aufgenommen (vgl. § 449; Kauf unter Eigentumsvorbehalt). Dadurch bleibt V bis zur Zahlung der letzten Rate Eigentümer des Geräts, so dass er hinreichend gesichert ist; zahlt K nicht, kann V von ihm nach § 985 das Gerät herausverlangen. Sobald dagegen die letzte Rate gezahlt wird, tritt die Bedingung ein; damit geht das Eigentum ohne weiteres auf K über.

Die Aufnahme einer Bedingung in das Rechtsgeschäft kann ferner dazu dienen, auf den durch das Geschäft Begünstigten einzuwirken, dass dieser sich im Sinne der Bedingung verhält.

Beispiele: A verspricht dem B, ihm seinen Pkw zu schenken, wenn B sein Examen besteht. – B soll das Geschenk zurückgeben müssen, wenn er wieder straffällig wird.

b) Eine *Befristung* wird in das Geschäft aufgenommen, wenn das Geschäft nur von einem bestimmten Zeitpunkt an wirksam sein oder nur bis zu einem bestimmten Termin gelten soll. **484**

V und M schließen am 2. 1. einen Mietvertrag über eine Maschine, beginnend ab 1. 4. und endend am 31. 10.

3. Zulässigkeit **485**

a) Bedingungen und Befristungen sind *grundsätzlich zulässig*; das gilt sowohl für Verpflichtungs- (**Fall b**) wie für Verfügungsgeschäfte (**Fall d**).

b) *Ausnahmsweise* sind Bedingungen und Befristungen *unzulässig*: **486**

(1) Im *öffentlichen Interesse* bestimmt das Gesetz in einer Reihe von Fällen die Unzulässigkeit. *Bedingungs- und befristungsfeindliche Rechtsgeschäfte* sind vor allem einige familienrechtliche Verträge wie die Eheschließung (§ 1311 Satz 2). Aber auch gewisse vermögensrechtliche Geschäfte wie die Auflassung (§ 925 II) gehören hierher; die Rechtsklarheit, der die Eintragung im Grundbuch dient, würde beeinträchtigt, wenn eine Bedingung oder Befristung zulässig wäre.

Demnach sind die Eheschließung auf Zeit sowie die Auflassung unter Eigentumsvorbehalt unzulässig.

(2) *Wegen der Interessen des Erklärungsempfängers* sind einseitige Rechtsgeschäfte, die in fremde Vermögensverhältnisse eingreifen, bedingungs- und befristungsfeindlich. Das bestimmt § 388 Satz 2 für die Aufrechnungserklärung. Die Aufrechnung soll vor allem im Interesse des Erklärungsempfängers klare Verhältnisse schaffen; er soll wissen, woran er ist. Dieser Grund trifft gleichermaßen für die Ausübung anderer Gestaltungsrechte (Rdnr. 629) zu. Deshalb sind auch die Anfechtungs-, Kündigungs- und Rücktrittserklärung bedingungs- und befristungsfeindlich, obwohl das Gesetz dies nicht ausdrücklich sagt. **487**

Da die Unzulässigkeit einer Bedingung oder Befristung in diesen Fällen dem Schutz des Erklärungsempfängers dient, sind bedingte oder befristete Gestaltungserklärungen jedoch dann zulässig, wenn der Empfänger auf seinen Schutz verzichtet oder ausnahmsweise nicht schutzbedürftig ist. Das ist der Fall, wenn die Parteien die Zulässigkeit einer Bedingung (Befristung) vereinbart haben oder wenn deren Eintritt allein von einer Handlung des Empfängers abhängt (sog. Potestativbedingung); kommt es nur auf eine bestimmte Handlung des Empfängers an, besteht nämlich für ihn keine Unklarheit über die Rechtslage[288].

288 Vgl. BGHZ 97, 267.

Beispiel: V kündigt den Mietvertrag über eine Maschine unter der Bedingung, dass M nicht bereit ist, monatlich 50,– € mehr Miete zu zahlen (sog. Änderungskündigung).

488 II. Arten

1. Aufschiebende und auflösende Bedingung

a) Die *aufschiebende* Bedingung (Suspensivbedingung) macht das Wirksam*werden* des Rechtsgeschäfts von dem Eintritt des künftigen, ungewissen Ereignisses abhängig (§ 158 I). Bis zum Eintritt dieses Ereignisses besteht ein Schwebezustand; erst mit dem Eintritt entsteht die Rechtswirkung des Rechtsgeschäfts.

Beispiele: Kaufvertrag unter der Bedingung, dass K im Lotto gewinnt (**Fall b**); bedingte Übereignung beim Kauf unter Eigentumsvorbehalt (**Fall d**).

489 b) Die *auflösende* Bedingung (Resolutivbedingung) macht das Wirksam*bleiben* von dem Nichteintritt des künftigen, ungewissen Ereignisses abhängig (§ 158 II). Die Rechtswirkung des Rechtsgeschäfts entsteht sofort, aber sie endet mit dem Eintritt des Ereignisses.

Beispiel: A übereignet dem B sein Kraftfahrzeug. Das Eigentum soll automatisch wieder an A zurückfallen, wenn A das ihm von B gewährte Darlehen zurückzahlt. Hier steht die Übereignung unter der auflösenden Bedingung der Rückzahlung des Darlehens.

Zu a) und b): Die Feststellung, ob eine aufschiebende oder eine auflösende Bedingung vorliegt, ist für die Rechtsfolgen von entscheidender Bedeutung. Im Einzelfall kann es zweifelhaft sein, ob eine aufschiebende oder eine auflösende Bedingung gewollt ist. Durch Auslegung ist zu ermitteln, welche Wirkung die Bedingung nach der Vereinbarung der Parteien haben soll. Wenn erst das künftige, ungewisse Ereignis die Wirkungen des Vertrages auslösen soll, handelt es sich um eine aufschiebende Bedingung; sollen die Wirkungen bereits mit Vertragsschluss entstehen und bei Eintritt des Ereignisses enden, liegt eine auflösende Bedingung vor.

Vereinbaren die Parteien beim Kauf unter Eigentumsvorbehalt, dass das Eigentum an der Kaufsache erst bei Zahlung der letzten Rate auf den Käufer übergehen soll, steht die Einigung über den Eigentumsübergang unter der aufschiebenden Bedingung der Zahlung der letzten Rate. Soll dagegen das Eigentum sofort auf den Käufer übergehen, jedoch automatisch wieder an den Verkäufer zurückfallen, wenn der Käufer mit der Zahlung einer Rate länger als eine Woche im Rückstand ist, so ist die Einigung unter einer auflösenden Bedingung erfolgt.

Ist durch Auslegung nicht zu ermitteln, ob die Parteien eine aufschiebende oder eine auflösende Bedingung gewollt haben, hilft das Gesetz in einigen Fällen mit Auslegungsregeln weiter.

So ist beim Kauf unter Eigentumsvorbehalt nach § 449 *im Zweifel* anzunehmen, dass die Übertragung des Eigentums unter der *aufschiebenden* Bedingung vollständiger Zahlung des Kaufpreises erfolgt. – Beim Kauf auf Probe (§ 454) ist der Kauf *im Zweifel* unter der *aufschiebenden* Bedingung der Billigung durch den Käufer geschlossen (§ 454 I 2).

2. Anfangs- und Endtermin 490

a) Der *Anfangstermin* macht das Wirksamwerden des Rechtsgeschäfts vom Eintritt eines zukünftigen, gewissen Ereignisses abhängig. Hinsichtlich der Wirkung besteht eine Parallele zur aufschiebenden Bedingung. Deshalb finden die Regeln über die aufschiebende Bedingung entsprechende Anwendung (§ 163).

b) Der *Endtermin* macht das Ende der Wirkung des Rechtsgeschäfts vom Eintritt eines zukünftigen, gewissen Ereignisses abhängig. Hier sind die Vorschriften über die auflösende Bedingung entsprechend anwendbar (§ 163).

Zu a) und b): Ob der festgelegte Zeitpunkt als Anfangs- oder Endtermin gemeint ist, muss durch Auslegung ermittelt werden. Wenn in den folgenden Erörterungen von der aufschiebenden und der auflösenden Bedingung die Rede ist, gilt in der Regel Entsprechendes für den Anfangs- und Endtermin.

III. Rechtsfolgen des Eintritts oder Ausfalls der Bedingung 491

1. Eintritt der Bedingung

a) Tritt das zukünftige, ungewisse Ereignis ein, *ändert sich die Rechtslage*: Bei der *aufschiebenden* Bedingung entsteht die Rechtswirkung des Rechtsgeschäfts, bei der *auflösenden* Bedingung endet sie. In beiden Fällen bedarf es keiner neuen Willensäußerung.

b) Die Rechtslage ändert sich *erst vom Zeitpunkt des Eintritts der Bedingung* 492
ab (Wirkung ex nunc); das Gesetz kennt keine Rückwirkung auf den Zeitpunkt des Abschlusses des Rechtsgeschäfts. Das ergibt sich schon aus dem Wortlaut des § 158 (§ 158 I: »mit dem Eintritte der Bedingung«; § 158 II: »mit diesem Zeitpunkte«) und ist außerdem aus § 159 zu entnehmen. Danach können die Parteien zwar vereinbaren, dass die an den Eintritt der Bedingung geknüpften Folgen zurückbezogen werden sollen. Diese Vereinbarung hat aber keine dingliche, sondern lediglich eine schuldrechtliche Wirkung; die Parteien haben bei einer solchen Vereinbarung einander zu gewähren, was sie haben würden, wenn die Folgen in dem früheren Zeitpunkt eingetreten wären.

Beispiele: Hat V dem K eine Kuh verkauft und unter der *aufschiebenden* Bedingung vollständiger Kaufpreiszahlung übereignet, so wird K Eigentümer der Kuh erst im Zeitpunkt der Zahlung der letzten Rate und nicht schon (rückwirkend) vom Zeitpunkt der bedingten Übereignung an. Wenn die Kuh im Zeitraum zwischen bedingter Übereignung und Zahlung der letzten Kaufpreisrate kalbt, dann gehört das Kalb nach § 953 dem V als dem Eigentümer der Kuh. Ist aus der Vereinbarung der Parteien zu entnehmen, dass der Eintritt der Bedingung auf den Vertragsabschluss zurückwirken soll, so hat das auf die dingliche Rechtslage keinen Einfluss. V ist Eigentümer des Kalbes geworden. Aber er ist nach der Vereinbarung schuldrechtlich verpflichtet, den K so zu stellen, wie wenn die Bedingung schon bei Geschäftsabschluss eingetreten wäre (§ 159). V muss also das ihm gehörende Kalb dem K übereignen.

Hat A dem B die Kuh unter einer *auflösenden* Bedingung übereignet, so ist B bis zum Eintritt der Bedingung Eigentümer der Kuh. Kalbt die Kuh vor Eintritt der auflösenden Bedingung, gehört das Kalb dem B als Eigentümer der Kuh (§ 953). Daran ändert sich nichts, wenn die Bedingung eintritt. Ist allerdings eine Rückwirkung der Bedingung vereinbart, muss B dem A das Kalb übereignen (§ 159).

493 c) *Dem Eintritt der Bedingung gleichgestellt* wird der Fall, dass eine Partei, zu deren Nachteil der Eintritt gereichen würde, wider Treu und Glauben den Eintritt der Bedingung verhindert (§ 162 I). Diese Vorschrift stellt eine Fiktion auf: Die treuwidrig verhinderte Bedingung gilt als eingetreten. Es handelt sich um einen Spezialfall des Grundsatzes von Treu und Glauben (§ 242).

Beispiel: V, der die Kaufsache dem K unter der aufschiebenden Bedingung vollständiger Kaufpreiszahlung übereignet hat, nimmt die letzte Kaufpreisrate nicht an. Nach § 162 I gilt die Bedingung als eingetreten, so dass K Eigentümer der Kaufsache wird.

Ein Verstoß gegen Treu und Glauben liegt nicht vor, wenn eine Partei den Eintritt der Bedingung bewusst verhindert, der Eintritt der Bedingung aber nach der Parteivereinbarung vom freien Willen dieser Partei abhängen soll.

Beispiel: Beim Kauf auf Probe (§ 454) billigt der Käufer die Kaufsache nicht.

494 *2. Ausfall der Bedingung*

a) Die Bedingung ist ausgefallen, wenn das *Ereignis nicht mehr eintreten kann*.

Beispiele: Die Bedingung, dass ein bestimmter Geldbetrag innerhalb einer bestimmten Frist gezahlt wird, ist ausgefallen, wenn die Frist abgelaufen ist, ohne dass gezahlt worden ist. Die Bedingung, dass A den B überlebt, kann nicht mehr eintreten, wenn A vor B stirbt.

Ist eine *aufschiebende* Bedingung ausgefallen, kann das Rechtsgeschäft nicht mehr wirksam werden; bei Ausfall einer *auflösenden* Bedingung steht das Wirksambleiben des Geschäfts endgültig fest.

495 b) *Dem Ausfall der Bedingung gleichgestellt* wird der Fall, dass eine Partei, zu deren Vorteil der Eintritt gereicht, diesen wider Treu und Glauben herbeiführt (§ 162 II). Obwohl also die Bedingung eingetreten ist, wird sie von § 162 II als nicht eingetreten behandelt. Auch bei dieser Bestimmung handelt es sich um einen Spezialfall des Grundsatzes von Treu und Glauben (§ 242). Bei § 162 I geht es um die treuwidrige Verhinderung, bei § 162 II um die treuwidrige Herbeiführung des Eintritts der Bedingung.

IV. Schutz des bedingt Berechtigten 496

1. *Schutz im Verhältnis zum Geschäftspartner*

Solange die Bedingung nicht eingetreten ist, aber noch eintreten kann, müssen die Beteiligten mit der Möglichkeit des Eintritts der Bedingung rechnen. Deshalb haben sie sich so zu verhalten, dass bei Eintritt der Bedingung der von ihnen bezweckte Erfolg auch erreicht wird; insbesondere haben sie alles zu unterlassen, was dem zuwiderliefe.

a) Das *aufschiebend bedingte Rechtsgeschäft* wird zwar erst mit dem Eintritt der Bedingung wirksam (§ 158 I); aber schon vorher wird der unter einer aufschiebenden Bedingung Berechtigte durch § 160 I geschützt. Danach kann er Schadensersatz verlangen, wenn der Geschäftspartner während der Schwebezeit das von der Bedingung abhängige Recht durch sein Verschulden vereitelt oder beeinträchtigt. Ein Schaden entsteht dem Berechtigten aber nur, wenn die Bedingung eintritt, da das Geschäft erst dann Rechtswirkungen entfaltet; deshalb ist der Schadensersatzanspruch nach § 160 I davon abhängig, dass die Bedingung auch eintritt (»im Falle des Eintritts der Bedingung«). 497

Ist die Verpflichtung des A gegenüber B zur Übereignung einer Sache aufschiebend bedingt und beschädigt oder zerstört A vor Bedingungseintritt schuldhaft die Sache, kann B von A seinen dadurch entstandenen Schaden ersetzt verlangen, wenn die Bedingung eintritt und damit der Anspruch des B gegen A entsteht.

Im **Fall e** ist V bei der Veräußerung des Fernsehgerätes an D noch Eigentümer des Gerätes. Dennoch ist er dem K nach § 160 schadensersatzpflichtig, wenn mit der Zahlung der letzten Kaufpreisrate die Bedingung eintritt, unter der die Übereignung an K steht.

b) Beim *auflösend bedingten Rechtsgeschäft* ist zwar die Rechtswirkung bereits entstanden; aber der Berechtigte muss damit rechnen, dass die Bedingung eintritt und damit die Rechtswirkung endet. Deshalb macht er sich nach § 160 II schadensersatzpflichtig, wenn er das Recht dessen, »zu dessen Gunsten der frühere Rechtszustand wieder eintritt«, schuldhaft vereitelt oder beeinträchtigt. Auch dieser Schadensersatzanspruch entsteht erst mit dem Eintritt der Bedingung. 498

Hat A dem B eine Sache unter einer auflösenden Bedingung übereignet, ist B Eigentümer der Sache. Beschädigt B schuldhaft die Sache oder übereignet er sie an einen anderen, vereitelt oder beeinträchtigt er das Recht des A. Dieser kann von B Schadensersatz verlangen, wenn die Bedingung eintritt, weil damit das Eigentum an A zurückfällt.

499 *2. Schutz im Verhältnis zu einem Dritten*

a) Hat jemand *unter einer aufschiebenden Bedingung über einen Gegenstand verfügt*, soll der bedingt Berechtigte nicht nur durch einen Schadensersatzanspruch nach § 160 I gegen den Verfügenden geschützt werden. Darüber hinaus soll durch § 161 I bewirkt werden, dass der bedingt Berechtigte bei Bedingungseintritt auch dann das Recht erwirbt, wenn der Verfügende nach der Verfügung zu Gunsten des bedingt Berechtigten und vor dem Eintritt der Bedingung noch einmal zu Gunsten eines Dritten verfügt. Dieses Ziel erreicht das Gesetz dadurch, dass es die Verfügungsmacht des Verfügenden, der bis zum Bedingungseintritt noch Inhaber des Rechtes ist, zu Gunsten des bedingt Berechtigten beschränkt. Nach § 161 I 1 ist nämlich die erneute Verfügung über den Gegenstand während des Schwebezustandes insoweit unwirksam, als sie im Fall des Eintritts der Bedingung die von dieser abhängige Wirkung vereiteln oder beeinträchtigen würde. Die Vorschrift schützt also den bedingt Berechtigten, der mit dem Rechtsgeschäft ein sog. Anwartschaftsrecht (Rdnr. 508) erworben hat, vor Zwischenverfügungen.

Im **Fall e** hat K aufschiebend bedingtes Eigentum an dem Fernsehgerät erworben. Da V bis zur Zahlung der letzten Kaufpreisrate noch Eigentümer des Gerätes ist, kann er es nach § 929 Satz 1 an D übereignen, der damit Eigentümer wird. Daran ändert sich auch nichts, wenn die Bedingung ausfällt. Tritt sie aber ein, so ist die Verfügung des V zu Gunsten des D gem. § 161 I unwirksam (Ausnahme: § 161 III). K kann dann als Eigentümer das Gerät von D als Besitzer nach § 985 herausverlangen.

Der geschilderte Schutz des bedingt Berechtigten greift jedoch nicht ein, wenn der durch die zweite Verfügung begünstigte Dritte von der bedingten Verfügung nichts weiß. Hier geht der Schutz des Dritten dem des bedingt Berechtigten vor. Das beruht auf folgender Überlegung: Nach §§ 929, 932 erwirbt jemand das Eigentum an der ihm übereigneten Sache selbst dann, wenn der Veräußerer gar nicht Eigentümer der Sache ist. Voraussetzung eines solchen gutgläubigen Erwerbs vom Nichtberechtigten ist, dass der Erwerber gutgläubig in Bezug auf das Eigentum des Veräußerers ist und die Sache dem Eigentümer nicht abhanden gekommen ist (Nachzulesen: Rdnr. 534). Wenn danach ein Gutgläubiger schon von einem Nichteigentümer das Eigentum erwirbt, dann muss es erst recht möglich sein, dass jemand vom Eigentümer erwirbt, dessen Verfügungsmacht wegen der erfolgten aufschiebend bedingten Übereignung nach § 161 I beschränkt ist. Deshalb sind nach § 161 III die Vorschriften zu Gunsten derjenigen, die Rechte von einem Nichtberechtigten herleiten (§§ 932 ff., 892 f.), entsprechend anwendbar.

Ist D im **Fall e** gutgläubig in Bezug auf die Verfügungsmacht des V, kennt er also die bedingte Verfügung des V nicht und beruht diese Unkenntnis nicht auf grober Fahrlässigkeit (vgl. § 932), dann erwirbt er das Eigentum an dem Fernsehgerät, und er verliert es auch nicht, wenn später die Bedingung (Zahlung der letzten Kaufpreisrate) eintritt. K kann dann das Gerät nicht nach § 985 von D herausverlangen.

b) Für die *auflösend bedingte Verfügung* gilt das zur aufschiebend bedingten Verfügung Gesagte entsprechend (§ 161 II, III). 500

Hat also A dem B eine Sache unter einer auflösenden Bedingung übereignet, wird B zwar Eigentümer der Sache; seine Übereignung der Sache an D ist jedoch unwirksam, wenn die Bedingung eintritt (§ 161 II). Allerdings können auch hier die Gutglaubensregeln zu Gunsten des D eingreifen (§ 161 III).

§ 22 Zustimmungsbedürftige Rechtsgeschäfte 501

Schrifttum: *Finkenauer*, Rückwirkung der Genehmigung, Verfügungsmacht und Gutglaubensschutz, AcP 203 (2003), 282; *Palm*, Die nachträgliche Erteilung der verweigerten Genehmigung, 1964; *K. Schmidt*, Beseitigung der schwebenden Unwirksamkeit durch Verweigerung einer Genehmigung, AcP 189, 1; *Thiele*, Die Zustimmung in der Lehre vom Rechtsgeschäft, 1966.

Fälle:

a) Frau F, die mit ihrem Ehemann M im gesetzlichen Güterstand lebt, will ihr Grundstück, das ihr ganzes Vermögen darstellt, für 80 000,– € an K verkaufen. Sie möchte wissen, ob M seine (nach § 1365 I erforderliche) Zustimmung ihr gegenüber oder aber auch dem K gegenüber erklären kann, ob die Zustimmungserklärung des M wegen § 311 b I 1 der notariellen Beurkundung bedarf und ob die Zustimmung des M bereits bei Abschluss des Grundstückskaufvertrages vorliegen muss oder es ausreicht, dass M nach dem Vertragsschluss zustimmt. **(Rdnr. 503, 504)**

b) Im **Fall a** schließt F mit K am 1. 2. den Kaufvertrag. Am 1. 3. stimmt M dem Verkauf zu. Ist der Kaufvertrag wirksam, wenn sich herausstellt, dass M (F) seit dem 15. 2. geisteskrank ist? **(Rdnr. 503, 505)**

c) V verkauft und übereignet eine dem E gehörende, diesem gestohlene Uhr an K. Wie kann K Eigentümer der Uhr werden? **(Rdnr. 505, 506, 507)**

I. Bedeutung und Begriff

1. Bedeutung

Normalerweise ist ein Rechtsgeschäft mit seinem Abschluss auch wirksam. In einer Reihe von Fällen macht das Gesetz die Wirksamkeit des Geschäfts aber von der Zustimmung eines Dritten abhängig. Dafür sind letztlich zwei Gründe maßgebend:

a) Die handelnde Person soll geschützt werden; deshalb ist zur Wirksamkeit des Geschäfts die Zustimmung einer Aufsichtsperson erforderlich (*Zustimmung kraft Aufsichtsrechts*).

So hängt die Wirksamkeit des von einem Minderjährigen geschlossenen Kaufvertrages von der Zustimmung seines gesetzlichen Vertreters ab (§ 108; Rdnr. 282). Wer unter rechtlicher Betreuung steht, bedarf zu einer Willenserklärung der Einwilligung seines Betreuers, sofern das Vormundschaftsgericht zu seinem Schutz einen Einwilligungsvorbehalt angeordnet hat (§ 1903; Rdnr. 287).

b) Ein Dritter soll geschützt werden, weil ein Rechtsgeschäft seinen Rechtskreis berührt; deshalb ist seine Zustimmung zur Wirksamkeit des Geschäfts erforderlich (*Zustimmung kraft Rechtsbeteiligung*).

Der Vorerbe V übereignet ein zum Nachlass gehörendes Grundstück an K. Dadurch wird der Nachlass zum Nachteil des Nacherben N geschmälert. Deshalb wird die Verfügung unwirksam, wenn der Nacherbfall eintritt (§ 2113 I). N ist jedoch nicht schutzbedürftig, wenn er der Verfügung zustimmt (ErbR Rdnr. 362).

502 *2. Begriff*

Das zustimmungsbedürftige Rechtsgeschäft ist ein Rechtsgeschäft, das kraft Gesetzes zu seiner Wirksamkeit der Zustimmung einer dritten Person bedarf (vgl. § 182 I).

a) Die Zustimmungsbedürftigkeit muss *kraft Gesetzes* bestimmt sein (Rechtsbedingung; Rdnr. 480).

Wenn die Parteien des Rechtsgeschäfts vereinbaren, dass dessen Wirksamkeit von der Zustimmung eines anderen abhängig sein soll, handelt es sich um eine Bedingung (§§ 158 ff.; Rdnr. 479).

b) Es muss sich um die Zustimmung einer *Privatperson* handeln, nicht um das Einverständnis einer Behörde.

Jedoch sind die Vorschriften der §§ 182 ff. bei behördlichen Genehmigungen entsprechend anwendbar, sofern nicht – wie bei der vormundschaftsgerichtlichen Genehmigung in §§ 1828 ff. – Spezialregeln bestehen.

c) Die Zustimmung wird von einem *Dritten* erteilt, der selbst das zustimmungsbedürftige Rechtsgeschäft nicht vorgenommen hat (vgl. § 182 I).

d) Durch die Zustimmung wird das zustimmungsbedürftige Rechtsgeschäft *wirksam*.

503 **II. Zustimmung**

1. Arten

a) *Einwilligung* ist die Zustimmung, die dem zustimmungsbedürftigen Geschäft zeitlich vorausgeht (= *vorherige Zustimmung*; § 183 Satz 1).

b) *Genehmigung* ist die Zustimmung, die dem zustimmungsbedürftigen Geschäft zeitlich nachfolgt (= *nachträgliche Zustimmung*; § 184 I).

2. *Allgemeine Regeln*

a) Die Zustimmung ist eine empfangsbedürftige Willenserklärung. Auf sie finden also die Regeln über die Willenserklärung Anwendung.

Keine wirksame Zustimmung liegt vor, wenn z. B. der Zustimmende wegen Geisteskrankheit (M im **Fall b**) keine gültige Willenserklärung abgeben kann oder die Zustimmungserklärung nach §§ 119 ff. wirksam angefochten ist.

b) Die Zustimmung kann vom Zustimmungsberechtigten *»sowohl dem einen als dem anderen Teile gegenüber erklärt werden«* (§ 182 I).

Im **Fall a** kann M seine Zustimmungserklärung entweder der F oder dem K gegenüber abgeben. – In besonderen Fällen (§ 108 II, Rdnr. 283; § 177 II, Rdnr. 599) muss dagegen die Zustimmung dem anderen Teile gegenüber erklärt werden.

c) Die Zustimmungserklärung bedarf *nicht der für das Rechtsgeschäft bestimmten Form* (§ 182 II). Das wird damit begründet, dass die Zustimmung kein Teil des zustimmungsbedürftigen Rechtsgeschäfts sei; die gesetzliche Regelung ist bedenklich, wenn die vorgeschriebene Form Warnfunktion (Rdnr. 299) hat.

Im **Fall a** ist auch die formlose Zustimmung des M trotz § 311 b I 1 wirksam. Es genügt also etwa das Kopfnicken auf eine Frage nach der Zustimmung.

d) Das Rechtsgeschäft, das mit Einwilligung des Berechtigten vorgenommen wird, ist sofort *wirksam*. Fehlt die Einwilligung, ist es schwebend unwirksam. Es wird durch die Genehmigung nachträglich wirksam.

3. *Besonderheiten bei der Einwilligung* 504

a) Bei bestimmten zustimmungsbedürftigen *einseitigen Rechtsgeschäften* (z. B. § 111, Rdnr. 285; § 180, Rdnr. 596) kann die Zustimmung wirksam nur vorher (also nur als Einwilligung) erteilt werden. Eine Genehmigung ist im Interesse des Erklärungsempfängers ausgeschlossen, da dieser nicht im Unklaren darüber bleiben soll, ob die Erklärung wirksam wird. Bei Verträgen ist dagegen auch eine Genehmigung möglich, da der Vertragspartner nicht schutzbedürftig ist; er braucht sich nicht auf einen Vertrag einzulassen, dessen Wirksamkeit noch von einer Genehmigung abhängig ist.

Im **Fall a** ist die Zustimmung des M zum Kaufvertrag vor und nach dem Vertragsschluss möglich.

Wenn ein zustimmungsbedürftiges *einseitiges Rechtsgeschäft ohne Vorlage einer schriftlichen Einwilligung* gegeben ist, kann der Erklärungsempfänger das Rechtsgeschäft *unverzüglich zurückweisen* und es dadurch unwirksam machen (§ 182 III i. V. m. § 111 Satz 2 und 3; siehe Rdnr. 285).

b) Die Einwilligung kann vom Einwilligenden bis zur Vornahme des zustimmungsbedürftigen Rechtsgeschäfts grundsätzlich frei widerrufen werden

(§ 183 Satz 1). Der Widerruf ist eine empfangsbedürftige Willenserklärung, die gegenüber dem einen oder anderen Teil erklärt werden kann (§ 183 Satz 2). Wird das zustimmungsbedürftige Geschäft nach dem Widerruf der Einwilligung vorgenommen, ist es unwirksam. Es kann nur wirksam werden, wenn es zulässigerweise genehmigt wird.

Insoweit besteht ein Unterschied zur Genehmigung. Da diese erst nach Vornahme des zustimmungsbedürftigen Rechtsgeschäfts erteilt wird, ist das Geschäft damit wirksam, so dass die Genehmigung unwiderruflich ist.

Auch eine Einwilligung ist ausnahmsweise unwiderruflich, wenn das Gesetz die Widerruflichkeit ausschließt (z. B. § 876 Satz 3), die Einwilligung unwiderruflich erteilt worden ist oder die Unwiderruflichkeit sich aus dem der Erteilung zugrunde liegenden Rechtsverhältnis ergibt (§ 183 Satz 1).

505 *4. Besonderheiten bei der Genehmigung*

a) Die *Genehmigung wirkt*, soweit nichts anderes bestimmt ist, *auf den Zeitpunkt der Vornahme des Rechtsgeschäfts zurück* (§ 184 I). Durch die Wirksamkeit ex tunc will das Gesetz erreichen, dass das zustimmungsbedürftige Geschäft so behandelt wird, als wäre der Mangel der Zustimmung überhaupt nicht vorhanden gewesen.

Deshalb ist im **Fall b** die nach Abschluss des Kaufvertrages und vor Erteilung der Genehmigung eingetretene Geisteskrankheit der F unerheblich. Entscheidend ist allein, dass F bei Abschluss des Kaufvertrages geistig gesund gewesen ist.

Die Rückwirkung gilt jedoch nicht, sofern etwas anderes (durch Gesetz oder in dem zustimmungsbedürftigen Geschäft) bestimmt ist (§ 184 I a.E.); die Rückwirkung unterliegt also der Disposition der Parteien.

Nach richtiger Ansicht scheidet eine Rückwirkung auch insoweit aus, als es um den Ablauf einer Frist oder den Beginn der Verjährungsfrist geht; anderenfalls würden die Fristen unberechtigterweise verkürzt, was vom Gesetz nicht gewollt ist.

b) Die *Rückwirkung darf nicht dazu führen, dass dadurch Verfügungen unwirksam werden, die der Genehmigende vor der Genehmigung über den Gegenstand des Rechtsgeschäfts getroffen hat* (§ 184 II).

Beispiel: Im **Fall c** kann K dadurch Eigentümer der Uhr werden, dass E die Übereignung genehmigt. Hat E vor der Genehmigung die Uhr gem. § 931 an X übereignet, so könnte er, wenn seine Genehmigung zurückwirkte, durch eine Genehmigung der Übereignung an K seine Verfügung zu Gunsten des X hinfällig machen.

§ 184 II schützt also denjenigen, zu dessen Gunsten der Genehmigende während der Schwebezeit verfügt hat. Diese Verfügung soll nicht durch Genehmigung einer älteren unwirksamen Verfügung außer Kraft gesetzt werden können. Entsprechendes gilt auch für den Schutz des Gläubigers einer Zwangsvollstreckungsmaßnahme, die in der Schwebezeit gegen den Genehmigenden vorgenommen worden ist (§ 184 II).

III. Zustimmung bei der Verfügung eines Nichtberechtigten 506

Verfügt ein Nichtberechtigter über einen Gegenstand (**Fall c**), kann ein gutgläubiger Erwerb vom Nichtberechtigten in Betracht kommen (vgl. Rdnr. 28, 639).

Im **Fall c** scheidet ein solcher Erwerb wegen § 935 I aus, da die Uhr dem E gestohlen worden ist (Rdnr. 639).

1. Einwilligung und Genehmigung

Die Verfügung eines Nichtberechtigten ist auch dann wirksam, wenn der Berechtigte dieser Verfügung zustimmt. Dann ist der Berechtigte nicht schutzbedürftig. Weil er der Verfügung zustimmt, ist er so zu behandeln, als ob er selbst verfügt hätte. Die Zustimmung kann *vor* der Verfügung (= Einwilligung; § 185 I) und auch *nach* der Verfügung (= Genehmigung; § 185 II 1, 1. Fall) erfolgen.

§ 185 behandelt nur die Fälle, in denen der Nichtberechtigte *im eigenen Namen* handelt. So ist V im **Fall c** Partei des Kauf- und Übereignungsvertrages. Tritt V dagegen als Vertreter des E auf, dann schließt er im Namen des E den Kauf- und Übereignungsvertrag; hier kommt es für die Wirksamkeit der Übereignung darauf an, ob V von E zur Übereignung bevollmächtigt war (vgl. etwa § 177 I; Rdnr. 594 ff.).

2. Heilung 507

Auch ohne Zustimmung des Berechtigten kann die Verfügung des Nichtberechtigten nach § 185 II in zwei Fällen wirksam werden:

a) Der *Verfügende erwirbt den Gegenstand*. Dadurch wird der Verfügende selbst Berechtigter.

Beispiele: Im **Fall c** ist die Verfügung des V an K zunächst unwirksam, selbst wenn dieser gutgläubig war (vgl. § 935). E ist deshalb noch Eigentümer und hat einen Herausgabeanspruch aus § 985 gegen K. Wenn E jetzt die Uhr durch Abtretung dieses Herausgabeanspruches gem. § 931 an V übereignet oder wenn V den E als Alleinerbe beerbt und damit nach § 1922 Eigentum an der Uhr erlangt, wird dadurch die zunächst unwirksame Verfügung des V an K nachträglich wirksam (§ 185 II 1).

b) Der *Berechtigte beerbt den Verfügenden und haftet für die Nachlassverbindlichkeiten unbeschränkt*. Auch in diesem Fall sind Berechtigter und Verfügender identisch.

Beispiel: Im **Fall c** beerbt E den V. Die Heilung tritt nur dann ein, wenn E für die Nachlassverbindlichkeiten unbeschränkt haftet. Solange der Erbe seine Haftung für Nachlassschulden auf den Nachlass beschränken kann, besteht die Möglichkeit, dass durch Nachlassverwaltung oder Nachlassinsolvenzverfahren das Eigenvermögen des Erben vom Nachlass des Erblassers getrennt wird und damit Berechtigung und Verfügung nicht in einer Person zusammentreffen[289].

Zu a) und b): In beiden Fällen tritt die Heilung nur mit *Wirkung ex nunc* ein. Wenn über den Gegenstand mehrere miteinander nicht in Einklang stehende Verfügungen getroffen worden sind, wird nur die frühere Verfügung wirksam (§ 185 II 2).

Beispiel: Hat V die dem E gehörende Uhr zuerst an K 1 und dann an K 2 veräußert und erwirbt er die Uhr dann von E zu Eigentum, dann wird seine Verfügung nur zu Gunsten des K 1 geheilt. Dieser wird Eigentümer der Uhr.

289 Einzelheiten: ErbR Rdnr. 648, 679 ff.

Sechstes Kapitel Die Stellvertretung

§ 23 Bedeutung, Interessenlage und Abgrenzung 508

Schrifttum: *Beuthien*, Zur Theorie der Stellvertretung im Bürgerlichen Recht, Festschrift f. Medicus, 1999, 1; *ders.*, Gibt es eine organschaftliche Stellvertretung?, NJW 1999, 1142; *ders.*, Gilt im Stellvertretungsrecht ein Abstraktionsprinzip?, in: 50 Jahre Bundesgerichtshof, Festgabe aus der Wissenschaft, 2000, Bd. I, 81; *G. Hager*, Die Prinzipien der mittelbaren Stellvertretung, AcP 180 (1980), 239; *Hitzemann*, Stellvertretung beim sozialtypischen Verhalten, 1966; *Joussen*, Abgabe und Willenserklärung unter Einschaltung einer Hilfsperson, Jura 2003, 577; *Klinck*, Stellvertretung im Besitzerwerb, AcP 205 (2005), 487; *Lüderitz*, Prinzipien des Vertretungsrechts, JuS 1976, 765; *Pawlowski*, Die gewillkürte Stellvertretung, JZ 1996, 125; *Petersen*, Bestand und Umfang der Vertretungsmacht, Jura 2003, 310; *ders.*, Unmittelbare und mittelbare Stellvertretung, Jura 2003, 744; *Schwark*, Rechtsprobleme bei der mittelbaren Stellvertretung, JuS 1980, 777.

I. Bedeutung

Wer eine Willenserklärung abgibt, handelt in der Regel für sich selbst; die Folgen seines rechtsgeschäftlichen Handelns sollen ihn treffen.

Schließt B mit D einen Kaufvertrag über eine Uhr zu 100,– €, so treffen ihn selbst die Rechtsfolgen aus dem Vertrag; er ist aus dem Vertrag berechtigt und verpflichtet.

Es besteht aber oft ein Bedürfnis dafür, dass jemand für einen anderen rechtsgeschäftlich handelt. So können tatsächliche Gründe (wie Abwesenheit, fehlende Sachkunde, vor allem aber die komplizierte Vielgestaltigkeit des modernen Wirtschaftslebens), aber auch rechtliche Gründe (z. B. Unfähigkeit zur Abgabe gültiger Willenserklärungen) den Abschluss von Rechtsgeschäften durch eine Hilfsperson erforderlich machen.

Beispiele: Der Inhaber eines großen Warenhauses ist tatsächlich nicht in der Lage, alle erforderlichen Wareneinkäufe selbst zu tätigen; deshalb bestellt er einen Angestellten als Einkäufer. Der Inhaber kann erst recht nicht alle Kunden selbst bedienen; deshalb beschäftigt er 100 Verkäuferinnen.

Ein Geschäftsunfähiger, der ein Mietshaus geerbt hat, ist rechtlich nicht in der Lage, die Wohnungen selbst zu vermieten, da er keine gültige Willenserklärung abgeben kann. Für ihn handelt sein gesetzlicher Vertreter (Eltern, Vormund, Betreuer).

Aus den §§ 164 ff. ergibt sich die Möglichkeit, dass einer für den anderen rechtsgeschäftlich handelt. Obwohl eine Person (als Vertreter) handelt, treffen die Rechtsfolgen die andere Person (den Vertretenen), wie wenn diese Person selbst rechtsgeschäftlich gehandelt hätte.

B bevollmächtigt H, in seinem Namen seine Uhr zu verkaufen. Schließt H im Namen von B mit D einen Kaufvertrag über die Uhr zum Preise von 100,– €, handelt H für B. Dieser ist Partei des Kaufvertrages; er ist verpflichtet, dem D die Uhr zu übereignen, und ist berechtigt, von D die Zahlung des Kaufpreises zu verlangen.

Ein rechtsgeschäftliches Handeln für einen anderen liegt nicht nur dann vor, wenn der Vertreter eine Willenserklärung abgibt (= aktive Stellvertretung; § 164 I 1), sondern auch dann, wenn er die Willenserklärung eines Dritten empfängt (= passive Stellvertretung, Empfangsvertretung; § 164 III).

H macht im Namen des B dem D ein Vertragsangebot zum Verkauf der Uhr für 100,– € (= aktive Stellvertretung). H empfängt im Namen des B die Annahmeerklärung des D (= passive Stellvertretung). – H kündigt im Namen des B dessen Mietvertrag mit D. Er empfängt im Namen des B die Anfechtungserklärung des D.

509 **II. Interessenlage**

Wird ein Rechtsgeschäft durch einen Stellvertreter geschlossen, stehen sich drei Personen gegenüber: Der Vertreter ist der *Handelnde* (H), der im Namen des Vertretenen die Willenserklärung abgibt. Den Vertretenen sollen die Rechtsfolgen treffen; er soll der durch die Willenserklärung des H *Betroffene* (B) sein. Dem Vertreter H und dem Vertretenen B steht der Erklärungsempfänger als *Dritter* (D) gegenüber.

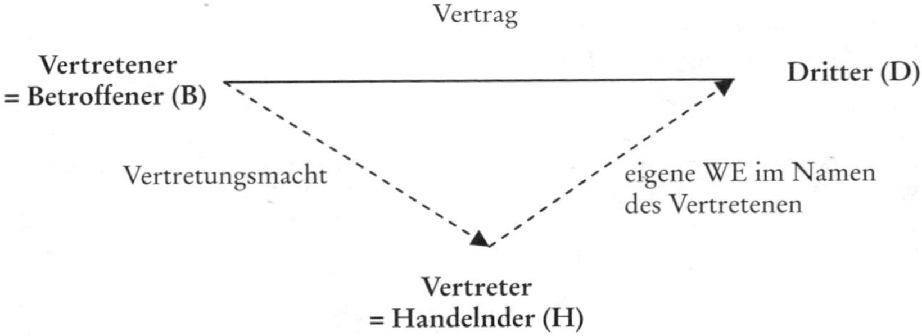

510 *1. Interessen des Dritten*

Der Dritte, dem der Handelnde gegenübertritt, muss wissen, wer sein Geschäftspartner ist. Wenn dem Dritten nicht erkennbar ist, dass der Handelnde für einen anderen tätig wird, wird der Dritte davon ausgehen, dass der Handelnde selbst sein Partner sein soll. Den Interessen des Dritten wäre nicht gedient, wenn er später zu seiner Überraschung erfahren müsste, dass sein (Vertrags-)Partner nicht – wie er annehmen durfte – der ihm als zuverlässig und zahlungsfähig bekannte Handelnde, sondern ein anderer ist, der als unzuverlässig und vermögenslos gilt. Deshalb muss es dem Dritten zu seinem Schutz offenkundig sein, dass der Handelnde für einen anderen tätig wird und wer dieser andere ist. Diesem Erfordernis der *Offenkundigkeit* trägt § 164 I Rechnung; diese Vorschrift verlangt nämlich für eine Stellvertretung, dass der Vertreter seine Willenserklärung *»im Namen des Vertretenen«* abgibt (Rdnr. 524 ff.). Ist diese Voraussetzung nicht gegeben, ist der Handelnde selbst Partner des Dritten (Eigengeschäft des Handelnden).

Wenn H in der Buchhandlung des D ein Buch aussucht und dabei erklärt, er kaufe für B, auf dessen Konto der D den Kaufpreis anschreiben möge, ist für D erkennbar, dass H die Kaufofferte für B abgibt und dieser Vertragspartner des D sein soll. Ist dagegen dem D nicht erkennbar, dass ein anderer Vertragspartei sein soll, wird H selbst Käufer des Buches.

2. *Interessen des Vertretenen* 511

Nicht nur der Dritte, sondern auch der Vertretene muss beim rechtsgeschäftlichen Handeln des Vertreters geschützt werden. Den Interessen des Vertretenen wäre nicht gedient, wenn jede beliebige Person in seinem Namen Rechtsgeschäfte abschließen könnte, deren Rechtsfolgen ihn träfen. Der Vertretene muss davor bewahrt werden, dass irgend jemand, den er vielleicht nicht einmal kennt oder den er als unzuverlässig ansieht, Geschäfte tätigt, die ihn (den Vertretenen) binden. Er ist aber dann hinreichend geschützt, wenn er selbst oder das Gesetz dem Vertreter die Befugnis erteilt, mit Wirkung für den Vertretenen rechtsgeschäftlich zu handeln. Deshalb verlangt § 164 I 1 im Interesse des Vertretenen, dass der Vertreter *»innerhalb der ihm zustehenden Vertretungsmacht«* handelt (Rdnr. 531). Fehlt dem Handelnden die Vertretungsmacht, treffen den Vertretenen nicht die Folgen des in seinem Namen vom Vertreter getätigten Geschäfts.

Hat B den H zum Kauf eines Buches bevollmächtigt (§ 167; Rdnr. 540 ff.) und nimmt D das Angebot des im Namen des B handelnden H an, dann ist ein Kaufvertrag über das Buch zwischen B und D zustande gekommen. B ist aus dem Vertrag berechtigt und verpflichtet. – Ist H dagegen nicht von B bevollmächtigt, fehlt ihm die Vertretungsmacht, so dass B den Kaufpreis nicht zahlen muss.

3. *Interessen des Dritten bei Fehlen der Vertretungsmacht* 512

Schließt der Vertreter zwar im Namen des Vertretenen, aber ohne Vertretungsmacht einen Vertrag, dann verdient nicht nur der Vertretene, sondern auch der Dritte Schutz. Er vertraut auf die Erklärung des Vertreters. Da dieser im Namen des Vertretenen handelt, geht der Dritte davon aus, dass der Vertretene sein Vertragspartner sei. Das ist aber nicht der Fall, weil der Vertrag wegen mangelnder Vertretungsmacht des Vertreters den Vertretenen nicht bindet. Andererseits ist aber auch der Vertreter nicht Vertragspartner des Dritten, weil er erkennbar nicht im eigenen Namen, sondern im Namen des Vertretenen handelt. Dem schutzwürdigen Dritten gibt § 179 einen Erfüllungs- oder Schadensersatzanspruch gegen den Vertreter ohne Vertretungsmacht (Rdnr. 601 ff.). Der Dritte ist allerdings nicht schutzwürdig, wenn er den Mangel der Vertretungsmacht kannte oder kennen musste (§ 179 III 1; Rdnr. 605).

Hat B den H nicht bevollmächtigt und ist er auch später mit dem Kaufvertrag nicht einverstanden (§ 177 I; Rdnr. 594 ff.), haftet H dem D aus § 179.

513 **III. Abgrenzung**

Die Stellvertretung ist von der »Vertretung« bei einer Tathandlung, der Abschlussvermittlung, der mittelbaren Stellvertretung, der Botenschaft und dem Handeln unter fremden Namen abzugrenzen.

1. »Vertretung« bei der Tathandlung

Da Stellvertretung das *rechtsgeschäftliche* Handeln im Namen eines anderen ist, kommt sie nur bei der Abgabe oder dem Empfang einer Willenserklärung in Betracht. Deshalb scheidet sie bei reinen Tathandlungen (= Realakten; Rdnr. 94) aus.

Lässt also der Dachdeckermeister M die von ihm durch Vertrag mit dem Hauseigentümer übernommene Dachreparatur durch seinen Gesellen G ausführen, wird dieser nicht als Vertreter des M tätig, da er nicht rechtsgeschäftlich handelt. Beschädigt G mit der Leiter die Bodenlampe und lässt er aus Versehen einen Dachziegel fallen, wodurch ein Fußgänger verletzt wird, so kommt es für die Frage, ob M den entstandenen Schaden ersetzen muss, u. a. darauf an, ob G Erfüllungsgehilfe (§ 278) oder Verrichtungsgehilfe (§ 831) des M ist.

Bei Verfügungsgeschäften (Rdnr. 104 ff.) – wie etwa die Übereignung nach § 929 Satz 1 – ist zwar insoweit eine Stellvertretung möglich, als es dabei um die Einigung geht. Die Verfügung setzt aber oft noch weitere Tatbestandsmerkmale voraus (Rdnr. 106). So verlangt die Übereignung außer der Einigung noch die Übergabe, also ein Geben und Nehmen. Dabei handelt es sich um rein tatsächliche Handlungen, so dass insoweit eine Stellvertretung ausscheidet.

Dennoch kann der Vertretene durch das Handeln des Vertreters Eigentum erlangen. Bei der Einigung vertritt dieser als Stellvertreter den Vertretenen. Bei der Übergabe kann der Vertreter für den Vertretenen Besitz an der Sache erlangen, wenn er Besitzdiener des Vertretenen ist (§ 855) oder wenn zwischen Vertretenem und Vertreter ein Besitzmittlungsverhältnis vereinbart worden ist (§ 868). – Dagegen ist Stellvertretung auch beim Besitzerwerb möglich, wenn er durch Einigung nach § 854 II (= Rechtsgeschäft) erfolgt.

Die geschäftsähnlichen Handlungen wie Mahnungen, Fristsetzungen, Anzeigen (Rdnr. 95) sind keine Willenserklärungen, stehen diesen aber nahe, da sie regelmäßig in dem Bewusstsein vorgenommen werden, eine Rechtswirkung auszulösen. Deshalb sind die Regeln über die Stellvertretung analog anwendbar.

2. *Abschlussvermittlung* 514

Wer den Abschluss eines Rechtsgeschäfts nur vermittelt, ist kein Stellvertreter, weil der Vermittler zwar am Zustandekommen des Geschäfts beteiligt ist, selbst aber keine Willenserklärung abgibt.

Beispiele: Der Wohnungsmakler weist dem Wohnungssuchenden eine Wohnung nach, schließt aber nicht für ihn den Mietvertrag (vgl. §§ 652 ff.; §§ 93 ff. HGB für den Handelsmakler; HR Rdnr. 226 ff.).

Der Handelsvertreter (§§ 84 ff. HGB; HR Rdnr. 200 ff.), der für einen anderen Geschäfte nur vermittelt, ist kein Stellvertreter i. S. der §§ 164 ff. Sofern er dagegen im Namen des anderen Geschäfte abschließt, ist er Stellvertreter.

3. *Mittelbare Stellvertretung* 515

Weil eine Stellvertretung nur beim Handeln im *fremden* Namen vorliegt, scheidet sie beim Handeln im *eigenen* Namen aus. Wer im eigenen Namen rechtsgeschäftlich handelt, um auf diese Weise die Interessen seines »Auftraggebers« zu »vertreten«, wird als mittelbarer (verdeckter, indirekter oder stiller) Vertreter bezeichnet.

H kann das von B erstrebte Ziel, mit Hilfe des H ein Buch zu erwerben, auch auf folgende Weise erreichen: H erklärt dem D, dass er das ausgesuchte Buch kaufen möchte. Nimmt D das Angebot des H an, ist zwischen D und H der Kaufvertrag geschlossen. Infolgedessen ist H selbst – nicht B – aus dem Kaufvertrag berechtigt und verpflichtet. Dem H wird das Buch übereignet; er muss es bezahlen. Auf Grund des zwischen H und B bestehenden Vertragsverhältnisses (z. B. Auftrag; §§ 662 ff.) ist H verpflichtet, dem B das Buch zu übereignen (§ 667); B muss dem H den für das Buch aufgewendeten Kaufpreis ersetzen (§ 670).

Die mittelbare Stellvertretung ist in Wahrheit keine Stellvertretung. Denn der Handelnde tritt im eigenen Namen auf, ihn treffen auch die Rechtswirkungen des Geschäfts, und der andere, für den der Handelnde tätig wird, tritt in keine Rechtsbeziehungen zu dem Dritten. Darin besteht der Unterschied zur Stellvertretung i. S. der §§ 164 ff. Diese bezeichnet man im Gegensatz zur mittelbaren Stellvertretung, die im BGB nicht geregelt ist, als unmittelbare (offene oder direkte) Stellvertretung.

Mittelbarer Stellvertreter ist der Kommissionär (HR Rdnr. 366 ff.). Darunter versteht § 383 HGB den, der »es gewerbsmäßig übernimmt, Waren oder Wertpapiere für Rechnung eines anderen (des Kommittenten) in eigenem Namen zu kaufen oder zu verkaufen«. Mittelbare Stellvertretung bietet sich dann an, wenn der Geschäftsherr unbekannt bleiben will. **Beispiel**: B, der sich ohne Aufsehen eine Mehrheitsbeteiligung an einer Aktiengesellschaft verschaffen will, bittet seine Hausbank H, für ihn im eigenen Namen Aktien zu erwerben, damit sein Name an der Börse nicht genannt wird.

4. *Botenschaft: Rdnr. 518 ff.*

5. *Handeln unter fremdem Namen: Rdnr. 528 f.*

516
§ 24 Voraussetzungen und Wirkungen der Stellvertretung

Schrifttum: *Baum*, Die Wissenszurechnung, 1999; *Beuthien*, Zur Theorie der Stellvertretung im Bürgerlichen Recht, Festschrift für Medicus, 1999, 1; *ders.*, Zur Wissenszurechnung nach § 166 BGB, NJW 1999, 3585; *Börner*, Offene und verdeckte Stellvertretung und Verfügung, Festschrift f. H. Hübner, 1984, 409; *Gehrlein*, Wirksame Vertretung trotz Unkenntnis über Person des Vertretenen, VersR 1995, 268; *Giesen/Hegermann*, Die Stellvertretung, Jura 1991, 357; *Hager*, Die Prinzipien der mittelbaren Stellvertretung, AcP 180 (1980), 239; *Hoffmann*, Grundfälle zum Recht der Stellvertretung, JuS 1970, 179, 234, 286, 451, 570; *Joussen*, Abgabe und Zugang von Willenserklärungen unter Einschaltung einer Hilfsperson, Jura 2003, 577; *Lieb*, Zum Handeln unter fremdem Namen, JuS 1967, 106; *K. Müller*, Das Geschäft für den, den es angeht, JZ 1982, 777; *Petersen*, Bestand und Umfang der Vertretungsmacht, Jura 2003, 310; *Richardi*, Wissensvertretung, AcP 169 (1969), 385; *Schilken*, Wissenszurechnung im Zivilrecht, 1983; *K. Schmidt*, Offene Stellvertretung – Der »Offenheitsgrundsatz« als Teil der allgemeinen Rechtsgeschäftslehre, JuS 1987, 425; *M. Schultz*, Zur Vertretung im Wissen, NJW 1990, 477; *W. Schultz*, Nochmals: Die Bedeutung der Kenntnis des Vertretenen beim Vertreterhandeln für juristische Personen und Gesellschaften, NJW 1997, 2093; *R. Weber*, Das Handeln unter fremdem Namen, JA 1996, 426.

Fälle:

a) Der viel beschäftigte B bittet H, für ihn zum Standesamt zu gehen, um dort im Namen des B mit Frau F die Ehe einzugehen. Auf dem Rückweg soll H für B beim Notar ein Testament machen und für B beim Gastwirt D einen Hochzeitsschmaus für 20 Personen bestellen. Möglich? **(Rdnr. 516)**

b) Im Warenhaus des B erklärt die Verkäuferin H dem Kunden D: »Hiermit biete ich Ihnen das beste Radio an, das ich auf Lager habe.« D nimmt das Angebot an. Wer ist sein Vertragspartner? **(Rdnr. 524, 532)**

c) H, der von B bevollmächtigt ist, für ihn ein Gemälde zu kaufen, erklärt dem Verkäufer D, er kaufe als Vertreter ohne Vertretungsmacht das Bild für B zu 3 000,– €. Dieses Angebot nimmt D an. Muss B den Preis zahlen? **(Rdnr. 532)**

d) H, der von B bevollmächtigt ist, für ihn ein Gemälde zu kaufen, erklärt dem Verkäufer D, er kaufe das Bild für 980,– €. Zu diesem Angebot kommt es, weil H, der nur 890,– € bieten will, sich verspricht. Was muss B zahlen? Kann er anfechten? **(Rdnr. 537)**

e) Bei der Übereignung des Bildes im **Fall d** weiß H nicht und kann es auch nicht wissen, dass das Bild dem D nicht gehört und D es von dem Eigentümer E geliehen hat. Der Vertretene B weiß das aber. Erwirbt B das Eigentum am Bild? **(Rdnr. 538, 539)**

I. Voraussetzungen der Stellvertretung

1. Zulässigkeit

Stellvertretung ist nach den allgemeinen Regeln der §§ 164 ff. grundsätzlich bei jeder Willenserklärung zulässig. Zu prüfen ist aber, ob nicht in Spezialnormen eine Stellvertretung ausnahmsweise ausgeschlossen ist. Das ist bei den höchstpersönlichen Rechtsgeschäften der Fall, die sich besonders im Familien- und Erbrecht finden.

So ist zur Eheschließung erforderlich, dass die Ehewilligen persönlich und bei gleichzeitiger Anwesenheit vor dem Standesbeamten erklären, die Ehe miteinander eingehen zu wollen (§ 1311). Der Erblasser kann ein Testament nur persönlich errichten (§ 2064). Deshalb ist im **Fall a** eine Stellvertretung nur beim Abschluss des Vertrages über das Hochzeitsessen zulässig.

2. Willenserklärung des Vertreters **517**

a) Da der Vertreter selbst rechtsgeschäftlich handelt, ist die von ihm oder ihm gegenüber abgegebene Willenserklärung unwirksam, wenn er geschäftsunfähig ist (vgl. §§ 105, 131 I, 165). Es ist aber nicht erforderlich, dass der Vertreter voll geschäftsfähig ist; es genügt *beschränkte Geschäftsfähigkeit* (§ 165), weil die Folgen der Willenserklärung des Vertreters nicht ihn, sondern den Vertretenen treffen, wenn die Erklärung vom Vertreter im Rahmen seiner Vertretungsmacht abgegeben oder empfangen wird. Sofern der beschränkt geschäftsfähige Vertreter ohne Vertretungsmacht handelt, wird er durch § 179 III 2 (Rdnr. 605) hinreichend geschützt.

Andererseits verlangen auch die Interessen des Vertretenen nicht, dass der Vertreter (voll) geschäftsfähig ist; wenn der Vertretene einen nur beschränkt Geschäftsfähigen bevollmächtigt (§ 167; Rdnr. 540 ff.), hat er es sich selbst zuzuschreiben, wenn der Vertreter ungünstige Geschäfte tätigt. Bei gesetzlicher Vertretung (Rdnr. 531) durch Eltern, Vormund oder Betreuer ist die Vertretung durch einen beschränkt Geschäftsfähigen ausgeschlossen oder doch kaum praktisch (vgl. §§ 1673 II, 1781 Nr. 1, 1897 I i. V. m. § 1902).

b) Stellvertretung verlangt ein *eigenes* rechtsgeschäftliches Handeln. Das unterscheidet sie von der Botenschaft. Wer das Geschäft nicht selbst abschließt, sondern nur eine fremde Erklärung überbringt, ist Bote.

(1) Der *Unterschied zwischen Stellvertreter und Bote* wird bei der Abgabe **518**
einer Willenserklärung deutlich: Der *Stellvertreter* gibt eine *eigene* Willenserklärung ab. Der *Bote* übermittelt nur eine *fremde* Willenserklärung; statt des Boten könnte der Erklärende auch einen Brief mit seiner Erklärung dem Empfänger schicken.

Ob die Hilfsperson Stellvertreter oder Bote ist, könnte sich danach richten, wie sie auf Geheiß des Geschäftsherrn auftreten soll oder wie sie tatsächlich gegenüber dem Dritten auftritt. Im Regelfall wird sich die Hilfsperson so verhalten, wie der Geschäftsherr es will.

Bittet B den H, für ihn bei D einen Kriminalroman zu kaufen und den Kaufpreis auf dem Konto des B anschreiben zu lassen, dann soll H Stellvertreter des B sein; er soll befugt sein, bei D einen Krimi auszuwählen und sein Kaufangebot im Namen des B abzugeben. Sagt H dem D, er kaufe im Namen des B dieses Buch, tritt er auch als Stellvertreter auf.

Gibt B dagegen dem H auf, dem D zu erklären, B ließe bestellen, er möchte den Krimi »Die kalte Hand am Hinterkopf des Bahnwärters« für 9,80 € kaufen, soll H nur Bote sein;

er soll keine eigene Entschließungsfreiheit haben, sondern nur die Offerte des B überbringen. Handelt H gegenüber dem D entsprechend, tritt er auch als Bote auf.

Tritt aber die Hilfsperson anders auf, als sie soll, so kommt es nur darauf an, *wie sie für den Dritten erkennbar auftritt*[290]. Denn die Willenserklärung ist im Interesse des Erklärungsempfängers vom Empfängerhorizont aus zu betrachten (zur Auslegung des Rechtsgeschäfts: Rdnr. 124 ff.). Bei Auslegung der Willenserklärung sind auch Umstände außerhalb der Erklärung wie die soziale Stellung des Mittlers zum Geschäftsherrn oder seine Qualifikation mit zu berücksichtigen.

Wenn etwa beim Abschluss eines langfristigen Lieferungsvertrages ein leitender Angestellter des B tätig wird, ist das ein Indiz für Stellvertretung. Tritt dagegen ein Pförtner des B auf, wird das für Botenschaft sprechen.

Vielfach ist es jedoch unerheblich, ob die Hilfsperson so auftritt, wie es dem Willen des Geschäftsherrn entspricht. Entscheidend ist nur, ob durch das Verhalten der Hilfsperson das Ergebnis erzielt wird, das der Geschäftsherr erreichen will.

Will B das Buch »Die kalte Hand« von D käuflich erwerben und schickt er deshalb H als seinen Boten zu D, so schadet es nicht, wenn H sich dem D gegenüber als Vertreter des B »aufspielt«, indem er nach längerem Suchen das von B gewünschte Buch auswählt und dem D erklärt, er kaufe es im Namen des B. Wenn nämlich D das Angebot annimmt, ist zwischen D und B ein Kaufvertrag zustande gekommen, da B mit diesem Geschäft einverstanden ist. Dasselbe Ergebnis würde erzielt, wenn H – entsprechend der Weisung des B – als Bote die Willenserklärung des B überbrächte. Den B interessiert nur das Ergebnis, nicht der Weg, auf dem das Ziel (Kaufvertrag zwischen D und B über das gewünschte Buch) erreicht wird.

519 (2) *Bedeutsam* ist die Unterscheidung von Stellvertretung und Botenschaft in folgenden Fällen:

(a) Bedarf das Rechtsgeschäft einer *Form* (Rdnr. 299 ff.), so muss bei der Stellvertretung die Willenserklärung des Vertreters, bei der Botenschaft die Erklärung des Geschäftsherrn der Form genügen.

Schließt H als Vertreter des B mit D einen Grundstückskaufvertrag, muss – außer der Erklärung des D – die Willenserklärung des H notariell beurkundet werden (§ 311 b I 1). Wird H als Bote tätig, muss er eine notariell beurkundete Erklärung des B dem D überbringen. Die zur Übertragung des Eigentums an dem Grundstück – außer der Eintragung – erforderliche Einigung des Veräußerers und des Erwerbers (Auflassung) muss bei gleichzeitiger Anwesenheit vor dem Notar erfolgen (§ 925 I). Da § 925 keine persönliche Anwesenheit verlangt, kann jede Partei sich vertreten lassen. Jedoch ist Botenschaft ausgeschlossen, da der Bote keine eigene Erklärung vor dem Notar abgibt, sondern die des Geschäftsherrn überbringt; dieser ist aber bei der Auflassung nicht mit dem Vertragspartner gleichzeitig anwesend.

290 H. M.; BGHZ 12, 327, 334; *Staudinger/Schilken*, Vorbem. zu § 164 Rdnr. 76.

(b) Ein Unterschied besteht hinsichtlich der *Geschäftsfähigkeit*. Da der Bote nur eine fremde Willenserklärung überbringt, braucht er nicht geschäftsfähig zu sein; auch ein Geschäftsunfähiger (z. B. ein fünfjähriges Kind) kann daher Bote sein. Der Vertreter muss mindestens beschränkt geschäftsfähig sein (§ 165). **520**

(c) *Fehler* bei der Übermittlung und bei der Abgabe einer Willenserklärung werden verschieden behandelt: **521**

Übermittelt der Bote die fremde Willenserklärung unbewusst falsch, ist der Geschäftsherr daran gebunden; jedoch kann dieser seine unrichtig überbrachte Willenserklärung nach § 120 anfechten. Eine bewusste Falschübermittlung durch den Boten ist für den Geschäftsherrn unverbindlich (Rdnr. 417).

Dagegen gibt der Vertreter eine eigene Willenserklärung ab. Deshalb kommt es für eine Anfechtung der Erklärung darauf an, ob er – und nicht der Vertretene – sich in einem zur Anfechtung berechtigenden Irrtum befand (§ 166 I; Rdnr. 538).

(d) Aus den genannten Gründen kommt es für die *Kenntnis* oder das *Kennenmüssen* gewisser Umstände bei der Botenschaft auf die Person des Geschäftsherrn, bei der Stellvertretung dagegen grundsätzlich auf die Person des Vertreters an (Einzelheiten: § 166 I; Rdnr. 538). **522**

(e) Beim *Empfang einer Willenserklärung* kann die Mittelsperson des Empfängers (Empfangs-) Bote (Rdnr. 148 f.) oder (Empfangs-) Vertreter (§ 164 III) sein. Das ist in zweifacher Hinsicht von Bedeutung: **523**

Für den Empfängerhorizont, aus dessen Sicht die Willenserklärung *auszulegen* ist (Rdnr. 136), wird jeweils an eine andere Person angeknüpft. Die Erklärung an den Empfangsboten ist vom Standpunkt des Geschäftsherrn auszulegen; denn der Empfangsbote ist nicht mehr als ein »lebendiger Briefkasten« des Geschäftsherrn. Demgegenüber ist die Willenserklärung an einen Empfangsvertreter von dessen Standpunkt auszulegen.

Unterschiede zeigen sich auch beim *Zugang* der Willenserklärung (Rdnr. 151 f.): Im Zugang beim Empfangsvertreter liegt gleichzeitig der Zugang beim Vertretenen selbst (arg. e § 164 III). Hat der Empfänger dagegen einen Empfangsboten eingeschaltet, der nur die Funktion eines »menschlichen Briefkastens« hat, ist die Willenserklärung dem Empfänger erst dann zugegangen, wenn unter normalen Umständen mit einer Übermittlung von dem Empfangsboten an den Empfänger zu rechnen ist.

3. *Offenkundigkeit* **524**

a) Der Vertreter muss *»im Namen des Vertretenen«* handeln (§ 164 I 1). Damit soll der Dritte geschützt werden; er soll wissen, wer sein Geschäftspartner ist. Dieser Schutzzweck wird nicht nur dann erreicht, wenn die Erklärung »ausdrücklich im Namen des Vertretenen erfolgt« (z. B.: »Ich kaufe im Namen des B«), sondern auch dann, wenn »die Umstände ergeben, dass sie in dessen

Namen erfolgen soll« (§ 164 I 2). Es muss also für den Dritten erkennbar sein, dass der Erklärende für einen anderen handelt. Dazu muss der Erklärungsempfänger die Erklärung auslegen[291]. Weiß er, dass der Erklärende für einen anderen handelt, oder hätte er dies bei Anwendung der ihm zumutbaren Sorgfalt erkennen können, dann ist er nicht schutzwürdig (vgl. Rdnr. 133 f.). Ansonsten muss er sich auf das Erklärte verlassen können.

Im **Fall b** darf D aus der Erklärung der H »Ich biete an . . .« nicht entnehmen, dass H ein Geschäft für sich schließen will. Vielmehr ist für den Kunden aus den Umständen erkennbar, dass H für den Inhaber des Warenhauses handeln will. Demnach ist B sein Vertragspartner.

Offenkundigkeit ist auch dann gegeben, wenn der Handelnde zwar im Namen eines anderen auftritt, für den Dritten aber nicht erkennbar ist, wer der Vertretene ist.

Beispiel: Beim Kauf eines Gemäldes erklärt H, dass er den Vertrag für einen anderen schließe. Dieser ist ein Sammler, der ungenannt bleiben möchte, weil er befürchtet, dass der Verkäufer sonst einen wesentlich höheren Preis verlangen werde. H kann auch deshalb ein Interesse daran haben, den Namen des Vertretenen zunächst nicht zu nennen, weil er zwei Kaufwillige »an der Hand« hat.

Es reicht also aus, wenn der Handelnde zum Ausdruck bringt, dass er für einen anderen tätig wird. Der Geschäftspartner ist nicht schutzbedürftig; denn er braucht sich nicht auf ein Geschäft einzulassen, wenn er nicht weiß, wer sein Kontrahent ist.

525 b) Will der Vertreter zwar im Namen eines anderen handeln, bringt er dies aber nicht zum Ausdruck und ist dem Dritten die Stellvertretung auch sonst nicht erkennbar, so handelt es sich mangels Offenkundigkeit um ein Eigengeschäft des Vertreters.

Wenn der Vertreter erklären will, dass er in fremdem Namen handele, sich aber verspricht und tatsächlich erklärt, er handele im eigenen Namen, so befindet er sich in einem Erklärungsirrtum nach § 119 I. Dennoch kann er seine Willenserklärung nicht anfechten und damit vernichten, da *§ 164 II eine solche Anfechtung ausschließt*. Nach dieser nur schwer verständlichen Vorschrift (»kommt der Mangel des Willens im eigenen Namen zu handeln, nicht in Betracht«) kann der Vertreter, dessen Wille, in fremdem Namen zu handeln, in der Erklärung für den Dritten nicht erkennbar zum Ausdruck kommt, sich auf diesen Willensmangel nicht berufen.

526 c) Als *Ausnahme* vom Offenkundigkeitsprinzip wird teilweise das *Geschäft für den, den es angeht*, angesehen. Hier macht der Handelnde dem Dritten nicht klar, ob er für sich selbst oder für einen anderen auftritt. Das Offenkun-

291 Vgl. BGHZ 36, 33.

digkeitsprinzip ist also nicht gewahrt. Allerdings besteht bei den Geschäften des täglichen Lebens, die sofort abgewickelt werden, gar kein Interesse des Dritten daran zu wissen, wer sein Geschäftspartner ist. Deshalb wird zum Teil vertreten, dass bei solchen Geschäften nicht der Handelnde selbst, sondern der andere (Vertretene) Vertragspartner wird, sofern der Handelnde nur den Willen hat, den Vertrag für einen anderen abzuschließen[292]. Die Gegenansicht lehnt eine derartige Durchbrechung des Offenkundigkeitsprinzips für das schuldrechtliche Rechtsgeschäft ab[293]; dem Dritten dürfe nicht einfach ein anderer als Vertragspartner untergeschoben werden.

Beispiel: H kauft im Lebensmittelgeschäft oder Warenhaus des D Waren, die er sofort bezahlt und mitnimmt. Da der Kaufvertrag sofort erfüllt wird, ist es für D uninteressant, ob H oder dessen »Hintermann« B sein Vertragspartner ist. Die beiden genannten Ansichten kommen hier zwar zu verschiedenen Ergebnissen. Daraus ergeben sich aber bei einem beiderseits erfüllten Vertrag selten Probleme. Die Person des Vertragspartners kann etwa für die Frage eine Rolle spielen, wem bei einem Mangel der Kaufsache die Mängelrechte der §§ 437 ff. zustehen. 527

Dagegen kann es schon von Bedeutung sein, ob H oder B mit der Aushändigung der gekauften Ware deren Eigentümer wird. Es ist ein Problem des Sachenrechts, ob zunächst H und dann erst B Eigentümer wird (sog. Durchgangserwerb des H) oder ob B direkt Eigentum von D (sog. Direkterwerb des B) erlangt. Insoweit wird auch von der genannten Gegenansicht (anders als für das schuldrechtliche Rechtsgeschäft) eine Durchbrechung des Offenkundigkeitsprinzips anerkannt mit der Folge, dass aus dem dinglichen Rechtsgeschäft (Übereignung der Kaufsache) bei einem Geschäft für den, den es angeht, unmittelbar der nicht erkennbar gemachte Hintermann des Handelnden berechtigt und verpflichtet wird.

d) Kein Handeln in fremdem Namen liegt beim *Handeln unter fremdem Namen* vor. In diesem Fall benutzt der Handelnde einen fremden Namen als eigenen. Fraglich ist, ob die Regeln über die Stellvertretung anwendbar sind. Da es beim Offenkundigkeitsprinzip um den Schutz des Erklärungsempfängers geht, ist entscheidend, wie dieser die Erklärung des Handelnden verständigerweise aufzufassen hat[294]. Danach sind folgende Fälle zu unterscheiden: 528

(1) Will der unter fremdem Namen Handelnde das Geschäft für sich selbst abschließen und versteht der Erklärungsempfänger ihn auch so, dann kommt zwischen beiden das Geschäft zustande (*Eigengeschäft des Handelnden*), wenn dem Erklärungsempfänger der Name des Handelnden gleichgültig ist. 529

Beispiel: Mietet H unter fremdem Namen ein Hotelzimmer, dann will der Hotelier regelmäßig mit der vor ihm stehenden Person den Vertrag schließen. Demnach kommt ein Mietvertrag zwischen dem Hotelier und dem H (und nicht mit dem, unter dessen Namen H auftritt) zustande.

292 MünchKomm/*Schramm*, § 164 Rdnr. 47; *Palandt/Heinrichs*, § 164 Rdnr. 8.
293 *Baur/Stürner*, Sachenrecht, § 51 Rdnr. 43; *Schwab/Prütting*, Sachenrecht, Rdnr. 386.
294 Vgl. OLG Düsseldorf NJW 1989, 906.

530 (2) Kein Eigengeschäft des Handelnden liegt vor, wenn es dem Erklärungsempfänger entscheidend darauf ankommt, dass er mit dem wirklichen Namensträger abschließt.

Beispiel: Der zahlungsunfähige H kauft unter dem Namen des B bei D auf Kredit; D glaubt, den kreditwürdigen B vor sich zu haben.

In diesen Fällen muss der Erklärungsempfänger, der vom Handelnden über dessen Person getäuscht wird und der mit dem wahren Namensträger abschließen will, geschützt werden, so dass kein Eigengeschäft des Handelnden gegeben ist. Vielmehr liegt ein *Fremdgeschäft für den (wahren) Namensträger* vor. Aber auch diesen dürfen aus dem Geschäft keine Rechtsfolgen treffen. Er ist nur dann nicht schutzwürdig, wenn er von vornherein mit dem Handeln des Handelnden einverstanden ist oder es nachträglich billigt; dann kann er auch aus einem solchen Geschäft Rechte herleiten und in Anspruch genommen werden. Stimmt er dagegen nicht zu, muss der Erklärungsempfänger wenigstens die Möglichkeit haben, sich an den Handelnden zu halten.

Die geschilderte Interessenlage entspricht der, die das Gesetz für den Fall geregelt hat, dass jemand in fremdem Namen, aber ohne Vertretungsmacht handelt. Deshalb können auf ein solches Handeln unter fremdem Namen die Regeln über die Stellvertretung (§§ 164 ff., 177, 179; Rdnr. 516 ff., 594 ff.) angewandt werden[295].

531 *4. Vertretungsmacht*

a) Der Vertreter muss *»innerhalb der ihm zustehenden Vertretungsmacht«* handeln (§ 164 I 1). Das Erfordernis der Vertretungsmacht dient dem Schutz des Vertretenen (Rdnr. 511).

Die Vertretungsmacht kann beruhen:

(1) auf einem entsprechenden *Rechtsgeschäft* des Vertretenen. Die durch Rechtsgeschäft erteilte Vertretungsmacht bezeichnet § 166 II als *Vollmacht* (Einzelheiten: Rdnr. 540 ff.).

(2) auf einer *gesetzlichen Vorschrift*. Das Gesetz räumt eine Vertretungsmacht vor allem in den Fällen ein, in denen eine Person nicht selbstständig rechtsgeschäftlich handeln kann.

Beispiele: Vertretungsmacht der Eltern für ihr Kind (§ 1629 I), des Vormunds für sein Mündel (§ 1793), des Betreuers für den Betreuten (§ 1902).

»Die Stellung eines gesetzlichen Vertreters« hat der Vorstand eines Vereins (§ 26 II; Rdnr. 745). Er ist zwar nicht Vertreter im strengen Sinne, sondern Organ des Vereins. Dennoch sind die Regeln über die Vertretung anwendbar.

295 BGHZ 45, 195; bestätigt von BGH WM 1990, 1450, 1451.

b) Ferner ist es erforderlich, dass der Vertreter *von seiner Vertretungsmacht auch Gebrauch macht*; davon ist im Regelfall auszugehen. Tritt er aber trotz gegebener Vertretungsmacht als Vertreter ohne Vertretungsmacht auf, macht er also von seiner Rechtsmacht keinen Gebrauch, wirkt das Geschäft nicht für und gegen den Vertretenen. Vielmehr hängt die Wirksamkeit des Geschäfts entsprechend § 177 (Rdnr. 594 ff.) von der Genehmigung des Vertretenen ab[296]. 532

Im **Fall c** will H die Wirksamkeit des Vertrages von der Genehmigung des B abhängig machen, etwa deshalb, weil er sich unsicher ist, ob dem B das Bild gefällt. Deshalb tritt H als Vertreter ohne Vertretungsmacht auf. Die Wirkung des Kaufvertrages hängt von der Genehmigung des B ab.

Voraussetzungen einer wirksamen Stellvertretung

I. Zulässigkeit der Stellvertretung
(nicht bei höchstpersönlichen Rechtsgeschäften, §§ 1311, 2064)

II. Eigene wirksame WE des Vertreters (ggf. Abgrenzung vom Boten)

III. Offenkundigkeit der Vertretung (= WE im Namen des Vertretenen)
- Ausdrücklich oder konkludent (§ 164 I 2)
  (irrtümliches Handeln im eigenen Namen verpflichtet den Vertreter selbst und berechtigt diesen nicht zur Anfechtung, § 164 II)
- Offenkundigkeit auch gegeben bei WE für einen nicht genannten Dritten
- Str., ob Durchbrechung des Offenkundigkeitsgrundsatzes beim Geschäft für den, den es angeht (sofort abgewickeltes Geschäft, bei dem dem anderen Teil der Vertragspartner egal ist)
- Keine Offenkundigkeit bei WE »unter« fremdem Namen
  (trotzdem Fremdgeschäft [aber ohne Vertretungsmacht] für den wahren Namensträger, wenn es dem Dritten auf den Namensträger als Vertragspartner ankommt)

IV. Vertretungsmacht
1. Rechtsgeschäftliche Vertretungsmacht = Vollmacht (§ 166 II, Rdn. 540 ff.)
2. Gesetzliche Vertretungsmacht (z.B. §§ 1629, 1793, 1902)
3. Ggf. Duldungs- oder Anscheinsvollmacht (Rdnr. 562 ff.)

296 OGH NJW 1949, 141; *Erman/Palm*, § 164 Rdnr. 16.

533 II. Wirkungen der Stellvertretung

1. Wirkung für und gegen den Vertretenen

a) Handelt der mindestens beschränkt geschäftsfähige Vertreter rechtsgeschäftlich zulässigerweise im Namen des Vertretenen und innerhalb der ihm zustehenden Vertretungsmacht, so wirkt das Geschäft unmittelbar für und gegen den Vertretenen (§ 164 I 1). Die Rechtsfolgen treffen *allein den Vertretenen, nicht auch den Vertreter*. Die Rechtslage entspricht der, die bestünde, wenn der Vertretene selbst gehandelt hätte.

So ist im **Fall b** nur B, nicht auch die Verkäuferin H Partei des Kaufvertrages mit D. B ist zur Übereignung und Übergabe des Radios verpflichtet; er ist Gläubiger des Kaufpreisanspruchs.

Keine Ausnahme von dieser Regel stellen die Fälle dar, in denen der Handelnde im Namen des Vertretenen und zugleich im eigenen Namen rechtsgeschäftlich tätig wird. Hier treffen die Wirkungen des Geschäfts den Vertretenen (wegen des Handelns in dessen Namen) und auch den Handelnden (wegen seines Handelns im eigenen Namen).

Mietet Student H für seinen Freund B und für sich eine Studentenbude bei D, dann sind beide Freunde Mieter.
Ist der Vertretene minderjährig und haben die Eltern im Rahmen ihrer gesetzlichen Vertretungsmacht eine Verbindlichkeit für das Kind begründet, so beschränkt sich dessen Haftung auf den Bestand des bei Eintritt der Volljährigkeit vorhandenen Vermögens des Kindes. Diese Haftungsbeschränkung beruht auf § 1629a, der durch das Minderjährigenhaftungsbeschränkungsgesetz v. 25. 8. 1998 in das BGB eingefügt worden ist[297].

534 b) *Keine* Rechtswirkungen für und gegen den Vertretenen entfaltet das Rechtsgeschäft in folgenden Fällen:

(1) Ist der Vertreter geschäftsunfähig (z. B. wegen § 104 Nr. 2; Rdnr. 265) oder ist eine Stellvertretung unzulässig (z. B. Testamentserrichtung durch einen Vertreter), dann ist das Geschäft des Vertreters nichtig.

(2) Handelt der Vertreter nicht in fremdem Namen, liegt grundsätzlich ein Eigengeschäft des Vertreters vor, das den Vertretenen nicht berührt.

(3) Fehlt dem Vertreter für das Geschäft die erforderliche Vertretungsmacht, treffen die Rechtsfolgen nicht den Vertretenen; der Vertreter ohne Vertretungsmacht haftet unter den Voraussetzungen des § 179 (Rdnr. 600 ff.) dem Dritten.

297 Einzelheiten: *Palandt/Diederichsen*, § 1629a, Rdnr. 1 ff.; Hk-BGB/*Kemper*, § 1629a, Rdnr. 1; *Muscheler*, WM 1998, 2271.

2. *Wirkung für und gegen den Vertreter* 534a

Obwohl die Rechtsfolgen des Vertretergeschäfts allein den Vertretenen treffen, kann der Vertreter sich ausnahmsweise bei Ausübung seiner Tätigkeit persönlich aus culpa in contrahendo (§§ 280 I, 241 II, 311 III) schadensersatzpflichtig machen. Eine solche Haftung kommt in zwei Fällen in Betracht[298]:

a) Der Vertreter nimmt in *besonderem Maße Vertrauen für sich in Anspruch* und beeinflusst dadurch die Vertragsverhandlungen oder den Vertragsschluss erheblich (vgl. § 311 III).

Beispiel: Der Gebrauchtwagenhändler, der beim Verkauf des Pkw als Vertreter des bisherigen Eigentümers auftritt, haftet dem Käufer für fehlerhafte Angaben, wenn dieser wegen der besonderen Fachkenntnisse des Händlers auf dessen Angaben und Beratung vertraut[299].

b) Der Vertreter hat am Vertragsschluss ein *unmittelbares wirtschaftliches Eigeninteresse*. Er muss gleichsam in eigener Sache tätig werden; ein bloßes Provisionsinteresse reicht nicht aus.

Beispiel: Der Vertreter handelt zwar formal im fremden Namen, soll aber nach Absprache mit dem Vertretenen selbst die vertragliche Leistung erbringen und die Vorteile aus dem Rechtsgeschäft für sich verwenden dürfen[300].

3. *Folgen eines Fehlers bei der Willenserklärung des Vertreters* 535

Bei der Abgabe der Willenserklärung kann dem Vertreter ein Fehler unterlaufen. Hinsichtlich der Rechtsfolgen sind folgende Fälle zu unterscheiden:

a) Der Vertreter will sich im Rahmen der Vertretungsmacht halten, verspricht sich aber und überschreitet damit seine Vertretungsmacht.

H, der von B bevollmächtigt ist, für ihn ein Bild bis zum Preise von 1 200,– € zu kaufen, irrt sich und kauft ein Bild für 2 100,– €. Damit überschreitet er seine Vollmacht; für den Kauf eines Bildes zu 2 100,– € fehlt ihm die Vertretungsmacht.

Da der Vertreter bei dem Geschäft ohne Vertretungsmacht des Vertretenen handelt, treffen diesen die Folgen des Geschäfts nicht (Rdnr. 594).

b) Der Vertreter will im Namen des Vertretenen handeln, gibt aber bei der 536
Abgabe seiner Willenserklärung dem Erklärungsempfänger nicht zu erkennen, dass er für einen anderen handelt.

298 Ständige Rechtsprechung; vgl. nur BGH NJW-RR 1991, 1312 m.w.N.
299 BGH NJW 1997, 1233 f.
300 Ähnlicher Fall bei BGHZ 14, 313, 318: Ehemann hat Vertrag als Vertreter der Ehefrau abgeschlossen, sollte bei der Vertragserfüllung mitwirken, und hat dann den Vertragszweck vereitelt.

H will beim Kauf eines Bildes dem Verkäufer D erklären, dass er für B handele, bringt dies infolge eines Irrtums jedoch nicht zum Ausdruck.

Mangels Offenkundigkeit wirkt das Geschäft nicht für und gegen den Vertretenen. Es handelt sich um ein Eigengeschäft des Vertreters, der seine Erklärung nicht wegen Irrtums anfechten kann (§ 164 II; Rdnr. 525).

537 c) Der Vertreter, der im Namen und mit Vertretungsmacht des Vertretenen handelt, unterliegt bei der Abgabe der Erklärung einem Irrtum, der nach den §§ 119 ff. zur Anfechtung berechtigt.

Im **Fall d** liegt ein Erklärungsirrtum des H nach § 119 I vor.

Der Vertretene ist an die irrtümliche Erklärung des Vertreters gebunden. Hätte der Vertretene selbst die Willenserklärung abgegeben, könnte er sie unter den Voraussetzungen der §§ 119 ff. anfechten und damit vernichten. § 166 I stellt nun *hinsichtlich der Voraussetzungen der Anfechtung auf die Person des Vertreters ab*, weil dieser für den Vertretenen die Willenserklärung abgibt. Da den Vertretenen die Folgen der mangelhaften Willenserklärung des Vertreters treffen, ist der Vertretene – und nicht der Vertreter – anfechtungsberechtigt.

Im **Fall d** hat H sich im Rahmen der Vertretungsmacht gehalten. B muss also den vereinbarten Preis von 980,– € zahlen. Da aber H bei der Abgabe der Willenserklärung sich in einem Erklärungsirrtum befunden hat, ist B zur Anfechtung berechtigt. H kann seine Erklärung nur als Vertreter des B anfechten. Voraussetzung dafür ist, dass er auch dazu von B bevollmächtigt ist; im Regelfall wird man davon ausgehen können, dass H für alle mit dem Kauf des Gemäldes zusammenhängenden Geschäfte bevollmächtigt ist, so dass er auch im Namen des B anfechten kann.

Das für den Irrtum des Vertreters Gesagte gilt auch für den Fall der widerrechtlichen Drohung.

Hat der Vertreter für den Vertretenen einen Vertrag unter den Voraussetzungen des § 312 geschlossen, steht dem Vertretenen das Widerrufsrecht bei Haustürgeschäften zu (vgl. Rdnr. 201 ff.).

538 *4. Folgen bei Kenntnis oder Kennenmüssen bestimmter Umstände*

Bei manchen Rechtsgeschäften kommt es auf die Kenntnis oder das Kennenmüssen bestimmter Umstände an. Handelt ein Vertreter für den Vertretenen, ist für die Kenntnis oder das Kennenmüssen grundsätzlich die Person des Vertreters, ausnahmsweise die des Vertretenen maßgebend.

a) Da der Vertreter handelt, stellt § 166 I auch insoweit *grundsätzlich auf die Person des Vertreters* ab. Dem Vertretenen wird also die Kenntnis des Vertreters zugerechnet (Wissenszurechnung).

Im **Fall e** kann B nur nach den Regeln über den gutgläubigen Erwerb vom Nichtberechtigten (D) Eigentum am Bild erwerben (nachzulesen Rdnr. 639). Nach § 932 II ist der

Erwerber nicht in gutem Glauben, wenn ihm bekannt oder infolge grober Fahrlässigkeit unbekannt ist, dass die Sache dem Veräußerer nicht gehört. Beim Handeln durch einen Stellvertreter kommt es nach § 166 I auf dessen guten Glauben an, so dass die Kenntnis des B dem gutgläubigen Eigentumserwerb nicht entgegensteht.

Über den Wortlaut des § 166 I hinaus werden dem Geschäftsherrn auch die Kenntnis und das Kennenmüssen solcher Personen zugerechnet, die auf seiner Seite bei den Vertragsverhandlungen beteiligt gewesen sind und maßgeblichen Einfluss auf den Inhalt des Rechtsgeschäfts genommen haben[301].

Dagegen findet § 166 keine (auch keine analoge) Anwendung, wenn eine Vertragspartei einen Vertrag selbst abschließt und von der Abrede ihres Verhandlungsbevollmächtigten, ein Scheingeschäft i.S.v. § 117 abzuschließen, keine Kenntnis hat. Dann geht es nämlich nicht um Wissenszurechnung, sondern um den Geschäftswillen für ein Scheingeschäft, der bei der Vertragspartei selbst vorliegen muss und nicht über § 166 zugerechnet werden kann[302].

Beispiel: V einigt sich mit dem Verhandlungsbevollmächtigten des K über den Verkauf eines Grundstücks für 100.000 Euro. Auf Vorschlag des Verhandlungsbevollmächtigten wird jedoch nur ein Kaufpreis von 50.000 Euro beurkundet. K, der den Vertrag mit V selbst abschließt, weiß von der Vereinbarung des höheren Kaufpreises nichts. Bei diesem Vertrag handelt es sich nicht um ein Scheingeschäft nach § 117. Es fehlt an dem notwendigen Einverständnis (Rdnr. 402) des K, die beurkundete Erklärung über 50.000 Euro nur zum Schein abzugeben. Über eine Wissenszurechnung analog § 166 lässt sich der fehlende Scheingeschäftswille des K nicht ersetzen. Das misslungene Scheingeschäft ist nach § 118 unwirksam (Rdnr. 402, 397 ff.).

b) Die Regel des § 166 I gilt jedoch nicht, wenn der bevollmächtigte Vertreter **539**
nach bestimmten Weisungen des Vertretenen (= Vollmachtgebers) gehandelt hat. In einem solchen Fall kann sich der Vertretene hinsichtlich solcher Umstände, die er selbst kannte oder kennen musste, *nicht darauf berufen, dass der Vertreter diese Umstände nicht kannte oder nicht kennen musste* (§ 166 II).

Wenn H im **Fall e** auf Weisung des B das Bild von D erwirbt, so hindert die Kenntnis des B, dass das Bild dem D nicht gehört, den Eigentumserwerb des B. Würde auch in einem solchen Fall die Kenntnis oder das Kennenmüssen des Vertreters entscheidend sein, dann könnte jemand, der genau weiß, dass die Sache nicht im Eigentum des Veräußerers steht, nach §§ 929, 932 das Eigentum dennoch erwerben, indem er einen Gutgläubigen bevollmächtigt, für ihn die Sache zu erwerben. Da ein solches Ergebnis ungerecht wäre, stellt § 166 II beim Handeln des Bevollmächtigten nach bestimmten Weisungen des Vertretenen für Kenntnis und Kennenmüssen auf die Person des Vollmachtgebers ab.

301 Vgl. RGZ 131, 343, 357; BGHZ 117, 106; *Waltermann*, AcP 192 (1992), 181 u. NJW 1993, 889.

302 BGH NJW 2001, 1062; NJW 2000, 3127.

Wirkungen der Stellvertretung

I. Wirkung der WE für und gegen den Vertretenen (§ 164 I)

II. Folgen für den Vertreter
1. Grundsatz: Keine Wirkung für und gegen den Vertreter (arg. e § 164 I)
2. Ausnahmen
   a) Haftung des Vertreters ohne Vertretungsmacht auf Erfüllung oder Schadensersatz (§ 179)
   b) Schadensersatzpflicht des Vertreters wegen vorvertraglicher Pflichtverletzung (§§ 311 III, 241 II, 280 I)
      (1) Bei besonderer Inanspruchnahme persönlichen Vertrauens durch den Vertreter (vgl. § 311 III)
      (2) Bei unmittelbarem wirtschaftlichem Eigeninteresse des Vertreters am Vertrag

III. Folgen eines Fehlers der WE beim Vertreter
1. Irrtümliche Überschreitung der Vertretungsmacht: Haftung des Vertreters nach § 179
2. Irrtümliches Handeln im eigenen Namen: Eigengeschäft des Vertreters, keine Anfechtungsmöglichkeit (§ 164 II)
3. Irrtum des Vertreters: Anfechtungsmöglichkeit für den Vertretenen (§ 166 I)

IV. Folgen bei Kenntnis oder Kennenmüssen bestimmter Umstände
1. Maßgeblich grundsätzlich die Person des Vertreters (§ 166 I)
2. Bei weisungsgebundenem Handeln des Vertreters maßgeblich auch die Person des Vertretenen (§ 166 II)

540
§ 25 Die Vollmacht

Schrifttum: *Bader*, Duldungs- und Anscheinsvollmacht, 1979; *Brox*, Die Anfechtung bei der Stellvertretung, JA 1980, 449; *v. Craushaar*, Die Bedeutung der Rechtsgeschäftslehre für die Problematik der Scheinvollmacht, AcP 174 (1974), 2; *Eujen/Frank*, Anfechtung der Bevollmächtigung nach Abschluß des Vertretergeschäfts?, JZ 1973, 232; *R. Fischer*, Der Mißbrauch der Vertretungsmacht, auch unter Berücksichtigung der Handelsgesellschaften, Festschrift f. Schilling, 1973, 3; *Frotz*, Verkehrsschutz im Vertretungsrecht, 1972; *Gerlach*, Die Untervollmacht, 1967; *Gernhuber*, Die verdrängende Vollmacht, JZ 1995, 381; *Häublein*, § 174 S. 1 BGB – eine (Haftungs-)Falle nicht nur für Rechtsanwälte, NJW 2002, 1398; *Joussen*, Die Generalvollmacht im Handels- und Gesellschaftsrecht, WM 1994, 273; *Knoche*, Die Vollmacht und ihr Verhältnis zu den Rechtsbeziehungen zwischen

Vollmachtgeber und Vertreter, JA 1991, 281; *Lieb*, Aufgedrängter Vertrauensschutz? – Überlegungen zur Möglichkeit des Verzichts auf Rechtsscheinsschutz, insbesondere bei der Anscheinsvollmacht –, Festschrift f. H. Hübner, 1984, 575; *St. Lorenz*, Verkehrsschutz bei Vollmacht und Prozessvollmacht – BGH, NJW 2004, 59, JuS 2004, 468; *Merkt*, Die dogmatische Zuordnung der Duldungsvollmacht zwischen Rechtsgeschäft und Rechtsscheintatbestand, AcP 204 (2004), 638; *Mertens*, Die Haftung des Untervertreters nach § 179 II BGB – BGHZ 32, 250, JuS 1961, 315; *Musielak*, Referendarexamensklausur – Bürgerliches Recht: Probleme der Rechtsscheinshaftung, JuS 2004, 1081; *Pawlowski*, Anscheinsvollmachten der Erziehungsberechtigten?, MDR 1989, 775; *B. Peters*, Formbedürftigkeit der Vollmachten für die Aufnahme von Verbraucherkrediten, WM 2000, 554; *F. Peters*, Zur Geltungsgrundlage der Anscheinsvollmacht, AcP 179 (1979), 214; *Petersen*, Die Anfechtung der ausgeübten Innenvollmacht, AcP 201 (2001), 375; *ders.*, Bestand und Umfang der Vertretungsmacht, Jura 2003, 310; *Rösler*, Formbedürftigkeit der Vollmacht, NJW 1999, 1150; *Rott*, Duldungsvollmacht bei Verstoß gegen das Rechtsberatungsgesetz, NJW 2004, 2794; *Schreiber*, Rechtsschein im Vertretungsrecht, Jura 1997, 104; *Schwarze*, Die Anfechtung der ausgeübten (Innen-)Vollmacht, JZ 2004, 588; *Stüsser*, Die Anfechtung der Vollmacht nach bürgerlichem Recht und Handelsrecht, 1986.

Fälle:

a) B, Inhaber eines Warenhauses, bestellt seinen Angestellten H zum Prokuristen (vgl. § 48 I HGB). Beide vereinbaren, dass H nur Geschäfte bis zu 10 000,– € tätigen und keine Geschäftsgrundstücke verkaufen darf. Dennoch kauft H bei D 1 für das Warenhaus eine Theke zu 15 000,– € und verkauft ein Geschäftsgrundstück an D 2 für 100 000,– €. Rechte des B? **(Rdnr. 549, 550, 551)**

b) B schreibt an den Gemäldehändler D, dass er in den nächsten Tagen H vorbeischicke, der für ihn (B) ein Gemälde kaufen solle. Dann vereinbart er mit dem 17jährigen H, dass dieser kein Bild über 1 000,– € kaufen solle. H kauft bei D für B ein Bild zu 1 100,– €. Rechte des B? **(Rdnr. 549, 550, 551)**

c) B, der gegen mehrere Personen Kaufpreisansprüche hat und der seinerseits dem H 50 000,– € schuldet, erteilt dem H eine Vollmacht zur Einziehung der Forderungen, damit seine Schuld gegenüber H aus den eingezogenen Beträgen gedeckt wird. Nach Einzug von 10 000,– € widerruft B die Vollmacht. Mit Recht? **(Rdnr. 554)**

d) Der als Pförtner und Telefonist bei B beschäftigte H hat sich seit längerer Zeit angewöhnt, Bestellungen der Kunden selbst anzunehmen, anstatt diese mit dem dazu bevollmächtigten Angestellten A zu verbinden. Der Dauerkunde D verlangt von B Erfüllung des mit H abgeschlossenen Vertrages. B, dem das Verhalten des H zu Ohren gekommen und der aus Nachlässigkeit aber nicht eingeschritten ist, weist darauf hin, dass er den H nicht bevollmächtigt habe. **(Rdnr. 555, 557, 563, 565, 567)**

e) Im **Fall d** hatte B von dem Verhalten des H nichts erfahren, weil er sich um seinen Betrieb zu wenig kümmerte. **(Rdnr. 556, 563, 566)**

f) B stellt in seinem Warenhaus den H ein und bevollmächtigt ihn zum Einkauf von Herrenoberbekleidung. Als B erfährt, dass dem H die erforderliche Sachkunde im Textilbereich fehlt, ficht er die Bevollmächtigung nach § 119 II an und teilt dies seinen Lieferanten durch Rundschreiben mit. H hält die Anfechtung für unberechtigt und schließt mit dem Lieferanten D einen Kaufvertrag über 100 Anzüge. Muss B die Anzüge bezahlen? **(Rdnr. 569)**

g) Wie, wenn H im **Fall f** den Vertrag mit D schon vor der Anfechtung der Bevollmächtigung abgeschlossen hätte? **(Rdnr. 572, 573, 574)**

Vollmacht ist die durch Rechtsgeschäft erteilte Vertretungsmacht (§ 166 II).

I. Erteilung der Vollmacht

Die Vollmacht wird durch eine *empfangsbedürftige formfreie Willenserklärung* erteilt (§ 167).

541 *1. Empfangsbedürftigkeit*

Erklärungsempfänger der empfangsbedürftigen Willenserklärung kann der zu Bevollmächtigende oder der Dritte sein, dem gegenüber die Vertretung stattfinden soll (§ 167 I). Demnach sind folgende Fälle zu unterscheiden:

a) Bei der *Innenvollmacht* (internen Vollmacht) erklärt der Vollmachtgeber dem zu Bevollmächtigenden, dass er ihn bevollmächtige (§ 167 I 1. Fall).

B sagt dem H, dieser sei befugt, für ihn bei D ein Gemälde zu kaufen.

542 b) Bei der *Außenvollmacht* (externen Vollmacht) erklärt der Vollmachtgeber dem Dritten, dass er hiermit eine bestimmte Person bevollmächtige (§ 167 I 2. Fall).

B sagt dem D, dass H befugt sei, für ihn (B) bei D ein Gemälde zu kaufen. – Nicht hierher gehört der Fall, dass B, nachdem er den H bevollmächtigt hat, dem D mitteilt, er habe H bevollmächtigt; denn mit der Erklärung an H ist die (Innen-)Vollmacht bereits erteilt.

Zur Außenvollmacht zählt die h. M. auch die *öffentliche Erklärung* der Bevollmächtigung gegenüber einem unbestimmten Personenkreis[303]. Dieser seltene Fall ist von der bloßen öffentlichen Bekanntmachung, dass einem anderen eine Vollmacht erteilt wurde, zu unterscheiden; hier greift § 171 ein (Rdnr. 559).

543 *2. Form*

a) Die Erklärung ist *grundsätzlich formlos gültig*. Selbst wenn das Rechtsgeschäft, für das die Vollmacht bestimmt ist, einer Form bedarf, so ist diese Form für die Bevollmächtigung nicht erforderlich (§ 167 II).

Obwohl also der Grundstückskaufvertrag nach § 311 b I 1 notariell beurkundet werden muss, ist die mündliche Bevollmächtigung des H durch B zum Verkauf eines Grundstücks formlos möglich.

Da die Bevollmächtigung keiner Form bedarf, kann sie nicht nur ausdrücklich, sondern auch stillschweigend durch schlüssiges Verhalten erteilt werden.

303 Vgl. MüKo/*Schramm*, § 167 Rdnr. 11; *Staudinger/Schilken*, § 167 Rdnr. 12.

Für die Erteilung einer Prokura sieht aber § 48 I HGB eine ausdrückliche Erklärung vor (HR Rdnr. 164).

b) *Ausnahmsweise* verlangt das Gesetz (z. B. für die Bevollmächtigung zur Ausschlagung der Erbschaft; § 1945 III) eine *besondere Form* für die Bevollmächtigung. Außerdem kann sich aus dem Zweck der Formvorschrift für das Geschäft, zu dem jemand bevollmächtigt werden soll, ergeben, dass auch die Vollmachtserteilung dieser Form bedarf. 544

So hat § 311 b I eine Warnfunktion (Rdnr. 299). Dieser Zweck muss auch beachtet werden, wenn der Grundstückseigentümer einem anderen eine *unwiderrufliche Vollmacht zum Verkauf des Grundstücks* erteilt[304]. Denn schon damit bindet sich der Eigentümer wirtschaftlich endgültig zum Grundstücksverkauf. Auch bei einer *formbedürftigen Bürgschaft* bedarf die Vollmacht zur Abgabe der Bürgschaftserklärung der (Schrift-)Form; denn nur auf diese Weise wird der Zweck der Formvorschrift des § 766 erreicht, dem Bürgen Inhalt und Umfang der Haftung deutlich vor Augen zu führen[305]. § 167 II sollte einschränkend dahin ausgelegt werden, dass die Vollmacht dann der Form bedarf, wenn das angestrebte Rechtsgeschäft wegen der Warnung des Erklärenden formbedürftig ist[306].

c) Die Erteilung einer *Vollmachtsurkunde* ist *nicht erforderlich*[307], aber ratsam. Wenn nämlich der Bevollmächtigte ein einseitiges Rechtsgeschäft (z.B. eine Kündigung) ohne Vorlage einer Vollmachtsurkunde vornimmt und der Dritte deshalb das Geschäft unverzüglich zurückweist, ist das Geschäft unwirksam, selbst wenn die Vollmacht erteilt worden ist (§ 174 Satz 1). Durch Vorlage der Urkunde soll für den Dritten Klarheit geschaffen werden (vgl. Rdnr. 285). Der Dritte ist aber nicht schutzbedürftig, wenn der Vollmachtgeber ihn von der Bevollmächtigung in Kenntnis gesetzt hatte (§ 174 Satz 2); deshalb darf der Dritte in diesem Fall trotz Nichtvorlage der Vollmachtsurkunde das Rechtsgeschäft nicht zurückweisen. Das gilt auch dann, wenn das Rechtsgeschäft durch eine Person vorgenommen wird, mit deren Stellung typischerweise eine entsprechende Vollmacht verbunden ist (z.B. Kündigung eines Arbeitsverhältnisses durch den Leiter der Personalabteilung). 545

II. Arten der Vollmacht 546

1. Spezial-, Gattungs- und Generalvollmacht

Nach dem Umfang der Vollmacht unterscheidet man zwischen Spezialvollmacht (für ein bestimmtes Geschäft), Gattungsvollmacht (für eine Gattung von Geschäften) und Generalvollmacht (für alle Geschäfte, bei denen eine Vertre-

304 BGH NJW 1952, 1211; 1979, 2306.
305 BGH WM 1996, 764.
306 *Staudinger/Schilken*, § 167 Rdnr. 20.
307 Vgl. auch BGH NJW 2003, 963.

tung zulässig ist). Der Umfang der Vollmacht ist nach den allgemeinen Auslegungsregeln (Rdnr. 125 ff.) zu ermitteln. In einigen Fällen bestimmt das Gesetz den Umfang der Vollmacht. So erstreckt sich die Prokura (§ 48 HGB; HR Rdnr. 161 ff.), die eine besondere Vollmacht ist, auf Geschäfte jeglicher Art, die der Betrieb eines Handelsgewerbes mit sich bringt (§ 49 I, II HGB).

547 2. *Einzel- und Gesamtvollmacht*

Soll der Bevollmächtigte allein zur Vertretung befugt sein, erteilt der Vollmachtgeber eine Einzelvollmacht. Sollen dagegen nur mehrere (etwa zwei) Vertreter zusammen den Vollmachtgeber vertreten können, erteilt dieser ihnen gemeinschaftlich eine Gesamtvollmacht. Eine solche sieht § 48 II HGB für die Prokura ausdrücklich vor (»Gesamtprokura«). Ob der Vollmachtgeber eine Einzel- oder Gesamtvollmacht erteilt hat, ist durch Auslegung der Vollmachtserklärung zu ermitteln.

Wenn B etwa drei Personen bevollmächtigt, so ist nicht ohne weiteres eine Gesamtvollmacht anzunehmen. Möglich ist auch, dass jede der drei Personen befugt sein soll, *allein* den B zu vertreten. Es kann auch sein, dass z. B. die erste Person Einzelvollmacht haben soll, während die beiden anderen nur zusammen zur Vertretung des B berechtigt sein sollen.

548 3. *Haupt- und Untervollmacht*

a) Die Vollmacht kann auch die Befugnis des Bevollmächtigten enthalten, seinerseits einen Unterbevollmächtigten zu bestellen. Diese Befugnis ist gegeben, wenn der Geschäftsherr kein erkennbares Interesse an einer persönlichen Wahrnehmung durch den Bevollmächtigten hat[308]. Die Hauptvollmacht, die vom Geschäftsherrn selbst erteilt wird, ist von der Untervollmacht zu unterscheiden, die der Hauptbevollmächtigte erteilt.

b) Zwei Arten der Untervollmacht werden insbesondere von der Rechtsprechung[309] unterschieden:

(1) Der Vertreter räumt *im Namen des Geschäftsherrn* dem Unterbevollmächtigten Vertretungsmacht unmittelbar für den Geschäftsherrn ein. Tritt der Untervertreter im Namen des Geschäftsherrn auf, treffen diesen die Folgen des rechtsgeschäftlichen Handelns. Voraussetzungen dafür sind zwei (gültige) Bevollmächtigungen. Dabei ist vor allem zu prüfen, ob der Hauptbevollmächtigte sich bei der Unterbevollmächtigung im Rahmen der ihm erteilten Vertretungsmacht gehalten hat und ob der Unterbevollmächtigte seinerseits die ihm erteilte

308 BGH WM 1959, 377.
309 BGHZ 32, 253; 68, 393.

Untervollmacht nicht überschritten hat; es kann sein, dass die Untervollmacht weniger weit geht als die Hauptvollmacht.

Bestand eine der beiden Vollmachten nicht, wird der Geschäftsherr nicht gebunden. Der Unterbevollmächtigte haftet als Vertreter ohne Vertretungsmacht nach § 179 (Rdnr. 600 ff.). Nach dieser Vorschrift haftet auch der Hauptbevollmächtigte, wenn die Hauptvollmacht nicht besteht.

(2) Der Vertreter bevollmächtigt *im eigenen Namen* den Unterbevollmächtigten, ihn (d. h. den Hauptvertreter) zu vertreten[310]. Tritt der Unterbevollmächtigte im Namen des Hauptvertreters in dessen Eigenschaft als Vertreter des Geschäftsherrn (also als Vertreter des Vertreters) auf, dann treffen die Folgen des rechtsgeschäftlichen Handelns »gleichsam durch den (Haupt-) Vertreter hindurch« mittelbar den Geschäftsherrn[311]. Voraussetzung dafür ist auch hier, dass beide Bevollmächtigungen gültig sind.

Der Grund für diese gekünstelt erscheinende Konstruktion liegt darin, die Haftung des Untervertreters, der als solcher auftritt, auf den Bestand der Untervollmacht zu beschränken; er soll nicht für Mängel der Hauptvollmacht nach § 179 einzustehen haben. Nach unserer Ansicht haftet der Untervertreter jedoch nach § 179 auch dann, wenn die Hauptvollmacht nicht bestand. § 179 stellt nicht darauf ab, worauf das Fehlen der Vollmacht beruht, sondern berücksichtigt die mangelnde Kenntnis des Vertreters vom Fehlen der Vertretungsmacht allein durch die Begrenzung des Haftungsmaßstabs auf das negative Interesse (§ 179 II; Rdnr. 604). Der Untervertreter nimmt nämlich nicht allein das Vertrauen des Geschäftsgegners in den Bestand der Untervollmacht in Anspruch, da sein Handeln für den Geschäftsgegner erkennbar Rechtswirkungen in der Person des Geschäftsherrn herbeiführen soll.

Der aus § 179 II in Anspruch genommene gutgläubige Untervertreter hat einen entsprechenden Rückgriffsanspruch gegen den Hauptvertreter aus dem zugrunde liegenden Rechtsverhältnis. Ist der Hauptvertreter zahlungsunfähig, so geht der Untervertreter zwar leer aus. Dieses Ergebnis erscheint aber interessengerechter als die Auffassung, die den Untervertreter von einer Haftung nach § 179 freistellt; danach würde nämlich den Geschäftsgegner das Insolvenzrisiko treffen.

4. Duldungs- und Anscheinsvollmacht: Rdnr. 562 ff.

310 Ablehnend *Palandt/Heinrichs*, § 167 Rdnr. 12.
311 BGHZ 32, 254.

549 III. Vollmacht und Grundverhältnis

1. Außen- und Innenverhältnis

Der Vollmachtserteilung liegt in der Regel ein Vertragsverhältnis zwischen Vollmachtgeber und Bevollmächtigtem zugrunde (Grundverhältnis).

a) Die *Vollmacht* betrifft das *Außenverhältnis* zwischen Vollmachtgeber und Drittem. Sie berechtigt den Bevollmächtigten lediglich und verpflichtet ihn nicht. Als einseitiges Rechtsgeschäft bedarf sie keiner Annahmeerklärung des Bevollmächtigten.

Im **Fall a** hat der Prokurist H die Macht, für B Geschäfte zu tätigen, die der Betrieb eines Handelsgewerbes mit sich bringt (§ 49 I HGB). Also hat H den B beim Kauf der Theke wirksam vertreten, so dass B dem D 1 den Kaufpreis zahlen muss und die Theke verlangen kann. Zum Verkauf von Grundstücken ist H jedoch nicht befugt, da ihm insoweit keine Vollmacht erteilt worden ist (vgl. § 49 II HGB); deshalb ist kein Kaufvertrag zwischen B und D 2 zustande gekommen. – Im **Fall b** hat B dem H durch das Schreiben an D Vollmacht zum Kauf eines Gemäldes erteilt (= Außenvollmacht). Deshalb wird B durch den Vertragsschluss von H und D Käufer des Bildes, obwohl H minderjährig ist (§ 165). B kann von D Übereignung des Bildes verlangen und muss den Kaufpreis zahlen.

550 b) Das *Vertragsverhältnis zwischen Vollmachtgeber und Bevollmächtigtem* betrifft das *Innenverhältnis* zwischen diesen beiden Personen. Es verpflichtet den Bevollmächtigten gegenüber dem Vollmachtgeber, für ihn tätig zu werden. Der Vertragsschluss bedarf übereinstimmender Willenserklärungen von Vollmachtgeber und Bevollmächtigtem.

Im **Fall a** besteht zwischen B und H ein Arbeitsvertrag. Nach den Vereinbarungen ist H gegenüber B verpflichtet, kein Geschäft über 10 000,– € für B abzuschließen, obwohl er als Prokurist gem. § 49 I HGB umfassend bevollmächtigt ist. Diese Pflicht hat H verletzt, als er eine Theke für 15 000,– € kaufte. Deshalb kann B von H Ersatz des Schadens verlangen, der ihm durch den Kauf der Theke entstanden ist; der Schaden des B besteht etwa darin, dass er dem D 1 die Theke bezahlen muss, obwohl er mit ihr nichts anfangen kann. – Im **Fall b** wollten B und H einen Auftragsvertrag schließen. Da dieser dem H nicht lediglich rechtlichen Vorteil bringt (vgl. § 107), weil er verpflichtet ist, das ihm übertragene Geschäft zu besorgen (vgl. § 662), ist der Vertrag wegen der Minderjährigkeit des H mangels Zustimmung des gesetzlichen Vertreters unwirksam. Deshalb scheidet ein vertraglicher Schadensersatzanspruch des B gegen H aus.

551 *2. Abstraktionsprinzip*

Die Bevollmächtigung ist von dem ihr zugrunde liegenden Grundverhältnis streng zu trennen, zu »abstrahieren«. Diese Abstraktion bezweckt, die Bevollmächtigung vom Grundgeschäft unabhängig zu machen. Insofern ist das Verhältnis zwischen Bevollmächtigung und Grundgeschäft dem Verhältnis zwischen abstraktem und kausalem Geschäft vergleichbar (Rdnr. 120). Für das Außenverhältnis gegenüber dem Dritten ist im Interesse des Dritten die Vollmacht und ihr Umfang maßgebend. Hat der Vertreter im Namen und mit Vollmacht des Vertretenen gehandelt, so wirkt das Geschäft für und gegen diesen (**Fall a**: Thekenkauf, nicht Grundstücksverkauf; **Fall b**). Das gilt auch dann, wenn der Bevollmächtigte im Innenverhältnis gegenüber dem Vollmachtgeber verpflichtet ist, von der ihm erteilten Vollmacht nur in einem bestimmten Umfang Gebrauch zu machen (**Fall a**: Geschäfte bis zu 10 000,– €). Die Vollmacht kann auch dann gültig sein, wenn das im Innenverhältnis bestehende Vertragsverhältnis an einem Mangel leidet, etwa nichtig ist (**Fall b**). Selbst eine sog. isolierte Vollmacht, der keinerlei Vereinbarung zugrunde liegt, ist rechtlich möglich.

Im **Fall a** *kann* H für B die Theke kaufen, aber er *darf* es wegen der Vereinbarung mit B *nicht*. Im **Fall b** ist H trotz fehlenden Auftrags zur Vertretung des B beim Gemäldekauf befugt.

Trotz der rechtlichen Trennung von Vollmacht und Grundverhältnis kann zwischen beiden ein gewisser Zusammenhang bestehen. So ergibt sich aus § 168 Satz 1, dass die Beendigung des Grundgeschäfts das Erlöschen der Vollmacht zur Folge hat.

IV. Erlöschen der Vollmacht 552

1. Erlöschensgründe

Einzelne Erlöschensgründe sind im BGB ausdrücklich genannt, weitere ergeben sich aus dem Inhalt der Vollmacht.

a) Im Regelfall ist anzunehmen, dass mit der *Beendigung des Grundverhältnisses* (z. B. Auftrag, Arbeitsvertrag) auch die Vollmacht enden soll (vgl. § 168 Satz 1 u. 2). Jedoch kann der Vollmachtgeber etwas anderes bestimmt haben.

Endet der Auftrag nach einem halben Jahr, endet damit auch die Vollmacht, sofern der Vollmachtgeber für die Vollmacht nicht eine kürzere oder eine längere Zeit vorgesehen hat. Soll die Vollmacht über das Ende des Vertragsverhältnisses hinaus bestehen bleiben, handelt es sich insoweit um eine zulässige isolierte Vollmacht.

Aus § 672 Satz 1, § 675 ergibt sich, dass bei Tod oder Eintritt der Geschäftsunfähigkeit des Auftraggebers der Vertrag im Zweifel nicht erlischt. Demnach bleibt in diesen Fällen im Zweifel auch die Vollmacht bestehen (bei Tod: sog. postmortale Vollmacht); der Bevollmächtigte vertritt nach dem Tod des Vollmachtgebers dessen Erben. Demgegenüber erlöschen beim Tod des Bevollmächtigten in der Regel der Vertrag (vgl. § 673 Satz 1) und damit die Vollmacht (§ 168 Satz 1); normalerweise ist nicht anzunehmen, dass der Vollmachtgeber eine Vertretung durch den oder die – ihm möglicherweise unbekannten – Erben des Bevollmächtigten will. Wird der Bevollmächtigte geschäftsunfähig (§ 105 I), ist von nun an ein rechtsgeschäftliches Handeln für einen anderen ausgeschlossen (vgl. § 165).

In den Fällen der §§ 674, 729 wird trotz Beendigung des Vertragsverhältnisses dessen Fortdauer zu Gunsten des Beauftragten oder des Gesellschafters als fortbestehend fingiert. Dann gilt nach § 169 auch die erloschene Vollmacht zu Gunsten des Dritten als fortbestehend, sofern dieser gutgläubig ist, er also bei Vornahme des Geschäfts das Erlöschen der Vollmacht weder kennt noch kennen muss.

553 b) Selbst wenn das Grundverhältnis fortbesteht, ist ein Erlöschen der Vollmacht durch *Widerruf* möglich (§ 168 Satz 2 u. 3).

(1) Bei der *Zulässigkeit des Widerrufs* sind zwei Fallgruppen zu unterscheiden:

(a) *Regelmäßig* ist eine Vollmacht *frei widerruflich* (vgl. § 168 Satz 2). Es wäre unerträglich, wenn der Vollmachtgeber zulassen müsste, dass der Bevollmächtigte – etwa wegen Fortbestehens des Grundverhältnisses – weiterhin mit Wirkung für und gegen ihn rechtsgeschäftlich handelte, obwohl das Vertrauen des Vollmachtgebers zum Bevollmächtigten inzwischen geschwunden ist.

Selbst wenn der Arbeitgeber das Arbeitsverhältnis mit dem Arbeitnehmer nicht kündigen kann, so ist er doch in der Lage, die dem Arbeitnehmer erteilte Vollmacht ohne Grund zu widerrufen.

(b) *Ausnahmsweise* ist ein Widerruf der Vollmacht ausgeschlossen. Eine *Unwiderruflichkeit* der Vollmacht kann sich aus dem Grundverhältnis ergeben (§ 168 Satz 2); dafür kann die Tatsache sprechen, dass die Vollmacht ausnahmsweise nicht nur im Interesse des Vollmachtgebers, sondern auch in dem des Bevollmächtigten erteilt ist.

Im Fall c ist die Vollmacht im Interesse des H erteilt. Aus dieser Interessenlage ist zu entnehmen, dass die Vollmacht solange unwiderruflich sein soll, bis die Schuld des B getilgt ist.

Eine Vollmacht kann nicht unwiderruflich erteilt werden, wenn damit die wirtschaftliche Freiheit des Vollmachtgebers derart eingeschränkt ist, dass der Tatbestand des § 138 erfüllt ist (so bei unwiderruflicher Generalvollmacht). Außerdem ist der Vollmachtgeber berechtigt, eine wirksam erteilte unwiderrufliche Vollmacht zu widerrufen, wenn dafür ein wichtiger Grund (z. B. gröbliche Pflichtverletzung) vorliegt[312].

Liegt der unwiderruflich erteilten Vollmacht keine Grundvereinbarung zugrunde, ist diese (sog. isolierte) Vollmacht frei widerruflich; denn ohne Grundverhältnis gibt es keinen rechtfertigenden Grund, den Vollmachtgeber an den einseitig erklärten Ausschluss des Widerrufsrechts zu binden[313].

554 (2) Ist der Widerruf zulässig, dann kann er durch *einseitiges Rechtsgeschäft gegenüber dem Bevollmächtigten oder dem Dritten* ausgeübt werden (§ 168 Satz 3). Es steht dem Vollmachtgeber frei, wem gegenüber er widerruft, unab-

312 Vgl. BGH WM 1969, 1009; 1985, 646.
313 BGH DNotZ 1989, 84; 1991, 374.

hängig davon, ob er die Vollmacht als Innen- oder Außenvollmacht (Rdnr. 541 f.) erteilt hatte.

c) Ist die Vollmacht befristet (§ 163) oder unter einer auflösenden Bedingung (§ 158 II) erteilt, erlischt sie *mit Fristablauf oder mit dem Eintritt der Bedingung*. Das Gleiche gilt, wenn die Vollmacht sich nur auf ein bestimmtes *Geschäft* bezogen hat und dieses entweder *abgewickelt oder dessen Durchführung unmöglich geworden* ist. **555**

2. *Folgen des Erlöschens* **556**

a) Ist die Vollmacht erloschen, *fehlt dem bisher Bevollmächtigten die Vertretungsmacht*. Handelt er dennoch im Namen des Vollmachtgebers, wirkt das Rechtsgeschäft grundsätzlich nicht für und gegen den Vollmachtgeber. Vielmehr haftet der Handelnde als Vertreter ohne Vertretungsmacht dem Dritten (§ 179; Rdnr. 600 ff.).

b) Von diesem Grundsatz macht das Gesetz in den §§ 170–173 *Ausnahmen zu Gunsten des Dritten*, der bei Vornahme des Rechtsgeschäfts das Erlöschen der Vertretungsmacht weder kennt noch kennen muss (§ 173)[314]. Obwohl die Vollmacht erloschen ist, wird es in diesen Fällen im Interesse des gutgläubigen Dritten so angesehen, als ob die Vollmacht weiter bestünde. Die Vorschriften schützen also den Dritten in seinem *guten Glauben an das Fortbestehen einer einmal wirksam erteilten Vollmacht*. Unerheblich ist, aus welchen Gründen die Bevollmächtigung nicht (mehr) wirksam ist[315]. **557**

Die §§ 171 f. gelten nur bei der rechtsgeschäftlichen Vollmacht, nicht dagegen bei der Prozessvollmacht[316]. Für diese enthält die Zivilprozessordnung (ZPO) abschließende Sonderregeln.

Das Gesetz regelt folgende Fälle:

(1) Die Vollmacht ist durch *Erklärung gegenüber einem Dritten erteilt worden* (= Außenvollmacht). Erlischt sie etwa durch Widerruf gegenüber dem Vertreter, bleibt sie zu Gunsten des gutgläubigen Dritten in Kraft, bis ihm das Erlöschen der Vollmacht vom Vollmachtgeber angezeigt wird (§§ 170, 173). Dieses Ergebnis kann der Vertretene verhindern, wenn er entweder die Vollmacht durch Erklärung gegenüber dem Dritten widerruft oder diesem das Erlöschen der Vollmacht anzeigt. **558**

314 An diesem subjektiven Merkmal fehlt es im Falle eines nachvollziehbaren Rechtsirrtums (vgl. BGH NJW 2005, 2983, 2985; NJW-RR 2004, 632, 635).
315 BGH NJW 2005, 2983, 2984; NJW 2005, 820, 821.
316 BGH ZIP 2005, 1357, 1358 m.w.N.

559 (2) Die Bevollmächtigung ist durch *besondere Mitteilung an einen Dritten* oder durch *öffentliche Bekanntmachung* kundgegeben worden. Trotz Erlöschens der Vollmacht wird der gutgläubige Dritte in seinem Vertrauen auf das Bestehen der Vollmacht geschützt (§§ 171 I, 173). Der Vollmachtgeber kann den durch die Mitteilung oder Bekanntmachung erzeugten Rechtsschein dadurch zerstören, dass er die Kundgebung in derselben Weise, wie sie erfolgt ist, widerruft (§ 171 II); dann ist der Dritte nicht mehr schutzwürdig.

560 (3) Dem Bevollmächtigten ist vom Vollmachtgeber eine *Vollmachtsurkunde ausgehändigt* worden, und der Bevollmächtigte legt sie (im Original oder bei notarieller Beurkundung in Ausfertigung[317]) dem Dritten vor. Wenn die Vollmacht erloschen ist, muss der Dritte in seinem Vertrauen auf die Vollmachtsurkunde geschützt werden (§§ 172 I, 173), sofern sich nicht aus der Urkunde selbst Anhaltspunkte für die Nichtigkeit der Vollmacht ergeben. Der Vollmachtgeber kann die Entstehung eines solchen Vertrauens verhindern, indem er sich nach Erlöschen der Vollmacht die Vollmachtsurkunde vom Bevollmächtigten zurückgeben lässt (vgl. § 172 II). Dieser ist zur Zurückgabe verpflichtet (§ 175). Ihm steht auch wegen eines Anspruchs gegen den Vollmachtgeber kein Zurückbehaltungsrecht (§ 273) an der Vollmachtsurkunde zu (§ 175); durch den Ausschluss des Zurückbehaltungsrechts soll ein Missbrauch der Urkunde verhindert werden. Ist die Vollmachtsurkunde nicht zu beschaffen, kann der Vollmachtgeber sie für kraftlos erklären (Einzelheiten: § 176).

Das Vertrauen auf den Bestand der mit einer Vollmachtsurkunde belegten Vertretungsmacht wird auch dann nach §§ 171, 172 geschützt, wenn die Vollmacht von vornherein (z.B. gem. § 134 wegen eines Verstoßes gegen ein gesetzliches Verbot; Rdnr. 326) nichtig ist[318].

561 (4) Ist eine *Prokura* erloschen, ist das Erlöschen in das Handelsregister einzutragen (§ 53 III HGB). Erfolgt diese Eintragung nicht, wird der gutgläubige Dritte geschützt (§ 15 I HGB; HR Rdnr. 70 ff.).

Vollmacht

I. Erteilung (§ 167)
1. Innenvollmacht (§ 167 I, 1. Fall, auch § 171)
2. Außenvollmacht (§ 167 I, 2. Fall)
3. Formfrei, auch wenn Rechtsgeschäft selbst formbedürftig (§ 167 II)
   Ausnahme: Unwiderrufliche Vollmacht zum Abschluss eines formbedürftigen Rechtsgeschäfts

317 BGH NJW-RR 2004, 632, 635; ZIP 2003, 984, 985; ZIP 2002, 1191, 1193.
318 BGH NJW 2005, 2983, 2984; NJW-RR 2004, 632, 635; NJW 2003, 2091, 2092; ZIP 2003, 984, 985.

II. Arten
1. Spezial-, Gattungs-, Generalvollmacht
2. Einzel- oder Gesamtvollmacht
3. Haupt- oder Untervollmacht

III. Grundverhältnis für die Vollmacht
i.d.R. Auftrag oder Arbeitsvertrag

IV. Erlöschen
1. Gründe
   a) I.d.R. Beendigung des Grundverhältnisses (§ 168 Satz 1)
   b) Widerruf der Vollmacht (§ 168 Satz 2, 3)
   c) Fristablauf bei befristeter Vollmacht
   d) Eintritt der Bedingung bei auflösend bedingter Vollmacht
   e) Abschluss oder Unmöglichwerden des Rechtsgeschäfts bei Spezialvollmacht
   f) Tod (§§ 673 Satz 1, 168 Satz 1) oder Geschäftsunfähigkeit (§§ 165, 105 I) des Vertreters
2. Folgen
   a) Grundsatz: Vertretung ohne Vertretungsmacht
   b) Ausnahme: Fortbestand der erloschenen Vollmacht nach Rechtsscheinsgrundsätzen (§§ 170–173)

V. Duldungs- und Anscheinsvollmacht 562

1. Interessenlage

In den zuvor genannten, gesetzlich geregelten Fällen geht es um den Schutz des guten Glaubens des Dritten an den Fortbestand einer einmal wirksam erteilten, inzwischen aber erloschenen Vollmacht; der Dritte soll auf den Rechtsschein, dass die in Wirklichkeit nicht mehr bestehende Vollmacht noch weiter besteht, vertrauen dürfen. Darüber hinaus gibt es auch Fälle, in denen eine Vollmacht von vornherein nicht bestand, der Dritte jedoch auf Grund des Erscheinungsbildes, das sich ihm darbietet, annehmen darf, dass eine Vollmacht erteilt worden sei. Wenn der Vertretene seinerseits, obwohl er den Vertreter nicht bevollmächtigt hat, dazu beigetragen hat, dass sich für den Dritten der Schein einer Vollmacht des Vertreters ergibt, dann ist der Dritte schutzwürdiger als der Vertretene. Deshalb ist es berechtigt, den Vertretenen im Interesse des Dritten so zu behandeln, als ob er den Vertreter bevollmächtigt hätte. Aus diesem Grunde hat die Rechtsprechung die Duldungs- und Anscheinsvollmacht entwickelt. Vor allem aus §§ 170 ff. ist der allgemeine Rechtsgedanke zu entnehmen, dass derjenige, der den Rechtsschein einer Vollmacht veranlasst hat, das vom Vertreter abgeschlossene Rechtsgeschäft gegen sich gelten lassen muss.

563 2. *Voraussetzungen*

a) Es liegt *keine Vollmacht* vor (**Fälle d, e**), und das Vertrauen auf den Bestand einer Vollmacht wird auch nicht nach den §§ 171 bis 173 geschützt. Sofern diese Vorschriften eingreifen, braucht nicht auf allgemeine Rechtsscheinsgesichtspunkte zurückgegriffen zu werden.

b) Der Dritte kann nach Treu und Glauben mit Rücksicht auf die Verkehrssitte *aus dem äußeren Geschehen auf eine Bevollmächtigung schließen* (*Rechtsschein* einer Bevollmächtigung).

In den **Fällen d und e** meldet sich auf Anruf des D bei der Firma B der H. Dieser nimmt die Bestellung des D an. D weiß aus früheren Gelegenheiten, dass H auch sonst seit längerer Zeit Vertragsangebote für B annimmt. Aus alledem ist sein Schluss berechtigt, B habe H insoweit bevollmächtigt.

564 c) Der Vertretene muss den Rechtsschein einer Bevollmächtigung *in zurechenbarer Weise* gesetzt haben. Hier ist zwischen Duldungs- und Anscheinsvollmacht zu unterscheiden[319].

565 (1) Die *Duldungsvollmacht* verlangt, dass der Vertretene *das Verhalten* des für ihn Handelnden *kennt und es duldet*[320].

Im **Fall d** weiß B um das Verhalten des H. Er schreitet aus Nachlässigkeit nicht ein, obwohl er dazu in der Lage ist.

Wenn die Vollmacht (z. B. wegen Formmangels) nicht wirksam erteilt worden ist, so kann dennoch eine Haftung aus wissentlich veranlasstem Rechtsschein zu bejahen sein, wenn das Vertrauen des Dritten auf den Bestand der Vollmacht an andere Umstände anknüpft und nach den Grundsätzen über die Duldungsvollmacht schutzwürdig erscheint[321].

Die Abgrenzung der Duldungsvollmacht von der stillschweigend erteilten Vollmacht ist nicht immer leicht, praktisch aber unerheblich, da in beiden Fällen der Vertreter »mit Vertretungsmacht« handelt, so dass den Vertretenen die Rechtsfolgen des Geschäfts treffen. Teilweise wird in der Literatur die Duldungsvollmacht als konkludent erteilte Vollmacht angesehen[322].

319 Vgl. *Erman/Palm*, § 167 Rdnr. 7 ff.
320 BGH NJW 2003, 2091, 2092; ZIP 2002, 1191, 1193; LM Nr. 4, 10, 13 zu § 167.
321 So mit Recht BGH NJW 1997, 312.
322 *Flume*, § 49, 3.

(2) Die *Anscheinsvollmacht* verlangt, dass der Vertretene *das Verhalten* des für ihn Handelnden *nicht kennt, es aber bei pflichtgemäßer Sorgfalt erkennen und verhindern könnte*[323]. **566**

(a) Auch die *Rechtsfolge* einer Anscheinsvollmacht besteht darin, dass der Vertreter *»mit Vertretungsmacht«* handelt (h.M.[324]).

Im **Fall e** weiß B nichts vom Verhalten des H. Hätte er sich aber um seinen Betrieb selbst gekümmert oder hätte er damit einen zuverlässigen Mitarbeiter betraut, wäre H »aufgefallen« und hätte sein Verhalten unterbunden werden können. B ist an den von H geschlossenen Vertrag mit D gebunden.

Die Anscheinsvollmacht darf aber nicht den Schutz der nicht (voll)geschäftsfähigen Personen vereiteln; diesen ist der Rechtsschein einer Vollmacht nicht zuzurechnen.

(b) Die von der h.M. vertretene Rechtsfolge einer Anscheinsvollmacht wird von einer Mindermeinung in der Literatur abgelehnt. Ein schuldhaftes Verhalten (sorgfaltswidriges Nichterkennen des Vertreterhandelns) sei einer Willenserklärung nicht gleichzusetzen, sondern könne nur eine Schadensersatzpflicht auslösen[325]. Der Vertreter handele also nicht mit Vertretungsmacht, so dass der Vertretene auch nicht aus dem abgeschlossenen Geschäft berechtigt und verpflichtet werde. Der Vertretene hafte allerdings wegen schuldhafter vorvertraglicher Pflichtverletzung nach den Grundsätzen der *culpa in contrahendo*[326] (§§ 280 I, 241 II, 311 II) auf *Ersatz des Schadens*, den der Vertragspartner dadurch erleidet, dass er auf das Vorliegen der Vertretungsmacht vertraut.

Gegen diese Ansicht sprechen jedoch die §§ 170 bis 173 (Rdnr. 557 ff.). Darin kommt die gesetzliche Wertung zum Ausdruck, dass das Vertrauen auf den Rechtsschein einer Vollmacht unter bestimmten Voraussetzungen der Wirkung einer tatsächlich erteilten Vollmacht gleich stehen soll.

d) Der Dritte muss auf den geschaffenen Rechtsschein *vertraut* haben. Hierfür ist erforderlich, dass er von den rechtsscheinbegründenden Tatsachen Kenntnis erlangt hat. Das Vertrauen muss für den Geschäftsabschluss ursächlich gewesen sein. Ausnahmsweise ist das Vertrauen nicht schutzwürdig, wenn der Dritte die fehlende Vollmacht hätte erkennen können. **567**

Weiß D im **Fall d** nichts davon, dass H seit längerer Zeit Bestellungen ohne Beanstandung angenommen hat, darf er nicht darauf vertrauen, dass eine Vollmacht vorliegt.

323 Vgl. BGH LM Nr. 3, 4, 15, 17 zu § 167.
324 BGH NJW 1998, 1854, 1855; BGHZ 86, 273, 275; MüKo/*Schramm*, § 167 Rdnr. 74; *Palandt/Heinrichs;* § 173 Rdnr. 14.
325 *Flume*, § 49, 4.
326 AS § 5 Rdnr. 1 ff.

Duldungs- und Anscheinsvollmacht

I. Voraussetzungen
1. Keine gesetzliche oder vertragliche Vertretungsmacht
2. Rechtsschein einer Bevollmächtigung
3. Zurechenbare Veranlassung des Rechtsscheins durch den Vertretenen
   a) Bei der Duldungsvollmacht: Vertretener kennt das Verhalten des Vertreters und duldet es
   b) Bei der Anscheinsvollmacht: Vertretener kennt das Verhalten des Vertreters nicht, hätte es aber erkennen und verhindern können
4. Vertrauen des Dritten auf den Rechtsschein einer Bevollmächtigung

II. Rechtsfolgen
1. Bei der Duldungsvollmacht: Vertreter handelt mit Vertretungsmacht (Rechtsgedanke aus § 171 I, II)
2. Bei der Anscheinsvollmacht: Vertreter handelt mit Vertretungsmacht (h.M.)
   (a.M.: Vertreter handelt ohne Vertretungsmacht, Vertretener haftet nur aus culpa in contrahendo auf Ersatz des Vertrauensschadens)

568 VI. Willensmängel bei der Vollmachtserteilung

Ist dem Vollmachtgeber bei der Vollmachtserteilung ein Irrtum unterlaufen, der nach §§ 119 ff. zur Anfechtung berechtigt, so muss zunächst danach unterschieden werden, ob der Bevollmächtigte von seiner Vollmacht inzwischen schon Gebrauch gemacht hat oder nicht.

569 *1. Rechtslage vor Gebrauch der Vollmacht*

Für eine Anfechtung vor Gebrauch der Vollmacht kommt es darauf an, ob die Vollmacht widerruflich oder unwiderruflich ist:

a) Eine *widerrufliche* Vollmacht kann der Vollmachtgeber jederzeit auch ohne Grund widerrufen (§ 168 Satz 2), so dass es einer Anfechtung nicht bedarf.

Im **Fall f** hat H von der Vollmacht noch keinen Gebrauch gemacht. Die Erklärung ist als Widerruf der Vollmacht aufzufassen, da sich aus ihr ergibt, dass B die Vollmacht des H »beseitigen« will. Demnach handelt H später gegenüber D als Vertreter des B ohne Vertretungsmacht. Ein Gutglaubensschutz ist durch das Rundschreiben ausgeschlossen.

570 b) Eine *unwiderrufliche Vollmacht* kann nur aus wichtigem Grund widerrufen werden. Ansonsten ist Raum für eine Anfechtung. Liegt ein Anfechtungsgrund nach §§ 119 ff. vor, kann der Vollmachtgeber die Bevollmächtigung anfechten und diese damit vernichten. Interessen des Dritten sind nicht zu

berücksichtigen, da der Bevollmächtigte von seiner Vollmacht noch keinen Gebrauch gemacht hat. Oft wird ein Willensmangel auch einen wichtigen Grund darstellen, der zum Widerruf der unwiderruflichen Vollmacht berechtigt (Rdnr. 554).

Handelt der Vertreter trotz wirksamer Anfechtung weiterhin im Namen des Vertretenen, kommt ein Schutz des gutgläubigen Dritten in Betracht. Deshalb ist es für den Vollmachtgeber ratsam, den Rechtsschein einer bestehenden Vollmacht (etwa durch Rundschreiben) zu zerstören.

2. Rechtslage nach Gebrauch der Vollmacht **571**

Nach Gebrauch der Vollmacht kann der Vollmachtgeber durch einen – nur ex nunc wirkenden – Widerruf nicht erreichen, dass die vom Bevollmächtigten schon abgeschlossenen Geschäfte keine Rechtsfolgen für ihn (den Vollmachtgeber) haben; denn der Vertreter handelte mit Vertretungsmacht. Hier könnte dem Vollmachtgeber eine Anfechtung helfen, da diese die Vollmachtserteilung von Anfang an – ex tunc – vernichtet (§ 142 I; Rdnr. 438 f.).

a) Wegen dieser Rückwirkung hätte der Vertreter hier ohne Vertretungsmacht **572** gehandelt, so dass das vom Vertreter abgeschlossene Geschäft nicht für und gegen den Vertretenen wirkt. Der Dritte hätte einen Schadensersatzanspruch nach § 179 II (Rdnr. 604) gegen den Vertreter, und dieser könnte seinen Schaden nach § 122 (Rdnr. 444 ff.) vom Vollmachtgeber ersetzt verlangen.

Im **Fall g** führte die Anfechtung wegen mangelnder beruflicher Fähigkeiten des H nach § 119 II (Rdnr. 419) zur Vernichtung der Vollmacht. B wäre damit aus dem Vertrag mit D nicht berechtigt und nicht verpflichtet. H müsste dem D dessen Vertrauensschaden (z. B. Telefon- und Portokosten) ersetzen (§ 179 II). Den Ersatz dieses Schadens könnte H von B verlangen (§ 122 I).

b) Dieses Ergebnis erscheint zwar auf den ersten Blick interessengemäß. Es **573** begegnet aber schon dann Bedenken, wenn der Schadensersatzanspruch des Dritten gegen den Vertreter oder der des Vertreters gegen den Vertretenen – etwa wegen Zahlungsunfähigkeit – nicht durchsetzbar ist. Im ersten Fall bliebe der Schaden beim Dritten, im zweiten beim Vertreter »hängen«. Interessengerechter wäre es, wenn der Vertretene, der sich geirrt hat, letzten Endes den durch ihn verursachten Schaden trägt und ein Schadensersatzanspruch des geschädigten Dritten sich unmittelbar gegen den Vertretenen richtet. Dieses Ergebnis lässt sich dadurch erreichen, dass man das Ziel der Anfechtung beachtet: Es geht dem Vertretenen nicht darum, der Vollmachtserteilung für die Zukunft die Wirkung zu nehmen; dazu genügte ein Widerruf der Vollmacht. Durch die Anfechtung der Vollmachtserteilung will der Vollmachtgeber vielmehr erreichen, dass das auf Grund der Vollmacht bereits abgeschlossene Geschäft keine Wirkung gegen ihn entfaltet. Deshalb erscheint es sachlich berechtigt, immer den Dritten als Anfechtungsgegner anzusehen, gleichgültig, ob eine Außen- oder Innenvollmacht erteilt wurde. Dann muss auch der Dritte, der im Vertrauen auf die Vollmacht das Geschäft abgeschlossen hat, seinen Schaden vom anfechtenden Vollmachtgeber, in dessen Sphäre der Willensmangel liegt, ersetzt verlangen können[327].

Danach könnte D im Fall g von B seinen Vertrauensschaden nach § 122 ersetzt verlangen.

Bei dieser Lösung werden also durch die Anfechtung der Vollmacht die Interessen des Vertretenen und des Dritten, nicht aber die des Vertreters geschützt; dieser ist nämlich nach richtiger Ansicht zum Schadensersatz gem. § 179 II selbst dann verpflichtet, wenn der Mangel der Vertretungsmacht außerhalb seiner Erkenntnis- und Beurteilungsmöglichkeit lag[328].

574 c) Deshalb ist nach unserer Ansicht eine *Anfechtung* der Vollmachtserteilung nach dem Gebrauchmachen von der Vollmacht *grundsätzlich ausgeschlossen*, so dass der Vollmachtgeber trotz eines nach §§ 119 ff. beachtlichen Willensmangels das Geschäft mit dem Dritten gegen sich gelten lassen muss. Dafür spricht vor allem der Rechtsscheinsgedanke: Bei der Anscheinsvollmacht muss sich der Vertretene, obwohl er das Handeln des Vertreters nicht kennt, so behandeln lassen, als ob er diesen bevollmächtigt habe, und ihm steht auch kein Anfechtungsrecht zu. Dann ist schwerlich einzusehen, weshalb der Vertretene, der tatsächlich bevollmächtigt hat, zur rückwirkenden Beseitigung der Vollmacht durch Anfechtung in der Lage sein soll. In beiden Fällen ist der gutgläubige Dritte gleich schutzwürdig; der Vertretene ist im Fall der Erteilung der Vollmacht weniger schutzwürdig als im Fall der Anscheinsvollmacht. Allerdings vermag dieses Argument nur dann zu überzeugen, wenn man mit der Rechtsprechung die Anscheinsvollmacht bejaht.

Aber abgesehen davon ist aus § 166 I zu entnehmen, unter welchen Voraussetzungen das vom Vertreter abgeschlossene Geschäft durch Anfechtung vernichtet werden kann. Damit soll der Vertretene so gestellt werden, wie wenn er selbst das Geschäft abgeschlossen hätte und ihm dabei ein Fehler unterlaufen wäre. Könnte er darüber hinaus auch durch Anfechtung der Bevollmächtigung das vom Vertreter abgeschlossene Geschäft »zu Fall bringen«, stünde er besser, als wenn er selbst das Geschäft getätigt hätte.

Schließlich ist auch die Einschränkung der Anfechtung bei Dauerrechtsverhältnissen u. a. im Interesse des Rechtsverkehrs zu beachten (Rdnr. 438)[329]. Danach kann nicht jeder Willensmangel auch im Verhältnis zu Dritten bedeutsam sein. Deshalb tritt in solchen Fällen bei der Anfechtung an die Stelle einer Vernichtung ex tunc eine solche ex nunc. Dieselbe Interessenlage besteht bei der Anfechtung der Bevollmächtigung, wenn von der Vollmacht schon Gebrauch

327 So im Ergebnis *Flume*, § 52, 5 c.
328 A. A. *Flume*, § 47, 3 c.
329 *Brox*, Die Einschränkung der Irrtumsanfechtung, 214 ff.

gemacht worden ist; auch hier ist der Dritte schutzwürdig. Deshalb muss die Anfechtung der Vollmacht mit Ex-tunc-Wirkung ausgeschlossen sein. Mit dem Schutz des Dritten wäre allerdings eine Anfechtung der Vollmacht mit Ex-nunc-Wirkung vereinbar, weil dadurch das zuvor vom Vertreter abgeschlossene Geschäft nicht berührt wird. Einer solchen Anfechtung bedarf es aber nicht, da ein zulässiger Widerruf die gleiche Wirkung hat.

Danach ist im **Fall g** eine Anfechtung der Vollmachtserteilung mit rückwirkender Vernichtung der Vollmacht ausgeschlossen.

Die Auffassung vom Ausschluss der Anfechtung einer bereits vollzogenen Vollmacht schützt die Interessen des Dritten und des Vertreters; sie berücksichtigt aber nicht in allen Fällen berechtigte Interessen des Vertretenen. Es besteht kein Grund, den Dritten stärker zu schützen, als er geschützt würde, wenn der Vertretene selbst den Vertrag geschlossen hätte. Sofern der zur Anfechtung berechtigende Willensmangel bei der Bevollmächtigung auf den Inhalt des vom Vertreter geschlossenen Geschäfts »durchschlägt«, muss dem Vertretenen die Möglichkeit eingeräumt werden, sich vom Vertretergeschäft zu lösen.

Beispiel: Der Vertretene hat den Vertreter zum Verkauf eines Autos zu einem Mindestpreis von 3 500,– € bevollmächtigen wollen, bei der Bevollmächtigung aber (infolge Versprechens) irrtümlich einen Mindestverkaufspreis von 2 500,– € genannt; der Vertreter schließt im Namen des Vertretenen mit dem Dritten einen Kaufvertrag zu 2 500,– €. Hätte der Vertretene anstelle der Bevollmächtigung selbst die Vertragserklärung abgegeben und sich dabei versprochen, wäre er wegen Erklärungsirrtums zur Anfechtung berechtigt. Deshalb fragt sich, ob der Vertretene auch im ersten Fall wegen seines Irrtums bei der Bevollmächtigung das Vertretergeschäft anfechten kann.

Hier bietet es sich an, den Rechtsgedanken des § 166 II heranzuziehen. Zwar stellt diese Vorschrift nach ihrem Wortlaut nur auf die Kenntnis und das Kennenmüssen tatsächlicher Umstände ab; sie ist aber nach h. M. auch auf Willensmängel des Vertretenen anwendbar[330]. Das rechtfertigt sich schon deshalb, weil die zur Anfechtung berechtigenden Willensmängel – abgesehen vom Fall der Drohung – immer auf einer Verkennung tatsächlicher Umstände beruhen. Daher sind nach dem Rechtsgedanken des § 166 II alle Willensmängel des Vertretenen als für das Vertretergeschäft erheblich anzuerkennen, die sich auf das Vertretergeschäft beziehen und sich auf den vom Vertreter geschlossenen Vertrag ausgewirkt haben. Eine solche Einflussnahme liegt immer dann vor, wenn der Willensmangel des Vertretenen den Inhalt des Vertretergeschäfts beeinflusst hat. Ist also dem Vollmachtgeber bei der Bevollmächtigung ein zur Anfechtung berechtigender Irrtum unterlaufen, so muss geprüft werden, ob ein Anfechtungsrecht auch dann gegeben wäre, wenn der Vertretene selbst die Erklärung gegenüber dem Dritten abgegeben hätte und diese mit dem Willensmangel behaftet

330 MüKo/*Schramm*, § 166 Rdnr. 54.

wäre, mit der die Bevollmächtigung behaftet ist. Liegen diese Voraussetzungen vor, kann der Vertretene das Vertretergeschäft anfechten[331].

Im **Beispielsfall** ist also der Vertretene zur Anfechtung des Vertretergeschäfts berechtigt. Entsprechendes gilt, wenn der Vollmachtgeber sich bei der Bevollmächtigung über eine wesentliche Eigenschaft der Kaufsache geirrt und das die Vertretererklärung beeinflusst hat.

Dagegen ist im **Fall g** eine Anfechtung der Vertretererklärung ausgeschlossen. Denn der Irrtum über eine Eigenschaft des Vertreters betrifft allein das Innenverhältnis zwischen dem Vertretenen und dem Vertreter; er wirkt sich nicht auf das Vertretergeschäft aus. Bei diesem sind für die Bildung des Geschäftswillens nämlich allein die Personen der Vertragsparteien und der Geschäftsgegenstand erheblich. Die Auswahl des Vertreters ist ein typisches Risiko der Bevollmächtigung; ein entsprechender Irrtum kann bei einer Selbstvornahme des Geschäfts durch den Vertretenen nicht vorkommen. Es wäre unbillig, den Vertragspartner mit diesen Risiken der Bevollmächtigung zu belasten, zumal die Bevollmächtigung den Geschäftskreis des Vertretenen erweitert und somit allein für diesen einen Vorteil bringt.

575 VII. Sonderfall: Altersvorsorgevollmacht

Schrifttum: *Bühler*, Vollmachtserteilung zur Vermeidung einer Betreuerbestellung – Möglichkeiten und Grenzen der Vorsorgevollmacht –, FamRZ 2001, 1585; *A. Langenfeld*, Vorsorgevollmacht, Betreuungsverfügung und Patiententestament nach dem neuen Betreuungsrecht, 1994; *G. Müller*, Altersvorsorgevollmacht – Gestaltung ihres Inkrafttretens, DNotZ 1997, 100.

1. Begriff und Bedeutung

Jeder Mensch muss damit rechnen, dass er infolge eines Unfalls, einer Krankheit oder auf Grund des Alters in die Lage kommt, seine Angelegenheiten ganz oder teilweise nicht mehr besorgen zu können. Für einen solchen Fall kann er im Voraus eine Person seines Vertrauens bevollmächtigen, in seinem Namen für ihn tätig zu werden. Durch eine solche Vollmacht wird eine Betreuung durch einen vom Vormundschaftsgericht zu bestellenden Betreuer vermieden; denn nach § 1896 II 2 ist eine Betreuung nicht erforderlich, soweit die Angelegenheiten des Volljährigen durch einen Bevollmächtigten ebenso gut wie durch einen Betreuer besorgt werden können. Demnach wird dem Selbstbestimmungsrecht des Menschen und seiner (privaten) Fürsorge der Vorrang vor der staatlichen Fürsorge eingeräumt.

Derartige Vollmachten werden als »Altersvorsorgevollmachten« bezeichnet. Dieser Begriff ist jedoch zu eng; denn es kommen nicht nur Vorsorgevollmach-

331 Einzelheiten: *Brox*, JA 1980, 451 f.

ten für das Alter, sondern für alle Fälle in Betracht, in denen der Vollmachtgeber seine Angelegenheiten nicht mehr selbst regeln kann.

2. Voraussetzungen 576

a) Der Vollmachtgeber muss im Zeitpunkt der Erklärung der Bevollmächtigung geschäftsfähig sein; anderenfalls ist die Vollmachtserteilung nichtig. Es schadet dagegen nicht, dass der Vollmachtgeber beim Wirksamwerden der Vollmacht nicht mehr geschäftsfähig ist (§ 130 II; Rdnr. 148).

b) Eine besondere Form (z. B. Schriftform, notarielle Beurkundung) ist für die Erteilung der Vollmacht nicht erforderlich, jedoch sehr ratsam, weil dadurch der Bevollmächtigte in die Lage versetzt wird, bei seinem Tätigwerden für den Vollmachtgeber einem Dritten gegenüber die Vollmacht nachzuweisen.

c) Die Vollmachtserklärung ist empfangsbedürftig (Rdnr. 541 f.). Es genügt aber, dass sie nach dem Eintritt des Vorsorgefalles aufgefunden wird und in die Hand des Bevollmächtigten gelangt. Allerdings besteht die Gefahr, dass die Vollmachtsurkunde unentdeckt bleibt.

d) Da der Vollmachtgeber mit der Möglichkeit rechnen muss, dass der Bevollmächtigte z. B. infolge Vorversterbens, eigenen Gebrechens oder aus einem anderen – verständlichen oder unverständlichen – Grunde nicht für den Vollmachtgeber tätig sein kann oder will, ist ihm zu raten, für solche Fälle – also hilfsweise – eine weitere Person zu bevollmächtigen.

3. Inhalt und Inkrafttreten 577

a) Aus der Vollmacht muss sich deren Umfang ergeben. Regelmäßig wird der Wille des Vollmachtgebers dahin gehen, dass die von ihm bevollmächtigte Person für ihn alle die Geschäfte tätigen kann, die er selbst infolge seines Gebrechens (seiner mangelnden Geschäftsfähigkeit) nicht mehr zu tätigen in der Lage ist.

b) Da der Vollmachtgeber normalerweise nicht will, dass der Bevollmächtigte für ihn schon während der Zeit handelt, in der er – der Vollmachtgeber – selbst noch rechtsgeschäftlich tätig sein kann, sollte er die Wirksamkeit der Bevollmächtigung von dem Verlust seiner Geschäftsfähigkeit oder vom Eintritt seiner Betreuungsbedürftigkeit, also von einem zukünftigen, ungewissen Ereignis, abhängig machen. Das ist zulässig. Grundsätzlich sind einseitige Rechtsgeschäfte zwar bedingungsfeindlich (Rdnr. 487). Aber die Beifügung einer Bedingung ist zulässig, wenn sie für den Erklärungsempfänger keine untragbare Ungewissheit über den neuen Rechtszustand schafft[332]. Das ist hier der Fall. Entweder weiß

332 BGHZ 97, 267; h. M.

der Bevollmächtigte vom Eintritt der Geschäftsunfähigkeit. Weiß er es nicht oder zweifelt er, ob der Vollmachtgeber geschäftsunfähig ist, kann er den Geschäftspartner darauf aufmerksam machen, dass die Bevollmächtigung von der Bedingung des Eintritts der Geschäftsunfähigkeit des Vollmachtgebers abhängig ist. In Betracht kommt in diesem Fall ein gemeinschaftliches Handeln von Vollmachtgeber und Bevollmächtigtem, damit das Geschäft auf jeden Fall wirksam ist.

578

§ 26 Die Begrenzung der Vertretungsmacht

Schrifttum: *W. Blomeyer*, Die teleologische Korrektur des § 181 BGB, AcP 172, 1; *Feller*, Teleologische Reduktion des § 181 letzter Halbsatz BGB bei nicht lediglich rechtlich vorteilhaften Erfüllungsgeschäften, DNotZ 1989, 66; *Harder*, Das Selbstkontrahieren mit Hilfe eines Untervertreters, AcP 170 (1970), 295; *H. Honsell*, Das Insichgeschäft nach 181 BGB: Grundfragen und Anwendungsbereich, JA 1977, 55; *U. Hübner*, Interessenkonflikt und Vertretungsmacht, 1977; *ders.*, Grenzen der Zulässigkeit von Insichgeschäften, Jura 1981, 288; *Kern*, Wesen und Anwendungsbereich des § 181 BGB, JA 1990, 281; *Petersen*, Bestand und Umfang der Vertretungsmacht, Jura 2003, 310; *D. Reinicke*, Gesamtvertretung und Insichgeschäft, NJW 1975, 1185; *Reinicke/Tiedtke*, Das Erlöschen der Befreiung von dem Verbot der Vornahme von Insichgeschäften, WM 1988, 441; *Schott*, Der Mißbrauch der Vertretungsmacht, AcP 171 (1971), 385; *H. P. Westermann*, Mißbrauch der Vertretungsmacht, JA 1981, 521.

Fälle:

a) D klagt gegenüber seinem Freund H darüber, dass er einen Posten unmoderner Kleider nicht absetzen könne, wodurch ihm ein großer Schaden entstehe. H, der bei B Prokurist ist, kauft im Namen des B dem D die Kleider zu einem »anständigen« Preis ab, weil B – wie H dem D erklärt – als reicher Mann eher als D einen solchen Schaden verkraften könne. Muss B die Kleider abnehmen und bezahlen? **(Rdnr. 580)**

b) H kauft als Prokurist des B von D Waren, obwohl er bei seiner Einstellung mit B übereingekommen war, dass er nur für den Verkauf zuständig sein soll; dies weiß D genau. Wird B verpflichtet? **(Rdnr. 581)**

c) Der Prokurist H des B schließt in dessen Namen mit sich einen Vertrag, wonach sein Monatsgehalt um 1 000,– € erhöht wird. Außerdem kauft er im Namen des B von D, in dessen Namen er ebenfalls auftritt, Waren. B ist damit nicht einverstanden. **(Rdnr. 584, 585, 586, 591)**

d) Im Grundstückskaufvertrag bevollmächtigen Verkäufer und Käufer den Bürovorsteher H des Notars, demnächst für sie die Auflassungserklärungen abzugeben. Zulässig? **(Rdnr. 587)**

e) Die Eltern möchten ihrem sechsjährigen Kind eine Eisenbahn schenken. Möglich? **(Rdnr. 592)**

Der rechtsgeschäftlichen und gesetzlichen Vertretungsmacht sind in besonderen Fällen Grenzen gesetzt. Einmal handelt der Vertreter, der Vertretungsmacht hat, dann ohne Vertretungsmacht, wenn er diese Macht missbraucht. Zum anderen fehlt dem Vertreter die Vertretungsmacht grundsätzlich in den Fällen, in denen er nicht nur auf der einen Seite des Geschäfts im Namen des Vertretenen, sondern auch auf der anderen Seite entweder im eigenen Namen oder im Namen eines Dritten auftritt.

I. Missbrauch der Vertretungsmacht 579

1. *Interessenlage*

Das Abstraktionsprinzip bezweckt, die Vertretungsmacht im Interesse des Dritten vom Innenverhältnis zwischen Vertreter und Vertretenem unabhängig zu machen (Rdnr. 551). Handelt der Vertreter im Rahmen der Vertretungsmacht, wirkt das Geschäft für und gegen den Vertretenen auch dann, wenn der Vertreter im Innenverhältnis gegenüber dem Vertretenen nicht so handeln darf; der Vertreter kann, darf aber nicht so handeln. Selbst wenn der Vertreter seine Vertretungsmacht missbraucht, indem er sich bewusst über die ihm im Innenverhältnis auferlegte Bindung pflichtwidrig hinwegsetzt, etwa um dem Vertretenen einen Schaden zuzufügen, hat das Geschäft Rechtsfolgen für den Vertretenen. Diese Regel gilt im Interesse des Dritten. Dieser verdient jedoch ausnahmsweise dann keinen Schutz, wenn ihm der Missbrauch der Vertretungsmacht bekannt ist oder sich ihm aufdrängen muss.

2. *Fallgruppen* 580

Die Rechtsprechung hat zwei Fallgruppen herausgearbeitet.

a) Der Vertreter und der Dritte wirken beim Rechtsgeschäft einverständlich zusammen, um den Vertretenen zu schädigen (Kollusion). Dann ist das Geschäft nach § 138 I nichtig; es trifft den Vertretenen nicht[333].

Da im **Fall a** der Kaufvertrag nach § 138 I nichtig ist, braucht B die Kleider nicht abzunehmen und nicht zu bezahlen. Überdies müssen H und D dem B den ihm etwa entstandenen Schaden nach §§ 826, 840 ersetzen. – Entsprechendes gilt, wenn der Vormund im Namen seines Mündels und der Dritte bewusst zur Schädigung des Mündels zusammenwirken.

b) Der Vertreter setzt sich bei Ausübung der Vertretungsmacht über die ihm im Innenverhältnis gesetzte Grenze hinweg, und der Dritte ist bösgläubig. 581

333 Vgl. MüKo/*Schramm*, § 164 Rdnr. 107 m. N.

(1) Wenn der Dritte weiß, dass der Vertreter bei Ausübung seiner Vertretungsmacht pflichtwidrig handelt, ist er nicht schutzwürdig, so dass kein Grund für die Abstraktion der Vertretungsmacht vom Innenverhältnis besteht. Deshalb wird gegenüber dem Dritten, der die Begrenzung im Innenverhältnis kennt, die Vertretungsmacht durch das Innenverhältnis begrenzt. Der Vertreter handelt gegenüber diesem Dritten ohne Vertretungsmacht, so dass das Geschäft nicht gegen den Vertretenen wirkt. Dieser kann genehmigen (§ 177; Rdnr. 594 f.).

Im **Fall b** ist H gegenüber dem wissenden D nur zum Verkauf bevollmächtigt. Deshalb wird B aus dem Einkauf nicht verpflichtet.

582 (2) Streitig ist, ob nur die Kenntnis oder schon das Kennenmüssen des Dritten zu einer Beschränkung der Vertretungsmacht führt[334]. Würde sich auch eine fahrlässige Unkenntnis des Dritten (von der Begrenzung der Vertretungsmacht im Innenverhältnis) zu seinen Lasten auswirken, müsste dieser sich zur Vermeidung von Nachteilen über das Innenverhältnis zwischen Vertreter und Vertretenem erkundigen. Das will das Gesetz aber durch die Trennung von Vertretungsmacht und Innenverhältnis gerade nicht; der Dritte soll sich allein auf die Vertretungsmacht und deren Umfang verlassen können, ohne Nachforschungen über das Innenverhältnis anstellen zu müssen. Nur wenn der Dritte die Beschränkung aus dem Innenverhältnis kennt, ist er nicht schutzwürdig. Nun ist allerdings eine positive Kenntnis als rein innere Tatsache dem Dritten schwer nachzuweisen. Deshalb muss es genügen, wenn die Beschränkung im Innenverhältnis für den Dritten offenkundig (evident) ist. Muss sich ihm die Beschränkung geradezu aufdrängen, ist er – um Beweisschwierigkeiten zu vermeiden – so zu behandeln, als ob er die Beschränkung kennt[335].

583 (3) Teilweise wird für eine Einschränkung der Vertretungsmacht durch das Innenverhältnis verlangt, dass der Vertreter sich bewusst über diese Bindung hinwegsetzt[336]. Dem kann jedoch nach unserer Ansicht nicht gefolgt werden. Es geht hier nämlich nicht darum, ob und wie bösgläubig der Vertreter bei Ausübung der Vertretungsmacht handelt, sondern allein um einen Interessenwiderstreit von Vertretenem und Drittem. Hält der Vertreter sich nur aus Fahrlässigkeit oder gar ohne jedes Verschulden nicht an die ihm im Innenverhältnis auferlegte Bindung und weiß der Dritte, dass der Vertreter die im Innenverhältnis gezogene Grenze überschreitet, dann ist der Dritte ebensowenig schutzwürdig, wie wenn der Vertreter bewusst diese Grenze missachtet. Demnach sollte es für eine Beschränkung der Vertretungsmacht genügen, dass der Vertre-

334 Vgl. *Soergel/Leptien*, § 177 Rdnr. 18 m. N.
335 BGH DB 2002, 1439, 1440; BGHZ 94, 132, 138; vgl. auch BGH NJW 1990, 387.
336 Nachw. bei *Staudinger/Schilken*, § 167 Rdnr. 95.

ter die Begrenzung durch das Innenverhältnis überschreitet und es für den Dritten offenkundig ist, dass der Vertreter diese Grenze nicht einhält[337].

II. Insichgeschäft 584

1. Begriff

Das Insichgeschäft ist ein Rechtsgeschäft, das eine Person gegenüber sich selbst vornimmt. § 181 kennt zwei Arten von Insichgeschäften:

a) Beim *Selbstkontrahieren* nimmt ein Vertreter im Namen des Vertretenen mit sich selbst im eigenen Namen ein Rechtsgeschäft vor (**Fall c**: Gehaltserhöhung).

Der Begriff »Selbstkontrahieren« ist zu eng, weil es sich nicht um einen »Kontrakt«, also um einen Vertrag, sondern auch um ein einseitiges Rechtsgeschäft wie die Kündigung (des H im Namen des B gegenüber dem H) handeln kann.

b) Bei der *Mehrvertretung* nimmt ein Vertreter im Namen des Vertretenen mit sich im Namen eines Dritten ein Rechtsgeschäft vor (**Fall c**: Warenkauf).

Beispiel: H, der von B bevollmächtigt ist, ein Grundstück zu verkaufen, und der von D bevollmächtigt ist, ein Grundstück zu kaufen, schließt im Namen des B als Verkäufer mit sich im Namen des D als Käufer den Grundstückskaufvertrag.

2. Rechtsfolgen 585

a) Nach § 181 ist ein Insichgeschäft *grundsätzlich verboten*.

(1) Die an sich bestehende *Vertretungsmacht ist begrenzt*; sie umfasst nicht den Abschluss von Insichgeschäften.

Im **Fall c** ist der Prokurist H zwar befugt, im Namen des B Arbeitsverträge zu schließen oder Vertragsänderungen zu vereinbaren. Er ist aber nicht bevollmächtigt, mit sich selbst vertragliche Abmachungen zu treffen. Das gleiche gilt für den Einkauf der Waren. Da H im Namen des B und im Namen des D handelt, fehlt ihm zu einem solchen Insichgeschäft die Vertretungsmacht.

(2) Aus dem Wortlaut des § 181 »kann ... nicht vornehmen« könnte entnommen werden, dass das Insichgeschäft unheilbar nichtig sei. Jedoch wird mit Recht allgemein angenommen, dass das Geschäft *nur schwebend unwirksam* ist. Da § 181 die Vertretungsmacht beschränkt, der Vertreter also beim Insichgeschäft ohne Vertretungsmacht handelt, steht dem Vertretenen beim Vertrag die Möglichkeit der Genehmigung offen (vgl. § 177; Rdnr. 594 f.). 586

337 Vgl. auch BGH NJW 1988, 3012.

Ist B im **Fall c** mit der Gehaltserhöhung einverstanden, kann er genehmigen, so dass der Vertrag gültig ist. Zur Gültigkeit des Kaufvertrages ist eine Genehmigung durch beide Vertretenen (B und D) erforderlich.

587 b) *Ausnahmsweise* ist das Insichgeschäft nach § 181 *gültig*. Das Gesetz nennt zwei Fälle.

(1) Dem Vertreter ist das *Insichgeschäft gestattet*. Die Gestattung kann auf Gesetz oder Rechtsgeschäft beruhen.

Beispiele: In einer notariellen Urkunde heißt es, dass dem H »Vollmacht unter Ausschluss der Beschränkungen des § 181 erteilt« werde. – Eine solche ausdrückliche Erklärung fehlt zwar im **Fall d**. Da Verkäufer und Käufer aber den H zur Auflassung bevollmächtigen, ist damit die Vollmacht für dieses Insichgeschäft von beiden Vertragspartnern erteilt.

588 (2) Das Rechtsgeschäft besteht ausschließlich in der *Erfüllung einer Verbindlichkeit*.

Beispiel: B hat von seinem Prokuristen H eine Sache gekauft. H erfüllt die Pflicht des B zur Kaufpreiszahlung, indem er den von B geschuldeten Betrag aus der Kasse des B nimmt.

589 *3. Anwendungsbereich des § 181*

Hinsichtlich des Anwendungsbereichs des § 181 ist vieles streitig. Das liegt vor allem daran, dass der Zweck dieser Bestimmung verschieden beurteilt wird.

a) Zwei *gesetzgeberische Gründe* kommen – allein oder zusammen – in Betracht:

(1) *Erkennbarkeit des Rechtsgeschäfts*: Wenn ein und dieselbe Person auf beiden Seiten des Rechtsgeschäfts auftritt, besteht die Gefahr, dass der Geschäftsabschluss nach außen nicht in Erscheinung tritt. Soll § 181 der Kundbarmachung des Geschäfts dienen, dann greift die Bestimmung bei Personenidentität ein.

(2) *Vermeidung einer Interessenkollision*: Der Vertreter hat beim Selbstkontrahieren außer seinen eigenen auch die Interessen des Vertretenen zu wahren. Bei der Mehrvertretung vertritt er die entgegengesetzten Interessen zweier verschiedener Personen. Soll durch § 181 eine nahe liegende Schädigung des (oder der) Vertretenen vermieden werden, greift die Bestimmung bei einem Interessenwiderstreit ein.

590 b) Je nachdem, ob das Gesetz eines oder beide der genannten Ziele verfolgt, ist der *Anwendungsbereich des § 181 verschieden*:

591 (1) Keine Schwierigkeiten bereiten die *Fälle, in denen beide möglichen gesetzgeberischen Gründe eingreifen*. Geht es sowohl um die Erkennbarkeit als auch um die Vermeidung eines Interessenkonflikts, ist § 181 unbestritten anwendbar.

So besteht im **Fall c** Personenidentität und eine Interessenkollision.

(2) Besteht im konkreten Fall eine *Personenidentität, aber keine Interessenkollision*, soll nach früherer, ständiger Rechtsprechung das Insichgeschäft verboten sein, sofern keine der in § 181 genannten Ausnahmen vorliegt[338]. § 181 wird also streng nach seinem Wortlaut als formale Ordnungsvorschrift aufgefasst; entscheidend ist danach allein die Art der Vornahme des Rechtsgeschäfts. Ein Interessengegensatz ist zwar gesetzgeberisches Motiv, aber zur Erfüllung des Tatbestandes nicht erforderlich. **592**

Demnach könnten die Eltern im **Fall e** dem Kind die Eisenbahn nicht dadurch schenken, dass sie im eigenen Namen als Schenker mit sich im Namen des Kindes als des Beschenkten den Schenkungsvertrag schließen und das Spielzeug übereignen (!).

Diese formale Auffassung ist inzwischen von der Rechtsprechung mit Recht eingeschränkt worden[339]. Danach ist § 181 für bestimmte Fallgruppen nicht anwendbar, in denen eine Interessenkollision und damit eine Gefahr der Benachteiligung des Vertretenen nicht besteht. Das ist der Fall, wenn das Geschäft des Vertreters dem Vertretenen lediglich rechtlichen Vorteil bringt. Bei der Auslegung des § 181 ist die Wertung des § 107 zu berücksichtigen. Danach wird der Minderjährige vor den schädigenden Auswirkungen eigener Willenserklärungen geschützt; ein Schutz ist jedoch nicht erforderlich, wenn die Willenserklärung dem Minderjährigen lediglich rechtlichen Vorteil bringt. Ähnlich ist die Interessenlage bei § 181: Es werden die Interessen des Vertretenen vor Willenserklärungen des Vertreters geschützt, dessen Urteilsfähigkeit durch seine eigene Beteiligung an dem Rechtsgeschäft beeinträchtigt ist; eines Schutzes des Vertretenen bedarf es aber nicht, wenn durch das Geschäft des Vertreters der Vertretene lediglich einen rechtlichen Vorteil erlangt. Demnach ist § 181 unter Beachtung der Wertung des § 107 einschränkend dahin auszulegen, dass das Verbot des Insichgeschäfts nicht gilt, wenn das Geschäft dem Vertretenen lediglich einen rechtlichen Vorteil bringt.

Im **Fall e** ist demnach ein Selbstkontrahieren zulässig[340]. Führt allerdings die Erfüllung eines Schenkungsvertrages auch zu einer persönlichen Belastung des Erwerbers (z. B. in Fällen der Übertragung von Wohnungseigentum), ist das dingliche Erfüllungsgeschäft nachteilig und damit ein Selbstkontrahieren unzulässig[341]. – In BGHZ 56, 101[342] ist das Geschäft des geschäftsführenden Alleingesellschafters im Namen der GmbH mit sich

338 Vgl. BGHZ 21, 230; 50, 11.
339 Vgl. BGHZ 56, 97; 59, 236, 240; 94, 232, 235 f.; 112, 341.
340 Vgl. BGHZ 59, 236, 240; 94, 232, 235 f.; BGH NJW 1989, 2542.
341 Vgl. BGHZ 78, 28, 31 ff.; *Jauernig*, JuS 1982, 576.
342 Anders noch BGHZ 33, 189.

selbst als gültig angesehen worden, da ein Interessenwiderstreit ausgeschlossen sei und Belange Dritter nicht berührt würden[343].

Die Ansicht, bei § 181 handele es sich nur um eine formale Ordnungsvorschrift, sollte endgültig aufgegeben werden. In Wahrheit bezweckt die Norm, die Gefahr einer Interessenkollision zu vermeiden[344]. Es soll einem Vertreter verwehrt sein, einen Interessengegensatz zu Lasten des Vertretenen auszunutzen. Dieser soll vor einer Schädigung geschützt werden.

Wenn § 181 entscheidend auf die Erkennbarkeit des Rechtsgeschäfts abstellen würde, hätte die Bestimmung vorsehen müssen, dass sie nicht eingreife, sofern dem Erfordernis der Kundbarmachung des Rechtsgeschäfts in irgendeiner Form – etwa durch eine Urkunde – Genüge getan sei. Statt dessen macht § 181 andere Ausnahmen: Sofern das Insichgeschäft ausschließlich in der Erfüllung einer Verbindlichkeit besteht, ist es zulässig; damit wird dem Gedanken Rechnung getragen, dass hier keine Gefahr einer unzumutbaren Schädigung des Vertretenen vorliegt. Denn zu seinen Lasten geschieht nur das, wozu er ohnehin verpflichtet ist; der Vertretene verdient also keinen Schutz. Ist ferner bei Gestattung des Insichgeschäfts dieses erlaubt, ist der Vertretene ebenfalls nicht schutzwürdig; denn bei einer rechtsgeschäftlichen Gestattung ist der Vertretene damit einverstanden, und bei einer gesetzlichen Gestattung wahrt das Gesetz die Interessen des Vertretenen hinreichend. Gerade aus den gesetzlich vorgesehenen Ausnahmen ist zu entnehmen, dass der Schutz des Vertretenen bezweckt ist.

Dieser Schutzzweck ist in § 181 nicht genügend zum Ausdruck gekommen. Da die Gefahr einer Interessenkollision regelmäßig bei einer Personenidentität gegeben ist, stellt der Wortlaut des § 181 auf die leicht erkennbare Personenidentität ab. Er geht aber zu weit, wenn er bei Personenidentität ohne Interessenkollision eingreift; in diesen Fällen muss er einschränkend ausgelegt werden. Liegt also trotz Personenidentität im konkreten Einzelfall eine Interessenkollision nicht vor, ist das Geschäft gültig.

593 (3) Besteht *keine Personenidentität, wohl aber eine Interessenkollision*, greift nach ständiger Rechtsprechung § 181 nicht ein[345]. Hier ist aber zu prüfen, ob nicht eine unzulässige Umgehung des § 181 oder ein Missbrauch der Vertretungsmacht vorliegt.

Beispiele: H, der im Namen des B mit sich selbst ein Rechtsgeschäft abschließen will, bestellt X als seinen Untervertreter, der im Namen des B handelt. Dadurch ist eine Personenidentität vermieden, ohne dass sich an der Interessenkollision etwas ändert. In Wahrheit wird hier durch einen juristischen »Kniff« § 181 umgangen; diese Bestimmung ist anzuwenden. Entsprechendes gilt, wenn auf der einen Seite des Geschäfts H als Vertreter

343 Vgl. auch BGHZ 75, 358, 359 ff.; beachte aber § 35 IV GmbHG, wonach § 181 anzuwenden ist; dazu *U. Hübner*, Jura 1982, 85.

344 Vgl. Prot. I, 175.

345 Vgl. BGH NJW 2005, 664, 667; NJW 1984, 2085; RGZ 108, 407; 157, 31.

des B auftritt und auf der anderen Seite H durch den von ihm bevollmächtigten X vertreten wird.

H schließt im Namen und mit Vollmacht des B mit seinem (des H) Gläubiger einen Bürgschaftsvertrag (§§ 765 ff.). Hier liegt ein Missbrauch der Vertretungsmacht vor, so dass B nicht als Bürge in Anspruch genommen werden kann.

Insichgeschäft (§ 181)
= Personenidentität auf beiden Seiten des Vertrages

I. Arten
1. Selbstkontrahieren
2. Mehrfachvertretung

II. Rechtsfolgen
1. Grundsatz: Rechtsgeschäft schwebend unwirksam; Genehmigung nach § 177 möglich
2. Gesetzliche Ausnahmen (Rechtsgeschäft wirksam):
   a) Gestattung durch Vertretenen
   b) Ausschließliche Erfüllung einer Verbindlichkeit

III. Anwendungsbereich des § 181 in Sonderfällen
1. Keine Anwendung des § 181, wenn zwar Personenidentität, aber keine Interessenkollision (lediglich rechtlicher Vorteil für Vertretenen)
2. Anwendung des § 181, obwohl keine Personenidentität, wenn trotzdem Interessenkollision

§ 27 Die Vertretung ohne Vertretungsmacht 594

Schrifttum: *Bühler*, Grundsätze und ausgewählte Probleme der Haftung des ohne Vertretungsmacht Handelnden, MDR 1987, 985; *Gerhardt*, Teilweise Unwirksamkeit beim Vertragsschluß durch falsus procurator, JuS 1970, 326; *N. Hilger*, Zur Haftung des falsus procurator, NJW 1986, 2237; *Jauernig*, Zeitliche Grenzen für die Genehmigung von Rechtsgeschäften eines falsus procurators ?, Festschrift f. Niederländer, 1991, 285; *Litterer*, Vertragsfolgen ohne Vertrag, 1979; *K. Müller*, Gesetzliche Vertretung ohne Vertretungsmacht, AcP 168 (1968), 113; *Prölss*, Vertretung ohne Vertretungsmacht, JuS 1985, 577; *ders.*, Haftung bei der Vertretung ohne Vertretungsmacht, JuS 1986, 169; *Reinicke/Tiedtke*, Die Haftung des Vertreters ohne Vertretungsmacht bei Widerruf des Rechtsgeschäfts, DB 1988, 1203; *Schimikowski*, Eigenhaftung des Stellvertreters und des Verhandlungsgehilfen, JA 1986, 345; *K. Schmidt*, Falsus-procurator-Haftung und Anscheinsvollmacht, Festschrift f. Gernhuber, 1993, 435; *Tiedtke*, Zugang und Zugangsbedürftigkeit der notariell beurkundeten Genehmigung, BB 1989, 924; *van Venrooy*, Zur Dogmatik von § 179 Abs. 3 Satz 2 BGB, AcP 181 (1981), 220.

Fälle:

a) H kauft im Namen des B ohne Vollmacht bei D ein Fernsehgerät. Als er dem B davon erzählt, erklärt dieser sich mit dem Geschäft einverstanden. Später kann B das gleiche Gerät bei einem anderen Händler preisgünstiger kaufen. Deshalb verweigert er gegenüber D die Abnahme und Bezahlung des Geräts, weil H keine Vollmacht gehabt habe. Mit Recht? **(Rdnr. 595)**

b) Wie, wenn D im **Fall a** den B zur Genehmigung des Kaufs schriftlich auffordert und B den Brief nicht beantwortet? **(Rdnr. 599)**

c) H kündigt namens des Vermieters B ohne dessen Vollmacht dem Mieter D den Mietvertrag über eine Maschine. B genehmigt die Kündigung dem H gegenüber. D möchte aber die Maschine weiter benutzen. **(Rdnr. 596)**

d) Wie, wenn im **Fall c** der Mieter D weiß, dass H nicht bevollmächtigt ist, und ihm erklärt, die Kündigung komme ihm sehr gelegen, weil er die Maschine nicht mehr benötige? **(Rdnr. 597)**

e) H hat im Namen des B ohne Vertretungsmacht bei D eine Maschine für 10 000,– € gekauft, und B hat die Genehmigung verweigert. D möchte wissen, ob er nunmehr von H die Zahlung von 10 000,– € verlangen kann. Hilfsweise macht er 1 000,– € als Differenz von Kaufpreis und Wert der Maschine (9 000,– €) geltend. Sofern auch das nicht möglich sei, begehrt er Ersatz seiner Telefonkosten von 50,– €. **(Rdnr. 602, 603, 604)**

I. Rechtsverhältnis zwischen Vertretenem und Drittem

Das rechtsgeschäftliche Handeln des Vertreters ohne Vertretungsmacht (falsus procurator) wirkt nicht für und gegen den Vertretenen.

1. Recht des Vertretenen zur Genehmigung

Der Vertretene kann ein Interesse daran haben, das vom Vertreter ohne Vertretungsmacht abgeschlossene Geschäft »an sich zu ziehen«, wenn er es etwa für günstig hält. Das Gesetz räumt ihm diese Möglichkeit bei Verträgen ein (§ 177 I) und schließt sie bei einseitigen Rechtsgeschäften grundsätzlich aus (§ 180).

595 a) Für *Verträge* gelten §§ 177 ff., die den §§ 108 ff. (Rdnr. 282 ff.) entsprechen. Danach hat der Vertretene das Recht, den Vertrag zu *genehmigen* (§ 177 I). Die Genehmigung kann er gegenüber dem Vertreter oder dem Dritten erklären (§ 182 I; Rdnr. 503). Sie wirkt auf den Zeitpunkt des Vertragsschlusses zurück (§ 184 I; Rdnr. 505). Damit wird der Vertretene aus dem Vertrag genauso berechtigt und verpflichtet, wie wenn der Vertreter von vornherein Vertretungsmacht gehabt hätte. Bis zur Genehmigung bleibt also die Wirksamkeit des Vertrages in der Schwebe; er ist schwebend unwirksam. Lehnt der Vertretene die Genehmigung ab, ist der Vertrag endgültig unwirksam.

Im **Fall a** ist der schwebend unwirksame Kaufvertrag durch die Genehmigung des B gegenüber H wirksam geworden. B muss das Gerät dem D abnehmen und bezahlen (§ 433 II).

Die Genehmigung heilt nur die fehlende Vertretungsmacht, nicht auch andere Mängel des Vertrages.

Hat etwa der vollmachtlose H im Namen des B dem D schriftlich ein Grundstück verkauft, so ist der Vertrag wegen Formmangels (§ 311 b I 1) nichtig. Daran ändert auch eine Genehmigung des B nichts.

b) Für *einseitige Rechtsgeschäfte* (Rdnr. 99) gilt § 180, der teilweise dem § 111 (Rdnr. 285) entspricht. **596**

(1) Da ein vom Vertreter ohne Vertretungsmacht vorgenommenes *einseitiges Rechtsgeschäft* nach § 180 Satz 1 grundsätzlich unzulässig ist, kann es vom Vertretenen *grundsätzlich nicht genehmigt* werden. Dadurch soll im Interesse des Dritten, der – anders als beim Vertrag – an dem Geschäft allenfalls als Erklärungsempfänger passiv beteiligt ist, ein Schwebezustand und damit eine für den Dritten unklare Rechtslage vermieden werden.

Die Kündigung im **Fall c** ist trotz Genehmigung des B nichtig.

(2) *Ausnahmsweise* kann aber auch ein *einseitiges, empfangsbedürftiges Rechtsgeschäft* (Rdnr. 92) vom Vertretenen *genehmigt* werden (§ 180 Satz 2 u. 3). Hier wird ein Schwebezustand vom Gesetz in Kauf genommen, weil der Dritte weniger schutzwürdig ist. **597**

Das Gesetz nennt drei Fälle:

(a) Der Dritte ist damit einverstanden gewesen, dass der Vertreter ohne Vertretungsmacht handelte (§ 180 Satz 2).

Da D im **Fall d** zu erkennen gibt, dass er mit dem Handeln des H ohne Vertretungsmacht einverstanden ist, kann B die Kündigung genehmigen. Mit der Genehmigung des B gegenüber H ist die Kündigungserklärung wirksam.

(b) Der Dritte hat die vom Vertreter behauptete Vertretungsmacht nicht beanstandet (§ 180 Satz 2).

»Beanstandet« ist gleichbedeutend mit »zurückweist« in § 111 Satz 2 und § 174 Satz 1. Erfolgt etwa die Kündigungserklärung brieflich, genügt es, dass der Dritte die behauptete Vertretungsmacht unverzüglich (vgl. § 121) beanstandet.

(c) Ein einseitiges Rechtsgeschäft ist gegenüber einem Vertreter ohne Vertretungsmacht mit dessen Einverständnis vorgenommen worden (§ 180 Satz 3).

Beispiel: Käufer D will den mit B geschlossenen Kaufvertrag wegen Irrtums anfechten. Er gibt die Anfechtungserklärung gegenüber dem von B nicht bevollmächtigten H (= Empfangsvertreter) ab, der damit einverstanden ist. Es liegt bei B, ob er genehmigt oder nicht.

598 *2. Gestaltungsrechte des Dritten*

In allen Fällen, in denen der Vertretene zur Genehmigung berechtigt ist (§ 177 I; § 180 Satz 2 u. 3), besteht ein Schwebezustand; der Dritte weiß nicht, ob der Vertretene genehmigt und damit das Geschäft gültig ist oder ob er die Genehmigung verweigert und damit das Geschäft endgültig unwirksam ist. Um dem Dritten Klarheit zu verschaffen, räumt ihm das Gesetz folgende Rechte ein:

a) Der Dritte kann *widerrufen* (§ 178) und so selbst das Geschäft unwirksam machen. Voraussetzung ist, dass der Vertrag noch nicht genehmigt worden ist (§ 178 Satz 1). Hat der Vertretene schon genehmigt, ist das Geschäft gültig; ein späterer Widerruf kann daran nichts mehr ändern. Ein Widerruf des Dritten ist ferner ausgeschlossen, wenn der Dritte den Mangel der Vertretungsmacht bei Vertragsschluss gekannt hat (§ 178 Satz 1); dann ist der Dritte nicht schutzbedürftig, weil er in Kenntnis dieses Mangels den Vertrag geschlossen hat.

Der Widerruf kann sowohl gegenüber dem Vertretenen als auch gegenüber dem Vertreter erfolgen (§ 178 Satz 2).

599 b) Der Dritte kann den Vertretenen *zur Erklärung über die Genehmigung auffordern* (§ 177 II). Dadurch wird seine Ungewissheit über die Wirksamkeit des Geschäfts zwar noch nicht beendet; das Gesetz knüpft aber an diese Aufforderung Rechtsfolgen: Der Vertretene kann seine Erklärung nunmehr nur noch gegenüber dem Dritten (nicht gegenüber dem Vertreter) abgeben (§ 177 II 1). Vor allem aber läuft vom Zugang der Aufforderung eine Frist von zwei Wochen, innerhalb der die Genehmigung zu erklären ist; wird sie nicht erklärt, gilt sie als verweigert (§ 177 II 2). Durch diese Fiktion wird der Schwebezustand im Interesse des Dritten beendet; das Geschäft ist endgültig unwirksam, woran auch eine spätere Genehmigung nichts mehr ändert.

Da der Dritte Bescheid wissen soll, wie es mit der Gültigkeit des Geschäfts steht, ist es, wenn der Vertretene zur Genehmigung aufgefordert wird, unerheblich, dass dieser schon gegenüber dem Vertreter genehmigt oder die Genehmigung verweigert hat; vielmehr wird durch die Aufforderung eine zuvor dem Vertreter gegenüber erklärte Genehmigung oder Verweigerung der Genehmigung unwirksam, so dass mit der Aufforderung wieder ein Schwebezustand besteht (vgl. § 108 II; Rdnr. 283).

Im **Fall b** wird die gegenüber H erklärte Genehmigung des B (§§ 177 I, 182 I) durch die Aufforderung des D unwirksam (§ 177 II 1). Sie gilt durch das Schweigen des B innerhalb der Zweiwochenfrist als verweigert (§ 177 II 2). Demnach besteht kein gültiger Kaufvertrag zwischen D und B.

Der Schutz des Dritten durch § 177 II greift dagegen nicht ein, wenn der Vertretene gegenüber dem Dritten genehmigt hat oder die Genehmigung verweigert hat; denn damit ist die Rechtslage für den Dritten klar. Das Gleiche muss nach dem Sinn des Gesetzes auch dann gelten, wenn die Genehmigung oder

Verweigerung zwar gegenüber dem Vertreter erfolgt ist, der Dritte davon aber zuverlässige Kenntnis hat.

II. Das Rechtsverhältnis zwischen Vertreter und Drittem 600

Ist das vom Vertreter ohne Vertretungsmacht geschlossene Geschäft endgültig unwirksam, muss der Dritte geschützt werden, wenn er auf die Gültigkeit des Geschäfts vertraute. Andererseits ist der Vertreter grundsätzlich nicht schutzwürdig, da er durch sein Handeln im Namen des Vertretenen bei dem Dritten den Eindruck erweckte, es komme ein Geschäft mit dem Vertretenen zustande. Zum Ausgleich muss deshalb der Dritte Rechte gegen den Vertreter haben. Dem trägt § 179 Rechnung.

Die gesetzliche Haftung aus § 179 kann durch AGB nicht erweitert werden (§ 309 Nr. 11 b).

1. Anspruch aus § 179 I 601

§ 179 I ordnet eine *Garantiehaftung* des Vertreters ohne nachgewiesene Vertretungsmacht an. Diesem wird das verschuldensunabhängige Risiko auferlegt, seine zumindest stillschweigend erfolgte Erklärung, er habe die für den abgeschlossenen Vertrag erforderliche Vertretungsmacht, sei richtig[346].

a) *Voraussetzung* für einen Anspruch aus § 179 I ist, dass der Vertreter in fremdem Namen, aber ohne Vertretungsmacht gehandelt hat.

Selbst beim Fehlen der Vertretungsmacht ist ein Anspruch aus § 179 I nicht gegeben, wenn der Vertretene sich das Rechtsgeschäft nach den Grundsätzen der Rechtsscheinsvollmacht zurechnen lassen muss. Der Dritte hat nicht die Wahl, ob er sich an den Vertretenen oder den Vertreter halten will. Er darf nicht besser stehen als der, welcher mit einem Vertreter abgeschlossen hat, dem »normale« Vertretungsmacht zusteht[347].

Das vom Vertreter getätigte Geschäft muss ferner genehmigungsfähig sein; das ist nicht nur beim Vertrag (§ 177 I), sondern ausnahmsweise auch beim einseitigen empfangsbedürftigen Rechtsgeschäft (§ 180 Satz 2; Rdnr. 597) der Fall. Schließlich muss der Vertretene die Genehmigung verweigert haben.

Eine Bestimmung in AGB, dass der Vertreter dem Verwender gegenüber stets (also auch, wenn er mit Vertretungsmacht gehandelt hat) zur Mithaftung verpflichtet sein soll, ist unwirksam (§ 309 Nr. 11 a).

346 BGH NJW-RR 2005, 268; NJW 2000, 1407.
347 *Erman/Palm*, § 179 Rdnr. 3; BGHZ 86, 273.

602 b) Als *Rechtsfolge* bestimmt § 179 I ein Wahlrecht des Dritten (vgl. §§ 262 ff.). Er kann vom Vertreter *Erfüllung oder Schadensersatz* verlangen. Die Wahl erfolgt durch Erklärung des Dritten gegenüber dem Vertreter (§ 263 I).

(1) Wählt der Dritte *Erfüllung*, entsteht kraft Gesetzes zwischen ihm und dem Vertreter ein Schuldverhältnis, wie es mit dem Vertretenen zustande gekommen wäre, wenn der Vertreter Vertretungsmacht gehabt hätte.

Erfüllung bedeutet im **Fall e**, dass D von H nicht nur Abnahme der Maschine und Zahlung des Kaufpreises von 10 000,– € verlangen kann (§ 433 II), sondern dass D seinerseits dem H die Maschine übergeben und übereignen muss (§ 433 I 1).

603 (2) Wählt der Dritte *Schadensersatz*, ist der Vertreter verpflichtet, dem Dritten den Schaden in Geld zu ersetzen, der dem Dritten dadurch entstanden ist, dass das Geschäft nicht mit Wirkung für und gegen den Vertretenen wirksam geworden ist (*Erfüllungsschaden = positives Interesse*). Beim gegenseitigen Vertrag (z. B. Kauf) berechnet sich der Schaden aus der Differenz von Leistung und Gegenleistung.

Im **Fall e** beträgt der Wert der Leistung, die D hätte fordern können, 10 000,– €. Davon ist ein Betrag von 9 000,– € als Wert der Maschine, die D nicht zu leisten braucht, abzuziehen. Demnach beläuft sich der Schaden des D auf 1 000,– €.

604 *2. Anspruch aus § 179 II*

Nach § 179 II ist die Rechtsstellung des Vertreters besser, wenn die Voraussetzungen des § 179 I vorliegen und der Vertreter den Mangel der Vertretungsmacht bei Abschluss des Geschäfts *nicht gekannt hat*. Dann ist er nur zum Ersatz des *Vertrauensschadens bis zur Höhe des Erfüllungsschadens* verpflichtet (§ 179 II). Hinsichtlich der Rechtsfolge entspricht die Regelung der des § 122 I (Einzelheiten: Rdnr. 446 f.).

Im **Fall e** sind die Telefonkosten, die D im Vertrauen auf die Wirksamkeit des Kaufvertrages mit B aufgewandt hat, sein Vertrauensschaden. Nur sie kann D von H ersetzt verlangen, wenn dieser den Mangel der Vertretungsmacht nicht gekannt hat. Andernfalls kann D zwischen Erfüllung und Schadensersatz wegen Nichterfüllung nach § 179 I wählen.

605 *3. Ausschluss der Ansprüche aus § 179*

Der Dritte hat gegen den Vertreter keine Ansprüche aus § 179, wenn sein Vertrauen auf die Wirksamkeit des Geschäfts keinen Schutz verdient.

a) Wenn dem Dritten bei Vertragsschluss *bekannt war, dass der Vertreter keine Vertretungsmacht hatte*, wusste er, worauf er sich beim Abschluss des Vertrages einließ, so dass er auf die Gültigkeit des Vertrages nicht vertraute. Entsprechendes gilt, wenn der Dritte den Mangel der Vertretungsmacht hätte kennen müssen, weil erkennbare Umstände Anlass zu Zweifeln an der Vertretungsmacht gaben[348]; er ist dann nicht schutzwürdig (§ 179 III 1).

b) Wenn der Vertreter nur *beschränkt geschäftsfähig* war, geht sein Schutz dem des Dritten vor (§ 179 III 2); das gilt jedoch nicht, wenn der beschränkt Geschäftsfähige mit Zustimmung seines gesetzlichen Vertreters gehandelt hat (§ 179 III 2); dann treffen ihn wie auch sonst die negativen Folgen seiner Erklärung (vgl. § 107).

c) Wenn der Dritte *von seinem Widerrufsrecht nach § 178 Gebrauch machte*, hat er es sich selbst zuzuschreiben, dass der Vertretene den Vertrag nicht durch seine Genehmigung doch noch gültig machen konnte.

d) Hat der Vertreter ohne Vertretungsmacht einen Vertrag geschlossen, der unter § 312 fällt, und hat der Vertretene die Genehmigung verweigert, kann der Vertreter das *Widerrufsrecht bei Haustürgeschäften* ausüben und dadurch einen Anspruch des Dritten aus § 179 ausschließen[349].

e) Ist der Vertreter ohne Vertretungsmacht arglistig getäuscht worden, steht ihm das *Anfechtungsrecht* nach § 123 zu. Durch eine solche Anfechtung kann er seine Haftung nach § 179 I abwehren[350]. Entsprechendes gilt für eine Anfechtung wegen Irrtums (Rdnr. 434). Der Vertreter haftet dann aber nach § 122 auf Schadensersatz (Rdnr. 444).

4. *Beweislastverteilung nach § 179* 606

Die Verteilung der Beweislast ist aus der Formulierung des § 179 zu entnehmen:

a) Klagt der Dritte gegen den Vertreter auf Erfüllung oder Schadensersatz wegen Nichterfüllung, dann muss er behaupten und bei Bestreiten des Vertreters auch beweisen, dass dieser im fremden Namen mit ihm einen Vertrag geschlossen und der Vertretene die Genehmigung verweigert hat.

b) Der Vertreter erreicht eine Abweisung der Klage, wenn er eine der folgenden Voraussetzungen behauptet und bei Bestreiten des Dritten auch beweist:

(1) Er war bevollmächtigt (§ 179 I: »*sofern* er nicht seine Vertretungsmacht nachweist«).

(2) Er hat den Mangel der Vertretungsmacht nicht gekannt (§ 179 II). Dann ist zwar der Anspruch auf Erfüllung oder Schadensersatz wegen Nichterfüllung unbegründet; jedoch bleibt der Anspruch auf Ersatz des Vertrauensschadens (§ 179 II).

348 BGH NJW-RR 2005, 268.
349 BGH WM 1991, 860, 861.
350 BGH NJW 2002, 1867, 1868.

(3) Der Dritte kannte den Mangel der Vertretungsmacht oder musste ihn kennen (§ 179 III 1: »Der Vertreter haftet nicht . . .«).

(4) Der Vertreter war beschränkt geschäftsfähig (§ 179 III: »Der Vertreter haftet auch dann nicht . . .«). Allerdings gewinnt der Dritte doch noch den Prozess, wenn er gegenüber der beschränkten Geschäftsfähigkeit des Vertreters behauptet und beweist, dass dieser mit Zustimmung seines gesetzlichen Vertreters gehandelt hat (§ 179 III 2: »es sei denn, dass . . .«).

607 *5. Analoge Anwendung des § 179*

In folgenden Fällen ist § 179 analog anzuwenden, weil das Gesetz insoweit lückenhaft ist und die Interessenlage derjenigen entspricht, die in § 179 geregelt ist:

a) Beim *Handeln unter fremdem Namen* (z. B.: H macht unter dem Namen des B dem D telefonisch ein Vertragsangebot, das dieser annimmt; vgl. Rdnr. 530) kann dem Namensträger das Geschäft nicht zugerechnet werden, wenn dieser den Handelnden nicht dazu veranlasst und das Geschäft später auch nicht gebilligt hat. Andererseits muss dem Erklärungsempfänger die Möglichkeit zugestanden werden, sich an den Handelnden zu halten. Er kann analog § 179 gegen den Handelnden vorgehen[351].

Bei der Fälschung einer Wechselunterschrift kommt auch eine analoge Anwendung des Art. 8 WG in Betracht (HR Rdnr. 515).

b) Wenn der Vertreter zwar zum Ausdruck bringt, dass er für eine namentlich nicht bezeichnete Person handele, er aber später *trotz Aufforderung den Vertretenen nicht benennt*, ist es dem Erklärungsempfänger nicht möglich, seine Rechte gegen den Vertretenen geltend zu machen. Er kann sich nur an den Vertreter halten. Deshalb ist § 179 entsprechend anzuwenden[352].

c) Gibt der Vertreter seine Erklärung *im Namen einer nicht existierenden Person* ab, bleibt dem Erklärungsempfänger nur die Möglichkeit, sich unter analoger Anwendung des § 179 an den Vertreter zu halten[353].

Das Gesagte gilt auch im Fall einer noch zu gründenden Personenhandelsgesellschaft[354]. – Für eine noch nicht entstandene juristische Person gibt es Sondervorschriften (z. B. § 41 AktG, § 11 II GmbHG).

Wenn jemand aber im Namen einer nichtexistierenden Firma (sog. Scheinfirma) gegenüber einem Dritten handelt, ist § 179 nicht anwendbar, sofern hinter dieser Firma ein tat-

351 Vgl. BGHZ 45, 195.
352 BGH NJW 1995, 1742.
353 BGHZ 105, 287.
354 BGHZ 63, 48.

sächlicher Träger des Unternehmens steht, der als wirklicher Vertragspartner gewollt ist und dem Vertreter Vollmacht erteilt hat[355]. Denn in einem solchen Fall wird der wahre Betriebsinhaber Vertragspartei des Dritten.

d) Beim Handeln eines *Boten ohne Botenmacht* wird der Geschäftsherr nicht gebunden, und der Erklärungsempfänger muss geschützt werden. Die Interessenlage entspricht der bei der Vertretung ohne Vertretungsmacht, so dass § 179 analog anzuwenden ist[356].

Vertretung ohne Vertretungsmacht

I. Rechtsverhältnis zwischen Vertretenem und Drittem (§§ 177, 178, 180)

1. Recht des Vertretenen zur Genehmigung des sonst für ihn nicht bindenden (arg. e § 164 I) Vertrages (§ 177 I)
   (bei einseitigen Rechtsgeschäften ohne Vertretungsmacht Genehmigung nur unter den engen Voraussetzungen des § 180 Satz 2, 3 möglich)
2. Recht des Dritten zur Verhinderung der Genehmigung durch vorherigen Widerruf (§ 178)
3. Recht des Dritten, den Vertretenen zur Erklärung über die Genehmigung binnen einer Frist von 2 Wochen aufzufordern (§ 177 II)

II. Rechtsverhältnis zwischen Vertreter und Drittem (§ 179)

1. Anspruch des Dritten gegen den Vertreter wahlweise auf Erfüllung oder Schadensersatz (§ 179 I)
2. Bei Gutgläubigkeit des Vertreters nur Schadensersatzanspruch des Dritten (Vertrauensschaden begrenzt durch Erfüllungsschaden, § 179 II)
3. Ausschluss von Ansprüchen aus § 179
   a) Bei Kenntnis des Dritten vom Fehlen der Vertretungsmacht (§ 179 III 1)
   b) Bei beschränkter Geschäftsfähigkeit des Vertreters (§ 179 III 2); Ausnahme gem. § 179 III 2 a.E.
   c) Bei Widerruf des Dritten nach § 178
   d) Bei Widerruf des Vertrages nach § 312 durch den Vertreter ohne Vertretungsmacht

355 BGH WM 1996, 592.
356 *Erman/Palm*, § 177 Rdnr. 8; § 179 Rdnr. 21; *Staudinger/Schilken*, § 177 Rdnr. 22; § 179 Rdnr. 25.

Dritter Teil Das subjektive Recht

Erstes Kapitel Inhalt und Ausübung der subjektiven Rechte

§ 28 Das Privatrechtsverhältnis und das subjektive Recht 608

Schrifttum: *Aicher*, Das Eigentum als subjektives Recht, 1975; *Bucher*, Das subjektive Recht als Normsetzungsbefugnis, 1965; *Kasper*, Das subjektive Recht – Begriffsbildung und Bedeutungsmehrheit, 1967; *Larenz*, Zur Struktur »subjektiver Rechte«, Festgabe f. Sontis, 1977, 129; *L. Raiser*, Der Stand der Lehre vom subjektiven Recht im deutschen Zivilrecht, JZ 1961, 465; *Schapp*, Das subjektive Recht im Prozeß der Rechtsgewinnung, 1977; *J. Schmidt*, Aktionsberechtigung und Vermögensberechtigung, 1969; *Wüstenbecker*, Die subjektiven Privatrechte, JA 1984, 227.

I. Privatrechtsverhältnis

1. Begriff

Das Privatrecht im objektiven Sinn, das alle privatrechtlichen Rechtsnormen umfasst, regelt die Beziehungen zwischen Personen untereinander und ordnet das Verhältnis von Personen zu Gegenständen. Diese Rechtsbeziehungen nennt man Privatrechtsverhältnisse.

Das Mietverhältnis zwischen Vermieter und Mieter, das Arbeitsverhältnis zwischen Arbeitgeber und Arbeitnehmer sind Rechtsverhältnisse zwischen Personen. – Das Eigentum ordnet eine Sache einer Person zur vollen Sachherrschaft zu (vgl. Art. 14 GG; § 903), das Pfandrecht weist dem Inhaber das Recht zur Befriedigung aus der verpfändeten Sache zu (vgl. § 1204); dabei handelt es sich jeweils um ein Rechtsverhältnis zwischen einer Person und einer Sache. Aus einem solchen Rechtsverhältnis können sich Rechtsverhältnisse zwischen Personen ergeben. Wenn etwa jemand eine fremde Sache in seine tatsächliche Gewalt (in seinen Besitz) bringt, kann der Eigentümer von ihm Herausgabe der Sache verlangen (§ 985). Stört ein anderer das Eigentum, indem er etwa ein fremdes Grundstück unbefugt betritt, kann der Eigentümer Beseitigung und Unterlassung der Störung von ihm begehren (§ 1004).

2. Elemente 609

Das Privatrechtsverhältnis enthält auf der einen Seite ein (subjektives) Recht, und diesem entspricht auf der anderen Seite eine Pflicht.

So hat im Mietverhältnis der Mieter das Recht, vom Vermieter die Gebrauchsüberlassung der gemieteten Sache zu verlangen; dem entspricht die Pflicht des Vermieters zur Gebrauchsüberlassung (§ 535 I 2).

610 a) Unter einem *subjektiven Privatrecht* (= Privatrecht im subjektiven Sinn) versteht man *die dem Einzelnen vom Privatrecht im objektiven Sinne verliehene Macht* (Näheres Rdnr. 617 ff.).

Es gibt auch subjektive Rechte im öffentlichen Recht. Sie richten sich gegen Hoheitsträger wie den Staat (z. B. Grundrechte; Art. 1–19 GG).

611 (1) Das subjektive Privatrecht ist das wichtigste Element des Privatrechtsverhältnisses. Dieses enthält regelmäßig eine Reihe von subjektiven Rechten, manchmal aber auch nur ein einziges subjektives Recht.

Beispiele: Aus dem Kaufvertrag (Rechtsverhältnis) ergeben sich die Rechte des Käufers, vom Verkäufer Übergabe und Übereignung der Kaufsache (§ 433 I 1), Auskunft sowie bei Mangelhaftigkeit der Kaufsache Herabsetzung des Kaufpreises (§ 437 Nr. 2) zu verlangen. – Hat A dem B bis zum 1. Juli 500,– € zinslos »geliehen«, so folgt aus diesem Darlehen (Rechtsverhältnis) nur ein einziges subjektives Recht, nämlich das Recht des A, von B am 1. 7. Zahlung von 500,– € zu begehren (§ 488).

612 (2) Kein subjektives Recht ist die *Erwerbsaussicht*. Sie ist die bloße Chance, in der Zukunft ein subjektives Recht zu erwerben. Ob der Erwerb jemals eintritt, ist unsicher. Eine solche Erwerbsaussicht wird von der Rechtsordnung nicht geschützt.

Beispiel: Hat der Vater (V) seinen Sohn (S) zu seinem Erben eingesetzt, so geht mit dem Tod des V dessen Vermögen auf S über (§ 1922). S hat also ein (Erb-)Recht im subjektiven Sinne, nämlich die Rechtsmacht über die Erbschaft. – Vor dem Tod des V hat S dagegen noch kein Erbrecht, sondern nur die Chance, demnächst – beim Tod des V – Erbe zu werden. Denn es steht noch keineswegs fest, dass S den V beerbt. Abgesehen davon, dass man nicht weiß, ob S den V überlebt, besteht auch die Möglichkeit, dass V in einem späteren Testament eine andere Person zu seinem Erbe einsetzt (vgl. § 2258 I; ErbR Rdnr. 139).

613 (3) Die *Anwartschaft* ist ebenfalls eine Aussicht, ein subjektives Recht zu erwerben. Im Unterschied zur bloßen Erwerbsaussicht oder -chance liegt eine Anwartschaft vor, wenn ein Teil der Voraussetzungen zum Erwerb eines subjektiven Rechts schon erfüllt ist. Kann der Veräußerer den Rechtserwerb nicht mehr verhindern und stellt deshalb die Position des Erwerbers bereits einen eigenen Vermögenswert dar, so behandelt man die Anwartschaft als Vorstufe des subjektiven Rechts; man spricht von einem Anwartschaftsrecht. Damit soll erreicht werden, dass der Inhaber einer solchen Anwartschaft diese beispielsweise verkaufen und auf den Käufer übertragen kann und dass die Anwartschaft bereits pfändbar ist.

Hauptbeispiel ist der Kauf unter Eigentumsvorbehalt (vgl. § 449). Zur Erläuterung ist folgender Fall vorauszuschicken: Kauft K bei V ein Fernsehgerät für 1 500,– € in bar, so ist V nach § 433 I 1 verpflichtet, dem K das Gerät zu übergeben und zu übereignen. V erfüllt seine Verpflichtung dadurch, dass er das Gerät dem K übergibt und beide Parteien sich darüber einig sind, dass das Eigentum an dem Gerät von V auf K übergehen soll (§ 929 Satz 1). Ist das geschehen, so ist K Eigentümer des Geräts.

Abwandlung des Falles: K will das Gerät von V erwerben, will aber den Kaufpreis in Raten zahlen. Deshalb vereinbaren V und K im Kaufvertrag, dass der Kaufpreis in monatlichen Raten von 100,– € zu zahlen ist. Überträgt V nach Abschluss des Kaufvertrages das Eigentum an dem Gerät auf K, so steht ihm kein Recht an dem Gerät mehr zu. V kann beispielsweise nicht verhindern, dass ein Gläubiger des K das diesem gehörende Gerät pfänden und versteigern lässt. Das ist dann für V misslich, wenn K seinen Ratenzahlungsverpflichtungen nicht nachkommt. V ist sein Eigentum »los«, und er kann möglicherweise den Kaufpreisanspruch nicht realisieren. Demgegenüber ist V hinreichend gesichert, wenn er dem K das Gerät sofort nach Kaufabschluss übergibt und beide Parteien sich darüber einig sind, dass das Eigentum an dem Gerät auf K erst dann übergeht, wenn der gesamte Kaufpreis gezahlt ist (Eigentumsvorbehalt). Hier bleibt V bis zur vollständigen Kaufpreiszahlung Eigentümer des Geräts. Sobald die letzte Rate gezahlt wird, geht das Eigentum ohne weiteres von V auf K über. Bis zu diesem Zeitpunkt hat K kein Eigentum an dem Gerät, aber ein Anwartschaftsrecht, das sich zum Vollrecht (Eigentum) hin entwickelt und mit Zahlung der letzten Rate zum Vollrecht erstarkt.

b) Die Rechtsnormen enthalten außer den Rechten auch *Rechtspflichten*. Diese verpflichten den Betroffenen zu einem bestimmten Tun oder Unterlassen. **614**

Beispiele: Pflicht des Käufers zur Kaufpreiszahlung (§ 433 II); Pflicht jeder Person, Störungen fremden Eigentums zu unterlassen (vgl. § 1004).

(1) In der Regel entspricht die Rechtspflicht einem subjektiven Recht. Sie soll als dessen Kehrseite bewirken, dass das subjektive Recht beachtet und nicht beeinträchtigt wird. **615**

So entspricht die Pflicht des Käufers zur Kaufpreiszahlung dem Recht des Verkäufers auf Kaufpreiszahlung. Die Pflicht zur Unterlassung von Störungen fremden Eigentums dient dem Schutz des Rechts des Eigentümers.

Das Gesetz kennt aber auch Rechtspflichten, denen kein subjektives Recht gegenübersteht. In solchen Fällen werden durch die Pflicht des Betroffenen zwar auch die Interessen Einzelner oder der Allgemeinheit geschützt. Aber der durch die Rechtsnorm Begünstigte kann vom Verpflichteten nicht selbst die Erfüllung der Pflicht verlangen; er hat kein subjektives Recht. Die tatsächliche Begünstigung ist lediglich eine Reflexwirkung des objektiven Rechts.

Beispiel: Der Vater (V) hat im Testament seinen Sohn (S) zum Erben eingesetzt, ihn aber auch verpflichtet, 10 000,– € an die Armen der Heimatgemeinde zu zahlen (Auflage; § 1940)[356a]. Hier hat V den S »zu einer Leistung verpflichtet, ohne einem anderen ein Recht auf die Leistung zuzuwenden« (§ 1940). Der einzelne Arme oder die Armen können also den S nicht mit Erfolg auf Zahlung von 10 000,– € in Anspruch nehmen. Da des-

356a ErbR Rdnr. 459 ff.

halb die Gefahr besteht, dass S der Auflage nicht nachkommt, räumt § 2194 bestimmten Personen die Befugnis ein, von S die Vollziehung der Auflage zu verlangen[356b].

Beispiel aus dem öffentlichen Recht: Ist im Straßenverkehr durch ein Verkehrszeichen ein Überholverbot angeordnet, so ist jedermann verpflichtet, dort das Überholen zu unterlassen (vgl. § 5 III Nr. 2 StVO). Das Verbot bezweckt den Schutz der Verkehrsteilnehmer vor den Gefahren, die hier beim Überholen entstehen. Der einzelne Verkehrsteilnehmer hat aber kein subjektives Recht darauf, nicht überholt zu werden. Überholt jemand trotz des Überholverbots und verursacht er dadurch schuldhaft einen Verkehrsunfall, so hat der Verletzte jedoch das Recht, von ihm Ersatz des Schadens zu verlangen (vgl. § 823 II).

616 (2) Von der Rechtspflicht ist die *Obliegenheit* zu unterscheiden. Darunter versteht man *Verhaltensanforderungen von geringerer Intensität*. Auch sie werden im Interesse eines anderen dem Belasteten auferlegt. Jedoch ist dieser zu einem entsprechenden Verhalten nicht verpflichtet. Kommt er dem nicht nach, erleidet er aber einen Nachteil (z. B. Verlust einer günstigen Rechtsposition), so dass er sich schon im eigenen Interesse entsprechend verhält.

Beispiel: Der Käufer hat die Rechtspflicht, den Kaufpreis zu zahlen. Außerdem trifft ihn beim Handelskauf nach § 377 HGB die Obliegenheit, unverzüglich einen festgestellten Mangel der Kaufsache dem Verkäufer anzuzeigen; andernfalls verliert er die Gewährleistungsrechte aus § 437. Die Zahlungspflicht muss der Käufer erfüllen; der Verkäufer kann die Zahlung mit Hilfe der Gerichte erzwingen. Die Erhebung der Mängelrüge steht dagegen im Belieben des Käufers; rügt er nicht rechtzeitig, verliert er seine Gewährleistungsrechte.

617 II. Subjektives Privatrecht

1. Begriff und Inhalt

Unter einem subjektiven Recht versteht man die von der Rechtsordnung verliehene Willensmacht einer Person zur Befriedigung menschlicher Interessen. Das bedeutet im Einzelnen:

a) Das subjektive Recht muss sich *aus dem Recht im objektiven Sinn* ergeben. Kein subjektives Recht liegt also vor, wenn die »Befugnis« nicht dem Recht, sondern etwa der Sitte oder Sittlichkeit (Rdnr. 2 f.) entspringt.

Verspricht der Bauer B seinem Nachbarn N am Stammtisch per Handschlag, ihm sein Wiesengrundstück für 20 000,– € zu Eigentum zu überlassen, so entspricht es den Regeln der Sitte oder Sittlichkeit, dass B sein Wort hält und N demnach Erfüllung des Versprechens verlangen kann. Doch hat N kein subjektives Recht darauf, da ein Kaufvertrag mangels notarieller Beurkundung nicht wirksam zustande gekommen ist (vgl. § 125 Satz 1, § 311 b I).

356b Vgl. ErbR Rdnr. 462.

b) Das subjektive Recht muss *einer Person* (= Mensch, juristische Person; Rdnr. 702, 731) *zustehen*. Rechte ohne Rechtssubjekte sucht das BGB zu vermeiden. 618

Beispiele: Stirbt ein Mensch, kann er nicht mehr Träger subjektiver Rechte sein. An seine Stelle tritt bereits im Zeitpunkt des Todes sein Erbe (§ 1922). Dieser wird damit Träger der subjektiven Rechte des Erblassers. Er ist also (automatisch) Eigentümer des Pkw des Verstorbenen, Inhaber der Kaufpreisforderung, die der Erblasser gegen den Käufer K hatte, usw. – Das Kind im Mutterleib kann noch nicht Träger von Rechten sein (§ 1; vgl. aber Rdnr. 706).

c) Das subjektive Recht ist eine *Willensmacht*. Es verleiht dem Inhaber eine Bestimmungsbefugnis, lässt ihm also Raum für seine Willensbetätigung. Damit sichert das subjektive Recht die Freiheit des Einzelnen. 619

So kann der Eigentümer nach seinem Belieben mit seiner Sache verfahren (§ 903); er hat die Freiheit, das ihm gehörende Bild in seinem Zimmer aufzuhängen, im Keller verstauben zu lassen oder es gar zu zerstören. Der Verkäufer kann seine Kaufpreisforderung (§ 433 II) stunden oder sie mit Hilfe der Gerichte gegen den Käufer durchsetzen.

d) Das subjektive Recht hat den *Zweck, menschliche Interessen zu befriedigen*. Welches Interesse durch das einzelne subjektive Recht geschützt wird, ergibt sich aus dem Inhalt des jeweiligen Rechts. 620

Bei den menschlichen Interessen kann es sich um eigene des Rechtsinhabers, und zwar wirtschaftliche (z. B. des Verkäufers) oder persönliche (z. B. des Ehegatten im Familienrecht) handeln. In Betracht kommen aber auch die Interessen anderer (z. B. des Kindes bei der elterlichen Sorge).

Bei dem Zweck, menschliche Interessen zu befriedigen, geht es nicht nur um die Interessen des Rechtsinhabers, sondern auch um die anderer Personen. In dem Maße, in dem die Freiheitssphäre des Einzelnen ausgedehnt wird, verkleinert sich die Freiheitssphäre der anderen. Diese Überlegung zeigt schon, dass die Rechtsmacht des Einzelnen nicht schrankenlos sein kann. Vielmehr sind vom Zweck des subjektiven Rechts (Interessenschutz) her der Umfang und die Grenzen des Rechts zu bestimmen. Das hat in Teilbereichen auch der Gesetzgeber des BGB bereits erkannt.

So ist die Ausübung eines Rechts, die keinem vernünftigen menschlichen Interesse dient, unzulässig, wenn sie nur den Zweck haben kann, einem anderen Schaden zuzufügen (§ 226; Schikaneverbot; Rdnr. 684 f.). – § 903, der das Recht des Eigentümers sehr weit ausdehnt, schränkt es andererseits auch ein (»soweit nicht das Gesetz oder Rechte Dritter entgegenstehen«). Auch § 905 begrenzt das Recht des Eigentümers.

Inzwischen hat man erkannt, dass die liberale Auffassung des BGB nicht ausreicht, um das subjektive Recht vernünftig zu begrenzen. Deshalb hat man den Gedanken der Pflichtbindung des Rechtsinhabers gegenüber dem Einzelnen und der Allgemeinheit stärker betont (z. B. Art. 14 II GG: »Eigentum verpflichtet. Sein Gebrauch soll zugleich dem Wohle der Allgemeinheit dienen«). Abzulehnen ist dagegen der während der Zeit des Nationalsozialismus unternommene Versuch, durch Übersteigerung des Pflichtgedankens das subjektive Recht auszuhöhlen und damit zu beseitigen. Das subjektive Recht ist nach wie vor von entscheidender Bedeutung, um dem Einzelnen die Selbstbestimmung über seine Güter zu erhalten und damit seine Freiheitssphäre zu sichern.

621 *2. Arten*

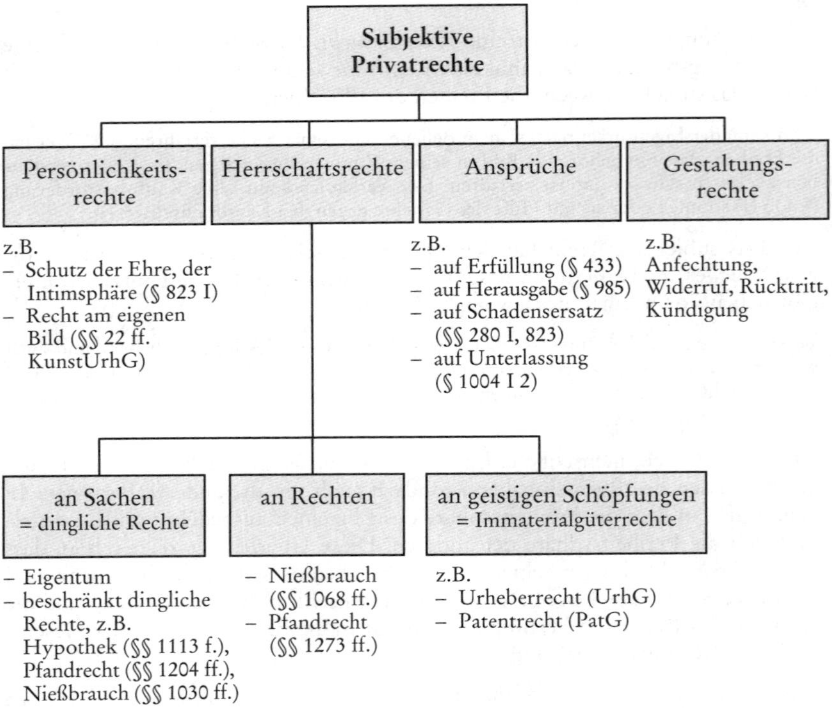

Die subjektiven Privatrechte können nach verschiedenen Gesichtspunkten eingeteilt werden. Die wichtigsten Gruppierungen ergeben sich, wenn man auf den Inhalt der Rechte und den Kreis der Verpflichtungen abstellt. Jedoch ist zu beachten, dass nicht alle Rechte eindeutig bestimmten Gruppen zugeordnet werden können; es gibt Grenzfälle und Überschneidungen.

a) Bei der wichtigsten Einteilung nach dem *Inhalt* der dem Einzelnen eingeräumten Rechtsmacht unterscheidet man seit langem zwischen Herrschaftsrechten, Ansprüchen und Gestaltungsrechten. Heute kommen noch die Persönlichkeitsrechte hinzu.

(1) Die *Persönlichkeitsrechte* sind Rechte, die dem einzelnen Menschen als Persönlichkeit zustehen. Durch Gesetz sind ausdrücklich nur einzelne Aspekte der Persönlichkeit als Rechte anerkannt. In § 823 I werden Leben, Körper, Gesundheit und Freiheit genannt; wer eines dieser Güter rechtswidrig und schuldhaft verletzt, macht sich schadensersatzpflichtig. § 12 schützt das Namensrecht (Rdnr. 716 ff.). Das Recht einer Person am eigenen Bild wird durch §§ 22 ff. KunstUrhG begründet; grundsätzlich darf niemand das Bild ohne Einwilligung der abgebildeten Person verbreiten oder öffentlich zur Schau stellen (Rdnr. 721). Darüber hinaus ist heute unter dem Einfluss des Grundgesetzes (Art. 1 und 2 GG) ein allgemeines Persönlichkeitsrecht des Einzelnen auf Achtung und Entfaltung seiner Persönlichkeit anerkannt (Rdnr. 721 ff.). **622**

(2) Die *Herrschaftsrechte* räumen dem Inhaber eine absolute und unmittelbare *Herrschaftsmacht über einen bestimmten Gegenstand* ein. **623**

Herrschaftsrechte gegenüber einer Person, die es früher gab (z. B. Herrschaft des Gläubigers gegenüber der Person seines Schuldners, Schuldturm (!); Leibeigenschaft), sind heute abgeschafft. Auch aus den gesetzlich geregelten Rechtsbeziehungen zwischen Eltern und Kind ergeben sich keine Herrschaftsrechte der Eltern an der Person des Kindes; vielmehr handelt es sich um elterliche Sorge (vgl. § 1626 I).

(a) Die *Herrschaftsrechte an Sachen* (§ 90; Rdnr. 776) bezeichnet man als *dingliche Rechte*; sie sind vorwiegend im dritten Buch des BGB (Sachenrecht) geregelt. Das umfassende Recht ist das *Eigentum* als die *volle rechtliche Sachherrschaft*. Der Eigentümer darf mit seiner Sache im Rahmen der Rechtsordnung nach Belieben verfahren und andere von jeder Einwirkung ausschließen (Art. 14 GG; § 903). Er kann die Sache vom Besitzer herausverlangen (§§ 985 ff.); er hat einen Abwehranspruch sowie eventuell einen Unterlassungsanspruch gegen den Störer (§ 1004); er kann von dem, der seine Sache schuldhaft beschädigt, Schadensersatz verlangen (§ 823 I). Eigentum ist *vom Besitz als der tatsächlichen Sachherrschaft zu unterscheiden.* **624**

Im Sprachgebrauch des täglichen Lebens macht man diesen Unterschied nicht. So bezeichnet man den Hauseigentümer als Hausbesitzer. Besitzer im Sinne des BGB (§§ 854 ff.) ist er aber nur, wenn er selbst das Haus bewohnt, er es also in seiner tatsächlichen Gewalt hat; ansonsten ist beispielsweise der das Haus bewohnende Mieter der Besitzer des Hauses. Der Eigentümer (E) eines Ringes ist und bleibt dessen Eigentümer, auch wenn der Ring ihm von dem Dieb (D) gestohlen wird. E verliert aber den Besitz an dem Ring in dem Augenblick, in dem D den Ring in seine Gewalt bringt; nun ist D der Besitzer des Ringes.

Der Besitz als die tatsächliche Gewalt über eine Sache ist zwar nicht wie das Eigentum ein dingliches Recht. Dennoch wird auch er in gewissem Maße vom Gesetz geschützt (vgl. etwa §§ 861 f.). Es ist einleuchtend, dass z. B. der Mieter als Besitzer der gemieteten

Sache (ebenso wie der Eigentümer, wenn er selbst Besitz hätte) in der Lage sein muss, Entziehungen oder Störungen des Besitzes abzuwehren.

625 (b) Der Eigentümer kann sein Herrschaftsrecht einschränken, indem er anderen Personen *beschränkt dingliche Rechte* an seiner Sache einräumt. Sie gewähren dem Berechtigten einen Teil der Befugnisse des Eigentümers. Nach dem Inhalt dieser Befugnisse kann man Sicherungs- und Verwertungsrechte einerseits sowie Nutzungsrechte andererseits unterscheiden.

Ein *Sicherungs- und Verwertungsrecht* ist z. B. die Hypothek an einem Grundstück (§§ 1113 ff.) und das Pfandrecht an einer beweglichen Sache (§§ 1204 ff.). Hat E seiner Bank B für ein ihm gewährtes Darlehen von 30 000,– € eine Hypothek an seinem Grundstück oder ein Pfandrecht an seinem wertvollen Schmuck bestellt, so sollen diese Rechte der B zur Sicherung ihrer Forderung gegen den E dienen. Zahlt E das Darlehen nicht zurück, kann B die Hypothek oder das Pfandrecht verwerten, indem sie das Grundstück oder den Schmuck des E versteigern lässt, um auf diese Weise zu ihrem Geld zu kommen. Trotz der beschränkt dinglichen Rechte der B bleibt E Eigentümer des Grundstücks oder des Schmucks. So ist er in der Lage, sein Grundstück oder seinen Schmuck an einen anderen zu veräußern; die Rechte der B werden dadurch nicht beeinträchtigt; sie wirken auch gegenüber dem neuen Eigentümer.

Nutzungsrechte sind der Nießbrauch an beweglichen Sachen und an Grundstücken (§§ 1030 ff.) sowie die Grunddienstbarkeit (§§ 1018 ff.) und die beschränkte persönliche Dienstbarkeit (§§ 1090 ff.) an Grundstücken. Während es sich beim Nießbrauch um das umfassende dingliche Nutzungsrecht (= das Recht, sämtliche Nutzungen des belasteten Gegenstandes zu ziehen) handelt, geht es bei den Dienstbarkeiten um das Recht, das belastete Grundstück »in einzelnen Beziehungen« zu nutzen (§ 1018, § 1090 I). So besteht beispielsweise ein Wegerecht an dem belasteten Grundstück zu Gunsten des jeweiligen Eigentümers des Nachbargrundstücks (= Grunddienstbarkeit); eine Erdölgesellschaft erwirbt beschränkte persönliche Dienstbarkeiten an fremden Grundstücken, um gegenüber dem jeweiligen Eigentümer berechtigt zu sein, ihre Pipeline über diese Grundstücke zu führen.

626 (c) Außer den Rechten an Sachen kennt das BGB auch *Herrschaftsrechte an Rechten*, nämlich den Nießbrauch (§§ 1068 ff.) und das Pfandrecht (§§ 1273 ff.) an Rechten. Diese beiden Rechte können an beschränkt dinglichen Rechten wie Hypothek und Grundschuld, aber auch an Forderungen (Rdnr. 628) bestellt werden.

So kann der Verkäufer (V) seine Kaufpreisforderung gegen den Käufer (K) an seine Bank (B) verpfänden. Auf Grund des Pfandrechts erlangt B eine solche Rechtsmacht über die Kaufpreisforderung des V gegen K, dass B selbst die Forderung bei K einziehen kann (§ 1282 I).

627 (d) *Herrschaftsrechte an geistigen Schöpfungen* sind die Immaterialgüterrechte. So haben beispielsweise schriftstellerische Werke, Musikstücke oder Erfindungen auch einen wirtschaftlichen Wert. Deshalb hat die Rechtsordnung den Schöpfern solcher Geisteswerke das Recht gegeben, diese zu verwerten und anderen die Verwertung zu verbieten.

Die gesetzliche Regelung findet sich im Urheberrechtsgesetz, Patent-, Geschmacksmuster-, Gebrauchsmuster- und Markengesetz.

(3) Die *Ansprüche* (Rdnr. 640 ff.) räumen dem Inhaber das Recht ein, von einer bestimmten anderen Person ein Tun oder Unterlassen zu verlangen (§ 194 I). Diese Person soll sich in einer bestimmten Weise verhalten; dazu ist sie gegenüber dem Rechtsinhaber verpflichtet. 628

Beispiel: Durch den Kaufvertrag über ein bestimmtes Bild zum Preise von 700,– € ist der Verkäufer (V) verpflichtet, dem Käufer (K) das Bild zu übergeben und das Eigentum an dem Bild zu verschaffen (§ 433 I 1). K hat also gegen V Ansprüche auf Übergabe und Übereignung des Bildes. Der Kaufvertrag gibt dem K kein Herrschaftsrecht an dem Bild. Erst wenn K nach § 929 Satz 1 durch Einigung (über den Eigentumsübergang des Bildes von V an K) und Übergabe (des Bildes) Eigentümer des Bildes geworden ist, hat er ein Herrschaftsrecht an dem Bild. Vor dem Eigentumsübergang hat K gegen V nur Ansprüche (auf Übergabe und Übereignung des Bildes); Ansprüche sind keine Herrschaftsrechte in dem soeben beschriebenen Sinne.

Zu den Ansprüchen gehören die *Forderungen*. So bezeichnet man die Ansprüche des Schuldrechts; das Gesetz nennt den Inhaber der Forderung Gläubiger und den Verpflichteten Schuldner (vgl. § 241). Forderungen sind beispielsweise die Ansprüche des Käufers gegen den Verkäufer auf Übergabe und Übereignung der Kaufsache nach § 433 I 1.

Ansprüche gibt es aber auch außerhalb des Schuldrechts. Sie können sich etwa aus der Verletzung eines Herrschaftsrechts ergeben. So kann der Eigentümer einer Sache diese vom Besitzer herausverlangen (§ 985); er hat also gegen ihn einen Anspruch auf Herausgabe.

(4) Die *Gestaltungsrechte* geben dem Inhaber die Macht, allein – ohne Mitwirkung eines anderen – auf eine bestehende Rechtslage einzuwirken. Dies geschieht in aller Regel durch Abgabe einer Willenserklärung (Rdnr. 82 ff.). Übt der Berechtigte sein Recht aus, kann dadurch ein neues Recht begründet, ein bestehendes Rechtsverhältnis geändert oder beendet werden. 629

Beispiele: Der Vater ist von seinen 2 Söhnen (S 1 und S 2) zu je ½ beerbt worden. Verkauft S 1 seinen Erbanteil zum Preis von 100 000,– € an K, dann steht dem S 2 ein Vorkaufsrecht zu (§ 2034). Erklärt S 2 gegenüber S 1, dass er sein Vorkaufsrecht ausübe, so entsteht durch diese einseitige Erklärung des S 2 ein neues Rechtsverhältnis, nämlich ein Kaufvertrag zwischen S 1 und S 2 zu den Bedingungen des Kaufvertrages S 1 – K[356c].

V hat dem K eines seiner beiden Reitpferde Max oder Moritz verkauft und dem K die Auswahl des Tieres überlassen. Wählt K das Pferd Moritz, dann gilt dieses Pferd als von Anfang an allein geschuldet (vgl. §§ 262, 263 II). Durch die einseitige Ausübung des Wahlrechts beschränkt sich das Rechtsverhältnis auf das Pferd Moritz.

Der Mieter (M) einer Wohnung erklärt dem Vermieter (V), er kündige das Mietverhältnis zum 30. Juni (vgl. § 573 c I). Durch diese Kündigung als einseitige Erklärung des M wird das Mietverhältnis – ohne Einverständnis des V – zum genannten Zeitpunkt beendet.

356c Einzelheiten: ErbR Rdnr. 478 ff.

630 In besonderen Fällen, in denen wichtige Interessen der an dem Rechtsverhältnis Beteiligten oder der Allgemeinheit auf dem Spiele stehen, räumt das Gesetz dem Berechtigten nicht die Befugnis ein, durch seine Erklärung selbst die Gestaltung vorzunehmen. Vielmehr muss er sein Recht durch Antrag bzw. Klage ausüben; die Gestaltung erfolgt dann durch ein der Klage stattgebendes Urteil (Gestaltungsurteil). Der Berechtigte hat also kein eigenes Gestaltungsrecht, sondern nur ein »Gestaltungsklagerecht«.

Beispiel: Die Ehe kann nicht durch einseitige Erklärung (z. B. Kündigung, Anfechtung wegen arglistiger Täuschung) eines Ehegatten gegenüber dem Ehepartner aufgelöst werden. Dieses Ziel kann er nur durch einen entsprechenden Antrag bzw. eine entsprechende Klage (z. B. auf Scheidung, Aufhebung der Ehe) erreichen. Erst durch ein rechtskräftiges Gestaltungsurteil (Scheidungsurteil, Aufhebungsurteil) ist die Ehe aufgelöst (vgl. § 1564, § 1313).

631 b) *Nach der Person des Verpflichteten* unterscheidet man absolute und relative Rechte.

(1) *Absolute Rechte* sind solche Rechte, *die sich gegen jedermann richten* (Hauptbeispiel: Eigentum). Jedermann – mit Ausnahme des Rechtsinhabers – ist von der Herrschaft über das Gut ausgeschlossen (Ausschließungsrechte). Jeder ist verpflichtet, dem Rechtsinhaber das Gut zu belassen und es nicht zu beeinträchtigen.

Verstößt jemand gegen diese Pflicht, kann der Inhaber des Rechts von ihm Beseitigung und bei Wiederholungsgefahr Unterlassung verlangen (vgl. §§ 12, 1004, 1065, 1227). Verletzt jemand schuldhaft (vorsätzlich oder fahrlässig) ein absolutes Recht, kann der Inhaber von ihm Schadensersatz nach § 823 I verlangen; denn absolute Rechte sind jedenfalls sonstige Rechte i. S. d. § 823 I.

632 (2) *Relative Rechte* sind solche Rechte, *die sich gegen bestimmte einzelne Personen richten*; nur diese sind gegenüber dem Rechtsinhaber zu einem bestimmten Tun oder Unterlassen verpflichtet (vgl. §§ 194 I, 241).

Im Gegensatz zum absoluten Recht, das jedermann verpflichtet und das von jedermann verletzt werden kann, ist beim relativen Recht (z. B. bei der Forderung) nur ein Einzelner (z. B. der Schuldner) verpflichtet; nur dieser kann das relative Recht verletzen.

Beispiel: V, der dem K 1 ein bestimmtes Bild für 700,– € verkauft hat, ist dem K 1 zur Übergabe und Übereignung des Bildes verpflichtet (§ 433 I 1). Er verletzt die Rechte des K 1, wenn er das Bild verbrennt oder es zu einem Preis von 800,– € an K 2 verkauft und diesem den Besitz und das Eigentum an dem Bild überträgt. In beiden Fällen ist es V nicht mehr möglich, die Forderungen des K 1 zu erfüllen; K 1 kann wegen dieser von V verschuldeten Verletzung seiner relativen Rechte Schadensersatz von V verlangen (§§ 275 IV, 280 I, III, 283). Es besteht jedoch keine Rechtsbeziehung zwischen K 1 und K 2. K 1 kann von K 2, der durch Übereignung des Bildes dessen Eigentümer geworden ist, nicht etwa gem. § 823 I wegen Verletzung eines sonstigen Rechts Ersatz seines Schadens begehren; denn K 1 hatte nur relative Rechte gegen V, und sonstige Rechte i. S. d. § 823 I sind nur absolute Rechte. Nur unter den strengen Voraussetzungen des § 826 (vorsätzliche sittenwidrige Schädigung) kann K 1 von K 2 Schadensersatz verlangen.

§ 29 Erwerb der subjektiven Rechte 633

Fälle:

a) E will sich seiner ausgedienten Bücherkiste entledigen. Deshalb stellt er sie auf den Bürgersteig. Es ist ihm gleichgültig, ob sie von einem Liebhaber alter Sachen, der Müllabfuhr oder sonst jemandem mitgenommen wird. Der Kleingärtner K meint, er könne die Kiste noch verwenden und bringt sie in seine Laube. Kann E von K die Kiste herausverlangen? K meint, er sei Eigentümer geworden. Mit Recht? **(Rdnr. 634)**

b) Wie, wenn E seine Bücherkiste in den Garten gestellt hat, um sie in Kürze zu verschenken, und K die Kiste mitnimmt? **(Rdnr. 634)**

c) Wie, wenn K die Kiste im **Fall b** zu einer Mistkarre umbaut? **(Rdnr. 634)**

d) K, der die Kiste im Garten des E sieht, bittet diesen, sie ihm für 10,– € zu überlassen. E geht darauf ein, will die Kiste dem K aber erst überlassen, wenn dieser zahlt. Drei Tage später bringt K einen Zehneuroschein. E gibt ihm die Kiste. Welche Rechte haben E und K? **(Rdnr. 635)**

Rechtserwerb ist die Verbindung eines Rechts mit einer bestimmten Person. Das Recht kann ursprünglich in der Person des Erwerbers entstehen, aber auch von einer anderen Person auf den Erwerber übergehen. Dabei kann es sich um die Nachfolge in einzelne Rechte oder in die gesamte Rechtsstellung des Vorgängers handeln. Normalerweise erfolgt der Erwerb vom Berechtigten, ausnahmsweise aber auch vom Nichtberechtigten.

I. Ursprünglicher und abgeleiteter Erwerb 634

1. Ursprünglicher Erwerb

Ursprünglicher (= originärer) Erwerb ist dann gegeben, wenn der Erwerber ein Recht erwirbt, das nicht von einem anderen abgeleitet wird, sondern im Augenblick des Erwerbs neu entsteht.

Im **Fall a** hat K durch Aneignung das Eigentum an der Kiste erworben (§ 958 I). Sein Eigentum ist nicht von E abgeleitet; E hatte sein Eigentum schon vorher aufgegeben (§ 959). Im **Fall b** dagegen ist K nicht Eigentümer geworden. Denn E hat sein Eigentum nicht verloren, als er die Kiste in seinen Garten stellte; er hat den Besitz nicht aufgegeben und nicht in der Absicht gehandelt, auf sein Eigentum zu verzichten (vgl. § 959). Weil die Kiste weiterhin Eigentum des E und damit nicht herrenlos i. S. d. § 958 I war, hat K auch kein Eigentum nach § 958 I erworben, als er sie in seinen Besitz nahm. Deshalb kann E als Eigentümer von K als Besitzer die Kiste herausverlangen (§ 985).

Im **Fall c** greift § 950 ein. K hat durch »Verarbeitung« der Kiste eine neue bewegliche Sache, eine Mistkarre, hergestellt; der Wert der Verarbeitung ist auch nicht erheblich geringer als der Wert der ausgedienten Bücherkiste. Deshalb ist K gem. § 950 durch Verarbeitung Eigentümer geworden; damit erlischt das Eigentum des E. K leitet sein Eigentum nicht von E ab; vielmehr erwirbt er – unabhängig vom früheren Eigentum des E – originäres Eigentum. E hat also mangels Eigentums keinen Anspruch auf Herausgabe nach § 985. Jedoch kann er von K nach § 951 I Wertersatz oder nach § 823 I Schadensersatz verlangen (§ 951 II 1).

635 *2. Abgeleiteter Erwerb*

Abgeleiteter (= derivativer) Erwerb bedeutet, dass der Rechtserwerb von dem Rechtsvorgänger abgeleitet wird.

Im **Fall d** übereignet E die Kiste an K durch Einigung über den Eigentumsübergang und Übergabe (§ 929 Satz 1). Auf dieselbe Weise geht das Eigentum an dem Geldschein von K auf E über.

V, der sein Bild für 700,– € an K verkauft hat, ist damit Inhaber einer Forderung auf Zahlung von 700,– € gegen K (§ 433 II). V kann seine Forderung auf einen Dritten (X) übertragen (an X abtreten). Das geschieht durch einen Vertrag zwischen V und X, wonach die Forderung von V auf X übergehen soll (§ 398). Mit dem Abschluss dieses Abtretungsvertrages tritt X an die Stelle des V (§ 398 Satz 2). Die Forderung geht also von V auf X über; dieser kann nunmehr von K Zahlung der 700,– € verlangen.

Mit dem Tod eines Menschen gehen seine Rechte (z. B. Eigentum am Pkw, Kaufpreisforderung gegen K) auf den Erben über (§ 1922 I; Rdnr. 709 ff.). Dieser leitet seine durch den Erbfall erworbenen Rechte vom Erblasser ab.

636 II. Einzel- und Gesamtnachfolge

Einzel- und Gesamtnachfolge sind ebenfalls Fälle des abgeleiteten Erwerbs.

1. Einzelnachfolge

Bei der Einzelnachfolge (= Sondernachfolge, Singularsukzession) bezieht sich der Erwerb nur auf ein einzelnes Recht. Sie ist gegenüber der Gesamtnachfolge der Regelfall und beruht regelmäßig auf einem Vertrag zwischen Rechtsvorgänger und Nachfolger. Auch wenn jemand verpflichtet ist, ein Vermögen auf einen anderen zu übertragen, so muss die Erfüllung dieser Verpflichtung im Interesse der Rechtsklarheit durch Einzelübertragungen der verschiedenen Rechte erfolgen (sog. Spezialitätsgrundsatz).

Beispiel: Verkauft V an K sein Warenhaus, dann muss er zur Erfüllung des Kaufvertrages alle einzelnen Rechte auf K übertragen. So geht das Eigentum am Warenhausgrundstück durch Auflassung und Eintragung des K im Grundbuch auf K über (§§ 925, 873). Das Eigentum an den einzelnen Waren wird von V durch Einigung und Übergabe (§ 929) auf K übertragen. Die einzelnen Forderungen des V gegenüber den Kunden werden an K abgetreten (§ 398).

637 *2. Gesamtnachfolge*

Bei der Gesamtnachfolge (= Universalsukzession) bezieht sich der Erwerb auf einen ganzen Komplex von Rechten. Sie ist als Ausnahmefall nur in den vom Gesetz zugelassenen Fällen möglich und beruht auf gesetzlicher Anordnung.

Beispiele: Nach § 1922 I geht im Zeitpunkt des Todes des Erblassers dessen »Vermögen als Ganzes« auf den Erben über. War der Erblasser also Inhaber eines Warenhauses, dann gehen die einzelnen Vermögensgegenstände »automatisch« und »mit einem Schlage« auf den Erben über, selbst wenn dieser vom Tod des Erblassers nichts weiß. Der Erbe wird also ohne Auflassung und Eintragung im Grundbuch Eigentümer des Grundstücks, ohne Übereignung Eigentümer der Waren, ohne Abtretung Inhaber der Forderungen.

Haben Brautleute vor der Eheschließung in einem Ehevertrag Gütergemeinschaft vereinbart, so wird mit der Eheschließung das Vermögen eines Ehegatten grundsätzlich gemeinschaftliches Vermögen beider Ehegatten, ohne dass die einzelnen Gegenstände »durch Rechtsgeschäft übertragen zu werden« brauchen (§ 1416 I, II). Die junge Ehefrau kann also »seinen« Hut nunmehr mit Recht als »unseren« Hut bezeichnen. Das Grundstück der Frau gehört mit der Eheschließung beiden Eheleuten gemeinsam, obwohl die Frau noch allein als Eigentümerin im Grundbuch steht.

Beide Beispiele zeigen, dass bei einer Gesamtnachfolge Grundstücksrechte ohne entsprechende Eintragung im Grundbuch übergehen und das Grundbuch durch den Rechtserwerb unrichtig wird. Demgegenüber ist bei einer Einzelnachfolge in Grundstücksrechte Einigung und Eintragung (§ 873) erforderlich.

III. Erwerb vom Berechtigten oder vom Nichtberechtigten 638

1. Erwerb vom Berechtigten

Erwerb vom Berechtigten bedeutet, dass jemand ein Recht von einem anderen erwirbt, der bis zum Rechtsübergang Inhaber des Rechts (Berechtigter) war. Es gilt grundsätzlich auch heute noch der römisch-rechtliche Satz, dass niemand mehr Rechte übertragen kann, als er selbst hat. Der Erwerb vom Berechtigten ist der Normalfall.

Verkauft etwa der Dieb (D) einen dem E gehörenden Ring an K, indem er vorspiegelt, ihm gehöre der Ring, dann erwirbt K trotz Einigung und Übergabe nach § 929 Satz 1 kein Eigentum an dem Ring, selbst wenn er den D für den Eigentümer hält (vgl. § 935 I); denn D war kein Eigentümer und konnte deshalb kein Eigentum übertragen. E kann als Eigentümer von K als Besitzer den Ring nach § 985 herausverlangen. Da K dann den Ring und den Kaufpreis »los« ist, kann er nach §§ 275 IV, 326 IV, 346 ff. von D den Kaufpreis zurückfordern oder nach §§ 275 IV, 280 I, III, 283 Schadensersatz verlangen.

Tritt V seine Kaufpreisforderung gegen K an X ab und spiegelt er diesem vor, die Forderung belaufe sich – statt in Wirklichkeit auf 700,– € – auf 900,– €, dann erwirbt X die Kaufpreisforderung gegen K in Höhe von 700,– €; denn größer war die Forderung nicht, die V auf X übertrug.

Findet ein Erbe im Nachlass des Erblassers eine wertvolle Uhr, so ist er nur dann deren Eigentümer, wenn sie zum Zeitpunkt des Todes dem Erblasser gehörte. Hatte der Erblasser die Uhr nur in seinem Besitz, ohne jedoch Eigentümer zu sein, ist auch der Erbe mit dem Erbfall kein Eigentümer geworden.

2. Erwerb vom Nichtberechtigten 639

Erwerb vom Nichtberechtigten bedeutet, dass jemand ausnahmsweise auch dann ein Recht erwirbt, wenn nicht der Veräußerer, sondern ein Dritter Inhaber des Rechts war. Hier gilt der deutsch-rechtliche Grundsatz des Vertrauensschutzes (Rdnr. 28); wer gutgläubig den nichtberechtigten Veräußerer für den Berechtigten hält und ihn dafür halten darf, wird geschützt.

Beispiel: E hat seinen Ring seinem Freund F geliehen. F, der dringend Geld braucht, verkauft den Ring für 1 000,– € an K und übereignet den Ring nach § 929 Satz 1 an K, der F für den Eigentümer hält. K wird nicht nach § 929 Satz 1 Eigentümer des Ringes, weil diese Bestimmung voraussetzt, dass der Veräußerer F Eigentümer ist. Demnach bliebe E Eigentümer des Ringes; er könnte ihn nach § 985 von K herausverlangen, so dass K das Nachsehen hätte.

Hier ist E jedoch nicht so schutzwürdig wie in dem zuvor erörterten Fall, in dem ihm der Ring gestohlen worden war. Dort war der Ring ohne Willen des E aus dessen Besitz gekommen; hier hat E den Ring freiwillig aus seinem Besitz gegeben, da er ihn seinem Freund F geliehen hat. Den Entleiher konnte E sich aussuchen, den Dieb nicht. Deshalb ist es in dem Fall des Verleihens eher als im Fall des Diebstahls berechtigt, die Interessen des Käufers K vor denen des E zu schützen. Zwar waren sowohl der Dieb D als auch der Freund F im Besitz des Ringes; der Besitz lässt auf das Eigentum schließen (vgl. § 1006 I 1).

Der Rechtsschein sprach in beiden Fällen dafür, dass der Besitzer auch Eigentümer war. Im Fall des verliehenen Rings hatte E jedoch selbst diesen Rechtsschein veranlasst, indem er den Ring freiwillig aus der Hand gab, während er als Bestohlener den Rechtsschein nicht veranlasst hatte. Wegen des von E veranlassten Rechtsscheins (arg. e § 935 I) wird K gem. §§ 929 Satz 1; 932 I 1 Eigentümer des Ringes, obwohl er vom Nichteigentümer F erwirbt.

K ist nur dann nicht schutzwürdig, wenn er nicht auf den von E veranlassten Rechtsschein vertrauen durfte. Das ist dann der Fall, wenn K wusste, dass der Ring dem F nicht gehörte, oder wenn ihm infolge grober Fahrlässigkeit (z. B. weil er den eingravierten Namen des E übersah) unbekannt blieb, dass F nicht Eigentümer war (§ 932 I 1, II).

Demnach setzt der gutgläubige Erwerb vom Nichtberechtigten gem. §§ 929 Satz 1, 932 I 1 voraus:

a) Einigung und Übergabe nach § 929 Satz 1.

b) Die Sache gehört nicht dem Veräußerer (sonst würde der Erwerber schon nach § 929 Satz 1 vom Berechtigten erwerben).

c) Guter Glaube des Erwerbers an das Eigentum des Veräußerers (= keine Kenntnis oder grobfahrlässige Unkenntnis; § 932 II).

d) Die Sache darf dem Eigentümer nicht gestohlen worden, verloren gegangen oder sonst abhanden gekommen sein (§ 935 I 1).

Zum gutgläubigen Erwerb des Eigentümers an einem Grundstück siehe Rdnr. 28.

§ 30 Die Ansprüche 640

Schrifttum: *Bornemann*, Die Lehre vom Anspruch, 1971; *Eichler*, Die Konkurrenz der vertraglichen und deliktischen Haftung im deutschen Recht, AcP 162 (1963), 401; *Medicus*, Anspruch und Einrede als Rückgrat einer zivilistischen Lehrmethode, AcP 174 (1974), 313; *Petersen*, Die Anspruchsgrundlagen des Allgemeinen Teils, Jura 2002, 743; *Schapp*, Das Zivilrecht als Anspruchssystem, JuS 1992, 537.

Fälle:

a) E stellt in seinem Garten eine ihm gehörende Plastik auf. A schaut sie sich oft von der Straße her an; B bewirft sie auf seinen Spaziergängen häufig mit Steinen; C schießt bewusst einen Teil der Plastik ab; D stiehlt die Plastik und stellt sie bei sich auf. Rechte des E? **(Rdnr. 640, 641, 646, 653, 654, 655)**

b) X gewährt dem Y ein Darlehen über 10 000,– €, das Ende Dezember zurückgezahlt werden soll. Bereits im September benötigt X das Geld. Was kann er tun? **(Rdnr. 642)**

c) Der M und die F sind verlobt. Als M von F nichts mehr wissen will, klagt sie auf Eingehung der Ehe, hilfsweise auf Zahlung von 800,– € Schadensersatz, weil sie in Erwartung der Eheschließung ein Brautkleid zu diesem Preis gekauft habe. Wie ist zu entscheiden? **(Rdnr. 644, 650)**

d) Wie, wenn M im **Fall c** geltend macht, er zahle nur, sofern F ihm den Diamantring zurückgebe, den er ihr zur Verlobung geschenkt habe? **(Rdnr. 650)**

I. Begriff und Bedeutung

1. Begriff

Anspruch im Sinne des bürgerlichen Rechts (= materiell-rechtlicher Anspruch) ist das *subjektive Recht einer Person, von einer anderen Person ein Tun oder Unterlassen zu verlangen* (§ 194 I).

a) Der Anspruch besteht immer *zwischen zwei Personen*, dem Anspruchsberechtigten und dem Anspruchsverpflichteten. Der Berechtigte kann ein bestimmtes Verhalten vom Verpflichteten verlangen; der Verpflichtete ist zu diesem Verhalten dem Berechtigten gegenüber verpflichtet.

Im **Fall a** kommen Ansprüche des E gegen A, B, C und D in Betracht.

b) Da der Anspruch sich nur gegen eine bestimmte Person richtet, ist er ein *relatives Recht* (Rdnr. 632). Dadurch unterscheidet er sich von den absolut wirkenden Persönlichkeitsrechten (Rdnr. 631, 622) und Herrschaftsrechten (Rdnr. 631, 623 ff.). Aus deren Beeinträchtigung können jedoch Ansprüche entstehen (vgl. §§ 12, 823, 985, 1004). 641

Im **Fall a** gibt das Eigentum dem E zwar das umfassendste Herrschaftsrecht über die Plastik, er kann mit ihr nach Belieben verfahren und andere von jeder Einwirkung ausschließen (vgl. § 903). Doch gewährt das Eigentum als solches dem E noch keinen Anspruch gegen eine andere Person. Ansprüche entstehen erst, wenn das Eigentum unter Verstoß gegen das Gesetz beeinträchtigt wird. Deshalb kann E von A nicht gem. § 1004 I 2 verlangen, er solle die Besichtigung der Plastik von der Straße aus unterlassen; durch das Besichtigen wird das Eigentum des E nämlich nicht beeinträchtigt, mag E sich auch gestört fühlen. Anders ist dies, wenn B die Plastik mit Steinen bewirft. Dadurch wird in die Rechtsstellung des E eingegriffen; weitere Beeinträchtigungen sind auch in Zukunft zu besorgen, da B bisher auf seinen Spaziergängen die Plastik häufig mit Steinen beworfen hat. E kann von B nach § 1004 I 2 also Unterlassung des Steinewerfens verlangen. Gegen D hat E den Anspruch auf Herausgabe der Plastik nach § 985, da D Besitzer und E Eigentümer der Plastik ist. Von C kann E Schadensersatz nach § 823 I verlangen, da C das Eigentum des E rechtswidrig und vorsätzlich verletzt und dadurch dem E Schaden zugefügt hat.

642 c) Zum Begriff des Anspruchs gehört *nicht dessen Fälligkeit*. Auch wenn der Berechtigte noch nicht sofort, sondern erst zu einem späteren Zeitpunkt vom Verpflichteten ein bestimmtes Verhalten verlangen kann, so ist der Anspruch doch schon vorhanden.

Im **Fall b** kann X von Y nicht verlangen, dass dieser das Geld bereits im September zurückzahlt. X hat aber jetzt schon einen Anspruch auf Rückzahlung zum Jahresende, also einen Anspruch auf künftige Leistung. Diesen Anspruch kann X im September etwa an seine Bank verkaufen (vgl. § 453 I i. V. m. § 433 I 1). Dadurch kann er schon im September zu Geld kommen.

643 d) Vom materiell-rechtlichen Anspruch ist der *Anspruch i. S. des Zivilprozessrechts* (= prozessualer Anspruch) zu unterscheiden. Dieser prozessuale Anspruch ist kein subjektives Recht, sondern ein Begriff des Prozessrechts. Darunter versteht man das Begehren des Klägers im Zivilprozess (Streitgegenstand).

Beispiel: Klagt K einen Kaufpreisanspruch in Höhe von 20 000,– € ein und ergibt sich im Prozess, dass zwischen den Parteien gar kein Kaufvertrag zustande gekommen ist, also gar kein materiell-rechtlicher Anspruch besteht, so ist dennoch ein prozessualer Anspruch auf Zahlung von 20 000,– € aus Kauf gerichtlich geltend gemacht, über den entschieden werden muss.

644 *2. Bedeutung*

Nur dann kann jemand von einem anderen ein Tun oder Unterlassen verlangen, wenn er darauf einen materiell-rechtlichen Anspruch hat. Wo kein Anspruch besteht, kann rechtlich nichts verlangt werden. Eine Klage ist dann immer erfolglos.

Im **Fall c** besteht aus dem Verlöbnis kein Anspruch auf Eheschließung; deshalb ist die Klage auf Eingehung der Ehe abzuweisen (§ 1297 I). F hat aber einen Schadensersatzanspruch in Höhe von 800,– € aus § 1298, da sie in Erwartung der Ehe insoweit angemessene Aufwendungen gemacht hat. Deshalb ist der Zahlungsklage stattzugeben.

II. Arten und gesetzliche Regelung 645

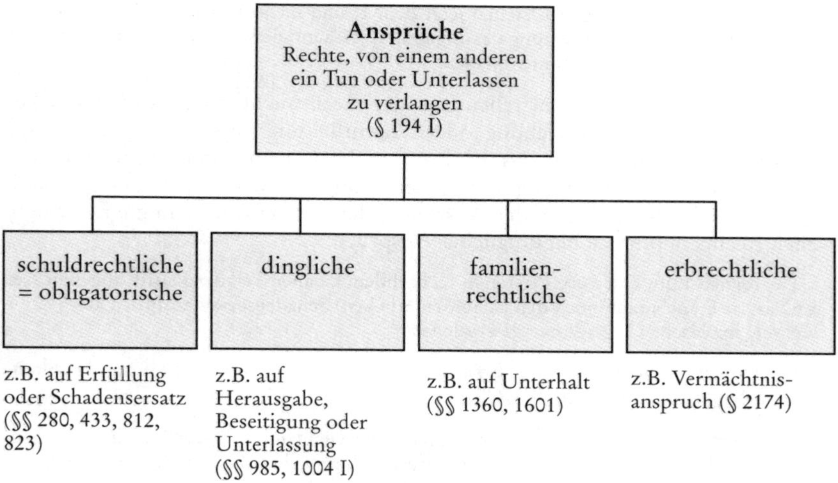

1. Arten

Nach dem Entstehungsgrund können schuldrechtliche, dingliche, familien- und erbrechtliche Ansprüche unterschieden werden.

a) *Schuldrechtliche (= obligatorische) Ansprüche* entstehen auf Grund eines Schuldverhältnisses im weiteren Sinn. Das ist ein Rechtsverhältnis zwischen Personen, aus dem sich eine Vielzahl von Ansprüchen und Pflichten ergeben kann. Kraft des Schuldverhältnisses ist der Gläubiger berechtigt, von dem Schuldner eine Leistung zu fordern; die Leistung kann auch in einem Unterlassen bestehen (§ 241). Demnach bezeichnet das Gesetz den einzelnen schuldrechtlichen Anspruch als Forderung, den Anspruchsberechtigten als Gläubiger und den Verpflichteten als Schuldner. Vielfach wird statt des Begriffs des schuldrechtlichen Anspruchs oder der Forderung auch der Begriff des Schuldverhältnisses im engeren Sinn verwandt.

Der Kaufvertrag zwischen Verkäufer und Käufer ist ein Schuldverhältnis im weiteren Sinn. Aus ihm ergeben sich der Kaufpreisanspruch des Verkäufers und der Lieferungsanspruch des Käufers (= Schuldverhältnisse im engeren Sinn).

b) *Dingliche Ansprüche* verwirklichen dingliche Rechte (Rdnr. 624 f.). Sie 646
sind deshalb unselbstständig. Das zeigt sich an der Abhängigkeit des dinglichen Anspruchs vom dinglichen Recht.

Hat E im **Fall a** die Plastik an K verkauft und übereignet, aber vereinbart, er dürfe sie noch einen Monat als Entleiher in seinem Garten aufstellen, so ist K Eigentümer, E Besitzer der Plastik. Der Herausgabeanspruch gegen D nach § 985 und der Unterlassungsanspruch aus § 1004 I 2 gegen B stehen jetzt dem K und nicht dem E zu; denn diese Ansprüche dienen der Durchsetzung des Eigentums. K kann diese Ansprüche auch nicht an E abtreten und selbst Eigentümer bleiben.

Dingliche Ansprüche entstehen aus der Beeinträchtigung eines dinglichen Rechts etwa durch Entziehung oder Vorenthaltung einer Sache oder durch sonstige Beeinträchtigung des Eigentums. Sie können etwa auf Herausgabe (§ 985), ferner auf Beseitigung oder Unterlassung der Beeinträchtigung (§ 1004 I) gerichtet sein. Aber nicht jeder Anspruch, der auf der Verletzung eines dinglichen Rechts beruht, ist ein dinglicher Anspruch.

Übereignet E im **Fall a** die Plastik an K, nachdem C einen Teil der Plastik abgeschossen hat, so hat E auch dann noch den (schuldrechtlichen) Schadensersatzanspruch aus § 823 I, wenn K inzwischen Eigentümer geworden ist.

647 c) *Familienrechtliche und erbrechtliche Ansprüche* ergeben sich aus familien- oder erbrechtlichen Rechtsverhältnissen.

Beispiele: Unterhaltsansprüche der Ehegatten gegeneinander (§§ 1360 ff.) und des Kindes gegen die Eltern (§§ 1601 ff.); Anspruch des Vermächtnisnehmers gegen den Erben auf Zahlung der für ihn im Testament ausgesetzten 5 000,– € (§§ 1939, 2174).

648 *2. Gesetzliche Regelung*

a) Gesetzliche Regelungen, die ausdrücklich *für alle Ansprüche* gelten, sind im BGB nur vereinzelt vorhanden.

So beziehen sich die Vorschriften über die Verjährung auf alle Ansprüche (Rdnr. 668).

649 b) Die *schuldrechtlichen Ansprüche* sind im Schuldrecht (2. Buch des BGB) ausführlich geregelt.

Dort ist im Allgemeinen Schuldrecht (1. bis 7. Abschnitt des Rechts der Schuldverhältnisse) etwa bestimmt, was gelten soll, wenn der Schuldner eine Pflicht aus dem Schuldverhältnis verletzt (§§ 280 ff.) oder ihm die Leistung bereits vor Vertragsschluss z. B. durch Brand unmöglich geworden ist (§§ 275 I, IV).

650 c) Die *anderen Ansprüche* haben keine entsprechend ausführliche gesetzliche Ausgestaltung erfahren. Da aber auch bei diesen Ansprüchen die Fragen auftauchen, die im Allgemeinen Schuldrecht geregelt sind, können die Vorschriften des Allgemeinen Schuldrechts grundsätzlich auf alle Ansprüche angewandt werden, soweit die besondere Eigenart der jeweiligen Ansprüche nicht entgegensteht.

Im **Fall c** hat die F einen Schadensersatzanspruch in Höhe von 800,– € aus dem Verlöbnis.

M hat im **Fall d** gegen F einen familienrechtlichen Anspruch auf Rückgabe des geschenkten Ringes aus § 1301. Ob M die Schadensersatzleistung bis zur Rückgabe des Ringes verweigern kann, ist im Familienrecht nicht geregelt. Ein Zurückbehaltungsrecht gibt es aber im Allgemeinen Schuldrecht. Nach § 273 kann der Schuldner, dessen Verpflichtung auf demselben rechtlichen Verhältnis beruht wie sein fälliger Anspruch gegen den Gläubiger, die geschuldete Leistung bis zur Bewirkung der ihm gebührenden Leistung verweigern. Der Anwendung des § 273 steht die familienrechtliche Eigenart der Ansprüche aus § 1298 und § 1301 nicht entgegen. Beide Ansprüche sind nämlich auf ein Verhalten gerichtet, das auch Gegenstand eines schuldrechtlichen Anspruchs sein kann. M ist berechtigt, die Zahlung der 800,– € also bis zur Rückgabe des Ringes nach § 273 zu verweigern, da die Ansprüche auf demselben rechtlichen Verhältnis, dem gelösten Verlöbnis, beruhen. M wird also zur Zahlung von 800,– € Zug um Zug gegen Rückgabe des Ringes verurteilt (§ 274 I).

Dagegen können die Eltern ihr einjähriges Kind, das sie während ihres Urlaubs ihrer Nachbarin N gegen Bezahlung in Pflege gegeben haben, von N nach § 1632 I herausverlangen, ohne dass N sich ihrerseits wegen der Pflegekosten auf ein Zurückbehaltungsrecht nach § 273 berufen könnte. Denn ein Zurückbehaltungsrecht scheidet hier wegen der besonderen personenrechtlichen Bindung des familienrechtlichen Anspruchs aus § 1632 I aus.

III. Anspruchsgrundlagen 651

Anspruchsgrundlagen sind die Rechtsgrundlagen für Ansprüche (vgl. auch Rdnr. 838 ff.). Ohne Anspruchsgrundlage gibt es keinen Anspruch.

1. Arten

Ansprüche ergeben sich aus Anspruchsnormen und aus Rechtsgeschäften.

a) *Anspruchsnormen* sind Rechtsnormen, die einen Anspruch begründen. Sie bestehen aus Tatbestand und Rechtsfolge. Der Tatbestand enthält die Voraussetzungen, bei deren Erfüllung der Anspruch besteht. Die Rechtsfolge ordnet das Verhalten an, das der Anspruchsberechtigte auf Grund dieser Norm vom Verpflichteten verlangen kann.

Eine Anspruchsnorm ist z. B. § 823 I. Die Rechtsfolgeanordnung bestimmt, dass auf Grund dieser Norm Schadensersatz verlangt werden kann (»... ist dem anderen zum Ersatz des daraus entstandenen Schadens verpflichtet«). Der Tatbestand zählt die Voraussetzungen zur Entstehung dieses Schadensersatzanspruchs auf (»Wer vorsätzlich oder fahrlässig das Leben, den Körper, die Gesundheit, die Freiheit, das Eigentum oder ein sonstiges Recht eines anderen widerrechtlich verletzt«).

Anspruchsnormen finden sich in allen fünf Büchern des BGB. Das Gesetz verwendet verschiedene Formulierungen zur Kennzeichnung einer Anspruchsnorm.

Manchmal wird unmittelbar das Wort *Anspruch* gebraucht (z. B. § 1004 II). Oft sagt das Gesetz, dass jemand etwas Bestimmtes von einem anderen *verlangen kann* (z. B. § 985).

Seltener heißt es, dass jemand gegen einen anderen *klagen kann* (z. B. § 12 Satz 2; § 1004 I 2). Häufig kennzeichnet das Gesetz eine Anspruchsnorm, indem es nicht die Berechtigung, sondern die Verpflichtung einer Person gegenüber einer anderen ausspricht (z. B. § 433 II; § 1601).

Auch aus Gewohnheitsrecht können sich Anspruchsnormen ergeben.

Hierher gehörte bis zur Schuldrechtsreform etwa der Schadensersatzanspruch wegen positiver Forderungsverletzung (vgl. Rdnr. 67).

652 b) *Rechtsgeschäfte* (Rdnr. 96 ff.), insbesondere Verträge, können Rechtsgrundlage für Ansprüche sein. Nach dem Prinzip der Privatautonomie (Rdnr. 25) kann sich jedermann durch Vertrag grundsätzlich zu jeder beliebigen Leistung verpflichten und einem anderen einen Anspruch darauf einräumen. Der Gesetzgeber hat in Abschnitt 8 des Rechts der Schuldverhältnisse zwar eine Reihe von Rechtsgeschäften geregelt, die am häufigsten abgeschlossen werden. Ansprüche aus diesen Rechtsgeschäften können also den im BGB enthaltenen Anspruchsnormen entnommen werden; sie haben ihre Grundlage aber in der rechtsgeschäftlichen Vereinbarung.

Hat E seine Plastik für 800,– € an K verkauft, so hat er gegen K einen Kaufpreisanspruch in Höhe von 800,– €. Rechtsgrundlage ist der Vertrag zwischen E und K, wonach K sich gegenüber E zur Zahlung verpflichtet hat. Der Gesetzgeber hat diesen Anspruch zwar in der Anspruchsnorm des § 433 II geregelt; E hätte den Kaufpreisanspruch aber auch dann, wenn es § 433 II nicht gäbe.

Das zeigt sich deutlich, wenn Ansprüche aus einem Vertrag erhoben werden, der gesetzlich nicht geregelt ist. Lässt E die Plastik für 2,50 € pro Person besichtigen und einigt er sich mit Z hierüber, so hat Z gegen E einen Anspruch auf Besichtigung. Anspruchsgrundlage könnte § 241 I sein; danach ist der Gläubiger eines Schuldverhältnisses berechtigt, vom Schuldner eine Leistung zu fordern. Ein Schuldverhältnis kann durch Rechtsgeschäft begründet werden (vgl. § 311 I). § 241 I sagt aber nicht, *welche* Leistung verlangt werden kann, sondern nur, *dass* die vereinbarte Leistung beansprucht werden kann. Demnach ist Anspruchsgrundlage der Besichtigungsvertrag in Verbindung mit der Rahmenvorschrift des § 241.

653 *2. Anwendung*

Jeder Anspruch muss aus einer Anspruchsgrundlage hergeleitet werden. Ist also nach einem Anspruch gefragt, so muss eine Anspruchsgrundlage gefunden werden, aus der sich der Anspruch ergibt.

a) Zuerst ist eine *Auswahl* unter den Anspruchsgrundlagen, die möglicherweise in Betracht kommen, zu treffen.

Zur näheren rechtlichen Prüfung kommen nur die Anspruchsgrundlagen in Betracht, deren Rechtsfolgen abstrakt das tatsächliche Begehren gewähren; alle anderen Anspruchsgrundlagen sind damit schon ausgeschieden.

Verlangt E im **Fall a** von C Schadensersatz, so muss eine Anspruchsgrundlage gesucht werden, die eine Schadensersatzleistung anordnet. § 985 etwa scheidet aus, da er auf »die Herausgabe der Sache« gerichtet ist; ebenso entfällt § 812, da er die »Herausgabe« von etwas bestimmt. Bei beiden Vorschriften handelt es sich also nicht um Schadensersatzansprüche. Dagegen kommt § 823 als Anspruchsgrundlage in Betracht; denn diese Norm verpflichtet »zum Ersatz des entstandenen Schadens«.

Aber auch von den Anspruchsgrundlagen, die von der Rechtsfolge her passen, scheiden diejenigen aus, deren Voraussetzungen nicht vorliegen.

So scheidet im **Fall a** § 833 für einen Schadensersatzanspruch des E gegen C aus, weil die Plastik nicht durch ein Tier beschädigt wurde.

b) Der Schwerpunkt der Prüfung liegt in der anschließenden *Subsumtion* des Sachverhalts unter die Anspruchsgrundlage. Dadurch wird erreicht, dass keine überflüssigen Fragen für die Lösung des Falles erörtert werden. **654**

Im **Fall a** könnte C das Eigentum des E an der Plastik widerrechtlich und vorsätzlich verletzt und E dadurch einen Schaden zugefügt haben. Das *Eigentum* an der Plastik hat C durch den Schuss *verletzt*. Das war *widerrechtlich*; denn eine Rechtfertigung für das Verhalten des C ist nicht ersichtlich. C hat das Eigentum *vorsätzlich* verletzt, da er wissentlich und willentlich auf die Plastik geschossen hat. Dadurch hat C einen *Schaden* von 200,– € verursacht, wenn E für die Ausbesserung der Plastik 200,– € aufzuwenden hatte. Demnach kann E von C nach § 823 I die Zahlung von 200,– € verlangen.

3. *Anspruchsgrundlagenkonkurrenz* **655**

Eine Anspruchsgrundlagenkonkurrenz liegt vor, wenn sich der Anspruch aus *mehreren Anspruchsgrundlagen* ergibt. Alle Anspruchsgrundlagen, die in Betracht kommen, müssen in einem Gutachten geprüft werden.

Klagt E im **Fall a** gegen D auf Herausgabe der Plastik, so kann sich sein Verlangen auf mehrere Anspruchsgrundlagen stützen. Als Eigentümer hat E gegen den Besitzer D den Eigentumsherausgabeanspruch aus § 985. Sein Begehren ergibt sich auch aus § 823 I, da die Verpflichtung zum Schadensersatz gem. § 249 I bedeutet, den Zustand herzustellen, der bestehen würde, wenn der zum Ersatz verpflichtende Umstand nicht eingetreten wäre. D hat das Eigentum des E durch Diebstahl widerrechtlich und vorsätzlich verletzt; er muss also die Plastik wieder zurückbringen und damit den früheren Zustand wiederherstellen. Weiter folgt der Anspruch aus § 823 II 1 in Verbindung mit § 242 StGB, da D einen Diebstahl i. S. des § 242 StGB begangen hat, also gegen ein den Schutz des Eigentümers E bezweckendes Gesetz i. S. des § 823 II verstoßen hat. Weitere Anspruchsnorm ist § 812 I 1, 2. Fall; denn D hat in sonstiger Weise auf Kosten des E Besitz an der Plastik erlangt. Außerdem ist der Anspruch aus § 861 I schlüssig, da D dem E den Besitz an der Plastik durch verbotene Eigenmacht (= ohne dessen Willen, § 858 I) entzogen hat. Ebenso greift § 1007 I ein, da E die Plastik in Besitz hatte und D bei Besitzerwerb nicht in gutem Glauben war; vielmehr wusste er, dass er kein Besitzrecht besaß.

Verteidigt sich D damit, E sei nicht Eigentümer der Plastik und wisse schon seit 5 Jahren von seinem Diebstahl, so entfallen einige Anspruchsnormen. Für § 985 fehlt das Eigentum des E; die Anspruchsgrundlagen aus § 823 I und § 823 II in Verbindung mit § 242

StGB sind durch die Verjährungseinrede nach §§ 195, 199 I Nr. 2, 214 I (Rdnr. 666 ff.) gehemmt; § 861 ist auf Grund der abgelaufenen Ausschlussfrist (Rdnr. 667) des § 864 ausgeschlossen. Auf diese Verteidigung kommt es aber nicht an, da der Anspruch des K weiterhin aus § 812 I 1, 2. Fall und § 1007 I begründet ist.

656

§ 31 Die Einreden

Schrifttum: *Jahr*, Die Einrede des bürgerlichen Rechts, JuS 1964, 125, 218, 293; *Gröschler*, Zur Wirkungsweise und zur Frage der Geltendmachung von Einrede und Einwendung im materiellen Recht, AcP 201 (2001), 48; *Medicus*, Anspruch und Einrede als Rückgrat einer zivilistischen Lehrmethode, AcP 174 (1974), 313; *H. Roth*, Die Einrede des Bürgerlichen Rechts, 1988; *P. Schlosser*, Selbständige peremptorische Einrede und Gestaltungsrecht im deutschen Zivilrecht, JuS 1966, 257.

Fälle:

a) Der Kaufmann K begehrt durch Klage beim Amtsgericht, den B zur Zahlung von 280,– € zu verurteilen. Zur Begründung führt er aus, er habe dem B einen Teppich für 280,– € verkauft. B beantragt, die Klage abzuweisen; denn er habe von K keinen Teppich gekauft. Wie ist zu entscheiden? **(Rdnr. 656)**

b) Wie, wenn B vorträgt, er sei bei Abschluss des Kaufvertrages sinnlos betrunken gewesen? **(Rdnr. 657, 662, 665)**

c) Wie, wenn B geltend macht, er habe den Kaufpreis längst bezahlt? **(Rdnr. 658, 665)**

d) Wie, wenn B darauf hinweist, der Kaufvertrag sei vor sechs Jahren geschlossen worden und nach so langer Zeit zahle er nicht mehr? **(Rdnr. 659, 660, 662, 663, 664, 665)**

I. Einrede im prozessrechtlichen Sinn

Im Zivilprozess hat der Kläger dem Gericht die Tatsachen vorzutragen, aus denen sich sein Begehren rechtlich herleiten lässt (= klagebegründende Tatsachen).

Im **Fall a** setzt die Kaufpreisklage voraus, dass K vorträgt, er habe mit B einen Kaufvertrag über einen Teppich zum Preise von 280,– € abgeschlossen (vgl. § 433 II).

Der Beklagte hat verschiedene Möglichkeiten, sich zu verteidigen. Einmal kann er das Vorliegen einer klagebegründenden Tatsache bestreiten (= Klageleugnen).

Im **Fall a** bestreitet B das Vorliegen eines Kaufvertrages. Ein Klageleugnen läge auch vor, wenn B behauptete, K habe nicht mit ihm, sondern mit seinem Bruder einen Kaufvertrag über den Teppich geschlossen.

Beim Klageleugnen muss der Kläger die vom Beklagten bestrittene klagebegründende Tatsache beweisen, andernfalls verliert er den Prozess.

Gelingt dem K im **Fall a** der Beweis, dass er mit B einen Kaufvertrag über den Teppich zum Preis von 280,– € geschlossen hat (z. B. durch Zeugenaussagen oder durch Vorlage eines entsprechenden, von B unterschriebenen Schriftstückes), wird B zur Zahlung verurteilt; andernfalls wird die Klage abgewiesen.

Der Beklagte kann zum anderen Einreden im prozessualen Sinne geltend machen. Darunter versteht man das Vorbringen von Tatsachen, die eine Gegennorm erfüllen, durch die der Anspruch des Klägers vereitelt wird. Diese Gegennorm hindert, vernichtet oder hemmt das Recht des Klägers. Dementsprechend unterscheidet man rechtshindernde, rechtsvernichtende und rechtshemmende Einreden.

1. *Rechtshindernde Einrede* 657

Der Beklagte trägt eine oder mehrere Tatsachen vor, welche die Entstehung des Anspruchs des Klägers hindern.

Im **Fall b** bestreitet B den Abschluss des Kaufvertrages nicht. Vielmehr behauptet er eine Tatsache (Volltrunkenheit), die der Wirksamkeit des Kaufvertrages entgegensteht. Nach § 105 II ist eine Willenserklärung nichtig, die im Zustand der Bewusstlosigkeit abgegeben wird.

Bestreitet der Kläger die rechtshindernde Tatsache, muss der Beklagte sie beweisen, da sie einen Ausnahmetatbestand darstellt.

Wird also bewiesen, dass B bei Vertragsschluss sinnlos betrunken war, gewinnt B den Prozess; die Klage des K wird abgewiesen. Gelingt der Beweis nicht, wird der Klage stattgegeben.

2. *Rechtsvernichtende Einrede* 658

Der Beklagte trägt eine oder mehrere Tatsachen vor, die den bereits entstandenen Anspruch des Klägers vernichten.

Im **Fall c** bestreitet B den Vertragsabschluss nicht; er wendet sich auch nicht gegen die Entstehung des Kaufpreisanspruchs. Vielmehr behauptet er eine Tatsache (Zahlung), die den Kaufpreisanspruch vernichtet. Wenn B inzwischen gezahlt hat, ist der Kaufpreisanspruch durch Erfüllung nach § 362 I erloschen.

Rechtsvernichtende Tatsachen, die der Kläger bestreitet, muss der Beklagte beweisen.

Die Erfüllung ist am einfachsten durch eine Quittung (vgl. § 368) zu beweisen. Gelingt dem B der Beweis, gewinnt er, andernfalls verliert er den Prozess.

3. *Rechtshemmende Einrede* 659

Der Beklagte greift den Anspruch des Klägers nicht an; er bestreitet weder das Klagevorbringen, noch wehrt er sich gegen die Entstehung und den Fortbestand des Anspruchs. Vielmehr macht er ein Leistungsverweigerungsrecht geltend. Dieses ist ein Gegenrecht des Beklagten, das den Anspruch des Klägers hemmt.

Im **Fall d** beruft B sich auf die Einrede der Verjährung (Rdnr. 666 ff.). Sie gibt ihm das Recht, die Leistung zu verweigern (§ 214 I). Der Kaufpreisanspruch des Kaufmanns K ist nach § 195 in drei Jahren verjährt.

Da der Beklagte sich bei der rechtshemmenden Einrede auf ein Gegenrecht beruft, muss er bei Bestreiten des Klägers die rechtshemmenden Tatsachen beweisen.

Behauptet K im **Fall d**, der Vertrag sei erst im letzten Jahr geschlossen worden, so bestreitet er die Voraussetzung der Verjährung. B muss beweisen, dass der Vertrag schon vor mehr als drei Jahren geschlossen wurde. Gelingt ihm der Beweis, wird die Klage abgewiesen; andernfalls wird er zur Zahlung verurteilt.

660 II. Einrede im privatrechtlichen Sinn

1. Begriff

a) Die *Einrede* i. S. d. BGB ist mit der rechtshemmenden Einrede i. S. d. Prozessrechts (Rdnr. 659) identisch. Man versteht darunter das *subjektive Recht einer Person, die Ausübung des Rechtes einer anderen Person zu hemmen.* Sie dient also der Verteidigung gegenüber einem Anspruch und führt zu dessen Hemmung, wenn der Einredeberechtigte sein Gegenrecht geltend macht. Die Einrede gibt dem Anspruchsverpflichteten das Recht, die Erfüllung des Anspruchs zu verweigern. Sie ist also ein Leistungsverweigerungsrecht (vgl. z. B. §§ 273 I, 320 I).

Im **Fall d** besteht der Kaufpreisanspruch des K gegen B. Da B demgegenüber die Einrede der Verjährung geltend macht und ihm diese Einrede zusteht, wenn der Vertrag schon vor sechs Jahren geschlossen wurde, kann er die Leistung verweigern, so dass die Klage abgewiesen werden muss.

661 b) Die Einrede im Sinne des BGB ist *von der Einwendung zu unterscheiden.* Dieser Begriff wird nicht einheitlich gebraucht. Einmal ist er der Oberbegriff nur für rechtsverneinende (= rechtshindernde und rechtsvernichtende) Einreden (Rdnr. 657, 658); zum anderen umfasst er zusätzlich noch die Einreden im privatrechtlichen Sinn (so z. B. § 404). Soweit im Folgenden nichts anderes gesagt ist, wird der Begriff Einwendung im engeren Sinne verwandt.

662 *2. Ausübung der Einrede*

a) Die *Einrede* muss geltend gemacht werden. Im Prozess darf das Gericht das Einrederecht nur beachten, wenn die Voraussetzungen des Einrederechtes

(= Einredetatbestand) gegeben sind und der Berechtigte sich auf die Einrede berufen hat.

Das Gesetz hält die Berufung auf das Einrederecht für erforderlich, da es allein dem Einredeberechtigten überlassen bleiben soll, ob er den Anspruch erfüllen will oder nicht. Wegen dieser Willensmacht gehört die Einrede zu den subjektiven Rechten (Rdnr. 617 ff.).

Wenn K im **Fall d** selbst vorträgt, der Kaufvertragsabschluss liege schon sechs Jahre zurück, B sich aber auf die Verjährungseinrede nicht beruft, so ist dem Gericht zwar die Verjährung des Kaufpreisanspruchs bekannt; denn der Einredetatbestand der Verjährung ist gem. §§ 195, 199 I gegeben. Das Gericht muss B aber dennoch zur Zahlung verurteilen, da er sich auf die Einrede der Verjährung nicht berufen hat. Die Klage ist dagegen abzuweisen, wenn B sich – im Prozess – auf die Verjährung beruft und damit die Hemmungswirkung der Einrede auslöst.

b) Demgegenüber ist eine *Einwendung* vom Gericht schon dann zu berücksichtigen, wenn ihre tatsächlichen Voraussetzungen von einer Partei vorgetragen sind; der Beklagte braucht sich nicht darauf zu berufen.

Trägt K im **Fall b** selbst vor, B sei bei Abschluss des Kaufvertrages volltrunken gewesen, so liegen die Voraussetzungen der rechtshindernden Einwendung nach § 105 II vor. Die Klage ist abzuweisen, unabhängig davon, ob B diese Einwendung geltend macht oder nicht.

3. Wirkung der erhobenen Einrede **663**

a) Die Wirkung der geltend gemachten Einrede besteht in der *Hemmung des Anspruchs*. Der Anspruch geht also nicht unter, sondern wird nur in seiner Durchsetzung gelähmt.

Im **Fall d** hat K einen Anspruch auf Kaufpreiszahlung aus § 433 II. Erklärt B anstelle der Verjährungseinrede, der Teppich sei noch nicht geliefert worden und er (B) sei nur gegen Lieferung des Teppichs zur Zahlung bereit, so macht er die Einrede des nicht erfüllten Vertrages (§ 320 I) geltend. Sie gibt demjenigen, der aus einem gegenseitigen Vertrag verpflichtet ist, das Recht, die ihm obliegende Leistung bis zur Bewirkung der Gegenleistung zu verweigern. Der Kaufpreisanspruch des K bleibt bestehen, doch ist seine Durchsetzung bis zur Lieferung des Teppichs durch K gehemmt. Das zeigt auch das Urteil des Gerichts; denn gem. § 322 I würde B zur Zahlung Zug-um-Zug gegen Übereignung des Teppichs durch K verurteilt. Dies wäre bei einem Untergang des Kaufpreisanspruchs durch die Einrede nicht möglich.

b) Die *Hemmung des Anspruchs* durch eine ausgeübte Einrede kann *verschieden stark* sein: **664**

(1) Die *aufschiebende (dilatorische) Einrede* hemmt die Durchsetzung eines Anspruchs nur *zeitweilig*.

Beispiel: Beruft sich der Käufer auf die Einrede des nicht erfüllten Vertrages (§ 320 I), so wird der Zahlungsanspruch des Verkäufers nur vorübergehend bis zur Lieferung der Kaufsache gehemmt.

(2) Die *ausschließende (peremptorische) Einrede* hemmt die Durchsetzung eines Anspruchs *dauernd.*

Beispiel: Beruft der Käufer sich gegenüber dem Zahlungsanspruch des Verkäufers auf Verjährung (**Fall d**), ist die Durchsetzung des Kaufpreisanspruchs für immer ausgeschlossen.

665 c) In der Wirkung unterscheidet sich die Einrede von der *Einwendung* (Rdnr. 661). Die Einrede lässt den Anspruch bestehen und hemmt ihn nur. Die Einwendung führt dagegen zum Nichtbestehen des Anspruchs, indem sie dessen Entstehung hindert oder den entstandenen Anspruch vernichtet.

Im praktischen Ergebnis besteht jedoch kein Unterschied darin, ob der Anspruch durch eine Einwendung verneint wird (**Fälle b und c**) oder durch eine ausschließende Einrede dauernd gehemmt ist (**Fall d**). In allen Fällen wird die Klage abgewiesen.

666 III. Einrede der Verjährung

Schrifttum: *Bydlinski*, Die geplante Modernisierung des Verjährungsrechts, in: *Schulze/Schulte-Nölke (Hrsg.)*, Die Schuldrechtsreform vor dem Hintergrund des Gemeinschaftsrechts, 2001, 38; *Eidenmüller*, Zur Effizienz der Verjährungsregeln im geplanten Schuldrechtsmodernisierungsgesetz, JZ 2001, 283; *Foerste*, Unklarheit im künftigen Schuldrecht: Verjährung von Kaufmängel-Ansprüchen in zwei, drei oder 30 Jahren, ZRP 2001, 342; *Heinrich*, Die »kurze Verjährung« nach der Schuldrechtsreform, ZGS 2003, 459; *Jaeger*, Verjährung des Schmerzensgeldanspruchs, ZGS 2003, 329; *Kellermann*, Verjährungseinrede des Bürgen, JA 2003, 444; *Lakkis*, Die Verjährungsvereinbarung nach neuem Recht, AcP 203 (2003), 763; *Mankowski*, Die Hemmung der Verjährung bei Verhandlungen gem. § 203 BGB, MDR 2004, 721; *Mansel*, Verjährung, in: *Dauner-Lieb/Heidel/Lepa/Ring (Hrsg.)*, Das neue Schuldrecht in der anwaltlichen Praxis, 2002, 23; *ders.*, Die Neuregelung des Verjährungsrechts, NJW 2002, 89; *Mansel/Budzikiewicz*, Einführung in das neue Verjährungsrecht, Jura 2003, 1; *Meller-Hannich*, Die Einrede der Verjährung, JZ 2005, 656; *Pfeifer*, Der Übergang von der Unterbrechung zur Hemmung der Verjährung, ZGS 2002, 275; *M. Schwab*, Das neue Schuldrecht im Überblick, I, Die Neuregelung der Verjährung, JuS 2001, 1; *Wernecke*, Die Einrede der Verjährung – Schnittpunkt zwischen materiellem Recht und Zivilprozessrecht, JA 2004, 331; *Witt*, Schuldrechtsmodernisierung 2001/2002 – Das neue Verjährungsrecht, JuS 2002, 105.

Im Rahmen der Schuldrechtsmodernisierung wurde auch das Verjährungsrecht grundlegend geändert. Der Reformbedarf wurde u. a. mit der großen Vielfalt unterschiedlich langer und uneinheitlich beginnender Verjährungsfristen begründet, die sich im Laufe der Jahre herausgebildet hatte und immer noch auf heute willkürlich erscheinende Kriterien wie das der Berufstätigkeit abstellte (vgl. § 196 a. F.).

Zudem ergaben sich aus den unterschiedlichen Verjährungsfristen (6 Monate im Kaufmängelrecht, 3 Jahre ab Kenntnis vom Schaden im Deliktsrecht, 30 Jahre bei der positiven Forderungsverletzung) zahlreiche Wertungswidersprüche. Diese führten erst zur Herausbildung ganzer – praktisch kaum anwendbarer – Rechtsinstitute (z. B. der sog. »weiterfressende Mangel«[357]) und verkomplizierten somit insbesondere das Kaufmängelrecht.

Diese Wechselwirkungen zwischen Mängelrecht einerseits und Verjährungsrecht andererseits erklären schließlich auch die Notwendigkeit einer parallelen Überarbeitung der beiden Rechtsbereiche.

1. Begriff **667**

Verjährung ist die Entkräftung eines Anspruchs durch Zeitablauf. Sie gibt dem Anspruchsverpflichteten eine Einrede; er ist berechtigt, die Leistung dauernd zu verweigern (§ 214 I; sog. peremptorische Einrede; vgl. Rdnr. 664).

Die Verjährung ist von der *Ausschluss-(Präklusions-) frist* zu unterscheiden. Während bei der Verjährung der Anspruch trotz Fristablaufs bestehen bleibt, erlischt bei der Ausschlussfrist das Recht mit Ablauf einer Frist. Die Ausschlussfristen begrenzen hauptsächlich Gestaltungsrechte (Rdnr. 629). So kann etwa die Anfechtung wegen arglistiger Täuschung nur binnen Jahresfrist erfolgen (vgl. § 124 I; Rdnr. 459).

2. Zweck **668**

Die Verjährung dient der Erhaltung der Rechtssicherheit und des Rechtsfriedens. Der Schuldner soll vor der Geltendmachung veralteter Ansprüche geschützt werden. Er ist infolge der verflossenen Zeit oft nicht oder nur schwer in der Lage, sich gegenüber der Inanspruchnahme durch den Gläubiger zu verteidigen[358]. Tritt die Verjährung innerhalb kurzer Zeit ein, so geschieht dies im Interesse einer schnellen Abwicklung der Geschäfte.

3. Gegenstand **669**

Nur ein Anspruch kann Gegenstand der Verjährung sein (§ 194 I).

a) Andere subjektive Rechte als Ansprüche verjähren nicht. Es verjähren aber die aus der Verletzung eines absoluten Rechtes entstehenden Ansprüche (Rdnr. 646), soweit nichts anderes bestimmt ist.

Beispiel: Der Herausgabeanspruch des Eigentümers aus § 985 gegen den Dieb verjährt nach 30 Jahren (§§ 197 I Nr. 1, 200 Satz 1). Stiehlt anschließend ein Dritter die Sache beim Dieb, so entsteht ein neuer Herausgabeanspruch des Eigentümers gegen den Dritten. Das ist möglich, da nicht das Eigentum selbst verjährt, sondern nur der aus seiner Verletzung entstandene Anspruch.

357 BS § 4 Rdnr. 142 und § 41 Rdnr. 6.
358 Mot. I, 291.

b) Einige Ansprüche verjähren ausnahmsweise nicht. Sie sind gesetzlich einzeln aufgezählt. Die Gründe für die Unverjährbarkeit sind verschieden und ergeben sich aus der einzelnen Regelung.

Beispiele: §§ 194 II, 758, 898, 902 I 1, 924.

670 *4. Dauer der Verjährungsfristen*

a) Die *regelmäßige Verjährungsfrist* beträgt nun nur noch *3 Jahre* (§ 195). Sie gilt, wenn weder durch Gesetz noch durch Vereinbarung kürzere oder längere Fristen bestimmt sind.

671 b) Daneben bestimmen §§ 196, 197 sowie Regelungen im Kauf-, Miet- und Werkvertragsrecht für die dort jeweils aufgezählten Ansprüche *Sonderverjährungsfristen*:

(1) Nach *§ 197* gilt z. B. für familien- und erbrechtliche sowie rechtskräftig festgestellte Ansprüche, aber auch für Herausgabeansprüche aus Eigentum und anderen dinglichen Rechten (z. B. Pfandrechte) eine Verjährungsfrist von *dreißig Jahren*. Dahinter steht der Gedanke, dass das durch Art. 14 GG sogar verfassungsrechtlich garantierte Eigentum nicht schon nach drei Jahren entwertet werden soll.

Wenn es sich jedoch um regelmäßig wiederkehrende Leistungen und Unterhaltsleistungen handelt, tritt anstelle der Verjährungsfrist von dreißig Jahren die regelmäßige Verjährungsfrist (§ 197 II); dadurch soll eine den Schuldner belastende Summierung der Einzelansprüche vermieden werden[359].

(2) Auch in *§ 196* ist eine besondere Verjährungsfrist geregelt: Ansprüche auf Übertragung des Eigentums an einem Grundstück sowie auf Begründung, Übertragung oder Aufhebung eines Rechts an einem Grundstück oder auf Änderung des Inhalts eines solchen Rechts sowie die Ansprüche auf die Gegenleistung verjähren in *zehn Jahren*.

(3) Für Mängelansprüche im Kaufrecht und im Werkvertragsrecht sowie für bestimmte Ersatzansprüche zwischen Vermieter und Mieter regeln die §§ 438, 634a und 548 I, II eigene Verjährungsfristen. Wichtige Fristen sind kürzer als die regelmäßige Verjährungsfrist (*§§ 438 I Nr. 3, 634 a I Nr. 1: zwei Jahre; § 548: sechs Monate*).

672 c) Auf den Lauf der Verjährungsfrist hat es *keinen Einfluss, wenn der Berechtigte oder Verpflichtete des Anspruchs wechselt*. Der Rechtsnachfolger muss die verstrichene Frist für und gegen sich gelten lassen. Das gilt auch, wenn eine Sa-

359 *Mansel/Budzikiewicz*, Das neue Verjährungsrecht, § 197 Rdnr. 11.

che, auf die sich ein dinglicher Anspruch (z. B. aus § 985) bezieht, durch Rechtsnachfolge in den Besitz eines Dritten gelangt (§ 198).

Beispiele: Tritt der Verkäufer seinen Kaufpreisanspruch, der am 31. 12. 2005 verjährt, an einen Dritten ab, so verjährt der Anspruch auch nach der Abtretung mit Ablauf des 31. 12. 2005; denn der Anspruch ist trotz der Abtretung derselbe geblieben.

Verleiht der Dieb D, der dem Eigentümer E vor 30 Jahren einen Ring gestohlen hatte, diesen 31 Jahre nach dem Diebstahl an seinen Freund F, so entsteht für E ein neuer Herausgabeanspruch aus § 985 gegen den Besitzer F (vgl. Rdnr. 669). Da F aber mit Willen des D Besitzer des Ringes wurde (sog. abgeleiteter Erwerb; Rdnr. 635), liegt eine Rechtsnachfolge in den Besitz des D vor. Die nach 30 Jahren für D eingetretene Verjährung des Herausgabeanspruchs des E kommt nach § 198 dem F zugute. F kann sich gegenüber dem Herausgabeanspruch des E also mit Erfolg auf die Einrede der Verjährung berufen. Keine Rechtsnachfolge in den Besitz des D liegt vor, wenn F sich durch Diebstahl bei D in den Besitz des Ringes gesetzt hat (sog. originärer Erwerb; Rdnr. 634). In diesem Fall greift § 198 nicht zu Gunsten des F ein (vgl. Rdnr. 669).

5. *Beginn der Verjährungsfristen* 673

a) Die *regelmäßige Verjährungsfrist* beginnt mit dem Schluss des Jahres, in dem der Anspruch entstanden und der Gläubiger von den den Anspruch begründenden Umständen und der Person des Schuldners Kenntnis erlangt oder ohne grobe Fahrlässigkeit erlangen müsste (sog. Ultimoverjährung; § 199 I).

Geht der Anspruch auf Unterlassen, tritt an die Stelle der Entstehung die Zuwiderhandlung (§ 199 V).

Damit folgt die regelmäßige Verjährung nun nicht mehr allein einem objektiven, sondern vielmehr einem *gemischt subjektiv-objektiven System*. Das subjektive Element (Kenntnis) soll die radikale Verkürzung der Verjährungsfrist relativieren. Das Anknüpfen des Verjährungsbeginns an ein subjektives Merkmal war bisher lediglich aus § 852 a. F. bekannt.

Unabhängig von dem für den Schuldner nicht beobachtbaren Umstand der Kenntnis des Gläubigers muss es jedoch im Interesse der Rechtssicherheit als eine Art Korrektiv absolute Höchstfristen geben: Daher verjähren Schadensersatzansprüche spätestens nach 30 Jahren (§ 199 II, III), sonstige Ansprüche spätestens nach 10 Jahren (§ 199 IV).

b) *Andere* als die regelmäßige Verjährungsfrist beginnen, soweit nicht ein an- 674
derer Verjährungsbeginn bestimmt ist, mit der Entstehung des Anspruchs (§ 200). Für die Sonderverjährungsfristen im Kauf-, Miet- und Werkvertragsrecht enthalten die §§ 438 II, 548 I 2, II, 634 a II auch eigene Reglungen zum Verjährungsbeginn.

675 *6. Hemmung, Ablaufhemmung und Neubeginn der Verjährung*

a) *Hemmung* der Verjährung bedeutet, dass der Zeitraum, währenddessen die Hemmung besteht, nicht in die Verjährungsfrist eingerechnet wird (§ 209). In Betracht kommen vornehmlich alle Maßnahmen der Rechtsverfolgung, die in § 204 I aufgeführt sind.

Beispiele: Klageerhebung, Zustellung eines Mahnbescheids, Anmeldung des Anspruchs im Insolvenzverfahren.

Aber auch dann, wenn zwischen dem Schuldner und dem Gläubiger Verhandlungen über den Anspruch oder die diesen begründenden Umstände schweben, ist die Verjährung gehemmt (§ 203). Weitere Hemmungsgründe sind in den §§ 205 bis 208 geregelt.

676 b) Die *Ablaufhemmung* führt dazu, dass die Verjährung unabhängig von der jeweils geltenden Verjährungsfrist nicht vor Ablauf eines bestimmten Zeitraums von einem im Gesetz genannten Zeitpunkt an eintritt. Ist der Gläubiger oder der Schuldner eines Anspruchs z. B. nicht prozessfähig und ohne gesetzlichen Vertreter, so tritt die Verjährung nicht vor dem Ablauf von sechs Monaten nach dem Zeitpunkt ein, in dem die Person unbeschränkt geschäftsfähig oder der Mangel der Vertretung behoben wird (§ 210; vgl. darüber hinaus auch § 211).

Die Ablaufhemmung greift auch bei einem Betreuten im Falle eines Einwilligungsvorbehalts ein (§ 1903; Rdnr. 295).

677 c) Einen *Neubeginn* der Verjährung regelt § 212. Danach beginnt die Verjährung u. a. dann erneut, wenn der Schuldner dem Gläubiger gegenüber den Anspruch durch Abschlagszahlung, Zinszahlung, Sicherheitsleistung oder in anderer Weise anerkennt (Einzelheiten: § 212).

Der Begriff des Neubeginns wurde im Rahmen der Schuldrechtsreform zum 1.1.2002 neu eingeführt; er ersetzt den früher verwandten Begriff der Unterbrechung. Insgesamt betrachtet hat zudem ein Systemwechsel stattgefunden: Während vor der Schuldrechtsreform die damalige Unterbrechung den Regelfall bildete und die Hemmung die Ausnahme, kann nun vielmehr die Hemmung als Regelfall gegenüber dem Neubeginn angesehen werden.

678 *7. Wirkung der Verjährungseinrede*

a) Trotz der Vollendung der Verjährung bleibt der Anspruch bestehen. Der Verpflichtete ist aber zur dauernden Verweigerung der Leistung berechtigt (§ 214 I). Die zu Recht erhobene Verjährungseinrede bewirkt eine dauernde Hemmung des Anspruchs.

Erhebt also der Beklagte im Rechtsstreit auf Kaufpreiszahlung zu Recht die Verjährungseinrede, so wird die Klage wegen der dauernden Hemmung des Anspruchs abgewiesen.

b) Da der verjährte Anspruch nur gehemmt ist, aber doch weiterhin besteht, kann er auch noch erfüllt werden. Das zur Befriedigung eines verjährten Anspruchs Geleistete kann nicht zurückgefordert werden, auch wenn die Leistung in Unkenntnis der Verjährung bewirkt worden ist (§ 214 II 1; vgl. auch § 813 I 2). 679

Zahlt K 2 000,– € an V, nachdem der Kaufpreisanspruch verjährt ist, so kann K das Geld nicht mit der Begründung zurückfordern, dass er nicht hätte zahlen müssen.

c) Weil der Anspruch durch Verjährung nicht erlischt, bleiben auch die dinglichen Sicherungsrechte (Hypothek, Pfandrecht) bestehen (§ 216). 680

Ausnahmen bei Ansprüchen auf Rückstände von Zinsen und anderen wiederkehrenden Leistungen: § 216 III.

d) Wenn die Forderungen sich schon vor der Verjährung aufrechenbar gegenüberstanden, kann mit einer verjährten Forderung noch aufgerechnet werden (§ 215). 681

e) Wenn der Hauptanspruch verjährt ist, so erstreckt sich das Leistungsverweigerungsrecht auf die von ihm abhängenden Nebenleistungen wie Zinsen, selbst wenn für diese die Verjährung noch nicht vollendet ist (§ 217). Durch diese Regelung soll der Schuldner davor geschützt werden, dass er noch zu dem schon verjährten Hauptanspruch Stellung nehmen muss. 682

§ 217 greift aber nicht ein, wenn die Nebenleistung schon vor der Verjährung des Hauptanspruchs eingeklagt worden ist (BGH NJW 1995, 252).

Verjährung (§§ 194 ff.)

I. Wirkung der Verjährung: Leistungsverweigerungsrecht (§ 214 I)
= Einrede des Schuldners

II. Dauer der Verjährungsfristen
1. Regelmäßige Verjährungsfrist: 3 Jahre (§ 195)
2. Sonderverjährungsfristen
   a) Etwa bei Herausgabeansprüchen aus Eigentum, familien- und erbrechtlichen Ansprüchen, rechtskräftig festgestellten Ansprüchen: 30 Jahre (§ 197)
   b) Bei Rechten an einem Grundstück: 10 Jahre (§ 196)
   c) Bei Mängelansprüchen im Kaufrecht (§ 438) und im Werkvertragsrecht (§ 634 a) sowie bei bestimmten Ersatzansprüchen im Mietrecht (§ 548)

III. Beginn der Verjährungsfristen
1. Bei der regelmäßigen Verjährungsfrist: § 199 I, spätestens § 199 II–IV
2. Bei den Sonderverjährungsfristen
   a) Bei den Fristen nach §§ 196, 197: §§ 200, 201
   b) Bei den Fristen im Kauf-, Miet- und Werkvertragsrecht: §§ 438 II, III, 548 I 2, II, 634 a II, III

IV. Hemmung, Ablaufhemmung und Neubeginn der Verjährung (§§ 203 ff.)
1. Hemmung
   a) Bedeutung: Hemmungszeitraum wird in Verjährungsfrist nicht eingerechnet (§ 209)
   b) Hemmungsgründe: §§ 203–208 (u.a. Vergleichsverhandlungen, Klageerhebung, Stundung)
2. Ablaufhemmung: Aufschiebung der Verjährung um eine feste Frist nach einem bestimmten Ereignis (§§ 210, 211)
3. Neubeginn: nach Anerkenntnis oder Beantragung einer Vollstreckungshandlung (§ 212)

683

§ 32 Grenzen und Schutz der Rechtsmacht

Schrifttum: *J. Braun*, Subjektive Rechtfertigungselemente im Zivilrecht?, NJW 1998, 941; *Brox*, Aussperrung oder einstweilige Verfügung bei rechtswidrigem Streik?– Zum Verhältnis von Tarifrecht, Notwehrrecht und prozessualen Abwehrrechten –, JA 1982, 221; *Canaris*, Notstand und Selbstopferung im Straßenverkehr, JZ 1963, 655; *H. Dilcher*, Besteht für die Notwehr nach § 227 BGB das Gebot der Verhältnismäßigkeit oder ein Verschuldenserfordernis?, Festschrift f. H. Hübner, 1984, 443; *Hohmann*, § 242 BGB und unzulässige Rechtsausübung in der Rechtsprechung des BGH, JA 1982, 112; *L. Raiser*, Rechtsschutz und Institutionenschutz im Privatrecht, in: summum ius summa iniuria, 1963, 145; *Schreiber*, Die Rechtfertigungsgründe des BGB, Jura 1997, 29; *W. Schünemann*, Selbsthilfe im Rechtssystem, 1985; *Teichmann*, Venire contra factum proprium – Ein Teilaspekt rechtsmißbräuchlichen Handelns, JA 1985, 497; *Wieacker*, Zur rechtstheoretischen Präzisierung des § 242, 1956.

Fälle:

a) V verbietet seinem mit ihm verfeindeten Sohn S, sein Grundstück zu betreten, um dort das Grab der Mutter zu besuchen. Mit Recht? **(Rdnr. 684, 686)**

b) F fährt mit seinem Pkw auf einen bewachten Parkplatz, der gebührenpflichtig ist. Gegenüber dem Kassierer K weigert er sich später jedoch, die Gebühr zu bezahlen, da er eine Bewachung des Pkw gar nicht gewollt habe. **(Rdnr. 690)**

c) Mieter M kommt jede Nacht volltrunken und lärmend nach Hause. Nach einem klärenden Gespräch mit dem Vermieter V bessert M sich. Ein Jahr später kündigt V dem M fristlos und beruft sich auf das frühere Verhalten des M. Mit Recht? **(Rdnr. 691)**

d) Der Räuber R entreißt dem Spaziergänger S die Tasche. S schlägt dem davoneilenden R mit seinem Spazierstock ins Kreuz und bricht ihm eine Rippe. R verlangt Schadensersatz. **(Rdnr. 694, 695, 696, 860)**

e) Der Hund des A fällt den Hund des S an. S nimmt dem Passanten P den Schirm ab und verletzt mit dem Schirm den Hund des A. Dabei wird der Schirm beschädigt. Ansprüche von A und P? **(Rdnr. 698, 699)**

f) G hat in der Wirtschaft des W eine Zeche für 75,– € gemacht. Als G, ohne die Zeche zu bezahlen, gehen will, nimmt W ihm mit Gewalt die Uhr weg. Mit Recht? **(Rdnr. 700, 701)**

I. Grenzen der Rechtsmacht

Die Ausübung eines subjektiven Rechts erfolgt durch ein Verhalten des Berechtigten, das dem Inhalt des Rechts entspricht. Dadurch können Interessen anderer Personen verletzt werden. Das ist grundsätzlich erlaubt, da durch die Gewährung eines subjektiven Rechts ein Interessengegensatz zu Gunsten des Rechtsinhabers entschieden ist.

Der Gläubiger einer Kaufpreisforderung kann z. B. auch dann Bezahlung verlangen, wenn der Schuldner kein Geld hat und ein Darlehen aufnehmen muss.

Die Rechtsausübung ist jedoch nicht schrankenlos zulässig (vgl. Rdnr. 620); sie kann unzulässig sein.

1. Schikaneverbot 684

Die Ausübung eines Rechts ist unzulässig, wenn sie nur den Zweck haben kann, einem anderen Schaden zuzufügen (§ 226).

a) *Voraussetzung* ist, dass die Rechtsausübung aus objektiver Sicht gar keinen anderen Zweck haben kann, als einem anderen Schaden zuzufügen. Es genügt also nicht, dass der Berechtigte die Schädigung mit der Rechtsausübung beabsichtigt hat, wenn er damit gleichzeitig einen eigenen Vorteil erstrebt. Der Schaden braucht aber kein Vermögensschaden zu sein.

Im **Fall a** hat V als Eigentümer das Recht zu bestimmen, wer sein Grundstück betreten darf (vgl. § 903). Das Verbot gegenüber S kann aber keinen anderen Zweck haben, als S in seinem ideellen Interesse zu schädigen, das Grab seiner Mutter zu besuchen. Nach § 226 ist das Verbot unzulässig (vgl. RGZ 72, 251). – **Weiteres Beispiel**: Ein Grundstückseigentümer, der die Nutzung eines Grundstücksteils als Weg durch die Allgemeinheit duldet, schließt ohne triftigen Grund einen einzelnen Nachbarn von der Nutzung aus[360].

360 OLG Düsseldorf NJW-RR 2001, 162.

685 b) Die *Bedeutung* der Vorschrift, welche die einzige ausdrücklich geregelte Grenze der Rechtsausübung enthält, ist wegen ihres engen Anwendungsbereichs gering. Die Bestimmung beruht auf der liberalen Grundhaltung des Gesetzgebers des BGB, der davon ausging, ein gerechter Interessenausgleich werde sich von selbst ergeben, wenn jedermann seine eigenen Interessen weitgehend unbeschränkt durchsetzen könne. Diese Einstellung ist überwunden; Rechtsprechung und Rechtslehre haben darüber hinaus die gewohnheitsrechtlich anerkannten Schranken der sittenwidrigen und treuwidrigen Rechtsausübung entwickelt.

686 *2. Verbot sittenwidriger Rechtsausübung*

Eine Rechtsausübung, die gegen die guten Sitten verstößt, ist unzulässig.

a) *Rechtsgrundlage* für diese Schranke der Rechtsausübung ist § 826. Nach seinem Wortlaut gewährt § 826 einen Schadensersatzanspruch. Doch haben Rechtsprechung und Rechtslehre daraus das Verbot sittenwidriger Rechtsausübung hergeleitet.

b) *Voraussetzung* ist die Sittenwidrigkeit der Rechtsausübung. Die Rechtsausübung ist sittenwidrig, wenn sie das »Anstandsgefühl aller billig und gerecht Denkenden« verletzt (Mot. II, 727; Rdnr. 329 ff.). Dabei handelt es sich um eine Generalklausel; sie ist also wertausfüllungsbedürftig. Dazu sind alle Umstände des Einzelfalles heranzuziehen.

Im **Fall a** ist das Verhalten des V zugleich sittenwidrig. Die Schikane nach § 226 erfüllt immer die Voraussetzungen der sittenwidrigen Rechtsausübung; umgekehrt ist nicht jede sittenwidrige Rechtsausübung schon eine Schikane.

687 *3. Verbot treuwidriger Rechtsausübung*

Eine Rechtsausübung, die gegen Treu und Glauben verstößt, ist unzulässig.

a) *Rechtsgrundlage* ist § 242. Danach ist der Schuldner verpflichtet, die Leistung so zu bewirken, wie Treu und Glauben mit Rücksicht auf die Verkehrssitte es erfordern. Nach seinem Wortlaut bestimmt § 242 also nur, wie der Schuldner seine Leistung erbringen muss. Rechtsprechung und Rechtslehre haben aber daraus den allgemeinen Rechtsgedanken entwickelt, dass auch die Ausübung von Rechten durch die Rücksichtnahme auf Treu und Glauben beschränkt ist.

688 b) »Treu und Glauben« ist eine *Generalklausel* (Rdnr. 33); es handelt sich um einen wertausfüllungsbedürftigen Begriff. Rechtsausübung nach Treu und Glauben bedeutet, dass der Berechtigte bei der Rechtsausübung auf die berechtigten Interessen anderer Beteiligter Rücksicht nehmen muss; er hat seine Rechte redlich auszuüben. Aus dieser Generalklausel kann aber nicht klar entnommen werden, unter welchen Umständen ein Recht im Einzelfall treuwidrig

ausgeübt wird. Ob die Rechtsausübung Treu und Glauben entspricht, entscheidet sich auf Grund einer umfassenden Wertung der an dem Rechtsverhältnis beteiligten Interessen. § 242 ermächtigt den Richter also zur Interessenwertung im Einzelfall.

Rechtliche Maßstäbe, an denen die Interessen abgewogen werden, ergeben sich aus Interessenwertungen, die im Gesetz Ausdruck gefunden haben, aus den Wertentscheidungen des Grundgesetzes sowie aus der Berücksichtigung der Verkehrssitte. Durch die Verkehrssitte (Rdnr. 2) werden die sozialen Gepflogenheiten der am Rechtsverhältnis beteiligten Personen zum Kriterium für die Redlichkeit der Rechtsausübung.

Lediglich *allgemeine Billigkeitserwägungen* dürfen dagegen *nicht* zu einer Begrenzung der Rechte führen; das ist keine ausreichende Interessenwertung nach § 242. Dadurch würden die vom Gesetzgeber gewährten subjektiven Rechte außer Kraft gesetzt. Der Richter verstieße gegen den verfassungsrechtlichen Grundsatz seiner Bindung an Gesetz und Recht (Art. 20 III, 97 GG; Rdnr. 53).

Verlangt etwa der reiche Kaufmann V vom armen K Bezahlung des gekauften Pkw, so darf der Anspruch des V nicht damit abgelehnt werden, V habe das Geld nicht nötig, K brauche es dagegen sehr.

c) Die Rechtsprechung und das Schrifttum bilden *Fallgruppen*, denen immer **689**
wiederkehrende, gleichartige Interessenwertungen zugrunde liegen. Dadurch sollen die gerichtlichen Entscheidungen vorhersehbar werden. Das dient der Rechtssicherheit. Doch kann die Einordnung in eine bestimmte Fallgruppe nur ein erster Anhaltspunkt für die Interessenbewertung sein; der Einzelfall kann andere Wertungen rechtfertigen.

Folgende Fallgruppen sind von besonderer Bedeutung:

(1) Die Rechtsausübung ist unzulässig, wenn der Berechtigte sich damit *zu* **690**
seinem früheren Verhalten in Widerspruch setzen würde (venire contra factum proprium).

Im **Fall b** ist die Berufung des F auf die nicht gewollte Pkw-Überwachung unzulässig, da sich F damit zu seinem vorherigen Verhalten in Widerspruch setzt. Dadurch, dass er seinen Wagen auf dem Parkgelände abstellte, erklärte er zumindest konkludent, mit dem Abschluss eines Überwachungsvertrages (§ 311 I) einverstanden zu sein. Er ist somit auch verpflichtet, die Parkgebühr zu entrichten.

(2) Die *Verwirkung* von Rechten ist ein Sonderfall des Einwandes des wider- **691**
sprüchlichen Verhaltens.

Ein Recht ist verwirkt, wenn der Berechtigte es längere Zeit nicht geltend gemacht hat (Zeitmoment) und die jetzige Geltendmachung danach für den Gegner auf Grund besonderer Umstände unzumutbar ist (Umstandsmoment)[361].

361 BGH NJW 2001, 824; NJW-RR 1992, 1240.

Das widersprüchliche Verhalten liegt darin, dass der Berechtigte sein Recht erst eine Zeitlang nicht, dann unerwartet doch ausübt. Besondere Umstände, welche die Rechtsausübung für den Gegner unzumutbar machen, sind dann anzunehmen, wenn er auf die Nichtausübung des Rechts vertrauen durfte und auch tatsächlich darauf vertraut hat[362].

Im **Fall c** konnte V dem M auf Grund der nächtlichen Störungen des Hausfriedens nach § 543 fristlos kündigen. Doch ist ein Jahr später das Kündigungsrecht verwirkt, da V sein Recht seither nicht ausgeübt hat und M infolge der Aussprache mit V auch auf das Unterbleiben der Kündigung vertrauen durfte.

692 d) Die *Bedeutung* des Verbots treuwidriger Rechtsausübung nach § 242 liegt darin, dass hierdurch über die engen Grenzen von § 226 und die Voraussetzungen des Verbots sittenwidriger Rechtsausübung hinaus eine objektive Bewertung aller am Rechtsverhältnis beteiligten Interessen ermöglicht wird.

693 II. Schutz der Rechtsmacht

Werden die subjektiven Rechte im Rechtsverkehr nicht beachtet, so muss der Berechtigte geschützt werden. Dies geschieht grundsätzlich durch staatlichen Rechtsschutz; der Berechtigte muss, wenn er seine Rechte durchsetzen will, die Gerichte anrufen. Nur in wenigen, vom Gesetz bestimmten Fällen darf der Rechtsinhaber seine Rechte eigenmächtig verwirklichen. Das BGB unterscheidet den Selbstschutz zur Verteidigung gegenüber Angriffen und Gefahren (§§ 227, 228, 904) sowie den Selbstschutz zur eigenmächtigen Durchsetzung von Rechten (§§ 229 ff.). Daneben gibt es noch Rechtfertigungsgründe in anderen Gesetzen (insbesondere im Strafgesetzbuch – StGB) sowie die nicht gesetzlich geregelte rechtfertigende Einwilligung (z.B. in eine Operation).

Wer unter den Voraussetzungen der Notwehr, des Notstands, der erlaubten Selbsthilfe oder eines nicht im BGB geregelten Rechtfertigungsgrundes handelt, handelt rechtmäßig. Dies gilt nicht nur für das Privatrecht, sondern für alle Rechtsgebiete.

Schlägt X den Y in Notwehr, so hat Y keinen Schadensersatzanspruch aus § 823, und X macht sich auch nicht wegen Körperverletzung strafbar; denn X handelt rechtmäßig.

694 *1. Notwehr*

Notwehr ist diejenige Verteidigung, welche erforderlich ist, um einen gegenwärtigen rechtswidrigen Angriff von sich oder einem anderen abzuwenden. Eine durch Notwehr gebotene Handlung ist nicht rechtswidrig (§ 227; vgl. auch § 32 StGB).

362 BGH NJW 2001, 1649.

a) Die *Notwehrlage* setzt einen gegenwärtigen rechtswidrigen Angriff gegen irgendein rechtlich geschütztes Interesse (z.B. Eigentum, Gesundheit, Freiheit, Ehre) voraus.

(1) *Angriff* ist jede menschliche Handlung, die rechtlich geschützte Interessen zu verletzen droht.

Im **Fall d** greift R den S an. Dagegen ist im Fall e das Anfallen durch den Hund des A kein Angriff, da keine menschliche Handlung vorliegt. Würde A seinen Hund jedoch auf den Hund des S hetzen, so läge ein Angriff des A vor; der Hund wäre dann nur das Angriffsmittel des A.

(2) *Rechtswidrig* ist der Angriff, wenn er nicht durch einen Rechtfertigungsgrund gerechtfertigt ist.

Wenn etwa der Gerichtsvollzieher G in rechtmäßiger Amtsausübung den Pkw des Schuldners S pfändet und mitnimmt, liegt kein rechtswidriger Angriff des G gegen S vor.

(3) *Gegenwärtig* ist der Angriff, der begonnen hat und noch nicht beendet ist.

Im **Fall d** ist der Angriff des R noch gegenwärtig, als S dem R nacheilt. Beendet ist der Angriff erst, wenn R sich vor S in Sicherheit gebracht hat. Sieht S ihn nach Stunden wieder, liegt kein gegenwärtiger Angriff des R mehr vor.

b) Die *Notwehrhandlung* ist die vom Verteidigungswillen getragene, objektiv **695**
erforderliche und nicht rechtsmissbräuchlich ausgeübte Verteidigung des Angegriffenen oder eines Dritten.

(1) Ein *Verteidigungswille* liegt vor, wenn der Handelnde den Willen hat, sich oder einen Dritten zu verteidigen.

Greift Y den X in einer Schlägerei an, meint aber X, Y wolle ihm zu Hilfe eilen, so hat X keinen Verteidigungswillen, wenn er den Y in dieser Situation zu Boden schlägt.

(2) Die Verteidigung muss zur Abwehr des Angriffs *erforderlich* sein. Ob dies der Fall ist, beurteilt sich nach objektiven Maßstäben, nicht dagegen aus der Sicht des Angegriffenen. Erforderlich ist die Verteidigung, die zur Abwehr des Angriffs nötig ist. Deshalb bestimmt sich die Erforderlichkeit nach Art und Maß des Angriffs.

Dagegen findet eine Abwägung der kollidierenden Rechtsgüter für die Feststellung, ob die Verteidigung erforderlich ist, nicht statt. Grundsätzlich darf der Angegriffene also auch ein höherwertiges Rechtsgut zur Verteidigung eines geringerwertigen verletzen. Es gilt der Grundsatz, dass das Recht des Angegriffenen dem Unrecht des Angreifers nicht zu weichen braucht.

Im **Fall d** ist die Verteidigung durch einen Schlag mit dem Stock erforderlich, um den davoneilenden R aufzuhalten. Auch wenn die Tasche wertlos ist, kann S sein Eigentum durch Verletzung des Körpers des R verteidigen, sofern er nicht durch eine weniger einschneidende Verteidigung die Tasche zurückerlangen kann.

(3) Die erforderliche Verteidigung darf – wie jede Rechtsausübung – *nicht missbräuchlich* sein.

Würde S im **Fall d** den R gezielt mit einer Pistole niederschießen, da er ihn nicht mehr einholen kann und keine andere Verteidigungsmöglichkeit mehr hat, so ist diese Verteidigung missbräuchlich, wenn die Tasche für S wertlos ist. Wertloses Eigentum darf nicht durch Zerstörung des Rechtsguts »Leben« verteidigt werden. Eine Notwehr ist also rechtsmissbräuchlich, wenn die Rechtsgüterabwägung zu dem Ergebnis führt, dass das verteidigte Rechtsgut zu dem durch die Verteidigungshandlung verletzten Rechtsgut in einem krassen Missverhältnis steht.

Die Notwehr kann ferner rechtsmissbräuchlich sein, wenn der Angriff von einem schuldlos Handelnden ausgeht und der Angegriffene ohne weiteres ausweichen könnte. Greift etwa der erkennbar Betrunkene X den Y an, so ist Y ein Ausweichen vor dem Angriff des X zuzumuten, ehe er sich gegen den Angriff zur Wehr setzt. Da Y ein Ausweichen ohne Preisgabe eigener Interessen möglich ist, wäre eine Verteidigung durch Verletzung des X missbräuchlich.

(4) In Notwehr kann nicht nur der Angegriffene selbst, sondern auch ein *Dritter* für den Angegriffenen handeln. In diesem Fall spricht man von *Nothilfe*.

696 c) *Rechtsfolge*: Das Handeln in Notwehr ist rechtmäßig (§ 227 I).

Im **Fall d** hat R gegen S keinen Schadensersatzanspruch aus § 823 wegen Körperverletzung, da S den R in Notwehr und deshalb rechtmäßig verletzt hat. R darf sich gegen den Schlag des S nicht wehren; denn es gibt keine Notwehr gegen Notwehr, da Notwehr einen rechtswidrigen Angriff voraussetzt.

Liegen die Voraussetzungen der Notwehr nicht vor, so ist die Handlung rechtswidrig. Das ist insbesondere der Fall, wenn der Handelnde irrig eine Notwehrlage annimmt (Putativnotwehr) oder über die Grenzen einer erforderlichen Verteidigung hinausgeht (Notwehrexzess).

Schlägt S im **Fall d** dem am Boden liegenden R auch noch einige Zähne aus, so handelt S rechtswidrig; es liegt ein Notwehrexzess vor. S ist nach § 823 zum Schadensersatz verpflichtet, da er auch schuldhaft handelt (zur Haftung bei Putativnotwehr vgl. BGH NJW 1981, 745; 1987, 2509).

697 2. *Notstand*

Das BGB kennt den defensiven Notstand (§ 228) und den aggressiven Notstand (§ 904). Beiden ist gemeinsam, dass sie zur Abwendung einer Gefahr Eingriffe in fremdes Eigentum gestatten. Sie beruhen auf dem Gedanken der Rechtsgüterabwägung; das minderwertigere Rechtsgut muss bei Gefahr dem wertvolleren Rechtsgut weichen. Die beiden Bestimmungen unterscheiden sich darin, dass der Handelnde beim defensiven Notstand eine durch die Sache selbst drohende Gefahr abwehrt, während er beim aggressiven Notstand auf eine unbeteiligte Sache einwirkt.

a) In *defensivem Notstand* handelt rechtmäßig, wer eine fremde Sache beschädigt oder zerstört, um eine durch sie drohende Gefahr von sich oder einem anderen abzuwenden, sofern die Handlung zur Abwehr der Gefahr erforderlich ist und der Schaden nicht außer Verhältnis zur Gefahr steht (§ 228 Satz 1). Das Gesetz geht davon aus, dass die Rechtsgüter des Bedrohten grundsätzlich höher zu bewerten sind als das Eigentum an der Sache, durch die ihm Gefahr droht. **698**

(1) *Durch die fremde Sache muss eine Gefahr* für den Handelnden oder einen Dritten *drohen*. Gleichgültig ist, welches Rechtsgut durch die Sache gefährdet ist.

Im **Fall e** wird der Hund des S durch den Hund des A bedroht. Zwar sind Tiere nach § 90 a Satz 1 keine Sachen; aber auf sie sind grundsätzlich die für Sachen geltenden Vorschriften entsprechend anzuwenden (§ 90 a Satz 3; Rdnr. 795).

(2) Die Einwirkung auf die Sache muss *zur Abwendung der Gefahr erforderlich* sein. Es darf also keine andere geeignete, den Eigentümer der gefahrbringenden Sache weniger beeinträchtigende Abwehrmöglichkeit bestehen.

Im **Fall e** kann S den Hund des A nur durch eine Verletzung (= Beschädigung) abwehren.

(3) Der *Schaden* an der Sache *darf nicht außer Verhältnis zu der Gefahr stehen*. Der durch die Abwehrhandlung entstehende Schaden darf also zwar größer sein als der Schaden, der ohne diese Handlung entstünde; doch darf er nicht unverhältnismäßig größer sein. Dabei sind auch ideelle Interessen des Handelnden zu berücksichtigen.

So darf im **Fall e** der S den Angriff des fremden Hundes abwehren und diesen dabei verletzen, auch wenn es sich bei dem angreifenden Hund um einen sehr teuren Rassehund und beim eigenen Hund des S nur um eine (wirtschaftlich) wertlose »Promenadenmischung« handelt.

(4) *Rechtsfolge*: Die Beschädigung oder Zerstörung der gefahrbringenden Sache ist rechtmäßig. Hat der Handelnde die Gefahr jedoch verschuldet, ist er zum Schadensersatz verpflichtet (§ 228 Satz 2).

So hat A im **Fall e** gegen S keinen Schadensersatzanspruch aus § 823, da das Handeln des S gerechtfertigt war. Hätte S den Hund des A aber zum Angriff gereizt, so bliebe die Beschädigung des Hundes zwar rechtmäßig, doch wäre S nach § 228 Satz 2 zum Schadensersatz verpflichtet.

b) In *aggressivem Notstand* handelt rechtmäßig, wer auf fremde Sachen einwirkt, sofern das zur Abwendung einer gegenwärtigen Gefahr notwendig ist und der drohende Schaden gegenüber dem aus der Einwirkung dem Eigentümer entstehenden Schaden unverhältnismäßig groß ist (§ 904 Satz 1). Grundgedanke dieser Regelung ist es, dass jedem Eigentümer in bestimmten Notlagen eine Einschränkung seines Herrschaftsrechts zuzumuten ist. **699**

(1) Es muss eine *gegenwärtige Gefahr* für ein Rechtsgut drohen. Auf die Person des bedrohten Rechtsgutträgers und die Art des Rechtsguts kommt es nicht an.

(2) Die Einwirkung auf die fremde Sache muss *zur Abwehr der Gefahr notwendig* sein. Das Merkmal der Notwendigkeit entspricht dem der Erforderlichkeit beim defensiven Notstand.

Im **Fall e** ist es notwendig, dass S dem P seinen Schirm wegnimmt; anders kann er sich nicht verteidigen.

(3) *Der drohende Schaden muss unverhältnismäßig größer sein als der* dem Eigentümer durch den Eingriff in sein Eigentum *entstehende Schaden*. Das Verhältnis ist also anders zu prüfen als beim defensiven Notstand (Rdnr. 698).

Im **Fall e** ist der dem S drohende Schaden unverhältnismäßig größer als der Schaden am Schirm des P.

(4) *Rechtsfolge*: Der Gefährdete darf in fremdes, nicht störendes Eigentum eingreifen; er ist nach § 904 Satz 2 dem Eigentümer immer zum Schadensersatz verpflichtet.

S handelt im **Fall e** bei der Beschädigung des Schirmes gemäß § 904 Satz 1 zwar rechtmäßig, doch ist er dem P zum Schadensersatz verpflichtet (§ 904 Satz 2).

700 *3. Selbsthilfe*

Unter Selbsthilfe versteht man die vorläufige Durchsetzung oder Sicherung eines privatrechtlichen Anspruchs mittels privater Gewalt.

a) *Voraussetzungen* der Selbsthilfe nach § 229 sind:

(1) Es muss ein privatrechtlicher, durchsetzbarer Anspruch bestehen.

Steht dem Anspruch etwa die Einrede der Verjährung entgegen, so kann er gerichtlich nicht mit Erfolg geltend gemacht werden, so dass er auch nicht im Wege der Selbsthilfe durchgesetzt werden darf.

(2) Obrigkeitliche Hilfe darf nicht rechtzeitig zu erlangen sein.

Kann W im **Fall f** seinen Anspruch mit Hilfe eines Polizeibeamten sichern, so scheidet das Recht zur Selbsthilfe aus.

(3) Ohne sofortiges Eingreifen muss die Gefahr bestehen, dass die Verwirklichung des Anspruchs vereitelt oder wesentlich erschwert wird.

Wenn W im **Fall f** jetzt nicht eingreift, bekommt er sein Geld nie.

b) Die *Mittel* der Selbsthilfe sind in § 229 bestimmt:

(1) Wegnahme, Zerstörung oder Beschädigung der Sache.

Die Wegnahme der Uhr im **Fall f** durch W ist also ein zulässiges Selbsthilfemittel.

(2) Festnahme des Verpflichteten, wenn Fluchtverdacht vorliegt.

(3) Beseitigung des Widerstandes gegen eine Handlung, die der Verpflichtete zu dulden hat.

c) Die Selbsthilfehandlungen unterliegen nach § 230 folgenden *Grenzen*:

(1) Die Selbsthilfe darf nicht weitergehen, als zur Abwendung der Gefahr erforderlich ist (§ 230 I).

Deshalb darf W im **Fall f** den G nicht festnehmen, wenn er die Uhr als Sicherheit wegnehmen kann. Die Wegnahme ist nämlich ein weniger einschneidendes Selbsthilfemittel als die Festnahme.

(2) Da die Selbsthilfe nur der vorläufigen Anspruchssicherung dient, bedarf sie in einzelnen Fällen der nachträglichen gerichtlichen Bestätigung (vgl. § 230 II–IV).

d) *Rechtsfolge*: Wer Selbsthilfe unter den Voraussetzungen der §§ 229 f. übt, 701
handelt rechtmäßig. Notwehr ist deshalb gegen eine berechtigte Selbsthilfe nicht möglich.

Im **Fall f** durfte G sich also gegen die Wegnahme der Uhr nicht wehren.

Liegen die Voraussetzungen für die erlaubte Selbsthilfe jedoch nicht vor, so ist der Selbsthilfe Ausübende nach § 231 zum Schadensersatz verpflichtet, auch wenn er ohne Verschulden davon ausging, die Voraussetzungen der Selbsthilfe lägen vor.

Rechtfertigungsgründe im BGB

I. Notwehr (§ 227)
1. Notwehrlage
   a) Angriff (menschliche Handlung)
   b) Rechtswidrigkeit des Angriffs
   c) Gegenwärtigkeit des Angriffs
2. Notwehrhandlung (auch durch Dritten möglich = Nothilfe)
   a) Verteidigungswille
   b) Erforderlichkeit (objektiver Maßstab)
   c) keine missbräuchliche Ausübung

⇒ keine Rechtswidrigkeit z.B. i.S.v. §§ 823, 123 (§ 227 I)

II. Defensiver Notstand (§ 228)
1. Drohende Gefahr durch fremde Sache
2. Erforderlichkeit der Einwirkung auf die Sache, von der die Gefahr ausgeht
3. Schaden nicht außer Verhältnis zur Gefahr

⇒ – keine Rechtswidrigkeit z.B. i.S.v. § 823 (§ 228 Satz 1)
   – ggf. Schadensersatzpflicht nach § 228 Satz 2

III. Aggressiver Notstand (§ 904)
1. Gegenwärtige Gefahr für ein Rechtsgut
2. Notwendigkeit (= Erforderlichkeit) der Einwirkung auf eine Sache, von der die Gefahr nicht ausgeht
3. Drohender Schaden unverhältnismäßig größer als der entstehende Schaden

⇒ – keine Rechtswidrigkeit z.B. i.S.v. § 823
   – ggf. Schadensersatzpflicht nach § 904 Satz 2

IV. Selbsthilfe (§ 229)
1. Durchsetzbarer privatrechtlicher Anspruch
2. Obrigkeitliche Hilfe nicht rechtzeitig zu erlangen
3. Gefahr der Vereitelung oder wesentlichen Erschwerung eines Anspruches
4. Selbsthilfe zur Abwendung der Gefahr erforderlich (§ 230)

⇒ – keine Rechtswidrigkeit der in § 229 genannten Selbsthilfehandlungen
   – ggf. Schadensersatzpflicht nach § 231

Zweites Kapitel Die Rechtssubjekte

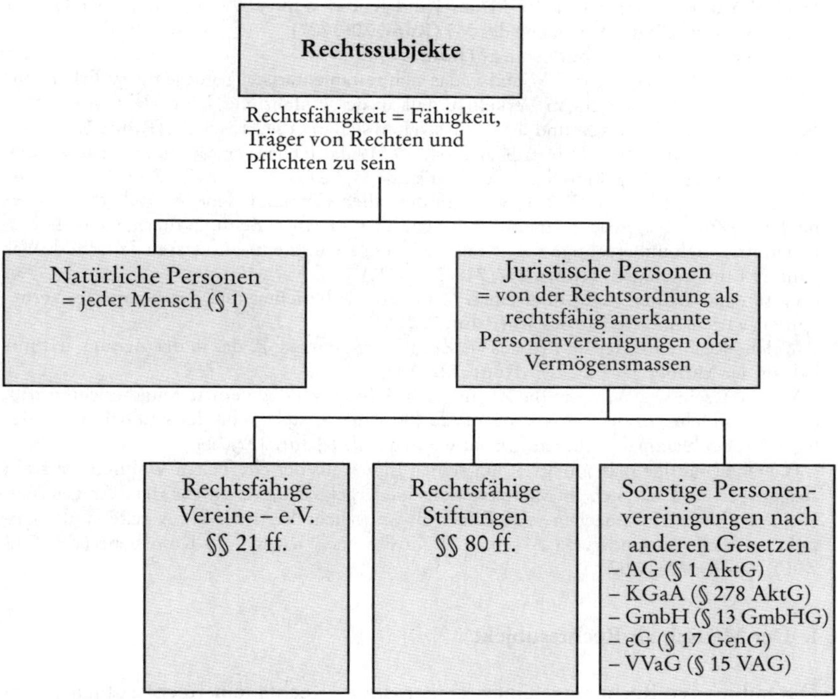
Rechtssubjekte
Rechtsfähigkeit = Fähigkeit, Träger von Rechten und Pflichten zu sein
Natürliche Personen = jeder Mensch (§ 1)
Juristische Personen = von der Rechtsordnung als rechtsfähig anerkannte Personenvereinigungen oder Vermögensmassen
Rechtsfähige Vereine – e.V. §§ 21 ff.
Rechtsfähige Stiftungen §§ 80 ff.
Sonstige Personenvereinigungen nach anderen Gesetzen
– AG (§ 1 AktG)
– KGaA (§ 278 AktG)
– GmbH (§ 13 GmbHG)
– eG (§ 17 GenG)
– VVaG (§ 15 VAG)

§ 33 Die natürliche Person 702

Schrifttum: *Bosch*, Todeserklärung – Todesfeststellung – Irrige Totmeldung, Festschrift f. Mikat, 1989; *Fabricius*, Relativität der Rechtsfähigkeit, 1963; *Geilen*, Das Leben des Menschen in den Grenzen des Rechts, FamRZ 1968, 121; *Heldrich*, Der Deliktsschutz des Ungeborenen, JZ 1965, 593; *Laufs*, Haftung für Nachkommenschaftsschäden nach § 823 BGB, NJW 1965, 1053; *Pawlowski*, Rechtsfähigkeit im Alter?, JZ 2004, 13; *Saerbeck*, Beginn und Ende des Lebens als Rechtsbegriffe, 1974; *Selb*, Schädigung des Menschen vor Geburt – ein Problem der Rechtsfähigkeit?, AcP 166 (1966), 76; *Stoll*, Zur Deliktshaftung für vorgeburtliche Gesundheitsschäden, Festschrift f. Nipperdey, Bd. I, 1965, 739; *H. Westermann*, Person und Persönlichkeit als Wert im Zivilrecht, 1957.

Fälle:

a) Die verwitwete Frau E hat ihren Hund Fiffi testamentarisch zu ihrem Alleinerben eingesetzt. Von wem wird sie bei ihrem Tode beerbt? **(Rdnr. 703)**

b) M stirbt ohne Testament und hinterlässt seine Frau F und seine Eltern. F gebiert zwei Monate nach dem Tod des M das Kind K, das wenige Minuten nach der Geburt stirbt. An wen fällt das Vermögen des M? **(Rdnr. 706, 707)**

An wen, wenn K tot geboren wird? **(Rdnr. 707)**

c) Das kinderlose Ehepaar M und F, das sich testamentarisch gegenseitig zu Erben eingesetzt hat, stirbt nach einem Verkehrsunfall an der Unfallstelle; F überlebt M um fünf Minuten. Die Eltern des M und die der F streiten sich um die Erbschaft. **(Rdnr. 709, 714)**

Wer erbt, wenn sich nicht feststellen lässt, ob M oder F eher verstorben ist? **(Rdnr. 709)**

d) Karl Krause (K 1) betreibt in der Gemeinde D die Gastwirtschaft »Zum Treppchen«. Ein anderer Karl Krause (K 2) eröffnet in derselben Gemeinde eine Wirtschaft, die er ebenfalls »Zum Treppchen« nennt; er beschuldigt in einer Zeitungsanzeige seinen Namensvetter, sich unberechtigt Karl Krause zu nennen, und entfernt dessen Türschild. Was kann K 1 unternehmen? **(Rdnr. 717, 718, 719, 720)**

e) In einer Zeitung wird über einen Mordprozess berichtet und der Name des Verurteilten (V) genannt. Rechte des V? **(Rdnr. 722)**

Welche Rechte hat der im Prozess als Zeuge vernommene Z, der in der Zeitung irrtümlich als der Mörder genannt ist? **(Rdnr. 722, 723)**

Welche Rechte hat V, wenn die Zeitung acht Jahre nach der Verurteilung berichten will, dass V nunmehr vor der Entlassung aus der Strafanstalt stehe, und der Fall bei dieser Gelegenheit noch einmal wieder aufgerollt werden soll? **(Rdnr. 722, 723)**

f) Der 17-jährige A ist im Streit mit seinen Eltern aus der elterlichen Wohnung in Köln ausgezogen und hat sich in Mainz ständig niedergelassen. Als er vor dem Amtsgericht Mainz verklagt wird, machen seine Eltern als gesetzliche Vertreter des A geltend, das Gericht sei nicht zuständig, da A seinen Wohnsitz nach wie vor in Köln habe (vgl. § 13 ZPO). **(Rdnr. 724, 726)**

I. Der Mensch als Rechtssubjekt

Das subjektive Recht setzt einen Träger dieses Rechts, ein Rechtssubjekt, voraus. Das BGB bezeichnet das Rechtssubjekt als Person; es kennt natürliche und juristische Personen (vgl. Titel vor § 1 und § 21). Natürliche Person ist jeder Mensch. Davon geht das BGB als selbstverständlich aus; das ergibt sich mittelbar aus § 1. Die Anerkennung eines jeden Menschen als Persönlichkeit entspricht den modernen Rechtsordnungen aller Kulturstaaten; die Person wird durch die Grundrechtsartikel unserer Verfassung besonders geschützt (z. B. Schutz der Menschenwürde, der freien Entfaltung der Persönlichkeit, Art. 1, 2 GG).

Da jedem Menschen eine unverzichtbare Personenwürde zukommt, wäre eine gesetzliche Regelung, die bestimmte Personengruppen davon ausnähme (z. B. Juden z. Zt. des Nationalsozialismus), verfassungswidrig. Der Verkauf eines Menschen als Sache (Sklaverei) oder ein Verzicht auf die Vermögensfähigkeit (z. B. durch Armutsgelübde eines Mönchs) ist nichtig.

II. Rechtsfähigkeit 703

1. *Begriff und Bedeutung*

a) Unter Rechtsfähigkeit versteht man die *Fähigkeit, Träger von Rechten und Pflichten zu sein.*

b) Diese Fähigkeit kommt *jedem Menschen* zu. Ein bestimmtes Alter oder eine bestimmte Intelligenz ist nicht erforderlich; auch der Säugling und der Geisteskranke sind rechtsfähig.

Demgegenüber ist das noch so »intelligente« Tier kein Rechtssubjekt. Deshalb kann im **Fall a** die Erbschaft beim Tod der E nicht auf den Hund als Erben übergehen; er ist keine »Person« (vgl. § 1922 I). Die Erbeinsetzung ist nichtig; E wird kraft Gesetzes von ihren Verwandten beerbt[363].

Dass jeder Mensch, also auch der Säugling oder der Geisteskranke, *Träger von Rechten* sein kann, leuchtet ohne weiteres ein, weil er ein Recht ohne sein Zutun kraft Gesetzes erwerben kann.

Beispiele: Der Autofahrer A gerät infolge überhöhter Geschwindigkeit auf den Bürgersteig und verletzt dabei den fünfzigjährigen Fußgänger F, den sechsjährigen Rollerfahrer R und den Säugling S, der im Kinderwagen liegt. Damit erwerben F, R und S – ohne Rücksicht auf ihr Alter – kraft Gesetzes (§ 823 I) Ansprüche auf Ersatz des erlittenen Schadens (z. B. Arztkosten) gegen A. – Der geisteskranke G wird als Alleinerbe seines verstorbenen Vaters V Eigentümer des diesem bisher gehörenden Hausgrundstücks. Hatte V dem K seinen Pkw verkauft und K bis zum Tod des V den Kaufpreis noch nicht gezahlt, erwirbt G mit dem Tod des V dessen Anspruch auf Kaufpreiszahlung gegen K (§§ 433 II, 1922 I).

In der Regel erwirbt man ein Recht allerdings nicht ohne eigenes Zutun. Oft ist eine Willenserklärung oder ein Vertrag (z. B. Kaufvertrag, Einigung beim Eigentumsübergang) erforderlich. Jedoch kann auch auf diese Weise ein Säugling oder ein Geisteskranker Träger eines Rechts werden. Zwar ist er mangels Geschäftsfähigkeit nicht in der Lage, selbst die erforderliche Willenserklärung abzugeben. Aber für ihn handelt dann ein anderer, nämlich sein gesetzlicher Vertreter (Eltern, Vormund, Betreuer).

Beispiele: Die Eltern des verletzten Säuglings schließen in dessen Namen mit dem Arzt einen Behandlungsvertrag; damit erwirbt der Säugling den Anspruch gegen den Arzt auf Behandlung. – Das Dach des vom Geisteskranken geerbten Hauses muss repariert werden; deshalb schließt sein Betreuer im Namen des Geisteskranken mit dem Dachdecker einen Werkvertrag (§ 631), wodurch der Geisteskranke eine Forderung gegen den Dachdecker erwirbt.

363 Vgl. ErbR Rdnr. 7.

Aber auch *Pflichten* können in der Person eines Säuglings oder Geisteskranken entstehen.

Beispiele: Mit dem Tod des Erblassers gehen nicht nur dessen Rechte, sondern auch dessen Pflichten auf den Erben über (§§ 1922 I, 1967). Deshalb schuldet der geisteskranke Erbe dem K, dem der Erblasser V seinen Pkw verkauft und noch nicht geliefert hat, die Übergabe und Übereignung des Pkw (§ 433 I 1). – Dem Dachdecker gegenüber ist der Geisteskranke aus dem Werkvertrag, den sein Betreuer in seinem Namen geschlossen hatte, verpflichtet, den Werklohn zu zahlen (§ 631 I). – Der Säugling schuldet dem Arzt aus dem Behandlungsvertrag das Honorar für die Behandlung.

704 c) Die Rechtsfähigkeit ist *von der Handlungsfähigkeit zu unterscheiden*. Darunter versteht man die Fähigkeit des Menschen, rechtlich bedeutsame Handlungen vorzunehmen. Unter diesen Begriff fällt einmal die *Geschäftsfähigkeit*, also die Fähigkeit, Rechtsgeschäfte vorzunehmen (vgl §§ 104 ff.; Rdnr. 259 ff.), und zum anderen die *Deliktsfähigkeit*, also die Fähigkeit, eine zum Schadensersatz verpflichtende unerlaubte Handlung (§§ 823 ff.) zu begehen (vgl. §§ 827 ff.; Rdnr. 262). Die Handlungsfähigkeit ist – anders als die Rechtsfähigkeit – nicht jedem Menschen eigen; so ist der Säugling oder der Geisteskranke weder geschäfts- noch deliktsfähig.

705 *2. Beginn*

Die Rechtsfähigkeit des Menschen beginnt *mit der Vollendung der Geburt* (§ 1).

a) Das Kind im Mutterleib ist nicht rechtsfähig. Auch ein Kind, das während der Geburt stirbt, hat keine Rechtsfähigkeit erlangt. Erforderlich ist vielmehr die Vollendung der Geburt; darunter versteht man den völligen Austritt des Kindes aus dem Mutterleib, ohne dass jedoch das Abschneiden der Nabelschnur erfolgt sein muss. Für den Erwerb der Rechtsfähigkeit reicht es auch nicht aus, dass das Kind tot zur Welt kommt. Vielmehr muss es wenigstens einen Augenblick lang gelebt haben; dazu reicht der Nachweis einer sicheren Lebensfunktion aus (z. B. Atmung, Herzschlag, Hirnströme).

Während zivilrechtlich für die Rechtsfähigkeit die Vollendung der Geburt maßgebend ist, stellt das Strafrecht für die Abgrenzung von Abtreibung (einer Leibesfrucht; § 218 StGB) und Tötung (eines Menschen; §§ 211 ff. StGB) auf den Beginn der Geburt ab. § 1 gilt also für das Strafrecht nicht.

706 b) Das Kind im Mutterleib ist zwar nicht rechtsfähig, wird aber auch zivilrechtlich nicht schutzlos gelassen. Das zeigt sich vor allem im Erbrecht und bei Schadensersatzansprüchen wegen vorgeburtlicher Schädigung.

(1) Nach § 1923 I kann Erbe nur werden, wer zur Zeit des Erbfalls (also im Zeitpunkt des Todes des Erblassers; § 1922 I) lebt; die Rechtsfähigkeit des Erben muss demnach im Zeitpunkt des Erbfalls gegeben sein. Danach ist ein Kind gesetzlicher Erbe seines Vaters (§ 1924 I), wenn es vor dessen Tod geboren ist;

es würde aber nicht erben können, wenn es erst kurz nach dem Tod seines Vaters zur Welt kommt. Da eine solche verschiedene Behandlung der beiden Fälle schwerlich einleuchtet, hilft § 1923 II: Der bereits erzeugte, aber noch nicht geborene Mensch (nasciturus) gilt als vor dem Erbfall geboren. § 1923 II bestimmt also eine *Vorverlegung der Rechtsfähigkeit*. Voraussetzung ist, dass das noch nicht geborene Kind lebend zur Welt kommt, also einmal die Rechtsfähigkeit erlangt; dann wird es hinsichtlich seines Erbrechts so behandelt, als wenn es bereits beim Erbfall gelebt hätte (**Fall b**).

(2) Wird ein Kind vor seiner Geburt durch eine unerlaubte Handlung eines anderen (z. B. bei einem Verkehrsunfall oder einer Luesinfektion der Mutter) geschädigt, so hat es einen *Schadensersatzanspruch wegen vorgeburtlicher Schädigung* (z. B. aus § 823 I), wenn es lebend zur Welt kommt. Mit der Geburt erlangt es die Rechtsfähigkeit; damit wird es Träger des Schadensersatzanspruchs, obgleich die schädigende Handlung vor Eintritt der Rechtsfähigkeit liegt[364].

c) Rechtlich kann es von großer Bedeutung sein, ob ein Kind tot geboren ist 707
oder ob es – wenn auch nur ein paar Minuten – gelebt hat. Bei einer Totgeburt ist das Kind – anders als bei einer Lebendgeburt – nie rechtsfähig gewesen; es kommt also auch als Erbe nicht in Betracht.

Im **Fall b** wird M kraft Gesetzes von F und dem lebend geborenen K beerbt (vgl. §§ 1931, 1924 I, 1923 II). Stirbt K kurz nach seiner Geburt, ist seine Mutter F Alleinerbin des K (§ 1925 I). Auf diese Weise fällt das Vermögen des M letztlich ganz an F.

Ist aber das Kind bereits tot zur Welt gekommen, scheidet es als Erbe des M aus. Dann wird M von seiner Frau und seinen Eltern beerbt (vgl. §§ 1925 I, II, 1931).

d) Wer sich auf die Geburt eines Menschen beruft, muss sie beweisen. Der 708
Beweis wird durch die vom Standesbeamten geführten *Personenstandsbücher* (hier: Geburtenbuch; §§ 16 ff. PStG) erleichtert. Die vom Standesbeamten ausgestellten Geburtsurkunden haben dieselbe Beweiskraft wie die Eintragungen im Geburtenbuch (§ 66 PStG).

3. *Ende* 709

a) Die Rechtsfähigkeit endet *mit dem Tod des Menschen* (vgl. § 1922 I). Ob und wann der Tod des Menschen eingetreten ist, muss mit Hilfe der medizinischen Wissenschaft beantwortet werden (Gehirntod, wenn Hirnströme nicht mehr feststellbar sind). Da der Mensch vom Zeitpunkt des Todes an nicht mehr Träger von Rechten und Pflichten sein kann, geht mit seinem Tod sein Vermögen auf den oder die Erben über (§ 1922 I).

Im **Fall c** wird M von F, die ihn fünf Minuten überlebt, auf Grund des Testaments beerbt. Stirbt dann die F, wird sie von ihren Eltern beerbt (§ 1925 I). Zum Vermögen der F,

364 Vgl. BGHZ 8, 243; 58, 48; 106, 153, 155 f.

das auf ihre Eltern übergeht, gehört auch das Vermögen des M, das F kurz zuvor geerbt hatte, weil sie den M überlebte. Demnach fällt das Vermögen beider Eheleute letztlich an die Eltern der Frau.

Lässt sich dagegen nicht feststellen, wer von den Ehegatten länger gelebt hat, wird vermutet, dass beide gleichzeitig gestorben sind (§ 11 VerschG). Demnach hat kein Ehegatte den anderen beerbt, weil er ihn nicht überlebt hat. Deshalb wird M von seinen Eltern und wird F von ihren Eltern beerbt.

Das Beispiel zeigt, dass es für die Erbfolge entscheidend darauf ankommen kann, in welchem Zeitpunkt der Tod des Menschen eingetreten ist.

710 b) Der *Beweis des Todes* erfolgt durch das Sterbebuch. Der Tod eines Menschen muss dem Standesbeamten angezeigt werden, der den Sterbefall im Sterbebuch beurkundet (vgl. §§ 32 ff. PStG).

Der Beweis des Todes kann in vielerlei Hinsicht bedeutsam sein: z. B. Auszahlung der Lebensversicherungssumme, Bezug von Witwen- oder Waisenrente, Wiederheirat des überlebenden Ehegatten, Erbschaft.

711 c) Der Beweis des Todes ist nicht zu erbringen, wenn ein Mensch verschollen ist. In einem solchen Fall kann eine *Todeserklärung* nach dem Verschollenheitsgesetz (VerschG) erfolgen.

(1) Die Todeserklärung eines Menschen setzt voraus, dass dieser *verschollen* ist (§ 2 VerschG). Nach § 1 VerschG ist verschollen, »wessen Aufenthalt während längerer Zeit unbekannt ist, ohne dass Nachrichten darüber vorliegen, ob er in dieser Zeit noch gelebt hat oder gestorben ist, sofern nach den Umständen hierdurch ernstliche Zweifel an seinem Fortleben begründet werden«.

Im Allgemeinen müssen zehn Jahre seit dem Ende des Jahres verstrichen sein, in dem der Verschollene nach den vorhandenen Nachrichten noch gelebt hat; diese Frist verkürzt sich auf fünf Jahre, wenn der Verschollene z. Zt. der Todeserklärung das 80. Lebensjahr vollendet hätte (vgl. § 3 VerschG). Dagegen darf nach § 3 I VerschG nicht für tot erklärt werden, wer noch nicht das 25. Lebensjahr vollendet hätte (vgl. § 3 II VerschG).

Besonderheiten, insbesondere kürzere Fristen, gelten für die Verschollenheit, die mit einer besonderen Lebensgefährdung begonnen hat: Kriegsverschollenheit (§ 4 VerschG), Seeverschollenheit (§ 5 VerschG), Luftverschollenheit (§ 6 VerschG), Gefahrverschollenheit (§ 7 VerschG; z. B. Unwetterkatastrophe, Urwaldexpedition).

712 (2) Das *Todeserklärungsverfahren* ist eine Angelegenheit der freiwilligen Gerichtsbarkeit und in §§ 13–38 VerschG geregelt.

Das Amtsgericht erlässt auf Antrag ein Aufgebot (§§ 16, 19 I VerschG), das in einer Tageszeitung bzw. im Bundesanzeiger bekannt gemacht werden muss (vgl. § 20 VerschG). Das Aufgebot enthält eine Aufforderung an den Verschollenen, sich bis zu einem bestimmten Zeitpunkt zu melden, andernfalls er für tot erklärt werden könne, und an alle, die Auskunft über den Verschollenen geben können, dies dem Gericht anzuzeigen (§ 19 II VerschG). Die Todeserklärung erfolgt durch Beschluss des Amtsgerichts; in dem Beschluss ist der Zeitpunkt des Todes festzustellen; das ist grundsätzlich der Zeitpunkt, der nach dem Ergebnis der Ermittlungen der wahrscheinlichste ist (§ 9 II VerschG; Besonderheiten: § 9 III VerschG).

(3) Die Todeserklärung *bewirkt* die *Vermutung*, dass der Verschollene in dem Zeitpunkt gestorben ist, der im Beschluss festgestellt ist (§ 9 I VerschG). Es treten die Rechtsfolgen ein, die sonst durch den Tod ausgelöst werden. **713**

Beispiele: Erbfolge; Ende der elterlichen Sorge oder der Vormundschaft; der Ehegatte des für tot Erklärten kann heiraten.

Da die Todeserklärung nur eine Vermutung des Todes begründet, kann diese Vermutung durch den Beweis widerlegt werden, dass der für tot Erklärte noch lebt. Dann wird auf Antrag des für tot Erklärten oder des Staatsanwalts die Todeserklärung aufgehoben (vgl. § 30 ff. VerschG). Die durch die Todeserklärung ausgelösten Rechtsfolgen sind nicht eingetreten.

Beispiele: Der irrtümlich für tot Erklärte ist nicht beerbt worden (vgl. §§ 2031, 2370). Sein Ehegatte darf nicht wiederheiraten; hat jedoch der Ehegatte bereits wiedergeheiratet, so sind §§ 1319 f. zu beachten.

d) Ist der Tod eines Menschen sicher, ist aber unbekannt, wann er eingetreten ist, scheidet eine Todeserklärung mangels Verschollenheit (§ 1 II VerschG) aus. Es kommt jedoch ein Verfahren zur *Feststellung der Todeszeit* (§§ 39 ff. VerschG) in Betracht. **714**

Die Feststellung, *wann* jemand seine Rechtsfähigkeit verloren hat, kann besonders für die Frage bedeutsam sein, ob die betreffende Person den Erblasser überlebt hat (vgl. **Fall c**).

Das Verfahren bei Feststellung der Todeszeit entspricht in etwa dem Todeserklärungsverfahren. Der Beschluss des Amtsgerichts bestimmt den wahrscheinlichsten Zeitpunkt als Todeszeitpunkt und begründet die (widerlegbare) Vermutung, dass der Tod zu diesem Zeitpunkt eingetreten ist (§ 44 VerschG).

III. Schutz der Persönlichkeit **715**

Schrifttum: *Beuthien*, Persönlichkeitsgüterschutz vor und nach dem Tode, 2002; *v. Caemmerer*, Der privatrechtliche Persönlichkeitsschutz nach deutschem Recht, Festschrift f. v. Hippel, 1967, 27; *Ehmann*, Zur Struktur des Allgemeinen Persönlichkeitsrechts, JuS 1997, 193; *J. Hager*, Der Schutz der Ehre im Zivilrecht, AcP 196 (1996), 168, *E. Helle*, Der Schutz der persönlichen Ehre und des wirtschaftlichen Rufes im Privatrecht, 2. Aufl., 1969; *J. Helle*, Besondere Persönlichkeitsrechte im Privatrecht, 1991; *Hubmann*, Das Persönlichkeitsrecht, 2. Aufl., 1967; *Klippel*, Der zivilrechtliche Schutz des Namens, 1985; *Krüger-Nieland*, Anwendungsbereich und Rechtsnatur des Namensrechts, Festschrift f. R. Fischer, 1979, 339; *Schlachter*, Der Schutz der Persönlichkeit nach bürgerlichem Recht, JA 1990, 33; *Schlechtriem*, Inhalt und systematischer Standort des allgemeinen Persönlichkeitsrechts, DRiZ 1975, 65; *Schwerdtner*, Der zivilrechtliche Persönlichkeitsschutz, JuS 1978, 289.

Das BGB schützt nur einzelne Aspekte der Persönlichkeit wie den Namen (§ 12). Rechtsprechung und Lehre haben darüber hinaus ein allgemeines Persönlichkeitsrecht entwickelt, um die Person umfassend zu schützen.

716 *1. Namensrecht*

a) Der Name ist ein äußeres Kennzeichen einer Person zur Unterscheidung von anderen Personen. Das Namensrecht ist das unveräußerliche subjektive Recht auf ausschließlichen Besitz dieses Kennzeichens[365].

717 b) § 12 schützt den bürgerlichen Namen einer natürlichen Person. Er gilt über seinen Wortlaut hinaus auch für den Namen juristischer Personen und nicht rechtsfähiger Vereine sowie für Decknamen (Pseudonyme), Unternehmensnamen, Gaststättenbezeichnungen (**Fall d**: Treppchen) usw., wenn sie in der Öffentlichkeit bekannt geworden sind. Unter dieser Voraussetzung ist auch der bloße Vorname einer Person geschützt[366].

Spezialgesetze gewähren außerdem einen besonderen Schutz: § 37 HGB (Firma = Name des Kaufmanns; §§ 14 ff. MarkenG (Marken, geschäftliche Bezeichnungen, geographische Herkunftsangaben).

718 c) Das Namensrecht wird auf verschiedene Arten geschützt:

(1) Der Berechtigte kann nach § 12 Satz 1 von einem anderen *Beseitigung der Beeinträchtigung verlangen*, wenn dieser ihm das Recht zum Gebrauch des Namens bestreitet oder wenn der andere das Interesse des Berechtigten dadurch verletzt, dass er unbefugt (= rechtswidrig) den gleichen Namen gebraucht.

Im **Fall d** bestreitet K 2 dem K 1 den Gebrauch des Namens in der Zeitungsanzeige sowie durch Entfernung des Türschildes. Deshalb kann K 1 von K 2 Berichtigung in einer Zeitungsanzeige und Wiederanbringung des Türschildes verlangen. Dagegen besteht kein Beseitigungsanspruch insoweit, als K 2 sich auch Karl Krause nennt; denn er benutzt diesen Namen befugtermaßen. Wohl kann K 1 verlangen, dass K 2 seine Gastwirtschaft nicht »Zum Treppchen« nennt; denn diese Bezeichnung führt K 2 unbefugt, und K 1 hat ein vernünftiges Interesse an deren Entfernung.

719 (2) Der Berechtigte hat außerdem einen *Anspruch auf Unterlassung* in der Zukunft, wenn weitere Beeinträchtigungen zu besorgen sind (§ 12 Satz 2). Eine vorbeugende Unterlassungsklage setzt also eine Wiederholungsgefahr voraus.

Sind im **Fall d** Anhaltspunkte dafür gegeben, dass K 2 auch in Zukunft dem K 1 das Recht bestreitet, sich Karl Krause und seine Gastwirtschaft »Zum Treppchen« zu nennen, hat eine Unterlassungsklage des K 1 Erfolg.

365 Vgl. BGH NJW 1959, 525.
366 BGH NJW 1983, 1184: »Uwe«.

(3) Der Berechtigte kann *Schadensersatz verlangen*, wenn sein Namensrecht von dem Verletzer schuldhaft (vorsätzlich oder fahrlässig) verletzt worden ist. Anspruchsgrundlage für den Schadensersatzanspruch ist § 823 I, da das Namensrecht als sonstiges Recht im Sinne dieser Bestimmung angesehen wird. 720

Im **Fall d** kann K 1 von K 2 Ersatz des Verdienstausfalls verlangen, der ihm dadurch entstanden ist, dass Kunden infolge der Zeitungsanzeige ausgeblieben sind. Erforderlich ist, dass K 2 bei Aufgabe der Anzeige schuldhaft gehandelt hat.

2. Allgemeines Persönlichkeitsrecht 721

a) Unter dem allgemeinen Persönlichkeitsrecht versteht man das Recht des Einzelnen auf Achtung und Entfaltung seiner Persönlichkeit.

Der Gesetzgeber hat ein allgemeines Persönlichkeitsrecht nicht geregelt und sich damit begnügt, einzelne Persönlichkeitsrechte zu schützen.

Beispiele: Namensrecht (§ 12), Recht am eigenen Bild (§§ 22 ff. KunstUrhG), Leben, Körper, Gesundheit, Freiheit (§ 823 I).

Durch die Spezialregelungen wird jedoch die Persönlichkeit des Einzelnen nicht hinreichend geschützt. Insbesondere die Fortschritte der Technik (Tonbandgeräte, Spezialkameras, Minispione) haben die Lückenhaftigkeit der gesetzlichen Regelung offenbar gemacht.

So besteht ein dringendes Bedürfnis für den Schutz des Einzelnen vor einem Eindringen in seine Privatsphäre (z. B. durch heimliche Tonbandaufnahmen), vor einer Weitergabe von Angelegenheiten aus seiner Privatsphäre (z. B. durch Veröffentlichung von Tagebuchaufzeichnungen) oder vor einer Verletzung seiner Ehre (z. B. durch beleidigende Äußerungen in der Presse).

Die gesetzliche Lücke ist durch die Wertentscheidung des Grundgesetzes (Art. 1 und 2 GG) zu schließen, wonach die Würde des Menschen und die freie Entfaltung der Persönlichkeit zu schützen sind (vgl. Rdnr. 68, 622).

Das allgemeine Persönlichkeitsrecht ist eine Generalklausel, unter der mehrere schutzwürdige Aspekte der Persönlichkeit zusammengefasst werden. Dieses Recht wird durch analoge Anwendung der Normen über einzelne Persönlichkeitsrechte (z. B. § 12; § 823 I »sonstiges Recht«) geschützt. Sofern aber ein einzelnes Recht (z. B. das Namensrecht) im Gesetz ausdrücklich geregelt ist, bedarf es eines Eingehens auf den sehr weiten und schwer abgrenzbaren Begriff des allgemeinen Persönlichkeitsrechts und einer Analogie nicht; vielmehr ist die konkrete Gesetzesbestimmung (z. B. § 12) allein anzuwenden.

b) Alle Ansprüche wegen Verletzung des Persönlichkeitsrechts setzen außer einer Verletzungshandlung voraus, dass der Eingriff *rechtswidrig* ist. Zur Feststellung der Rechtswidrigkeit muss im Einzelfall eine Güter- und Interessenabwägung vorgenommen werden. Dabei ist auf Seiten des Verletzten zu berücksichtigen, in welche Sphäre seiner Persönlichkeit eingegriffen ist, wie schwer der 722

Eingriff wiegt und welche Folgen er hat sowie welches Verhalten des Verletzten zu dem Eingriff geführt hat. Auf Seiten des Schädigers sind u. a. dessen Motiv für den Eingriff, das Recht der freien Meinungsäußerung, die Pressefreiheit und die Freiheit der Kunst (vgl. Art. 5 GG) zu beachten. Die miteinander kollidierenden Güter und Interessen sind gegeneinander abzuwägen. Fällt die Abwägung zum Nachteil des Schädigers aus, ist der Eingriff widerrechtlich.

Beispiele: Auf Seiten des Verletzten genießt die Intimsphäre einen größeren Schutz als die sonstige Privatsphäre. – Hat jemand seinen politischen Gegner in einem Zeitungsartikel polemisch angegriffen, muss er sich gefallen lassen, dass der Gegner auf ebensolche Weise antwortet; denn »auf einen groben Klotz gehört ein grober Keil«.

Im **Fall e** ist beim Bericht über den Mordprozess die Intensität des Eingriffs in den Persönlichkeitsbereich gegen das Informationsinteresse der Öffentlichkeit abzuwägen, das bei der aktuellen Berichterstattung über schwere Straftaten im Allgemeinen den Vorrang verdient; deshalb ist der Eingriff in das Persönlichkeitsrecht des V nicht rechtswidrig. – Demgegenüber ist die Rechtswidrigkeit zu bejahen, wenn die Zeitung den Zeugen Z fälschlicherweise als Täter nennt. – Ebenfalls rechtswidrig ist die Berichterstattung nach acht Jahren, da sie geeignet ist, gegenüber der aktuellen Information eine neue und zusätzliche Beeinträchtigung des V zu bewirken, insbesondere seine Wiedereingliederung in die Gesellschaft (Resozialisierung) zu gefährden[367].

723 c) Liegt eine rechtswidrige Verletzung des Persönlichkeitsrechts vor, kann der Verletzte vom Schädiger *Beseitigung* und bei Wiederholungsgefahr *Unterlassung* verlangen (analoge Anwendung der §§ 12, 862, 1004).

Im **Fall e** kann Z von der Zeitung Berichtigung begehren. V kann die acht Jahre nach der Tat geplante Berichterstattung – notfalls durch Antrag auf Erlass einer einstweiligen Verfügung – verhindern.

Handelt der Schädiger bei der rechtswidrigen Verletzung des Persönlichkeitsrechts schuldhaft, steht dem Verletzten ein *Schadensersatzanspruch* nach § 823 I (»sonstiges Recht«) zu[368].

Beruht die falsche Berichterstattung im **Fall e** auf Fahrlässigkeit, kann Z seinen dadurch entstandenen Schaden ersetzt verlangen.

d) Auch nach dem Tod des Menschen ist ein sog. *postmortaler Persönlichkeitsschutz* in gewissem Umfang zu bejahen[369].

367 Vgl. BVerfGE 35, 202 – Lebach; BGH VI ZR 89/02; OLG Hamburg NJW-RR 1991, 990 m. N.

368 Einzelheiten: *Palandt/Sprau*, § 823 Rdnr. 83 ff.

369 Vgl. BVerfG NJW 2001, 594; NJW 2000, 1021; ErbR Rdnr. 16.

IV. Wohnsitz 724

1. *Bedeutung*

Der Wohnsitz eines Menschen ist vor allem im Schuldrecht und im Verfahrensrecht von Bedeutung. So ist für die Erbringung einer Leistung mangels einer anderen Regelung der Wohnsitz des Schuldners der Leistungsort (§ 269 I); Geld hat der Schuldner dem Gläubiger im Zweifel an dessen Wohnsitz zu übermitteln (§ 270 I). Für die örtliche Zuständigkeit des Gerichts ist grundsätzlich der Wohnsitz des Beklagten maßgebend (§§ 12 f. ZPO; **Fall f**).

2. *Begriff* 725

Wohnsitz im Rechtssinn ist der Ort, an dem sich der *räumliche Schwerpunkt der Lebensinteressen* eines Menschen befindet.

Der Wohnsitz muss nicht mit dem Aufenthaltsort übereinstimmen. So hat der bei seinen Eltern wohnende Student, der am Hochschulort eine Bude gemietet hat, am Hochschulort keinen Wohnsitz. Die polizeiliche Anmeldung begründet allein keinen Wohnsitz. Der im Wohnwagen herumziehende Zigeuner hat überhaupt keinen Wohnsitz.

3. *Arten* 726

Das Gesetz unterscheidet zwischen gewillkürtem und gesetzlichem Wohnsitz.

a) Der *gewillkürte Wohnsitz* ist der Ort, an dem sich jemand ständig niederlässt (§ 7 I).

Zur Begründung dieses Wohnsitzes ist zweierlei erforderlich: einmal der Wille, sich an einem Ort ständig niederzulassen, und zum anderen die tatsächliche Niederlassung an diesem Ort. Für die Aufhebung des Wohnsitzes gilt Entsprechendes (§ 7 III). Der Aufhebungswille muss in die Tat umgesetzt werden (z. B. durch Abtransport der Möbel).

Begründung und Aufhebung des Wohnsitzes nach § 7 sind keine Rechtsgeschäfte, sondern Rechtshandlungen (Realakte). Denn der Handelnde braucht nicht wie beim Rechtsgeschäft einen Rechtsfolgewillen (vgl. Rdnr. 85) zu haben. Es genügt z. B. für die Begründung des Wohnsitzes, dass jemand sich willentlich ständig niederlässt. Selbst wenn er die Rechtsfolge (Wohnsitzbegründung) nicht will, tritt sie kraft Gesetzes ein.

Obwohl es sich also nur um Realakte handelt und obwohl Realakte normalerweise keine Geschäftsfähigkeit des Handelnden voraussetzen, ist für eine Wohnsitzbegründung oder -aufhebung volle Geschäftsfähigkeit erforderlich. Denn nach § 8 I kann ein Geschäftsunfähiger oder beschränkt Geschäftsfähiger ohne den Willen seines gesetzlichen Vertreters einen Wohnsitz weder begründen noch aufheben. Eine Ausnahme gilt nur für einen Minderjährigen, der verheiratet ist oder war; er kann selbst einen Wohnsitz begründen oder aufheben (§ 8 II).

Im **Fall f** konnte der minderjährige A ohne Willen seiner Eltern weder seinen Wohnsitz in Köln aufgeben noch einen solchen in Mainz begründen. Deshalb ist das Amtsgericht Köln zuständig (Wohnsitz des Beklagten; §§ 12 f. ZPO).

Eine Person kann auch *mehrere* gewillkürte Wohnsitze haben (§ 7 II). Voraussetzung ist, dass sie sich an mehreren Orten ständig niedergelassen hat, also etwa mehrere Wohnungen an verschiedenen Orten unterhält und in ihnen abwechselnd wohnt (z. B. im Sommer in der Landwohnung, im Winter in der Stadtwohnung).

727 b) Der *gesetzliche Wohnsitz* ist der Ort, der kraft Gesetzes als Wohnsitz einer Person gilt, ohne dass diese sich dort ständig niedergelassen zu haben braucht.

(1) Der volljährige Berufssoldat oder Soldat auf Zeit (nicht der Wehrdienstpflichtige) hat seinen Wohnsitz am Standort (vgl. § 9). Er kann daneben einen gewillkürten Wohnsitz haben.

(2) Das minderjährige Kind hat den Wohnsitz der Eltern, wenn beiden Eltern das Sorgerecht zusteht. Hat ein Elternteil oder ein Dritter das Sorgerecht, teilt das Kind dessen Wohnsitz (vgl. § 11).

Sind beide Eltern sorgeberechtigt und trennen sie sich, so dass sie verschiedene Wohnsitze haben, erlangt das Kind einen doppelten Wohnsitz[370].

728 § 34 Die juristischen Personen

Schrifttum: *Ballerstedt*, Mitgliedschaft und Vermögen beim rechtsfähigen Verein, Festschrift f. Knur, 1972, 1; *Benecke*, Der Ausschluß aus dem Verein, WM 2000, 1173; *Berndt*, Stiftung und Unternehmen, 7. Aufl., 2002; *Beuthien*, Mehrheitsprinzip und Minderheitenschutz im Vereinsrecht, BB 1987, 6; *Birk*, Der Aufnahmezwang bei Vereinen und Verbänden, JZ 1972, 343; *Burhoff*, Vereinsrecht, 5. Aufl., 2002; *Coing*, Die Vertretungsordnung juristischer Personen und deren Haftung gemäß § 31 BGB, Festschrift f. Fischer, 1979, 65; *Dütz*, Tendenzaufsicht im Vereinsrecht, Festschrift f. Herschel, 1982, 55; *ders.*, Verbandsbezogene Verhaltenspflichten von Koalitionsmitgliedern, Festschrift f. Hilger/Stumpf, 1983, 99; *Edenfeld*, Die Rechtsbeziehungen des bürgerlich-rechtlichen Vereins zu Nichtmitgliedern, 1996; *L. Fischer*, Der Ausschluß aus dem Verein, 1985; *Flume*, Allgemeiner Teil des Bürgerlichen Rechts, 1. Bd., 2. Teil, Die juristische Person, 1983; *ders.*, Der nichtrechtsfähige Verein, ZHR 1984, 503; *ders.*, Körperschaftliche juristische Person und Personenverband, Festschrift f. Kegel, 1987, 147; *Götz/Götz*, Die Haftung des Vereins gegenüber dem Mitglied – BGHZ 110, 323, JuS 1995, 106; *Grunewald*, Vereinsaufnahme und Kontrahierungszwang, AcP 182 (1982), 181; *dies.*, Der Ausschluß aus

370 BGHZ 48, 237; BGH NJW 1995, 1224.

Gesellschaft und Verein, 1987; *dies.*, Auskunftserteilung und Haftung des Vorstandes im bürgerlich-rechtlichen Verein, ZIP 1989, 962; *Hadding/van Look*, »Benutzungssperre« gegen Vereinsmitglieder durch den Vermieter von Vereinseinrichtungen, ZGR 1996, 326; *Hemmerich*, Möglichkeiten und Grenzen wirtschaftlicher Betätigung von Idealvereinen, 1982; *Hüffer*, Gesellschaftsrecht, 8. Aufl., 2006; *John*, Die organisierte Rechtsperson, 1977; *Keilbach*, Fragen des Vereinsregisters, DNotZ 2001, 671; *Kollhosser*, Der Verzicht des rechtsfähigen Vereins auf seine Rechtsfähigkeit, ZIP 1984, 1434; *Landwehr*, Die Haftung der juristischen Person für körperschaftliche Organisationsmängel, AcP 164 (1964), 482; *Leßmann*, Persönlichkeitsschutz juristischer Personen, AcP 170 (1970), 266; *Lohbeck*, Die Vereinsordnungen, MDR 1972, 381; *Lukes*, Der Satzungsinhalt beim eingetragenen Verein und die Abgrenzung zu sonstigen Vereinsregeln, NJW 1972, 121; *ders.*, Erstreckung der Vereinsgewalt auf Nichtmitglieder durch Rechtsgeschäft, Festschrift f. H. Westermann, 1974, 325; *Martinek*, Repräsentantenhaftung, 1979; *Meyer-Cording*, Die Vereinsstrafe, 1957; *Müller-Freienfels*, »Haftungsvertreter« und Stellvertreter, Festschrift f. H. Hübner, 1984, 627; *Mummenhoff*, Gründungssysteme und Rechtsfähigkeit, 1979; *Nass*, Person, Persönlichkeit und juristische Person, 1964; *Oestreich*, Der Vorstand und die fakultativen Organe im Verein, Rpfleger 2002, 67; *Oetker*, Der Wandel vom Ideal- zum Wirtschaftsverein, NJW 1991, 385; *Reichert*, Handbuch des Vereins- und Verbandsrechts, 10. Aufl., 2005; *Reuter*, Grenzen der Verbandsstrafgewalt, ZGR 1980, 101; *ders.*, Die Verfassung des Vereins gem. § 25 HGB, ZHR 1984, 523; *ders.*, Der Ausschluß aus dem Verein, NJW 1987, 2401; *Rittner*, Die werdende juristische Person, 1973; *Sauter/Schweyer/Waldner*, Der eingetragene Verein, 18. Aufl., 2006; *P. Schlosser*, Vereins- und Verbandsgerichtsbarkeit, 1972; *K. Schmidt*, Der bürgerlich-rechtliche Verein mit wirtschaftlicher Tätigkeit, AcP 182 (1982), 1; *ders.*, Systemfragen des Vereinsrechts, ZHR 1983, 43; *ders.*, Verbandszweck und Rechtsfähigkeit im Vereinsrecht, 1984; *ders.*, Der Vereinszweck nach dem Bürgerlichen Gesetzbuch, BB 1987, 556; *ders.*, Erlöschen eines eingetragenen Vereins durch Fortfall aller Mitglieder?, JZ 1987, 394; *ders.*, Eintragungsfähige und eintragungsunfähige Vereine, Rpfleger 1988, 45; *ders.*, Die BGB-Außengesellschaft: rechts- und parteifähig, NJW 2001, 1002; *Schockenhoff*, Der Grundsatz der Vereinsautonomie, AcP 193 (1993), 35; *Seifart/von Campenhausen*, Handbuch des Stiftungsrechts, 2. Aufl., 1999; *Serick*, Rechtsform und Realität juristischer Personen, 2. Aufl., 1980; *Sontheimer*, Das neue Stiftungsrecht, 2002; *Stöber*, Handbuch zum Vereinsrecht, 9. Aufl., 2004; *Stoltenberg*, Rechtsfähigkeit nichtrechtsfähiger Vereine, MDR 1989, 494; *Strickrodt*, Stiftungsrecht, 2. Aufl., 1977; *Turner*, Die Stiftung – eine Möglichkeit zukunftsorientierter Vermögensbindung, DB 1995, 413; *Vieweg*, Die gerichtliche Nachprüfung von Vereinsstrafen und -entscheidungen, JZ 1984, 167; *H. P. Westermann*, Die Verbandsstrafgewalt und das allgemeine Recht, 1972; *Wilhelm*, Rechtsform und Haftung bei der juristischen Person, 1981.

Fälle:

a) A, B und C wollen den »Gesangverein Liedertafel Schönberg e. V.« gründen, der nebenbei auch die Mitglieder mit verbilligten Liederbüchern versorgen soll. Wie wird der Verein rechtsfähig? **(Rdnr. 739)**

b) Die Mitgliederversammlung des e. V. beschließt mit 60 gegen 50 Stimmen bei 20 Enthaltungen, ein Vereinshaus von A zu kaufen. Wer schließt den Kaufvertrag für den Verein, wenn dieser einen dreiköpfigen Vorstand hat? **(Rdnr. 742, 745, 746)**

Wem gegenüber kann A den abgeschlossenen Vertrag wegen Irrtums anfechten? **(Rdnr. 745)**

c) Für ein Vereinsfest schließt der Festwart F mit dem Conferencier C einen Vertrag; bei den Verhandlungen betrügt er ihn. Beim Verlassen des Festes kommt der Gast G, der Eintritt gezahlt hat, vor dem Eingang des Vereinshauses zu Fall und bricht sich den Arm, weil der Hausmeister H trotz Glatteises nicht gestreut hat. Wegen des Glatteises vor dem Vereinshaus stürzt kurz danach der Spaziergänger S und zieht sich einen Bluterguss zu. C, G und S verlangen vom Verein Schadensersatz. **(Rdnr. 747, 748, 749, 750, 751)**

d) Die Mitgliederversammlung beschließt eine Satzungsänderung, wonach jedes einzelne Vorstandsmitglied nur zum Abschluss von Geschäften bis zu 1000,– € befugt ist. Das Vorstandsmitglied A kauft für den Verein ein Klavier für 2000,– €. **(Rdnr. 752, 755)**

Sie beschließt außerdem, dass anstelle des Vorstandsmitglieds B ab sofort Y in den Vorstand eintritt. Danach kauft B für den Verein Liederbücher für 300,– €. **(Rdnr. 753, 755)**

Muss der Verein zahlen, auch wenn die genannten Beschlüsse nicht ins Vereinsregister eingetragen worden sind? **(Rdnr. 754)**

e) Die Mitgliederversammlung beschließt unter Beteiligung des Mitglieds A mit einer Stimme Mehrheit, dass A Vorstandsmitglied wird und dass mit A ein Bierlieferungsvertrag abgeschlossen werden soll. **(Rdnr. 758)**

Ferner wird die Satzungsbestimmung, wonach Junggesellen einen geringeren Monatsbeitrag zu zahlen haben, durch Beschluss gegen die Stimme eines Junggesellen (J) gestrichen. **(Rdnr. 759)**

Später wird gegen die Stimme des J beschlossen, dass jeder Junggeselle monatlich 2,– € mehr an Beitrag zu zahlen hat. **(Rdnr. 761)**

Sind die Beschlüsse wirksam?

f) Das Vereinsmitglied X ist vom Vorstand mit einer Vereinsstrafe belegt worden; X soll wegen Diebstahls von Vereinseigentum eine Geldbuße von 50,– € zahlen. X möchte dagegen vorgehen, weil er vom Vorstand nicht angehört worden sei und weil er nicht gestohlen habe. **(Rdnr. 764, 766)**

g) Das einzige Vorstandsmitglied A des nicht rechtsfähigen Vereins kauft für diesen von X Waren. X verlangt Bezahlung vom Verein, von dem A und von dem besonders zahlungskräftigen Vereinsmitglied B. **(Rdnr. 770, 771, 773, 774)**

I. Einführung

Am Rechtsverkehr nehmen nicht nur einzelne Menschen, sondern auch Vereinigungen von Menschen und sogar Vermögensmassen teil.

1. Personenvereinigungen

a) Beschließen etwa drei Freunde gemeinsam, ein Konzert zu veranstalten, so müssen sie einen Konzertsaal mieten, Künstler verpflichten, Eintrittskarten und Programme drucken lassen usw. Das Gesetz stellt für eine solche Personenvereinigung (= BGB-Gesellschaft) in den §§ 705 ff. Regeln auf, die gelten sollen, wenn die Beteiligten sich gegenseitig verpflichten, um einen gemeinsamen Zweck zu erreichen. Diese Vorschriften beruhen auf der Erwägung, dass eine Gesellschaft aus wenigen Personen mit enger Beziehung zueinander besteht. Deshalb sollen die Gesellschafter die Geschäfte der Gesellschaft gemeinschaftlich führen (§ 709 I). Wegen der engen Beziehung der Gesellschafter untereinander kann grundsätzlich kein Gesellschafter aus der Gesellschaft ausscheiden, ohne dass dadurch die Gesellschaft aufgelöst wird. Eine Ausnahme besteht nur bei einer Fortsetzungsvereinbarung im Gesellschaftsvertrag (vgl. § 736 I). Stirbt also einer der Freunde, ist die Gesellschaft aufgelöst, sofern nicht im Gesellschaftsvertrag etwas anderes vereinbart ist (§ 727 I).

b) Die Vorschriften über die Gesellschaft passen nicht für Vereinigungen, zu **729**
denen viele Personen gehören. Hier soll z. B. die Existenz des Vereins nicht davon abhängig sein, ob neue Mitglieder eintreten oder bisherige Mitglieder aus dem Verein ausscheiden.

Daher sieht das Gesetz in verschiedenen Vorschriften ausdrücklich die Möglichkeit vor, dass eine Personenvereinigung unter bestimmten Voraussetzungen Rechtssubjekt wird (z. B. der eingetragene Verein; §§ 21 ff.). Dann ist diese Vereinigung – wie der einzelne Mensch – Person im Rechtssinne. Man bezeichnet sie – im Gegensatz zur natürlichen Person – als juristische Person. Sie ist rechtsfähig, kann also Träger von Rechten (z. B. des Anspruchs auf Gebrauchsüberlassung) und Pflichten (z. B. der Verpflichtung zur Mietzinszahlung) sein. Weil die Vereinigung selbst tatsächlich nicht handeln kann, handelt sie durch ihre Organe (z. B. den Vorstand), so dass sie auf diese Weise auch im Rechtssinne handlungsfähig ist. Scheiden Personen aus der Vereinigung aus oder treten andere ihr bei, so ändert das an der Identität der Vereinigung nichts; diese ist vom Mitgliederwechsel unabhängig.

2. Vermögensmassen **730**

Auch bei Vermögensmassen kann das Bedürfnis bestehen, eine selbstständige Rechtspersönlichkeit zu schaffen. Will jemand mit einem Teil seines Vermögens einen bestimmten (z. B. caritativen, künstlerischen) Zweck verfolgen, so kann das auf die Weise geschehen, dass er alle erforderlichen Geschäfte selbst tätigt, aus denen er dann auch selbst berechtigt und verpflichtet ist. Vielfach will oder kann er das jedoch nicht. Manchmal möchte jemand, dass sein Vermögen erst nach seinem Tode ganz oder zum Teil für einen bestimmten Zweck verwandt wird. Das Gesetz gibt die Möglichkeit, dass die Vermögensmasse verselbstständigt und selbst zur juristischen Person wird (Stiftung: §§ 80 ff.). Eine solche Vermögensmasse kann selbst Träger von Rechten und Pflichten werden sowie durch ihr Organ (den Vorstand) handeln.

II. Arten **731**

Juristische Personen sind die *von der Rechtsordnung als selbstständige Rechtsträger anerkannten Personenvereinigungen oder Vermögensmassen.*

Dazu gehören auch die juristischen Personen des *öffentlichen* Rechts (vgl. § 89). Es handelt sich um selbstständige Träger öffentlicher Verwaltung, die auf einem staatlichen

Hoheitsakt (z. B. Gesetz) beruhen. Die Körperschaften des öffentlichen Rechts (z. B. Staat, Gemeinde, Kirche) sind Personenvereinigungen und insoweit den Vereinen vergleichbar. Die Anstalten (z. B. Stadtsparkasse, Rundfunkanstalt) und die Stiftungen des öffentlichen Rechts (z. B. Stiftung preußischer Kulturbesitz, Stiftung Hilfswerk für behinderte Kinder) sind keine Personenvereinigungen, sondern Vermögensmassen und ähneln den Stiftungen des Privatrechts.

Auch eine juristische Person des öffentlichen Rechts kann am Privatrechtsverkehr teilnehmen (z. B. Räume mieten, Büromaterial kaufen). Der Staat (Bundesrepublik Deutschland, Bundesland) als Privatrechtssubjekt wird Fiskus genannt.

Bei den juristischen Personen des *privaten* Rechts ist zwischen Vereinen, Stiftungen und verschiedenen Gesellschaften zu unterscheiden.

732 *1. Verein*

Der Verein ist ein auf Dauer angelegter Zusammenschluss von Personen zur Verfolgung eines gemeinsamen Zwecks mit einer körperschaftlichen Verfassung. Diese kommt in einer Verselbstständigung des Vereins gegenüber den Mitgliedern (Vereinsname, Vertretung durch den Vorstand, Bestand des Vereins unabhängig von einem Mitgliederwechsel) zum Ausdruck. Unter den Voraussetzungen der §§ 21, 22 ist er mit eigener Rechtspersönlichkeit ausgestattet.

a) Der Verein besteht aus einer *Mehrheit von Personen*; er hat – anders als die Stiftung – Mitglieder. Er ist auf Dauer angelegt. Sein Bestand wird anders als bei einer BGB-Gesellschaft vom Mitgliederwechsel nicht berührt.

b) Der *Zweck* des Vereins ergibt sich aus der Satzung (vgl. § 57 I). Der Wille der Mitglieder (Mitgliederversammlung) ist für die Verwaltung des Vereins entscheidend. Demnach ist der Vereinswille im Gegensatz zum Stiftungswillen (Rdnr. 734) eigengesetzlich (autonom).

733 c) Der Verein ist eine *selbstständige Rechtspersönlichkeit*. Seine Rechtsfähigkeit erlangt er durch Eintragung im Vereinsregister (§ 21) oder durch staatliche Verleihung (§ 22).

Manche Vereine lassen sich bewusst nicht ins Vereinsregister eintragen. Dazu gehören z.B. die meisten Gewerkschaften und einige politische Parteien. Der *nicht eingetragene Verein* (Rdnr. 768 ff.) hat bis auf die fehlende Eintragung im Vereinsregister alle Merkmale des rechtsfähigen Vereins. Deshalb ist er in seiner Rechtsstellung weitgehend dem eingetragenen Verein angeglichen (Rdnr. 770).

Entsprechendes gilt für den *Vorverein*, der im Vereinsregister eingetragen werden soll (§ 21) oder bei dem der staatliche Verleihungsakt (§ 22) noch aussteht.

734 *2. Stiftung*

a) Die Stiftung (§§ 80 ff.) ist eine mit juristischer Persönlichkeit ausgestattete Vermögensmasse zur Verwirklichung des vom Stifter bestimmten Zwecks.

(1) Die Stiftung besteht aus einer Vermögensmasse, dem *Stiftungsvermögen*; sie ist also im Gegensatz zum Verein *keine Personenvereinigung*. Sie hat keine Mitglieder; die von ihr begünstigten Personen (sog. Destinatäre) sind weder ihre Mitglieder noch ihre Organe.

(2) Der von der Stiftung *zu verwirklichende Zweck* ergibt sich aus dem vom Stifter im Stiftungsgeschäft festgelegten Willen; danach muss die Stiftung verwaltet werden. Infolgedessen ist der Stiftungswille im Gegensatz zum Vereinswillen fremdgesetzlich (heteronom).

Der Stiftungszweck kann z.B. darin bestehen, dass aus den Erträgen des Stiftungsvermögens bestimmte karitative oder soziale Projekte durch Zuschüsse oder Personen durch Stipendien gefördert werden. Möglich sind auch Familienstiftungen, die Leistungen an die Mitglieder einer bestimmten Familie erbringen, sowie unternehmensverbundene Stiftungen, die z.B. auf den Betrieb eines Unternehmens zu einem bestimmten weitergehenden Zweck gerichtet sind.

(3) Die Stiftung ist eine *selbstständige Rechtspersönlichkeit*. Dadurch unterscheidet sie sich von der unselbstständigen Stiftung und vom Sammelvermögen.

Bei der *unselbstständigen (fiduziarischen) Stiftung* wird eine Zuwendung zu einem bestimmten Zweck an eine bereits bestehende (meist juristische) Person gemacht (z. B. eine Zahlung eines Geldbetrages an die Stadt zum Bau eines Sportplatzes).

Bei einem sog. *Sammelvermögen* handelt es sich um ein Vermögen, das durch eine Sammlung für einen bestimmten Zweck (z. B. zum Bau eines Sportplatzes) zusammenkommt. Hier wird in der Regel anzunehmen sein, dass das gesammelte Geld Eigentum der Sammler wird, die es dem Sammlungszweck entsprechend zu verwerten haben.

b) Zur *Entstehung* der Stiftung sind ein entsprechendes Rechtsgeschäft des Stifters (Stiftungsgeschäft) und eine staatliche Anerkennung (§ 80 I) erforderlich. **735**

(1) Das *Stiftungsgeschäft* ist eine nicht empfangsbedürftige Willenserklärung des Stifters (§ 80), die der Schriftform bedarf (§ 81 I). Es kann auch in einer Verfügung von Todes wegen (Testament, Erbvertrag) enthalten sein (§ 83).

(2) Die *staatliche Anerkennung* erfolgt durch Verwaltungsakt der zuständigen Behörde des Bundeslandes, in dem die Stiftung ihren Sitz haben soll (§ 80 I). Durch sie soll eine staatliche Kontrolle erreicht werden.

Die Zuständigkeit für die Anerkennung ist in den jeweiligen Stiftungsgesetzen der Bundesländer verschieden geregelt. Meist liegt sie beim Innenministerium oder beim Regierungspräsidenten.

c) Die *Verfassung* der Stiftung richtet sich nach Bundes- und Landesrecht sowie nach dem Stiftungsgeschäft (§ 85). Die Stiftung muss als Organ einen Vorstand haben, für den weitgehend das Vereinsrecht gilt (§ 86).

d) Für das *Ende* der Stiftung gelten die §§ 86–88.

3. Sonstige Personenvereinigungen

Außer dem im BGB geregelten Verein gibt es noch *andere juristische Personen* des privaten Rechts, die keine Vermögensmassen, sondern Personenvereinigungen sind. Ihre Rechtsfähigkeit ergibt sich jeweils aus dem Gesetz.

Beispiele: Aktiengesellschaft – AG (§ 1 I 1 AktG), Kommanditgesellschaft auf Aktien – KGaA (§ 278 I 1 AktG), Gesellschaft mit beschränkter Haftung – GmbH (§ 13 I GmbHG), eingetragene Genossenschaft – eG (§ 17 I GenG), Versicherungsverein auf Gegenseitigkeit – VVaG (§ 15 VAG).

Keine juristischen Personen sind die offene Handelsgesellschaft – OHG (§§ 123 ff. HGB) und die Kommanditgesellschaft – KG (§§ 161 ff. HGB). Sie sind handelsrechtliche Sonderformen der Gesellschaft nach § 705.

736 III. Der rechtsfähige Verein

1. Gesetzliche Grundlagen

Normen über den Verein finden sich in der Verfassung, im Vereinsgesetz und im BGB.

a) Nach Art. 9 I GG haben alle Deutschen das Recht, Vereine und Gesellschaften zu bilden. Diese Vereinigungs- oder Vereinsfreiheit, die Teil der allgemeinen Freiheit auf Entfaltung der Persönlichkeit (Art. 2 I GG) ist, wird auch in den meisten Länderverfassungen gewährleistet. Jedoch sind nach Art. 9 II GG Vereinigungen verboten, deren Zweck oder deren Tätigkeit den Strafgesetzen zuwiderläuft oder sich gegen die verfassungsmäßige Ordnung oder gegen den Gedanken der Völkerverständigung richtet. Das öffentliche Vereinsrecht wird im Einzelnen durch das VereinsG v. 5. 8. 1964 geregelt.

b) Das Privatrecht des Vereins ist im BGB (§§ 21–79) normiert. Dabei handeln alle Bestimmungen bis auf § 54 vom rechtsfähigen Verein; § 54 verweist für den nicht rechtsfähigen Verein (Rdnr. 768) auf die Vorschriften über die Gesellschaft (§§ 705 ff.).

737 *2. Entstehung*

Zur Entstehung eines rechtsfähigen Vereins ist zweierlei erforderlich: Zunächst müssen die Gründer einen Gründungsvertrag schließen. Sodann bewirkt ein Staatsakt, dass der Personenverband die Rechtsfähigkeit erlangt.

a) Die Gründung des Vereins erfolgt durch übereinstimmende Willenserklärungen der Gründer. Dieses Rechtsgeschäft kann man als *Gründungsvertrag* bezeichnen. Die Gültigkeit der Willenserklärung des einzelnen Gründers richtet sich nach den allgemeinen Vorschriften.

Die einzelne Willenserklärung kann also auch wegen Irrtums (§ 119) angefochten werden. Wenn jedoch der Verein bereits ins Leben getreten ist, scheidet eine rückwirkende Vernichtung der Willenserklärung nach § 142 I wegen des Gläubigerschutzes und der Abwicklungsschwierigkeiten aus (Rdnr. 438); die Anfechtung wirkt nur ex nunc, so dass der Willensmangel praktisch ein Recht zum Austritt aus dem Verein gibt[371].

Im Gründungsvertrag muss eine Satzung des Vereins enthalten sein (vgl. § 25); sie muss den Zweck, Namen und Sitz des Vereins festlegen und ergeben, dass der Verein eingetragen werden soll (§ 57 I).

b) Die *staatliche Mitwirkung* bei der Entstehung des rechtsfähigen Vereins ist verschieden, je nachdem, ob es sich um einen wirtschaftlichen oder nichtwirtschaftlichen Verein handelt. **738**

(1) Ein *wirtschaftlicher Verein* wird rechtsfähig durch *staatliche Verleihung* der Landesbehörde (vgl. § 22); die Zuständigkeit ergibt sich aus dem jeweiligen Landesrecht.

Ein wirtschaftlicher Verein liegt vor, wenn der Hauptzweck des Vereins darauf gerichtet ist, durch einen wirtschaftlichen Geschäftsbetrieb vermögenswerte Vorteile für den Verein oder unmittelbar für dessen Mitglieder zu erzielen[372].

Beispiele: Vereine, die eine Darlehenskasse oder ein Inkasso für die Mitglieder betreiben.

Wirtschaftliche Vereine nach bürgerlichem Recht kommen in der Praxis selten vor, da die meisten wirtschaftlichen Vereinigungen nach anderen Rechtsnormen (z. B. AktG, GmbHG, GenG) die Rechtsfähigkeit erlangen. In den Spezialgesetzen sind hinreichende Sicherungen vor allem für den Schutz der Gläubiger und auch der einzelnen Mitglieder vorgesehen. Solche Sicherungen fehlen im Vereinsrecht; deshalb behält sich der Staat durch die Verleihung Einfluss auf die Entstehung wirtschaftlicher Vereine vor (sog. Konzessionssystem). Wird die staatliche Verleihung der Rechtsfähigkeit für einen wirtschaftlichen Verein beantragt, hat die Behörde zu prüfen, ob nicht die Erlangung der Rechtsfähigkeit nach anderen Gesetzen in Betracht kommt und ob der Verein nach seiner Satzung auch die Interessen der Gläubiger und der einzelnen Mitglieder genügend schützt.

(2) Ein *nichtwirtschaftlicher Verein* (Idealverein) erlangt Rechtsfähigkeit **739**
durch *Eintragung in das Vereinsregister* (§ 21).

Ein Idealverein liegt vor, wenn der Hauptzweck nicht darauf gerichtet ist, vermögenswerte Vorteile zu erzielen. Dabei schadet es nicht, wenn der Verein zur Erreichung eines solchen Zwecks auch wirtschaftliche Geschäfte betreibt.

371 *Staudinger/Weick*, § 21 Rdnr. 19.
372 Vgl. RGZ 154, 351; BGHZ 85, 92.

Beispiele: Vereine mit kulturellem, religiösem, politischem oder wissenschaftlichem Hauptzweck (Deutsche Vereinigung für Sportrecht e.V.); Wohltätigkeitsvereine; Geselligkeitsvereine. Der geplante Gesangverein im **Fall a** ist ein Idealverein, auch wenn er (als Nebenzweck) die Mitglieder mit verbilligten Liederbüchern versorgen will.

Die Eintragung des Idealvereins in das Vereinsregister muss erfolgen, wenn die gesetzlichen Voraussetzungen erfüllt sind (sog. Normativsystem).

Voraussetzung für die Eintragung ist eine Anmeldung des Vereins durch seinen Vorstand beim Amtsgericht (Einzelheiten: §§ 55, 59). Die einzureichende Satzung *muss* bestimmte Mindesterfordernisse (§ 57) und *soll* weitere Angaben (§ 58) enthalten. Die Eintragung soll nur erfolgen, wenn die Zahl der Mitglieder mindestens sieben beträgt (§ 56; **Fall a**). Ist eine der in §§ 56–59 genannten Voraussetzungen nicht erfüllt, ist die Anmeldung vom Amtsgericht zurückzuweisen (§ 60). Andernfalls hat das Amtsgericht die Anmeldung der zuständigen Verwaltungsbehörde mitzuteilen, die unter bestimmten Voraussetzungen (vgl. Art. 9 II GG) Einspruch erheben kann. Mit der Eintragung erhält der Name des Vereins den Zusatz »eingetragener Verein« (§ 65). § 79 enthält Verfahrensvorschriften über die Einsicht ins Vereinsregister. Die Landesregierungen können durch RechtsVO bestimmen, dass und in welchem Umfang das Vereinsregister im Wege der elektronischen Datenverarbeitung geführt wird (Einzelheiten: § 55 a; Registerverfahrensbeschleunigungsgesetz vom 20. 12. 1993[373]);

Die *Eintragung* im Vereinsregister begründet die Rechtsfähigkeit des nichtwirtschaftlichen Vereins (§ 21); sie hat also *rechtsbegründende (= konstitutive) Wirkung*. Insoweit unterscheidet sich die Eintragung des nichtwirtschaftlichen von der des wirtschaftlichen Vereins. Da der wirtschaftliche Verein durch staatliche Verleihung seine Rechtsfähigkeit erlangt (§ 22), hat seine Eintragung im Vereinsregister keine rechtsbegründende, sondern lediglich eine feststellende (= deklaratorische) Bedeutung; sie stellt klar, was ohnehin schon (durch die staatliche Verleihung) rechtens ist.

740 *3. Organe*

Notwendige Organe des Vereins sind die Mitgliederversammlung und der Vorstand. Die Satzung kann außerdem noch andere Organe (z. B. Ausschüsse) vorsehen.

a) Die *Mitgliederversammlung* ist das oberste Organ des Vereins.

(1) Sie hat die *Aufgabe*, alle Vereinsangelegenheiten zu ordnen, die nicht durch Gesetz oder Satzung dem Vorstand oder einem anderen Vereinsorgan zugewiesen sind (§ 32 I 1). Vor allem überwacht sie die Tätigkeit des Vorstands; sie kann ihm im Rahmen des Gesetzes und der Satzung auch Weisungen erteilen, die er auszuführen hat.

373 BGBl. I, 2182.

Kraft Gesetzes gehören zu den Aufgaben der Mitgliederversammlung z. B. die Bestellung und Abberufung des Vorstandes (§ 27), die Satzungsänderung (§ 33; § 71), die Vereinsauflösung (§ 41; § 74 II). Die Satzung kann z. B. die Zuständigkeit der Mitgliederversammlung für die Aufnahme oder den Ausschluss von Mitgliedern vorsehen.

(2) Die *Einberufung* einer Mitgliederversammlung hat in den durch die Satzung bestimmten Fällen (z. B. Jahreshauptversammlung jeweils im Januar) sowie dann zu erfolgen, wenn das Interesse des Vereins es erfordert (z. B. vor Abschluss eines für den Verein wichtigen Geschäfts) oder wenn eine Minderheit es verlangt (vgl. §§ 36, 37). **741**

Die Form der Einberufung ergibt sich aus der Satzung (vgl. § 58 Nr. 4). Regelmäßig lädt der Vorstand ein. Er hat vor allem die satzungsgemäße Form (z. B. Brief) und Frist (z. B. mindestens zwei Wochen vor der Versammlung) zu beachten, und er muss neben Ort und Zeit der Versammlung auch mitteilen, was Gegenstand der Beschlussfassung sein soll (Tagesordnung; vgl. § 32 I 2). Nach der Satzung kann es zulässig sein, dass Gegenstände zur Beschlussfassung noch nach der Einberufung der Mitgliederversammlung auf die Tagesordnung gesetzt werden; diese müssen aber den Mitgliedern so rechtzeitig vor dem Zusammentritt der Versammlung mitgeteilt werden, dass genügend Zeit zu einer sachgerechten Vorbereitung bleibt[374]. Werden die Vorschriften der Satzung nicht beachtet, sind die von der Mitgliederversammlung gefassten Beschlüsse ungültig; ein Formfehler bewirkt nur dann keine Ungültigkeit, wenn er das Abstimmungsergebnis nicht beeinflusst haben kann[375].

(3) Die *Beschlussfassung* setzt Beschlussfähigkeit der Mitgliederversammlung voraus. § 32 I 3 stellt auf die erschienenen Mitglieder ab. Ist also nur ein einziges Mitglied erschienen, ist die Mitgliederversammlung beschlussfähig. Oft sieht aber die Satzung zulässigerweise (vgl. § 40) vor, dass die Mitgliederversammlung nur beschlussfähig ist, wenn eine bestimmte Anzahl oder ein bestimmter Prozentsatz von Mitgliedern anwesend ist. **742**

Bei der Beschlussfassung entscheidet nach § 32 I 3 grundsätzlich die Mehrheit der erschienenen Mitglieder. Zu einer Satzungsänderung ist eine Mehrheit von drei Viertel der erschienenen Mitglieder, zu einer Änderung des Vereinszwecks die Zustimmung aller (auch der nicht erschienenen) Mitglieder erforderlich (§ 33 I). Die Satzung kann jedoch in allen Fällen etwas anderes bestimmen (vgl. § 40). Soweit sich eine anderweitige Regelung auch auf die Änderung des Vereinszwecks beziehen soll, muss sich das eindeutig aus der Satzung ergeben[376].

Im **Fall b** ist die nach § 32 I 3 erforderliche Mehrheit der erschienenen Mitglieder (= absolute Mehrheit) nicht erreicht; die Stimmenthaltungen müssten sich demnach wie Nein-Stimmen auswirken. Jedoch will das Mitglied durch seine Stimmenthaltung in aller Regel dartun, dass seine Stimme nicht mitzuzählen ist. Deshalb sollte ein solches Mitglied

374 Vgl. BGHZ 99, 123.
375 Vgl. BGHZ 59, 375.
376 BGH NJW 1986, 1034 f.

als »nicht erschienen« i.S.d. § 32 I 3 zu behandeln sein[377]. Um Unklarheiten zu vermeiden, sollte die Satzung ausdrücklich vorsehen, dass die Mehrheit der abgegebenen Stimmen (= relative Mehrheit) entscheidend sein soll. Damit ist im **Fall b** mit 60 : 50 Stimmen die erforderliche Mehrheit gegeben.

743 b) Der *Vorstand* ist ebenfalls ein notwendiges Organ des Vereins; er kann aus mehreren Personen bestehen (§ 26 I). Er wird durch Beschluss der Mitgliederversammlung bestellt (§ 27 I); die Bestellung ist jederzeit widerruflich (§ 27 II 1). Die Satzung kann vorsehen, dass die Bestellung durch einen Ausschuss oder durch Dritte erfolgt (vgl. § 40 I) und ein Widerruf nur bei Vorliegen eines wichtigen Grundes zulässig ist (§ 27 II 2). Jedoch ist es nicht möglich, die Widerrufsmöglichkeit durch die Satzung ganz auszuschließen (vgl. §§ 27 II, 40).

Oft sieht die Satzung eine zeitlich begrenzte Amtsdauer des Vorstands vor; dann endet mit dem Zeitablauf das Vorstandsamt. Wenn nach der Satzung nur ein Vereinsmitglied Vorstand sein kann, endet das Amt mit dem Ende der Mitgliedschaft (z. B. mit dem Austritt aus dem Verein).

744 (1) Dem Vorstand obliegt die *Geschäftsführung* des Vereins. Er ist also im Innenverhältnis gegenüber den Vereinsmitgliedern zur Vornahme aller Handlungen befugt, die auf eine Förderung des Vereinszwecks gerichtet sind. Dabei hat er wie ein Beauftragter die Interessen des Vereins wahrzunehmen (§§ 27 III, 664–670). Er hat also die Pflicht, die Geschäfte des Vereins persönlich und ordnungsgemäß zu führen. Dabei hat er Gesetz, Satzung und die Weisungen der Mitgliederversammlung zu beachten sowie ihre Beschlüsse durchzuführen. Dem Verein ist er zur Auskunft und zur Rechenschaft verpflichtet. Verletzt er schuldhaft seine Pflicht (z. B. zur Führung der Vereinsbücher) und entsteht dadurch dem Verein ein Schaden, ist er dem Verein nach allgemeinen Vorschriften schadensersatzpflichtig.

Die Auftragsregeln gelten nur, wenn das Vorstandsmitglied das Amt ehrenamtlich ausübt (§ 662: »unentgeltlich«). Wird das Vorstandsmitglied jedoch gegen Entgelt tätig, besteht zwischen ihm und dem Verein ein Dienstvertrag (vgl. § 611).

Besteht der Vorstand aus mehreren Personen, erfolgt die Beschlussfassung in Ermangelung abweichender Satzungsvorschriften wie bei der Mitgliederversammlung (§§ 28 I, 40), also grundsätzlich durch Mehrheitsentscheidung (§ 32 I 3).

745 (2) Im Außenverhältnis hat der Vorstand die Stellung eines *gesetzlichen Vertreters* (§ 26 II; vgl. Rdnr. 531). Schließt also der Vorstand im Namen des Vereins mit einem Dritten einen Vertrag, wird der Verein (nicht der Vorstand und nicht das einzelne Vereinsmitglied) Vertragspartner. Die Vertretungsmacht des Vorstands ist grundsätzlich unbeschränkt, aber durch die Satzung beschränkbar (§ 26 II 2). Jedoch wirkt eine Beschränkung der Vertretungsmacht gegenüber

377 BGHZ 83, 35; str.

einem gutgläubigen Dritten nur, wenn sie im Vereinsregister eingetragen ist (§ 70; Rdnr. 753 ff.). Überschreitet der Vorstand seine Vertretungsmacht, greifen die §§ 177 ff. (Rdnr. 594 ff.) ein.

Besteht der Vorstand aus mehreren Personen, so fragt sich, ob bei der Aktivvertretung (Rdnr. 508) alle Vorstandsmitglieder zusammen den Verein vertreten müssen oder ob dies schon die Mehrheit der Vorstandsmitglieder kann. Das Gesetz enthält keine Regelung. Aus Praktikabilitätsgründen sollte in analoger Anwendung des § 28 I i. V. m. § 32 I 3 eine Vertretung durch die Mehrheit möglich sein[378]. Jedenfalls dürfte sich eine Regelung in der Satzung (z. B. Einzelvertretungsmacht jedes Vorstandsmitglieds, gemeinschaftliche Vertretung durch zwei Vorstandsmitglieder) empfehlen. Auch wenn alle oder mehrere Vorstandsmitglieder nur zusammen den Verein vertreten können, ist es nicht erforderlich, dass sie die Willenserklärung gemeinsam gegenüber dem Dritten abgeben. Es reicht aus, wenn ein Vorstandsmitglied von den übrigen zur Vornahme des Rechtsgeschäfts bevollmächtigt wird, was durch einen Vorstandsbeschluss geschehen kann. – Zur Passivvertretung (Rdnr. 508) ist nach der zwingenden Vorschrift des § 28 II (vgl. § 40) jedes Vorstandsmitglied allein befugt.

Im **Fall b** können mangels abweichender Satzungsbestimmung zwei Vorstandsmitglieder für den Verein den Kaufvertrag abschließen. Der Verein ist aus dem Kaufvertrag berechtigt und verpflichtet, selbst wenn sich die Mehrheit der Mitgliederversammlung gegen den Kauf ausgesprochen hat und der Vorstand deshalb gegenüber dem Verein verpflichtet war, den Kaufvertrag nicht abzuschließen. – Die Anfechtungserklärung braucht A nur gegenüber einem der Vorstandsmitglieder abzugeben (§ 28 II). – Selbstverständlich kann sich der Verein bei Abschluss des Kaufvertrages und bei der Entgegennahme der Anfechtungserklärung durch einen Bevollmächtigten (§§ 164 ff.) vertreten lassen.

4. Verantwortlichkeit 746

Für die Verantwortlichkeit des Vereins ist zwischen rechtsgeschäftlichen Erfüllungsansprüchen und Schadensersatzansprüchen zu unterscheiden.

a) Hat der Vorstand oder ein bevollmächtigter Vertreter des Vereins durch Rechtsgeschäft eine Verpflichtung des Vereins begründet, so ist der Verein zur *Erfüllung* verpflichtet.

So hat der Verein im **Fall b** den Kaufpreis zu zahlen, wenn der Vorstand das Vereinshaus für den Verein gekauft hat.

b) Für den einem anderen zugefügten *Schaden* haftet der Verein aus Rechtsgeschäft oder Delikt.

(1) Die Haftung aus *Rechtsgeschäft* richtet sich danach, ob ein Organ oder ein Erfüllungsgehilfe gehandelt hat.

378 H. M.; MüKo/*Reuter*, § 26 Rdnr. 16.

(a) Nach der zwingenden Vorschrift des § 31 haftet der Verein für den Schaden, den ein Organ durch eine in Ausführung der ihm zustehenden Verrichtungen begangene, zum Schadensersatz verpflichtende Handlung einem Dritten zufügt. Diese *Organhaftung* des Vereins beruht auf der Erwägung, dass die Handlung des Organs als Handlung des Vereins selbst gilt; deshalb soll der Verein für die Handlung des Organs einstehen, wie eine natürliche Person für ihre eigene Handlung einzustehen hat.

Diese Erwägung trifft auch für andere juristische Personen zu. Deshalb ist § 31 z. B. auch bei Stiftungen (§ 86), Aktiengesellschaften und Gesellschaften mit beschränkter Haftung anwendbar.

§ 31 gilt nach § 89 I auch für juristische Personen des öffentlichen Rechts (z. B. Staat, Gemeinde, Universität). Sie sollen jedoch haftungsrechtlich nur dann wie solche des Privatrechts behandelt werden, wenn ihre Organe privatrechtlich (fiskalisch) tätig werden; nur insoweit greift § 31 ein.

Der gesetzgeberische Grund des § 31 trifft auch für Vereinigungen zu, die – wie die OHG, die KG und der nicht eingetragene Verein – zwar keine juristischen Personen sind, aber doch durch ihre Organe handeln. Deshalb ist die Vorschrift nach richtiger Ansicht auch hier entsprechend anzuwenden.

Für die Gesellschaft bürgerlichen Rechts (§§ 705 ff.; vgl. Rdnr. 728) sollte § 31 nach einer früher vertretenen Ansicht nicht gelten, weil sie zu wenig körperschaftlich organisiert sei[379]. Sie sei nicht rechtsfähig, die für sie handelnden Gesellschafter seien keine »Organe«, und ihr deliktisches Handeln könne der Gesellschaft nicht zugerechnet werden. Dieses Verständnis von der Rechtssubjektivität der Gesellschaft und ihrer Haftungsverfassung hat sich inzwischen geändert. Seit der Entscheidung des BGH vom 29.1.2001[380] ist anerkannt, dass auch die Gesellschaft bürgerlichen Rechts Rechtsfähigkeit besitzt, soweit sie durch Teilnahme am Rechtsverkehr eigene Rechte und Pflichten begründet (Außengesellschaft). Das gilt auch für gesetzliche Verbindlichkeiten z.B. aus Delikt. Demnach muss sich die Gesellschaft das zum Schadensersatz verpflichtende Handeln ihrer Gesellschafter analog § 31 zurechnen lassen[381].

747 § 31 setzt im Einzelnen voraus:

– Es muss der *Vorstand, ein Mitglied des Vorstands oder ein anderer verfassungsmäßig berufener Vertreter* gehandelt haben. Unter einem solchen Vertreter ist nach dem Gesetzeswortlaut ein Vertreter zu verstehen, dessen Bestellung in der Satzung (unmittelbar oder wenigstens mittelbar) vorgesehen ist. Dazu gehört sicherlich der besondere Vertreter nach § 30. Die Rechtsprechung geht aber weit darüber hinaus. Danach ist verfassungsmäßig berufener Vertreter eine Person, der »durch die allgemeine Betriebsregelung und Handhabung bedeutsame, wesensmäßige Funktionen der juristischen Person zur selbstständigen,

379 BGHZ 45, 312.
380 BGH NJW 2001, 1056.
381 BGH NJW 2003, 1445, 1446; bestätigt in NJW 2003, 2984, 2985.

eigenverantwortlichen Erfüllung zugewiesen sind, dass er also *die juristische Person auf diese Weise repräsentiert*«[382].

Im **Fall c** fällt der Festwart, nicht aber der Hausmeister unter § 31.

– Die Handlung muss *in Ausführung der dem Organ zustehenden Verrichtung* begangen sein. Erforderlich ist ein innerer Zusammenhang der Handlung mit den zugewiesenen Verrichtungen. **748**

Im **Fall c** gehört der Abschluss von Geschäften zur Durchführung des Vereinsfestes zu den Aufgaben des Festwarts. Der Betrug bei den Vertragsverhandlungen steht im Zusammenhang mit den dem F zugewiesenen Verrichtungen.

– Das Organ muss eine *zum Schadensersatz verpflichtende Handlung* begangen haben. In Betracht kommen vor allem schuldhafte Vertragsverletzungen. § 31 ist also allein keine Anspruchsgrundlage, sondern nur eine Zurechnungsnorm; die Bestimmung bewirkt nur, dass der Verein in den Fällen schadensersatzpflichtig ist, in denen auch eine natürliche Person schadensersatzpflichtig wäre. **749**

Die Rechtsprechung hat die Haftung des Vereins nach § 31 auf *Organisationsmängel* ausgedehnt[383]. Hat ein Organ des Vereins es unterlassen, in einer Vereinsangelegenheit einen besonderen Vertreter oder eine Hilfsperson zu bestellen, so haftet der Verein für den Schaden, der einem anderen aus diesem Organisationsmangel entsteht. Die h. M. wendet in solchen Fällen § 31 entsprechend an[384].

Hätte der Verein im **Fall c** keinen Hausmeister oder keine andere Person bestellt, die für den gefahrlosen Zustand des Vereinshauses (einschl. Straße, Zugang, Treppen usw.) verantwortlich ist, würde er nach § 31 (analog) für die Schäden des G einzustehen haben.

(b) Nach § 278 hat der Verein für ein Verschulden seines Erfüllungsgehilfen im Rahmen eines bestehenden Schuldverhältnisses einzustehen. **750**

Im **Fall c** bedient sich der Verein des H zur Erfüllung seiner Verbindlichkeiten. Der Verein ist auf Grund des zwischen ihm und dem G geschlossenen Vertrages auch verpflichtet, dafür zu sorgen, dass G ohne Gesundheitsbeschädigung das Fest verlassen kann. Durch das schuldhafte Unterlassen des H, vor dem Eingang des Vereinshauses zu streuen, entsteht der Schaden des G. Deshalb ist ihm der Verein schadensersatzpflichtig.

(2) Die Haftung aus *Delikt* richtet sich danach, ob ein Organ oder ein Verrichtungsgehilfe gehandelt hat.

(a) Die Organhaftung bestimmt sich auch hier nach § 31.

382 So BGHZ 49, 21: Filialleiter einer Auskunftei.
383 Vgl. BGHZ 24, 212.
384 Vgl. BGH NJW 1980, 2811; MüKo/*Reuter*, § 31 Rdnr. 4 ff.; *Staudinger/Weick*, § 31 Rdnr. 29 ff., 34 ff.

Im **Fall c** haftet der Verein nach §§ 31, 823 II i. V. m. § 263 StGB für den Schaden, der dem C durch den Betrug des F entstanden ist. – Unabhängig davon ist F selbst nach § 823 II dem C schadensersatzpflichtig; § 31 schließt eine Eigenhaftung des handelnden verfassungsmäßigen Vertreters nicht aus.

751 (b) Nach § 831 haftet der Verein, der einen anderen zu einer Verrichtung bestellt hat, für den Schaden, den der Verrichtungsgehilfe in Ausführung der Verrichtung einem Dritten widerrechtlich zufügt. § 831 setzt im Gegensatz zu § 278 kein bestehendes Schuldverhältnis voraus. Eine Ersatzpflicht tritt aber nicht ein, wenn der Geschäftsherr dartun kann, dass ihn kein Verschulden trifft, er also bei der Auswahl des Verrichtungsgehilfen, bei der Beschaffung von Vorrichtungen und Gerätschaften und bei der Leitung der Ausführung der Verrichtung die im Verkehr erforderliche Sorgfalt beobachtet hat, oder dass der Schaden auch bei Anwendung der gebotenen Sorgfalt entstanden wäre (§ 831 I 2). Gelingt dem Geschäftsherrn dieser Entlastungsbeweis nicht, ist er schadensersatzpflichtig.

Im **Fall c** ist H Verrichtungsgehilfe des Vereins, da ihm vom Verein die Hausmeistertätigkeit übertragen worden ist. H hat durch das Unterlassen des Streuens widerrechtlich den Körper des G und des S verletzt. Der Verein ist beiden Personen nach § 831 schadensersatzpflichtig, wenn ihm nicht der Nachweis gelingt, dass er den H sorgfältig ausgewählt und überwacht hat. Kann der Verein den Entlastungsbeweis führen, entfällt eine Schadensersatzpflicht nach § 831. Das berührt G insofern nicht, als er einen vertraglichen Schadensersatzanspruch wegen Verschuldens des H gegen den Verein hat (§ 278). Ein solcher Anspruch scheidet für S aber aus, da zwischen ihm und dem Verein kein Schuldverhältnis besteht; er kann also nur über § 831 zu einem Schadensersatzanspruch gegen den Verein kommen.

Da der in § 831 I 2 vorgesehene Entlastungsbeweis den Schadensersatzanspruch nach § 831 ausschließt, legt die Rechtsprechung § 31 weit aus; damit soll im Interesse des Geschädigten dem Verein eine Entlastung verwehrt werden.

Bestellt ein Organ des Vereins in einer wichtigen Vereinsangelegenheit einen besonderen Vertreter oder eine Hilfsperson, obwohl die Aufgabe vom Organ selbst hätte vorgenommen werden müssen, so haftet der Verein für den Schaden, der einem anderen aus diesem Organisationsmangel entsteht (vgl. auch Rdnr. 749).

752 *5. Eintragungen im Vereinsregister*

Eintragungen im Vereinsregister können konstitutive oder nur deklaratorische Bedeutung haben.

a) *Konstitutive (= rechtsbegründende) Bedeutung* haben die Eintragung des nichtwirtschaftlichen Vereins (§ 21; Rdnr. 739) und die Eintragung einer Satzungsänderung (§ 71). Solange der Verein nicht eingetragen ist, fehlt ihm die

Rechtsfähigkeit; bis zur Eintragung einer Satzungsänderung ist diese unwirksam.

Im **Fall d** ist der Verein zur Zahlung des Kaufpreises für das Klavier verpflichtet, da zwischen ihm und dem Verkäufer ein Kaufvertrag zustande gekommen ist; denn A kann trotz der beschlossenen Satzungsänderung den Verein bei einem Geschäft über 2000,– € wirksam vertreten. Die Satzungsänderung über die Beschränkung des Umfangs der Vertretungsmacht ist nämlich mangels Eintragung ins Vereinsregister unwirksam (§ 71 I 1).

b) *Deklaratorische (= feststellende) Bedeutung* haben Eintragungen über Änderungen des Vorstandes (§ 68), Beschränkungen seiner Vertretungsmacht und abweichende Bestimmungen über seine Beschlussfassung (§ 70). Entsprechende Änderungen sind also auch schon vor ihrer Eintragung im Vereinsregister wirksam. Solange sie jedoch noch nicht eingetragen sind, wird ein gutgläubiger Dritter geschützt. Dieser kann sich also auf das Schweigen des Registers verlassen (negative Publizität des Registers). **753**

Im **Fall d** ist B nicht mehr zur Vertretung des Vereins befugt, da er nicht mehr dessen Vorstandsmitglied ist. Dennoch wird der Verkäufer der Liederbücher in seinem Vertrauen auf das Schweigen des Registers, das die Vorstandsänderung nicht ausweist, geschützt; er ist jedoch dann nicht schutzwürdig, wenn ihm bei Abschluss des Geschäfts die Änderung im Vorstand bekannt war (§ 68 Satz 1).

Bei der Frage, wie eine Eintragung oder Nichteintragung im Vereinsregister sich gegenüber Dritten auswirkt, sind drei Fälle zu unterscheiden:

(1) Ist die *Änderung* nach §§ 68, 70 *noch nicht* im Vereinsregister *eingetragen*, darf der Dritte auf das Schweigen des Registers vertrauen, es sei denn, dass er die Änderung kennt (§ 68 Satz 1). **754**

Ist im **Fall d** die Änderung des Vorstandes nicht im Vereinsregister eingetragen, dringt der Verkäufer der Liederbücher mit seiner Zahlungsklage durch, wenn nicht der Verein behauptet und beweist, dass der Verkäufer die Änderung bei Vertragsschluss kannte.

(2) Ist eine *Änderung* dagegen *eingetragen*, wird vermutet, dass der Dritte sie auch kennt; diese Vermutung kann der Dritte widerlegen, wenn er nachweist, dass er die Änderung nicht kennt und seine Unkenntnis auch nicht auf Fahrlässigkeit beruht (§ 68 Satz 2). **755**

Ist im **Fall d** die Vorstandsänderung im Vereinsregister eingetragen, dringt der Verkäufer der Liederbücher mit seiner Zahlungsklage gegen den Verein nur durch, wenn er behauptet und beweist, dass er diese Änderung bei Abschluss des Vertrages nicht kannte und die Unkenntnis auch nicht auf Fahrlässigkeit beruhte, z. B. weil er das Register zwei Tage vor dem Kaufabschluss einsah, die Eintragung der Änderung jedoch erst einen Tag vor Vertragsschluss erfolgte.

Die Eintragung einer Änderung (§§ 68, 70) bewirkt also im Prozess eine Änderung der Beweislast.

756 (3) Ist etwas *Falsches in das Vereinsregister eingetragen* worden, wird der Dritte, der auf eine solche Eintragung vertraut, nicht geschützt. Das Vereinsregister genießt also – anders als das Grundbuch (vgl. § 892) – keine positive Publizität. Das Vertrauen auf die Richtigkeit der Eintragungen im Vereinsregister wird vom Gesetz nicht geschützt, sondern nur das Vertrauen auf das Schweigen des Registers.

Beispiel: War Z nie Vorstandsmitglied, aber zu Unrecht als Vorstandsmitglied im Vereinsregister eingetragen, so ist er nicht zur Vertretung des Vereins befugt. Deshalb ist er nicht in der Lage, im Namen des Vereins einen Kaufvertrag über Liederbücher mit einem Verkäufer zu schließen. Der Verkäufer kann sich auch nicht mit Erfolg auf die Eintragung des Z im Vereinsregister berufen; denn er vertraut nicht auf das Schweigen, sondern auf die Richtigkeit des Registers.

757 *6. Mitgliedschaft*

a) Der *Erwerb* der Mitgliedschaft richtet sich nach der Satzung (vgl. § 58 Nr. 1). Danach kann eine Beitrittserklärung ausreichen. Meist sieht die Satzung außerdem eine Aufnahmeerklärung durch das dafür zuständige Vereinsorgan vor. Normalerweise hat niemand einen Anspruch auf Aufnahme in den Verein[385]. Jedoch kann eine Aufnahmepflicht bestehen, wenn der Verein im wirtschaftlichen oder sozialen Bereich eine erhebliche Machtstellung und der Beitrittswillige ein schwerwiegendes Interesse am Erwerb der Mitgliedschaft hat[386]. Ein Zwang zur Aufnahme ist auch dann zu bejahen, wenn die Ablehnung als eine sittenwidrige Schädigung nach § 826 anzusehen wäre; ein solcher Fall ist gegeben, wenn die Ablehnung des Bewerbers gegenüber den bereits aufgenommenen Mitgliedern eine sachlich nicht gerechtfertigte ungleiche Behandlung darstellt und zu einer unbilligen Benachteiligung des Bewerbers führt[387]. Allerdings darf der Verein sich aus einem sachlich gerechtfertigten Grund weigern, einen bestimmten Bewerber aufzunehmen[388].

Besondere Fälle des Erwerbs der Mitgliedschaft: Teilnahme an der Vereinsgründung; Erbfolge oder Abtretung der Mitgliedschaft, wenn das von der Satzung vorgesehen ist (§§ 38, 40).

758 b) Die Mitgliedschaft begründet *Rechte* des Mitglieds gegenüber dem Verein, die sich im Einzelnen aus der Satzung ergeben.

385 Vgl. BGHZ 101, 200.
386 BGHZ 93, 151; z. B. Monopolverein, BGHZ 63, 284; Wirtschaftsverband, BGHZ 21, 1 u. 29, 344; Gewerkschaft, BGHZ 93, 151; regionaler Sportverband mit überragender Machtstellung im wirtschaftlichen und sozialen Bereich, BGH MDR 1999, 344.
387 BGHZ 63, 285.
388 BGHZ 93, 154.

(1) Zu den *allgemeinen Mitgliedschaftsrechten* gehören die Organschaftsrechte (z. B. Recht auf Teilnahme an der Mitgliederversammlung, Stimmrecht) und die Genussrechte (z. B. Recht auf Benutzung der Vereinseinrichtungen, auf Gewinnanteil, auf Vermögensanteil bei der Vereinsauflösung; § 45 III).

Die allgemeinen Mitgliedschaftsrechte sind durch Beschluss der Mitgliederversammlung abänderbar.

Das Stimmrecht eines Mitglieds ist ausgeschlossen, wenn der Beschluss die Vornahme eines Rechtsgeschäfts mit ihm oder die Einleitung oder die Beendigung eines Rechtsstreits mit ihm und dem Verein betrifft (§ 34).

Im **Fall e** ist der Beschluss über den Bierlieferungsvertrag mit A ungültig; denn A durfte nach § 34 nicht mitstimmen, und seine Stimme konnte für den Beschluss entscheidend sein. – Dagegen ist die Wahl des A zum Vorstandsmitglied gültig, obwohl er sich an der Wahl beteiligte; denn Wahlen fallen nicht unter § 34. Jedes Mitglied kann sich also selbst wählen.

(2) *Sonderrechte* sind die einem Mitglied oder einer Gruppe von Mitgliedern **759**
in deren eigenem Interesse von der Satzung eingeräumten besonderen Berechtigungen. Dazu können z. B. ein erhöhtes Stimmrecht oder ein dauerndes Recht auf ein Vereinsamt, aber auch größere Genussrechte wie bevorzugte Benutzung bestimmter Vereinseinrichtungen, höherer Gewinnanteil oder Beitragsermäßigung gehören. Solche Sonderrechte eines Mitglieds können nicht ohne dessen Zustimmung durch Beschluss der Mitgliederversammlung beeinträchtigt werden (§ 35).

Im **Fall e** räumte die Satzung den Junggesellen ein Sonderrecht ein (geringere Beitragszahlung). Die Beseitigung dieses Sonderrechts kann nur mit Zustimmung aller Junggesellen erfolgen (§ 35); die Gegenstimme eines Junggesellen macht den Beschluss ungültig.

c) Die Mitgliedschaft hat auch *Pflichten* des einzelnen Mitglieds zur Folge. **760**

(1) Zu den *allgemeinen Mitgliedschaftspflichten* zählen vor allem die Beitragspflicht (vgl. § 58 Nr. 2) sowie die Treuepflicht gegenüber dem Verein. Diese gebietet dem Mitglied, alles zu unterlassen, was dem Vereinszweck schadet. Die Verletzung der Pflichten kann Grund für den Ausschluss des Mitglieds aus dem Verein sein (Rdnr. 763).

(2) *Sonderpflichten* sind die einem Mitglied oder einer Gruppe von Mitglie- **761**
dern durch die Satzung auferlegten besonderen Verpflichtungen (z. B. Pflicht zur Zahlung erhöhter Beiträge). Solche Sonderpflichten können nicht ohne Zustimmung der betroffenen Mitglieder begründet werden (analoge Anwendung des § 35).

Der Beschluss auf Erhöhung der Beiträge für Junggesellen im **Fall e** bedarf der Zustimmung aller Junggesellen des Vereins. Verweigert nur ein Junggeselle seine Zustimmung, kann eine Beitragserhöhung nicht durchgesetzt werden.

762 d) Das *Ende* der Mitgliedschaft tritt – abgesehen vom Tod des Mitglieds (vgl. § 38) – durch Austritt oder Ausschluss ein.

(1) Das *Recht zum Austritt* kann durch die Satzung nicht ausgeschlossen oder erschwert werden (§ 39 I); das Mitglied soll sich für die Zukunft der Vereinsgewalt entziehen können. Allenfalls kann die Satzung vorsehen, dass der Austritt nur zum Schluss des Geschäftsjahres oder nach einer Kündigungsfrist von höchstens zwei Jahren zulässig ist (§ 39 II). Aber auch dann ist – wie bei jedem Dauerrechtsverhältnis – ein sofortiger Austritt aus wichtigem Grund möglich[389].

763 (2) Der *Ausschluss* des Mitglieds aus dem Verein ist im Gesetz nicht geregelt; er kann in der Satzung vorgesehen sein. Enthält sie keine Ausschlussregelung, muss der Verein sich in analoger Anwendung der Regeln des Gesellschaftsrechts (vgl. § 737) bei Vorliegen eines wichtigen Grundes in der Person des Mitglieds von diesem trennen können. Ein solcher Grund liegt vor, wenn es dem Verein auf Grund objektiver Umstände nicht zumutbar ist, die Mitgliedschaft weiter fortzusetzen (z. B. bei beharrlicher, unberechtigter Verweigerung der Beitragszahlung). Der Grund für die Unzumutbarkeit muss im Ausschlussverfahren eindeutig bezeichnet werden, so dass er gerichtlich nachprüfbar ist[390]. Der Ausschluss ist die schwerste Vereinsstrafe.

764 e) Vielfach sieht die Vereinssatzung vor, dass der Verein gegen ein Mitglied *Vereinsstrafen* verhängen kann. Sie sollen dazu dienen, die Mitglieder zur Erfüllung der Mitgliedspflichten anzuhalten. Die Vereinsstrafgewalt beruht auf der Vereinsautonomie (str.), also dem Recht des Vereins, sich eine eigene Ordnung zu geben; das Mitglied unterwirft sich der Vereinsgewalt und damit auch der in der Satzung begründeten Strafgewalt. Bei der Verhängung einer Vereinsstrafe maßt sich der Verein keine staatliche Strafgewalt an[391]; es handelt sich nämlich nicht um eine Kriminalstrafe, sondern nur um eine Disziplinarmaßnahme.

Auch wenn – wie im **Fall f** – ein Straftatbestand durch eine Vereinsstrafe geahndet wird, so wird dadurch der staatliche Strafanspruch nicht berührt. Art. 92, 101 I 2 GG werden durch Vereinsstrafen nicht verletzt.

765 (1) *Voraussetzung* für die Verhängung einer Vereinsstrafe ist zunächst, dass die Satzung des Vereins Tatbestände aufführt, die eine Vereinsstrafe nach sich ziehen können; dabei reichen Generalklauseln wie »vereinsschädigendes Verhalten« aus[392]. Ferner müssen die Strafsanktionen in der Satzung genannt sein (z. B. Verweis, zeitweiliger Ausschluss bestimmter Mitgliedschaftsrechte, Geldbußen, Ausschluss aus dem Verein). Schließlich muss auch das Verfahren (z. B.

389 RGZ 130, 375; BGHZ 9, 162.
390 BGH NJW 1990, 40; MDR 1997, 954.
391 BGHZ 21, 374; 29, 356.
392 Vgl. BGHZ 47, 384.

entscheidendes Organ wie Vorstand, Vereinsgericht, Ehrenrat; Instanzenzug) geregelt sein. Enthält die Satzung keine Vorschrift über das zur Entscheidung befugte Organ, ist die Mitgliederversammlung zuständig.

Bei dem Verfahren sind die Verfahrensvorschriften und rechtsstaatlichen Mindestvoraussetzungen (z. B. rechtliches Gehör, kein unzulässiger Zwang, schriftliche Begründung) zu beachten[393].

(2) Die *Nachprüfung* der verhängten Strafe erfolgt durch die Gerichte. Werden sie angerufen, haben sie festzustellen, ob die Satzung eine Rechtsgrundlage für die Strafe enthält, die Verfahrensvorschriften eingehalten worden sind, der festgestellte Sachverhalt den Tatsachen entspricht[394] und die Straffestsetzung nicht offenbar unbillig ist. **766**

Im **Fall f** kann X also das Gericht anrufen und mangelndes rechtliches Gehör sowie unrichtige Feststellung des Sachverhalts rügen. Zahlt er die gegen ihn verhängte Geldbuße nicht, muss der Verein, um gegen ihn die Zwangsvollstreckung zu betreiben, den Geldbetrag einklagen. In diesem Zahlungsprozess kann X die genannten Rügen zu seiner Verteidigung vorbringen; greift eine Rüge durch, wird die Zahlungsklage des Vereins abgewiesen.

7. *Ende der Rechtsfähigkeit* **767**

a) Die Rechtsfähigkeit des Vereins endet

(1) mit dem Wegfall des Vereins (Auflösungsbeschluss der Mitgliederversammlung, § 41; Eintritt des in der Satzung vorgesehenen Endtermins, § 74 II; Auflösung durch Staatsakt, § 3 VereinsG, Art. 9 II GG; Wegfall aller Mitglieder[395],),

(2) mit dem Entzug der Rechtsfähigkeit (§§ 43, 44, 73, 74 III),

(3) mit der Eröffnung des Insolvenzverfahrens über das Vereinsvermögen (§§ 42, 75).

b) In den genannten Fällen tritt der Verein in Liquidation. Diese erfolgt durch den Vorstand oder durch besonders bestellte Liquidatoren (§ 48). Die Abwickler haben die laufenden Geschäfte zu beenden, Forderungen einzuziehen und Schulden zu begleichen (vgl. § 49). Das verbleibende Vermögen fällt an die in der Satzung bestimmten Personen, ansonsten an die Mitglieder (vgl. § 45).

Einzelheiten der Liquidation enthalten §§ 47–53.

393 *Staudinger/Weick*, § 35 Rdnr. 46 ff.
394 BGHZ 87, 337.
395 BGHZ 19, 51.

768 IV. Der »nicht rechtsfähige« Verein

1. Gesetzliche Regelung und Kritik

a) Der mangels Eintragung (§ 21) und staatlicher Verleihung (§ 22) »nicht rechtsfähige« Verein wird nur in einer einzigen Gesetzesbestimmung (§ 54) behandelt. Nach § 54 Satz 1 sind auf den nicht rechtsfähigen Verein die Vorschriften über die Gesellschaft (§§ 705 ff.) anwendbar. Die Verweisung auf das Gesellschaftsrecht ist rechtspolitisch verfehlt. Der nicht rechtsfähige Verein entspricht weit mehr dem Typus des rechtsfähigen Vereins als dem der Gesellschaft. Die Gründer eines nicht rechtsfähigen Vereins wollen – wie die eines rechtsfähigen Vereins – einen dauernden körperschaftlichen Personenzusammenschluss, der vom Mitgliederwechsel unabhängig ist und ein selbstständiges Vermögen hat. Dem entsprechen die Regeln über den rechtsfähigen Verein besser (Rdnr. 736 ff.).

Wenn der Gesetzgeber auf nicht rechtsfähige Vereine dennoch die Vorschriften über die Gesellschaft für anwendbar erklärte, so tat er dies, weil er diesen Vereinen misstraute. Nach dem früheren § 61 II konnte die Verwaltungsbehörde gegen die Eintragung von politischen, sozialpolitischen und religiösen Vereinen Einspruch erheben. Man befürchtete, dass solche Vereinigungen, um eine behördliche Kontrolle zu vermeiden, eine Eintragung ins Vereinsregister nicht beantragen und als nicht rechtsfähige Vereine existieren würden. Durch Verweisung auf die für die Vereinigung und deren Mitglieder ungünstigeren Gesellschaftsregeln wollte der Gesetzgeber die Beteiligten bewegen, den Verein ins Vereinsregister eintragen zu lassen, damit dieser dadurch die Rechtsfähigkeit erlange.

769 b) Der Gesetzgeber hat sein Ziel, durch die Anwendung der §§ 705 ff. nicht rechtsfähige Vereine möglichst zu verhindern, nicht erreicht. So haben sich z. B. Gewerkschaften, Studentenverbindungen, religiöse Ordensgemeinschaften, einige politische Parteien und viele kleinere Vereine nicht im Vereinsregister eintragen lassen. Nach § 54 Satz 1 müssten insoweit die Vorschriften über die Gesellschaft angewendet werden. Diese passen aber für den nicht eingetragenen Verein in vieler Hinsicht nicht.

Beispiel: Während der eingetragene Verein für seine Schulden allein haftet und die einzelnen Mitglieder für die Schulden des Vereins selbst nicht einzustehen haben, haften die Gesellschafter einer Gesellschaft aus den Rechtsgeschäften, die der geschäftsführende Gesellschafter abgeschlossen hat, persönlich als Gesamtschuldner in voller Höhe (§ 128 Satz 1 HGB analog).

Demnach würde jedes Vereinsmitglied – wie jeder Gesellschafter – für die Schulden aus Rechtsgeschäften des nicht rechtsfähigen Vereins persönlich in voller Höhe haften. Mit einer solchen Haftung rechnet aber kein Vereinsmitglied; sie würde jeden davon abhalten, einem nicht eingetragenen Verein beizutreten. Auch der Vertragspartner eines solchen

Vereins geht nicht davon aus, dass ihm für Schulden des Vereins jedes Vereinsmitglied mit seinem privaten Vermögen haftet (Rdnr. 773).

2. *Anpassung an den rechtsfähigen Verein* 770

Weil die Gesellschaftsregeln auf den nicht eingetragenen Verein nicht zugeschnitten sind, haben Rechtsprechung und Lehre die Rechtslage eines solchen Vereins entgegen § 54 Satz 1 der des eingetragenen und damit nach § 21 rechtsfähigen Vereins angepasst[396]. Das wird z.T. mit einer verfassungskonformen Auslegung des § 54 Satz 1 begründet. Die ursprünglichen politischen Erwägungen des Gesetzgebers (Rdnr. 768) seien mit Art. 9 I GG (Vereinsfreiheit) nicht vereinbar[397]. Ferner wird die Unanwendbarkeit des Gesellschaftsrechts auf die Abdingbarkeit der §§ 705 ff. gestützt. Die nicht passenden Regeln würden durch die Satzung jedenfalls stillschweigend abbedungen. Stattdessen sind die entsprechenden Vorschriften über den rechtsfähigen Verein auf den mangels Eintragung nicht rechtsfähigen Verein analog anzuwenden.

So ist z. B. die persönliche Haftung des einzelnen Mitglieds für die Schulden des nicht rechtsfähigen Vereins auch dann ausgeschlossen, wenn die Vereinssatzung dies nicht ausdrücklich erwähnt. Im **Fall g** braucht B deshalb die Kaufpreisschuld nicht zu bezahlen.

Der nicht rechtsfähige Verein hat wie der rechtsfähige Verein eine körperschaftliche Verfassung, die sich im Einzelnen aus seiner Satzung ergibt. Seine Organe sind die Mitgliederversammlung und der Vorstand. Er ist vom Wechsel der Mitglieder unabhängig. Die Mitgliedschaft, insbesondere ihr Erwerb und ihr Verlust, entspricht der beim rechtsfähigen Verein.

So ist das in § 723 dem Gesellschafter eingeräumte Recht, die Gesellschaft zu kündigen, dem Mitglied eines nicht rechtsfähigen Vereins verwehrt; es hat nur ein Austrittsrecht. Scheidet ein Mitglied aus, steht ihm auch kein Anspruch auf ein Auseinandersetzungsguthaben zu, wie es § 738 I 2 dem ausscheidenden Gesellschafter einräumt.

Seit der BGH die (Außen-)Gesellschaft bürgerlichen Rechts insoweit als rechtsfähig ansieht, als sie durch Teilnahme am Rechtsverkehr eigene Rechte und Pflichten begründet[398], muss das erst recht für den nicht eingetragenen Verein gelten[399]; denn dieser ist auf Grund seiner körperschaftlichen Struktur in einem größeren Maß verselbstständigt als die BGB-Gesellschaft. Er ist also selbst Träger von Rechten und Pflichten.

396 Siehe nur BGH NJW 1979, 2304 f.; BGHZ 50, 325, 328 f.; *Jauernig*, § 54 Rdnr. 5, 12 ff.; *Larenz/Wolf*, § 11 Rdnr. 5 ff.; *Palandt/Heinrichs*, § 54 Rdnr. 1; *Staudinger/Weick*, § 54 Rdnr. 2.

397 *Palandt/Heinrichs*, § 54 Rdnr. 1; *Staudinger/Weick*, § 54 Rdnr. 2.

398 BGH NJW 2001, 1056.

399 AnwK-BGB/*Eckardt*, § 54 Rdnr. 3; *Palandt/Heinrichs*, § 54 Rdnr. 2, 7; ebenso *Staudinger/Weick*, § 54 Rdnr. 2.

Damit reduziert sich der Unterschied zum rechtsfähigen Verein im Wesentlichen darauf, dass der nicht eingetragene Verein seine Rechtsfähigkeit weder durch Eintragung in das Vereinsregister (§ 21) noch durch staatliche Verleihung (§ 22) erhält und deshalb keine juristische Person ist. Sachlich ist es aber nicht mehr berechtigt, von einem »nicht rechtsfähigen Verein« (so Überschrift und Wortlaut des § 54) zu sprechen. Passender ist die Bezeichnung »nicht eingetragener Verein«.

771 *3. Parteifähigkeit*

Die Angleichung an den rechtsfähigen Verein hat auch Konsequenzen für die Rechtsstellung des nicht eingetragenen Vereins im Prozess. Der Rechtsfähigkeit entspricht nämlich im Prozessrecht die Parteifähigkeit (vgl. § 50 I ZPO). Darunter versteht man die Fähigkeit, Partei (Kläger oder Beklagter) eines Rechtsstreits zu sein. Wenn der nicht eingetragene Verein keine Rechtsfähigkeit hätte, könnte er – anders als der rechtsfähige Verein – folgerichtig weder klagen noch verklagt werden. Davon macht das Gesetz im Interesse der Gläubiger des Vereins zwar nur insofern eine Ausnahme, als der »nicht rechtsfähige« Verein verklagt werden kann (§ 50 II ZPO). Jedoch ist dieser seit Anerkennung der Rechtsfähigkeit für die (Außen-)Gesellschaft bürgerlichen Rechts und Anwendung dieser Grundsätze auf den nicht eingetragenen Verein konsequenterweise über den Wortlaut des § 50 II ZPO hinaus auch als aktiv parteifähig anzusehen[400]. § 50 II ZPO hat insoweit keine Bedeutung mehr.

Im **Fall g** kann X gegen den Verein die Kaufpreisforderung einklagen. Ebenso ist eine Klage des Vereins zulässig. Will er etwa auf Erfüllung des Kaufvertrages klagen, müssen nicht alle Mitglieder klagen und in der Klageschrift als Kläger aufgeführt werden.

772 *4. Vereinsvermögen*

Da dem nicht eingetragenen Verein die Rechtsfähigkeit zusteht, ist er auch vermögensfähig[401]. Er kann also Träger der zum Vereinsvermögen gehörenden Rechte sein. Will also der nicht eingetragene Verein ein Grundstück erwerben, so kann er – wie der rechtsfähige Verein – selbst im Grundbuch als Eigentümer eingetragen werden[402]. Es brauchen nicht alle Mitglieder namentlich unter Hinweis auf die Vereinsmitgliedschaft eingetragen zu werden.

400 AnwK-BGB/*Eckardt*, § 54 Rdnr. 35 f.; *Palandt/Heinrichs*, § 54 Rdnr. 10; *Staudinger/Weick*, § 54 Rdnr. 13 f.

401 *Staudinger/Weick*, § 54 Rdnr. 9, 74.

402 AnwK-BGB/*Eckardt*, § 54 Rdnr. 47; *Palandt/Heinrichs*, § 54 Rdnr. 8; *Staudinger/Weick*, § 54 Rdnr. 80.

5. Haftung

773

a) Konsequenz der Rechtsfähigkeit des nicht eingetragenen Vereins ist, dass dieser auch selbst für seine Verbindlichkeiten haftet. Die Haftung ist auf das Vereinsvermögen beschränkt.

Will X im **Fall g** in das Vereinsvermögen vollstrecken, muss er gegen den Verein klagen (§ 50 II ZPO). Aus dem Urteil gegen den Verein kann er die Zwangsvollstreckung in das Vereinsvermögen betreiben (§ 735 ZPO; ZVR Rdnr. 22). Eine Klage gegen das Vereinsmitglied B ist wegen dessen Haftungsbeschränkung aussichtslos; A wollte erkennbar nur den Verein, nicht auch dessen Mitglieder verpflichten.

b) Eine Haftung des Handelnden ergibt sich aus § 54 Satz 2, wenn dieser ein Rechtsgeschäft im Namen des Vereins gegenüber einem Dritten vornimmt. Diese Regelung dient dem Gläubigerinteresse. Der Handelnde soll auch dann haften, wenn er zur Vertretung des Vereins berechtigt ist; insofern geht § 54 Satz 2 über § 179 hinaus, der nur dann den Handelnden haftbar macht, wenn er keine Vertretungsmacht hat (Rdnr. 600 ff.). 774

Im **Fall g** kann X neben dem Verein auch das handelnde Vorstandsmitglied A mit Erfolg auf Zahlung verklagen. Die Haftung des A kann nicht durch die Satzung ausgeschlossen werden. Für einen Haftungsausschluss ist vielmehr eine entsprechende Vereinbarung mit X erforderlich.

c) Der nicht rechtsfähige Verein haftet nach § 31 für Handlungen seiner Organe. Denn § 31 ist entsprechend anwendbar[403], da der nicht rechtsfähige wie der rechtsfähige Verein durch seine Organe handelt (Rdnr. 746 ff.).

403 AnwK-BGB/*Eckardt*, § 54 Rdnr. 16; *Palandt/Heinrichs*, § 54 Rdnr. 12; MüKo/*Reuter*, § 31 Rdnr. 12 f. m. N.; *Staudinger/Weick*, § 54 Rdnr. 71.

Drittes Kapitel Die Rechtsobjekte

775 § 35 Die Rechtsobjekte im Allgemeinen

Schrifttum: *Brecher*, Das Unternehmen als Rechtsgegenstand, 1953; *Forkel*, Verfügungen über Teile des menschlichen Körpers, JZ 1974, 593; *Görgens*, Künstliche Teile im menschlichen Körper, JR 1980, 140; *Hubmann*, Das Recht am Unternehmen, ZHR 1955, 41; *Strätz*, Zivilrechtliche Aspekte der Rechtsstellung des Toten unter besonderer Berücksichtigung der Transplantationen, 1971; *Taupitz*, Wem gebührt der Schatz im menschlichen Körper ?, AcP 191 (1991), 201; *Wieacker*, Sachbegriff, Sacheinheit und Sachzuordnung, AcP 148 (1943), 57.

Fälle:

a) E möchte zu seinem Fabrikgelände eine zweite Zufahrt haben. Er vereinbart daher mit seinem Nachbarn N, dass »zu Gunsten des Betriebsgrundstücks« ein Zugangsrecht über das Grundstück des N bestehen soll. Welche Rechte ergeben sich aus dieser Vereinbarung, und wem stehen sie zu? **(Rdnr. 779)**

b) Der Zahnarzt Z fertigt dem P eine herausnehmbare Oberkieferprothese; außerdem setzt er ihm im Unterkiefer eine Goldkrone ein. Das Eigentum an Gebiss und Krone behält er sich bis zur Zahlung des Honorars vor. Als S nicht zahlt, verlangt Z Gebiss und Krone heraus. **(Rdnr. 780)**

c) Die H verkauft dem Friseur F ihre Zöpfe, die aber erst beim nächsten Friseurbesuch abgeschnitten werden sollen. Den Kaufpreis von 150,– € nimmt sie gleich mit. Als H später ihre Zöpfe behalten will, fragt F nach der Rechtslage. **(Rdnr. 780)**

d) E will seine Möbelfabrik als Einheit an K verkaufen und übereignen. Möglich? **(Rdnr. 781, 791, 792)**

e) A übereignet der Bank B im Frühjahr zur Sicherung eines ihm gewährten Darlehens seine Briefmarkensammlung »Deutsche Kolonien«. Im Sommer komplettiert er die Sammlung durch einige wertvolle Stücke. Als A das Darlehen im Winter nicht zurückzahlen kann, verlangt B die Briefmarkensammlung heraus. Muss A auch die im Sommer erworbenen Marken herausgeben? **(Rdnr. 783, 784)**

I. Begriff, Arten und Abgrenzung

1. Begriff

Rechtsobjekt oder Rechtsgegenstand ist jedes Gut, auf das sich die rechtliche Herrschaftsmacht des Rechtssubjekts erstrecken kann (vgl. Rdnr. 624 ff.).

776 *2. Arten*

Gegenstand rechtlicher Herrschaftsmacht können Sachen, Immaterialgüter und Rechte sein.

a) *Sachen* sind körperliche Gegenstände (§ 90; Rdnr. 795 ff.). Durch ihre Körperlichkeit unterscheiden sie sich von den Immaterialgütern und Rechten. Nur Sachen können körperlich beherrscht werden; nur an ihnen ist Besitz (Rdnr. 624) möglich.

Die Körperlichkeit wirkt sich vor allem in Folgendem aus: Nur bei Sachen kommt eine körperliche Entziehung und Beeinträchtigung in Betracht; gegen solche Besitzstörungen besteht ein umfangreicher Schutz (vgl. z. B. §§ 861 f.). Für die Übertragung von Rechten an Sachen ist regelmäßig ein Besitzwechsel bzw. eine Eintragung im Grundbuch erforderlich. Besitz (bei beweglichen Sachen) und Grundbucheintragung (bei Grundstücken) sind Grundlage des Verkehrsschutzes; sie ermöglichen unter den Voraussetzungen der §§ 932 ff., 892 einen Erwerb vom Nichtberechtigten (vgl. Rdnr. 639 und 28). Solche Rechtsscheinsgrundlagen fehlen bei nicht körperlichen Rechten wie Forderungen.

Die Herrschaft über Sachen ist besonders im Sachenrecht geregelt. Einige Bestimmungen sind nach der Ausklammerungsmethode (Rdnr. 38) in den Allgemeinen Teil vorgezogen (§§ 90 ff.; Rdnr. 795 ff.).

b) *Immaterialgüter* sind geistige Schöpfungen, an denen das Gesetz dem Urheber ein ausschließliches Nutzungs- und Verwertungsrecht einräumt (vgl. auch Rdnr. 627). **777**

Solche *Immaterialgüterrechte* bestehen an Werken der Literatur, Wissenschaft und Kunst (§§ 1 ff. UrhG), an Geschmacksmustern (§ 1 GeschmMG), Patenten (§ 6 PatG), Gebrauchsmustern (§ 11 GebrMG) und Marken (§ 1 MarkenG).

Die Immaterialgüterrechte können ihrerseits Rechtsobjekte sein. Sie sind übertragbar (vgl. §§ 3 GeschmMG, 15 PatG, 22 GebrMG, § 27 MarkenG; Ausnahme: § 29 Satz 2 UrhG); an urheberrechtlich geschützten Werken, Geschmacksmustern, Patenten und Gebrauchsmustern können Nutzungsrechte bestellt werden (vgl. §§ 31 ff. UrhG; 3 GeschmMG, 15 PatG, 22 GebrMG).

c) Von den *Rechten* können nur die *Vermögensrechte* Gegenstand rechtlicher Herrschaftsmacht sein. Dazu zählen die *dinglichen Rechte* (Eigentum und beschränkt dingliche Rechte; Rdnr. 624 f.), die *Rechte an Rechten* (Rdnr. 626), die *Immaterialgüterrechte*, die *Forderungen* (Rdnr. 628) sowie *Mitgliedschaftsrechte* an Kapital- und Personengesellschaften. **778**

Dagegen können *Persönlichkeitsrechte* (Rdnr. 622) wegen ihres höchstpersönlichen Charakters nicht Gegenstand des Rechtsverkehrs sein. Ebenso scheiden *Gestaltungsrechte* wie Anfechtungsrechte (§§ 119 ff., 123, 143; Rdnr. 433 ff.) und Rücktrittsrechte (z. B. §§ 323 I, 326 V) aus dem Kreis der Rechtsobjekte aus, weil nicht sie, sondern allein die Rechte, aus denen sie abgeleitet werden, Gegenstand rechtlicher Herrschaftsmacht sind.

3. *Abgrenzung* **779**

a) Rechtsobjekt ist der *Gegenbegriff zum Rechtssubjekt.*

(1) Rechtsobjekte können niemals Träger von Rechten und Pflichten, sondern immer nur Gegenstand rechtlicher Herrschaftsmacht sein.

Im **Fall a** hätten E und N also etwas rechtlich Unmögliches gewollt, wenn sie das Grundstück des E zum »Inhaber« eines Wegerechts über das Grundstück des N hätten machen wollen. Was sie gewollt haben, ist durch Auslegung zu ermitteln. Es kam ihnen allein darauf an, das Wegerecht mit dem Eigentum an dem Betriebsgrundstück zu verbinden. Dafür stellt das Gesetz die Grunddienstbarkeit zur Verfügung (vgl. § 1018); danach konnte das Grundstück des N mit einem Wegerecht zu Gunsten des jeweiligen Eigentümers des Betriebsgrundstücks belastet werden.

780 (2) Umgekehrt können Rechtssubjekte nicht Rechtsobjekte sein. Es bestehen weder Rechte an der eigenen Person noch an fremden Personen.

Die *Persönlichkeitsrechte* (Rdnr. 622) lassen sich nicht als Herrschaftsrechte über das eigene Ich auffassen; es sind Rechte auf Achtung und Nichtverletzung der Person, die deren Schutz bezwecken, die Person aber nicht zum Gegenstand des Rechtsverkehrs machen.

Rechte an fremder Person sind heute nicht mehr anzuerkennen. Das *Recht auf eheliche Lebensgemeinschaft* kann wegen der Freiheit und Gleichheit der Rechtssubjekte nicht mehr als Herrschaftsrecht über den Ehepartner begriffen werden. Die elterliche Sorge (vgl. § 1626) verleiht keine Herrschaftsbefugnisse über das Kind, sondern lediglich ein Fürsorgerecht (Rdnr. 623).

Auch die *Person des Schuldners* ist nicht Rechtsobjekt; Forderungsrechte sind lediglich an den Schuldner gerichtete Leistungsbefehle (vgl. Rdnr. 623, 628).

Der *Körper eines lebenden Menschen* ist ebenfalls kein Rechtsobjekt. Zwar kann der Mensch, der in seiner körperlichen Unversehrtheit durch § 823 I geschützt ist, bestimmte Eingriffe in seinen Körper gestatten; niemand kann jedoch einem anderen ein Herrschaftsrecht über seinen Körper einräumen und sich damit zum bloßen Objekt erniedrigen (vgl. Art. 1 GG).

Auch der *menschliche Leichnam* ist keine Sache, da die Persönlichkeit über den Tod hinaus fortwirkt[404] Den Angehörigen steht kein Eigentumsrecht am Leichnam, sondern ein gewohnheitsrechtliches Totensorgerecht zu, auf Grund dessen sie unter Beachtung des Willens des Verstorbenen die Modalitäten der Bestattung regeln und unbefugte Eingriffe fremder Personen abwehren können. *Mumien* und *Skelette* sind jedoch Sachen und als solche Gegenstand des Rechtsverkehrs, da hier von einem »Rückstand der Person« nicht mehr gesprochen werden kann.

Kein Bezug zur Persönlichkeit besteht in der Regel auch bei *künstlichen* und *abgetrennten Körperteilen*.

Künstliche Körperteile verlieren nur dann ihre Sacheigenschaft, wenn sie mit der Einfügung vom Körper dauernd aufgenommen werden (z. B. Zahnplomben, künstliche Gelenke, Herzschrittmacher). Im übrigen bleiben sie verkehrsfähige Sachen (z. B. Prothesen, Perücken).

Im **Fall b** scheidet ein Anspruch des Z auf Herausgabe der Krone nach § 985 aus; denn Z hat das Eigentum an der Krone mit deren Einfügung in das Gebiss des P verloren, da

404 Str.; vgl. ErbR Rdnr. 12.

sie vom Körper dauernd aufgenommen worden ist und somit ihre Sacheigenschaft eingebüßt hat. Dagegen besteht die Sacheigenschaft des künstlichen Gebisses auch nach der Einpassung fort, so dass das Eigentumsrecht des Z nicht untergegangen ist.

Abgetrennte Körperteile können Gegenstand von Rechten sein (z. B. abgeschnittene Haare, zu Transplantationszwecken entfernte Organe vor ihrer Wiedereinpflanzung).

Verpflichtungsgeschäfte über *abzutrennende Teile* des menschlichen Körpers sind grundsätzlich möglich. Sie dürfen aber nicht gegen die guten Sitten (§ 138) verstoßen. Im **Fall c** wollte H jedoch dem F das Eigentum nur an ihren *abgeschnittenen* Haaren verschaffen. Der Kaufvertrag ist also wirksam. Er ist für den Fall geschlossen, dass die Leistung möglich wird. Dass dies geschieht, ist allerdings rechtlich nicht erzwingbar.

b) Von dem Begriff des Gegenstandes als Objekt rechtlicher Herrschafts- **781**
macht ist der Gegenstand als Objekt des schuldrechtlichen Verkehrs, der *Leistungsgegenstand*, zu unterscheiden. Das kann jedes geldwerte Gut sein.

So ist im **Fall d** der E verpflichtet, dem K die Geschäftsverbindungen, den Kundenstamm und die Geschäftsgeheimnisse (z. B. noch nicht patentierte Erfindungen, noch nicht abgeschlossene Neuentwicklungen) zugänglich zu machen, da sich der Kauf eines Unternehmens im Zweifel auf alles erstreckt, was wirtschaftlich dazu gehört. Solche tatsächlichen Vermögenswerte können nicht Gegenstand von Herrschaftsrechten sein. Auch das Unternehmen selbst kann Gegenstand einer Leistung, nicht aber besonderer Rechte sein (Rdnr. 792). Energien (z. B. Elektrizität, Wärme) können zwar auf Grund eines Energielieferungsvertrages »geschuldete Leistung« sein; subjektive Rechte (z. B. Eigentum) können daran jedoch nicht begründet werden, weil es sich nicht um Sachen handelt (Rdnr. 796). Häufig wird auch nicht die Übertragung eines Rechtes, sondern nur die Verschaffung von Besitz geschuldet (z. B. bei der Miete, Leihe); der Besitz kann jedoch nicht Gegenstand von Rechten sein (vgl. Rdnr. 624).

II. Sachgesamtheiten **782**

1. Begriff

Sachgesamtheit (= Sachinbegriff) ist eine Mehrheit von einzelnen Sachen, die wegen eines gemeinsamen Zweckes als ein Ganzes angesehen werden. Meist werden sie mit einem einheitlichen Namen bezeichnet.

Beispiele: Bibliothek, Viehherde, Warenlager (§ 92 II), Münzsammlung, landwirtschaftliches Inventar, Kaffeeservice.

Nicht nur die einzelnen Sachen für sich, sondern auch deren Zusammenfassung sind von wirtschaftlicher Bedeutung. Das zeigt sich besonders bei gemeinsamer wirtschaftlicher Verwertung.

783 *2. Bedeutung*

a) Die Rechtsordnung kennt kein Herrschaftsrecht (z. B. Eigentum) an einer Gesamtsache (z. B. an einem Warenlager), sondern nur Herrschaftsrechte an den einzelnen Sachen, die zu dem jeweiligen gemeinsamen wirtschaftlichen Zweck zusammengefasst sind. Das folgt aus dem sachenrechtlichen *Spezialitätsprinzip*, wonach jede einzelne Sache in einer einzelnen Rechtsbeziehung zu einem Rechtssubjekt steht.

Im **Fall e** hatte A also kein Eigentum an der Sammlung als solcher; vielmehr war er Eigentümer der einzelnen Briefmarken. Eine Übereignung der Sammlung könnte nur im Wege einer summierten Einzelübertragung des Eigentums an jeder einzelnen Briefmarke erfolgen.

Das Spezialitätsprinzip dient der *Rechtsklarheit*. Bei der Anerkennung dinglicher Herrschaftsrechte an der Sachgesamtheit als solcher müssten diese Rechte entfallen, wenn die gemeinsame Klammer, die aus einer Mehrheit von Sachen eine Sachgesamtheit gemacht hat, nämlich die wirtschaftliche Zweckbindung, entfällt (z. B. bei Auflösung eines Warenlagers wegen Geschäftsaufgabe). Damit würde eine unerträgliche Rechtsunsicherheit geschaffen, da das Bestehen oder der Fortfall einer Zweckbindung nicht ohne weiteres im Rechtsverkehr zu erkennen ist. Weitere Unklarheiten würden darin bestehen, dass die einzelnen Sachen bereits mit der bloßen tatsächlichen Einfügung in die Gesamtheit von den daran bestehenden Rechten erfasst würden.

Im **Fall e** hätte die Bank B also ohne Willensäußerung der Beteiligten das Eigentum auch an den nachträglich eingefügten Marken erworben. Da aber kein Eigentum an der Briefmarkensammlung als solcher bestehen kann, hat die Bank B nur Eigentum an den einzelnen Marken erworben, aus denen die Sammlung im Frühjahr bestand. Nur diese Marken, nicht die inzwischen vervollständigte Sammlung, kann sie nach § 985 herausverlangen.

784 b) Die Sachinbegriffe bieten jedoch eine *praktische Erleichterung im Rechtsverkehr*. Schuldrechtliche Verträge über Sachgesamtheiten sind zulässig; die Übertragung des Eigentums an den Einzelsachen kann *unter Benennung der Gesamtheit* geschehen.

Im **Fall e** hat die Bank B also das Eigentum an allen Briefmarken erworben, die im Frühjahr der Sammlung angehörten. Die Übertragung des Eigentums an den einzelnen Marken ist »uno actu« unter Benennung des Inbegriffs »Briefmarkensammlung Deutsche Kolonien« erfolgt.

Darüber hinaus sind die Sachinbegriffe rechtlich von Bedeutung, nämlich für die Abgrenzung der verbrauchbaren von den nicht verbrauchbaren Sachen (vgl. § 92 II; Rdnr. 803), für die Bestimmung des Umfangs des Pachtinventars (vgl. §§ 582 ff.) sowie für die Bestellung eines Nießbrauchs nach § 1035.

3. *Abgrenzung* 785

Keine Sachgesamtheiten sind »natürliche Mehrheiten« und zusammengesetzte Sachen. Bei ihnen handelt es sich um einheitliche Sachen im Rechtssinne. Ob eine Sacheinheit oder eine Sachmehrheit vorliegt, ist nach der Verkehrsanschauung unter Berücksichtigung wirtschaftlicher Gesichtspunkte zu entscheiden.

a) Bei einer *»natürlichen Mehrheit«* (z. B. Getreidehaufen, Kartenspiel) hat nur diese, nicht aber auch wie bei der Sachgesamtheit die einzelne Einheit (Getreidekorn, Spielkarte) eine wirtschaftliche Bedeutung.

b) Werden *mehrere Sachen fest zusammengefügt*, so entsteht in der Regel eine 786
einzige Sache; die ursprünglich selbstständigen mehreren Sachen werden, sofern sie räumlich unterscheidbar bleiben, zu (unselbstständigen) Sachteilen (= Bestandteilen) einer zusammengesetzten Sache.

So besteht ein Kraftfahrzeug aus zahlreichen Teilen, z. B. Karosserie, Motor, Reifen, Sitzen, Kabeln, Scheinwerfern. Mit dem Ausbau werden diese Bestandteile wieder zu (selbstständigen) Einzelsachen.

Auch bei nur loser Verbindung kann nach der Verkehrsauffassung auf Grund der gemeinsamen Zweckbestimmung der zusammengefügten Teile eine einheitliche zusammengesetzte Sache vorliegen.

Beispiele: Schublade im Schrank, lose aufliegende Tischplatte, Blätter in einer Loseblattsammlung.
Das rechtliche Schicksal der Bestandteile regeln die §§ 93 ff. (Rdnr. 809 ff.).

III. Rechtsgesamtheiten 787

Rechtsgesamtheiten sind das Vermögen und das Unternehmen.

1. *Vermögen*

a) Das Vermögen ist die *Summe aller geldwerten Rechte*, die einer bestimmten Person zustehen.

Nur *Rechte*, nicht auch Sachen gehören zum Vermögen. Wenn z. B. in einer Vermögensaufstellung neben Forderungen, Pfandrechten und Immaterialgüterrechten auch bewegliche Sachen und Grundstücke aufgeführt werden, so handelt es sich dabei um eine im allgemeinen Sprachgebrauch übliche Gleichsetzung von »Sache« und »Eigentum an der Sache«.
Geldwerte Rechte sind Rechte, die üblicherweise nur gegen Geld veräußert werden oder jedenfalls einen in Geld berechenbaren wirtschaftlichen Nutzen gewähren.

b) Das Vermögen selbst ist *kein Rechtsobjekt*, sondern nur eine zusammen- 788
fassende Bezeichnung für sämtliche einer Person zustehenden Vermögensrech-

te. Nicht das Vermögen als solches, sondern nur die einzelnen Rechte können übertragen werden (vgl. Rdnr. 783).

789 c) Den Gläubigern dient das *Schuldnervermögen als Haftungsgrundlage* (vgl. §§ 803 I, 864 I ZPO; § 1 I InsO). Die Verbindlichkeiten werden daher vom Vermögensbegriff nicht erfasst. Die Gläubiger werden nämlich nur dann ausreichend geschützt, wenn – entgegen einer wirtschaftlichen Betrachtungsweise – dem Vermögen im Rechtssinne allein die Aktiva, nicht auch die Passiva zugerechnet werden. Solange noch Aktiva vorhanden sind, muss eine Befriedigung im Wege der Zwangsvollstreckung möglich sein, selbst wenn die Passiva die Aktiva erreichen oder gar übersteigen sollten.

Beispiel: Dem S gehören im wesentlichen Hausgrundstücke und Wertpapiere im Gesamtwert von 1,5 Millionen €. S hat aber auch Schulden in Höhe von 2 Millionen €. Seine Gläubiger können die Zwangsvollstreckung in die Grundstücke und die Wertpapiere betreiben, auch wenn wirtschaftlich gesehen ein Defizit von 500 000,– € besteht.

790 d) Im Allgemeinen bilden die vermögenswerten Rechte eines Rechtssubjekts nur *ein* Vermögen. Das Gesetz sieht jedoch in einigen Fällen die Bildung besonderer Vermögensmassen vor, die rechtlich von dem übrigen Vermögen getrennt werden und für die teilweise besondere Vorschriften gelten.

Beispiel: E hat sich während seines Lebens ein Vermögen erarbeitet. Eines Tages beerbt er seinen Onkel O als dessen Alleinerbe. Damit geht dessen Vermögen auf E über (§ 1922). Die beiden Vermögensmassen verschmelzen zu einer Einheit. Wird aber Nachlassverwaltung angeordnet, bleiben die beiden Vermögensmassen getrennt. Das Vermögen, das E von O durch den Erbfall erworben hat (= der Nachlass), bleibt zwar Vermögen des E, aber der Nachlassverwalter hat die Befugnis, es zu verwalten (§ 1985). Die Trennung der beiden Vermögensmassen (Eigenvermögen des E und Nachlass) kann einmal dem E dienen, wenn dieser den Nachlassgläubigern (z. B. dem V, der gegen O und nach dessen Tod gegen E eine Kaufpreisforderung von 20 000,– € hatte) nur mit dem Nachlass und nicht mit seinem Eigenvermögen haften will (vgl. § 1975). In der Regel kommt die Trennung der beiden Vermögensmassen auch den Nachlassgläubigern zugute, da der Erbe E und dessen (Eigen-) Gläubiger vom Nachlass ferngehalten werden; denn den Eigengläubigern haftet nur das Eigenvermögen (Einzelheiten: ErbR Rdnr. 679 ff.).

791 *2. Unternehmen*

Das Unternehmen ist *eine auf einer Verbindung personeller und sachlicher Mittel beruhende wirtschaftliche Einheit*. Dazu gehören Rechte aller Art, aber auch bloß tatsächliche Vermögenswerte.

So ist E im **Fall d** Eigentümer z. B. des Betriebsgrundstücks, der Werkzeugmaschinen, Förderbänder, Transportfahrzeuge; er ist ferner Inhaber von Forderungen (z. B. Außenstände), Patent-, Gebrauchsmusterrechte und Marken; tatsächliche Vermögenswerte sind z. B. die Geschäftsverbindungen und Geschäftsgeheimnisse (Rdnr. 781).

792 a) Das Unternehmen ist *kein selbstständiges Rechtsobjekt*.

Im **Fall d** kann E das Unternehmen zwar als Ganzes verkaufen; der Kauf erstreckt sich dann auf alles, was zum Unternehmen gehört. Damit der K Eigentümer der Grundstücke und des Inventars sowie Inhaber der übrigen Rechte wird, bedarf es jedoch so vieler Einzelübertragungen, wie Rechte vorhanden sind (vgl. Rdnr. 640, 783).

Das *Recht am eingerichteten und ausgeübten Gewerbebetrieb* hat man nur deshalb anerkannt, um das Unternehmen in seinem Tätigkeitsbereich gegen Beeinträchtigungen nach § 823 I zu schützen. Unmittelbare Herrschaftsbefugnisse, die dem Inhaber eines Unternehmens nicht ohnehin schon auf Grund seiner Einzelrechte zustehen, werden dadurch nicht begründet.

b) Wenngleich das Unternehmen nicht Rechtsobjekt sein kann, so ist dennoch der *Unternehmensbegriff für das Rechtsleben von großer Bedeutung*. **793**

Beispiele: Konzernrecht (§§ 15 ff. AktG), Wettbewerbsrecht (§ 1 GWB), Betriebsverfassungsrecht (§§ 47 ff., 106, 111BetrVG).

§ 36 Die Sachen **794**

Schrifttum: *H. Dilcher*, Der Streit um die Glocke – BGH, NJW 1984, 2277, JuS 1986, 185; *Giesen*, Scheinbestandteil – Beginn und Ende, AcP 202 (2002), 689; *Harms/Ahorn*, Sachen, Bestandteile, Zubehör – Zentrale Heizungsanlagen in der Zwangsversteigerung, Jura 1982, 404; *Michaelis*, Voraussetzungen und Auswirkungen der Bestandteilseigenschaft, Festschrift f. Nipperdey, 1965, I, 553; *R. Möhring*, Der Fruchterwerb nach geltendem Recht, insbesondere bei einem Wechsel des Nutzungsberechtigten, 1954; *Siebenhaar*, Die Zeitbauten nach § 95 I Satz 1 BGB, AcP 160 (1961), 156; *Siebert*, Zubehör des Unternehmens und Zubehör des Grundstücks, Festschrift f. Gieseke, 1958, 59; *Spyridakis*, Zur Problematik der Sachbestandteile, 1966; *Wieacker*, Sachbegriff, Sacheinheit und Sachzuordnung, AcP 148 (1943), 57.

Fälle:

a) Bei der serienmäßigen Herstellung von Schleppern verwendet A Motoren, die er unter Eigentumsvorbehalt (Rdnr. 613) von B bezogen hat. Als A die Lieferrechnungen nicht bezahlen kann, verlangt B die bereits eingebauten Motoren heraus. **(Rdnr. 811, 813, 824)**

b) W lässt zur Modernisierung seines Gasthofs eine Ölfeuerungsanlage und Warmwasserbereiter einbauen. Als die Handwerker kein Geld erhalten, berufen sie sich auf ihr Vorbehaltseigentum und verlangen die eingebauten Sachen wieder heraus. **(Rdnr. 811, 814, 815, 823)**

c) Der Gärtner P pachtet von V ein Grundstück für 20 Jahre und errichtet dort auf festem Fundament ein Gewächshaus, in dem er Orchideen züchtet. Wem gehören Gewächshaus und Pflanzen? **(Rdnr. 811, 819, 826)**

d) E betreibt auf seinem Grundstück ein Elektrizitätswerk, zu dem ein Fernleitungsnetz gehört. Mit den Eigentümern der fremden Grundstücke, über die die Leitungen hinwegführen, hat E längerfristige Mietverträge abgeschlossen. Der Hypothekengläubiger G möchte wissen, ob auch die Fernleitungen für seine Hypothek am Grundstück des E haften. **(Rdnr. 819, 823, 824, 825, 826, 827, 828)**

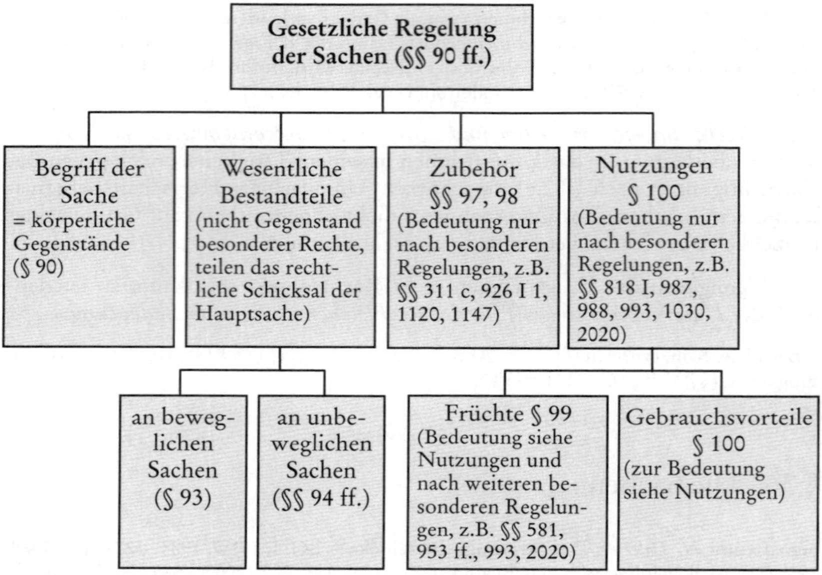

I. Bedeutung und Begriff

1. Bedeutung

Das Sachenrecht regelt die Beziehung einer Person zu einer Sache. Dingliche Rechte können nur an Sachen bestehen. Was unter einer Sache zu verstehen ist, wird im Allgemeinen Teil des BGB (§§ 90 ff.) bestimmt.

795 *2. Begriff*

Nach § 90 sind Sachen im Sinne des Gesetzes nur *körperliche Gegenstände*. Das sind unpersönliche, für sich bestehende Stücke der beherrschbaren Natur.

Nach § 90 a, der durch das Gesetz v. 20. 8. 1990[405] ins BGB eingefügt wurde, fallen Tiere als Mitgeschöpfe nicht mehr unter den Begriff der Sache. Die für Sachen geltenden Vorschriften sind auf Tiere jedoch grundsätzlich entsprechend anzuwenden (§ 90 a Satz 3).

a) Nur *unpersönliche Stücke* kommen in Betracht. Der Körper eines lebenden Menschen (Rdnr. 780) scheidet aus.

405 BGBl. I, 1762.

b) Nur *körperliche Stücke* können Sachen sein. Dabei spielt es grundsätzlich keine Rolle, ob der Körper fest, flüssig oder gasförmig ist. Jedoch bestimmt sich die Körperlichkeit nicht nach den Lehren der Physik, sondern nach der Verkehrsanschauung. Körperlichkeit liegt immer nur dann vor, wenn eine Beherrschung nach sachenrechtlichen Grundsätzen möglich ist. **796**

Deshalb scheiden Sach- und Rechtsgesamtheiten (Rdnr. 782 ff., 787 ff.) aus. Auch Naturkräfte und Energien (z. B. Wärme, Elektrizität, Licht) sind keine Sachen, selbst wenn ihnen (wie z. B. der Elektrizität) im physikalischen Sinne Körperlichkeit zukommt. Denn sie können nicht besessen, nicht übergeben werden; Eigentum kann an ihnen nicht bestehen.

Dagegen sind Geldscheine und -münzen sowie Wertpapiere (z. B. Aktie, Wechsel, Scheck) Sachen, wenngleich der Rechtsverkehr ihnen nicht wegen ihrer Körperlichkeit, sondern wegen des in ihnen verkörperten wirtschaftlichen Wertes Bedeutung beimisst.

Eine Geldschuld wird durch Übereignung von Zahlungsmitteln in Höhe des Geldnennwertes erfüllt. Welche Menge »Papier« oder »Metall« geleistet wird, interessiert nicht. Der Schuldner kann daher bestimmen, mit welchen einzelnen Banknoten und Münzen er seine Schuld erfüllen will.

c) Nur *für sich bestehende Stücke* können Gegenstand von Sachenrechten sein. Denn nur bei *räumlicher Abgrenzbarkeit* ist der Umfang des Eigentums und der anderen dinglichen Ausschlussrechte erkennbar. Das ist regelmäßig bei festen beweglichen Körpern der Fall. Bei Grundstücken erfolgt die Abgrenzung durch Festsetzung (Eintragung im Grundbuch). Flüssige und gasförmige Körper werden durch Zusammenfassung in einer räumlichen Einheit abgegrenzt. **797**

Beispiele: Bier im Fass, Benzin im Kanister, Gas im Zeppelin, Sauerstoff in der Flasche.

d) Nur *beherrschbare* Sachen sind rechtlicher Herrschaftsmacht zugänglich. Demnach scheiden etwa die freie Luft, das offene Meer und die frei fließende Wasserwelle aus. **798**

Andererseits reicht Beherrschbarkeit aus. Ob eine Sache rechtlich beherrscht wird, ist für die Sachqualität ohne Belang. Es genügt vielmehr, dass die Sache in irgendeiner Form *beherrscht werden kann.*

Sachen sind also auch herrenlose Sachen (vgl. §§ 958 I, 960 I 1), da die Möglichkeit rechtlicher Beherrschung (durch Aneignung, § 958 I; Rdnr. 634) besteht.

II. Arten **799**

1. Unbewegliche und bewegliche Sachen

a) *Unbewegliche Sachen (= Grundstücke)* sind die durch die Vermessung abgegrenzten Teile der Erdoberfläche, die im Grundbuch als selbstständige

Grundstücke eingetragen sind. Dabei muss es sich nicht um natürliche oder wirtschaftliche Einheiten handeln.

Ein »Wiesengrundstück« und ein »Ackergrundstück«, die durch einen Bach getrennt sind, können also im Grundbuch zu *einem* Grundstück im Rechtssinne zusammengefasst werden. Andererseits kann ein zusammenhängender Acker aus mehreren Grundstücken bestehen.

Den Grundstücken sind vom Gesetz einige Grundstücksrechte (sog. *grundstücksgleiche Rechte*) gleichgestellt, für die ein besonderes Grundbuchblatt anzulegen ist.

Beispiele: Erbbaurecht (vgl. §§ 11, 14 ff. ErbbauRVO), Sondereigentum an einer Wohnung (vgl. §§ 3 ff., 7 WEG).

800 b) *Bewegliche Sachen* sind alle körperlichen Gegenstände, die nicht Grundstücke sind.

Auch Schiffe sind bewegliche Sachen. Wenn sie jedoch im Binnen- oder Seeschiffsregister eingetragen sind, werden sie im Wesentlichen wie Grundstücke behandelt (vgl. SchiffsRG); so kann z. B. eine Schiffshypothek bestellt werden.

801 c) Diese *Unterscheidung* ist vor allem im Sachenrecht bedeutsam. Bei beweglichen Sachen werden Rechtsfolgen vielfach an eine Änderung der Besitzlage geknüpft; bei Grundstücken ist meistens die Eintragung im Grundbuch für das Entstehen dinglicher Rechte maßgeblich.

802 *2. Vertretbare und nicht vertretbare Sachen*

a) *Vertretbar* sind bewegliche Sachen, die im Verkehr nach Zahl, Maß oder Gewicht bestimmt zu werden pflegen (§ 91).

Beispiele: Kartoffeln, Wein einer bestimmten Gattung[406], Kohlen und serienmäßig hergestellte Waren wie DVD's, Staubsauger.

b) *Nicht vertretbar* sind alle anderen Sachen.

Beispiele: Sonderanfertigungen (Maßanzug), i. d. R. gebrauchte Sachen (gebrauchter Pkw).

Die Unterscheidung ist bei einigen Verträgen des Schuldrechts von Bedeutung. So können nur vertretbare Sachen Gegenstand eines Sachdarlehensvertrages (§ 607 I 1) sein.

c) Die Unterscheidung zwischen *vertretbaren und nicht vertretbaren* Sachen ist *nicht identisch* mit der im Schuldrecht getroffenen Unterscheidung zwischen *Gattungs- und Stückschuld* (vgl. § 243 I).

406 BGH NJW 1985, 2403.

3. Verbrauchbare und nicht verbrauchbare Sachen 803

a) *Verbrauchbare Sachen* sind bewegliche Sachen, deren bestimmungsmäßiger Gebrauch in dem Verbrauch oder in der Veräußerung besteht (§ 92 I).

Beispiele: Nahrungs- und Genussmittel, Brennstoffe, Geld.

Bewegliche Sachen aller Art werden dadurch zu verbrauchbaren Sachen, dass sie zu einem Sachinbegriff (Rdnr. 782) zusammengefasst oder in einen solchen eingefügt werden, dessen bestimmungsmäßiger Gebrauch in der Veräußerung der einzelnen Sachen besteht (vgl. § 92 II).

Beispiele: Bücher einer Buchhandlung, Konfektionswaren eines Bekleidungsgeschäfts, Möbel eines Einrichtungshauses sowie Warenlager aller Art.

b) *Nicht verbrauchbare Sachen* sind alle übrigen Sachen. Der allmähliche Verschleiß durch Abnutzung ist kein Verbrauch. 804

Beispiele: Bücher, Bekleidungsstücke, Einrichtungsgegenstände.

c) Diese *Unterscheidung* ist für Gebrauchsüberlassungsverträge und Nutzungsrechte bedeutsam. 805

Beispiel: Frau A »leiht« ihrer Nachbarin N zehn Eier. N soll nicht wie bei der Leihe nur zum unentgeltlichen »Gebrauch« der Eier berechtigt (§ 598) und verpflichtet sein, *diese* Eier nach dem Ende der Vertragsdauer wieder zurückzugeben (§ 604 I). Vielmehr soll N befugt sein, diese Eier in ihrem Haushalt zu verbrauchen; sie ist nur verpflichtet, andere Eier gleicher Art und Güte zurückzuerstatten (§ 607 I: Sachdarlehen).

Da verbrauchbare Sachen nur durch ihren Verbrauch genutzt werden können, wird der Nießbraucher verbrauchbarer Sachen deren Eigentümer; nach Beendigung des Nießbrauchs hat der Nießbraucher dem Besteller den Wert der Sachen zu ersetzen (§ 1067).

4. Teilbare und unteilbare Sachen 806

a) *Teilbare Sachen* sind Sachen, die sich ohne Verminderung ihres Wertes in gleichartige Teile zerlegen lassen (vgl. § 752). Die einzelnen Teile müssen bei Zusammenrechnung ihres Wertes objektiv den Gesamtwert des ungeteilten Gegenstandes erreichen.

Beispiele: Mehl, Kartoffeln, Goldbarren und – durch Wechseln – Geld, ferner unbebaute Grundstücke.

b) *Unteilbare Sachen* sind alle anderen Sachen. 807

Beispiele: Ein Fernsehgerät, ein Paar Schuhe, ein Essservice, in der Regel auch bebaute Grundstücke.

c) Die *Unterscheidung* ist für die Aufteilung von Rechtsgemeinschaften bedeutsam. 808

Beispiel: Die Erbengemeinschaft von A und B, die ihren Vater zu je ½ beerbt haben, soll auseinandergesetzt werden. Wenn die Erben sich über die Aufteilung des Nachlasses nicht einigen können, erfolgt die Auseinandersetzung derart (vgl. § 2042)[407], dass die teilbaren Sachen des Nachlasses (Bargeld, Wein) in Natur geteilt werden (vgl. § 752), während das zum Nachlass gehörende Hausgrundstück durch Zwangsversteigerung und anschließende Teilung des Erlöses »versilbert« wird[408].

809 III. Bestandteile

1. *Gesetzliche Regelung*

Bestandteile sind Teile einer zusammengesetzten Sache (Rdnr. 786). Das Gesetz unterscheidet wesentliche und nicht wesentliche Bestandteile.

a) *Wesentliche Bestandteile* sind nach der Definition des § 93 Bestandteile einer Sache, die voneinander nicht getrennt werden können, ohne dass der eine oder der andere zerstört oder in seinem Wesen verändert wird.

Beispiel: Der Einband eines Buches kann nicht entfernt werden, ohne dass Buch und Einband zerstört werden.

Wesentliche Bestandteile können nicht Gegenstand besonderer Rechte sein (§ 93). Sie teilen also das rechtliche Schicksal der Sache.

So kann z. B. der Einband des Buches nicht im Eigentum einer anderen Person stehen als in dem des Bucheigentümers. Sonst könnte der Eigentümer des Einbandes diesen vom Eigentümer des Buches herausverlangen (§ 985). Sobald aber der Einband vom Buch getrennt ist, teilt er nicht mehr das rechtliche Schicksal des Buches.

Die §§ 94–96 enthalten Sonderregeln für wesentliche Bestandteile an Grundstücken (Rdnr. 815 ff.).

810 b) *Nicht wesentliche (= einfache) Bestandteile* sind Teile einer zusammengesetzten Sache, bei denen es sich nicht um wesentliche Bestandteile handelt. Sie sind sonderrechtsfähig.

Beispiel: Eine Fahrradklingel kann von der Lenkstange abgeschraubt werden, ohne dass Klingel oder Fahrrad zerstört oder in ihrem Wesen verändert werden. Die Klingel ist also nicht wesentlicher Bestandteil des Fahrrades; sie kann einem anderen als dem Fahrradeigentümer gehören.

811 2. *Bedeutung*

a) Die Regelung über *wesentliche Bestandteile* in §§ 93 ff. versieht wirtschaftlich zusammengehörige Sachen auch mit einer rechtlichen Klammer. Dadurch, dass zusammengehörige Sachen dasselbe rechtliche Schicksal erleiden, soll der

407 ErbR Rdnr. 526 f.
408 ZVR Rdnr. 984 ff.

Zerschlagung wirtschaftlicher Werte entgegengewirkt werden. Deshalb können nach § 93 wesentliche Bestandteile einer Sache nur zusammen mit der Sache übereignet oder (z. B. mit einem Pfandrecht) belastet werden. Weitere Folgerungen aus § 93 ziehen die §§ 946 ff. für die Verbindung und Vermischung von Sachen, die verschiedenen Eigentümern gehören. Diese Vorschriften sind zwingendes Recht, also nicht (z. B. durch Vereinbarung eines Eigentumsvorbehalts; Rdnr. 613) abdingbar.

Wenn das Gewächshaus im **Fall c** und die Motoren im **Fall a** nicht wesentliche Bestandteile geworden sein sollten, gehören diese Sachen auch weiterhin ihren bisherigen Eigentümern (vgl. § 93).

Wenn das Gewächshaus dagegen wesentlicher Bestandteil des Grundstücks geworden sein sollte, erstreckt sich das Eigentum an dem Grundstück auch auf das Gewächshaus (§ 946).

Wenn die Motoren im **Fall a** mit dem Einbau wesentliche Bestandteile der Schlepper geworden sein sollten, träten die Rechtsfolgen des § 947 ein. Nach § 947 II hätte der A das Eigentum an den Motoren erworben, sofern die Schlepperkarosserie ohne Motor als Hauptsache anzusehen wäre. Eine Hauptsache liegt nach der Rechtsprechung jedoch nur dann vor, wenn die übrigen Bestandteile fehlen könnten, ohne dass dadurch nach der Verkehrsanschauung das Wesen der Sache beeinträchtigt würde; eine Sache ist jedenfalls dann keine Hauptsache, wenn sie ohne den Bestandteil nicht bestimmungsgemäß verwendbar wäre[409]. Da ein Schlepper ohne Motor nicht als Schlepper genutzt werden kann, ist das Schleppergehäuse nicht die Hauptsache. Schon gar nicht kann der Schleppermotor als Hauptsache angesehen werden. Deshalb greift § 947 I ein: Es entsteht anteiliges Miteigentum der bisherigen Eigentümer A und B an den fertiggestellten Schleppern, sofern die Motoren wesentliche Bestandteile sind.

Bei der Auslegung des Begriffs des wesentlichen Bestandteils geht es letztlich um einen Ausgleich der Interessen der verschiedenen Kreditgeber im Wirtschaftsverkehr. Zumeist stehen sich die Lieferanten und Handwerker auf der einen und die Banken auf der anderen Seite gegenüber.

Im **Fall a** hat B sein Vorbehaltseigentum verloren, sofern die Motoren mit dem Einbau wesentliche Bestandteile der Schlepper geworden sind. Als Miteigentümer der Schlepper kann er dann nur Einräumung des Mitbesitzes an den Schleppern, nicht aber Herausgabe der Motoren verlangen (§§ 985, 1011); seine Stellung gegenüber den anderen Kreditgebern, wie den Banken, die sich üblicherweise das Warenlager zur Sicherung ihrer Darlehensforderungen übereignen lassen (§§ 929, 930), ist also geschwächt.

Wenn im **Fall b** die Anlagen wesentliche Bestandteile des Grundstücks geworden sind, haben die Realkreditgeber (häufig die Banken z. B. als Hypothekengläubiger) eine verstärkte Kreditsicherung durch Werterhöhung des Haftungsobjekts auf Kosten des Eigentums der Handwerker und Zulieferer erfahren.

b) An *nicht wesentlichen Bestandteilen* können besondere Rechte bestehen; **812**
häufig teilen jedoch auch die nicht wesentlichen Bestandteile das rechtliche Schicksal der zusammengesetzten Sache.

409 Vgl. BGHZ 20, 159, 163.

So wird bei Kauf und Übereignung eine zusammengesetzte Sache (z. B. Fahrrad mit Klingel) als Einheit behandelt, solange die Parteien nicht ausdrücklich etwas anderes vereinbaren. Auch die einfachen Bestandteile werden also im Zweifel mitverkauft und mitübereignet. Die Parteien können allerdings durch besondere Vereinbarung einen (einfachen) Bestandteil von dem Kauf oder von der Übereignung ausnehmen.

813 *3. Wesentliche Bestandteile an beweglichen Sachen*

Wesentliche Bestandteile sind die Teile einer Sache, die *bei Trennung zerstört werden oder eine Wesensveränderung erleiden* (§ 93). Dabei kommt es – entgegen dem Sprachgebrauch – nicht darauf an, ob die Sachteile das »Wesen der Gesamtsache« bestimmen. Es ist auch unerheblich, ob die Gesamtsache eine Zerstörung oder Wesensveränderung erfährt. Die wirtschaftliche Einheit als solche wird durch § 93 nicht geschützt. Abzustellen ist allein auf die *Sachteile*, nicht auf die Gesamtsache.

Eine Zerstörung oder Wesensveränderung liegt vor, wenn die Sachteile nach der Trennung nicht in der bisherigen Art wirtschaftlich genutzt werden können.

Im **Fall a** kann ein Ausbau der Motoren und ihr Wiedereinbau in andere Schlepper derselben Bauart ohne weiteres erfolgen, da es sich um seriengefertigte Modelle handelt. Die Motoren sind daher nicht wesentliche Bestandteile der Schlepper geworden[410]. B ist also Eigentümer der Motoren geblieben; sein Herausgabeverlangen (§ 985) ist gerechtfertigt.

Der Anwendungsbereich der §§ 93, 947 ist von der Rechtsprechung im Interesse der unter Eigentumsvorbehalt liefernden Warenkreditgeber stark eingeschränkt worden. Da heute nahezu alle wichtigen Gebrauchsgüter in Serie hergestellt werden, kommen wesentliche Bestandteile an beweglichen Sachen praktisch nur noch bei Sonderanfertigungen vor (z. B. Ersatzteile für spezialangefertigte Maschinen).

814 *4. Wesentliche Bestandteile an Grundstücken*

Wesentliche Bestandteile an Grundstücken bestimmen sich sowohl nach der Grundregel des § 93 als auch nach den Sonderregeln der §§ 94 ff.

a) *§ 93* hat bei Grundstücken einen größeren Anwendungsbereich als bei beweglichen Sachen, wenngleich auch insoweit zumeist § 94 eingreift.

Z. B. sind wesentliche Bestandteile eines Grundstücks *schon nach § 93*: eingebaute Balken, Träger, Ziegel, elektrische Anlagen und Verrohrungen eines auf festem Fundament errichteten Hauses. Nicht unter § 93 fallen jedoch die im **Fall b** eingebauten Anlagen, da sie ohne größere Zerstörungen aus- und wiedereingebaut werden können.

815 b) *§ 94* erweitert den Begriff des wesentlichen Bestandteils für Grundstücke.

410 Vgl. BGHZ 18, 226.

(1) *Voraussetzung* dafür ist, dass die Sache entweder mit dem Grund und Boden fest verbunden (§ 94 I) oder zur Herstellung eines Gebäudes eingefügt ist (§ 94 II), sofern das Gebäude seinerseits wesentlicher Bestandteil des Grundstücks ist.

Die Vorschrift findet auch auf grundstücksgleiche Rechte (Rdnr. 799) Anwendung.

(a) Eine *feste Verbindung* liegt vor, wenn eine Trennung zur Zerstörung oder Beschädigung der eingefügten Sache führen oder unverhältnismäßige Kosten verursachen würde.

§ 94 I führt **beispielhaft** auf: Gebäude, ungetrennte Erzeugnisse des Grundstücks; Samen wird mit dem Aussäen, Pflanzen werden mit dem Einpflanzen wesentliche Bestandteile. **Weitere Beispiele**: Bodenbestandteile (Sand, Lehm, Kies), eingegrabenes Holz- und Mauerwerk, Versorgungsleitungen in Straßengrundstücken[411].

(b) *Zur Herstellung eingefügt* sind nicht nur die gewöhnlichen Baustoffe, sondern alle Sachen, die dem Gebäude seinen besonderen Charakter verleihen, ohne die es im Verkehr als »unfertig« angesehen wird. Die Festigkeit der Verbindung ist ohne Bedeutung[412].

Im **Fall b** sind die neuen Einrichtungen wesentliche Bestandteile des Gaststättengebäudes und damit des Grundstücks des W geworden, da moderne Sanitär- und Heizungsanlagen zu einem Gasthof gehören. Das Vorbehaltseigentum der Lieferanten ist untergegangen (vgl. § 946).

(2) Die *Wirkung des § 94* liegt darin, dass diese Bestimmung – mehr als § 93 – **816**
die wirtschaftliche Einheit des Grundstücks betont und damit die Stellung der Realkreditgeber (zumeist Banken) zum Nachteil der Baustofflieferanten und Bauhandwerker verstärkt. Deren Eigentumsvorbehalt geht unter erleichterten Voraussetzungen unter; das Grundeigentum erstreckt sich – ohne Rücksicht auf die tatsächlichen Wertverhältnisse – auf die wesentlichen Bestandteile (§ 946).

Baut B ein Gebäude mit festem Fundament auf dem Grundstück des E, das er irrtümlich für sein eigenes hält, wird E Eigentümer des Hauses. E ist aber zur Zahlung einer Vergütung in Geld nach §§ 951, 812 ff. verpflichtet.

Die Rechtsprechung ist jedoch zum Teil bemüht, durch eine möglichst enge Auslegung des § 94 einen Untergang des Vorbehaltseigentums zu verhindern.

Beispiel: Maschinen und Produktionsanlagen im Fabrikgebäude sind nur dann mit dem Grund und Boden fest verbunden (§ 94 I), wenn sie einbetoniert sind; eine Verschraubung oder eine Anfügung an das Fundament mit Zement reicht nicht aus. Zur Herstellung eingefügt (§ 94 II) sind die Maschinen und Fabrikationsanlagen nur dann, wenn das Gebäude

411 BGH NJW 2006, 990.
412 Vgl. BGH NJW 1979, 712.

gerade auf diese Produktionsmittel zugeschnitten ist, also gleichsam als Gebäude für die Maschinen dient[413].

Die Wirtschaftseinheit »Betrieb« oder »Unternehmen« wird also auch durch § 94 nur bedingt geschützt; im Vordergrund steht nicht der Betrieb, sondern das Gebäude und damit das Grundstück. Diese enge Auslegung verhindert eine Benachteiligung der Lieferanten der Werkzeugmaschinen, die sich anders als durch Vorbehalt ihres Eigentums kaum absichern können.

817 c) Nach *§ 96* gelten ferner als wesentliche Bestandteile eines Grundstücks die mit dem Eigentum verbundenen Rechte (z. B. Grunddienstbarkeiten).

818 d) *§ 95* schränkt den Begriff des wesentlichen Bestandteils an Grundstücken für sog. *Scheinbestandteile* ein: Sachen, die nur zu einem vorübergehenden Zweck mit dem Grund und Boden verbunden (§ 95 I 1) oder in ein Gebäude eingefügt worden sind (§ 95 II), bleiben selbstständige Sachen, werden also nicht einmal Bestandteile. Das Gleiche gilt von einem Gebäude oder anderen Werk, das in Ausübung eines Rechts an einem fremden Grundstück mit dem Grundstück verbunden worden ist (§ 95 I 2).

Eine nur vorübergehende Verbindung ist im Fall des § 95 I 2 nicht erforderlich; andererseits ist der Kreis der Sachen in § 95 I 1 und § 95 II weiter gefasst.

819 (1) Die Verbindung (§ 95 I 1) oder Einfügung (§ 95 II) geschieht *nur zu einem vorübergehenden Zweck*, wenn *von Anfang an* beabsichtigt oder mit Sicherheit erwartet wird, dass die Sachen wieder getrennt werden. Entscheidend ist der erkennbare Wille des Einfügenden.

Scheinbestandteile sind hiernach z. B. Behelfsheime, Schaubuden, Gerüste, Straßentribünen, Pflanzen einer Baumschule, die Orchideen im **Fall c**. Kinderschaukel und Sandkasten sind auch bei fester Verbindung keine wesentlichen Bestandteile, sondern nur zu einem vorübergehenden Zweck (auf die Dauer des Bedarfs für spielende Kinder) errichtet[414].

Bei Verbindung durch einen schuldrechtlich Berechtigten (Mieter, Pächter) spricht eine tatsächliche Vermutung dafür, dass sie nur für die Dauer der Berechtigung, also vorübergehend, vorgenommen wird. Auch bei langer Vertragsdauer bleibt der vorübergehende Charakter der Verbindung wegen der zeitlichen Begrenzung des Vertragsverhältnisses erhalten[415].

Im **Fall c** hat P, da er einen anderen Willen nicht zum Ausdruck gebracht hat, das Gewächshaus nur vorübergehend mit dem Grundstück verbunden. Das feste Fundament ändert daran nichts, selbst wenn eine Trennung nicht ohne Zerstörung des Gewächshauses möglich sein sollte. Weil das Gewächshaus somit nach § 95 I eine selbstständige be-

413 Vgl. RGZ 67, 34 f.; 130, 266.
414 BGH NJW 1992, 1101.
415 BGHZ 92, 74.

wegliche Sache ist, gehört es dem P; § 946 greift nicht ein. P kann das Haus z. B. nach §§ 929 ff. übereignen.

Auch das Fernleitungsnetz im **Fall d** ist Scheinbestandteil der fremden Grundstücke, da es auf Grund von Mietverträgen errichtet wurde.

Keine nur vorübergehende Verbindung liegt jedoch vor, wenn vereinbart ist, dass der Eigentümer die eingefügten Sachen nach Vertragsablauf übernimmt[416].

Es soll sogar ausreichen, wenn es dem Eigentümer nur freigestellt ist, die Sache zu übernehmen[417]. Wenn also die Parteien im **Fall c** ein Übernahmerecht des V vereinbart haben, ist das Gewächshaus wesentlicher Bestandteil des Grundstücks des V geworden. Die Orchideen allerdings sind Scheinbestandteile, da sie zum Verkauf bestimmt sind.

(2) Nach der Rechtsprechung des BGH ist die Bestimmung eines ursprünglich wesentlichen Bestandteils als Scheinbestandteil ebenso wie umgekehrt die Änderung eines Scheinbestandteils in einen wesentlichen Bestandteil auch *nachträglich* möglich[418]. Im erstgenannten Fall bedarf es eines nach außen in Erscheinung tretenden Willens des Grundstückseigentümers, dass die Verbindung der Sache mit dem Grundstück nunmehr nur noch zu vorübergehenden Zwecken bestehen soll. Im letztgenannten Fall muss der Eigentümer des Scheinbestandteils erkennen lassen, dass die Verbindung jetzt als dauerhaft gewollt ist. **819a**

(3) *Rechte an einem fremden Grundstück* nach § 95 I 2 sind nur dingliche Rechte (z. B. Erbbaurecht, Grunddienstbarkeit, Nießbrauch). Schuldrechtliche Nutzungsrechte (Miete, Pacht) fallen nicht darunter. **820**

Hat X am Grundstück des Y ein Erbbaurecht erworben und baut er auf dem Grundstück ein Haus, dann ist das Haus nicht wesentlicher Bestandteil des Grundstücks des Y, wohl aber wesentlicher Bestandteil des Erbbaurechts des X geworden, da es auf Grund des Erbbaurechts errichtet ist (§ 12 I 1 ErbbauRVO). Das Haus gehört daher dem X, fällt aber (entgegen § 95) nach Beendigung des Erbbaurechts in das Eigentum des Grundstückseigentümers Y (§ 12 III ErbbauRVO).

e) Auch in der *ehemaligen DDR* galt der Grundsatz, dass die mit dem Grund und Boden festverbundenen Sachen zu den wesentlichen Bestandteilen des Grundstücks gehören (§ 295 I ZGB, der dem § 94 BGB entspricht). Jedoch sah das ZGB in vielen Fällen an Gebäuden, Baulichkeiten, Anlagen, Anpflanzungen und Einrichtungen ein vom Grundstückseigentum unabhängiges Sondereigentum vor[419]. Soweit ein solches Sondereigentum am 2. 10. 1990 bestand, bleibt es weiterhin bestehen (Art. 231 § 5 I 1 EGBGB). Das gilt auch dann, wenn die Errichtung oder Anbringung erst am 3. 10. 1990 oder später erfolgt, sofern sie auf **821**

416 BGHZ 8, 1, 8; 104, 301.
417 BGH DB 1964, 368.
418 BGH NJW 2006, 990, 991.
419 Aufzählung bei *Palandt/Heinrichs*, EGBGB, Art. 231 § 5 Rdnr. 2.

Grund eines vorher begründeten Nutzungsrechts zulässig ist (Art. 231 § 5 I 2 EGBGB). In den genannten Fällen ist § 94 also ausgeschlossen.

Das Nutzungsrecht am Grundstück, die Anlagen, Anpflanzungen oder Einrichtungen gelten nach Art. 231 § 5 II EGBGB als wesentliche Bestandteile des Gebäudes.

822 **IV. Zubehör**

Die Regelung über das Zubehör dient – wie die über Bestandteile – der rechtlichen Erfassung wirtschaftlich zusammenhängender Sachen.

1. Begriff

Zubehör sind nach § 97 solche beweglichen Sachen, die, ohne Bestandteile der Hauptsache zu sein, dem wirtschaftlichen Zweck der Hauptsache dauernd zu dienen bestimmt sind und zu ihr in einer entsprechenden räumlichen Beziehung stehen; die Sachen sind jedoch kein Zubehör, wenn sie nach der Verkehrsanschauung nicht als Zubehör angesehen werden.

823 a) Nur *bewegliche Sachen*, nicht aber Grundstücke können Zubehör sein.

Im **Fall d** könnten die Fernleitungen Zubehör des Grundstücks des E sein. Dann müsste es sich um bewegliche Sachen handeln; die Leitungen dürfen also weder Bestandteil der jeweiligen Grundstücke noch des Grundstücks des E sein. Die Leitungen sind Scheinbestandteile der fremden Grundstücke, da sie auf Grund von Mietverträgen, also zu einem vorübergehenden Zweck, errichtet worden sind (vgl. § 95). Das Fernleitungsnetz ist auch nicht Bestandteil des Betriebsgrundstücks, da die Verbindung ohne größere Schwierigkeiten durch Lösen von Schrauben aufgehoben werden kann und die Leitungen auch nach der Verkehrsanschauung ihre körperliche Selbständigkeit nicht verloren haben (vgl. Rdnr. 816). Die Fernleitungen können also als bewegliche Sachen Zubehör sein.

824 b) Die Sachen dürfen *nicht Bestandteile der Hauptsache* sein.

Bei Grundstückszubehör ist diese Voraussetzung überflüssig, da es sich dann schon nicht um bewegliche Sachen handeln würde (vgl. Rdnr. 815 zum **Fall b** und Rdnr. 823 zum **Fall d**).

Kein Zubehör sind die Motoren im **Fall a**, weil sie Bestandteile von zusammengesetzten beweglichen Sachen sind.

Die Abgrenzung von Zubehör und Bestandteil ist nicht immer einfach; es entscheidet die Verkehrsanschauung, ob unselbstständige Sachteile oder selbstständige Zubehörsachen vorliegen (vgl. Rdnr. 786 f.).

Beispiele: Bei einem Pkw sind Reservereifen, Warndreieck und Verbandskasten Zubehör; die Sicherheitsgurte dürften dagegen einfache Bestandteile sein, da sie zwar leicht aus ihrer Befestigung zu lösen, für die Sicherheit beim Fahren aber unerlässlich sind. Das Läutwerk und die Glocken sind selbstständige Zubehörsachen einer Kirche[420].

c) Die Sachen müssen *dazu bestimmt* sein, *dem wirtschaftlichen Zweck der Hauptsache zu dienen.* **825**

Gemäß § 98 sind dies insbesondere bei einem für einen gewerblichen Betrieb dauernd eingerichteten Gebäude die zu dem Betrieb bestimmten Maschinen und sonstigen Gerätschaften, bei einem Landgut das landwirtschaftliche Inventar sowie die zur Fortführung der Wirtschaft notwendigen landwirtschaftlichen Erzeugnisse.

Im **Fall d** dient das Überlandnetz dem Betriebsgrundstück, da das Elektrizitätswerk sonst keinen Strom liefern kann.

Da Sachen nur dann Zubehör sind, wenn sie der Hauptsache dienen sollen, ist ein Unterordnungsverhältnis erforderlich; die eine Sache muss als Haupt-, die andere als Hilfssache erscheinen.

Daran fehlt es z. B. bei einer Zugmaschine im Verhältnis zum Anhänger, beim Kraftfahrzeugpark eines Speditionsunternehmens im Verhältnis zum Verwaltungs- und Versorgungsgebäude[421]. Auch Rohstoffvorräte auf dem Betriebsgrundstück (z. B. Holzvorräte einer Möbelfabrik) stehen dem Betriebsgebäude gleichwertig gegenüber[422].

d) Die Zweckbestimmung der Hilfssache muss *für die Dauer* erfolgen; vorübergehende Benutzung begründet die Zubehöreigenschaft nicht (§ 97 II 1). **826**

Scheinbestandteile nach § 95 (z. B. das Gewächshaus im **Fall c**) können daher auch nicht Zubehör des Grundstücks sein, mit dem sie verbunden sind; sie können aber – wie im **Fall d** für die Dauer der Mietzeit das Leitungsnetz – Zubehör eines anderen Grundstücks sein.

In den Fällen des § 98 Nr. 1 kommt es dagegen nicht auf die dauernde Zweckbestimmung der Hilfssache an; hier reicht schon aus, dass das Gebäude für einen gewerblichen Betrieb dauernd eingerichtet ist[423].

e) Es muss der Zweckbestimmung entsprechend eine *räumliche Beziehung* zur Hauptsache bestehen. **827**

Beispiele: Bagger und Lastkraftwagen in Steinbrüchen, und zwar auch dann, wenn sie vorübergehend von dem Betriebsgrundstück entfernt werden (vgl. § 97 II 2).

In der Rechtsprechung zeigt sich die Tendenz, Sachen, die nicht ganz eindeutig auf *ein* Grundstück bezogen sind, als Zubehör des Grundstücks anzusehen, das den »Kern des Betriebes« bildet.

420 BGH NJW 1984, 2277.
421 BGHZ 85, 234.
422 RGZ 86, 329.
423 BGHZ 62, 52; 124, 392.

Daher sind die Kraftwerksleitungen im **Fall d** auf das Betriebsgrundstück bezogen, wenngleich sie sich zum weitaus größten Teil auf fremden Grundstücken befinden[424].

828 *2. Bedeutung*

a) Da Zubehörstücke selbstständige Sachen sind, können sie – anders als wesentliche Bestandteile – *Gegenstand besonderer Rechte* sein.

b) Der Begriff des Zubehörs ist in folgenden Fällen von Bedeutung:

(1) Verpflichtet sich jemand zur Veräußerung oder Belastung einer Sache (bewegliche Sache oder Grundstück), so *erstreckt sich die Verpflichtung im Zweifel auch auf das Zubehör der Sache* (§ 311 c).

Verkauft V an K seinen Bauernhof, dann ist auch alles Zubehör (Vieh) mitverkauft, wenn nichts anderes vereinbart ist.

(2) *Mit der Übertragung des Eigentums am Grundstück geht auch das Eigentum an den Zubehörstücken über* (§ 926 I 1), ohne dass es besonderer Übertragungsakte bedarf.

Übereignet V seinen verkauften Bauernhof durch Auflassung und Eintragung (§§ 873, 925) an K, dann wird K damit auch Eigentümer des Viehs und sonstigen Zubehörs, ohne dass es einer Übereignung nach §§ 929 ff. bedarf.

(3) Die *Hypothek erstreckt sich (auch) auf das Zubehör des Grundstücks* (§ 1120); das Zubehör haftet also für die Befriedigung des Hypothekengläubigers aus dem Grundstück (vgl. § 1147).

Im **Fall d** sind die Fernleitungen Zubehör des Grundstücks des E. Die Hypothek des G erstreckt sich also auch darauf. Eine zwangsweise Verwertung erfolgt durch Zwangsversteigerung des Grundstücks; eine Pfändung (nur) des Zubehörs durch den Gerichtsvollzieher, wie sonst bei beweglichen Sachen möglich, ist unzulässig (vgl. § 865 ZPO)[425].

829 V. Früchte, Nutzungen, Lasten

1. Begriffe

a) Bei den *Früchten* unterscheidet das Gesetz Sach- und Rechtsfrüchte; es gibt unmittelbare und mittelbare Sach- und Rechtsfrüchte.

(1) *Unmittelbare Früchte einer Sache* sind nach § 99 I die Erzeugnisse der Sache (z. B. Hühnerei, Obst) und die sonstige Ausbeute, die aus der Sache ihrer Bestimmung gemäß gewonnen wird (z. B. Steine aus einem Steinbruch).

424 RGZ 87, 49; BGHZ 37, 357; vgl. *Erman/Michalski*, § 97 Rdnr. 2 b.
425 ZVR Rdnr. 216.

(2) *Mittelbare Früchte einer Sache* sind die Erträge, die eine Sache vermöge eines Rechtsverhältnisses gewährt (§ 99 III). Genau genommen handelt es sich dabei nicht um Früchte der Sache, sondern um solche des Eigentumsrechts an der Sache (z. B. Miet- und Pachtzinsen).

(3) *Unmittelbare Früchte eines Rechts* sind nach § 99 II die Erträge, die ein Recht (ausgenommen das Eigentum) seiner Bestimmung gemäß dem Berechtigten gewährt (z. B. Ernte des Pächters).

(4) *Mittelbare Früchte eines Rechts* sind die Erträge, die der Berechtigte vermöge eines Rechtsverhältnisses, das einen anderen zur Ausübung des Rechts berechtigt (z. B. Pachtzinsen durch Unterverpachtung), erzielt (vgl. § 99 III).

b) *Nutzungen* sind die *Früchte und andere Gebrauchsvorteile* einer Sache o- **830**
der eines Rechts (§ 100).

c) *Lasten* sind die *Verpflichtungen* des Eigentümers oder des Inhabers eines **831**
Rechts zu einer Leistung (vgl. § 103; z. B. Hypothekenzinsen).

2. Bedeutung **832**

Wem Früchte und Gebrauchsvorteile zustehen und wer die Lasten zu tragen hat, sagt das Gesetz an verschiedenen Stellen.

So ist der Pächter berechtigt, die Früchte zu genießen (§ 581), der Nießbraucher ist berechtigt, die Nutzungen der Sache zu ziehen (§ 1030). Der (dingliche) Fruchterwerb ist in den §§ 953 ff. geregelt. Ansprüche auf Herausgabe von Nutzungen bestehen nach § 818 I, §§ 987, 990, 993 sowie § 2020.

Meistens hat der Nutzungsberechtigte die Lasten zu tragen (vgl. etwa § 1047).

Den Ausgleich zwischen mehreren Personen, die nacheinander zur Fruchtziehung berechtigt oder zur Lastentragung verpflichtet sind, regeln §§ 101–103.

Vierter Teil Anhang

§ 37 Methode der Fallbearbeitung

833

Schrifttum: *Armbrüster/Leske*, Hinweise zur Bearbeitung vertragsrechtlicher Klausurfälle, JA 2002, 130; *Brox*, Zur Methode der Bearbeitung eines zivilrechtlichen Falles, JA 1987, 169; *Deckert/Middelschulte,* Hinweise zur Klausurtechnik im Zivilrecht, JuS 1997, L 65; *Früh*, Bürgerliches Recht in der Fallbearbeitung, JuS 1993, 825; 1994, 36, 212, 486, 759, 937; *Hopt*, Fallösungstechnik für Beginner, Jura 1992, 225; *Medicus*, Bürgerliches Recht, 20. Aufl., 2004, Rdnr. 1 ff.

Siehe ferner die Angaben zu Fallsammlungen und Anleitungsbüchern im Schrifttumsverzeichnis.

Fälle:

a) Beim Autohändler V erschien der Realschüler H und erklärte, er wolle für seinen Vater (K) einen Gebrauchtwagen kaufen. Nachdem er ein Fahrzeug ausgesucht hatte, unterschrieben V und H einen Kaufvertrag über diesen Gebrauchtwagen zum Preis von 15 000,– €. H fügte seiner Unterschrift den Zusatz »im Namen meines Vaters« bei. Als K später davon erfuhr, schrieb er an V, er zahle nicht, weil sein Sohn H »noch grün hinter den Ohren« sei; vorsorglich fechte er den Vertrag an, da es sich bei dem Fahrzeug – im Gegensatz zu den Angaben des V bei den Kaufverhandlungen – um einen Unfallwagen handele. V antwortete dem K, dieser müsse zahlen; denn gekauft sei gekauft. **(Rdnr. 833, 834, 836, 837, 838, 861)**

b) Bei der Stadtbücherei der Stadt A hatte B drei Bücher gegen Entgelt für einen Monat ausgeliehen. Als A sie nach fünf Wochen zurückverlangte, erwiderte ihm B, das erste Buch habe er bereits zurückgegeben, das zweite Buch sei in seiner Wohnung verbrannt und das dritte Buch habe er aus Geldmangel an C weiterverkauft. Was ist der A zu raten? **(Rdnr. 834, 836, 838, 852, 858)**

Ändert sich die Rechtslage, wenn B das dritte Buch in der Stadtbücherei A gestohlen hatte? **(Rdnr. 852)**

I. Sachverhalt und Fragestellung

1. Sachverhalt

Der Bearbeiter hat sich zunächst darum zu bemühen, den Sachverhalt (= die gestellte Aufgabe) zu erfassen. Dazu muss er ihn – notfalls mehrmals – sorgfältig lesen. Nur dadurch ist gewährleistet, dass er bei seinem Gutachten keine im Sachverhalt – manchmal nur versteckt – enthaltene Tatsache außer Acht lässt.

Wenn der Bearbeiter feststellt, dass der Sachverhalt lückenhaft ist, darf er ihn nicht ohne weiteres »wirklichkeits- oder lebensnah« vervollständigen. Vielfach wird dabei nämlich der Sachverhalt verbogen und verfälscht. Vor allem aber kann man erst später bei der rechtlichen Prüfung feststellen, ob es auf eine solche »Lückenfüllung« überhaupt ankommt. Es ist auch nicht Sache des Bearbeiters, Erörterungen darüber anzustellen, ob eine im Sachverhalt wiedergegebene, von einer Person aufgestellte Behauptung einer Tatsache der Wahrheit entspricht. Vielmehr muss er sich auf die Untersuchung beschränken, ob die Tatsache – ihre Richtigkeit unterstellt – rechtlich bedeutsam ist.

Im **Fall a** deutet der Sachverhalt (Realschüler; »noch grün hinter den Ohren«) darauf hin, dass H möglicherweise noch minderjährig ist. Es wäre falsch, über das Alter des H sofort nähere Erörterungen anzustellen und etwa darzulegen, dass es auch 18-jährige Realschüler gibt und dass der Vater mit »grün« etwas anderes als Minderjährigkeit gemeint haben könnte. Möglicherweise kommt es nicht darauf an, ob H noch minderjährig war (vgl. § 165; Rdnr. 517).

Im **Fall b** ist bei dem an die Stadt A zu erteilenden Rat von der Richtigkeit der von B aufgestellten Behauptungen auszugehen; es dürfen keine Spekulationen darüber angestellt werden, ob B – bewusst oder unbewusst – die Unwahrheit gesagt hat.

834 *2. Fragestellung*

Das zu erstellende Gutachten hat von der meistens am Ende des Falles gestellten Frage auszugehen. Es ist immer nur das zu untersuchen, wonach gefragt ist.

a) In der Regel ist die Fallfrage auf *Ansprüche* (vgl. § 194; Rdnr. 640 ff.) gerichtet. Der Bearbeiter soll darlegen, ob eine im Fall genannte Person von einer anderen etwas verlangen kann.

Im **Fall a** könnte die Frage etwa lauten: »Kann V von K Zahlung von 15 000,– € verlangen?« oder: »Muss K zahlen?«. Auch wenn es heißt: »Wer hat Recht?«, ist nur zu prüfen, ob V mit Recht Zahlung verlangen kann oder ihm – wie K meint – ein Kaufpreisanspruch nicht zusteht.

Um den Anspruch einer Person gegen eine andere geht es auch dann, wenn der Fall damit endet, dass jemand einen anderen auf Zahlung des Kaufpreises verklagt und nun gefragt wird: »Wie wird das Gericht entscheiden?«. Entsprechendes gilt in der Regel, wenn eine Person einen Rat erbittet, was sie tun soll.

Im **Fall a** könnte gefragt werden: »Was ist dem V zu raten?«. Den Rat, den Betrag von 15 000,– € gegen K einzuklagen, wird man dem V nur dann geben, wenn man in dem Gutachten zu dem Ergebnis kommt, dass dem V gegen K ein Anspruch auf Zahlung von 15 000,– € zusteht.

Sofern im Fall keine Frage gestellt wird, muss der Bearbeiter aus dem Sachverhalt entnehmen, wozu von ihm ein Gutachten erwünscht wird.

Da im **Fall a** der Streit in erster Linie zwischen V und K um die Zahlung von 15 000,– € geht, muss der Bearbeiter sich die Frage stellen, ob V von K Zahlung dieses Betrages verlangen kann.

Werden im Sachverhalt mehrere Personen genannt, hängt es von der Fragestellung ab, ob nur Ansprüche einer ganz bestimmten Person gegen eine andere bestimmte Person oder gegen mehrere Personen geprüft werden sollen.

Wenn im **Fall b** nur nach Ansprüchen der A gegen B gefragt wird, ist ein etwaiger Anspruch der A gegen C nicht zu untersuchen. Das würde auch gelten, sofern im **Fall b** geprüft werden soll, ob A Schadensersatz in Geld für die Bücher verlangen kann, weil solche Ansprüche sich nur gegen B richten können. Da aber im **Fall b** danach gefragt wird, was der A zu raten sei, so muss der Bearbeiter daran denken, dass nicht nur ein Schadensersatzanspruch gegen B, sondern wegen des dritten Buches auch ein Herausgabeanspruch gegen C in Betracht kommt.

Lautet die Frage: »Wie ist die Rechtslage?«, ist damit in der Regel gemeint, dass etwaige Ansprüche einer jeden im Sachverhalt genannten Person gegen alle anderen Personen untersucht werden sollen. Es können aber mit dieser nach umfassender Prüfung klingenden Frage auch nur bestimmte Ansprüche einer einzigen Person gegen eine andere gefragt sein. Was vom Bearbeiter im Einzelfall erwartet wird, muss aus dem übrigen Sachverhalt entnommen werden.

Wenn im **Fall b** nach der Rechtslage gefragt ist, dann sind alle Ansprüche der Stadt A gegen B und gegen C zu behandeln. Kommt man etwa zu dem Ergebnis, dass C das von ihm gekaufte Buch an A herausgeben muss, wird auch die Prüfung erwartet, ob C deshalb den B in Anspruch nehmen kann.

Hieße es dagegen am Ende des **Falles b** etwa: »Die Stadt A möchte wissen, gegen wen sie vorgehen kann. Wie ist die Rechtslage?«, dann sollen nur Ansprüche der A und nicht etwa auch solche des C erörtert werden. Die Frage nach der Rechtslage hat dann keine Bedeutung, so dass sie auch entfallen könnte.

b) Nur in seltenen Fällen wird nicht nach Ansprüchen, sondern etwa danach **835**
gefragt, ob einer bestimmten Person ein *dingliches Recht* an einer Sache (z. B. Eigentum; Rdnr. 624 f.) zusteht.

Ist nach dem Sachverhalt beispielsweise ein bestimmtes Schmuckstück durch mehrere Hände (etwa vom ursprünglichen Eigentümer A an B, von B an C und von C an D) gegangen und wird gefragt, wer nun Eigentümer ist, dann hat der Bearbeiter historisch vorzugehen und zu untersuchen, ob B von A, C von B und schließlich D von C das Eigentum an dem Schmuck erworben hat. – Meist lautet die Frage in einem solchen Fall aber, ob A von D Herausgabe des Schmucks verlangen kann. Dann muss etwa vom Herausgabeanspruch gem. § 985 ausgegangen und dabei untersucht werden, ob A noch Eigentümer des Schmuckstücks ist oder er das Eigentum inzwischen verloren hat.

836 **II. Regeln für die Prüfung eines Anspruchs**

Bei der Prüfung eines jeden Anspruchs hat der Bearbeiter sich zu fragen: Wer kann von wem was woraus verlangen?

1. Anspruchsteller und Anspruchsgegner

Sollen nach der Fragestellung die Ansprüche einer jeden im Sachverhalt genannten Person gegen alle anderen dort vorkommenden Personen dargestellt werden, ist die Ausarbeitung zunächst nach Zweipersonenverhältnissen (Wer von wem?) zu gliedern.

Wenn im **Fall a** untersucht werden soll, welche Ansprüche die beteiligten Personen gegeneinander haben, ist vom Anspruch des V gegen K auszugehen. Kommt man dabei zum Ergebnis, dass V von K Zahlung des Kaufpreises verlangen kann, wird man alsdann die Ansprüche des K gegen V aus dem Kaufvertrag behandeln. Wenn man aber einen Kaufpreisanspruch des V gegen K verneint, weil zwischen diesen beiden Personen ein Kaufvertrag mangels Vertretungsmacht des H nicht zustande gekommen ist, muss sich die Prüfung anschließen, ob V gegen H als Vertreter ohne Vertretungsmacht (§ 179; Rdnr. 600 ff.) ein Anspruch zusteht.

Ist im **Fall b** nach der Rechtslage gefragt, kommen hinsichtlich des ersten und zweiten Buches nur Ansprüche der Stadt A gegen B in Betracht. Dagegen können hinsichtlich des dritten Buches Ansprüche mehrerer Personen bestehen. Hier wäre es zweckmäßig, mit dem Anspruch der A gegen C auf Herausgabe des Buches zu beginnen. Kommt man zum Ergebnis, dass C das Buch nicht herauszugeben braucht, wird man Schadensersatzansprüche der A gegen B untersuchen. Muss C aber das Buch an A herausgeben, stellt sich die Frage, ob C deshalb von B Schadensersatz verlangen kann.

837 *2. Anspruchsziel*

Ist die Gliederung nach den in Betracht kommenden Zweipersonenverhältnissen erfolgt oder wird nur nach den Ansprüchen einer bestimmten Person gegen eine andere gefragt, muss der Bearbeiter sich klarmachen, was verlangt wird. Dabei kann es sich etwa allein um eine Kaufpreiszahlung oder die Übereignung einer (gekauften) Sache handeln. Möglich ist aber auch, dass z. B. die Herausgabe einer Sache, Schadensersatz oder Unterlassung eines bestimmten Handelns begehrt wird.

Im **Fall a** geht es vornehmlich um einen Kaufpreisanspruch, im Fall b um Herausgabe- und Schadensersatzansprüche.

838 *3. Anspruchsgrundlagen*

Wenn dem Bearbeiter klar ist, was verlangt wird, hat er zu prüfen, woraus es verlangt werden kann. Er muss also die Rechtsvorschriften auffinden, die das Begehren des Anspruchstellers möglicherweise stützen. Unter Umständen gibt es für einen einzigen Anspruch mehrere Anspruchsgrundlagen. Alle in Betracht kommenden Anspruchsgrundlagen sind auf ihre Anwendbarkeit im konkreten Fall zu prüfen.

Im **Fall a** kommt für den Anspruch des V gegen K auf Kaufpreiszahlung die Norm des § 433 II in Betracht. Hat H den Vertrag ohne Vertretungsmacht des K geschlossen, muss geprüft werden, ob V gegen H gem. § 179 I (Rdnr. 601 ff.) Zahlung verlangen kann. Ist der Vertrag zustande gekommen und später von K angefochten worden, käme ein Anspruch des V gegen K auf Ersatz des Vertrauensschadens gem. § 122 (Rdnr. 444 ff.) in Betracht.

Im **Fall b** kann sich ein Schadensersatzanspruch der A gegen B aus §§ 275 IV, 280 I, III, 283 wegen zu vertretender Unmöglichkeit der Rückgabe der Bücher (vgl. § 546 I), aber auch aus §§ 823 I, 823 II, 826 ergeben. Für einen Herausgabeanspruch der A gegen C wegen des dritten Buches ist an §§ 985, 1007, 861 zu denken.

III. Reihenfolge der Prüfung bei mehreren Anspruchsgrundlagen 839

Kommen für einen Anspruch mehrere Anspruchsgrundlagen in Betracht, richtet sich die Reihenfolge ihrer Prüfung teilweise nach der gesetzlichen Regelung; teilweise sind lediglich Zweckmäßigkeitserwägungen maßgebend.

1. Ansprüche aus Vertrag

Ansprüche aus Vertrag sind an erster Stelle zu prüfen. Ihre Erörterung ist vorgreiflich etwa für Ansprüche aus Geschäftsführung ohne Auftrag; denn diese setzen voraus, dass der Geschäftsführer vom Geschäftsherrn nicht »beauftragt« ... ist (§ 677), also gerade kein Vertrag besteht. Auch Ansprüche aus unerlaubter Handlung sind erst nach den Ansprüchen aus Vertrag zu untersuchen, da die Handlung durch einen Vertrag gerechtfertigt sein kann und damit nicht »widerrechtlich« ist. Schließlich setzt ein Bereicherungsanspruch voraus, dass der Bereicherungsschuldner etwas »ohne rechtlichen Grund« erlangt hat; dieser kann in einem Vertrage liegen.

Zu den Ansprüchen aus Vertrag gehören z. B.:

a) (Primäre) Ansprüche auf *Vertragserfüllung* 840

Beispiele: Anspruch auf Übereignung der Kaufsache (§ 433 I 1) und auf Nacherfüllung bei Mangelhaftigkeit der Kaufsache (§§ 437 Nr. 1, 439), Überlassung des Gebrauchs der Mietsache (§ 535 I 1), Herstellung des versprochenen Werkes (§ 631 I), Zahlung des vereinbarten Kaufpreises (§ 433 II), der Miete (§ 535 II), des Werklohnes (§ 631 I), aber auch der vertragliche Anspruch auf Unterlassung einer bestimmten Tätigkeit (vgl. § 241 I 2).

b) (Sekundäre) vertragliche Ansprüche auf *Schadensersatz und Aufwendungsersatz* 841

Beispiele: Schadensersatz wegen vom Schuldner zu vertretender Unmöglichkeit der Leistung (vgl. etwa §§ 275 IV, 280 I, III, 283), Schuldnerverzug (vgl. etwa §§ 280 I, II, 286), Verletzung von Nebenpflichten (§§ 280 I, 241 II), Pflichtverletzung im vorvertraglichen Schuldverhältnis (§§ 311 II, 280 I). – Aufwendungsersatz (statt Schadensersatz) bei Mangelhaftigkeit der Kaufsache (§§ 437 Nr. 3, 284).

842 *2. Ansprüche aus vertragsähnlichen Verhältnissen*

Ansprüche aus vertragsähnlichen Verhältnissen sind nach den vertraglichen Ansprüchen zu behandeln, weil sie diesen nahe kommen. Sie entstehen meist bei der Vertragsanbahnung, ohne dass es zu einem wirksamen Vertrage kommt.

Die Ansprüche aus vertragsähnlichen Verhältnissen umfassen z. B.:

a) Ansprüche auf *Erfüllung*

Beispiel: Anspruch gegen den Vertreter ohne Vertretungsmacht gem. § 179 I (Rdnr. 584 ff.).

843 b) Ansprüche auf *Schadensersatz*

Beispiele: Anspruch auf Ersatz des Vertrauensschadens bei Anfechtung der Willenserklärung (§ 122; Rdnr. 444 ff.), auf Schadensersatz gem. § 179 I (Rdnr. 584 ff.), auf Ersatz des Vertrauensschadens gem. § 179 II (Rdnr. 604), vor allem aber die Ansprüche aus den §§ 280 ff.

Einen Schadensersatzanspruch bei Geschäftsführung ohne Auftrag kann der Geschäftsherr gegen den Geschäftsführer aus §§ 677, 681 i. V. mit §§ 280 ff. oder aus § 678 haben.

844 c) Ansprüche auf *Aufwendungsersatz*

Beispiel: Anspruch des Geschäftsführers gegen den Geschäftsherrn bei berechtigter Geschäftsführung ohne Auftrag auf Erstattung der freiwilligen Vermögensopfer, die der Geschäftsführer den Umständen nach für erforderlich halten konnte (§ 683) sowie auf Ersatz der Schäden, die ihm als Folge der typischen und erkennbaren Gefahrenlage der Geschäftsbesorgung entstanden sind (analog § 670).

845 *3. Dingliche Ansprüche*

Dingliche (= sachenrechtliche) Ansprüche sollen dingliche Rechte vor Beeinträchtigungen schützen (Rdnr. 646, 624 f.). Sie können sich gegen jedermann richten, der das dingliche Recht beeinträchtigt.

Zu den dinglichen Ansprüchen gehören:

a) *Herausgabeansprüche*

(1) Anspruch gem. *§ 985* des Eigentümers (Nießbrauchers, § 1065; Pfandgläubigers, § 1227) gegen den unrechtmäßigen (vgl. § 986) Besitzer[426].

426 Vgl. *M. Wolf*, Sachenrecht, 22. Aufl., 2006, Rdnr. 216 ff.

(2) Anspruch gem. *§ 1007* des früheren Besitzers einer beweglichen Sache gegen deren jetzigen Besitzer, wenn dieser beim Besitzerwerb bösgläubig war (§ 1007 I) oder wenn die Sache dem früheren Besitzer abhanden gekommen ist (§ 1007 II 1)[427].

(3) Anspruch gem. *§ 861* desjenigen, dem der Besitz durch verbotene Eigenmacht (vgl. § 858 I) entzogen worden ist, gegen denjenigen, der fehlerhaft (vgl. § 858 II) besitzt[428].

b) *Ansprüche auf Beseitigung und Unterlassung der Beeinträchtigung* **846**

(1) Anspruch gem. *§ 1004* des Eigentümers (Nießbrauchers, § 1065; Pfandgläubigers, § 1227) gegen den Störer[429].

Eine Spezialvorschrift zu § 1004 enthält *§ 894*[430]. Danach hat der Inhaber eines bestehenden Rechts, das im Grundbuch nicht oder nicht richtig eingetragen ist, einen Anspruch auf Zustimmung zu der Berichtigung des Grundbuchs gegen denjenigen, der von der Berichtigung in seinem (Schein-)Recht betroffen ist.

(2) Anspruch gem. *§ 862* des Besitzers gegen denjenigen, der den Besitzer durch verbotene Eigenmacht (vgl. § 858 I) im Besitz stört[431].

4. Deliktische Ansprüche **847**

Ansprüche aus unerlaubter Handlung und Gefährdungshaftung gehen auf Schadensersatz. Es sollen Einbußen ausgeglichen werden, die jemand an seinen Gütern erlitten hat.

Bevor auf diese Ansprüche eingegangen werden darf, muss geprüft werden, ob die Spezialregelungen des Eigentümer-Besitzer-Verhältnisses (§§ 989 ff.) eingreifen. Sie gehen deshalb den allgemeinen Regeln vor, weil sie den redlichen Besitzer vor Rechtshängigkeit (vgl. § 261 I ZPO i. V. m. § 253 ZPO) der Herausgabeklage besserstellen, als er nach den allgemeinen Vorschriften stehen würde; denn er ist dem Eigentümer gegenüber überhaupt nicht schadensersatzpflichtig (§ 993 I a. E.). Redlich ist derjenige Besitzer, der zwar unrechtmäßig besitzt, sich aber gutgläubig (d. h. ohne grobe Fahrlässigkeit) für zum Besitz berechtigt hält.

Erst wenn feststeht, dass die Spezialregeln der §§ 989 ff. nicht anzuwenden sind, kommen folgende Ansprüche in Betracht:

427 Einzelheiten: *Baur/Stürner*, Sachenrecht, 17. Aufl., 1999, § 9 Rdnr. 27 ff.
428 Vgl. *Baur/Stürner*, § 9 Rdnr. 16 ff.
429 Vgl. *Baur/Stürner*, § 12 Rdnr. 12 ff.
430 Vgl. *Baur/Stürner*, § 18 Rdnr. 27 ff.
431 Vgl. *Baur/Stürner*, § 9 Rdnr. 16 ff.

848 a) *Ansprüche aus unerlaubter Handlung* bezwecken den Ersatz von Schäden, die durch ein rechtswidriges und schuldhaftes Verhalten des Schädigers entstanden sind.

Zu diesen Ansprüchen gehören vornehmlich:
(1) Anspruch nach *§ 823 I*,
(2) Anspruch nach *§ 823 II*,
(3) Anspruch nach *§ 826*.

849 b) *Ansprüche aus Gefährdungshaftung* begründen eine Ersatzpflicht für solche Schäden, die durch eine rechtmäßige, aber für andere mit Gefahren verbundene Betätigung verursacht sind. In Betracht kommen insbesondere die Ansprüche gem. § 7 I StVG, § 1 I HaftpflG, § 1 I ProdHaftG und § 833 Satz 1.

850 *5. Ansprüche aus ungerechtfertigter Bereicherung*

Bereicherungsansprüche bezwecken den Ausgleich einer nicht gerechtfertigten Vermögensverschiebung, indem die Vermögensmehrung beim »Bereicherten« zu Gunsten des »Entreicherten« wieder beseitigt wird. Im Einzelnen kann es sich um folgende Ansprüche handeln:

a) Anspruch gem. *§ 812 I 1, 1. Fall* gegen den Schuldner, der durch die Leistung des Gläubigers einen Vermögensvorteil ohne rechtlichen Grund erlangt hat. Diese sog. *Leistungskondiktion* schließt hinsichtlich desselben Bereicherungsgegenstandes eine Bereicherung in sonstiger Weise (§ 812 I 1, 2. Fall) grundsätzlich aus, so dass sie zuerst geprüft werden muss.

Einen Sonderfall der Leistungskondiktion stellt *§ 817 Satz 1* dar.

851 b) Ansprüche gegen den Schuldner, der *in sonstiger Weise* (also nicht durch Leistung des Gläubigers) auf Kosten des Gläubigers einen Vermögensvorteil ohne rechtlichen Grund erlangt hat. Hierher gehören die sog. Eingriffs-, Rückgriffs- und Verwendungskondiktion.

(1) *Eingriffskondiktion*: Der Eingriff in das Recht eines anderen kann durch den Bereicherten, einen Dritten, aber auch ohne menschliches Zutun (z. B. durch ein Naturereignis) erfolgen.

(a) Den Grundfall der Eingriffskondiktion bildet der Anspruch aus *§ 812 I 1, 2. Fall*[432]. Hier greift der Bereicherte selbst in das Recht eines Dritten ein und vermehrt auf dessen Kosten ohne rechtlichen Grund sein Vermögen.

Beispiel: Der Bereicherungsschuldner verbraucht unbefugt Lebensmittel, Energievorräte oder andere verbrauchbare Sachen des Gläubigers.

432 Dazu BS § 38 Rdnr. 3 ff.

(b) Daneben enthält *§ 816* drei Sondertatbestände der Eingriffskondiktion. Ein weiterer Sonderfall ist in *§ 822* geregelt. Wegen ihrer Spezialität sind die Ansprüche aus § 816 und aus § 822 (sofern sie nach dem Sachverhalt ernsthaft in Betracht kommen) vor dem aus § 812 I 1, 2. Fall zu prüfen. **852**

– Anspruch gem. *§ 816 I 1* des Berechtigten gegen den, der als Nichtberechtigter über einen Gegenstand dem Berechtigten gegenüber wirksam verfügt hat, auf Herausgabe des durch die Verfügung Erlangten[433].

Im **Fall b** kann die Stadt A von B den Erlös für den Verkauf des dritten Buches verlangen, da durch die Übereignung von B an C dieser durch gutgläubigen Erwerb vom Nichtberechtigten (gem. §§ 929, 932; Rdnr. 639) das Eigentum erworben hat. – Im Fall des Diebstahls scheidet zwar ein gutgläubiger Erwerb wegen § 935 I 1 aus. Jedoch kann A die Verfügung des B genehmigen (§ 185 II), so dass sie wirksam ist und § 816 I 1 eingreift.

– Anspruch gem. *§ 816 I 2* des Berechtigten gegen den, der auf Grund einer dem Berechtigten gegenüber wirksamen und unentgeltlichen Verfügung eines Nichtberechtigten unmittelbar einen rechtlichen Vorteil erlangt hat[434].

– Anspruch gem. *§ 816 II* des Berechtigten gegen den, an den als Nichtberechtigten eine Leistung bewirkt worden ist, die (z. B. gem. § 407 I) dem Berechtigten gegenüber wirksam ist.

– Anspruch gem. *§ 822* des Bereicherungsgläubigers gegen einen Dritten, der vom Bereicherungsschuldner auf Grund wirksamen Kausalgeschäfts den Bereicherungsgegenstand unentgeltlich erworben hat[435].

(2) *Rückgriffskondiktion*[436] **853**

(3) *Verwendungskondiktion*[437]. **854**

Der Anwendungsbereich der beiden zuletzt genannten Kondiktionen ist wegen zahlreicher Spezialvorschriften gering.

433 Dazu BS § 38 Rdnr. 17 ff.
434 Dazu BS § 38 Rdnr. 23 ff.
435 Dazu BS § 38 Rdnr. 24 ff.; zur Einordnung des § 822 als Sonderfall der Eingriffskondiktion *Larenz/Canaris*, § 69 IV 1 a.
436 Dazu BS § 38 Rdnr. 8 ff.
437 Dazu BS § 38 Rdnr. 12 ff.

Prüfungsreihenfolge bei mehreren Anspruchsgrundlagen

I. Ansprüche aus Vertrag
1. (Primäre) Ansprüche auf Erfüllung (z.B. § 433 I 1, II; §§ 437 Nr. 1, 439; § 535 I, II)
2. (Sekundäre) Ansprüche auf Schadensersatz (z.B. § 280 I; §§ 280 II, 286; §§ 280 I, III, 283) und auf Aufwendungsersatz (z.B. §§ 437 Nr. 3, 284)

II. Vertragsähnliche Ansprüche
1. Auf Erfüllung (z.B. § 179 I)
2. Auf Schadensersatz (z.B. § 179 II; §§ 311 II, 280 I)
3. Auf Aufwendungsersatz (z.B. § 683, § 670)

III. Dingliche Ansprüche
1. Auf Herausgabe (z.B. § 985; § 1007; § 861)
2. Auf Beseitigung und Unterlassung (z.B. § 1004)

IV. Deliktische Ansprüche (z.B. § 823 I, II; § 826)

V. Ansprüche aus ungerechtfertigter Bereicherung
1. Wegen Bereicherung durch Leistung (§ 812 I 1; § 817 Satz 1)
2. Wegen Bereicherung in sonstiger Weise (§ 812 I 2; § 816 I, II; § 822)

855 **IV. Prüfung des einzelnen Anspruchs**

Die Prüfung des einzelnen Anspruchs erfolgt in drei Schritten. Zunächst ist zu untersuchen, ob der Anspruch überhaupt entstanden ist. Wird das verneint, ist die Prüfung bereits beendet. Kommt man aber zu dem Ergebnis, dass der Anspruch entstanden ist, muss in einem zweiten Schritt die Frage beantwortet werden, ob der Anspruch noch fortbesteht oder ob er inzwischen untergegangen ist. Sofern das Fortbestehen bejaht wird, muss schließlich in einem dritten Schritt untersucht werden, ob der noch bestehende Anspruch auch durchsetzbar ist oder ihm eine Einrede entgegensteht.

Das Fortbestehen sowie die Durchsetzbarkeit des Anspruchs müssen vom Bearbeiter selbstverständlich nur dann behandelt werden, wenn der Sachverhalt dazu Anlass gibt.

1. *Entstehung des Anspruchs* 856

a) Die Entstehung des Anspruchs richtet sich danach, ob die einzelnen abstrakten *Tatbestandsmerkmale der Anspruchsgrundlage* durch den gegebenen Sachverhalt konkret ausgefüllt werden (= Subsumtion; Rdnr. 51, 654).

Regelmäßig werden die Merkmale der zu prüfenden Anspruchsnorm durch eine Reihe von Hilfsnormen näher konkretisiert.

Beispiele: Für den Anspruch auf Kaufpreiszahlung ist § 433 II die Anspruchsgrundlage. Danach muss etwa A der Verkäufer und B der Käufer sein. Ob sie das sind, richtet sich danach, ob zwischen beiden ein entsprechender Kaufvertrag zustande gekommen ist. Über den Vertragsabschluss handeln die §§ 145 ff. Diese Bestimmungen sind keine Anspruchsgrundlagen, sondern Hilfsnormen. – Der Anspruch auf Herausgabe einer Sache kann sich aus § 985 ergeben. Ob A Eigentümer und B Besitzer der Sache ist, kann mit Hilfe der Hilfsnormen der §§ 929 ff. und der §§ 854 ff. ermittelt werden. – Zur Anspruchsgrundlage des § 823 I ist hinsichtlich des Tatbestandsmerkmals »fahrlässig« § 276 II die Hilfsnorm; dagegen ergänzen §§ 249 ff. die in § 823 I ausgesprochene Rechtsfolge.

b) Hierher gehört auch die Prüfung, ob dem Anspruch *rechtshindernde Einwendungen* entgegenstehen; denn diese hindern die Entstehung des Anspruchs (Rdnr. 657). 857

Beispiele: Ein vertraglicher Anspruch entsteht erst gar nicht, wenn der Vertrag nichtig ist (Geschäftsunfähigkeit eines Vertragspartners gem. §§ 104 ff., Scheingeschäft gem. § 117, Mangel der Ernstlichkeit gem. § 118, Formmangel gem. § 125, Verstoß gegen ein gesetzliches Verbot gem. § 134 oder gegen die guten Sitten gem. § 138). Eine von Anfang an bestehende Nichtigkeit wird auch durch eine wirksame Anfechtung gem. §§ 119 f., 123 herbeigeführt (§ 142 I).

Der Herausgabeanspruch des Eigentümers gegen den Besitzer gem. § 985 entsteht nicht, wenn dem Besitzer gegenüber dem Eigentümer ein Recht zum Besitz zusteht (§ 986 I 1); dieses Recht gibt dem Besitzer eine Einwendung[438]. – Der Anspruch des Eigentümers auf Beseitigung oder Unterlassung (§ 1004 I) ist gem. § 1004 II ausgeschlossen, wenn der Eigentümer zur Duldung verpflichtet ist.

2. *Kein Untergang des Anspruchs* 858

Eine *rechtsvernichtende Einwendung* bewirkt die Vernichtung eines einmal wirksam entstandenen Anspruchs (Rdnr. 658).

Beispiele: Der Anspruch erlischt etwa durch Erfüllung (§ 362; **Fall b**: Rückgabe des Buches), Hinterlegung (§§ 372 ff.), Aufrechnung (§§ 387 ff.), Erlass (§ 397 I), Unmöglichkeit (§ 275 I; **Fall b**: Unmöglichkeit der Rückgabe des Buches infolge Verbrennens).

Durch Rücktritt vom Vertrage (§§ 346 ff.) erlöschen die Ansprüche aus dem Vertrag, an dessen Stelle ein Rückgewährschuldverhältnis tritt.

438 Vgl. *Baur/Stürner*, § 11 Rdnr. 26.

Durch Abtretung oder gesetzlichen Forderungsübergang verliert der bisherige Gläubiger seinen Anspruch (§§ 398 ff., 412). Durch befreiende Schuldübernahme verliert der Gläubiger seinen Anspruch gegen seinen bisherigen Schuldner (§§ 414 ff.).

859 *3. Durchsetzbarkeit des Anspruchs*

Eine *rechtshemmende Einwendung* (= Einrede im privatrechtlichen Sinne) ist die Berufung auf ein Gegenrecht. Ein solches Leistungsverweigerungsrecht lässt den Anspruch weiterhin bestehen, hemmt aber seine Durchsetzung (Rdnr. 659).

Beispiele: Einrede der Verjährung (§ 214 I; Rdnr. 667 ff.), Einrede des Zurückbehaltungsrechts (§ 273)[439], Einrede der Unverhältnismäßigkeit (§ 275 II)[440] bzw. der Unzumutbarkeit (§ 275 III)[441] und Einrede des nichterfüllten Vertrages (§ 320)[442].

Prüfung eines Anspruches

I. Anspruch entstanden
1. Voraussetzungen der jeweiligen Anspruchsgrundlage (z.B. § 280 I, § 433 I oder II, § 812 I 1, 1. Fall, § 823 I, § 985)
2. Rechtshindernde Einwendungen (z.B. § 106, § 117, § 125, § 134, § 138, § 142 I)

II. Anspruch nicht untergegangen
= rechtsvernichtende Einwendungen (z.B. §§ 275 I, 362 I, 389, 397 I)

III. Anspruch durchsetzbar
= rechtshemmende Einwendungen = Einreden (§§ 214 I, 273, 275 II, III)

860 V. Ausarbeitung im Gutachtenstil

1. Allgemeine Regeln

Im Gutachten ist von der jeweiligen Anspruchsgrundlage auszugehen und zu prüfen, ob der Sachverhalt unter die Tatbestandsmerkmale der Norm subsumiert werden kann. Kommt man zum Ergebnis, dass ein Tatbestandsmerkmal nach dem Sachverhalt nicht vorliegt, greift die Anspruchsgrundlage nicht ein. Sind dagegen alle Tatbestandsmerkmale erfüllt, ist der Anspruch nach der geprüften Norm entstanden.

439 AS § 13 Rdnr. 2 ff.
440 AS § 22 Rdnr. 18 ff.
441 AS § 22 Rdnr. 22 ff.
442 AS § 13 Rdnr. 12 ff.

a) Der geschilderte Weg entspricht dem *Gutachtenstil*: Man beginnt mit der Anspruchsgrundlage, die in Betracht kommen könnte. Am Anfang steht die *Hypothese*, woraus sich der geprüfte Anspruch ergeben kann. Bei jedem einzelnen Tatbestandsmerkmal der Anspruchsgrundlage wird dann gefragt, ob es nach dem Sachverhalt gegeben ist. Das erfolgt bei schulmäßiger Prüfung in drei Schritten. Zunächst wird in einem *Obersatz* die jeweils geprüfte Tatbestandsvoraussetzung genannt. Im zweiten Schritt erfolgt die *Subsumtion*, mit der geprüft wird, ob die abstrakte Tatbestandsvoraussetzung nach dem konkreten Lebenssachverhalt erfüllt ist. Zuletzt wird die *Schlussfolgerung* aus der Subsumtion gezogen. Schließlich kommt man zu dem Ergebnis, dass der Anspruch begründet oder nicht begründet ist.

Einfaches Beispiel für Gutachtenstil: Der Anspruch des A gegen B auf Zahlung von 500,– € könnte gem. § 433 II begründet sein (Hypothese). Diese Vorschrift setzt voraus, dass zwischen A und B ein Kaufvertrag über einen Kühlschrank zum Preise von 500,– € zustande gekommen ist (Obersatz). A hat dem B am ... ein Angebot zum Verkauf des Kühlschrankes für 500,– € gemacht, das B mit Schreiben vom ... angenommen hat (Subsumtion). Also haben A und B einen Kaufvertrag über den Kühlschrank für 500,– € geschlossen (Schlussfolgerung). Deshalb kann A von B gem. § 433 II Zahlung vom 500,– € verlangen (Ergebnis).

b) Dagegen wird in einem Urteil das im Gutachten gefundene Ergebnis an den Anfang gestellt und dann dargelegt, weshalb das Gericht zu diesem Ergebnis gekommen ist (sog. *Urteilsstil*).

Beispiel für Urteilsstil: Die Klage ist begründet. Denn der Kläger kann von dem Beklagten die Zahlung von 500,– € verlangen. Das ergibt sich aus § 433 II. Danach kann der Verkäufer vom Käufer den vereinbarten Kaufpreis verlangen. Die Voraussetzung der genannten Vorschrift, das Zustandekommen eines Kaufvertrages, ist gegeben, weil der Kläger und der Beklagte sich über den Verkauf eines Kühlschranks zum Preis von 500,– € geeinigt haben (wird näher ausgeführt).

Ob der Verfasser des Gutachtens bei seinen Darlegungen den Gutachtenstil angewandt hat, kann man daran erkennen, ob in den Text Worte wie »daher«, »demnach«, »also«, »infolgedessen« eingefügt werden können. Dagegen passen bei der Abfassung des Urteils im Urteilsstil Worte wie »denn«, »weil«, »nämlich«.

Allerdings ist beim Gutachten nicht immer und ausnahmslos der Gutachtenstil anzuwenden. Es wirkt bei der Erörterung unproblematischer Rechtsfragen umständlich oder gar unsicher, wenn jede Ausführung mit einer Frage oder mit der Bemerkung, dass »zu prüfen sei«, begonnen wird; vielmehr ist insoweit schlicht und einfach im Urteilsstil zu schreiben.

Beispiel: Heißt es im Sachverhalt, dass S den R, der ihm die Tasche raubt, mit einem Stock schlägt und ihm dabei eine Rippe bricht, braucht nicht im Gutachtenstil geprüft zu werden, ob der objektive Tatbestand des § 823 I (Verletzung des Körpers) erfüllt sein könnte; denn das ist »sonnenklar«. Eine kurze Feststellung der Körperverletzung im Urteilsstil reicht aus. Zu problematisieren ist nur, ob S rechtswidrig gehandelt hat oder ob seine Tat wegen Notwehr rechtmäßig gewesen ist (vgl. § 227; Rdnr. 694 ff. mit **Fall d**).

861 *2. Beispiel für ein ausformuliertes Gutachten*

Lautet im **Fall a** die Frage, ob V von K Zahlung von 15 000,– € verlangen kann, müsste etwa Folgendes ausgeführt werden:

Für den Anspruch des V gegen K auf Zahlung von 15 000,– € kommt als Anspruchsgrundlage allein § 433 II in Betracht. Dieser setzt einen Kaufvertrag über den Gebrauchtwagen zum Kaufpreis von 15 000,– € voraus. Die dazu erforderliche Willenserklärung des V ist in dem schriftlichen Kaufvertrag enthalten. K hat selbst keine entsprechende Willenserklärung abgegeben. Für ihn könnte aber sein Sohn H als sein Vertreter gehandelt haben. Der von H abgeschlossene Vertrag würde dann für und gegen K wirken, wenn H seine Erklärung im Namen des K abgegeben und er dabei innerhalb einer ihm zustehenden Vertretungsmacht des K gehandelt hat (§ 164 I). H ist im Namen des K aufgetreten; das ergibt sich aus seinem Verhalten gegenüber V und dem Zusatz zu seiner Unterschrift »im Namen meines Vaters«. Damit hat er für V erkennbar zum Ausdruck gebracht, dass er als Stellvertreter seines Vaters handele. Selbst wenn er noch minderjährig und damit nur beschränkt geschäftsfähig (§ 106) gewesen sein sollte, ist seine Willenserklärung gem. § 165 wirksam. Fraglich ist allein, ob dem H die erforderliche Vertretungsmacht zustand. Eine entsprechende Vollmacht (§ 167) hatte K ihm nicht erteilt. Der Sachverhalt ergibt auch keine Anhaltspunkte dafür, dass die Voraussetzungen der Duldungs- oder der Anscheinsvollmacht (vgl. Rdnr. 562 ff.) vorlagen. Schließlich hat K den ohne Vertretungsmacht in seinem Namen geschlossenen Vertrag auch nicht genehmigt (§ 177 I), nachdem er von dem Geschehen erfahren hatte. Demnach ist K nicht Käufer des Wagens, so dass er nach § 433 II nicht zur Zahlung des Kaufpreises verpflichtet ist.

Paragraphenregister

BGB

VAG

VerschG

VwVfG

ZPO

Sachregister

(Die Zahlen verweisen auf die Randnummern des Buches.)